FOURTH YEAR
LATIN

CHARLES JENNEY, JR.
Belmont Hill School, Belmont, Massachusetts

ROGERS V. SCUDDER
Groton School, Groton, Massachusetts

DAVID D. COFFIN
Phillips Exeter Academy, Exeter, New Hampshire

ALLYN AND BACON, INC.

Boston   Rockleigh, N.J.   Atlanta   Dallas   San Jose
London   Sydney   Toronto

Preface

In this new *Fourth Year Latin*, the authors present more of the *Aeneid* than is usually found in high-school texts. They have included Books I–VI and Book VIII in their entirety, together with selections from Books VII and IX–XII. Teachers who have regretted the omission of Book VIII, with its imaginative retelling of Roman history through the device of Aeneas's wonderful shield, will be delighted with its inclusion in this volume. The presence of Book VIII and selections from the later books allows the teacher more freedom and flexibility in planning the year's work. In addition to the *Aeneid*, *Fourth Year Latin* contains Vergil's *Fourth Eclogue*, the celebrated "Messianic" poem.

Also represented are the major poets Ovid, Catullus, Horace, and Martial. Since many students will have met the *Metamorphoses* in second- and third-year Latin, the authors have elected to expand acquaintance with that work and to include verse which displays other facets of Ovid's genius. Certain poems by Ovid and Catullus treat

Cover: A crowd gathered for a public celebration on the upper part of the Sacred Way at the Temple of Jupiter Capitolinus. The Kobal Collection.

Illustrations: Gordon Laite   *Maps:* Russell Lenz

Library of Congress Catalog Card No. 82-73104

ISBN 0-205-07957-1

Printed in the United States of America

2 3 4 5 6 7 8 9 91 90 89 88 87 86 85 84

themes also used by Vergil and appear for purposes of comparison. Horace represents the qualities of sanity, optimism, and literary excellence cherished and to some extent engendered by the Golden Age of Augustus. A sampling of Martial's epigrams conveys the spirit of the less buoyant Silver Age. Indeed, the whole collection illustrates the range in subject, mood, meter, and diction to be found in Latin poetry of the Late Republic and Early Empire.

On each page of Latin are English footnotes to aid the student in grasping the sense of more difficult passages and to increase his information and appreciation. Annotation after the first six books has been consciously reduced to inspire more independence in reading Latin. To place the *Aeneid* in historical and literary perspective, the authors have provided an analysis of the Augustan Age and a summary of legends surrounding the Trojan War. Biographies of Vergil and the other poets precede selections from their works and emphasize the genesis and nature of the poetry.

The text contains a very complete Latin-English vocabulary, marked to show words recommended for mastery during the first, second, third, and fourth years of high-school Latin by such organizations as the New York Board of Regents and the National Association of Independent Schools. Found in the Appendix are a list of all proper names used, with phonetic markings; a systematic description of versification, poetic usage, and figures of speech; and an index.

Of special interest in *Fourth Year Latin* are the original illustrations by the American artist Gordon Laite. The noble and romantic spirit of the *Aeneid* has been expressed in a sequence of drawings, 42 in all, which, though faithful to tradition in content, bring an intensity and freshness to the ancient epic. Certain of the other poems have also been illustrated by Mr. Laite. The introduction contains photographs of details from monuments, portrait statues, and places in Italy. A descriptive list of the original drawings and the photographs is found at the end of the book.

Contents

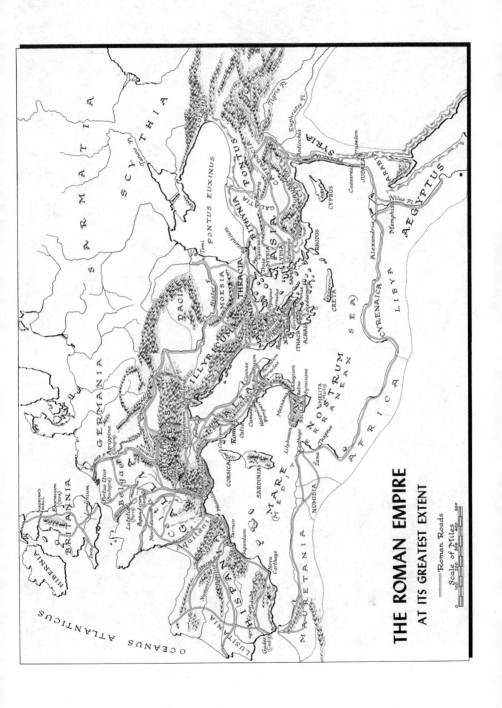

THE ROMAN EMPIRE
AT ITS GREATEST EXTENT

——— Roman Roads

Scale of Miles
0 100 200 300 400 500

The Augustan Age

Historically, the Augustan Age begins with the battle of Actium, September 2, 31 B.C. In this battle Octavian, later known as Augustus, defeated Antony and Cleopatra. The Augustan Age ends with the emperor's death on August 29, 14 A.D. In literary history, however, the period of the Augustan poets extends from the death of Julius Caesar in 44 B.C. to the death of Ovid in 17 A.D. This is known as the Golden Age of Latin literature. It is the period of the poets Vergil, Horace, Ovid, Propertius and Tibullus, and of the historian Livy.

The Age of Augustus can be compared with the age of Pericles in Athens (4th century B.C.), Lorenzo the Magnificent in Florence (15th century A.D.), Queen Elizabeth I in England, and Louis XIV, the Roi-Soleil of France. These were all important periods in their nation's development. They were periods in which the nation reached a high degree of power and prosperity. Artists and writers were stimulated to express their feelings of national greatness in a most optimistic fashion. Each of these nations had a commanding political leader who gave to the people a direction and sense of purpose that they never felt before. The points of similarity and difference in these eras make interesting study. Here, however, we are concerned only with those general aspects of the Augustan Age which make it unique in Roman literature.

The preceding era, the last days of the Republic, the age especially of Cicero, is the logical point of comparison. Anyone who has read Cicero's writings is aware of the violence that marked the last hundred

OCTAVIANUS ADULESCENS

years of the Roman Republic. From the time of the Gracchi in 133 B.C. to the battle of Actium, Rome was harassed by almost continuous civil war at home and by wars and piratical raids abroad. It was a dangerous time to be alive, a time of uncertainty and despair, and a search for a solution to the nation's ills. After the wars with Carthage, Rome expanded her empire to great lengths. This expansion brought too much pressure on the Republic. The strengths of the Republic which supported the conquest and organization of the Italian peninsula broke down under this pressure. Foreigners flocked to Rome bringing with them different customs and strange religious cults. People like the elder Cato in the second century B.C. deplored the loss of the Republican virtues and strengths. In the war against Jugurtha of Numidia (111–106 B.C.) the corruption and self-seeking of the leaders of the Senate became more and more evident. Strong feelings between the supporters of the popular party under the Gracchi (and later under Marius) and the supporters of the Senate under such men as Sulla, led to acts of violence and cruelty.

The extent of this violence is hard to believe. Most families in Cicero's time experienced confiscation of property and even murder of prominent family members. At election time the Tiber was said to have run with the blood of people slain by men supporting opposing candidates. Cicero's speech in behalf of Milo (52 B.C.) gives a vivid picture of this state of affairs. In fact, he was threatened by the soldiers who lined the Forum and pressured not to give this speech. The speech for the Manilian Law shows to what extent the Roman protection of Mediterranean trade and communication had broken down by 70 B.C.

Lucretius and Catullus, two great poets of the end of the Republic, faced these difficult days in different ways. Lucretius tried to free men from the evils of life by converting them to Epicureanism. *De Rerum Natura* is a long poem explaining the Epicurean philosophy. One principle of this philosophy was the advisability of not participating in political activity. Catullus's poetry was quite different. It was inspired by his personal life: his loves and hates, his political leanings (intensely critical of Caesar), and his literary studies.

At that time people were desperately searching for relief from the miseries of their personal lives and for a solution to these political problems. Cicero and his kind thought the answer was a return to a republic. Caesar and his followers favored a strong one-man rule, similar to the Eastern monarchies. For a while it seemed as if Caesar's way was the

PORTA TEMPLI ROMULI IN FORO ROMANO

answer. Upon his assassination, however, civil war with all its horrors began again and Rome fell into a worse condition than ever before.

With Actium came security, again in the person of one man, Octavian. However, Octavian's rule was different from Caesar's. He disguised his authority behind an elaborate appearance of restored Republican institutions. Caesar's opponents felt that Caesar threatened the whole concept of a republic centered in Rome. They felt he was influenced by the East and contemplated an empire whose general character would be Oriental and whose capital would lie outside Italy. They may well have been justified in their fears. Octavian, however, showed no such tendencies. He gave the impression of having restored the Republic to its original Roman mold. The assemblies and the Senate granted him powers belonging to various Roman magistracies, thereby assuring him of continuous authority.

In 27 B.C. he was given the title of *Princeps,* that is, first citizen. The name cleverly suggested the *princeps senatus* of the Republican constitution. This was one way he fostered the sense of restoration. There

PARIS

TEMPLUM AUGUSTI AD ANCYRAM (RESTITUTUM)

were other ways, also. He revived old ceremonies and usages. He rebuilt old temples and constructed new ones. He encouraged a return to the simpler life of earlier days and stressed the old morals and customs. He attempted to revive the class of yeoman farmers, the small landholders, who had been the backbone of the Roman army in the early Republic. He was responsible for the passing of the Julian laws which attempted to regulate social classes and revive family life. The *Monumentum Ancyranum,* the inscription at Ancyra in Anatolia copied from Augustus's own recording of the chief events and accomplishments of his reign, gives vivid insight into his aims and ambitions.

The two main poets of the Augustan period are Horace and Vergil. Their works point out two factors that stood out as the principal characteristics of the Age of Augustus. One is the feeling of security people had under his rule. The other is the restoration of national unity in continuity with a glorious past. This feeling of pride of empire is not

5

GAIUS CILNIUS MAECENAS

found at all in Catullus nor in Lucretius. It is found somewhat in Cicero but its greatest expression is found in the works of Horace and Vergil.

Neither poet in his youth had any noticeable interest in political affairs. After Caesar's murder, Brutus came to Athens recruiting, and Horace half-heartedly joined the side of the "Liberators." He served as military tribune at the battle of Philippi (42 B.C.). After the Civil War, Vergil lost his small family estate at Mantua because of the division of land among the veterans of Antony and Octavian. This was eventually restored to him by order of Octavian. The *First Eclogue* is a commemoration of his gratitude to the Emperor.

So neither Vergil nor Horace in early manhood had any reason to be a strong partisan of the winning side. Augustus, however, saw from the beginning that he would need the services of literary men if his cause was to flourish. Therefore he gathered around him a group of literary artists and saw to it that they were freed from the necessity of earning a living. He did this through the efforts of Maecenas Asinius Pollio and M. Valerius Messala, who acted almost as official patrons of literature. Horace owed the gift of a farm to Maecenas, and Vergil enjoyed the direct patronage of the imperial family. If one is inclined to doubt the genuine feeling of poets enlisted in a cause through material support, he must read the literature and judge for himself. From the cynicism and bitterness of Horace's early *Epodes* and *Satires* to the feeling expressed in the national odes of Book III, a development of admiration

6

for the policies of Augustus is recorded. Vergil's three major works, the *Eclogues,* the *Georgics,* and the *Aeneid,* treat in ascending order the beauty of the countryside of Italy, the strength of its natural resources and manpower, and the destined greatness of Rome under the Julian line. The *Aeneid* has remained one of the great landmarks of epic literature. For poetry to have survived and flourished for so many centuries, the inspiration had to be greater than mere slavish attachment to political pressures.

To what extent can the literature of Rome's Golden Age be compared with the genius and enthusiasm of the Elizabethan Age? Except for the plays of Plautus and Terence, there are no complete works surviving the earlier period of Republican Literature. This obscures our answer somewhat. However, after Livius Andronicus produced his first drama in 240 B.C., literary activity flourished in Rome. There was an abundance of drama, poetry and oratory. We know that without the pioneer work of Ennius (239–169 B.C., and without the *De Rerum Natura* of Lucretius, Vergil could not have produced in Latin a meter so perfectly mastered. Horace acknowledged his debt to the satirist Lucilius (148–103 B.C.). Furthermore Roman literature was based essentially on Greek models. So, it may truthfully be said that the poetry of the Augustan Age was the result of the efforts of previous centuries. It was based on older models but added to them the reinspiration of faith in Rome and its destiny under Augustus.

Unfortunately, this optimism did not long survive the death of the leader. With Tiberius came autocracy and with the Julio-Claudian emperors came increased disenchantment with the imperial system. It is no whim of phraseology that the age of Seneca, Lucan, Juvenal, Tacitus, Pliny, and Martial is called "Silver."

Vergil

Mantua me genuit; Calabri rapuere; tenet nunc
Parthenope; cecini pascua, rura, duces.

These words, supposed to have been carved on Vergil's tomb near the
grotto of Posillipo in Naples, are a simple summary of a rich artistic life.
Publius Vergilius Maro was born in 70 B.C. in the village of Andes near
Mantua in Cisalpine Gaul. He died at Brundisium in Calabria, the province
in southeast Italy. Parthenope (Naples) has him now — holds his ashes.
He sang of pastures (the *Eclogues*), fields (the *Georgics*), and heroes (the
Aeneid).

The poet's boyhood was spent on the family farm in the fertile and lovely
lake region of northern Italy. When he was twelve, his father sent him to
Cremona to school, and then to Milan, Rome, and Naples. These influences,
the simple and secure country life of his childhood and a thorough grounding
in Greek literature and philosophy, were to shape his artistic creation.

After years of study — rhetoric under Epidius, the teacher of Antony and
Octavian, and philosophy under Siron, a distinguished Epicurean — Vergil
probably returned to his home in the north. National crisis intruded upon the
tranquil literary life, as we have seen in the preceding section on the Augustan
Age. In 42 B.C., after the defeat of Brutus and Cassius at Philippi, the
victorious Triumvirs, Antony, Lepidus, and Octavian, promised their veterans
the lands belonging to certain Italian towns, Cremona among them. The
soldiers insisted that a portion of neighboring Mantua be included in the
distribution, and Vergil's farm shared the common calamity. But the poet
had an ally in C. Asinius Pollio, administrator of the province. At the sug-
gestion of Pollio and furnished with letters from him, Vergil visited Rome and
won the favor not only of Maecenas but also of Octavian.

Later political changes brought renewed complications with the veterans. Though Vergil had ample protection because of his distinguished friends, he must have decided that the neighborhood was unsympathetic and lived thereafter in Rome or Naples.

His works, the *Eclogues* and the *Georgics,* brought him to a pinnacle of fame, and he was generally regarded, then as now, as Rome's greatest poet. When it became known that he was engaged upon the *Aeneid,* excitement ran high over the prospect of a true Roman epic. The poet Propertius predicted:

> Cedite Romani scriptores, cedite Graii;
> nescio quid maius nascitur Iliade.

At last Rome would produce a work to challenge the greatest work of the Greeks, the *Iliad.* The years of artistic second-best were coming to an end.

Vergil devoted eleven years to the creation of his masterpiece. In 19 B.C. he traveled to Greece and Asia, perhaps because he wished to complete the work under Greek influence. At Athens he met Augustus, who was coming home from his tour of the East. Emperor induced poet to join him on the return to Italy. During the voyage, a fever Vergil had contracted under the burning sun of Megara in Sicily grew worse. He died at the age of fifty, a few days after landing at Brundisium. His body was taken to Naples, the Parthenope of the inscription, where today proud Neapolitans point out the site of the supposed tomb of their adopted son.

SEPULCRUM VERGILII AD NEAPOLIM

RUS ITALICUM APUD FLUMEN ANIENUM

Because he believed that the *Aeneid* was imperfect in some details Vergil had insisted on his deathbed that it be cast into the flames. Augustus would not permit the destruction of a work central to his vision of a reanimated Rome. He asked Vergil's friends and literary executors, Varius and Tucca, to review it. The corrections they made were slight, and the *Aeneid* was published. Augustus had the majestic epic which would commemorate his reign.

WORKS

The *Bucolics*. Vergil's first work, the *Bucolics* or *Eclogues,* was composed between 42 and 37 B.C. These were ten short pastoral poems; the name *Eclogue* is derived from a Greek word meaning "select pieces." In these poems Vergil imitated the idyls of Theocritus, a Greek poet of the third century B.C., who had glorified the world of shepherds in the countryside of his native Sicily. Some of the *Eclogues* make direct reference to Vergil's own circumstances and the circumstances of the times, while others reproduce stories of Theocritus, such as the unhappy love of Gallus and Lycoris. In the *Fourth Eclogue,* included here after the *Aeneid,* Vergil speaks of the birth of a child whose coming would restore to the earth a golden age of peace and purity. For generations in the Christian era, it was believed that Vergil was the "unconscious instrument of inspired prophecy," foretelling the coming of Christ. It was largely because of this poem that he had a kind of magical hold on the imagination of people in the Middle Ages.

10

The *Georgics*. These were treatises on farming, written at the request of Maecenas, who wished to inspire a greater interest in the land and restore the ancient Roman virtues of thrift, industry, and simplicity. Vergil records the annual round of labor of the Italian farmer; the relations of man with nature; the delights of country life; and contrasts the tranquility of this way of life with the luxury and licentiousness of urban existence. The first book treats agriculture as a whole, the second arboriculture, with special emphasis on the grape and the olive, the third stock-raising, and the fourth

ACHILLES ET AGAMEMNON

bee-keeping. Vergil's technical model was Hesiod's *Works and Days;* philosophically he was influenced by Lucretius in the theme of the struggle of human forces with the forces of nature. He infused his presentation of the subject with a sense of the delight in country things — the fragrance of flowers, the sparkling grace of lakes and rivers, the brilliance of sun, stars, and moon over the quiet land.

The *Aeneid.* The epic was probably begun at the request of Augustus, who may also have suggested its theme, the voyage of the Trojan Aeneas and his ultimate settlement in Italy. Since the Julian *gens*, to which Augustus belonged, claimed descent from Ascanius, or Iulus, the son of Aeneas, the emperor would of course be delighted by a heroic poem which centered around his celebrated ancestor. Vergil himself had given earlier indications that he was interested in the story as a framework for an epic. He had been Rome's Theocritus and Hesiod; now he would be its Homer. Both poet and emperor saw the poem as a vehicle for the expression of national ideals and a device to make the Roman people conscious of their heritage, achievements, and goals.

In design, the *Aeneid* closely resembles the *Iliad* and the *Odyssey.* The first six books of the *Aeneid* tell of the wanderings of Aeneas and his arrival at the court of Dido; the *Odyssey* recounts Ulysses' adventures and the episode with Nausicaa at the court of Alcinous. The last six books of the *Aeneid* are concerned with the creation of a wonderful shield made for Aeneas, corresponding to the shield of Achilles in the *Iliad,* and single combat between Turnus and Aeneas for the hand of Lavinia, which parallels the struggle between Hector and Achilles in the *Iliad.*

Vergil's purposes were vastly different from those of Homer. He was not merely telling a tale of action, adventure, and heroism. All the events described are connected with Rome's past and present, and, even more important, with its glorious future. Aeneas is endowed with the virtues that Augustus wished his people to cherish and imitate. The quality of *pietas*, often invoked in the poem, encompasses all the duties of man — to father, to children, to comrades, and especially to the gods.

Certainly Aeneas is not a hero to the modern taste; he seems too good to be true, irritatingly noble and selfless. But he must be interpreted in the light of the author's intention; he must carry the heavy burden of moral perfection and be the embodiment of national ideals. Both Augustus and Vergil had lived through the chaos and corruption and brutality of the late Republican period. Both had an intense yearning to restore to Roman society the moral strength of an earlier day, to celebrate and increase Rome's political eminence, and even to sanctify its role as preserver of law and civilization in a far-flung empire.

12

The Story of Troy

To the marriage feast of Peleus, king of the Myrmidons, and Thetis, the beautiful Nereid, came many gods bearing gifts. One deity had not been invited to the celebration — Eris, or Atë, goddess of discord. In anger and revenge, Eris threw into the midst of the guests a golden apple inscribed "To the Fairest." Immediately Juno, Minerva, and Venus claimed it and appealed to Jupiter to settle their dispute. He wisely declined to award the apple and told the goddesses that Paris of Troy would make the decision. Mercury, messenger of the gods, conducted them to Mt. Ida where Paris was tending sheep.

Because Hecuba, Paris's mother, had dreamed that she bore a firebrand, an omen that her expected child would bring disaster, the infant had been exposed on a mountain side. Saved by shepherds, he had grown up to be handsome and charming. Now three goddesses approached him with remarkable bribes. Juno promised him power, riches, and domestic happiness; Minerva offered wisdom and respect; Venus said that he would have the loveliest woman in the world for his wife. Paris gave the apple to Venus, thereby gaining for himself, and for the Trojan people, the undying hatred of Juno and Minerva.

Everyone acknowledged that the most beautiful woman in the world was Helen, daughter of Leda and Jupiter. All the chieftains of Greece had sought Helen in marriage. At the instigation of Ulysses, her suitors had given a solemn promise that, no matter whom she chose, they would be her everlasting champions. She wed Menelaus, king of Sparta, whose brother was Agamemnon, king of Mycenae.

13

NUPTIAE PELEI ET THETIDIS

For a time, Paris did not demand his prize, but when he finally reminded Venus of her promise, she bade him go to Sparta. There he persuaded Helen to elope with him. As soon as Menelaus, Helen's husband, learned of this, he called on the Greek chieftains to fulfill their pledge. Many things delayed the formation of the army. Ulysses proved unwilling to keep the promise he had initiated; he was happy in his small kingdom of Ithaca. Thetis wanted to keep her son Achilles out of battle because an oracle had declared that he would fall in a war against Troy. A plague struck the Greek army as the result of an impiety unwittingly committed by Agamemnon.

At last the fleet sailed. Its leaders were Ulysses, Achilles, Agamemnon, Menelaus, wise Nestor, formidable Ajax, brave Diomedes, and Protesilaüs, who would die in the first attack. The Trojans withdrew behind their city walls, and a siege ensued which lasted ten years. Gods and goddesses took part, now on this side, now on that; Jupiter tried to be neutral, but sometimes was forced to intervene. In the tenth year of the struggle, as the Trojan War approached its climax, many heroic combats were fought.

Troy was finally taken by the ruse of the wooden horse, designed by Ulysses. The city was set on fire and its citizens, who had been sleeping soundly after the revelry celebrating the supposed departure of the Greeks, were killed or captured. A small band under the leadership of Aeneas escaped from the burning city and fled to a spot near Mt. Ida. There they built a fleet and began a long voyage in search of an unknown but divinely appointed home. It is this journey that forms the narrative thread of the *Aeneid*.

GENEALOGICAL TABLE

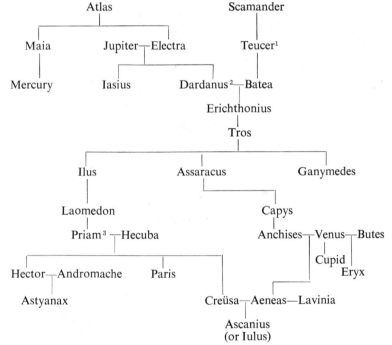

Atlas

Scamander

Maia

Jupiter—Electra

Teucer[1]

Mercury

Iasius

Dardanus[2]—Batea

Erichthonius

Tros

Ilus

Assaracus

Ganymedes

Laomedon

Capys

Priam[3]—Hecuba

Anchises—Venus—Butes

Cupid

Eryx

Hector—Andromache

Paris

Astyanax

Creüsa—Aeneas—Lavinia

Ascanius
(or Iulus)

[1] Teucer, son of the river-god Scamander, was the first king of Troy; hence the Trojans are called *Teucri*. He came from Crete (III. 108).

[2] Dardanus was the mythical ancestor of the Trojans (hence, *Dardanidae*), and through them, of the Romans. According to Italian tradition, he came to Phrygia from Corythus (Cortona), an Etruscan town (III. 167), married the daughter of Teucer, and became his successor in the kingdom.

[3] Of Priam's children, the following are prominently mentioned in the *Aeneid:* Cassandra, Creüsa, Deiphobus, Hector, Helenus, Laocoön, Paris, Polites, Polydorus, Polyxena, Troilus.

15

THE
AENEID
OF
VERGIL

tu regere imperio populos, Romane, memento;
hae tibi erunt artes; pacique imponere morem,
parcere subiectis, et debellare superbos.

AENEID VI. 851-853

LIBER I

The Theme of the Poem and an Invocation to the Muse

ARMA virumque canō, Trōiae quī prīmus ab ōrīs
    Ītaliam, fātō profugus, Lāvīniaque vēnit
    lītora, multum ille et terrīs iactātus et altō
vī superum saevae memorem Iūnōnis ob īram;
multa quoque et bellō passus, dum conderet urbem,   5

    1. Arma virumque: Cognate acc.; **Arma** suggests that this is a war epic, **virum** that
it deals with a hero, Aeneas.   **2. Italiam:** The preposition (**ad**) is often omitted in
poetry, as with **litora,** l. 3.   **fato:** Abl. of means.   **profugus:** Aeneas was driven from
Troy by fate.   **Lavinia . . . litora:** *the shores of Latium,* called after Aeneas's wife
Lavinia, daughter of King Latinus.   **3. multum:** Used adverbially with **iactatus,**
much buffeted.   **4. superum:** Archaic form of **superorum,** *of the gods.*   Juno is his
chief foe, but all the gods are interested in his fortune.   **memorem:** Modifies **iram,** *the
lasting wrath.*   **5. multa . . . passus:** *enduring many hardships also in war;* **passus**
is the perf. part. of **patior.**   **dum conderet:** *until he could found.*

īnferretque deōs Latiō, genus unde Latīnum,
Albānīque patrēs, atque altae moenia Rōmae.
Mūsa, mihī causās memorā, quō nūmine laesō,
quidve dolēns, rēgīna deum tot volvere cāsūs
īnsignem pietāte virum, tot adīre labōrēs   10
impulerit. Tantaene animīs caelestibus īrae?

Juno's Jealousy and Anger

Urbs antīqua fuit, Tyriī tenuēre colōnī,
Karthāgō, Ītaliam contrā Tiberīnaque longē
ōstia, dīves opum studiīsque asperrima bellī;
quam Iūnō fertur terrīs magis omnibus ūnam   15
posthabitā coluisse Samō; hīc illius arma,
hīc currus fuit; hoc rēgnum dea gentibus esse,
sī quā fāta sinant, iam tum tenditque fovetque.
Prōgeniem sed enim Trōiānō ā sanguine dūcī
audierat, Tyriās ōlim quae verteret arcēs;   20

6. **deos:** Penates or household gods, images carried from burning Troy. **Latio:** Dat.; prose construction would be **in Latium. unde (est):** *whence there is.* 7. **Albanique patres:** Aeneas's son Ascanius founded Alba Longa, whence came Romulus and Remus to found Rome. 8. **Musa:** Calliope, the Muse of epic poetry. Vergil seeks inspiration from her in this traditional invocation. **quo numine laeso:** Abl. abs., *for what insult to her divinity.* 9. **quid dolens:** *aggrieved at what.* **deum** = **deorum. volvere:** *to run the round of,* the "wheel of fate" idea. 10. **pietate:** Abl. of cause, *for his piety and devotion* to his father as well as to the gods. For a discussion of the concept of **pietas,** see Introduction, p. 12. **adire:** *to face.* 11. **impulerit:** Indirect question. **Tantaene . . . irae:** *Can there be such resentment in heavenly hearts?* **irae** is an abstract noun used in the plural, a common occurrence in poetry.

12. **antiqua:** Carthage is said to have been founded in the 9th century B.C. **Tyrii:** *settlers from Tyre;* the Carthaginians came from this great city in Phoenicia. **tenuere:** A form of the 3rd pers. pl., perf. indic., commonly used in poetry. 13. **contra . . . longe:** *far away and facing.* 14. **opum:** Gen. of respect with **dives,** a poetic construction. **studiis asperrima belli:** *hardened in the pursuits of war;* **studiis** is abl. of respect. 15. **fertur** = **dicitur** (a common meaning in poetry). **terris:** Abl. of comparison. 16. **posthabita . . . Samo:** Abl. abs., *holding even Samos in less esteem.* Samos, an island in the Aegean, was Juno's birthplace, where she had a magnificent temple. **coluisse:** *to have cherished.* **Samo — hic:** Hiatus; **hic,** i.e., at Carthage. **arma (fuerunt).** 17. **hoc regnum . . . gentibus esse:** *that this would be the seat of royal power for the world.* 19. **duci:** Pres. pass. infin., *was springing.* 20. **olim:** *one day.* **verteret** = **everteret:** *was to overthrow;* this refers to the Punic Wars and the final destruction of Carthage in 146 B.C.

hinc populum lātē rēgem bellōque superbum
ventūrum excidiō Libyae: sīc volvere Parcās.
Id metuēns, veterisque memor Sāturnia bellī,
prīma quod ad Trōiam prō cārīs gesserat Argīs —
necdum etiam causae īrārum saevīque dolōrēs   25
exciderant animō: manet altā mente repostum
iūdicium Paridis sprētaeque iniūria fōrmae,
et genus invīsum, et raptī Ganymēdis honōrēs —
hīs accēnsa super, iactātōs aequore tōtō
Trōas, rēliquiās Danaum atque immītis Achillī,   30
arcēbat longē Latiō, multōsque per annōs
errābant, āctī fātīs, maria omnia circum.
Tantae mōlis erat Rōmānam condere gentem!

The Trojans Leave Sicily for Italy

Vix ē cōnspectū Siculae tellūris in altum
vēla dabant laetī, et spūmās salis aere ruēbant,   35
cum Iūnō, aeternum servāns sub pectore vulnus,
haec sēcum: "Mēne inceptō dēsistere victam,
nec posse Ītaliā Teucrōrum āvertere rēgem?
Quippe vetor fātīs. Pallasne exūrere classem

· · · · · · · · · · · · · · · · · · · **21. hinc:** i.e., from the Trojan race.
regem = regnantem. 22. excidio Libyae: Dat. of purpose, *for Libya's* (i.e. Africa's)
destruction. **volvere:** *decreed;* again the wheel of fate idea. **23. veteris . . . belli:**
i.e., the siege of Troy. **Saturnia:** Juno, the daughter of Saturn; subj. of **arcebat,** l. 31.
24. ad Troiam: *about Troy.* **26. mente repostum:** *stored in her heart;* **repostum** is
an example of syncope. **27. iudicium Paridis:** See Introduction, p. 13. **spretae
iniuria formae:** *the insult of slighting her beauty* — in the decision of Paris. **28. honores:** *honors bestowed on;* according to the version of the Cyclic poets, Ganymede,
Priam's brother, was carried off (*rapti*) by Jove's eagle to be the cupbearer to the gods
in place of Hebe, Juno's daughter. **29. super:** *in addition.* **30. Danaum = Danaorum:** Subj. gen., i.e., whom the Greeks left behind. **Achilli:** Gen. sing. for Achilles
(a Greek noun); subj. gen. construction. **31. Latio:** Abl. of separation. **33. Tantae
molis erat:** *So great a task it was;* **molis** is gen. of quality.
    35. dabant (ventis): *they were spreading.* **spumas salis:** *the foaming brine* (lit.,
the foam of the salt [*sea*]). **aere:** i.e., bronze-prowed ships, abl. of material; this is
an example of metonymy. **ruebant:** *were plowing.* **37. haec secum (loquitur).**
Mene . . . desistere: *What! I desist?* — acc. of exclamation. **38. Italia:** Abl. of
separation; cf. **Latio,** l. 31. **Teucrorum:** *of the Trojans,* so called from the earliest
king, Teucer. **39. Quippe:** *Doubtless!*

Argīvum atque ipsōs potuit submergere pontō,　　　　40
ūnius ob noxam et furiās Āiācis Oīleī?
Ipsa, Iovis rapidum iaculāta ē nūbibus ignem,
disiēcitque ratēs ēvertitque aequora ventīs,
illum exspīrantem trānsfīxō pectore flammās
turbine corripuit scopulōque īnfīxit acūtō.　　　　45
Ast ego, quae dīvum incēdō rēgīna, Iovisque
et soror et coniūnx, ūnā cum gente tot annōs
bella gerō! Et quisquam nūmen Iūnōnis adōrat
praetereā, aut supplex ārīs impōnet honōrem?"

Juno Appeals to Aeolus, God of the Winds

Tālia flammātō sēcum dea corde volūtāns　　　　50
nimbōrum in patriam, loca fēta furentibus austrīs,
Aeoliam venit. Hīc vāstō rēx Aeolus antrō
luctantēs ventōs tempestātēsque sonōrās
imperiō premit ac vinclīs et carcere frēnat.
Illī indignantēs magnō cum murmure montis　　　　55
circum claustra fremunt; celsā sedet Aeolus arce
scēptra tenēns, mollitque animōs et temperat īrās.
Nī faciat, maria ac terrās caelumque profundum

. . . . **40. Argivum = Argivorum. ipsos:**
Opposed to **classem** — *the men,* or *the crew.* **41. unius:** *of one man merely.* **furias:**
the frenzy; his crime consisted in profaning the temple of Minerva. **Oilei:** *son of
Oileus;* trisyllabic, *ei* is read as one syllable. **42. Ipsa . . . iaculata:** *hurling with
her own hand.* Hurling the thunderbolts was Jove's right, and Pallas was the only
other deity who enjoyed the privilege. **ignem:** Lightning, which set fire to the ships.
44. illum: *but him,* Ajax. **transfixo:** *pierced* with the thunderbolt. **45. corripuit
. . . infixit:** *caught up . . . impaled.* **46. Ast ego:** *While I,* contrasted with Pallas;
ast is an old form of **at. divum = deorum. incedo:** *walk,* suggesting the majestic
dignity of the gait of the goddess. **47. soror:** Jupiter and Juno were children of
Saturn. **48. quisquam . . . adorat:** *does anyone adore,* implying the negative.
49. praeterea: *any longer.*
　　　51. loca feta: *a land teeming.* **austris:** i.e., any violent *winds.* **52. Aeoliam:**
One of the Lipari Islands, north of Sicily; also called the *insulae Volcaniae,* because
here Vulcan had his forge. **54. vinclis (vinculis) et carcere:** *with bonds of his prison,*
hendiadys. **55. Illi:** *But they (the winds).* **magno . . . montis:** Alliteration. **57. sceptra tenens:** *scepter in hand;* the plural is used for metrical reasons. **58. Ni:** Old
form of **nisi. faciat, ferant, verrant:** More vivid than the imp., which would normally
be used in present contrary-to-fact conditions.

quippe ferant rapidī sēcum verrantque per aurās.
Sed pater omnipotēns spēluncīs abdidit ātrīs,   60
hoc metuēns, mōlemque et montēs īnsuper altōs
imposuit, rēgemque dedit, quī foedere certō
et premere et laxās scīret dare iussus habēnās.
Ad quem tum Iūnō supplex hīs vōcibus ūsa est:
"Aeole — namque tibī dīvum pater atque hominum rēx   65
et mulcēre dedit fluctūs et tollere ventō —
gēns inimīca mihī Tyrrhēnum nāvigat aequor,
Īlium in Ītaliam portāns victōsque Penātēs:
incute vim ventīs submersāsque obrue puppēs,
aut age dīversōs et disice corpora pontō.   70
Sunt mihi bis septem praestantī corpore nymphae,
quārum quae fōrmā pulcherrima Dēiopēa,
cōnūbiō iungam stabilī propriamque dicābō,
omnēs ut tēcum meritīs prō tālibus annōs
exigat, et pulchrā faciat tē prōle parentem."   75

Aeolus Complies with Juno's Request

Aeolus haec contrā: "Tuus, Ō rēgīna, quid optēs
explōrāre labor; mihi iussa capessere fās est.
Tū mihi, quodcumque hoc rēgnī, tū scēptra Iovemque

. . . . 59. quippe   ferant: *surely
they would whirl off.* 61. molem et montes: *a mass of mountains.* 63. premere (eos): *to check them.* sciret: Rel. clause of purpose. iussus: *(only) when
bidden* by Jove. 64. vocibus (for verbis): With usa est, *addressed.* 65. namque:
An example of ellipsis, *(to you I come) for.* 66. mulcere, tollere: Obj. of dedit,
a frequent use, meaning *has given power.* 67. Tyrrhenum: *Tuscan,* the sea between
Sicily and Italy. aequor: Cognate acc. 69. incute vim ventis: *strike fury into the
winds,* or *lash the winds to fury.* submersas obrue: *overwhelm and sink;* prolepsis.
70. age diversos (eos): *drive and scatter their crews.* ponto: *over the sea.* 71. praestanti corpore: Abl. of description, *of outstanding beauty.* 72. quarum quae (est):
of these the one who is. 73. conubio: Scan as three syllables; synizesis. propriam
dicabo: *I shall make her your own forever.* 74. meritis: *services* rendered to Juno.
75. exigat, faciat: Purpose clauses. pulchra . . . parentem: *make you a father of
beautiful children.*
    76. haec contra (dicit): *thus speaks in reply.* Tuus . . . labor: *Your task is to
determine what you wish.* optes: Indir. question. 78. quodcumque hoc regni:
whatever rule I have. sceptra Iovemque: *my scepter and Jove's favor;* hendiadys.

conciliās, tū dās epulīs accumbere dīvum,
nimbōrumque facis tempestātumque potentem."   80
   Haec ubi dicta, cavum conversā cuspide montem
impulit in latus: ac ventī, velut agmine factō,
quā data porta, ruunt et terrās turbine perflant.
Incubuēre marī, tōtumque ā sēdibus īmīs
ūnā Eurusque Notusque ruunt crēberque procellīs   85
Āfricus, et vāstōs volvunt ad lītora fluctūs.
Īnsequitur clāmorque virum strīdorque rudentum.
Ēripiunt subitō nūbēs caelumque diemque
Teucrōrum ex oculīs; pontō nox incubat ātra.
Intonuēre polī, et crēbrīs micat ignibus aethēr,   90
praesentemque virīs intentant omnia mortem.
   Extemplō Aenēae solvuntur frīgore membra:
ingemit, et duplicēs tendēns ad sīdera palmās
tālia vōce refert: "Ō terque quaterque beātī,
quīs ante ōra patrum Trōiae sub moenibus altīs   95
contigit oppetere! Ō Danaum fortissime gentis
Tȳdīdē! Mēne Īliacīs occumbere campīs
nōn potuisse, tuāque animam hanc effundere dextrā,
saevus ubi Aeacidae tēlō iacet Hector, ubi ingēns
Sarpēdōn, ubi tot Simoīs correpta sub undīs   100
scūta virum galeāsque et fortia corpora volvit?"

· **79. das:** *you grant*
(*me a place*). **divum:** Gen. pl. **80. facis** (me). **81. conversa cuspide:** Abl. abs.,
with spear point turned. **82. velut agmine facto:** *like an assaulting column,* i.e., with
one accord; simile. **84. Incubuere mari:** Perf. of instantaneous action, *straightway they settle* (i.e., have swooped down) *on the sea.* **85. una = simul. creber procellis:**
gusty; what is the literal translation? **87. virum = virorum. 90. crebris . . . ignibus:**
with lightning flashes in quick succession. **92. solvuntur . . . membra:** *his limbs are
paralyzed with chilling horror.* **93. palmas:** i.e., both hands were upturned in an
attitude of prayer. **94. talia voce refert:** *thus speaks; voce* here, as often, can hardly
be translated. **beati:** *blessed they were;* ellipsis. **95. quis = quibus:** Dat. with
contigit, *whose happy lot it was.* **96. oppetere** (mortem): *to die.* **Danaum:** Gen. pl.
97. Tydide: *son of Tydeus,* Diomedes. **Mene . . . non potuisse:** *Why could I not?*
occumbere (morti). **campis:** Abl. of place where. **98. tua . . . dextra:** *breathe out
this life of mine beneath your right hand.* **99. Aeacidae telo:** (*slain*) *by the spear of
Achilles,* grandson of Aeacus. **100. Sarpedon** (iacet): An ally of the Trojans.
Simois: A famous river near Troy. **correpta:** With **scuta,** *swept away.* **101. virum:**
Gen. pl.

Tālia iactantī strīdēns Aquilōne procella
vēlum adversa ferit, fluctūsque ad sīdera tollit.
Franguntur rēmī; tum prōra āvertit, et undīs
dat latus; īnsequitur cumulō praeruptus aquae mōns.   105
Hī summō in fluctū pendent; hīs unda dehīscēns
terram inter fluctūs aperit; furit aestus arēnīs.
Trēs Notus abreptās in saxa latentia torquet
(saxa vocant Italī mediīs quae in fluctibus ārās,
dorsum immāne marī summō); trēs Eurus ab altō   110
in brevia et syrtēs urguet, miserābile vīsū,
illīditque vadīs atque aggere cingit arēnae.
Ūnam, quae Lyciōs fīdumque vehēbat Orontēn,
ipsius ante oculōs ingēns ā vertice pontus
in puppim ferit: excutitur prōnusque magister   115
volvitur in caput; ast illam ter fluctus ibīdem
torquet agēns circum, et rapidus vorat aequore vortex.
Appārent rārī nantēs in gurgite vāstō,
arma virum, tabulaeque, et Trōia gāza per undās.
Iam validam Īlioneī nāvem, iam fortis Achātae,   120
et quā vectus Abās, et quā grandaevus Alētēs,
vīcit hiems; laxīs laterum compāgibus omnēs
accipiunt inimīcum imbrem, rīmisque fatīscunt.

102. (ei) Talia iactanti: *As he thus cried aloud.* **stridens Aquilone:** *howling from the north.* **103. adversa:** *in front.* **ad sidera:** *to the stars;* hyperbole. **104. avertit:** *swings around.* **105. dat:** *exposes.* **cumulo:** *in a mass.* **praeruptus ... mons:** *a towering billow, mountain high.* The monosyllable **mons**, ending the verse, suggests the thud of the wave. **106. Hi:** *Some of the sailors.* **his:** *to others.* **107. terram ... aperit:** *lays bare the ground;* hyperbole. **furit aestus arenis:** *the seething flood rages with the sands.* **108. Tres (naves). Notus:** Usually the south wind, but Vergil pays little attention to the exact direction of the winds. **saxa:** *reefs,* just outside the Bay of Carthage. **110. dorsum:** *a reef.* **mari summo:** *at the surface.* **111. brevia:** *shallows* or *shoals.* **miserabile visu:** *a piteous sight;* visu is a supine (used with adjectives). **112. vadis:** *on the shoals;* dat. with a compound verb. **114. ipsius ... oculos:** *his very eyes,* i.e., Aeneas's. **115. excutitur:** *is thrown overboard.* **magister:** *the helmsman.* **116. volvitur in caput:** *pitches headlong.* **illam:** *her,* the ship. **118. rari:** *(men) here and there;* notice the spondees. **119. arma:** Such as wicker shields and leather helmets. **virum:** Gen. pl. **tabulae:** *planks.* **120. Ilionei:** scanned -*ei,* as one syllable; synizesis. **Achatae:** Gen. sing. **121. qua vectus Abas:** *(that ship) in which Abas sailed.*

Intereā magnō miscērī murmure pontum,
ēmissamque hiemem sēnsit Neptūnus, et īmīs   125
stāgna refūsa vadīs, graviter commōtus; et altō
prōspiciēns, summā placidum caput extulit undā.
Disiectam Aenēae tōtō videt aequore classem,
fluctibus oppressōs Trōas caelīque ruīnā,
nec latuēre dolī frātrem Iūnōnis et īrae.   130
Eurum ad sē Zephyrumque vocat, dehinc tālia fātur:
"Tantane vōs generis tenuit fīdūcia vestrī?
Iam caelum terramque meō sine nūmine, ventī,
miscēre, et tantās audētis tollere mōlēs?
Quōs ego — sed mōtōs praestat compōnere fluctūs.   135
Post mihi nōn similī poenā commissa luētis.
Mātūrāte fugam, rēgīque haec dīcite vestrō:
nōn illī imperium pelagī saevumque tridentem,
sed mihi sorte datum. Tenet ille immānia saxa,
vestrās, Eure, domōs; illā sē iactet in aulā   140
Aeolus, et clausō ventōrum carcere rēgnet."
Sīc ait, et dictō citius tumida aequora plācat,
collēctāsque fugat nūbēs, sōlemque redūcit.
Cȳmothoē simul et Trītōn annīxus acūtō
dētrūdunt nāvēs scopulō, levat ipse tridentī,   145
et vāstās aperit syrtēs et temperat aequor,

---

124. magno misceri murmure: Alliteration.   **126. stagna refusa vadis:** *that still waters had been upheaved from their lowest depths.* **alto prospiciens:** *gazing out over the deep;* **alto,** abl. of place.   **127. placidum:** *tranquil;* his was anger with dignity. **129. caeli ruina:** *the wreck of heaven,* i.e., the storm.   **130. latuere . . . fratrem:** *escaped her brother,* i.e., he "saw through" Juno's schemes; the verb lateo is usually intransitive.   **131. dehinc:** One syllable; synizesis.   **132. generis . . . fiducia:** *trust in your birth;* the winds were the sons of Aurora and Titan Astraeus. **tenuit:** *has possessed.* **133. numine:** *will,* i.e., permission.   **134. moles:** *mountain of water.* **135. Quos ego:** The rhetorical figure aposiopesis. He can now spare no time for words. **praestat:** *it is better.* **136. Post = postea. non simili poena:** *by a very different penalty;* litotes.   **139. sorte:** *by lot;* when Saturn's universe was divided, his sons Jupiter, Neptune, and Pluto chose their realms by lot.   **140. se iactet:** *let him* (Aeolus) *bluster,* i.e., play the king. **aula:** *in his court.*   **142. dicto citius:** *more quickly than the word.*   **144. Cymothoe:** A sea-nymph. **Triton:** Neptune's trumpeter. **annixus:** *pushing against the ships.*   **145. ipse:** Neptune.   **146. aperit:** *opens a way through.*

atque rotīs summās levibus perlābitur undās.
Ac velutī magnō in populō cum saepe coorta est
sēditiō, saevitque animīs ignōbile vulgus,
iamque facēs et saxa volant, furor arma ministrat,   150
tum, pietāte gravem ac merītis sī forte virum quem
cōnspexēre, silent, arrēctīsque auribus astant;
ille regit dictīs animōs, et pectora mulcet:
sīc cūnctus pelagī cecidit fragor, aequora postquam
prōspiciēns genitor caelōque invectus apertō   155
flectit equōs, currūque volāns dat lōra secundō.

The Landing of the Trojans in Africa

Dēfessī Aeneadae, quae proxima lītora, cursū
contendunt petere, et Libyae vertuntur ad ōrās.
Est in sēcessū longō locus: īnsula portum
efficit obiectū laterum, quibus omnis ab altō   160
frangitur inque sinūs scindit sēsē unda reductōs.
Hinc atque hinc vāstae rūpēs geminīque minantur
in caelum scopulī, quōrum sub vertice lātē
aequora tūta silent; tum silvīs scaena coruscīs
dēsuper horrentīque ātrum nemus imminet umbrā.   165
Fronte sub adversā scopulīs pendentibus antrum,
intus aquae dulcēs vīvōque sedīlia saxō,
nymphārum domus: hīc fessās nōn vincula nāvēs
ūlla tenent, uncō nōn alligat ancora morsū.

········ **148–153.** This is one of the most celebrated of Vergil's similes.
148. velutī ... cum ... sīc: *just as when ... so.* **149. saevit ... vulgus:** *the mob goes wild with emotion;* **vulgus** is neuter. **151. virum quem:** *any man;* obj. of **conspexere.** **155. genitor:** Neptune. **caelo invectus aperto:** *riding through the cloudless sky.* **156. curru:** For **currui,** dat. **secundo:** *quick-gliding.*
157. Aeneadae: *the followers of Aeneas.* **quae proxima:** *the nearest.* **158. vertuntur:** *turn,* middle voice. **159. secessu longo:** *deep inlet.* **160. quibus:** *against which.* **161. in sinus ... reductos:** *into receding waves.* **162. Hinc atque hinc:** *On either side.* **minantur:** *rise in a threatening manner.* **164. tum:** *also.* **scaena:** *the background,* or set, in a Roman theater; here, the wooded hills as seen from the shore. **166. Fronte sub adversa:** *under the opposite cliff,* as they enter the harbor. **scopulis pendentibus:** *formed by overhanging rocks.* **167. aquae dulces:** *a spring of fresh water.* **vivo ... saxo:** *of natural rock.* **168. vincula:** *cables.* **169. non** = **nulla. morsu:** *fluke* of an anchor; this is an anachronism because large stones, not anchors, were used for mooring ships in this era.

Hūc septem Aenēās collēctīs nāvibus omnī   170
ex numerō subit; ac magnō tellūris amōre
ēgressī optātā potiuntur Trōes arēnā,
et sale tābentēs artūs in lītore pōnunt.
Ac prīmum silicī scintillam excūdit Achātēs,
suscēpitque ignem foliīs, atque ārida circum   175
nūtrīmenta dedit, rapuitque in fōmite flammam.
Tum Cererem corruptam undīs Cereāliaque arma
expediunt fessī rērum, frūgēsque receptās
et torrēre parant flammīs et frangere saxō.

. . . . **170. septem:** From the original twenty. **171. subit:** *seeks shelter.* **telluris:** Obj. gen. **172. arena:** Abl. with
potiuntur. **173. tabentes:** *dripping.* **ponunt:** *stretch.* **174. silici:** *from a flint,*
dat. of separation. **175. circum . . . dedit:** Tmesis. **176. rapuit:** *kindled.*
fomite: *tinder,* i.e., leaves and twigs. **177. Cererem:** *grain* or *corn,* by metonymy.
corruptam: *damaged.* **Cerealia arma:** *implements of Ceres,* i.e., cooking utensils.
178. fessi rerum: *weary of their troubles;* gen. of specification. **receptas:** *rescued.*
179. torrere: *roast* or *parch* (before grinding). **frangere:** *crush,* as with a mortar
and pestle.

Aenēās scopulum intereā cōnscendit, et omnem   180
prōspectum lātē pelagō petit, Anthea sī quem
iactātum ventō videat Phrygiāsque birēmēs,
aut Capyn, aut celsīs in puppibus arma Caīcī.
Nāvem in cōnspectū nūllam, trēs lītore cervōs
prōspicit errantēs; hōs tōta armenta sequuntur   185
ā tergō, et longum per vallēs pāscitur agmen.
Cōnstitit hīc, arcumque manū celerēsque sagittās
corripuit, fīdus quae tēla gerēbat Achātēs;
ductōrēsque ipsōs prīmum, capita alta ferentēs
cornibus arboreīs, sternit, tum vulgus, et omnem   190
miscet agēns tēlīs nemora inter frondea turbam
nec prius absistit, quam septem ingentia victor
corpora fundat humī, et numerum cum nāvibus aequet.
Hinc portum petit, et sociōs partītur in omnēs.
Vīna bonus quae deinde cadīs onerārat Acestēs   195
lītore Trīnacriō dederatque abeuntibus hērōs,
dīvidit, et dictīs maerentia pectora mulcet:

Aeneas Encourages His Companions

"Ō sociī — neque enim ignārī sumus ante malōrum —
Ō passī graviōra, dabit deus hīs quoque fīnem.
Vōs et Scyllaeam rabiem penitusque sonantēs   200

---

181. Anthea si quem ... videat: *to see if he can see anything of Antheus;* **Anthea** is acc. of Greek noun. **184. tres:** *but he sees three.* **190. cornibus arboreis:** *with branching antlers.* **sternit:** *lays low.* **vulgus:** Obj. of **sternit** — *the common herd.* **191. miscet agens:** *drives in confusion.* **192. prius ... quam:** *until;* tmesis. **193. humi:** *on the ground;* locative. **195. cadis onerarat** (= oneraverat): *had stowed in jars.* **deinde:** Two syllables; synizesis. **Acestes:** A king in Sicily, of Trojan descent, whose guests they had been. **196. Trinacrio:** *Sicilian;* so called because the island is triangular in shape. **heros:** Acestes.

199. O passi graviora: *O you* (comrades) *who suffered worse things.* **deus ... quoque:** *some god also,* now as well as in the past. **200. Scyllaeam rabiem:** *the fury of Scylla,* on the eastern side of the Strait of Messina. **penitus sonantes:** *deep echoing,* again referring to the dogs of Scylla. Scylla and Charybdis, to which there are several references in the *Aeneid,* are taken from the *Odyssey.*

accestis scopulōs, vōs et Cyclōpia saxa
expertī: revocāte animōs, maestumque timōrem
mittite: forsan et haec ōlim meminisse iuvābit.
Per variōs cāsūs, per tot discrīmina rērum
tendimus in Latium, sēdēs ubi fāta quiētās   205
ostendunt; illīc fās rēgna resurgere Trōiae.
Dūrāte, et vōsmet rēbus servāte secundīs."
   Tālia vōce refert, cūrīsque ingentibus aeger
spem vultū simulat, premit altum corde dolōrem.
Illī sē praedae accingunt dapibusque futūrīs;   210
tergora dēripiunt costīs et vīscera nūdant;
pars in frūsta secant veribusque trementia fīgunt;
lītore aēna locant aliī, flammāsque ministrant.
Tum vīctū revocant vīrēs, fūsīque per herbam
implentur veteris Bacchī pinguisque ferīnae.   215
Postquam exēmpta famēs epulīs mēnsaeque remōtae,
āmissōs longō sociōs sermōne requīrunt,
spemque metumque inter dubiī, seu vīvere crēdant,
sīve extrēma patī nec iam exaudīre vocātōs.
Praecipuē pius Aenēās nunc ācris Orontī,   220
nunc Amycī cāsum gemit et crūdēlia sēcum
fāta Lycī, fortemque Gyān, fortemque Cloanthum.

· · · · · · · · · · · · · · · **201. accestis = accessistis:** Syncope. **Cyclo-
pia saxa:** *the caves of Cyclops,* at the eastern end of Sicily near Mount Etna. **202. ex-
perti (estis):** *you have experienced.* **203. mittite:** *banish.* **forsan . . . iuvabit:** *perhaps we shall someday remember even our present troubles with pleasure;* a famous
verse. **204. casus:** *mishaps.* **discrimina rerum:** *perils of fortune.* **205. tendimus
(iter):** *we make our way.* **206. fas (est):** *it is heaven's will that.* **207. vosmet:**
Emphatic form of **vos.** **secundis:** *(more) favorable.* **208. curis . . . aeger:** *though
sick at heart because of his troubles.* **209. spem vultu simulat:** *puts on a hopeful look.*
210. se . . . accingunt: *gird themselves,* by adjusting their clothing; as we would say
"roll up our sleeves." **dapibus futuris:** *the coming feast.* **211. tergora:** From
tergus, *hide.* **viscera:** *flesh;* all below the skin is **viscera.** **212. pars = alii:** Correlative with **alii,** l. 213; hence pl. form of **secant.** **veribus:** From **veru.** **trementia:**
still quivering, indicating their haste. **213. aena:** *brazen caldrons.* **214. fusi:**
reclining. **215. implentur:** *take their fill;* middle voice. **Bacchi:** *wine;* metonymy.
ferinae: *venison.* **Bacchi** and **ferinae** are gen. with a verb of plenty or of want.
216. exempta (est): *was satisfied.* **217. requirunt:** *speak regretfully.* **218. seu
(illos) vivere credant:** *whether to think them living.* **219. sive extrema pati:** *or to
have suffered the last extremity,* i.e., death. **vocatos:** *when called,* the funeral custom
of calling the dead. **220. Oronti:** Gen. sing. **221. secum:** *in his heart.*

Et iam fīnis erat, cum Iuppiter aethere summō
dēspiciēns mare vēlivolum terrāsque iacentēs
lītoraque et lātōs populōs, sīc vertice caelī 225
cōnstitit, et Libyae dēfīxit lūmina rēgnīs.
Atque illum tālēs iactantem pectore cūrās
trīstior et lacrimīs oculōs suffūsa nitentēs
alloquitur Venus: "Ō quī rēs hominumque deumque
aeternīs regis imperiīs, et fulmine terrēs, 230
quid meus Aenēās in tē committere tantum,
quid Trōes potuēre, quibus, tot fūnera passīs,
cūnctus ob Ītaliam terrārum clauditur orbis?
Certē hinc Rōmānōs ōlim, volventibus annīs,
hinc fore ductōrēs, revocātō ā sanguine Teucrī, 235
quī mare, quī terrās omnī diciōne tenērent,
pollicitus: quae tē, genitor, sententia vertit?
Hōc equidem occāsum Trōiae trīstēsque ruīnās
sōlābar, fātīs contrāria fāta rependēns;
nunc eadem fortūna virōs tot cāsibus āctōs 240
īnsequitur. Quem dās fīnem, rēx magne, labōrum?
Antēnor potuit, mediīs ēlāpsus Achīvīs,
Illyricōs penetrāre sinūs, atque intima tūtus
rēgna Liburnōrum, et fontem superāre Timāvī,
unde per ōra novem vāstō cum murmure montis 245
it mare prōruptum et pelagō premit arva sonantī.

223. **aethere** = **caelo.** 225. **vertice caeli:** *at the summit of the sky.* 227. **iac-**
tantem: *pondering.* 228. **tristior:** *sadder than usual;* she is by nature laughter-
loving. **oculos suffusa:** *her eyes filled;* **oculos** is acc. of specification with the pass.
voice. 231. **quid . . . tantum:** *what (so) great offense.* **Aeneas (potuit).** 233. **ob**
Italiam: i.e., to prevent their reaching Italy. 234. **hinc:** *from them,* Aeneas and his followers. **Romanos . . . fore:** Indir. disc. depending on **pollicitus (es).** 235. **revocato**
a sanguine Teucri: *from Teucer's line restored.* 236. **omni dicione:** *with full sway.*
238. **Hoc:** *with this (promise).* **equidem:** *I, in truth.* 239. **fatis . . . rependens:**
balancing adverse fates with (better) fates (to come). 240. **nunc:** *but now.* 242. **An-**
tenor: The legend was that, after the fall of Troy, Antenor led a colony of Trojans
from Asia Minor to the northern end of the Adriatic. 243. **Illyricos . . . sinus:**
Illyricum was a country on the east coast of the Adriatic. **intima:** *remote,* lying far
up the gulf. **tutus:** *in safety.* 244. **superare:** *to pass.* 246. **it mare proruptum:**
the flood (**mare**) *comes bursting forth,* i.e., the stream became subterranean and again
emerged, spreading out into a broad channel. **pelago . . . sonanti:** *with roaring flood.*

Hīc tamen ille urbem Patavī sēdēsque locāvit
Teucrōrum, et gentī nōmen dedit, armaque fīxit
Trōia; nunc placidā compostus pāce quiēscit:
nōs, tua prōgeniēs, caelī quibus annuis arcem,   250
nāvibus (īnfandum!) āmissīs, ūnīus ob īram
prōdimur atque Italīs longē disiungimur ōrīs.
Hic pietātis honōs? Sīc nōs in scēptra repōnis?"

Jupiter Reveals the Destiny of Aeneas and of Rome

Ollī subrīdēns hominum sator atque deōrum,
vultū quō caelum tempestātēsque serēnat,   255
ōscula lībāvit nātae, dehinc tālia fātur:
"Parce metū, Cytherēa: manent immōta tuōrum
fāta tibī; cernēs urbem et prōmissa Lavīnī
moenia, sublīmemque ferēs ad sīdera caelī
magnanimum Aenēān; neque mē sententia vertit.   260
Hic tibi (fābor enim, quandō haec tē cūra remordet,
longius et volvēns fātōrum arcāna movēbō)
bellum ingēns geret Ītaliā, populōsque ferōcēs
contundet, mōrēsque virīs et moenia pōnet,
tertia dum Latiō rēgnantem vīderit aestās,   265
ternaque trānsierint Rutulīs hīberna subāctīs.

. . . . **247. Patavi:** Gen. instead of an appositive. **248. nomen:** i.e., Veneti. **fixit:** *hung up,* a sign of peace. **249. nunc**
. . . compostus (= **compositus**) . . . **quiescit:** *now settled in tranquil peace, he enjoys rest*
— after his wars and wanderings. **250. nos:** Emphatic, *but we* (Aeneas and I).
caeli . . . arcem: *you promise an abode in heaven;* Aeneas was to be deified after his
death. **251. unius:** Juno. **253. Hic . . . honos:** *Is this your reward for duty?*
Sic . . . reponis: *Is this the way you restore us to our rule?* (already promised).
  254. Olli: An old form for **illi;** dat. after **subridens.** **256. dehinc:** Read as one
syllable; synizesis. **257. Parce metu** (= **metui**): *Spare your fear,* i.e., Fear not.
Cytherea: Venus, so called as she was said to have been born from the foam of the
sea near the island of Cythera, south of the Peloponnesus. **258. tibi:** Ethical dat.,
best translated by the phrase *as you wish.* **259. sublimem:** *on high,* referring to
Aeneas's deification (l. 250). **261. Hic:** *He,* Aeneas. **tibi:** Ethical dat., *I promise*
you. **fabor:** From **for, fari.** **remordet:** *torments.* **262. longius . . . fatorum:** *and*
further unrolling the fates. **263. (in) Italia.** **264. mores . . . ponet:** *will establish*
institutions (laws, etc.) *and build cities;* zeugma. **265. (in) Latio.** **266. terna . . .**
hiberna = **tres hiemes. Rutulis . . . subactis:** *after the conquest of the Rutulians.* These
were the enemies of Aeneas after he settled in Italy. Their leader was Turnus, Aeneas's
great opponent and rival (Book VIII).

At puer Ascanius, cui nunc cognōmen Iūlō
additur — Īlus erat, dum rēs stetit Īlia rēgnō —
trīgintā magnōs volvendīs mēnsibus orbēs
imperiō explēbit, rēgnumque ab sēde Lavīnī   270
trānsferet, et longam multā vī mūniet Albam.
Hīc iam ter centum tōtōs rēgnābitur annōs
gente sub Hectoreā, dōnec rēgīna sacerdōs,
Mārte gravis, geminam partū dabit Īlia prōlem.
Inde lupae fulvō nūtrīcis tegmine laetus   275
Rōmulus excipiet gentem, et Māvortia condet
moenia, Rōmānōsque suō dē nōmine dīcet.
Hīs ego nec mētās rērum nec tempora pōnō;
imperium sine fīne dedī. Quīn aspera Iūnō,
quae mare nunc terrāsque metū caelumque fatīgat,   280
cōnsilia in melius referet, mēcumque fovēbit
Rōmānōs rērum dominōs gentemque togātam:
sīc placitum. Veniet lūstrīs lābentibus aetās,
cum domus Assaracī Phthīam clārāsque Mycēnās
servitiō premet, ac victīs domīnābitur Argīs.   285

. . . . **267. Ascanius:** The son of Aeneas; by introducing the second name, Iulus, Vergil connects the Julian family, and therefore
the Emperor Augustus, with Aeneas (see Introduction, p. 12). **268. dum . . . regno:**
while the Trojan state stood firm in royal power. **271. longam . . . Albam:** Alba
Longa, about 15 miles southeast of Rome, was the mother city of Rome. **273. Hec-
torea = Troiana:** Hector had been the hope of Troy. **regina sacerdos:** Rhea Silvia,
daughter of Numitor, a priestess of Vesta. **274. Marte gravis:** *pregnant by Mars.*
geminam: *twin*, Romulus and Remus. **partu dabit:** *shall give birth to.* **275. lupae
. . . nutricis:** *his wolf-nurse*, referring to the well-known legend that Romulus and
Remus were nursed by a she-wolf. **fulvo tegmine laetus:** *exulting in the tawny robe*, as
though Romulus wore a wolfskin to commemorate his wolf-nurse. **276. excipiet:**
shall next rule. **Mavortia . . . moenia:** *the walls sacred to Mars*, i.e., Rome, Romulus
being the son of Mars. **279. Quin:** *Nay, even.* **281. consilia . . . referet:** *shall
change her plans for the better.* **282. rerum dominos:** *masters of the world.* **togatam:**
toga-wearing, symbolizing the greatness of the Romans in civil affairs; the toga was
the garb of peace. **283. sic (mihi) placitum (est):** *such is my pleasure.* **lustris
labentibus:** *as the years pass.* **284. domus Assaraci:** i.e., the descendants of the
Trojans; Assaracus was one of the founders of the royal family of Troy. **Phthiam:**
The home of Achilles. **Mycenas:** The home of Agamemnon. **285. Argis:** The home
of Diomedes. This and the previous verse prophesy the conquest of Greece by the
Romans. The device of working history, in the form of prophecy, into the narrative
is used throughout the *Aeneid* to inspire national pride and patriotism.

Nāscētur pulchrā Trōiānus orīgine Caesar,
imperium Ōceanō, fāmam quī terminet astrīs —
Iūlius, ā magnō dēmissum nōmen Iūlō.
Hunc tū ōlim caelō, spoliīs Orientis onustum,
accipiēs sēcūra; vocābitur hic quoque vōtīs.   290
Aspera tum positīs mītēscent saecula bellīs;
cāna Fidēs, et Vesta, Remō cum frātre Quirīnus,
iūra dabunt; dīrae ferrō et compāgibus artīs
claudentur Bellī portae; Furor impius intus,
saeva sedēns super arma, et centum vinctus aēnīs   295
post tergum nōdīs, fremet horridus ōre cruentō."

Jupiter Sends Mercury to Carthage

Haec ait, et Māiā genitum dēmittit ab altō,
ut terrae, utque novae pateant Karthāginis arcēs
hospitiō Teucrīs, nē fātī nescia Dīdō
fīnibus arcēret: volat ille per āera magnum   300
rēmigiō ālārum, ac Libyae citus astitit ōrīs.
Et iam iussa facit, pōnuntque ferōcia Poenī

- - - - - **286. Caesar:** Emperor Augustus, born Octavius, when adopted by
Julius Caesar took the latter's name and became C. Julius Caesar Octavianus. He was
usually called Octavianus until the title Augustus was conferred upon him in 27 B.C.
287. qui terminet: Milton says in *Paradise Lost*, XII. 370–371—
> and bound his reign
> With earth's wide bounds, his glory with the heavens.

288. Iulius: Augustus; see note on l. 286.   **289. Orientis:** Refers to the triumph of
Augustus in the East after the battle of Actium in 31 B.C.   **290. secura:** *dismissing
all your fears.* **quoque:** Augustus, as well as Aeneas, will be deified.   **291. positis . . .
bellis:** Abl. abs., *and wars shall cease,* referring to the Golden Age of Augustus.
292. cana: *venerable.* **Fides, et Vesta:** These represent the old religion which Augustus endeavored to restore. **Quirinus:** The deified Romulus.   **293. ferro . . . artis:**
with close-fitting bars of iron; hendiadys.   **294. Belli, Furor:** Personification. **Belli
portae:** Of the Temple of Janus, closed in times of peace. This was done only three
times in Roman history, the last time being after the Battle of Actium. **Furor impius:**
i.e., civil war, which had lasted for a hundred years and was ended by Augustus.
295. vinctus: (*with his hands*) *bound.*

297. Maia genitum: *Maia's son,* Mercury.   **298. pateant:** Primary sequence in a
purpose clause after the historical present, **demittit.** This changes to secondary in
l. 300 (**arceret**).   **300. ille:** *he,* Mercury. **aera:** acc. sing.   **301. remigio:** *oarage.*
302. facit: *executes.* **ponunt = deponunt:** *lay aside.*

corda volente deō; in prīmīs rēgīna quiētum
accipit in Teucrōs animum mentemque benignam.

Aeneas and Achates Meet Venus, Disguised as a Huntress

At pius Aenēās, per noctem plūrima volvēns,   305
ut prīmum lūx alma data est, exīre locōsque
explōrāre novōs, quās ventō accesserit ōrās,
quī teneant, nam inculta videt, hominēsne feraene,
quaerere cōnstituit, sociīsque exācta referre.
Classem in convexō nemorum sub rūpe cavātā   310
arboribus clausam circum atque horrentibus umbrīs
occulit; ipse ūnō graditur comitātus Achātē,
bīna manū lātō crīspāns hastīlia ferrō.
Cui māter mediā sēsē tulit obvia silvā
virginis ōs habitumque gerēns, et virginis arma   315
Spartānae, vel quālis equōs Thrēissa fatīgat
Harpalycē, volucremque fugā praevertitur Hebrum.
Namque umerīs dē mōre habilem suspenderat arcum
vēnātrīx, dederatque comam diffundere ventīs,
nūda genū, nōdōque sinūs collēcta fluentēs.   320
Ac prior, "Heus," inquit, "iuvenēs, mōnstrāte meārum
vīdistis sī quam hīc errantem forte sorōrum,
succīnctam pharetrā et maculōsae tegmine lyncis,
aut spūmantis aprī cursum clāmōre prementem."
Sīc Venus; et Veneris contrā sīc fīlius ōrsus: 325

---

306. exire: Depends on **constituit.**   **307. accesserit:** Indir. question, obj. of **quaerere.**   **308. videt:** Long *e*; diastole.   **hominesne feraene = utrum . . . an.**
309. exacta: *what he had discovered.* **referre:** Means both *bring back* and *tell.*
312. Achate: Abl. of agent with **ab** omitted.   **313. bina = duo. lato . . . ferro:** *with broad iron head.*   **314. Cui . . . obvia:** *His mother came across his path,* i.e., met him.
315. gerens: *having* the look, *wearing* the dress, *bearing* the arms; zeugma.
316. Spartanae . . . Harpalyce: *either of Sparta, or such a one as Harpalyce, the Thracian maid, when she tires her steed.* Harpalyce was a famous huntress; Spartan maidens were skilled in sports and gymnastic exercises.   **317. praevertitur:** *outstrips.*   **318. de more:** i.e., as **venatrix.**   **320. nuda genu:** *her knees bare;* **genu** is acc. of specification.   **nodoque . . . fluentes:** *and the flowing folds of her mantle gathered in a knot.* **collecta** is middle voice.   **321. prior:** *first.* **monstrate . . . si:** *tell me, if you have seen.*   **325. contra . . . orsus (est):** *began to speak in reply;* **orsus** is from **ordior.**

"Nūlla tuārum audīta mihī neque vīsa sorōrum —
Ō quam tē memorem, virgō? Namque haud tibi vultus
mortālis, nec vōx hominem sonat: Ō, dea certē —
an Phoebī soror? an nymphārum sanguinis ūna? —
sīs fēlīx, nostrumque levēs, quaecumque, labōrem,   330
et, quō sub caelō tandem, quibus orbis in ōrīs
iactēmur, doceās. Ignārī hominumque locōrumque
errāmus, ventō hūc vāstīs et fluctibus āctī:
multa tibi ante ārās nostrā cadet hostia dextrā."

Venus Describes Dido's Flight from Tyre

Tum Venus: "Haud equidem tālī mē dignor honōre;   335
virginibus Tyriīs mōs est gestāre pharetram,
purpureōque altē sūrās vincīre cothurnō.
Pūnica rēgna vidēs, Tyriōs et Agēnoris urbem;
sed fīnēs Libycī, genus intrāctābile bellō.
Imperium Dīdō Tyriā regit urbe profecta,   340
germānum fugiēns. Longa est iniūria, longae
ambāgēs; sed summa sequar fastīgia rērum.
    "Huic coniūnx Sȳchaeus erat, dītissimus agrī
Phoenīcum, et magnō miserae dīlēctus amōre,
cui pater intāctam dederat, prīmīsque iugārat   345
ōminibus. Sed rēgna Tyrī germānus habēbat

· · · · · · **326. audīta (est). mihī:** Dat. of agent, *by me.* **327. quam te memorem, virgo:** *By what name am I to call you, maiden?* **328. nec ... sonat:** *nor does
your voice have a mortal sound;* cognate acc. **329. an ... an:** *are you then ... or.*
Phoebi soror: Diana, goddess of hunting. **sanguinis = generis.** **330. sis felix:**
be gracious to us. **quaecumque (es).** **331. tandem:** *pray.* **332. locorumque:**
-que is elided before **erramus** in the next line; this is called hypermetric verse or
synapheia. **334. multa ... hostia:** *many a victim.*
    335. Haud ... dignor: *I confess I do not deem myself worthy of.* **honore:** Abl.
after **dignor.** **337. cothurno:** *hunting boot,* reaching halfway to the knee. **338. Punica
... Libyci:** The kingdom is Phoenician, the people are Tyrians (from Tyre); Agenor
was the founder of Tyre; the lands which they see are Libyan (African). **341. germanum:** *her brother,* Pygmalion. **342. ambages:** *the details.* **fastigia:** *the chief
points.* **343. agri:** *in land,* gen. of specification. **344. magno ... amore:** *greatly
loved by the unhappy (Dido).* **345. intactam:** *her, when a maiden.* **primis ...
ominibus:** *with first marriage rites.* **iugarat = iugaverat.**

Pygmaliōn, scelere ante aliōs immānior omnēs.
Quōs inter medius vēnit furor. Ille Sychaeum
impius ante ārās, atque aurī caecus amōre,
clam ferrō incautum superat, sēcūrus amōrum   350
germānae; factumque diū cēlāvit, et aegram,
multa malus simulāns, vānā spē lūsit amantem.
Ipsa sed in somnīs inhumātī vēnit imāgō
coniugis, ōra modīs attollēns pallida mīrīs,
crūdēlēs ārās trāiectaque pectora ferrō   355
nūdāvit, caecumque domūs scelus omne retēxit.
Tum celerāre fugam patriāque excēdere suādet,
auxiliumque viae veterēs tellūre reclūdit
thēsaurōs, ignōtum argentī pondus et aurī.
Hīs commōta fugam Dīdō sociōsque parābat: 360
conveniunt, quibus aut odium crūdēle tyrannī
aut metus ācer erat; nāvēs, quae forte parātae,
corripiunt, onerantque aurō: portantur avārī
Pygmaliōnis opēs pelagō; dux fēmina factī.
Dēvēnēre locōs, ubi nunc ingentia cernēs   365
moenia surgentemque novae Karthāginis arcem,
mercātīque solum, factī dē nōmine Byrsam,
taurīnō quantum possent circumdare tergō.
Sed vōs quī tandem, quibus aut vēnistis ab ōrīs,
quōve tenētis iter?" Quaerentī tālibus ille   370
suspīrāns, īmōque trahēns ā pectore vōcem:

· **347. ante . . . omnes:**
more monstrous than all others. **348. Ille:** *He,* Pygmalion. **349. aras:** i.e., of
the Penates. **caecus:** *blinded.* **350. securus:** *heedless.* **353. inhumati:** Because
the body of Sychaeus was "unburied," the spirit returned to haunt the place of the
crime. **355. aras, pectora:** Pl. for sing. **356. nudavit:** *laid bare;* zeugma.
357. celerare: Inf. to show purpose, a poetic usage; in translation supply **ei,** *her.*
358. auxilium viae: *to help her on her way.* **360. parabat:** *prepared* for flight and
collected comrades; zeugma. **361. (ei) quibus . . . erat:** *those who felt.* **tyranni:** *for
the tyrant,* obj. gen. **362. forte paratae (sunt):** *chanced to be ready.* **364. dux
femina facti:** *a woman was the leader of the expedition,* a famous phrase. **365. Devenere locos:** *They landed at a place.* **367. mercati (sunt):** *they bought land.* **Byrsam:**
The story was that they were promised as much land as they could cover with an ox
hide; whereupon they shrewdly cut the hide into very thin strips, made a long cord of
it, and managed to inclose a wide area. The Greek word *bursa* means hide. **369. vos
(estis).** **370. (ei) Quaerenti talibus (verbis):** *In reply to such inquiries.*

"Ō dea, sī prīmā repetēns ab orīgine pergam,
et vacet annālēs nostrōrum audīre labōrum,
ante diem clausō compōnat Vesper Olympō.
Nōs Trōiā antīquā, sī vestrās forte per aurēs   375
Trōiae nōmen iit, dīversa per aequora vectōs
forte suā Libycīs tempestās appulit ōrīs.
Sum pius Aenēās, raptōs quī ex hoste Penātēs
classe vehō mēcum, fāmā super aethera nōtus.
Ītaliam quaerō patriam et genus ab Iove summō.   380
Bis dēnīs Phrygium cōnscendī nāvibus aequor,
mātre deā mōnstrante viam, data fāta secūtus;
vix septem convulsae undīs Eurōque supersunt.
Ipse ignōtus, egēns, Libyae dēserta peragrō,
Eurōpā atque Asiā pulsus." Nec plūra querentem   385
passa Venus mediō sīc interfāta dolōre est:

Venus Reveals Herself and Covers Aeneas and Achates with a Cloud

"Quisquis es, haud, crēdō, invīsus caelestibus aurās
vītālēs carpis, Tyriam quī advēneris urbem.
Perge modo, atque hinc tē rēgīnae ad līmina perfer.
Namque tibī reducēs sociōs classemque relātam   390
nūntiō, et in tūtum versīs aquilōnibus āctam,
nī frūstrā augurium vānī docuēre parentēs.

---

372. si ... pergam: *if I should tell all from the very beginning;* a should-would
condition.   **373. vacet:** *there were time.*   **374. ante ... Olympo:** *before (I finished),*
evening would close the day and shut the gates of Heaven.   **375. Troia:** *from Troy*
(with **vectos**).   **377. forte sua:** *by some chance* (lit., *by its own chance*). **oris = ad**
oras, poetic usage.   **379. super aethera:** *in heaven above.*   **380. patriam ...**
summo: *the land of my ancestors and my kin sprung from sovereign Jove.* Dardanus,
son of Jupiter and the founder of Troy, came from Italy.   **381. denis = decem.**
383. vix ... supersunt: Not "scarcely seven" but *seven barely survive* after the storm.
384. Ipse (ego).   385. (ex) Europa. Nec ... passa: *would allow him to utter no more*
complaints, but.
387. haud ... invisus: *not hateful;* litotes.   **auras ... carpis:** *you breathe the*
breath of life.   **389. Perge modo:** *Only go on.*   **390. Namque:** i.e., *fear not, for.*
reduces: Adj., *returned.*   **391. in tutum:** *into a safe port.* **versis aquilonibus:** *by a*
change of winds.   **392. vani:** *deceiving me.* **docuere (me).**

Aspice bis sēnōs laetantēs agmine cycnōs,
aetheriā quōs lāpsa plagā Iovis āles apertō
turbābat caelō; nunc terrās ōrdine longō   395
aut çapere, aut captās iam dēspectāre videntur:
ut reducēs illī lūdunt strīdentibus ālīs,
et coetū cīnxēre polum, cantūsque dedēre,
haud aliter puppēsque tuae pūbēsque tuōrum
aut portum tenet aut plēnō subit ōstia vēlō.   400
Perge modo, et, quā tē dūcit via, dīrige gressum."
    Dīxit, et āvertēns roseā cervīce refulsit,
ambrosiaeque comae dīvīnum vertice odōrem
spīrāvēre, pedēs vestis dēflūxit ad īmōs,
et vēra incessū patuit dea.   Ille ubi mātrem   405
agnōvit, tālī fugientem est vōce secūtus:
"Quid nātum totiēns, crūdēlis tū quoque, falsīs
lūdis imāginibus? Cūr dextrae iungere dextram
nōn datur, ac vērās audīre et reddere vōcēs?"
    Tālibus incūsat, gressumque ad moenia tendit: 410
at Venus obscūrō gradientēs āere saepsit,
et multō nebulae circum dea fūdit amictū,
cernere nē quis eōs, neu quis contingere posset,
mōlīrīve moram, aut veniendī poscere causās.
Ipsa Paphum sublīmis abit, sēdēsque revīsit   415
laeta suās, ubi templum illī, centumque Sabaeō
tūre calent ārae, sertīsque recentibus hālant.

·   **393. Aspice . . . cycnos:**
Venus tells the fortune of the ships from the movements of the swans, birds sacred
to her. **laetantes agmine:** *in a joyous band* (lit., *taking joy in their orderly array*).
394. aetheria . . . plaga: *from the region of the sky.* **lapsa:** *swooping*, like the storm
winds. **Iovis ales:** *the eagle.*   **395. turbabat:** *was (just now) scattering.* **nunc . . .
videntur:** *but now we see them in a long line either settling upon the earth, or looking
down on the spots where their companions have alighted.*   **399. haud aliter:** *in the
same way;* litotes.   **402. avertens:** *as she turned to go.*   **403. ambrosiae:** Food of
the gods and a divine unguent. **vertice = capite. odorem:** *fragrance.* **405. incessu:**
by her stately walk. **patuit:** *she revealed herself.* **dea. — Ille:** Hiatus. **406. fugientem
(eam). 407. Quid:** *Why;* neut. acc. as adv. **quoque:** *like the rest.* **409. (mihi) non
datur = non licet. 410. Talibus (verbis). 411. gradientes (eos):** i.e., Aeneas and
Achates. **aere:** *cloud* or *mist.* **412. circum . . . fudit:** *enveloped;* tmesis. **415. Paphum:** *to Paphos,* in Cyprus, center of Venus worship. **sublimis:** *through the upper air,
on high.* **416. templum (est). Sabaeo:** A town famous for its spices. **417. sertis . . .
halant:** *breathe the fragrance of fresh-gathered garlands.*

Corripuēre viam intereā, quā sēmita mōnstrat.
Iamque ascendēbant collem, quī plūrimus urbī
imminet, adversāsque aspectat dēsuper arcēs.   420
Mīrātur mōlem Aenēās, māgālia quondam,
mīrātur portās strepitumque et strāta viārum.
Īnstant ārdentēs Tyriī, pars dūcere mūrōs,
mōlīrīque arcem et manibus subvolvere saxa,
pars optāre locum tēctō et conclūdere sulcō;   425
iūra magistrātūsque legunt sānctumque senātum;
hīc portūs aliī effodiunt; hīc alta theātrī
fundāmenta locant aliī, immānēsque columnās
rūpibus excīdunt, scaenīs decora alta futūrīs.

418. Corripuere viam: *They hasten on their way* (lit., *have seized the way*).
419. plurimus ... imminet: *looms high over.* **421. molem:** *vast structures.* **magalia
quondam:** *lately but rude huts.* **422. strata viarum:** *paved streets.* **425. sulco:** *a
trench*, to receive the foundations. **426. legunt:** *They enact laws and choose magistrates;* zeugma. **427. hic ... hic:** *in one place ... in another.* **429. scaenis:** *stage.*

Quālis apēs aestāte novā per flōrea rūra 430
exercet sub sōle labor, cum gentis adultōs
ēdūcunt fētūs, aut cum līquentia mella
stīpant et dulcī distendunt nectare cellās,
aut onera accipiunt venientum, aut agmine factō
ignāvum fūcōs pecus ā praesēpibus arcent: 435
fervet opus, redolentque thymō frāgrantia mella.
"Ō fortūnātī, quōrum iam moenia surgunt!"
Aenēās ait, et fastīgia suspicit urbis.
Īnfert sē saeptus nebulā, mīrābile dictū,
per mediōs, miscetque virīs, neque cernitur ūllī. 440

Aeneas and Achates View the Temple at Carthage

Lūcus in urbe fuit mediā, laetissimus umbrae,
quō prīmum iactātī undīs et turbine Poenī
effōdēre locō signum, quod rēgia Iūnō
mōnstrārat, caput ācris equī; sīc nam fore bellō
ēgregiam et facilem vīctū per saecula gentem. 445
Hīc templum Iūnōnī ingēns Sīdōnia Dīdō
condēbat, dōnīs opulentum et nūmine dīvae,
aerea cui gradibus surgēbant līmina, nexaeque
aere trabēs, foribus cardō strīdēbat aēnīs.
Hōc prīmum in lūcō nova rēs oblāta timōrem 450

· · · · · · · · · · **430. Qualis labor = talis labor qualis:** A well-known simile, like the description of the bees in Vergil's *Georgics*, Book IV. **nova:** *early.* **431. exercet:** *busies.* **434. venientum:** Gen. pl.; prose form would be **venientium. agmine facto:**] *marshaling their forces.* **435. ignavum...pecus:** *a lazy brood,* appositive to **fucos. 437. O fortunati:** Aeneas, the exile, envies the busy Carthaginians. **439. dictu:** Abl. supine. **440. miscet (se) viris:** *mingles with the throng.* **ulli:** Dat. of agent, a poetic usage.

441. laetissimus umbrae: *rich in shade.* **442. quo:** With **loco. primum:** i.e., on landing. **443. signum:** *omen.* **444. monstrarat = monstraverat. acris equi:** *spirited steed,* i.e., warhorse. A horse's head is common on Punic coins. **sic nam fore ...gentem:** Depends on the idea of telling in **monstrarat** — *for (by this token she had assured them that).* The horse was a sign both of war and of wealth. **445. facilem victu:** *prosperous* (lit., *easy in getting food*). **447. donis...divae:** *rich with offerings and the presence of the goddess.* **448. aerea...aenis:** Emphatic, *bronze was the threshold which crowned its steps; bronze-bound, too, the posts; the doors with their grating hinges were of bronze;* l. 448 is hypermetric.

lēniit, hīc prīmum Aenēās spērāre salūtem
ausus, et afflīctīs melius cōnfīdere rēbus.
Namque sub ingentī lūstrat dum singula templō,
rēgīnam opperiēns, dum, quae fortūna sit urbī,
artificumque manūs inter sē operumque labōrem   455
mīrātur, videt Īliacās ex ōrdine pugnās,
bellaque iam fāmā tōtum vulgāta per orbem,
Atrīdās, Priamumque, et saevum ambōbus Achillem.
Cōnstitit, et lacrimāns, "Quis iam locus," inquit, "Achātē,
quae regiō in terrīs nostrī nōn plēna labōris?   460
Ēn Priamus! Sunt hīc etiam sua praemia laudī;
sunt lacrimae rērum et mentem mortālia tangunt.
Solve metūs; feret haec aliquam tibi fāma salūtem."
Sīc ait, atque animum pictūrā pāscit inānī,
multa gemēns, largōque ūmectat flūmine vultum.   465

Temple Murals of the Trojan War

Namque vidēbat utī bellantēs Pergama circum
hāc fugerent Grāī, premeret Trōiāna iuventūs,
hāc Phryges, īnstāret currū cristātus Achillēs.
Nec procul hinc Rhēsī niveīs tentōria vēlīs
agnōscit lacrimāns, prīmō quae prōdita somnō   470
Tȳdīdēs multā vāstābat caede cruentus,

. . . . **452. ausus (est). 453. singula:** *the various objects, one by one.* **454. quae . . . sit:** Indir. question, depending
on **miratur. 455. artificum . . . se:** *he admires and compares the artists' handiwork.*
operum laborem: *the finish of their work.* **456. Iliacas:** *around Troy.* **458. Atridas:**
Agamemnon and Menelaus. **saevum ambobus Achillem:** *Achilles, angry at both;*
Agamemnon had offended him, and Priam was his enemy. The first words of the
Iliad are: "Sing, O Muse, of the wrath of Achilles." **461. En Priamus:** *See, there
is Priam!* **Sunt . . . laudi:** *Worth finds its due reward;* suus often, as here, refers to the
subject of the thought, not the subject of the verb. **462. sunt . . . rerum:** *here are
tears for misfortune.* **465. flumine:** *flood of tears.*
    466. uti: *how,* with indir. question. **Pergama circum = circum Pergama:** Anas-
trophe. **467. hac . . . hac:** *in one picture . . . in the next.* **468. (uti) Phryges
(fugerent). 469. Nec procul hinc:** *in the next picture.* Rhesus was a Thracian king
who came as an ally to Priam. An oracle had declared that Troy could never be taken
by the Greeks if Rhesus' horses should taste Trojan grass and water. **470. primo
. . . somno:** *which betrayed by earliest (deepest) sleep.* **471. Tydides:** Diomedes, who
with Ulysses killed Rhesus on the night of his arrival and seized his horses.

ārdentēsque āvertit equōs in castra, priusquam
pābula gustāssent Trōiae Xanthumque bibissent.
Parte aliā fugiēns āmissīs Trōilus armīs,
īnfēlīx puer atque impār congressus Achillī,   475
fertur equīs, currūque haeret resupīnus inānī,
lōra tenēns tamen; huic cervīxque comaeque trahuntur
per terram, et versā pulvīs īnscrībitur hastā.
Intereā ad templum nōn aequae Palladis ībant
crīnibus Īliades passīs, peplumque ferēbant,   480
suppliciter trīstēs et tūnsae pectora palmīs;
dīva solō fīxōs oculōs āversa tenēbat.
Ter circum Īliacōs raptāverat Hectora mūrōs,
exanimumque aurō corpus vēndēbat Achillēs.
Tum vērō ingentem gemitum dat pectore ab īmō   485
ut spolia, ut currūs, utque ipsum corpus amīcī,
tendentemque manūs Priamum cōnspexit inermēs.
Sē quoque prīncipibus permixtum agnōvit Achīvīs,
Ēōāsque aciēs et nigrī Memnonis arma.
Dūcit Amāzonidum lūnātīs agmina peltīs   490
Penthesilēa furēns, mediīsque in mīlibus ārdet,
aurea subnectēns exsertae cingula mammae,
bellātrīx, audetque virīs concurrere virgō.

473. gustassent = gustavissent. **Xanthum:** A river near Troy. **474. Parte alia:** *In another picture.* **Troilus:** Youngest son of Priam. **475. impar . . . Achilli:** *no match for Achilles.* **congressus** is the participle. **478. versa:** "point downwards," hence *trailing.* **pulvis:** Long *i*, diastole. **479. Interea:** i.e., in another picture. **non aequae:** *unfriendly.* **480. crinibus . . . passis:** *with disheveled locks,* as was customary for women in mourning. **peplum:** The robe, richly embroidered, like that carried in solemn procession to Minerva's temple in Athens at the Panathenaic festival. **481. tunsae pectora:** *smiting their breasts;* **pectora** is the obj. of **tunsae,** middle voice. **482. diva:** i.e., her statue. **solo:** *on the ground.* **483. raptaverat, vendebat:** Note the change of tenses — *he had dragged . . . and was selling.* **Hectora:** acc. **484. auro:** *for gold,* the ransom which Priam paid to Achilles for Hector's body, after it had been dragged around the walls of Troy. **486. ut:** *when.* **currus** = **currum,** for metrical reasons. **488. Se:** Aeneas. **quoque:** *in another picture.* **489. Eoas:** *from the East.* **nigri:** *swarthy;* Memnon, son of Aurora, brought the Ethiopians (**Eoas acies**) to aid Troy. His arms were made by Vulcan. **490. Amazonidum:** The Amazons also aided Troy. **491. Penthesilea:** Queen of the Amazons, slain by Achilles, after she had killed many Greek heroes. **492. aurea . . . mammae:** *clasping her golden belt beneath her bared breast.* **493. virgo:** *though a maiden;* at the end of the sentence for emphasis.

Haec dum Dardaniō Aenēae mīranda videntur,
dum stupet, obtūtūque haeret dēfīxus in ūnō,   495
rēgīna ad templum, fōrmā pulcherrima Dīdō,
incessit magnā iuvenum stīpante catervā.
Quālis in Eurōtae rīpīs aut per iuga Cynthī
exercet Dīāna chorōs, quam mīlle secūtae
hinc atque hinc glomerantur Oreādes; illa pharetram   500
fert umerō, gradiēnsque deās superēminet omnēs:
Lātōnae tacitum pertemptant gaudia pectus:
tālis erat Dīdō, tālem sē laeta ferēbat
per mediōs, īnstāns operī rēgnīsque futūrīs.
Tum foribus dīvae, mediā testūdine templī,   505
saepta armīs, soliōque altē subnīxa resēdit.
Iūra dabat lēgēsque virīs, operumque labōrem
partibus aequābat iūstīs, aut sorte trahēbat:
cum subitō Aenēās concursū accēdere magnō
Anthea Sergestumque videt fortemque Cloanthum,   510
Teucrōrumque aliōs, āter quōs aequore turbō
dispulerat penitusque aliās āvexerat ōrās.
Obstipuit simul ipse simul percussus Achātēs
laetitiāque metūque; avidī coniungere dextrās
ārdēbant; sed rēs animōs incognita turbat.   515
Dissimulant, et nūbe cavā speculantur amictī,
quae fortūna virīs, classem quō lītore linquant,
quid veniant; cūnctīs nam lēctī nāvibus ībant,
ōrantēs veniam, et templum clāmōre petēbant.

· · · · · · · · · · **495. obtutu ... uno:** *he stands riveted with gaze unbroken.*
496. forma: Abl. of specification. **497. stipante:** *accompanying.* **498. Qualis...**
talis: *Just as... such.* **499. exercet...choros:** *leads her dancing bands.* **quam**
...secutae: *in whose train.* **500. Oreades:** Mountain nymphs. **501. gradiens:**
as she walks. **502. Latonae...pectus:** *joy thrills Latona's quiet heart;* Latona was
the mother of Diana and Apollo. **504. instans:** *urging on,* with dat. **505. foribus**
divae: *at the doorway of the goddess's shrine.* **testudine:** *vault* or *arch.* **506. armis:**
armed men; metonymy. **subnixa:** *resting on.* **507. Iura...leges:** *Laws...*
statutes. **509. concursu:** *a crowd* of Carthaginians. **510. Anthea:** Acc. **512. penitus:**
far away. (ad) **oras.** **515. res...incognita:** *the strangeness of the situation.*
516. Dissimulant: *They remain hidden in the cloud.* **speculantur:** *they watch to see,*
followed by indir. question. **517. quae (sit).** **518. lecti:** *chosen men,* as envoys.
519. orantes veniam: *asking for mercy* or *favor.*

The Speech of Ilioneus to Dido

Postquam intrōgressī et cōram data cōpia fandī, 520
maximus Īlioneus placidō sīc pectore coepit:
"Ō rēgīna, novam cui condere Iuppiter urbem
iūstitiāque dedit gentēs frēnāre superbās,
Trōes tē miserī, ventīs maria omnia vectī,
ōrāmus, prohibē īnfandōs ā nāvibus ignēs, 525
parce piō generī, et propius rēs aspice nostrās.
Nōn nōs aut ferrō Libycōs populāre Penātēs
vēnimus, aut raptās ad lītora vertere praedās;
nōn ea vīs animō, nec tanta superbia victīs.
Est locus, Hesperiam Grāī cognōmine dīcunt, 530
terra antīqua, potēns armīs atque ūbere glaebae;
Oenōtrī coluēre virī; nunc fāma minōrēs
Ītaliam dīxisse ducis dē nōmine gentem.
Hic cursus fuit:
cum subitō assurgēns fluctū nimbōsus Orīōn 535
in vada caeca tulit, penitusque procācibus austrīs
perque undās, superante salō, perque invia saxa
dispulit; hūc paucī vestrīs annāvimus ōrīs.
Quod genus hoc hominum? Quaeve hunc tam barbara mōrem
permittit patria? Hospitiō prohibēmur arēnae; 540
bella cient, prīmāque vetant cōnsistere terrā.

520. introgressi (sunt). copia fandi: *the privilege of speaking;* **fandi** is the gerund of **for, fari.** **521. maximus (natu):** *the eldest.* **placido ... pectore:** *with calm dignity.* **522. condere ... dedit:** *has granted to found.* **523. iustitia:** *with righteous rule.* **gentes:** i.e., the neighboring Libyan tribes. **524. vecti:** *carried over.* **526. propius ... nostras:** *look more carefully on our condition.* **527. populare:** *to ravage;* poetical expression of purpose. **Penates:** *homes.* **529. non ... animo (est):** *such violence is foreign to our nature.* **victis:** Dat. of possession; supply **est** in translation. **530. Hesperiam ... dicunt:** *called by the Greeks Hesperia,* i.e., evening land or western land — Italy, where the Trojans will eventually land. **531. ubere glaebae:** *the fertility of the soil.* **532. Oenotri:** The early poetic name for Italy was Oenotria, meaning wine-land. **fama (est). 534. Hic cursus fuit:** *Here was our course.* This and other incomplete verses would probably have been finished if Vergil had lived. **535. assurgens:** *rising.* Orion was often called stormy, but usually in connection with setting at the beginning of winter. **536. tulit (nos). procacibus:** *boisterous.* **537. superante salo:** Abl. abs., *as the sea overpowered us.* **538. dispulit (nos). pauci:** *only a few of us.* **oris** = ad oras. **539. Quod:** *What sort of.* **540. Hospitio ... arenae:** *We were denied even the welcome of the beach.* **541. vetant (nos).**

Sī genus hūmānum et mortālia temnitis arma,
at spērāte deōs memorēs fandī atque nefandī.
"Rēx erat Aenēās nōbīs, quō iūstior alter
nec pietāte fuit, nec bellō maior et armīs.   545
Quem sī fāta virum servant, sī vēscitur aurā
aetheriā, neque adhūc crūdēlibus occubat umbrīs,
nōn metus; officiō nec tē certāsse priōrem
paeniteat. Sunt et Siculīs regiōnibus urbēs
arvaque, Trōiānōque ā sanguine clārus Acestēs.   550
Quassātam ventīs liceat subdūcere classem,
et silvīs aptāre trabēs et stringere rēmōs:
sī datur Ītaliam, sociīs et rēge receptō,
tendere, ut Ītaliam laetī Latiumque petāmus;
sīn absūmpta salūs, et tē, pater optime Teucrum,   555
pontus habet Libyae, nec spēs iam restat Iūlī,
at freta Sīcaniae saltem sēdēsque parātās,
unde hūc advectī, rēgemque petāmus Acestēn."

Dido Welcomes Ilioneus and the Other Trojans

Tālibus Īlioneus; cūnctī simul ōre fremēbant
Dardanidae.   560
   Tum breviter Dīdō, vultum dēmissa, profātur:
"Solvite corde metum, Teucrī, sēclūdite cūrās.
Rēs dūra et rēgnī novitās mē tālia cōgunt
mōlīrī, et lātē fīnēs custōde tuērī.

---

543. at sperate = **exspectate**: *at least expect that,* followed by indir. discourse;
supply **esse. fandi . . . nefandi**: *right . . . wrong.* **544. quo**: Abl. of comparison.
546. vescitur aura: *he lives* (lit., *he feeds on the air of this world*). **547. umbris**:
shades of the dead. **548. non metus (nobis est)**: *there is no need for us to fear.*
officio . . . paeniteat: *do not repent having been the first in the rivalry of kindness.*
549. Sunt (nobis). 551. liceat (nobis): *may we be allowed.* **552. aptare . . . remos**:
to fashion planks and trim (the boughs for) oars. **553. (ut) si (nobis) datur**: *so that, if
we are permitted.* **recepto**: Applies to both **sociis** and **rege. 554. tendere (iter).**
555. absumpta (est): *is entirely gone.* **556. nec spes . . . Iuli**: *our hope in Iulus no
longer exists;* **Iuli**, obj. gen. **558. advecti (sumus). regem**: *as our future king.*
   559. simul . . . fremebant: *with one accord murmured assent* or *applauded.*
561. vultum demissa: *with downcast look;* **vultum** is object of **demissa** (middle
voice). **563. Res dura**: *Stern necessity.* **talia . . . moliri**: *adopt such measures,* i.e.,
the attempts to keep the Trojans from landing. **564. custode**: *soldiery,* collectively.

Quis genus Aeneadum, quis Trōiae nesciat urbem, 565
virtūtēsque virōsque, aut tantī incendia bellī?
Nōn obtūsa adeō gestāmus pectora Poenī,
nec tam āversus equōs Tyriā Sōl iungit ab urbe.
Seu vōs Hesperiam magnam Sāturniaque arva,
sive Erycis fīnēs rēgemque optātis Acestēn, 570
auxiliō tūtōs dīmittam, opibusque iuvābō.
Vultis et hīs mēcum pariter cōnsīdere rēgnīs?
Urbem quam statuō vestra est, subdūcite nāvēs;
Trōs Tyriusque mihī nūllō discrīmine agētur.
Atque utinam rēx ipse Notō compulsus eōdem 575
adforet Aenēās! Equidem per lītora certōs
dīmittam et Libyae lūstrāre extrēma iubēbō,
sī quibus ēiectus silvīs aut urbibus errat."

The Sudden Appearance of Aeneas and Achates

Hīs animum arrēctī dictīs et fortis Achātēs
et pater Aenēās iamdūdum ērumpere nūbem 580
ārdēbant. Prior Aenēān compellat Achātēs:
"Nāte deā, quae nunc animō sententia surgit?
Omnia tūta vidēs, classem sociōsque receptōs.
Ūnus abest, mediō in fluctū quem vīdimus ipsī
submersum; dictīs respondent cētera mātris." 585
Vix ea fātus erat, cum circumfūsa repente
scindit sē nūbēs et in aethera pūrgat apertum.
Restitit Aenēās clārāque in lūce refulsit,

565. **Aeneadum:** Gen. pl., Trojans generally. 566. **virtutesque virosque:** *the valorous deeds of its brave men;* hendiadys. 567. **obtusa adeo:** *so dull* or *blunted.* 568. **tam aversus . . . urbe:** *so far from our Tyrian city,* i.e., we are not so far out of the world. 569. **Saturnia:** *of Saturn;* in the Golden Age, Saturn was king in Latium. 570. **Erycis fines:** i.e., Sicily, in which stood Mt. Eryx, famed for its temple of Venus; it was named after Eryx, a Sicilian king who was the son of Venus and Butes. 571. **auxilio tutos:** *guarded by an escort.* **opibus:** *supplies* of food and money. 572. **Vultis et:** *Or would you like.* 574. **mihi:** Dat. of agent. 575. **Noto = vento.** 576. **adforet:** *were here.* **Equidem:** *I will, in fact.* **certos:** *trusty messengers.* 578. **si:** *if, by chance.* **eiectus:** *shipwrecked.* 579. **animum:** Acc. of specification. 582. **Nate dea:** *Goddess-born;* **nate** is vocative; **dea,** abl. of source. 584. **Unus:** *Only one,* Orontes, who was lost in the storm (l. 113). 585. **dictis:** Lines 390–400. 586. **circumfusa:** *encircling.* 587. **in . . . apertum:** *melts into thin air;* **aethera** is acc. sing. 588. **Restitit:** *stood forth.*

ōs umerōsque deō similis; namque ipsa decōram
caesariem nātō genetrīx lūmenque iuventae   590
purpureum et laetōs oculīs afflārat honōrēs:
quāle manūs addunt eborī decus, aut ubi flāvō
argentum Pariusve lapis circumdatur aurō.

Aeneas's Gratitude

Tum sīc rēgīnam alloquitur, cūnctīsque repente
imprōvīsus ait: "Cōram, quem quaeritis, adsum,   595
Trōius Aenēās, Libycīs ēreptus ab undīs.
Ō sōla īnfandōs Trōiae miserāta labōrēs,
quae nōs, rēliquiās Danaum, terraeque marisque
omnibus exhaustōs iam cāsibus, omnium egēnōs,
urbe, domō sociās, grātēs persolvere dignās   600
nōn opis est nostrae, Dīdō, nec quicquid ubīque est
gentis Dardaniae, magnum quae sparsa per orbem.
Dī tibi, sī qua piōs respectant nūmina, sī quid
usquam iūstitia est et mēns sibi cōnscia rēctī,
praemia digna ferant. Quae tē tam laeta tulērunt   605
saecula? Quī tantī tālem genuēre parentēs?
In freta dum fluviī current, dum montibus umbrae
lūstrābunt convexa, polus dum sīdera pāscet,
semper honōs nōmenque tuum laudēsque manēbunt,
quae mē cumque vocant terrae." Sīc fātus, amīcum   610
Īlionēa petit dextrā, laevāque Serestum,
post aliōs, fortemque Gyān fortemque Cloanthum.

---

589. os umerosque: Acc. of specification. **deo:** Dat. with adj. **similis.** **590. genetrix:** Venus. **591. laetos oculis ... honores:** *bright luster in his eyes.* **592. quale
...decus:** *as when an artist's skill lends grace to ivory.*
    594. cunctis: Dat. of agent. **597. sola ... miserata:** *you who alone have pitied.*
598. quae: With **socias,** *who make us partners in.* **reliquias Danaum:** *those left by the
Greeks;* compare with l. 30. **600. urbe, domo:** Abl. of place where; supply **tua —**
asyndeton. **601. non opis est:** *it is not within our power.* **nec ... orbem:** *nor is it
within the power of whatever of the Trojan race still survives on earth.* **603. Di tibi
...ferant:** *May the gods repay you.* **si quid ... recti:** *if justice and consciousness of
right have any weight.* **605. tulerunt:** *has produced.* **606. talem:** *such a child.*
607. dum: *as long as.* **montibus ... convexa:** *the mountain valleys.* **609. honos**
= **honor. tuum:** Modifies **honos, nomen,** and **laudes.** **610. quae me cumque** = **quaecumque ... me:** Tmesis. **611. Ilionea:** Acc. sing.

Obstipuit prīmō aspectū Sīdōnia Dīdō,
cāsū deinde virī tantō, et sīc ōre locūta est:
"Quis tē, nāte deā, per tanta perīcula cāsus 615
īnsequitur? Quae vīs immānibus applicat ōrīs?
Tūne ille Aenēās, quem Dardaniō Anchīsae
alma Venus Phrygiī genuit Simoentis ad undam?
Atque equidem Teucrum meminī Sīdōna venīre
fīnibus expulsum patriīs, nova rēgna petentem 620
auxiliō Bēlī; genitor tum Bēlus opīmam
vāstābat Cyprum, et victor diciōne tenēbat.
Tempore iam ex illō cāsus mihi cognitus urbis
Trōiānae nōmenque tuum rēgēsque Pelasgī.
Ipse hostis Teucrōs īnsignī laude ferēbat, 625
sēque ortum antīquā Teucrōrum ab stirpe volēbat.
Quārē agite, Ō tēctīs, iuvenēs, succēdite nostrīs.
Mē quoque per multōs similis fortūna labōrēs
iactātam hāc dēmum voluit cōnsistere terrā.
Nōn ignāra malī, miserīs succurrere discō." 630

The Reception and Feast for the Trojans

Sīc memorat; simul Aenēān in rēgia dūcit
tēcta, simul dīvum templīs indīcit honōrem.
Nec minus intereā sociīs ad lītora mittit

---

613. primo aspectu . . . viri: *first by the hero's presence;* **aspectu** is abl. of cause.
615. Quis . . . casus: *what chance;* **quis** is used as an interrog. adj. **616. vis:** *force of fate.* **immanibus:** *savage,* alluding to the native tribes. **617. Tune (es):** *Are you?* **Dardanio Anchisae:** Hiatus; the verse is spondaic. **619. equidem:** *I, in fact.* **Teucrum:** Teucer (not the mythical ancestor of the Trojans), son of Telamon and nephew of Priam; on his return from Troy he was expelled from his native Salamis by his father. He apparently stopped at Sidon on his way to Cyprus where he built a new city. **Sidona:** Greek acc., *to Sidon.* **621. Beli:** Dido's father. **623. Tempore . . . illo:** *from that time until now.* **624. reges Pelasgi:** *Greek kings,* especially Agamemnon and Menelaus. **625. hostis:** *though an enemy;* Teucer had fought against the Trojans. **626. volebat:** *claimed.* **627. agite:** *come!* **628. quoque:** *like yourselves.* **630. Non . . . disco:** *No stranger to suffering, I have learned to help those in trouble,* a famous verse.
632. divum: Gen. pl. **indicit honorem:** *orders a sacrifice.* **633. Nec minus:** *with no less zeal;* litotes.

vīgintī taurōs, magnōrum horrentia centum
terga suum, pinguēs centum cum mātribus agnōs,   635
mūnera laetitiamque diī.
   At domus interior rēgālī splendida lūxū
īnstruitur, mediīsque parant convīvia tēctīs:
arte labōrātae vestēs ostrōque superbō,
ingēns argentum mēnsīs, caelātaque in aurō   640
fortia facta patrum, seriēs longissima rērum
per tot ducta virōs antīquā ab orīgine gentis.

Aeneas Sends Achates to the Ships to Bring Ascanius and Gifts

   Aenēās (neque enim patrius cōnsistere mentem
passus amor) rapidum ad nāvēs praemittit Achātēn,
Ascaniō ferat haec, ipsumque ad moenia dūcat;   645
omnis in Ascaniō cārī stat cūra parentis.
Mūnera praetereā, Īliacīs ērepta ruīnīs,
ferre iubet, pallam signīs aurōque rigentem,
et circumtextum croceō vēlāmen acanthō,
ōrnātūs Argīvae Helenae, quōs illa Mycēnīs,   650
Pergama cum peterēt inconcessōsque hymenaeōs
extulerat, mātris Lēdae mīrābile dōnum:
praetereā scēptrum, Īlionē quod gesserat ōlim,

. . . . **635. suum:** Gen. pl. of sus.   **636. munera laetitiamque:**
gifts to gladden the day; hendiadys. **dii:** An old form of **diei**.   **637. splendida:**
Used as an adv., *sumptuously*.   **638. mediis . . . tectis:** *in the central hall,* as in a
Roman house.   **639. (sunt) arte . . . superbo:** *there are coverlets exquisitely embroidered and of royal purple.*   **640. ingens . . . mensis:** *a wealth of silver plate upon the
tables.* **caelata:** *embossed.*
   644. rapidum: As an adv., *with full speed.*   **645. ferat:** A command in indir.
discourse, (bidding him) *report.* **ipsum:** *Ascanius.*   **646. stat:** *is centered in.*
648. pallam: *a robe* for women. **signis auroque:** *with figures woven in gold (thread);*
hendiadys.   **649. circumtextum . . . acantho:** *with a border of yellow acanthus leaves;*
the acanthus, or bear's-foot (so called from the shape of the leaf), was a favorite plant
with artists; its leaves figure in architecture on the Corinthian capital.   **650. or-
natus:** Acc. pl., in apposition. **Argivae:** *Grecian.* **Mycenis:** Helen went from Sparta
to Troy, but Mycenae is prominent as the city of Agamemnon, leader of the Greeks.
651. Pergama = Troiam. peteret: Long final *e*, diastole. **hymenaeos:** *marriage,*
with Paris.   **652. Ledae:** The mother of Helen.   **653. Ilione:** Eldest daughter
of Priam and Hecuba.

maxima nātārum Priamī, collōque monīle
bācātum, et duplicem gemmīs aurōque corōnam.   655
Haec celerāns iter ad nāvēs tendēbat Achātēs.

Venus, Fearing for the Trojans, Asks Cupid for Help

At Cytherēa novās artēs, nova pectore versat
cōnsilia, ut faciem mūtātus et ōra Cupīdō
prō dulcī Ascaniō veniat, dōnīsque furentem
incendat rēgīnam, atque ossibus implicet ignem;   660
quippe domum timet ambiguam Tyriōsque bilinguēs;
ūrit atrōx Iūnō, et sub noctem cūra recursat.
Ergō hīs āligerum dictīs affātur Amōrem:
"Nāte, meae vīrēs, mea magna potentia sōlus,
nāte, patris summī quī tēla Typhōia temnis,   665
ad tē cōnfugiō et supplex tua nūmina poscō.
Frāter ut Aenēās pelagō tuus omnia circum
lītora iactētūr odiīs Iūnōnis inīquae,
nōta tibi, et nostrō doluistī saepe dolōre.
Hunc Phoenīssa tenet Dīdō blandīsque morātur   670
vōcibus; et vereor, quō sē Iūnōnia vertant
hospitia; haud tantō cessābit cardine rērum.
Quōcircā capere ante dolīs et cingere flammā

. . . . **654. collo monile:** *necklace;* **collo** is dat. of purpose.
655. bacatum: *of pearls.* **duplicem . . . coronam:** *a double coronet of gems and gold.*
    657. Cytherea: Venus. **658. faciem . . . ora:** *with his form and features changed;*
acc. of specification. **659. furentem incendat:** *kindle to madness;* prolepsis.
660. ossibus: *in her veins* (lit., *bones*). **661. quippe:** *in truth.* **ambiguam:** *treacher-*
ous. **bilingues:** *double-tongued,* saying one thing, meaning another. **662. urit (eam):**
torments her. **663. Amorem:** Cupid. **664. meae vires:** i.e., **(qui) solus (es) meae**
vires. 665. tela Typhoia: *thunderbolts,* i.e., weapons which slew Typhoeus, one of
the giants who rebelled against Jupiter. In ancient works of art, Cupid was often
represented as breaking a thunderbolt. **666. numina:** *the aid of thy divinity;* here
it stands for the person as well as the power. **667. Frater . . . iactetur:** *Your brother*
is tossed; indir. question depending on **nota (sunt). iactetur** has a long *u;* diastole.
ut: *how.* **669. nostro . . . dolore:** *you have often grieved with my grief.* **670. tenet**
(**hunc**): *detains him.* **671. vereor . . . hospitia:** *I fear what turn Juno's welcome may*
take; **quo** introduces the indir. question. **672. haud . . . cessabit:** *she* (Juno) *will*
not be idle. **cardine rerum:** *crisis of fortune,* on which so much ''hinges.'' **673. capere:**
to win over. **cingere flamma:** *encircle her with a flame of love,* figures taken from
the besieging operations of war. The infinitives are complementary with **meditor.**

rēgīnam meditor, nē quō sē nūmine mūtet,
sed magnō Aenēae mēcum teneātur amōre.   675
Quā facere id possīs, nostram nunc accipe mentem.
Rēgius accītū cārī genitōris ad urbem
Sīdoniam puer īre parat, mea maxima cūra,
dōna ferēns, pelagō et flammīs restantia Trōiae:
hunc ego sōpītum somnō super alta Cythēra   680
aut super Īdalium sacrātā sēde recondam,
nē quā scīre dolōs mediusve occurrere possit.
Tū faciem illīus noctem nōn amplius ūnam
falle dolō, et nōtōs puerī puer indue vultūs,
ut, cum tē gremiō accipiet laetissima Dīdō   685
rēgālēs inter mēnsās laticemque Lyaeum,
cum dabit amplexūs atque ōscula dulcia fīget,
occultum īnspīrēs ignem fallāsque venēnō."

Cupid's Arrival at the Palace in the Form of Ascanius

Pāret Amor dictīs cārae genetrīcis, et ālās
exuit, et gressū gaudēns incēdit Iūlī.   690
At Venus Ascaniō placidam per membra quiētem
irrigat, et fōtum gremiō dea tollit in altōs
Īdaliae lūcōs, ubi mollis amāracus illum
flōribus et dulcī aspīrāns complectitur umbrā.

The Banquet Begins

Iamque ībat dictō pārēns et dōna Cupīdō   695
rēgia portābat Tyriīs, duce laetus Achātē.

674. quo . . . numine: *because of any heavenly power*, i.e., Juno.   **676. Qua (ra-tione):** *How.*   **677. Regius . . . puer:** Ascanius. **accitu:** *at the summons;* abl. of cause.   **678. cura:** *care*, i.e., the object of my care.   **679. restantia:** *saved from.*   **680. hunc:** *him*, obj. of **recondam.**   **681. Idalium:** Sacred to Venus, in Cyprus.   **682. medius occurrere:** *thwart them*, the schemes.   **684. falle:** *(you)* assume or *counterfeit.* **puer:** *you, a boy.*   **686. laticem Lyaeum:** *the flow of wine;* **Lyaeus** = **Bacchus**, god of wine.   **688. inspires:** With ut, l. 685, as is **fallas**, *beguile her with love's magic charm* (lit. *poison*).   **690. gressu . . . Iuli:** *exulting imitates the gait of Iulus.*   **691. Ascanio:** Dat. of ref. with gen. force.   **692. fotum:** *fondled.*   **693. Idaliae = Idalium:** See note on l. 681. **amaracus:** *marjoram*, an herb.   **696. Tyriis:** *for the Tyrians*, i.e., Carthaginians.

Cum venit, aulaeīs iam sē rēgīna superbīs
aureā composuit spondā mediamque locāvit.
Iam pater Aenēās et iam Trōiāna iuventūs
conveniunt, strātōque super discumbitur ostrō.　　　　700
Dant manibus famulī lymphās, Cereremque canistrīs
expediunt, tōnsīsque ferunt mantēlia villīs.
Quīnquāgintā intus famulae, quibus ōrdine longō
cūra penum struere, et flammīs adolēre Penātēs;
centum aliae totidemque parēs aetāte ministrī,　　　　705
quī dapibus mēnsās onerent et pōcula pōnant.
Nec nōn et Tyriī per līmina laeta frequentēs
convēnēre, torīs iussī discumbere pictīs.
Mīrantur dōna Aenēae, mīrantur Iūlum
flagrantēsque deī vultūs simulātaque verba　　　　　710
pallamque et pictum croceō vēlāmen acanthō.
　Praecipuē īnfēlīx, pestī dēvōta futūrae,
explērī mentem nequit ārdēscitque tuendō
Phoenīssa, et pariter puerō dōnīsque movētur.
Ille ubi complexū Aenēae collōque pependit　　　　715
et magnum falsī implēvit genitōris amōrem,

· · · · · **697. aulaeis ... superbis:** *amid the splendid tapestries.*　　**698. aurea ...**
sponda: *on a golden couch;* **aurea** is scanned **aur(e)a;** synizesis.　　**700. strato ...**
ostro: *they take their places on the purple coverlets.*　　**701. lymphas:** *water,* for wash-
ing the hands.　**Cererem:** *bread;* metonymy.　**canistris:** *from the baskets.*　**702. tonsis**
... villis: *napkins with close-shorn nap,* i.e., soft and smooth.　　**703. intus (sunt):**
In the rooms where the food is being prepared.　　**704. cura (est quibus):** Dat. of
poss., *whose task it was.*　**flammis ... Penates:** *to keep alive the fires on the sacred*
hearth; the images of the Penates were kept near the hearth, which was sacred to them.
705. aliae (famulae sunt).　　**706. qui:** *whose task it is to;* **onerent** and **ponant** show
purpose.　　**707. Nec ... Tyrii:** *And the Tyrians as well;* litotes.　**frequentes:** *in a*
throng.　　**708. pictis:** *embroidered.*　　**710. flagrantes:** *glowing,* as became the god
of love.　　**712. infelix:** *ill-fated.* **pesti ... futurae:** *doomed to a love that was to be*
her death.　**713. nequit = non potuit.**　　**715. complexu:** *in the embrace.* **collo:** *on*
the neck.　　**716. falsi:** *pretended.*

Liber I　　　　　　　　　　　　　　　　　　　　**53**

rēgīnam petit: haec oculīs, haec pectore tōtō
haeret et interdum gremiō fovet, īnscia Dīdō
īnsīdat quantus miserae deus; at memor ille
mātris Acīdaliae paulātim abolēre Sychaeum   720
incipit, et vīvō temptat praevertere amōre
iam prīdem residēs animōs dēsuētaque corda.

Dido Proposes a Toast to the Gods

Postquam prīma quiēs epulīs, mēnsaeque remōtae,
crātēras magnōs statuunt et vīna corōnant.
Fit strepitus tēctīs, vōcemque per ampla volūtant   725
ātria; dēpendent lychnī laqueāribus aureīs
incēnsī, et noctem flammīs fūnālia vincunt.
Hīc rēgīna gravem gemmīs aurōque poposcit
implēvitque merō pateram, quam Bēlus et omnēs
ā Bēlō solitī; tum facta silentia tēctīs: 730
"Iuppiter, hospitibus nam tē dare iūra loquuntur,
hunc laetum Tyriīsque diem Trōiāque profectīs
esse velīs, nostrōsque huius meminisse minōrēs.
Adsit laetitiae Bacchus dator, et bona Iūnō;
et vōs, Ō, coetum, Tyriī, celebrāte faventēs."   735

· · · · · · · · · · · · · · · · **718. inscia:** *little suspecting.*   **719. insidat ...**
miserae: *possesses her wretched self.*   **ille:** Cupid.   **720. matris Acidaliae:** Venus;
there was a fountain called Acidalius in Boeotia, sacred to Venus.   **Sychaeum:** *the*
memory of Sychaeus, Dido's first husband, who had been murdered in Tyre.   The
full account of what happened is put into the mouth of Venus, ll. 335–370.   **722. re-**
sides: *long-slumbering.*   **desueta:** *unused to love.*
   723. quies (fuit).   remotae (sunt).   724. crateras: Greek acc., *bowls.*   **vina**
coronant: *wreathe the wine cups,* i.e., with flowers, a custom at Roman feasts.   **725. Fit:**
rises.   **volutant:** *echo.*   **726. laquearibus aureis:** *from the paneled roof of gold.*
aureis is read as two syllables; synizesis.   **727. funalia:** *torches,* made of rope,
covered with wax.   **728. Hic:** *Hereupon.*   **729. quam (implere) ... soliti (erant).**
omnes a Belo: *all those descended from Belus;* this is not Dido's father Belus,
but the supposed founder of the Tyrian dynasty.   **731. hospitibus:** *to both hosts and*
guests.   **732. Troia profectis:** *to those who have come from Troy.*   **733. velis:**
grant (lit., *may you wish*).   **huius (diei):** Gen. with verb of remembering.   **minores:**
descendants.   **735. coetum ... celebrate faventes:** *honor our gathering with friendly*
spirit.

Dīxit, et in mēnsam laticum lībāvit honōrem,
prīmaque, lībātō, summō tenus attigit ōre;
tum Bitiae dedit increpitāns; ille impiger hausit
spūmantem pateram, et plēnō sē prōluit aurō;
post aliī procerēs. Citharā crīnītus Iōpās   740
personat aurātā, docuit quem maximus Atlās.
Hic canit errantem lūnam sōlisque labōrēs;
unde hominum genus et pecudēs; unde imber et ignēs;
Arctūrum pluviāsque Hyadas geminōsque Triōnēs;
quid tantum Ōceanō properent sē tinguere sōlēs   745
hībernī, vel quae tardīs mora noctibus obstet.
Ingeminant plausū Tyriī, Trōesque sequuntur.

Dido Asks Aeneas to Tell His Story

Nec nōn et variō noctem sermōne trahēbat
īnfēlīx Dīdō, longumque bibēbat amōrem,
multa super Priamō rogitāns, super Hectore multa;   750
nunc quibus Aurōrae vēnisset fīlius armīs,
nunc quālēs Diomēdis equī, nunc quantus Achillēs.
"Immō age, et ā prīmā dīc, hospes, orīgine nōbīs
īnsidiās," inquit, "Danaum, cāsūsque tuōrum,
errōrēsque tuōs; nam tē iam septima portat   755
omnibus errantem terrīs et fluctibus aestās."

736. **in mensam:** As on the altar of "Hospitable Jove." **laticum . . . honorem:** *poured the offering of wine.* 737. **libato:** Abl. abs. impersonal, *after the libation.* **summo . . . ore:** *merely touched (the goblet) with her lips.* 738. **Bitiae:** A Phoenician noble. **increpitans:** *with a challenge.* **ille . . . pateram:** *he at once, accepting the challenge, drained the foaming cup.* 740. **crinitus:** *long-haired.* 741. **Atlas:** The heaven-bearer, a mountain in North Africa. 742. **labores:** *eclipses.* 743. **unde (sint):** Indir. question. **ignes:** *lightning flashes.* 744. **Hyadas:** The seven stars in the constellation Taurus. **geminos Triones:** i.e., the two Bears, the Great and the Little. 745. **quid:** *why.* 746. **obstet:** *retards,* with dat.; this is supposed to explain why nights in winter are so long. 747. **plausu:** Translate as if acc.

748. **Nec non et:** *And also;* litotes. 750. **multa super . . . super multa:** Chiasmus. **super:** *about.* 751. **quibus . . . armis:** *with what arms;* these had been made by Vulcan. **filius:** Memnon. 753. **Immo age:** *Nay, rather, come.* 754. **Danaum:** Gen. pl.

LIBER II

Aeneas Begins the Tale of the Trojan War

CONTICUERE omnes, intentique ora tenebant.
 Inde toro pater Aeneas sic orsus ab alto:
 "Infandum, regina, iubes renovare dolorem,
Troianas ut opes et lamentabile regnum
eruerint Danai; quaeque ipse miserrima vidi,   5
et quorum pars magna fui. Quis talia fando
Myrmidonum Dolopumve aut duri miles Ulixi
temperet a lacrimis? Et iam nox umida caelo

---

 1. Conticuere: A momentary act; contrasted with **tenebant,** a continued action.
intenti . . . tenebant: *kept their gaze intently fixed* on the speaker.   **2. orsus (est):**
From **ordior.** Aeneas here begins the story of the fall of Troy, which takes up all of
Book II, and of his subsequent wanderings, which takes up Book III. At the end of
Book III, his narration ends and the action resumes.   **3. Infandum:** *Unspeakable;*
at the beginning for emphasis. **iubes (me).   4. ut:** *how;* indir. question with
eruerint as the verb.   **5. quae(-que):** *these things.*   **6. Quis:** Modifies **miles** as an
adj.   **8. temperet = possit temperare:** Deliberative subjunctive.

praecipitat, suadentque cadentia sidera somnos.
Sed si tantus amor casus cognoscere nostros 10
et breviter Troiae supremum audire laborem,
quamquam animus meminisse horret, luctuque refugit,
incipiam.

The Wooden Horse

Fracti bello fatisque repulsi
ductores Danaum, tot iam labentibus annis,
instar montis equum divina Palladis arte 15
aedificant, sectaque intexunt abiete costas:
votum pro reditu simulant; ea fama vagatur.
Huc delecta virum sortiti corpora furtim
includunt caeco lateri, penitusque cavernas
ingentes uterumque armato milite complent. 20
Est in conspectu Tenedos, notissima fama
insula, dives opum, Priami dum regna manebant,
nunc tantum sinus et statio male fida carinis:
huc se provecti deserto in litore condunt.
Nos abiisse rati et vento petiisse Mycenas: 25
ergo omnis longo solvit se Teucria luctu;
panduntur portae; iuvat ire et Dorica castra
desertosque videre locos litusque relictum.
Hic Dolopum manus, hic saevus tendebat Achilles;

. . . . **9. praecipitat:** *is
hastening from,* i.e., night rises and sets like the sun.   **10. amor (tibi est). 12. luctu
refugit:** *shrinks back from sorrow;* **luctu** is abl. of cause.
    13. Fracti . . . repulsi: Chiasmus.   **14. tot . . . annis:** It was the tenth year of
the Trojan War.   **15. instar** (appositive to **equum) montis:** *huge as a mountain.*
16. secta . . . abiete: *with planks of fir;* **abiete** is scanned as a dactyl, synaeresis.
17. votum: *a votive offering,* for their safe return to Greece.   **18. Huc:** *Herein.*
virum = virorum.   19. caeco lateri: *in the dark flank.* **penitus:** *deep within,* indicating the immense size of the horse.   **20. milite:** *soldiery,* collectively.   **21. in conspectu:** Of Troy, about four miles from the coast.   **23. tantum:** *merely.* **statio . . .
fida:** *a treacherous anchorage.*   **24. condunt:** *they* (the Greeks) *hide.*   **25. Nos
(eos) abiisse rati (sumus):** *We supposed that they had gone.*   **27. iuvat (nos):** *it
delights us.* **ire = exire. Dorica:** *Greek.*   **29. Hic . . . tendebat (tentoria):** *Here was
encamped;* these were the remarks of the Trojans as they visited the Greek camp.

classibus hic locus; hic acie certare solebant.   30
Pars stupet innuptae donum exitiale Minervae,
et molem mirantur equi; primusque Thymoetes
duci intra muros hortatur et arce locari,
sive dolo, seu iam Troiae sic fata ferebant.
At Capys, et quorum melior sententia menti,   35
aut pelago Danaum insidias suspectaque dona
praecipitare iubent, subiectisque urere flammis,
aut terebrare cavas uteri et temptare latebras.
Scinditur incertum studia in contraria vulgus.

Laocoön's Warning

Primus ibi ante omnes, magna comitante caterva,   40
Laocoon ardens summa decurrit ab arce,
et procul: 'O miseri, quae tanta insania, cives?
Creditis avectos hostes? Aut ulla putatis
dona carere dolis Danaum? Sic notus Ulixes?
Aut hoc inclusi ligno occultantur Achivi,   45
aut haec in nostros fabricata est machina muros
inspectura domos venturaque desuper urbi,
aut aliquis latet error; equo ne credite, Teucri.
Quicquid id est, timeo Danaos et dona ferentes.'
Sic fatus, validis ingentem viribus hastam   50
in latus inque feri curvam compagibus alvum
contorsit: stetit illa tremens, uteroque recusso
insonuere cavae gemitumque dedere cavernae.

31. Pars stupet: *Some view with amazement.*   **33. duci . . . locari:** Poetic usage
instead of **ut** and the subjunctive, with **hortatur.**   **34. dolo:** *through treachery;* according to the legend, he had a personal grudge against Priam.   **35. quorum . . .
menti:** *those whose minds entertained wiser counsel.*   **36. pelago = in pelagus.**
Danaum = Danaorum.   **39. studia:** *feelings* or *factions.*
   41. Laocoon: Priest of Apollo and Neptune.   **42. procul:** *from afar,* he cries.
quae (est).   **43. avectos (esse).**   **44. carere dolis:** *are free from fraud.* **notus (est).**
47. inspectura . . . ventura: Future participles denoting purpose.   **48. error:** *trick.*
49. timeo . . . ferentes: This is perhaps the most widely quoted line from the *Aeneid.*
51. in feri . . . alvum: *against the belly of the beast with its curving joints.*   **52. stetit:**
it (the spear) *stuck there.*

Et, si fata deum, si mens non laeva fuisset,
impulerat ferro Argolicas foedare latebras,   55
Troiaque nunc staret, Priamique arx alta, maneres.

The Greek Sinon Brought Before Priam

Ecce, manus iuvenem interea post terga revinctum
pastores magno ad regem clamore trahebant
Dardanidae, qui se ignotum venientibus ultro,
hoc ipsum ut strueret Troiamque aperiret Achivis,   60
obtulerat, fidens animi atque in utrumque paratus,
seu versare dolos, seu certae occumbere morti.
Undique visendi studio Troiana iuventus
circumfusa ruit, certantque illudere capto.
Accipe nunc Danaum insidias, et crimine ab uno   65
disce omnes.
    Namque ut conspectu in medio turbatus, inermis
constitit atque oculis Phrygia agmina circumspexit:
'Heu, quae nunc tellus,' inquit, 'quae me aequora possunt
accipere? Aut quid iam misero mihi denique restat,   70
cui neque apud Danaos usquam locus, et super ipsi
Dardanidae infensi poenas cum sanguine poscunt?'
Quo gemitu conversi animi, compressus et omnis
impetus. Hortamur fari quo sanguine cretus,
quidve ferat; memoret, quae sit fiducia capto.   75
Ille haec, deposita tandem formidine, fatur:

. . . . **54. si fata . . . fuisset:** Contrary-to-fact condition in past time.   **laeva:** With **fata,** *adverse* or *unpropitious;* with **mens,** *perverse*
or *blinded;* an example of zeugma with an adjective.   **55. impulerat = impulisset,**
in contrary-to-fact condition.   **56. staret . . . maneres:** Still a contrary-to-fact
condition, but the time has changed. **arx:** Vocative.
    57. manus: Acc. of specification.   **59. venientibus:** (*to them*) *as they approached*
him. **ultro:** *of his own accord.*   **62. versare = exercere:** *carry out.* **occumbere:**
fall a victim.   **64. certant illudere:** *vie with one another in mocking;* note change of
number from **ruit** to **certant.**   **66. disce omnes:** *learn the nature of all Greeks.*
71. cui neque . . . locus: *who have no place.* **super:** *moreover.*   **73. Quo gemitu:**
By this piteous appeal.   **74. fari (eum):** Infin. to show purpose with **hortamur.**
cretus (sit): From **cresco.**   **75. quid ferat:** *what news he brings.* **memoret:** *that he*
tell.

'Cuncta equidem tibi, rex, fuerit quodcumque, fatebor
vera,' inquit, 'neque me Argolica de gente negabo:
hoc primum; nec, si miserum Fortuna Sinonem
finxit, vanum etiam mendacemque improba finget.   80
Fando aliquod si forte tuas pervenit ad aures
Belidae nomen Palamedis et incluta fama
gloria — quem falsa sub proditione Pelasgi
insontem infando indicio, quia bella vetabat,
demisere neci, nunc cassum lumine lugent —   85
illi me comitem et consanguinitate propinquum
pauper in arma pater primis huc misit ab annis,
dum stabat regno incolumis regumque vigebat
conciliis, et nos aliquod nomenque decusque
gessimus. Invidia postquam pellacis Ulixi —   90
haud ignota loquor — superis concessit ab oris,
afflictus vitam in tenebris luctuque trahebam,
et casum insontis mecum indignabar amici.
Nec tacui demens, et me, fors si qua tulisset,
si patrios umquam remeassem victor ad Argos,   95
promisi ultorem, et verbis odia aspera movi.
Hinc mihi prima mali labes, hinc semper Ulixes

---

77. fuerit quodcumque: *come what may.*   **79. hoc primum:** *this (I admit) first —*
that I am a Greek.   **80. finxit:** *has made.* **improba:** *evil as she is.*   **81. Fando:**
By hearsay.   **82. Belidae:** *descended from Belus*, in apposition with **Palamedis.** At
the start of the Trojan war, Ulysses feigned madness to avoid joining the Greek forces.
He yoked together a horse and a bull, and plowed a field with this team, then sowed it
with salt. When Palamedes laid Ulysses' son Telemachus in the furrow, Ulysses turned
the plow aside, thus proving his sanity.   **83. falsa sub proditione:** *under a false accusation.* After Palamedes exposed the feigned madness of Ulysses, the latter avenged
himself by secreting in the tent of Palamedes money and a forged letter from Priam
offering a bribe.   **84. vetabat:** *used to oppose.*   **85. nunc ... lumine:** *now that he
is dead* (lit., *deprived of light*).   **86. illi:** Dat. of ref., (*as a companion*) *to him.*   **87. pauper:** *being poor.* **primis ... ab annis:** *in my early youth*, i.e., old enough to serve.
88. stabat ... conciliis: *he* (Palamedes) *retained his royal dignity and had weight in
the councils of the* (Grecian) *princes.*   **89. nos:** *I, too.*   **90. postquam:** *but after.*
91. haud ignota = bene nota: Litotes. **superis:** The opposite of the underworld —
he left the shores of the earth.   **93. mecum indignabar:** *brooded in wrath over.*   **94. fors
... tulisset:** *if any chance should permit.*   **97. Hinc:** *From this moment*, when I
made my vow.

criminibus terrere novis, hinc spargere voces
in vulgum ambiguas, et quaerere conscius arma.
Nec requievit enim, donec, Calchante ministro —   100
sed quid ego haec autem nequiquam ingrata revolvo?
Quidve moror, si omnes uno ordine habetis Achivos,
idque audire sat est? Iamdudum sumite poenas;
hoc Ithacus velit, et magno mercentur Atridae.'

Sinon's Deceit

Tum vero ardemus scitari et quaerere causas,   105
ignari scelerum tantorum artisque Pelasgae.
Prosequitur pavitans, et ficto pectore fatur:

· · · · · · · **98. terrere:** Historical infin.; also **spargere** and **quaerere**. **99. conscius:** *conscious of his guilt.*   **100. Calchante ministro:** *using Calchas as his tool;*
Calchas was a soothsayer who attended the Greeks throughout the Trojan War.
Sinon now has aroused the curiosity of the Trojans, and artfully interrupts his story
with the next four lines.   **102. Quid moror:** *Why do I delay you?* **uno ... habetis:**
you consider all alike.   **103. id:** *that name,* of Greek. **Iamdudum:** *long due,* or
possibly, here, *as soon as possible.*   **104. Ithacus:** Ulysses. **velit:** *would like.*
Atridae: Agamemnon and Menelaus, the sons of Atreus.
   105. scitari: *to question him.*   **107. ficto:** *dissembling.*

'Saepe fugam Danai Troia cupiere relicta
moliri, et longo fessi discedere bello;
fecissentque utinam! Saepe illos aspera ponti   110
interclusit hiems, et terruit Auster euntes.
Praecipue, cum iam hic trabibus contextus acernis
staret equus, toto sonuerunt aethere nimbi.
Suspensi Eurypylum scitantem oracula Phoebi
mittimus, isque adytis haec tristia dicta reportat: 115
"Sanguine placastis ventos et virgine caesa,
cum primum Iliacas, Danai, venistis ad oras;
sanguine quaerendi reditus, animaque litandum
Argolica." Vulgi quae vox ut venit ad aures,
obstipuere animi, gelidusque per ima cucurrit   120
ossa tremor, cui fata parent, quem poscat Apollo.
'Hic Ithacus vatem magno Calchanta tumultu
protrahit in medios; quae sint ea numina divum,
flagitat; et mihi iam multi crudele canebant
artificis scelus, et taciti ventura videbant.   125
Bis quinos silet ille dies, tectusque recusat
prodere voce sua quemquam aut opponere morti.
Vix tandem, magnis Ithaci clamoribus actus,
composito rumpit vocem, et me destinat arae.
Assensere omnes, et, quae sibi quisque timebat,   130
unius in miseri exitium conversa tulere.
Iamque dies infanda aderat; mihi sacra parari,

111. **euntes:** *as they were on the point of starting.* **112. Praecipue:** *Especially*
(*was this true*) *when.* **acernis:** Compare with **abiete,** 1. 16, and **pinea,** 1. 258. Using names of trees to stand for wood was permissible in poetry. **114. Suspensi:**
Bewildered. **scitantem:** *to consult;* pres. part. expressing purpose. **116. Sanguine**
... et virgine caesa: *with the blood of a maiden slain;* hendiadys. This refers to the
sacrifice of Iphigenia at Aulis, when the Greeks were first preparing to sail for Troy.
placastis = placavistis. **118. reditus:** Nom. pl. for sing. **litandum (est):** Impersonal, *heaven must be appeased.* **119. Argolica:** Emphatic, *of a Greek only.* **121. cui**
...parent: *for whom fate prepares* this doom; indir. question after verb of wondering, understood. **123. numina:** *the meaning of these commands* of the gods.
125. artificis: *the schemer,* Ulysses. **taciti:** (*others*) *silently.* **126. Bis quinos**
= decem. tectus: *shutting himself up* in his tent. **129. composito:** *as agreed,*
with Ulysses. **destinat:** *named.* **130. quae ... tulere:** *what each feared for himself,*
they now endured when turned to one wretch's destruction. **132. parari:** Historical
infin.

et salsae fruges, et circum tempora vittae:
eripui, fateor, leto me, et vincula rupi,
limosoque lacu per noctem obscurus in ulva   135
delitui, dum vela darent, si forte dedissent.
Nec mihi iam patriam antiquam spes ulla videndi,
nec dulces natos exoptatumque parentem;
quos illi fors et poenas ob nostra reposcent
effugia, et culpam hanc miserorum morte piabunt.   140
Quod te per superos et conscia numina veri,
per si qua est quae restet adhuc mortalibus usquam
intemerata fides, oro, miserere laborum
tantorum, miserere animi non digna ferentis.'

The Trojans Take Pity on Sinon

His lacrimis vitam damus, et miserescimus ultro.   145
Ipse viro primus manicas atque arta levari
vincla iubet Priamus, dictisque ita fatur amicis:
'Quisquis es, amissos hinc iam obliviscere Graios;
noster eris, mihique haec edissere vera roganti:
Quo molem hanc immanis equi statuere? Quis auctor?   150
Quidve petunt? Quae religio, aut quae machina belli?'
Dixerat. Ille, dolis instructus et arte Pelasga,
sustulit exutas vinclis ad sidera palmas:
'Vos, aeterni ignes, et non violabile vestrum
testor numen,' ait, 'vos, arae ensesque nefandi,   155
quos fugi, vittaeque deum, quas hostia gessi:

---

133. salsae fruges: *salted meal,* which was sprinkled on the victim's head before a sacrifice. **vittae:** *bands* or *fillets* also were placed on the victim's head. **135. limoso lacu:** *in a muddy marsh.* **136. si . . . dedissent:** *if perchance they ever did sail.* **139. fors et** = forsitan **140. miserorum:** *of my unfortunate family.* **142. per . . . fides:** *by whatever unsullied honor still survives anywhere among mankind.* **143. miserere:** Imperative; takes gen. **145. lacrimis:** Dat.; synecdoche. **146. viro:** Dat. of separation. **148. Graios:** Verbs of remembering and forgetting take either acc. or gen. **149. edissere:** Imperative. **150. Quo:** *For what purpose?* **153. exutas vinclis:** *now freed of chains;* **vinclis** = vinculis, which can never be used in dactylic hexameter. **155. numen:** An oath by these—sun, stars, etc.,—should not be broken. **156. hostia:** *as a victim.*

fas mihi Graiorum sacrata resolvere iura,
fas odisse viros, atque omnia ferre sub auras,
si qua tegunt; teneor patriae nec legibus ullis.
Tu modo promissis maneas, servataque serves,   160
Troia, fidem, si vera feram, si magna rependam.
   'Omnis spes Danaum et coepti fiducia belli
Palladis auxiliis semper stetit. Impius ex quo
Tydides sed enim scelerumque inventor Ulixes,
fatale aggressi sacrato avellere templo   165
Palladium, caesis summae custodibus arcis,
corripuere sacram effigiem, manibusque cruentis
virgineas ausi divae contingere vittas;
ex illo fluere ac retro sublapsa referri
spes Danaum, fractae vires, aversa deae mens.   170
Nec dubiis ea signa dedit Tritonia monstris.
Vix positum castris simulacrum, arsere coruscae
luminibus flammae arrectis, salsusque per artus
sudor iit, terque ipsa solo — mirabile dictu —
emicuit, parmamque ferens hastamque trementem.   175
   'Extemplo temptanda fuga canit aequora Calchas,
nec posse Argolicis exscindi Pergama telis,
omina ni repetant Argis, numenque reducant
quod pelago et curvis secum avexere carinis.
Et nunc, quod patrias vento petiere Mycenas,   180
arma deosque parant comites, pelagoque remenso
improvisi aderunt: ita digerit omina Calchas.

· · · · · · **157. fas (est). 158. ferre ... auras:** *to bring to light.* **160. Tu ...
maneas:** *Do you abide by your promises.* **163. stetit:** *depended on.* **ex quo:** *from
the time when.* **164. sed enim:** *but;* translate before **Impius. 165. aggressi (sunt):**
tried. **166. Palladium:** The small statue of the goddess Pallas Athene; Troy's fate
depended on keeping it safe from harm. **168. ausi (sunt). 169. ex illo:** *from that
time,* correlative to **ex quo,** l. 163. **fluere ... referri:** Historical infin. **170. fractae
(sunt). aversa (est). mens:** *favor.* **171. ea signa:** *proof of this.* **Tritonia:** Pallas
Athene; the epithet is of doubtful origin. **172. arsere ... arrectis:** *when glittering
flames flashed from her staring eyes.* **174. iit:** *ran down.* **ipsa:** *the statue itself.*
dictu: Supine. **176. temptanda (esse):** *that they must recross;* indir. discourse
after **canit. 178. omina ni** (= **nisi**) **repetant:** *unless they seek new omens.* **numen:**
the favoring presence of the gods. **179. carinis:** *ships;* synecdoche. **180. quod
... petiere:** *in that they have sailed for.* **181. remenso:** Deponent in passive, abl.
abs., *after recrossing.* **182. digerit:** *interprets.*

Hanc pro Palladio moniti, pro numine laeso
effigiem statuere, nefas quae triste piaret.
Hanc tamen immensam Calchas attollere molem   185
roboribus textis caeloque educere iussit,
ne recipi portis, aut duci in moenia possit,
neu populum antiqua sub religione tueri.
Nam si vestra manus violasset dona Minervae,
tum magnum exitium (quod di prius omen in ipsum   190
convertant!) Priami imperio Phrygibusque futurum;
sin manibus vestris vestram ascendisset in urbem,
ultro Asiam magno Pelopea ad moenia bello
venturam, et nostros ea fata manere nepotes.'
Talibus insidiis periurique arte Sinonis   195
credita res, captique dolis lacrimisque coactis,
quos neque Tydides, nec Larissaeus Achilles,
non anni domuere decem, non mille carinae.

The Death of Laocoön and His Sons

Hic aliud maius miseris multoque tremendum
obicitur magis, atque improvida pectora turbat.   200
Laocoon, ductus Neptuno sorte sacerdos,
sollemnes taurum ingentem mactabat ad aras.
Ecce autem gemini a Tenedo tranquilla per alta —
horresco referens — immensis orbibus angues

. . . . **183. pro Palladio:** *in exchange*
for the Palladium.   **184. quae . . . piaret:** Purpose clause.   **185. immensam . . .**
molem: *to a vast height.*   **186. roboribus textis:** *with oaken framework.*   **187. por-**
tis = intra portas.   **188. antiqua . . . tueri:** *shelter beneath their ancient faith,* i.e.,
giving the same protection as the Palladium.   **190. quod . . . convertant:** *May the*
gods turn this omen upon the author himself, i.e., Calchas.   **193. ultro:** *further,* i.e.,
assuming the offensive.   **Asiam = Troiam. Pelopea . . . moenia:** Greece; Pelops was
an ancestor of the royal race of Mycenae.   **194. ea fata manere:** *such a doom would*
await.   **196. credita (est) res:** *the story was believed.*   **capti (sumus):** *we were de-*
ceived (lit., *caught*).   **coactis:** *forced.*   **197. Tydides:** Diomedes, son of Tydeus.
Larissaeus: *of Larissa,* in Thessaly, home of Achilles.
   199. Here begins the 26-line description of the scene depicted in the ancient group
of statuary known as the *Laocoön,* discovered in 1506 A.D. in the Baths of Titus at
Rome.   The work is now in the Vatican collection.   **aliud:** *another portent.*   **200. im-**
provida: *blind.*   **201. ductus:** *chosen.*   **204. orbibus:** *coils.*

incumbent pelago, pariterque ad litora tendunt;   205
pectora quorum inter fluctus arrecta iubaeque
sanguineae superant undas; pars cetera pontum
pone legit, sinuatque immensa volumine terga.
Fit sonitus spumante salo; iamque arva tenebant,
ardentesque oculos suffecti sanguine et igne,   210
sibila lambebant linguis vibrantibus ora.
Diffugimus visu exsangues: illi agmine certo
Laocoonta petunt; et primum parva duorum
corpora natorum serpens amplexus uterque
implicat, et miseros morsu depascitur artus;   215
post ipsum auxilio subeuntem ac tela ferentem
corripiunt, spirisque ligant ingentibus; et iam
bis medium amplexi, bis collo squamea circum
terga dati, superant capite et cervicibus altis.
Ille simul manibus tendit divellere nodos,   220
perfusus sanie vittas atroque veneno,
clamores simul horrendos ad sidera tollit:
quales mugitus, fugit cum saucius aram
taurus, et incertam excussit cervice securim.
At gemini lapsu delubra ad summa dracones   225
effugiunt saevaeque petunt Tritonidis arcem,
sub pedibusque deae clipeique sub orbe teguntur.
Tum vero tremefacta novus per pectora cunctis
insinuat pavor, et scelus expendisse merentem
Laocoonta ferunt, sacrum qui cuspide robur   230

· **205. incumbunt
pelago:** *are seen breasting the sea* (lit., *lie on the sea*). **pariter:** *side by side.*
206. pectora . . . arrecta: *their breasts upreared amid the waves.* **208. legit:**
skims over. **sinuatque . . . terga:** *and rolls in many folds their monstrous backs.*
210. oculos suffecti: *their eyes suffused;* **oculos** is acc. of specification with the passive
voice. **212. exsangues:** i.e., from fear. **agmine certo:** *in unswerving course.*
213. Laocoonta: Acc. sing. **215. morsu:** *fangs.* **216. ipsum:** (*Laocoön*) *himself.*
218. circum . . . dati: Tmesis, *winding their scaly backs about his neck.* **220. tendit:**
struggles. **221. perfusus vittas:** *his fillets drenched;* **vittas,** acc. of specification.
223. quales mugitus: *such bellowing as.* **224. incertam:** *ill-aimed.* **226. Tritonidis:** Statues of Minerva were often represented with serpents at the base.
227. teguntur = se tegunt. **228. cunctis:** *of everyone;* dat. of reference.
229. insinuat: *steals.* **230. ferunt:** *they say.* **qui:** *since he;* rel. clause of cause.

laeserit, et tergo sceleratam intorserit hastam.
Ducendum ad sedes simulacrum orandaque divae
numina conclamant.

The Horse Is Taken into Troy

Dividimus muros et moenia pandimus urbis.
Accingunt omnes operi, pedibusque rotarum   235
subiciunt lapsus, et stuppea vincula collo
intendunt: scandit fatalis machina muros,
feta armis. Pueri circum innuptaeque puellae
sacra canunt, funemque manu contingere gaudent.
Illa subit, mediaeque minans illabitur urbi.   240
O patria, O divum domus Ilium, et incluta bello
moenia Dardanidum, quater ipso in limine portae
substitit, atque utero sonitum quater arma dedere:
instamus tamen immemores caecique furore,
et monstrum infelix sacrata sistimus arce.   245
Tunc etiam fatis aperit Cassandra futuris
ora, dei iussu non umquam credita Teucris.
Nos delubra deum miseri, quibus ultimus esset
ille dies, festa velamus fronde per urbem.

The Return of the Greeks

Vertitur interea caelum et ruit Oceano nox,   250
involvens umbra magna terramque polumque

---

231. **tergo:** *side* of the horse; dat. with a compound.   232. **sedes:** *temple,* the
sacred resting place on the acropolis.
234. **muros:** *walls.* **moenia:** *defenses* of the city.   235. **rotarum . . . lapsus:**
Vergilian for **rotas labentes,** *rollers.*   236. **vincula:** *ropes.*   238. **feta armis:** *teeming with armed men;* metonymy. **circum:** Adv.   240. **Illa subit:** *It* (the horse)
ascends.   243. **substitit:** *stood still* or *stopped.* **utero:** *from the belly.*   244. **immemores:** *heedless* of the warning of Laocoön, the omen of the stumbling of the horse,
and the noise of the arms within.   246. **Cassandra:** Daughter of Priam and Hecuba,
whose prophecies were never believed, in punishment for her rejection of the love of
Apollo.   247. **dei:** Apollo. **Teucris:** Dat. of agent.
250. **Vertitur:** *Turns.* **ruit:** *springs up,* as the sun rises from the sea in the morning,
so the night rises from the ocean in the evening.

Myrmidonumque dolos; fusi per moenia Teucri
conticuere, sopor fessos complectitur artus:
et iam Argiva phalanx instructis navibus ibat
a Tenedo tacitae per amica silentia lunae   255
litora nota petens, flammas cum regia puppis
extulerat, fatisque deum defensus iniquis
inclusos utero Danaos et pinea furtim
laxat claustra Sinon. Illos patefactus ad auras
reddit equus, laetique cavo se robore promunt   260
Thessandrus Sthenelusque duces, et dirus Ulixes,
demissum lapsi per funem, Acamasque, Thoasque,
Pelidesque Neoptolemus, primusque Machaon,
et Menelaus, et ipse doli fabricator Epeos.
Invadunt urbem somno vinoque sepultam;   265
caeduntur vigiles, portisque patentibus omnes
accipiunt socios atque agmina conscia iungunt.

Aeneas's Vision of Hector

Tempus erat, quo prima quies mortalibus aegris
incipit, et dono divum gratissima serpit.
In somnis, ecce, ante oculos maestissimus Hector   270
visus adesse mihi, largosque effundere fletus,
raptatus bigis, ut quondam, aterque cruento
pulvere, perque pedes traiectus lora tumentes.

. . . . **252. Myrmidonum dolos:** *the wiles
of the Greeks*, i.e., the horse.   **254. phalanx:** *host*.   **256. regia:** *royal*, i.e., the
flagship of Agamemnon.   **259. laxat:** *sets free* the Greeks and *unbars* the pinewood doors, zeugma.   **260. se . . . promunt:** *emerge*.   **262. demissum:** *let down*.
263. Neoptolemus: Son of Achilles, grandson of Peleus; also called Pyrrhus. **primus:**
Probably means that Machaon was the first to descend; possibly, *foremost* or *noble*.
Machaon was the surgeon for the Greek forces.   **264. Epeos:** Compare Masefield's
Tale of Troy.   **266. portis:** *through the gates;* abl. of means.   **267. conscia:** *allied*
or *confederate*.
     268. aegris: *suffering*.   **269. dono divum:** *as a gift of the gods*, or *by the grace
of heaven*. **serpit:** *steals over*.   **271. visus (est). adesse:** *appear*.   **272. bigis:** *by
the chariot* of Achilles. **ater:** *begrimed*.   **273. per . . . tumentes:** *and thongs passed
through his swollen feet;* **lora** is acc. with **traiectus.**

Ei mihi, qualis erat, quantum mutatus ab illo
Hectore, qui redit exuvias indutus Achilli,   275
vel Danaum Phrygios iaculatus puppibus ignes,
squalentem barbam et concretos sanguine crines
vulneraque illa gerens, quae circum plurima muros
accepit patrios. Ultro flens ipse videbar
compellare virum et maestas expromere voces: 280
'O lux Dardaniae, spes O fidissima Teucrum,
quae tantae tenuere morae? Quibus Hector ab oris
exspectate venis? Ut te post multa tuorum
funera, post varios hominumque urbisque labores
defessi aspicimus! Quae causa indigna serenos   285
foedavit vultus? Aut cur haec vulnera cerno?'
   Ille nihil, nec me quaerentem vana moratur,
sed graviter gemitus imo de pectore ducens,
'Heu fuge, nate dea, teque his,' ait, 'eripe flammis.
Hostis habet muros; ruit alto a culmine Troia.   290
Sat patriae Priamoque datum: si Pergama dextra
defendi possent, etiam hac defensa fuissent.
Sacra suosque tibi commendat Troia Penates:
hos cape fatorum comites, his moenia quaere
magna, pererrato statues quae denique ponto.'   295
Sic ait, et manibus vittas Vestamque potentem
aeternumque adytis effert penetralibus ignem.

· **274. mihi:** Ethical
dat., *Ah me!* **qualis erat:** *How he looked!*   **275. exuvias:** Acc. with **indutus,**
i.e., the armor of Achilles, worn by Patroclus when Hector killed him.   **277. con-**
cretos: *matted.*   **278. gerens:** *bearing* or *having.*   **plurima:** *in great numbers;*
Homer says that no one passed his dead body without inflicting a wound.   **279. Ultro:**
Speaking first. **ipse:** *I myself.*   **282. tenuere (te).**   **283. exspectate:** Vocative,
long awaited. **Ut:** *How.*   **285. Quae . . . cerno:** Aeneas in his dream does not
appear to know that Hector has been killed..   **287. Ille (respondet). nec . . . moratur:**
nor heeds my idle questions.   **290. ruit:** *is crumbling.*   **291. Sat . . . datum:** *Your*
duty has been done.   **292. hac:** *by this hand of mine.*   **293. Sacra:** *sacred emblems.*
Penates: i.e., the national household gods, not just those of his home.   **294. fatorum:**
fortunes. **his:** *for these.*   **moenia:** *a city,* i.e., a home.   **296. vittas Vestamque:**
the fillets of Vesta; hendiadys.   **297. adytis:** *from her shrine.* **ignem:** *(sacred) fire,*
to be taken to the new city.

Diverso interea miscentur moenia luctu,
et magis atque magis, quamquam secreta parentis
Anchisae domus arboribusque obtecta recessit,   300
clarescunt sonitus, armorumque ingruit horror.
Excutior somno, et summi fastigia tecti
ascensu supero, atque arrectis auribus asto:
in segetem veluti cum flamma furentibus Austris
incidit, aut rapidus montano flumine torrens   305
sternit agros, sternit sata laeta boumque labores,
praecipitesque trahit silvas, stupet inscius alto
accipiens sonitum saxi de vertice pastor.
Tum vero manifesta fides, Danaumque patescunt
insidiae. Iam Deiphobi dedit ampla ruinam   310
Volcano superante domus; iam proximus ardet
Ucalegon; Sigea igne freta lata relucent.
Exoritur clamorque virum clangorque tubarum.
Arma amens capio; nec sat rationis in armis,
sed glomerare manum bello et concurrere in arcem   315
cum sociis ardent animi; furor iraque mentem
praecipitant, pulchrumque mori succurrit in armis.
    Ecce autem telis Panthus elapsus Achivum,
Panthus Othryades, arcis Phoebique sacerdos,
sacra manu victosque deos parvumque nepotem   320
ipse trahit, cursuque amens ad limina tendit.
'Quo res summa loco, Panthu? Quam prendimus arcem?'

---

298. Diverso ... luctu: *With various sounds of grief.* **299. secreta ... recessit:** *stood back apart.* **301. armorum ... horror:** *the terror of battle.* **302. summi fastigia tecti:** *the highest point of the roof.* **304. furentibus Austris:** *when winds are raging;* abl. abs. **306. sata laeta:** *plenteous crops.* **boum:** Gen. pl. **labores:** i.e., the crops. **307. stupet:** *stands dazed.* **309. manifesta fides (est):** *the truth is clear.* **310. Deiphobi:** _Son of Priam. **dedit ... ruinam:** *has fallen in ruins.* **312. Ucalegon:** *(the house of) Ucalegon,* one of Priam's counselors. **Sigea:** *of Sigeum,* off Troy. **313. virum = virorum. **314. nec sat rationis (est):** *yet I have no purpose.* **316. ardent animi:** *my spirit burns;* abstract noun in the plural. **317. succurrit (mihi):** *the thought comes to me.* **318. Achivum:** Gen. pl. **319. arcis Phoebique:** *of Phoebus Apollo in the citadel;* hendiadys. **320. manu ... ipse:** *with his own hand.* **321. trahit:** With **deos,** *carries;* with **nepotem,** *drags along;* zeugma. **322. Quo ... loco?** *Where is the main struggle?* **Panthu:** Vocative.

Vix ea fatus eram, gemitu cum talia reddit:
'Venit summa dies et ineluctabile tempus
Dardaniae: fuimus Troes, fuit Ilium et ingens   325
gloria Teucrorum; ferus omnia Iuppiter Argos
transtulit; incensa Danai dominantur in urbe.
Arduus armatos mediis in moenibus astans
fundit equus, victorque Sinon incendia miscet
insultans; portis alii bipatentibus adsunt,   330
milia quot magnis umquam venere Mycenis;
obsedere alii telis angusta viarum
oppositis; stat ferri acies mucrone corusco
stricta, parata neci; vix primi proelia temptant
portarum vigiles, et caeco Marte resistunt.'   335

A Rally by Aeneas and His Comrades

Talibus Othryadae dictis et numine divum
in flammas et in arma feror, quo tristis Erinys,
quo fremitus vocat et sublatus ad aethera clamor.
Addunt se socios Ripheus et maximus armis
Epytus oblati per lunam Hypanisque Dymasque,   340
et lateri agglomerant nostro, iuvenisque Coroebus,
Mygdonides: illis ad Troiam forte diebus
venerat, insano Cassandrae incensus amore,
et gener auxilium Priamo Phrygibusque ferebat,
infelix, qui non sponsae praecepta furentis   345
audierit.

· **324. summa:** *final.*
ineluctabile tempus: *inevitable hour.*   **325. fuimus:** Perf. tense, denoting that "we
no longer are."   **326. ferus:** *wrathful.* **Argos:** *to Greece.*   **330. bipatentibus:**
wide open.   **331. milia quot = tot milia quot.**   **332. angusta viarum = angustas
vias.**   **333. ferri acies:** *the sharp edge of the sword.*   **335. caeco Marte:** *in blind*
(aimless) *warfare;* metonymy.
  336. dictis: Abl. of cause, *at these words.* **numine:** *by the will of heaven.*
337. Erinys: *the Fury of War,* which delights in carnage.   **340. oblati:** *appearing.*
341. agglomerant (se). Coroebus: Son of Mygdon, who had come to Troy lately because of his love for Cassandra. He was slain by Peneleus.   **344. gener:** *as his*
(*future*) *son-in-law.*   **345. furentis:** *inspired.*

Quos ubi confertos audere in proelia vidi,
incipio super his: 'Iuvenes, fortissima frustra
pectora, si vobis audentem extrema cupido
certa sequi, quae sit rebus fortuna videtis: 350
excessere omnes, adytis arisque relictis,
di, quibus, imperium hoc steterat; succurritis urbi
incensae; moriamur et in media arma ruamus.
Una salus victis, nullam sperare salutem.'

The Fury of the Trojans

Sic animis iuvenum furor additus: inde, lupi ceu   355
raptores atra in nebula, quos improba ventris
exegit caecos rabies, catulique relicti
faucibus exspectant siccis, per tela, per hostes
vadimus haud dubiam in mortem, mediaeque tenemus
urbis iter; nox atra cava circumvolat umbra.   360
Quis cladem illius noctis, quis funera fando
explicet, aut possit lacrimis aequare labores?
Urbs antiqua ruit, multos dominata per annos;
plurima perque vias sternuntur inertia passim
corpora, perque domos et religiosa deorum   365
limina. Nec soli poenas dant sanguine Teucri;
quondam etiam victis redit in praecordia virtus
victoresque cadunt Danai: crudelis ubique
luctus, ubique pavor, et plurima mortis imago.
Primus se, Danaum magna comitante caterva,   370
Androgeos offert nobis, socia agmina credens
inscius, atque ultro verbis compellat amicis:

· **347. audere in proelia:** *bold for battle.* **349. vobis (est). 350. sequi (me). 352. quibus:** *by whose aid.* **353. moriamur ... ruamus:** *let us rush ... and die;* hysteron-proteron. **354. Una ... salutem:** *To the vanquished, the only hope for safety lies in despair of safety;* this is a seeming paradox, called an oxymoron.

356. raptores: *ravening.* **improba:** *reckless.* **ventris ... rabies:** *maddening hunger.* **359. haud dubiam:** *certain;* litotes. **361. cladem:** *carnage.* **362. explicet:** *could tell.* **363. dominata:** *having ruled.* **367. quondam:** *former.* **victis:** *of the vanquished,* dat. of reference. **369. pavor:** Long *o*; diastole. **plurima ... imago:** *death in many a form.* **371. credens (nos esse).**

'Festinate, viri: nam quae tam sera moratur
segnities? Alii rapiunt incensa feruntque
Pergama; vos celsis nunc primum a navibus itis?'   375
Dixit, et extemplo, neque enim responsa dabantur
fida satis, sensit medios delapsus in hostes.
Obstipuit, retroque pedem cum voce repressit:
improvisum aspris veluti qui sentibus anguem
pressit humi nitens, trepidusque repente refugit   380
attollentem iras et caerula colla tumentem;
haud secus Androgeos visu tremefactus abibat.
Inruimus, densis et circumfundimur armis,
ignarosque loci passim et formidine captos
sternimus: aspirat primo fortuna labori.   385

The Trojans, in Greek Armor, Win at First

Atque hic successu exsultans animisque Coroebus,
'O socii, qua prima,' inquit, 'fortuna salutis
monstrat iter, quaque ostendit se dextra, sequamur;
mutemus clipeos, Danaumque insignia nobis
aptemus: dolus an virtus, quis in hoste requirat?   390
Arma dabunt ipsi.' Sic fatus, deinde comantem
Androgei galeam clipeique insigne decorum
induitur, laterique Argivum accommodat ensem.
Hoc Ripheus, hoc ipse Dymas omnisque iuventus
laeta facit; spoliis se quisque recentibus armat.   395
Vadimus immixti Danais haud numine nostro,
multaque per caecam congressi proelia noctem

. . . . **374. rapiunt**
. . . feruntque: *plunder and pillage.*   **377. fida satis:** *trustworthy.* **delapsus = se
delapsum esse.**   **379. aspris = asperis.**   **380. pressit . . . nitens:** *steps on.* **refugit
. . . tumentem:** *starts back* (from it) *as it rises in anger and puffs out its blue neck;*
refugit is trans.   **383. circumfundimur:** *we surround them;* middle voice.   **385. aspirat:** *favors*, a figure taken from a "favoring wind."
     386. successu . . . animisque: *elated by the courage that comes from success;* this is
an elaborate hendiadys.   **388. dextra:** *propitious.*   **389. insignia:** i.e., shields and
helmets, especially.   **390. dolus . . . requirat:** *fraud or valor, who would ask in war?*
391. Arma (nobis).   **393. induitur:** *puts on* or *dons.*   **395. recentibus:** *newly
taken.*   **396. haud . . . nostro:** *under auspices not our own,* i.e., they were wearing
Greek armor.   **397. congressi:** *in close conflict,* i.e., hand-to-hand fighting.

conserimus, multos Danaum demittimus Orco.
Diffugiunt alii ad naves, et litora cursu
fida petunt: pars ingentem formidine turpi 400
scandunt rursus equum et nota conduntur in alvo.

The Trojans Try to Save Cassandra

Heu nihil invitis fas quemquam fidere divis!
Ecce trahebatur passis Priameia virgo
crinibus a templo Cassandra adytisque Minervae,
ad caelum tendens ardentia lumina frustra — 405
lumina, nam teneras arcebant vincula palmas.
Non tulit hanc speciem furiata mente Coroebus,.
et sese medium iniecit periturus in agmen.
Consequimur cuncti et densis incurrimus armis.

The Trojans Mistaken for Greeks

Hic primum ex alto delubri culmine telis 410
nostrorum obruimur, oriturque miserrima caedes
armorum facie et Graiarum errore iubarum.
Tum Danai gemitu atque ereptae virginis ira
undique collecti invadunt, acerrimus Aiax,
et gemini Atridae, Dolopumque exercitus omnis; 415
adversi rupto ceu quondam turbine venti
confligunt, Zephyrusque Notusque et laetus Eois
Eurus equis; stridunt silvae, saevitque tridenti

· · · · · · · · · · · **398. Orco = ad Orcum:** *to the lower world*, i.e.; death.
402. nihil . . . fas quemquam: *it is not right for anyone.* **invitis:** *unwilling*, dat.
with **fidere.** In wearing Greek armor, they were putting their trust in the Greek gods.
403. passis: *disheveled.* **Priameia:** *daughter of Priam.* **405. tendens:** *straining.*
lumina: *eyes.* **407. Non tulit:** *Could not endure.* **408. periturus:** Fut. part. expressing purpose. **409. armis:** Dat. with a compound.
411. obruimur: Long final *u*; diastole. **412. facie:** *because of the appearance.*
413. gemitu . . . ira: *with a groan of rage at the rescue of the maiden;* hendiadys.
416. adversi . . . confligunt: *clash face to face.* **rupto . . . turbine:** *when a hurricane
bursts forth.* **quondam:** *at times.* **417. laetus Eois . . . equis:** *in the pride of his
eastern steeds;* the picture is the wind god riding upon the winds.

spumeus atque imo Nereus ciet aequora fundo.
Illi etiam, si quos obscura nocte per umbram 420
fudimus insidiis totaque agitavimus urbe,
apparent; primi clipeos mentitaque tela
agnoscunt, atque ora sono discordia signant.
Ilicet obruimur numero; primusque Coroebus
Penelei dextra divae armipotentis ad aram 425
procumbit; cadit et Ripheus, iustissimus unus
qui fuit in Teucris et servantissimus aequi:
dis aliter visum; pereunt Hypanisque Dymasque
confixi a sociis; nec te tua plurima, Panthu,
labentem pietas nec Apollinis infula texit. 430
Iliaci cineres et flamma extrema meorum,
testor, in occasu vestro nec tela nec ullas
vitavisse vices Danaum, et, si fata fuissent
ut caderem, meruisse manu. Divellimur inde,
Iphitus et Pelias mecum, quorum Iphitus aevo 435
iam gravior, Pelias et vulnere tardus Ulixi,
protinus ad sedes Priami clamore vocati.

The Defense of Priam's Palace

Hic vero ingentem pugnam, ceu cetera nusquam
bella forent, nulli tota morerentur in urbe,
sic Martem indomitum, Danaosque ad tecta ruentes 440

. . . . **419. spumeus:** *all-foaming*, applying to
the sea god and the sea. **420. Illi . . . quos:** *All those, too, whom.* **422. mentita:**
deceptive or *lying.* **423. ora . . . signant:** *they note our strange-sounding speech.* The
Trojans spoke a language akin to Greek, yet different enough to be almost a separate
language. **424. Ilicet = ire licet:** *at once* (lit., *one may go*, used as a formula for
dismissal of an assembly). **425. divae armipotentis:** Minerva. **426. unus:** *above
all others,* adding emphasis to the superlative. **427. servantissimus aequi:** *most observant of the right.* **428. dis aliter visum (est):** *Heaven willed otherwise.* **429. Panthu:** Vocative. **430. labentem:** *from falling in death.* **infula:** (*sacred*) *band,* worn
by priests; even this did not save Panthus. **433. vitavisse (me):** Indir. discourse
after **testor. vices:** *encounters.* **434. meruisse manu:** *I earned it* (death) *by my
deeds.* **436. Ulixi:** *dealt by Ulysses;* subj. gen. **437. vocati (sumus).**
 438. ceu . . . forent: *as though there were no other fights anywhere,* so great was
this struggle. **440. sic . . . indomitum:** *so fierce was the struggle,* which we saw.
Martem: *war* or *struggle;* metonymy.

cernimus, obsessumque acta testudine limen.
Haerent parietibus scalae, postesque sub ipsos
nituntur gradibus, clipeosque ad tela sinistris
protecti obiciunt, prensant fastigia dextris.
Dardanidae contra turres ac tota domorum   445
culmina convellunt; his se, quando ultima cernunt,
extrema iam in morte parant defendere telis;
auratasque trabes, veterum decora alta parentum,
devolvunt; alii strictis mucronibus imas
obsedere fores; has servant agmine denso.   450
Instaurati animi, regis succurrere tectis,
auxilioque levare viros, vimque addere victis.
    Limen erat caecaeque fores et pervius usus
tectorum inter se Priami, postesque relicti
a tergo, infelix qua se, dum regna manebant,   455
saepius Andromache ferre incomitata solebat
ad soceros, et avo puerum Astyanacta trahebat.
Evado ad summi fastigia culminis, unde
tela manu miseri iactabant irrita Teucri.
Turrim in praecipiti stantem summisque sub astra   460
eductam tectis, unde omnis Troia videri
et Danaum solitae naves et Achaia castra,
aggressi ferro circum, qua summa labantes
iuncturas tabulata dabant, convellimus altis
sedibus, impulimusque; ea lapsa repente ruinam   465
cum sonitu trahit et Danaum super agmina late
incidit: ast alii subeunt, nec saxa, nec ullum
telorum interea cessat genus.

. . . . **441. obsessum ... testudine:** *beset with an advancing roof of shields.* **443. nituntur gradibus:** *they climb by the rounds* (of the ladders). **444. fastigia:** *battlements.* **445. contra:** *to meet the attack.* **446. ultima:** *the end.* **449. imas:** *below.* **451. Instaurati animi:** *Our courage was renewed.* **453. pervius usus:** *a much-used passage.* **454. postes ... a tergo:** *a rear gate.* **456. saepius:** *again and again.* **457. soceros:** *her husband's parents,* Priam and Hecuba; Andromache was the wife of Hector and the mother of Astyanax. **trahebat:** *used to take.* **458. Evado:** *I make my way,* by means of this passageway. **460. Turrim ... convellimus:** *We pulled down a tower.* **in praecipiti:** *at the very edge.* **462. solitae (sunt). 463. aggressi:** *assailing it.* **qua ... dabant:** *where the top story showed yielding joints.* **467. subeunt:** *take their place.*

Vestibulum ante ipsum primoque in limine Pyrrhus
exsultat, telis et luce coruscus aena;   470
qualis ubi in lucem coluber mala gramina pastus
frigida sub terra tumidum quem bruma tegebat,
nunc, positis novus exuviis nitidusque iuventa,
lubrica convolvit sublato pectore terga
arduus ad solem, et linguis micat ore trisulcis.   475
Una ingens Periphas et equorum agitator Achillis,
armiger Automedon, una omnis Scyria pubes
succedunt tecto, et flammas ad culmina iactant.
Ipse inter primos correpta dura bipenni
limina perrumpit, postesque a cardine vellit   480
aeratos; iamque excisa trabe firma cavavit
robora, et ingentem lato dedit ore fenestram.
Apparet domus intus, et atria longa patescunt;
apparent Priami et veterum penetralia regum,
armatosque vident stantes in limine primo.   485

Greeks Swarm into the Palace

At domus interior gemitu miseroque tumultu
miscetur, penitusque cavae plangoribus aedes
femineis ululant; ferit aurea sidera clamor.
Tum pavidae tectis matres ingentibus errant,
amplexaeque tenent postes atque oscula figunt.   490

---

469. Pyrrhus: Son of Achilles, also called Neoptolemus.   **470. telis . . . aena:** *gleaming with arms of flashing brass;* hendiadys.   **471. mala . . . pastus:** *fed on poisonous herbs.*   **472. tumidum:** *swollen,* with poison.   **473. positis . . . exuviis:** *having cast off its old skin.*   **474. lubrica . . . terga:** *rolls along its slimy length, with breast erect.*   **475. linguis:** Abl. of means; translate as if dir. obj. **micat:** *darts.* **478. succedunt tecto:** *press toward the palace.* **flammas:** *firebrands.*   **479. Ipse:** Pyrrhus.   **480. perrumpit:** *tries to break through.* **vellit:** *wrench.*   **481. aeratos:** *brass-bound.* **excisa trabe:** *having cut through the woodwork.*   **482. dedit:** *made.* **483. patescunt:** *are disclosed;* Vergil here follows the plan and arrangement of a Roman house, another instance of anachronism.   **484. penetralia:** *inmost rooms.* **485. armatos:** i.e., the palace guards.

486. misero tumultu: *piteous confusion.*   **487. cavae . . . aedes:** *the vaulted halls.* **490. postes:** *pillars.*

Instat vi patria Pyrrhus; nec claustra, neque ipsi
custodes sufferre valent; labat ariete crebro
ianua, et emoti procumbunt cardine postes.
Fit via vi; rumpunt aditus, primosque trucidant
immissi Danai, et late loca milite complent.   495
Non sic, aggeribus ruptis cum spumeus amnis
exiit, oppositasque evicit gurgite moles,
fertur in arva furens cumulo, camposque per omnes
cum stabulis armenta trahit. Vidi ipse furentem
caede Neoptolemum geminosque in limine Atridas;   500
vidi Hecubam centumque nurus, Priamumque per aras
sanguine foedantem, quos ipse sacraverat, ignes.
Quinquaginta illi thalami, spes tanta nepotum,
barbarico postes auro spoliisque superbi,
procubuere; tenent Danai, qua deficit ignis.   505

The Fate of Priam

Forsitan et Priami fuerint quae fata requiras.
Urbis uti captae casum convulsaque vidit
limina tectorum et medium in penetralibus hostem,
arma diu senior desueta trementibus aevo
circumdat nequiquam umeris, et inutile ferrum   510
cingitur, ac densos fertur moriturus in hostes.
Aedibus in mediis nudoque sub aetheris axe
ingens ara fuit iuxtaque veterrima laurus,
incumbens arae atque umbra complexa Penates.
Hic Hecuba et natae nequiquam altaria circum,   515

- - - - - - - - - - **491. vi patria:** *with all his father's might*, i.e., like Achilles.
492. sufferre (eum): *to withstand him.* **ariete:** Three syllables; synaeresis.
495. milite: *soldiery*, collectively. **496. Non sic:** *Not with such violence.* **497. moles:**
dikes. **498. fertur:** *pours.* **499. trahit:** *sweeps.* **501. nurus:** *daughters and
daughters-in-law;* Priam and Hecuba had fifty sons and fifty daughters. **503. spes,
postes:** In loose apposition with **thalami.** **504. barbarico:** i.e., Trojan, Asiatic
— "barbaric" from the point of view of a Roman.
   506. requiras: *you may ask.* **507. uti:** *when.* **510. circumdat:** *binds on;* with
dat. **511. cingitur:** *girds on;* middle voice. **512. nudo...axe:** *beneath the open
vault of heaven.*

praecipites atra ceu tempestate columbae,
condensae et divum amplexae simulacra sedebant.
Ipsum autem sumptis Priamum iuvenalibus armis
ut vidit, 'Quae mens tam dira, miserrime coniunx,
impulit his cingi telis? Aut quo ruis?' inquit;   520
'Non tali auxilio nec defensoribus istis
tempus eget; non, si ipse meus nunc adforet Hector.

· · · · · · · · · **516. praecipites:** *headlong*, i.e., driven from the sky. **517. condensae:** *crowded together.*   **520. quo ruis:** *where are you rushing?*   **521. auxilio
...defensoribus:** Abl. with **eget.**   **522. adforet:** *were here.*

Huc tandem concede; haec ara tuebitur omnes,
aut moriere simul.' Sic ore effata recepit
ad sese et sacra longaevum in sede locavit.   525

The Murder of Polites

Ecce autem elapsus Pyrrhi de caede Polites,
unus natorum Priami, per tela, per hostes
porticibus longis fugit, et vacua atria lustrat
saucius: illum ardens infesto vulnere Pyrrhus
insequitur, iam iamque manu tenet et premit hasta.   530
Ut tandem ante oculos evasit et ora parentum,
concidit, ac multo vitam cum sanguine fudit.
Hic Priamus, quamquam in media iam morte tenetur,
non tamen abstinuit, nec voci iraeque pepercit:
'At tibi pro scelere,' exclamat, 'pro talibus ausis,   535
di, si qua est caelo pietas, quae talia curet,
persolvant grates dignas et praemia reddant
debita, qui nati coram me cernere letum
fecisti et patrios foedasti funere vultus.
At non ille, satum quo te mentiris, Achilles   540
talis in hoste fuit Priamo; sed iura fidemque
supplicis erubuit, corpusque exsangue sepulcro
reddidit Hectoreum, meque in mea regna remisit.'

The Death of Priam

Sic fatus senior, telumque imbelle sine ictu
coniecit, rauco quod protinus aere repulsum   545

---

524. simul (nobiscum).
526. Pyrrhi: *at the hands of Pyrrhus.* 528. porticibus longis: *down the long colonnades;* see note on 1.266. 529. saucius: Emphatic, *wounded as he is.* 530. iam iam: *all but* (lit. *now, now),* a phrase implying eagerness and speed. premit: *is upon him.* 533. in media . . . morte: *in the very grasp of death.* 534. voci iraeque: Hendiadys. 536. qua . . . pietas: *any justice.* 538. coram: *before my very eyes.* 539. patrios . . . vultus: *you have defiled a father's sight with the death* (of his son). 540. satum (esse) . . . mentiris: *whom you falsely call your sire.* 541. in: *in the case of.* iura . . . erubuit: *he respected the rights.* 542. sepulcro reddidit: *gave up for burial.* 544. imbelle: *feeble.* 545. rauco: *ringing.* repulsum.

e summo clipei nequiquam umbone pependit.
Cui Pyrrhus: 'Referes ergo haec et nuntius ibis
Pelidae genitori; illi mea tristia facta
degeneremque Neoptolemum narrare memento.
Nunc morere.' Hoc dicens altaria ad ipsa trementem   550
traxit et in multo lapsantem sanguine nati,
implicuitque comam laeva, dextraque coruscum
extulit, ac lateri capulo tenus abdidit ensem.
Haec finis Priami fatorum; hic exitus illum
sorte tulit, Troiam incensam et prolapsa videntem   555
Pergama, tot quondam populis terrisque superbum
regnatorem Asiae. Iacet ingens litore truncus,
avulsumque umeris caput, et sine nomine corpus.
    At me tum primum saevus circumstetit horror.
Obstipui; subiit cari genitoris imago,   560
ut regem aequaevum crudeli vulnere vidi
vitam exhalantem; subiit deserta Creusa,
et direpta domus, et parvi casus Iuli.
Respicio, et quae sit me circum copia lustro.
Deseruere omnes defessi, et corpora saltu   565
ad terram misere aut ignibus aegra dedere.

Aeneas Encounters Helen

Iamque adeo super unus eram, cum limina Vestae
servantem et tacitam secreta in sede latentem

· · · · · · · · · · **546. e summo ... umbone:** *from the surface of the boss,*
a projection designed to turn aside the weapon. In this instance it was probably
covered with leather, which Priam's spear just pierced, then hung idly (**nequiquam**)
from it. **547. Referes:** *You will relate,* almost imperative in tone. **548. Pelidae
genitori:** i.e., Achilles. **549. degenerem:** *how unworthy is* — referring to Priam's re-
mark, 1. 540. **550. trementem:** (Priam) *trembling.* **553. lateri** = **in latus. capulo
tenus:** *up to the hilt.* **555. tulit:** *befell.* **558. sine nomine:** *nameless,* i.e., unrecog-
nizable. Pompey's death is suggested by this passage. **560. genitoris:** *of my father.*
561. aequaevum: *of equal age,* with Anchises. **562. Creusa:** i.e., *the thought of
Creusa,* Aeneas's wife. **563. casus:** *what might have befallen.* **564. sit:** Indir.
question. **copia:** (military) *force.* **565. corpora ... misere:** *have flung their bodies
to the ground.*
    567. super ... eram: *I was left alone;* tmesis. **limina ... latentem:** *lurking in the
entrance of Vesta's temple.*

Tyndarida aspicio: dant clara incendia lucem
erranti passimque oculos per cuncta ferenti.   570
Illa sibi infestos eversa ob Pergama Teucros
et poenas Danaum et deserti coniugis iras
praemetuens, Troiae et patriae communis Erinys,
abdiderat sese atque aris invisa sedebat.
Exarsere ignes animo; subit ira cadentem   575
ulcisci patriam et sceleratas sumere poenas.
'Scilicet haec Spartam incolumis patriasque Mycenas
aspiciet, partoque ibit regina triumpho,
coniugiumque, domumque, patres, natosque videbit,
Iliadum turba et Phrygiis comitata ministris?   580
Occiderit ferro Priamus? Troia arserit igne?
Dardanium totiens sudarit sanguine litus?
Non ita: namque etsi nullum memorabile nomen
feminea in poena est, nec habet victoria laudem,
exstinxisse nefas tamen et sumpsisse merentes   585
laudabor poenas, animumque explesse iuvabit
ultricis flammae, et cineres satiasse meorum.'

Venus Intervenes

Talia iactabam, et furiata mente ferebar
cum mihi se, non ante oculis tam clara, videndam
obtulit et pura per noctem in luce refulsit   590
alma parens, confessa deam qualisque videri
caelicolis et quanta solet, dextraque prehensum

569. Tyndarida: Acc., Helen.   **570. erranti (mihi).**   **571. Illa:** *She* (Helen).
sibi . . . praemetuens: *dreading* in advance, **prae.**   **572. Danaum:** Subj. gen., *that
the Greeks would inflict.* **coniugis:** Menelaus.   **573. Erinys:** *scourge* or *curse.*
574. invisa: *a hated thing.*   **575. animo (meo). subit ira:** *an angry impulse prompts
me.*   **577. Scilicet:** *What!* **Mycenas:** Although Helen came from Sparta, Mycenae
is here used for Greece in general.   **580. comitata:** Used here in pass. sense, *attended by.*   **581. Occiderit:** Fut. perf., expressing indignation — *Is it for this that
Priam fell?*   **582. sudarit = sudaverit:** *reeked.*   **583. nullum . . . nomen:** *no glory.*
585. exstinxisse nefas . . . laudabor: *I shall be praised for having destroyed an accursed
creature.* **merentes = meritas.**   **587. flammae:** Gen. with verb of plenty or want,
sumpsisse.
588. ferebar: *was carried away.*   **589. non = numquam. videndam:** *in visible
form.*   **591. confessa deam:** Unlike her appearance in Book I; Venus rarely appeared to her son in her true form.   **592. caelicolis:** *to the gods.* **prehensum (me).**

continuit, roseoque haec insuper addidit ore:
'Nate, quis indomitas tantus dolor excitat iras?
Quid furis, aut quonam nostri tibi cura recessit?   595
Non prius aspicies ubi fessum aetate parentem
liqueris Anchisen; superet coniunxne Creusa,
Ascaniusque puer? Quos omnes undique Graiae
circum errant acies, et, ni mea cura resistat,
iam flammae tulerint inimicus et hauserit ensis.   600
Non tibi Tyndaridis facies invisa Lacaenae
culpatusve Paris: divum inclementia, divum,
has evertit opes sternitque a culmine Troiam.
Aspice — namque omnem, quae nunc obducta tuenti
mortales hebetat visus tibi et umida circum   605
caligat, nubem eripiam; tu ne qua parentis
iussa time, neu praeceptis parere recusa:
hic, ubi disiectas moles avulsaque saxis
saxa vides mixtoque undantem pulvere fumum,
Neptunus muros magnoque emota tridenti   610
fundamenta quatit, totamque a sedibus urbem
eruit; hic Iuno Scaeas saevissima portas
prima tenet, sociumque furens a navibus agmen
ferro accincta vocat.
Iam summas arces Tritonia, respice, Pallas   615
insedit, nimbo effulgens et Gorgone saeva.
Ipse pater Danais animos viresque secundas
sufficit, ipse deos in Dardana suscitat arma.

· · · · · · · · · · · · · · · · · **595. quonam:** *whither, pray.* **nostri:** *for me.*
tibi cura: *the love you have.*   **596. Non = Nonne. prius:** *first,* i.e., before doing
anything else.   **597. liqueris = reliqueris:** Indir. question.   **superet = supersit.**
599. ni . . . resistat: *if my care did not withstand them* — a contrary-to-fact condition
with pres. and perf. tenses for imp. and pluperf., an old poetic construction.   **601. tibi:**
Ethical dat., *'Tis not, as you think.*   **602. divum . . . divum:** *of the gods, I repeat, of*
the gods.   **604. obducta (tibi) tuenti:** *drawn over you as you gaze.*   **605. umida . . .**
caligat: *lies dark and dank around you.*   **606. ne . . . time = noli timere.**   **607. prae-**
ceptis: Dat. with **parere —** *my instructions.*   **608. moles:** *walls.*   **609. undantem:**
rolling (in billows).   **610. Neptunus:** As being the "Earth-Shaker." It was he who
built the walls of Laomedon.   **612. Scaeas:** The Scaean gate led to the shore and the
Grecian camp.   **613. socium . . . agmen:** i.e., the Greeks.   **615. Pallas:** Athene,
who often carried the shield of Jove, which, when shaken, emitted storm and lightning
and had the head of Medusa in the center.   **617. pater:** Jupiter.   **secundas:** *victorious.*

Eripe, nate, fugam, finemque impone labori.
Nusquam abero, et tutum patrio te limine sistam.'   620
Dixerat, et spissis noctis se condidit umbris.
Apparent dirae facies inimicaque Troiae
numina magna deum.
Tum vero omne mihi visum considere in ignes
Ilium et ex imo verti Neptunia Troia;   625
ac veluti summis antiquam in montibus ornum
cum ferro accisam crebrisque bipennibus instant
eruere agricolae certatim, — illa usque minatur
et tremefacta comam concusso vertice nutat,
vulneribus donec paulatim evicta supremum   630
congemuit, traxitque iugis avulsa ruinam.
Descendo, ac ducente deo flammam inter et hostes
expedior; dant tela locum, flammaeque recedunt.

Anchises Refuses to Leave Troy

Atque ubi iam patriae perventum ad limina sedis
antiquasque domos, genitor, quem tollere in altos   635
optabam primum montes primumque petebam,
abnegat excisa vitam producere Troia
exsiliumque pati. 'Vos O, quibus integer aevi
sanguis,' ait, 'solidaeque suo stant robore vires,
vos agitate fugam: 640
me si caelicolae voluissent ducere vitam,
has mihi servassent sedes. Satis una superque
vidimus excidia et captae superavimus urbi.

· · · · ·   **620. (in) limine.   624. visum (est).   627. accisam:** *hacked.* **crebris:**
repeated blows of.   **629. tremefacta comam:** *trembling in every leaf;* **comam,** acc. of
specification.   **630. supremum congemuit:** *gives one final groan.*   **631. traxit . . .**
ruinam: *comes crashing down, torn from its native ridge.*   **632. ducente deo:** *with*
the deity (Venus) *guiding me.*   **633. expedior:** *I make my way.*
    634. perventum (est): Impers., *I reached.*   **636. primum:** *as my first care.* **638. qui-**
bus . . . sanguis: *whose blood is unimpaired by years.*   **642. servassent** = **servavissent:**
Contrary-to-fact condition in past time.   **Satis . . . vidimus:** *Enough it is and more*
that I have beheld. **una:** i.e., when Hercules destroyed the city in revenge for another
"broken promise" of Laomedon.   **643. superavimus** = **superfuimus:** Hence **urbi,**
dat. with a compound.

Sic O sic positum affati discedite corpus.
Ipse manu mortem inveniam; miserebitur hostis   645
exuviasque petet; facilis iactura sepulcri.
Iam pridem invisus divis et inutilis annos
demoror, ex quo me divum pater atque hominum rex
fulminis afflavit ventis et contigit igne.'
    Talia perstabat memorans, fixusque manebat.   650
Nos contra effusi lacrimis, coniunxque Creusa
Ascaniusque omnisque domus, ne vertere secum
cuncta pater fatoque urguenti incumbere vellet.
Abnegat, inceptoque et sedibus haeret in isdem.
Rursus in arma feror, mortemque miserrimus opto: 655
nam quod consilium aut quae iam fortuna dabatur?
'Mene efferre pedem, genitor, te posse relicto
sperasti, tantumque nefas patrio excidit ore?
Si nihil ex tanta superis placet urbe relinqui,
et sedet hoc animo, perituraeque addere Troiae   660
teque tuosque iuvat, patet isti ianua leto,
iamque aderit multo Priami de sanguine Pyrrhus,
natum ante ora patris, patrem qui obtruncat ad aras.
Hoc erat, alma parens, quod me per tela, per ignes
eripis, ut mediis hostem in penetralibus, utque   665
Ascanium patremque meum iuxtaque Creusam
.alterum in alterius mactatos sanguine cernam?
Arma, viri, ferte arma; vocat lux ultima victos.
Reddite me Danais; sinite instaurata revisam

- - - - - - - - - - - - **644. affati:** *after bidding farewell to.*   **645. Ipse manu:**
With my own hand.   **646. facilis (erit):** *will be easy to bear.* This is said in reckless
despair, for the ancients believed the soul could not rest in peace until the body had
had an appropriate burial.   **648. ex quo:** *from the time when.*   **649. contigit igne:**
struck me with lightning, for boasting of Venus's love for him.   **651. effusi (sumus)**
lacrimis: *poured forth tears* (of entreaty); **lacrimis**, abl. of manner.   **652. vertere**
= evertere.   **653. fato . . . incumbere:** *hasten our impending doom.*   **654. incepto**
. . . isdem: *remains unmoved in his purpose, and stays in the same spot;* zeugma.
655. feror: *I start to rush.*   **657. Mene efferre pedem:** *that I could depart.*   **658. tan-**
tum nefas: *so impious a speech.*   **660. sedet:** *is fixed.*   **662. iamque:** *for soon.*
multo . . . de sanguine: *reeking with the blood.*   **663. natum:** Polites; see l. 532.
patris: Priam.   **664. Hoc erat . . . quod:** *Was this the reason why?* **parens:** Venus,
who has apparently saved him only so that he will see his family killed.   **668. lux:**
day.   **669. sinite (ut) revisam:** *allow me to return to.*

proelia. Numquam omnes hodie moriemur inulti.'   670
  Hinc ferro accingor rursus clipeoque sinistram
insertabam aptans, meque extra tecta ferebam.
Ecce autem complexa pedes in limine coniunx
haerebat, parvumque patri tendebat Iulum:
'Si periturus abis, et nos rape in omnia tecum;   675
sin aliquam expertus sumptis spem ponis in armis,
hanc primum tutare domum. Cui parvus Iulus,
cui pater et coniunx quondam tua dicta relinquor?'

An Omen Overcomes Anchises' Objections

  Talia vociferans gemitu tectum omne replebat,
cum subitum dictuque oritur mirabile monstrum.   680
Namque manus inter maestorumque ora parentum
ecce levis summo de vertice visus Iuli
fundere lumen apex, tactuque innoxia molles
lambere flamma comas et circum tempora pasci.
Nos pavidi trepidare metu, crinemque flagrantem   685
excutere et sanctos restinguere fontibus ignes.
At pater Anchises oculos ad sidera laetus
extulit, et caelo palmas cum voce tetendit:
  'Iuppiter omnipotens, precibus si flecteris ullis,
aspice nos; hoc tantum, et, si pietate meremur,   690
da deinde auxilium, pater, atque haec omina firma.'
Vix ea fatus erat senior, subitoque fragore
intonuit laevum, et de caelo lapsa per umbras
stella facem ducens multa cum luce cucurrit.
Illam, summa super labentem culmina tecti,   695

· **672. aptans:** *fitting it in*
place.   **674. patri:** *to his father,* i.e., **mihi.**   **675. et:** *too.* **omnia:** i.e., *even death.*
678. quondam tua dicta: *once called your wife;* he seems to be deserting her.
    680. oritur: *appears.*   **682. levis ... apex:** *a light tongue of flame.*   **683. fun-**
dere: *shed.* **molles:** With **comas,** *wavy.*   **684. tempora:** *temples.* **pasci:** *play.*
686. fontibus = **aqua.**   **688. cum voce:** *in prayer.*   **690. aspice ... tantum:** *look*
on us (*in pity*), *this is our only prayer.*   **691. deinde:** i.e., *after this sign.*   **692. -que:**
when.   **693. laevum:** *on the left,* a good omen in Roman augury.   **694. facem:** *a*
fiery train. **multa:** *a flood of.*

cernimus Idaea claram se condere silva
signantemque vias; tum longo limite sulcus
dat lucem, et late circum loca sulpure fumant.
Hic vero victus genitor se tollit ad auras,
affaturque deos et sanctum sidus adorat.   700
'Iam iam nulla mora est; sequor et qua ducitis adsum.
Di patrii, servate domum, servate nepotem.
Vestrum hoc augurium, vestroque in numine Troia est.
Cedo equidem, nec, nate, tibi comes ire recuso.'

Aeneas Gives Directions for Flight

Dixerat ille; et iam per moenia clarior ignis   705
auditur, propiusque aestus incendia volvunt.
'Ergo age, care pater, cervici imponere nostrae;
ipse subibo umeris, nec me labor iste gravabit;
quo res cumque cadent, unum et commune periclum,
una salus ambobus erit. Mihi parvus Iulus   710
sit comes, et longe servet vestigia coniunx:
vos, famuli, quae dicam, animis advertite vestris.
Est urbe egressis tumulus templumque vetustum
desertae Cereris, iuxtaque antiqua cupressus
religione patrum multos servata per annos.   715
Hanc ex diverso sedem veniemus in unam.
Tu, genitor, cape sacra manu patriosque Penates;
me, bello e tanto digressum et caede recenti,
attrectare nefas, donec me flumine vivo
abluero.'   720

. . . . **699.** **victus:** *persuaded,* by the omen. **ad auras:**
erect. **701. Iam iam:** *No longer.* **702. domum:** *house,* i.e., *race.*
   705. Dixerat: *He ceased speaking.* **moenia** = **urbem.** **706. aestus:** Acc. pl.
its tide of flame. **707. imponere** = **te pone:** Middle imperative. **708. subibo umeris:**
I will take you on my shoulders. **709. quo . . . cumque:** *no matter how;* tmesis.
711. longe: i.e., as a cautious measure. **servet** = **sequatur.** **712. animis . . . vestris:**
note carefully. **713. (eis) egressis:** *as you go out* (lit., *to those having gone out*).
714. desertae: *lonely.* **Cereris:** i.e., her temple. **715. religione:** *reverence.* **716. di-**
verso: *different quarters.* **717. sacra:** *sacred objects,* possibly the Penates. **718. me**
. . . attrectare nefas: *it is a sacrilege for me to touch them.* **719. vivo:** *running.*

The Flight

Haec fatus, latos umeros subiectaque colla
veste super fulvique insternor pelle leonis,
succedoque oneri; dextrae se parvus Iulus
implicuit sequiturque patrem non passibus aequis;
pone subit coniunx: ferimur per opaca locorum;   725
et me, quem dudum non ulla iniecta movebant
tela neque adverso glomerati ex agmine Grai,
nunc omnes terrent aurae, sonus excitat omnis
suspensum et pariter comitique onerique timentem.
Iamque propinquabam portis, omnemque videbar   730

721. subiecta: *stooping.*   **722. veste . . . leonis:** *a robe of tawny lion's hide.*
723. dextrae se . . . implicuit: *placed his hand in mine.*   **725. pone:** Adv., *behind.*
opaca locorum = opaca loca; like **strata viarum,** I. 422.   **726. dudum:** *but now.*
729. comiti: i.e., Iulus. **oneri:** Anchises.

evasisse viam, subito cum creber ad aures
visus adesse pedum sonitus, genitorque per umbram
prospiciens, 'Nate,' exclamat, 'fuge, nate, propinquant!
Ardentes clipeos atque aera micantia cerno!'

The Disappearance of Creusa

Hic mihi nescio quod trepido male numen amicum   735
confusam eripuit mentem. Namque avia cursu
dum sequor, et nota excedo regione viarum,
heu, misero coniunx fatone erepta Creusa
substitit, erravitne via, seu lassa resedit,
incertum; nec post oculis est reddita nostris.   740
Nec prius amissam respexi animumque reflexi,
quam tumulum antiquae Cereris sedemque sacratam
venimus; hic demum collectis omnibus una
defuit, et comites natumque virumque fefellit.

Aeneas's Search for Creusa

Quem non incusavi amens hominumque deorumque,   745
aut quid in eversa vidi crudelius urbe?
Ascanium Anchisenque patrem Teucrosque Penates
commendo sociis et curva valle recondo;
ipse urbem repeto et cingor fulgentibus armis.
Stat casus renovare omnes, omnemque reverti   750
per Troiam, et rursus caput obiectare periclis.
  Principio muros obscuraque limina portae,
qua gressum extuleram, repeto, et vestigia retro

731. **creber** = **crebrorum:** i.e., of many footsteps.   734. **aera:** *arms* or *armor.*
  735. **nescio quod** = **aliquod:** *some . . . or other.*   **male amicum** = **inimicum.**
736. **cursu:** *in my haste.*   737. **excedo:** *I depart from,* to avoid capture by the
Greeks.   738. **(mihi) misero . . . erepta:** Emphatic position, *Ah me, wretched man —
torn from me by fate, did my wife . . .*   740. **incertum:** *I know not.*   741. **prius . . .
quam:** *until.*   744. **fefellit:** *was missed by* (lit., *escaped the notice of*).
  745. **deorumque:** A hypermetric verse.   749. **cingor:** *I gird on* arms (which he
could not wear when carrying Anchises).   750. **Stat (mihi):** *I resolve.*   751. **caput**
= **vitam.**   753. **repeto . . . sequor:** *I search again and retrace my footsteps.*

observata sequor per noctem et lumine lustro.
Horror ubique animo, simul ipsa silentia terrent.   755
Inde domum, si forte pedem, si forte tulisset,
me refero: irruerant Danai, et tectum omne tenebant.
Ilicet ignis edax summa ad fastigia vento
volvitur; exsuperant flammae, furit aestus ad auras.
Procedo et Priami sedes arcemque reviso.   760
Et iam porticibus vacuis Iunonis asylo
custodes lecti Phoenix et dirus Ulixes
praedam asservabant. Huc undique Troia gaza
incensis erepta adytis, mensaeque deorum,
crateresque auro solidi, captivaque vestis   765
congeritur; pueri et pavidae longo ordine matres
stant circum.

The Vision of Creusa

Ausus quin etiam voces iactare per umbram
implevi clamore vias maestusque Creusam
nequiquam ingeminans iterumque iterumque vocavi.   770
Quaerenti et tectis urbis sine fine furenti
infelix simulacrum atque ipsius umbra Creusae
visa mihi ante oculos et nota maior imago.
Obstipui, steteruntque comae et vox faucibus haesit.
Tum sic affari et curas his demere dictis: 775
'Quid tantum insano iuvat indulgere dolori,
O dulcis coniunx? Non haec sine numine divum
eveniunt; nec te comitem hinc portare Creusam

---

754. **lumine lustro:** *I scan with my eyes.* 755. **animo (est):** *fills my soul.* 756. **si ... tulisset:** (*to see whether*) *by chance, mere chance, she had wandered thither.* 759. **furit ... auras:** *the furious blazing tide rises heavenward.* 761. **asylo:** *sanctuary.* 762. **Phoenix:** Teacher and friend of Achilles. 765. **auro solidi** = **ex auro solido.** 766. **pueri ... circum:** i.e., captives to be kept as slaves, or sold.

768. **voces iactare:** *to shout wildly.* 770. **ingeminans:** *repeating.* 771. **(mihi) Quaerenti et tectis ... furenti ... visa (est):** *as I searched and rushed madly among the houses of the city, there appeared.* 773. **nota maior:** *larger than life,* a common belief respecting apparitions. 774. **steterunt:** The penult is short; systole. 775. **affari:** *she began to speak;* historical infin. **curas (meas).** 776. **iuvat (te):** Impers. 778. **nec ... fas (est):** *nor is it heaven's will.*

fas, aut ille sinit superi regnator Olympi.
Longa tibi exsilia, et vastum maris aequor arandum,   780
et terram Hesperiam venies, ubi Lydius arva
inter opima virum leni fluit agmine Thybris;
illic res laetae regnumque et regia coniunx
parta tibi. Lacrimas dilectae pelle Creusae.
Non ego Myrmidonum sedes Dolopumve superbas   785
aspiciam, aut Grais servitum matribus ibo,
Dardanis, et divae Veneris nurus.
Sed me magna deum genetrix his detinet oris:
iamque vale, et nati serva communis amorem.'
Haec ubi dicta dedit, lacrimantem et multa volentem   790
dicere deseruit, tenuesque recessit in auras.
Ter conatus ibi collo dare bracchia circum:
ter frustra comprensa manus effugit imago,
par levibus ventis volucrique simillima somno.

Refuge in the Mountains

Sic demum socios consumpta nocte reviso.   795
Atque hic ingentem comitum affluxisse novorum
invenio admirans numerum, matresque virosque,
collectam exsilio pubem, miserabile vulgus.
Undique convenere, animis opibusque parati,
in quascumque velim pelago deducere terras.   800
Iamque iugis summae surgebat Lucifer Idae
ducebatque diem, Danaique obsessa tenebant
limina portarum, nec spes opis ulla dabatur;
cessi, et sublato montes genitore petivi.

· **780. Longa ... exsilia:**
Distant scenes of exile are in store for you.   **781. Lydius:** The Etruscans were supposed to have come from Lydia.   **782. agmine:** *current.*   **783. res laetae:** *prosperity.* **regia coniunx:** Lavinia.   **784. parta tibi:** *await you.* **Creusae:** *for Creusa,*
obj. gen.   **786. servitum:** Supine, to express purpose, *to serve* Greek mothers.
788. genetrix: Cybele.   **790. (me) lacrimantem.**   **792. dare ... circum = circumdare:** Tmesis.   **793. comprensa = comprehensa.**
   795. Sic: i.e., without Creusa.   **798. exsilio:** Dat. of purpose.   **799. animis
... parati:** *ready in heart and fortune.* Supply **ire** or **deduci.**   **801. iugis:** *over the
ridge.*   **803. opis = auxili.**   **804. cessi:** *I yielded* (*to fate*). **montes:** Mt. Ida.

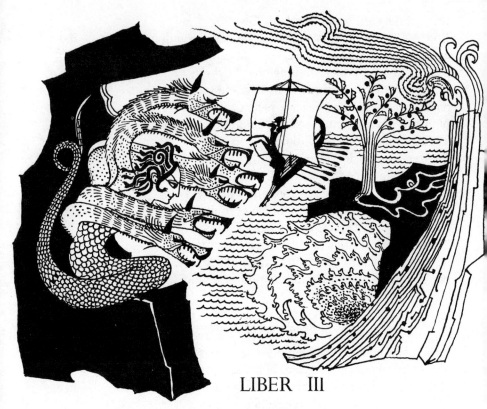

LIBER III

The Trojans Embark

POSTQUAM res Asiae Priamique evertere gentem
    immeritam visum superis, ceciditque superbum
    Ilium, et omnis humo fumat Neptunia Troia,
diversa exsilia et desertas quaerere terras
auguriis agimur divum, classemque sub ipsa   5
Antandro et Phrygiae molimur montibus Idae,
incerti, quo fata ferant, ubi sistere detur,
contrahimusque viros. Vix prima inceperat aestas,
et pater Anchises dare fatis vela iubebat,

2. visum (est) **superis:** *it seemed best to the gods,* i.e., the gods decided. **3. humo:**
from the ground. **5. sub ipsa:** *just under, near.* **6. Antandro:** Antandros, a town
at the southeast of Mt. Ida, where Aeneas decided to build a fleet. **7. sistere:**
settle. **detur = liceat.** **8. prima:** *early.* **9. dare:** *spread.* **fatis:** Dat., *destiny,*
rather than the winds.

litora cum patriae lacrimans portusque relinquo 10
et campos, ubi Troia fuit: feror exsul in altum
cum sociis natoque Penatibus et magnis dis.
Terra procul vastis colitur Mavortia campis,
Thraces arant, acri quondam regnata Lycurgo,
hospitium antiquum Troiae sociique Penates, 15
dum fortuna fuit. Feror huc, et litore curvo
moenia prima loco, fatis ingressus iniquis,
Aeneadasque meo nomen de nomine fingo.

The Voice from Polydorus's Tomb

Sacra Dionaeae matri divisque ferebam
auspicibus coeptorum operum, superoque nitentem 20
caelicolum regi mactabam in litore taurum.
Forte fuit iuxta tumulus, quo cornea summo
virgulta et densis hastilibus horrida myrtus.
Accessi, viridemque ab humo convellere silvam
conatus, ramis tegerem ut frondentibus aras, 25
horrendum et dictu video mirabile monstrum.
Nam, quae prima solo ruptis radicibus arbos
vellitur, huic atro liquuntur sanguine guttae,
et terram tabo maculant. Mihi frigidus horror
membra quatit, gelidusque coit formidine sanguis. 30
Rursus et alterius lentum convellere vimen

· · · · · · · · · · **11. fuit:** *once stood.* **12. cum . . . dis:** Spondaic verse. **Pena-**
tibus . . . dis: Probably hendiadys; *the great gods of the Penates.* **13. Terra . . .**
colitur: *lies a peopled land.* **procul:** i.e., just across the Hellespont. **Mavortia:** *home*
of Mars, i.e., it is a land of warlike people. **15. hospitium . . . Penates:** In apposition with **terra,** i.e., a land friendly to Troy and having allied household gods. **16. fuit:**
lasted. **17. iniquis:** *adverse,* as he discovered later, ll. 19–48. **18. Aeneadas:**
Vergil probably wishes to connect the name of Aeneas with an ancient town, Aenos,
in Thrace, or Aenea, in Chalcidice.
19. Dionaeae matri: *to my mother Venus,* daughter of Dione. **divis:** *the other gods.*
20. auspicibus: Prolepsis, *that they might be our guardians.* **21. caelicolum =**
caelicolarum. **22. quo . . . summo:** *and on its summit.* **23. hastilibus:** *spear-*
like shoots; the myrtle was sacred to Venus. **24. silvam:** *growth* or *thicket.*
26. dictu: Supine with **mirabile.** **27. quae . . . arbos . . . huic:** *from that tree which.*
29. Mihi . . . membra: *My limbs;* **mihi** is dat. of reference. **30. coit:** *curdles.*

insequor, et causas penitus temptare latentes:
ater et alterius sequitur de cortice sanguis.
Multa movens animo nymphas venerabar agrestes
Gradivumque patrem, Geticis qui praesidet arvis,   35
rite secundarent visus omenque levarent.
Tertia sed postquam maiore hastilia nisu
aggredior, genibusque adversae obluctor arenae —
eloquar, an sileam? — gemitus lacrimabilis imo
auditur tumulo, et vox reddita fertur ad aures: 40
'Quid miserum, Aenea, laceras? Iam parce sepulto;
parce pias scelerare manus. Non me tibi Troia
externum tulit, aut cruor hic de stipite manat.
Heu, fuge crudeles terras, fuge litus avarum:
nam Polydorus ego; hic confixum ferrea texit   45
telorum seges et iaculis increvit acutis.'
Tum vero ancipiti mentem formidine pressus
obstipui, steteruntque comae et vox faucibus haesit.

The Story of Polydorus

Hunc Polydorum auri quondam cum pondere magno
infelix Priamus furtim mandarat alendum   50
Threicio regi, cum iam diffideret armis
Dardaniae, cingique urbem obsidione videret.
Ille, ut opes fractae Teucrum, et fortuna recessit,
res Agamemnonias victriciaque arma secutus,

---

32. insequor: *I proceed.* **temptare:** *to probe.* **33. et:** *also.* **35. Gradivum:**
Old name of Mars, the patron god of Thrace. **36. secundarent . . . levarent:** *pray-*
ing them (**venerabar**) *to bless the portent and lighten the omen;* i.e., make it propitious.
38. genibus adversae . . . arenae: *with knees pressed against the sand.* **40. reddita:**
answering, i.e., in response to Aeneas's act. **41. Quid:** *Why.* **miserum:** *a wretched*
being. **42. parce . . . scelerare:** *refrain from polluting.* **43. externum:** *stranger.*
aut: *nor;* the blood does not flow from a mere shoot. **45. confixum (me).**
46. iaculis increvit: *has grown up in javelin shoots* — the weapons which killed him
"took root" in his body. **47. mentem . . . pressus:** *with heart overwhelmed;* **men-**
tem is acc. of specification. **48.** See Book II. 774.
50. infelix: *ill-fated.* **alendum:** Purpose with **mandarat.** **51. regi:** Polymestor,
Priam's son-in-law. **diffideret:** *began to distrust.* **53. Ille:** *the Thracian.* **fractae**
(**sunt**). **54. res . . . secutus:** *joining the side.*

fas omne abrumpit; Polydorum obtruncat, et auro   55
vi potitur. Quid non mortalia pectora cogis,
auri sacra fames? Postquam pavor ossa reliquit,
delectos populi ad proceres primumque parentem
monstra deum refero, et quae sit sententia posco.
Omnibus idem animus, scelerata excedere terra,   60
linqui pollutum hospitium, et dare classibus Austros.
Ergo instauramus Polydoro funus, et ingens
aggeritur tumulo tellus; stant Manibus arae,
caeruleis maestae vittis atraque cupresso,
et circum Iliades crinem de more solutae;   65
inferimus tepido spumantia cymbia lacte
sanguinis et sacri pateras, animamque sepulcro
condimus, et magna supremum voce ciemus.

Arrival at Delos

Inde, ubi prima fides pelago, placataque venti
dant maria et lenis crepitans vocat Auster in altum,   70
deducunt socii naves et litora complent:
provehimur portu, terraeque urbesque recedunt.
Sacra mari colitur medio gratissima tellus
Nereidum matri et Neptuno Aegaeo,
quam pius Arcitenens oras et litora circum   75

. . . . **56. potitur:** Rarely third conjuga-
tion, as here.   **57. auri . . . fames:** *cursed love of gold;* **auri** is obj. gen.   **58. parentem:** *to my father,* as first in rank and age.   **59. monstra:** *portents.*   **60. animus**
(est).   **61. linqui:** Translate as if **linquere,** with **hospitium** dir. obj.   **pollutum hospi-**
tium: *the scene of violated hospitality.*   **62. instauramus . . . funus:** *we renew the*
funeral rites, which had been denied Polydorus because he had been murdered.
63. stant Manibus: *are raised to his spirit.*   **64. caeruleis:** *dark.* **atra:** *gloomy.*
cupresso: The use of cypress at funerals was a Roman custom.   **65. Iliades (stant).**
de . . . solutae: It was the custom in Roman sacrifices for the women to unbind their
hair.   **67. sacri:** *consecrated.*   **68. condimus:** *we lay at rest.* **magna:** *loud.*
supremum: Cognate acc. with adv. force, *for the last time.* **ciemus:** *we call upon.*
    69. placata: *calm.*   **71. deducunt . . . naves:** *launch the ships,* which had been
drawn up on the beach in Thrace.   **73. colitur:** *lies.* **tellus = insula.**   **74. matri:**
Doris.   **matri et Neptuno Aegaeo:** Hiatus; the verse is spondaic.   **75. pius Arcite-**
nens: *dutiful Apollo;* dutiful, because Apollo was born at Delos and so owed it affection.

errantem Mycono e celsa Gyaroque revinxit,
immotamque coli dedit et contemnere ventos.
Huc feror; haec fessos tuto placidissima portu
accipit; egressi veneramur Apollinis urbem.
Rex Anius, rex idem hominum Phoebique sacerdos,　　　　80
vittis et sacra redimitus tempora lauro,
occurrit; veterem Anchisen agnoscit amicum.
Iungimus hospitio dextras, et tecta subimus.
　　Templa dei saxo venerabar structa vetusto:
'Da propriam, Thymbraee, domum; da moenia fessis　　　85
et genus et mansuram urbem; serva altera Troiae
Pergama, reliquias Danaum atque immitis Achilli.
Quem sequimur? Quove ire iubes, ubi ponere sedes?
Da, pater, augurium, atque animis illabere nostris.'

Advice of the Oracle

　　Vix ea fatus eram: tremere omnia visa repente,　　　90
liminaque laurusque dei, totusque moveri
mons circum, et mugire adytis cortina reclusis.
Summissi petimus terram, et vox fertur ad aures:
'Dardanidae duri, quae vos a stirpe parentum
prima tulit tellus, eadem vos ubere laeto　　　　95
accipiet reduces. Antiquam exquirite matrem:

· · · ·　**76. errantem:** *as it floated.* The story was that Latona, the mother of
Diana and Apollo, was sheltered by Jupiter from Juno's jealousy in Delos, which had
been a floating island, but which Jupiter (Vergil says Apollo) anchored with chains.
The worship of Apollo was centered in Delos, where he had a splendid temple and
famous oracle.　**78. haec (tellus).**　**81. tempora:** *temples;* acc. of specification.
lauro: Sacred to Apollo.　**85. propriam:** *lasting* or *settled.* **Thymbraee:** Apollo, god
of Thymbra, near Troy, which had a temple to Apollo. **fessis (nobis).**　**86. mansuram:** *abiding.* **altera:** *second.*　**87. Pergama:** *citadel.* **reliquias Danaum:** See
Book I. 30.　**88. Quem sequimur:** i.e., who is to guide us?　**89. illabere:** *inspire.*
　　91. liminaque: Long *e*; diastole.　**92. mons:** Mt. Cynthus. **et ... reclusis:**
and the caldron seemed to resound from the opened shrine. The **adytum,** or shrine, is
at the farthest end of the temple; the worshipers stand before it. Within the **adytum**
sits the priestess on a tripod. The **cortina,** a caldron or basin, is placed on the tripod
and forms her seat.　**93. Summissi:** *on bended knee.*　**94. duri:** *hardy.* **quae ...
tellus eadem** = **eadem tellus quae. stirpe parentum:** *your ancestral stock.*　**95. ubere
laeto:** *in her fruitful bosom,* i.e., as a mother.

hic domus Aeneae cunctis dominabitur oris,
et nati natorum, et qui nascentur ab illis.'
   Haec Phoebus; mixtoque ingens exorta tumultu
laetitia, et cuncti quae sint ea moenia quaerunt,   100
quo Phoebus vocet errantes iubeatque reverti?
Tum genitor, veterum volvens monumenta virorum,
'Audite, O proceres,' ait, 'et spes discite vestras:
Creta Iovis magni medio iacet insula ponto;
mons Idaeus ubi, et gentis cunabula nostrae.   105
Centum urbes habitant magnas, uberrima regna;
maximus unde pater, si rite audita recordor,
Teucrus Rhoeteas primum est advectus in oras,
optavitque locum regno. Nondum Ilium et arces
Pergameae steterant; habitabant vallibus imis.   110
Hinc mater cultrix Cybelae Corybantiaque aera
Idaeumque nemus; hinc fida silentia sacris,
et iuncti currum dominae subiere leones.
Ergo agite, et, divum ducunt qua iussa, sequamur;
placemus ventos et Gnosia regna petamus.   115
Nec longo distant cursu; modo Iuppiter adsit,
tertia lux classem Cretaeis sistet in oris.'
Sic fatus, meritos aris mactavit honores,
taurum Neptuno, taurum tibi, pulcher Apollo,
nigram Hiemi pecudem, Zephyris felicibus albam.   120

· · · · · · · · · · · · · · · · · · · **97. hic:** *in this land.* **cunctis . . .**
oris: *over all lands.* **100. moenia:** *city.* **102. genitor:** Anchises. **veterum . . .**
virorum: *as he pondered the records of men of old.* **104. Iovis:** *sacred to Jove.* Jove
was born and brought up in Crete, on Mt. Ida. **105. cunabula:** Anchises, thinking
of Mt. Ida in Crete and Mt. Ida in Troy, assumes that Troy was colonized from Crete.
107. maximus . . . pater: *our great ancestor,* Teucer. **108. Rhoeteas:** *Trojan;*
Rhoeteum was a small town and promontory north of Troy. **109. regno:** Dat. of
purpose. **110. steterant:** *had been settled.* **111. Hinc . . . Cybelae:** *Hence* (from
Crete) *came the mother of the gods, who dwells on Mt. Cybele,* i.e. the Phrygian goddess Cybele. **Corybantia aera:** *the cymbals of the Corybantes,* the priests of Cybele,
who danced in her honor to the sound of cymbals. **112. fida . . . sacris:** *the inviolable secrecy of her mysteries.* **113. currum . . . leones:** *the lions that draw the
chariot of their queen.* **115. placemus:** *let us propitiate.* **Gnosia:** *Cretan;* Gnosos
was the city of King Minos. **116. longo . . . cursu:** About 150 miles. **modo:** *provided.* **120. nigram:** *black* offerings were appropriate for powers of evil or the
underworld. **Hiemi:** *to the Storm.* **pecudem:** *lamb.*

Fama volat pulsum regnis cessisse paternis
Idomenea ducem, desertaque litora Cretae,
hoste vacare domos, sedesque astare relictas.
Linquimus Ortygiae portus, pelagoque volamus,
bacchatamque iugis Naxon viridemque Donusam,   125
Olearon, niveamque Paron, sparsasque per aequor
Cycladas, et crebris legimus freta concita terris.
Nauticus exoritur vario certamine clamor;
hortantur socii: 'Cretam proavosque petamus!'
Prosequitur surgens a puppi ventus euntes   130
et tandem antiquis Curetum allabimur oris.
Ergo avidus muros optatae molior urbis,
Pergameamque voco, et laetam cognomine gentem
hortor amare focos arcemque attollere tectis.

Iamque fere sicco subductae litore puppes;   135
conubiis arvisque novis operata iuventus;
iura domosque dabam: subito cum tabida membris,
corrupto caeli tractu, miserandaque venit
arboribusque satisque lues et letifer annus.
Linquebant dulces animas, aut aegra trahebant   140
corpora; tum steriles exurere Sirius agros;
arebant herbae, et victum seges aegra negabat.
Rursus ad oraclum Ortygiae Phoebumque remenso

---

121. **pulsum regnis:** *exiled from his kingdom.* 122. **Idomenea:** Acc.; Idomeneus had been leader of the Cretans against Troy; on his return, during a
storm, he had vowed to sacrifice whatever first met him on landing. This was his
son, whom he sacrificed. Expelled by his subjects, he settled in Italy. 123. **hoste:**
our (former) *foe.* 124. **Ortygiae:** Ortygia was the ancient name of Delos.
pelago: *across the sea.* 125. **bacchatam iugis:** *with its mountain revels* to Bacchus.
126. **niveam:** Referring to the famous Parian marble. 127. **legimus:** *we sail by.*
130. **euntes (nos):** *as we go by.* 131. **Curetum:** A name given to the earliest inhabitants of Crete. 133. **Pergameam:** There was an ancient city of Crete called Pergamum. **gentem:** *my people.* 134. **amare:** In prose, this would be **ut amarent.**
focos: *homes.* **tectis:** *for their houses.* 135. **fere:** *but just.* 136. **operata (erat):**
were busied with. 137. **dabam:** *was appointing.* **tabida . . . annus:** *on our bodies
fell a wasting plague, from an infected region of the sky, and on both trees and crops a
piteous blight — a year of death.* 140. **Linquebant:** *They laid down.* 141. **steriles:**
Proleptic; i.e., so that they became barren. 142. **negabat:** *withheld.* 143. **remenso . . . ire mari:** *to recross the sea and go.*

hortatur pater ire mari, veniamque precari:
quam fessis finem rebus ferat; unde laborum   145
temptare auxilium iubeat; quo vertere cursus.

The Vision of Aeneas

Nox erat, et terris animalia somnus habebat:
effigies sacrae divum Phrygiique penates,
quos mecum a Troia mediisque ex ignibus urbis
extuleram, visi ante oculos astare iacentis   150
in somnis, multo manifesti lumine, qua se
plena per insertas fundebat luna fenestras;
tum sic affari et curas his demere dictis:
'Quod tibi delato Ortygiam dicturus Apollo est,
hic canit, et tua nos en ultro ad limina mittit.   155
Nos te, Dardania incensa, tuaque arma secuti,
nos tumidum sub te permensi classibus aequor,
idem venturos tollemus in astra nepotes,
imperiumque urbi dabimus; tu moenia magnis
magna para, longumque fugae ne linque laborem.   160
Mutandae sedes: non haec tibi litora suasit
Delius, aut Cretae iussit considere Apollo.
Est locus, Hesperiam Grai cognomine dicunt,
terra antiqua, potens armis atque ubere glaebae;
Oenotri coluere viri; nunc fama minores   165
Italiam dixisse ducis de nomine gentem:
hae nobis propriae sedes; hinc Dardanus ortus,
Iasiusque pater, genus a quo principe nostrum.

· · · · · · · · · · · · · **144. veniam:** *a gracious response.* **145. quam
. . . ferat:** Indir. question, expanding **veniam.**
  150. visi (sunt). iacentis (mei): *as I lay.* **151. multo:** *bright.* **se:** *its beams.*
152. insertas: *in the wall.* **153. affari . . . demere (visi sunt).** **154. delato:** *if you
went.* **155. canit:** *declares.* **ultro:** *unasked.* **157. sub te:** *under your leadership.*
158. idem = eidem: Nom. pl. **159. urbi:** Lavinium, and prophetically Rome.
magnis: *for great men.* **160. ne linque = noli linquere:** *do not shrink from.*
162. Cretae: Locative. **163–166.** See notes on same verses, Book I. 530–533.
167. Dardanus: The mythical ancestor of the Trojans came to Troy from Corythus, an
Etruscan town, and married the daughter of Teucer, the first king of Troy. Thus the
Trojans are referred to as Teucri and as Dardanidae.

Surge age, et haec laetus longaevo dicta parenti
haud dubitanda refer: Corythum terrasque requirat 170
Ausonias; Dictaea negat tibi Iuppiter arva.'

The Trojans Sail from Crete

Talibus attonitus visis et voce deorum —
nec sopor illud erat, sed coram agnoscere vultus
velatasque comas praesentiaque ora videbar;
tum gelidus toto manabat corpore sudor — 175
corripio e stratis corpus, tendoque supinas
ad caelum cum voce manus, et munera libo
intemerata focis. Perfecto laetus honore
Anchisen facio certum, remque ordine pando.
Agnovit prolem ambiguam geminosque parentes, 180
seque novo veterum deceptum errore locorum.
Tum memorat: 'Nate, Iliacis exercite fatis,
sola mihi tales casus Cassandra canebat.
Nunc repeto haec generi portendere debita nostro,
et saepe Hesperiam, saepe Itala regna vocare. 185
Sed quis ad Hesperiae venturos litora Teucros
crederet, aut quem tum vates Cassandra moveret?
Cedamus Phoebo, et moniti meliora sequamur.'
Sic ait, et cuncti dicto paremus ovantes.
Hanc quoque deserimus sedem, paucisque relictis 190
vela damus, vastumque cava trabe currimus aequor.

169. Surge age: *Rise up, without delay.* **171. Dictaea:** *Cretan.*
173. sopor: *a dream.* **174. praesentia:** *before my eyes.* **176. corripio ...
corpus:** *I leap.* **supinas:** *upturned.* **177. voce:** *prayer.* **munera ... intemerata:** *an
offering of unmixed wine.* **180. prolem ambiguam:** *of twofold race,* i.e., the Cretan
Teucer and the Italian Dardanus. **181. seque ... deceptum:** *and he admits that he
had been misled.* **182. exercite:** Voc., *long vexed.* **183. casus ... canebat:** Alliteration. **canebat:** *foretold.* **184. repeto ... (eam) portendere:** *I remember her
predicting.* **186. quis ... crederet:** *who would have believed;* deliberative subjunc.
187. moveret: i.e., *persuade.* **188. meliora:** *wiser counsels.* **190. quoque:** *also,*
as we had left Thrace. **paucis relictis:** Those who stayed on in Cretan Pergamum.
191. trabe: *ships;* metonymy. **aequor:** Akin to cognate acc.; with **currimus,** *we
speed over the sea.*

A Storm Arises

Postquam altum tenuere rates, nec iam amplius ullae
apparent terrae, caelum undique et undique pontus,
tum mihi caeruleus supra caput astitit imber,
noctem hiememque ferens, et inhorruit unda tenebris.   195
Continuo venti volvunt mare, magnaque surgunt
aequora; dispersi iactamur gurgite vasto;
involvere diem nimbi, et nox umida caelum
abstulit; ingeminant abruptis nubibus ignes.
Excutimur cursu, et caecis erramus in undis.   200
Ipse diem noctemque negat discernere caelo
nec meminisse viae media Palinurus in unda.
Tres adeo incertos caeca caligine soles
erramus pelago, totidem sine sidere noctes.
Quarto terra die primum se attollere tandem   205
visa, aperire procul montes, ac volvere fumum.
Vela cadunt, remis insurgimus; haud mora, nautae
annixi torquent spumas et caerula verrunt.

The Trojan Adventure with the Harpies

Servatum ex undis Strophadum me litora primum
accipiunt; Strophades Graio stant nomine dictae,   210
insulae Ionio in magno, quas dira Celaeno
Harpyiaeque colunt aliae, Phineia postquam
clausa domus, mensasque metu liquere priores.
Tristius haud illis monstrum, nec saevior ulla

---

193. **caelum undique ... undique pontus:** Chiasmus.   194. **imber:** *storm cloud.*
195. **inhorruit ... tenebris:** *darkness ruffled the waves.*   198. **involvere:** *enwrapped.*
199. **abstulit:** *stole from our sight.*   201. **Ipse:** *Even,* i.e., though he was chief pilot.
202. **viae:** Gen. with **meminisse,** *his course.*   203. **adeo:** With **tres,** *whole.* **soles**
= **dies.**   205. **attollere, aperire, volvere:** The infinitives depend on **visa (est).**
207. **remis insurgimus:** *we ply* (lit. *rise on*) *our oars;* **remis** is dat. **mora (est).**
208. **annixi:** *pulling hard.* **caerula:** *the* (deep) *blue sea.*

212. **Harpyiae:** Three syllables. Phineus was a king of Thrace. Because he had
put out his sons' eyes, he was made blind and tormented by the Harpies, who snatched
away his food. The Harpies, driven from Thrace by the Argonauts, fled to the
Strophades.   214. **illis:** *than they;* abl. of comparison.

pestis et ira deum Stygiis sese extulit undis.   215
Virginei volucrum vultus, foedissima ventris
proluvies, uncaeque manus, et pallida semper
ora fame.
   Huc ubi delati portus intravimus, ecce
laeta boum passim campis armenta videmus,   220
caprigenumque pecus nullo custode per herbas.
Irruimus ferro, et divos ipsumque vocamus
in partem praedamque Iovem; tum litore curvo
exstruimusque toros, dapibusque epulamur opimis.
At subitae horrifico lapsu de montibus adsunt   225
Harpyiae, et magnis quatiunt clangoribus alas,
diripiuntque dapes, contactuque omnia foedant
immundo; tum vox taetrum dira inter odorem.
Rursum in secessu longo sub rupe cavata,
arboribus clausi circum atque horrentibus umbris,   230
instruimus mensas arisque reponimus ignem:
rursum ex diverso caeli caecisque latebris
turba sonans praedam pedibus circumvolat uncis,
polluit ore dapes. Sociis tunc, arma capessant,
edico, et dira bellum cum gente gerendum.   235
Haud secus ac iussi faciunt, tectosque per herbam
disponunt enses et scuta latentia condunt.
Ergo ubi delapsae sonitum per curva dedere
litora, dat signum specula Misenus ab alta
aere cavo. Invadunt socii, et nova proelia temptant,   240
obscenas pelagi ferro foedare volucres:

· **215. ira deum:** *scourge*
of the gods. **Stygiis:** A natural association of creatures and place; these birds were
supposed to have come from the lower world.   **216. Virginei:** *Maiden-like.* **vultus**
(sunt). ventris proluvies: *their excrement.*   **217. uncae:** *claw-like.*   **218. fame:**
Long *e*, as though 5th declension.   **219. delati:** *coming to land.*   **221. caprigenum**
pecus: *a flock of goats;* **caprigenum** is an adj.   **223. in ... praedamque:** *to share the*
booty; hendiadys.   **224. toros:** *couches,* for reclining at feasts.   **226. clangoribus:**
flapping.   **228. vox (auditur):** *screech.*   **230. horrentibus:** *dense* (lit. *bristling*).
232. diverso: *an opposite* (different) *quarter.*   **233. circumvolat:** *hovers.*   **235. edico:**
With **capessant,** *order;* with **gerendum (esse),** *declare* (that).   **236. Haud secus ac:**
just as; litotes.   **tectos ... latentia:** Prolepsis, *in concealment, out of sight.*   **239. Mi-**
senus: The Trojan trumpeter.   **240. aere:** i.e. *tuba.* **nova proelia:** *strange warfare.*
241. obscenas: *ill-omened.* **foedare:** In apposition with **proelia,** *to wound.*

sed neque vim plumis ullam nec vulnera tergo
accipiunt, celerique fuga sub sidera lapsae
semesam praedam et vestigia foeda relinquunt.

Celaeno's Dire Predictions

Una in praecelsa consedit rupe Celaeno,   245
infelix vates, rumpitque hanc pectore vocem:
'Bellum etiam pro caede boum stratisque iuvencis,
Laomedontiadae, bellumne inferre paratis,
et patrio Harpyias insontes pellere regno?

243. -que: *but.* **sub:** *up to.*
245. Una: *Alone,* as all the others had left. **246. infelix:** *ill-boding.* **rumpit:**
hurls, i.e., shrieks. **247. Bellum:** Emphatic, *Is it war, then.* **pro:** *in return for.*
248. Laomedontiadae: A term of contempt, to remind the Trojans that they were
descended from Laomedon, who was famous for breaking his word. **249. patrio:**
hereditary; as daughters of the sea-god, they claim the islands.

Accipite ergo animis atque haec mea figite dicta,   250
quae Phoebo pater omnipotens, mihi Phoebus Apollo
praedixit, vobis Furiarum ego maxima pando.
Italiam cursu petitis, ventisque vocatis
ibitis Italiam, portusque intrare licebit;
sed non ante datam cingetis moenibus urbem,   255
quam vos dira fames nostraeque iniuria caedis
ambesas subigat malis absumere mensas.'
Dixit, et in silvam pinnis ablata refugit.
   At sociis subita gelidus formidine sanguis
deriguit; cecidere animi, nec iam amplius armis,   260
sed votis precibusque iubent exposcere pacem,
sive deae, seu sint dirae obscenaeque volucres.
Et pater Anchises passis de litore palmis
numina magna vocat, meritosque indicit honores:
'Di, prohibete minas; di, talem avertite casum,   265
et placidi servate pios!'

The Trojans Sail to Buthrotum

                          Tum litore funem
deripere, excussosque iubet laxare rudentes.
Tendunt vela Noti; fugimus spumantibus undis,
qua cursum ventusque gubernatorque vocabat.
Iam medio apparet fluctu nemorosa Zacynthos   270

---

252. Furiarum: Used here in a general sense; both Harpies and Furies were ministers of divine vengeance. **maxima (natu). 254. (ad) Italiam. 555. ante . . . quam:** *until;* tmesis. **datam:** i.e., fatis. **256. caedis:** i.e., attempted murder. **257. ambesas . . . absumere:** *gnaw and devour.* **malis:** From **mala.** After the Trojans landed in Italy (VII. 107 ff.), they ate a meal on the shore, using their cakes as plates; in this way, the prophecy of Celaeno was fulfilled harmlessly. **259. sociis:** Dat. of reference, *as for my companions,* their blood, . . . **261. pacem = veniam. 264. meritos . . . honores:** *proclaims fit sacrifice.* **266. placidi servate:** *be merciful and deliver.*
   267. excussos . . . rudentes: *uncoil and let out sheets.* **270. Zacynthos . . . Neritos:** Places off the west coast of Greece between the Strophades and the promontory of Actium. See map of Aeneas's voyage, pp. 108–109.

Dulichiumque Sameque et Neritos ardua saxis.
Effugimus scopulos Ithacae, Laertia regna,
et terram altricem saevi exsecramur Ulixi.
Mox et Leucatae nimbosa cacumina montis
et formidatus nautis aperitur Apollo.   275
Hunc petimus fessi et parvae succedimus urbi;
ancora de prora iacitur, stant litore puppes.
Ergo insperata tandem tellure potiti,
lustramurque Iovi votisque incendimus aras,
Actiaque Iliacis celebramus litora ludis.   280
Exercent patrias oleo labente palaestras
nudati socii; iuvat evasisse tot urbes
Argolicas, mediosque fugam tenuisse per hostes.
Interea magnum sol circumvolvitur annum,
et glacialis hiems aquilonibus asperat undas.   285
Aere cavo clipeum, magni gestamen Abantis,
postibus adversis figo, et rem carmine signo:
AENEAS HAEC DE DANAIS VICTORIBUS ARMA.
Linquere tum portus iubeo et considere transtris:
certatim socii feriunt mare et aequora verrunt.   290
Protinus aerias Phaeacum abscondimus arces,
litoraque Epiri legimus portuque subimus
Chaonio, et celsam Buthroti accedimus urbem.

· **272. Laertia:** *of Laertes,* father of
Ulysses.   **273. terram altricem:** *the land that reared.*   **274. nimbosa:** *cloud-capped.*
275. aperitur: *shows itself.* **Apollo:** i.e., his temple at Actium.   **277. stant litore:** *are
moored along the shore,* i.e., the prows are turned seaward.   **279. lustramur Iovi:** *we
purify ourselves in honor of Jove,* i.e., on account of their adventure with the Harpies.
280. Actia: The mention of Actium is a compliment to Augustus, who here won his
victory over Antony in 31 B.C., and instituted the games held on the spot every five
years. **celebramus:** In its literal sense, *throng.*   **281. oleo labente:** i.e., anointed
with oil, as was the custom with ancient gymnasts.   **282. nudati:** As was the custom
in ancient games. **iuvat (nos):** *we are glad.*   **284. annum:** Obj. of *circum* in circumvolvitur.   **286. Aere cavo:** *Of hollow bronze.* **gestamen:** *once carried by* — a
trophy taken by Aeneas from a Greek warrior, now dedicated to the gods in thankfulness for their protection.   **287. postibus adversis:** *on the front portal,* as one
entered the temple. **rem:** *my act.* **carmine:** *inscription.*   **288. Aeneas (dedicat). de:**
won from.   **289. tum:** In the following spring. The Trojans spent the whole winter
at Actium.   **291. Phaeacum:** Modern Corfu. **abscondimus:** *we lose sight of.*
292. legimus: *we coast along.*   **293. Chaonio:** A region in Epirus.

Hic incredibilis rerum fama occupat aures,
Priamiden Helenum Graias regnare per urbes,   295
coniugio Aeacidae Pyrrhi sceptrisque potitum,
et patrio Andromachen iterum cessisse marito.
Obstipui, miroque incensum pectus amore,
compellare virum et casus cognoscere tantos.
Progredior portu, classes et litora linquens,   300
sollemnes cum forte dapes et tristia dona
ante urbem in luco falsi Simoentis ad undam
libabat cineri Andromache, Manesque vocabat
Hectoreum ad tumulum, viridi quem caespite inanem
et geminas, causam lacrimis, sacraverat aras.   305
Ut me conspexit venientem et Troia circum
arma amens vidit, magnis exterrita monstris
deriguit visu in medio, calor ossa reliquit;
labitur, et longo vix tandem tempore fatur:
'Verane te facies, verus mihi nuntius affers,   310
nate dea? Vivisne, aut, si lux alma recessit,
Hector ubi est?' Dixit, lacrimasque effudit et omnem
implevit clamore locum. Vix pauca furenti
subicio, et raris turbatus vocibus hisco:
'Vivo equidem, vitamque extrema per omnia duco;   315
ne dubita, nam vera vides.
Heu, quis te casus deiectam coniuge tanto
excipit, aut quae digna satis fortuna revisit
Hectoris Andromachen? Pyrrhin' conubia servas?'

---

295. Helenum . . . regnare: Indir. discourse depending on **fama.** After the fall of
Troy, Helenus and Andromache became the prizes of Pyrrhus. **per:** *over.* **296. coniugio** = coniuge. **Aeacidae:** *great-grandson of Aeacus,* i.e. Pyrrhus. **297. patrio:**
of her own country; her father had been an ally of Troy. **298. incensum (est):** *was
fired.* **300. portu** = ex portu. **301. sollemnes:** *annual.* **cum forte:** *just when, as
it chanced.* **302. falsi:** Named after the original Simois, in Troy. **303. cineri:**
to the ashes (of Hector). **Manes:** *his spirit.* **304. inanem:** *an empty tomb* (*which*).
307. monstris: *portent;* she could not at first believe that these were really Trojans.
308. deriguit: *she swooned.* **309. (post) longo . . . tempore. 310. Verane . . .
affers:** *Do you appear to me a true form, a real messenger?* **313. furenti:** *to her wild
appeal* (lit. *ravings*). **314. subicio:** *I reply.* **vocibus:** Abl. of manner. **hisco:** *I gasp
out.* **315. extrema:** *extremes of fortune.* **316. ne dubita** = noli dubitare.
317. deiectam: *robbed* or *deprived.* **319. Pyrrhin'** = Pyrrhine.

Deiecit vultum et demissa voce locuta est: 320
'O felix una ante alias Priameia virgo,
hostilem ad tumulum Troiae sub moenibus altis
iussa mori, quae sortitus non pertulit ullos,
nec victoris eri tetigit captiva cubile!
Nos, patria incensa, diversa per aequora vectae,   325
stirpis Achilleae fastus iuvenemque superbum,
servitio enixae, tulimus: qui deinde, secutus
Ledaeam Hermionen Lacedaemoniosque hymenaeos,
me famulo famulamque Heleno transmisit habendam.
Ast illum, ereptae magno inflammatus amore   330
coniugis et scelerum Furiis agitatus, Orestes
excipit incautum patriasque obtruncat ad aras.
Morte Neoptolemi regnorum reddita cessit
pars Heleno, qui Chaonios cognomine campos
Chaoniamque omnem Troiano a Chaone dixit,   335
Pergamaque Iliacamque iugis hanc addidit arcem.
Sed tibi qui cursum venti, quae fata dedere?
Aut quisnam ignarum nostris deus appulit oris?
Quid puer Ascanius? superatne et vescitur aura,
quem tibi iam Troia —   340
Ecqua tamen puero est amissae cura parentis?
Ecquid in antiquam virtutem animosque viriles
et pater Aeneas et avunculus excitat Hector?'

---

321. Priameia virgo: *maiden daughter of Priam,* Polyxena, sacrificed by Pyrrhus at the tomb of Achilles.   **323. sortitus:** *allotment,* like the other Trojan captives. **325. Nos:** *But I,* unlike Polyxena.   **326. stirpis . . . fastus:** *the arrogance of Achilles's son,* Pyrrhus.   **327. servitio enixae:** *bearing him a son as a slave* — named Molossus. **328. Ledaeam:** *of Leda's race.* Hermione was the only child of Menelaus and Helen, daughter of Leda. Before the Trojan war, she was betrothed to Orestes, but her father afterwards gave her to Pyrrhus, who was slain by Orestes in revenge.   **329. famulo famulamque:** Both Helenus and Andromache were slaves of Pyrrhus.   **331. scelerum Furiis:** *madness born of crime;* he had killed his mother Clytemnestra, and his frenzy testifies to a guilty conscience.   **332. incautum:** *off guard.*   **335. Chaone:** A brother of Helenus, accidentally killed by him.   **336. Pergama . . . arcem:** *a new Pergama, even the citadel of Troy.* **iugis . . . addidit:** *crowned these hills with;* **iugis** is dat. **337. tibi:** *as for you* or *what about you.*   **339. Quid:** *How fares?* **superat = super-est.**   **340. quem . . . Troia:** An incomplete line; the thought suggests *whom Creusa bore to you when Troy was under siege.*   **341. parentis:** Creusa.   **342. Ecquid:** *At all.*

THE VOYAGE OF AENEAS

THRACIA

PONTUS EUXINUS

HEBRUS FL.

MACEDONIA

AENOS

PROPONTIS

RAUNIA

CHAONIA

EPIRUS

BUTHROTUM

GRAECA

OLYMPUS M.

THESSALIA

MARE

TENEDOS

TROIA

IDA M.

PHRYGIA

LYDIA

RUM

RVAE

EUCADIA

ALLENIA

ITHACA

ACTIUM

BOEOTIA

EUBOEA

CHALCIS

AULIS

AEGAEUM

THEBAE

ACHAIA

CORINTHUS

ATHENAE

GYAROS

SAMOS

MAEANDER FL.

CYNTHOS

ELIS

ARGOS

MYCENAE

PAROS

DELOS

NAXOS

LYCIA

ROPHADES

SPARTA

MALEA PR.

CYTHERA

CARPATHIUM MARE

RHODOS

IDA M.

CRETA

PERGAMUM

INTERNUM

| 25 | 50 | 100 | 200 | 300 |

109

Talia fundebat lacrimans longosque ciebat
incassum fletus, cum sese a moenibus heros   345
Priamides multis Helenus comitantibus affert,
agnoscitque suos, laetusque ad limina ducit,
et multum lacrimas verba inter singula fundit.
Procedo, et parvam Troiam simulataque magnis
Pergama, et arentem Xanthi cognomine rivum   350
agnosco, Scaeaeque amplector limina portae.
Nec non et Teucri socia simul urbe fruuntur:
illos porticibus rex accipiebat in amplis;
aulai medio libabant pocula Bacchi,
impositis auro dapibus, paterasque tenebant.   355

Aeneas Consults Helenus

Iamque dies alterque dies processit, et aurae
vela vocant tumidoque inflatur carbasus austro.
His vatem aggredior dictis ac talia quaeso:
'Troiugena, interpres divum, qui numina Phoebi,
qui tripodas, Clarii laurus, qui sidera sentis,   360
et volucrum linguas et praepetis omina pinnae,
fare age — namque omnem cursum mihi prospera dixit
religio, et cuncti suaserunt numine divi
Italiam petere et terras temptare repostas:
sola novum dictuque nefas Harpyia Celaeno   365
prodigium canit, et tristes denuntiat iras,
obscenamque famem — quae prima pericula vito?
Quidve sequens tantos possim superare labores?'

---

344. ciebat: *gave vent to.*   **348. verba . . . singula:** *with every word.*   **349. simulata magnis:** *likened to the great* (*Troy*).   **351. Scaeae:** The most important gate
of the original Troy.   **352. Nec non et:** *Too;* litotes.   **354. aulai:** Old form of **aulae,**
the court within the palace.   **Bacchi:** *wine;* metonymy.   **355. auro:** *in golden dishes.*
356. dies . . . processit: *day after day passed by.* The Trojans probably spent
another winter in Epirus.   **358. vatem:** Helenus was an augur and a prophet.
359. Troiugena: *Trojan-born.* **numina:** *will.*   **360. Clarii:** Adj., *of the god of
Claros,* near Ephesus, where Apollo had an oracle.   **sentis = intellegis:** i.e., he understood astrology.   **361. linguas . . . omina pinnae:** Birds gave omens (1) by
their flight; (2) by their cry.   **363. religio:** *prophecy.*   **364. repostas:** *remote.*
365. nefas = nefandum: With **dictu,** *horrible to tell.*   **367. obscenam:** *revolting.*
vito: *am I to shun?*   **368. Quidve sequens:** *Under what guidance?*

Hic Helenus, caesis primum de more iuvencis,
exorat pacem divum, vittasque resolvit   370
sacrati capitis, meque ad tua limina, Phoebe,
ipse manu multo suspensum numine ducit,
atque haec deinde canit divino ex ore sacerdos:
'Nate dea — nam te maioribus ire per altum
auspiciis manifesta fides: sic fata deum rex   375
sortitur, volvitque vices; is vertitur ordo —
pauca tibi e multis, quo tutior hospita lustres
aequora et Ausonio possis considere portu,
expediam dictis; prohibent nam cetera Parcae
scire Helenum farique vetat Saturnia Iuno.   380
Principio Italiam, quam tu iam rere propinquam
vicinosque, ignare, paras invadere portus,
longa procul longis via dividit invia terris.
Ante et Trinacria lentandus remus in unda,
et salis Ausonii lustrandum navibus aequor,   385
infernique lacus, Aeaeaeque insula Circae,
quam tuta possis urbem componere terra:
signa tibi dicam, tu condita mente teneto:
cum tibi sollicito secreti ad fluminis undam
litoreis ingens inventa sub ilicibus sus   390
triginta capitum fetus enixa iacebit,

---

370. vittas resolvit: *removed the fillets,* because he has now finished the sacrifice.
372. suspensum (me): *me, awestruck.* **numine:** *by the presence of the god.* **373. divino:** *prophetic.* **375. manifesta fides (est):** *the proof is clear that.* **376. sortitur:** *draws by lot,* i.e., decides. **volvit . . . ordo:** *rolls the changing cycle of events, such is the destined order,* i.e., the wheel of fate. **377. quo:** Introduces purpose clause. **379. cetera:** Obj. of both **scire** and **fari.** **381. Italiam:** Obj. of **dividit. propinquam:** That part of Italy where Aeneas is to settle is not the part "near" to Buthrotum. **383. via . . . invia:** Alliteration. **invia:** *pathless.* **384. Ante:** With **quam,** l. 387; tmesis. **lentandus (est).** **385. salis Ausonii:** *the Italian sea,* between Sicily and Latium, also called the Tuscan sea. **386. inferni:** *of the lower world.* **lacus:** i.e., the lake of Avernus, near Cumae. **Circae:** Circe's abode was not really an island, but a promontory on the coast of Latium. It is described in Book VII. 10–20. **389. tibi sollicito:** *by you in your anxiety.* **secreti:** *secluded;* the stream is the Tiber. **390. inventa . . . iacebit:** *shall be found lying.* **391. triginta . . . fetus:** Acc. pl., *a litter of thirty young.*

alba, solo recubans, albi circum ubera nati,
is locus urbis erit, requies ea certa laborum.
Nec tu mensarum morsus horresce futuros:
fata viam invenient, aderitque vocatus Apollo.   395
  'Has autem terras, Italique hanc litoris oram,
proxima quae nostri perfunditur aequoris aestu,
effuge; cuncta malis habitantur moenia Grais.
Hic et Narycii posuerunt moenia Locri,
et Sallentinos obsedit milite campos   400
Lyctius Idomeneus; hic illa ducis Meliboei
parva Philoctetae subnixa Petelia muro.
Quin, ubi transmissae steterint trans aequora classes,
et positis aris iam vota in litore solves,
purpureo velare comas adopertus amictu,   405
ne qua inter sanctos ignes in honore deorum
hostilis facies occurrat et omina turbet.
Hunc socii morem sacrorum, hunc ipse teneto:
hac casti maneant in religione nepotes.

Danger Between Scylla and Charybdis

  'Ast ubi digressum Siculae te admoverit orae   410
ventus, et angusti rarescent claustra Pelori,
laeva tibi tellus et longo laeva petantur
aequora circuitu: dextrum fuge litus et undas.

· · · · · · · · · · 392. nati (iacebunt): *with her white young lying.*   394. mensarum morsus: Refers to the prophecy of Celaeno, l. 257.   396. Has: *These nearer;*
i.e., on the east side of Italy. 398. malis: *hostile.* Grais: Dat. of agent.   399. Narycii
...Locri: *the Locrians of Narycium,* who settled in southern Italy on their return
from the Trojan war.   401. Lyctius: *of Crete* — Lyctus was a city of Crete.   ducis
Meliboei: Philoctetes was from Meliboea, in Thessaly.   402. subnixa: *defended by;*
this has reference to the war against Hannibal.   403. Quin: *Moreover.* steterint:
are moored.   405. velare: Imperative, *veil* or *wrap.*   406. in honore: *during the
sacrifice.*   407. occurrat: *intrude;* this would be a bad sign.   408. socii (tenento):
i.e., the fut. imperative. morem: It was a Roman custom to cover the head while
sacrificing.   409. religione: *observance.*
  410. digressum: i.e., from Italy.   411. rarescent: *open;* i.e., the headlands,
claustra, which, seen from a distance, seem to bar the strait of Messina.   412. laeva:
i.e., the eastern shore of Sicily.

Haec loca vi quondam et vasta convulsa ruina —
tantum aevi longinqua valet mutare vetustas —   415
dissiluisse ferunt, cum protinus utraque tellus
una foret; venit medio vi pontus et undis
Hesperium Siculo latus abscidit, arvaque et urbes
litore diductas angusto interluit aestu.
Dextrum Scylla latus, laevum implacata Charybdis   420
obsidet, atque imo barathri ter gurgite vastos
sorbet in abruptum fluctus rursusque sub auras
erigit alternos et sidera verberat unda.
At Scyllam caecis cohibet spelunca latebris,
ora exsertantem et naves in saxa trahentem.   425
Prima hominis facies et pulchro pectore virgo
pube tenus, postrema immani corpore pistrix,
delphinum caudas utero commissa luporum.
Praestat Trinacrii metas lustrare Pachyni
cessantem, longos et circumflectere cursus,   430
quam semel informem vasto vidisse sub antro
Scyllam, et caeruleis canibus resonantia saxa.

Juno Must Be Placated

'Praeterea, si qua est Heleno prudentia, vati
si qua fides, animum si veris implet Apollo,
unum illud tibi, nate dea, proque omnibus unum   435

· · · · · · · · · · · · · **414. Haec . . . foret:** *These lands, they say, long
ago by violence and vast convulsion rent* (*such change can length of time effect*), *started
asunder, though both coasts before were one unbroken shore.*   An earthquake at
Messina, as recently as 1908, killed over eighty thousand people.   **419. litore
diductas:** *on severed shores* or *now separated along the shore.*   **420. Dextrum . . .
laevum:** The two sides of the strait. Scylla and Charybdis are "horrors taken from
the *Odyssey*," the former a sea-monster, the latter a whirlpool.   **421. ter:** *thrice* (*a
day*).   **422. in abruptum:** *into her abyss.* **sub auras:** *high in the air.*   **425. exsertantem:** Frequentative, *often thrusting forth.*   **426. Prima:** *Above.* **hominis (est):**
human.   **427. postrema:** *below.*   **428. delphinum . . . commissa:** *with dolphins' tails
joined io;* **caudas** is acc. of specification.   **429. Praestat:** *It is far better.* **metas
lustrare:** *to round the headlands.* **Pachyni:** In the extreme south of Sicily. The
comparison is to Roman chariots rounding the goal, **meta,** in the circus.   **430. cessantem:** *though you lose time.*   **432. caeruleis canibus:** *sea-hounds;* anything belonging to the sea is **caeruleus.**
   433. prudentia: *prophetic gift.*

praedicam, et repetens iterumque iterumque monebo:
Iunonis magnae primum prece numen adora;
Iunoni cane vota libens, dominamque potentem
supplicibus supera donis: sic denique victor
Trinacria fines Italos mittere relicta.   440
    'Huc ubi delatus Cumaeam accesseris urbem,
divinosque lacus, et Averna sonantia silvis,
insanam vatem aspicies, quae rupe sub ima
fata canit, foliisque notas et nomina mandat.
Quaecumque in foliis descripsit carmina virgo,   445
digerit in numerum, atque antro seclusa relinquit.
Illa manent immota locis, neque ab ordine cedunt;
verum eadem, verso tenuis cum cardine ventus
impulit et teneras turbavit ianua frondes,
numquam deinde cavo volitantia prendere saxo,   450
nec revocare situs aut iungere carmina curat:
inconsulti abeunt, sedemque odere Sibyllae.
Hic tibi ne qua morae fuerint dispendia tanti, —
quamvis increpitent socii, et vi cursus in altum
vela vocet, possisque sinus implere secundos, —   455
quin adeas vatem precibusque oracula poscas
ipsa canat, vocemque volens atque ora resolvat.
Illa tibi Italiae populos venturaque bella,
et quo quemque modo fugiasque ferasque laborem
expediet, cursusque dabit venerata secundos.   460
Haec sunt, quae nostra liceat te voce moneri.
Vade age, et ingentem factis fer ad aethera Troiam.'

. . . . **437. Iunonis, Iunoni:** Emphatic repetition;
Aeneas was still pursued by Juno's hate.   **439. supera:** *win over.*   **440. mittere:**
Fut. pass., 2nd sing.   **441. Cumaeam:** *of Cumae,* a few miles west of modern Naples.
442. lacus: *lakes,* Avernus in particular.   **443. insanam:** *inspired,* meaning the
Sibyl at Cumae.   **446. digerit in numerum:** *she arranges in order.*   **448. eadem**
(folia): Acc. **verso . . . cardine:** *at the opening of the door.*   **450. saxo:** *rocky cave.*
451. revocare: *restore.* **curat:** i.e., troubles herself.   **452. inconsulti abeunt:** *(her*
visitors) depart without advice or *unadvised.*   **453. Hic . . . tanti:** *But here let no*
loss of time be so important to you.   **456. quin adeas:** *as to keep you from approach-*
ing.   **457. ipsa canat:** *utter her oracles herself,* i.e., not using leaves.   **459. quo . . .**
modo: *how.* **quemque . . . laborem:** *each difficulty.*   **460. expediet:** *she will tell*
you. **venerata:** Pass. force, *when reverently addressed.*   **461. Haec . . . moneri:**
This is all that I may tell you.   **462. ingentem:** Proleptic.

Quae postquam vates sic ore effatus amico est,
dona dehinc auro gravia sectoque elephanto
imperat ad naves ferri, stipatque carinis   465
ingens argentum, Dodonaeosque lebetas,
loricam consertam hamis auroque trilicem,
et conum insignis galeae cristasque comantes,
arma Neoptolemi; sunt et sua dona parenti.
Addit equos, additque duces;   470
remigium supplet; socios simul instruit armis.
    Interea classem velis aptare iubebat
Anchises, fieret vento mora ne qua ferenti.
Quem Phoebi interpres multo compellat honore:
'Coniugio, Anchisa, Veneris dignate superbo,   475

· · · · · · · · · · · · · · · **464. gravia:** Long final *a*; diastole. **465. stipat:**
stows away.   **466. Dodonaeosque lebetas:** The oracle at Dodona, in Epirus, was said
to contain bronze vessels, which sounded all at once at a single touch; by "caldrons
of Dodona" are meant vessels resembling these in shape or material.   **467. loricam
. . . trilicem:** *a coat of mail wrought three-ply with links of gold.*   **468. conum . . .
comantes:** *a splendid helmet with peak and flowing plume.*   **469. sua:** *suitable.*
471. remigium: *oarsmen,* for some of his men had died at Crete.   **472. aptare (nos).**
473. vento . . . ferenti: *when the wind was favorable;* dat. of reference.   **475. Coniugio
. . . superbo:** *Deemed worthy of proud marriage with Venus.*

cura deum, bis Pergameis erepte ruinis,
ecce tibi Ausoniae tellus; hanc arripe velis.
Et tamen hanc pelago praeterlabare necesse est;
Ausoniae pars illa procul, quam pandit Apollo.
Vade,' ait, 'O felix nati pietate. Quid ultra   480
provehor, et fando surgentes demoror austros?'
  Nec minus Andromache digressu maesta supremo
fert picturatas auri subtemine vestes
et Phrygiam Ascanio chlamydem (nec cedit honore),
textilibusque onerat donis, ac talia fatur: 485
'Accipe et haec, manuum tibi quae monumenta mearum
sint, puer, et longum Andromachae testentur amorem,
coniugis Hectoreae. Cape dona extrema tuorum,
O mihi sola mei super Astyanactis imago:
sic oculos, sic ille manus, sic ora ferebat;   490
et nunc aequali tecum pubesceret aevo.'
  Hos ego digrediens lacrimis affabar obortis:
'Vivite felices, quibus est fortuna peracta
iam sua; nos alia ex aliis in fata vocamur.
Vobis parta quies; nullum maris aequor arandum,   495
arva neque Ausoniae semper cedentia retro
quaerenda: effigiem Xanthi Troiamque videtis,
quam vestrae fecere manus, melioribus, opto,
auspiciis, et quae fuerit minus obvia Grais.
Si quando Thybrim vicinaque Thybridis arva   500
intraro, gentique meae data moenia cernam,
cognatas urbes olim populosque propinquos,
Epiro, Hesperia, quibus idem Dardanus auctor

. . . . **477. tibi:** Ethical dat.,
before you lies. **arripe:** *make for.*   **478. hanc:** i.e., the nearer shore. **praeterlabare:**
Substantive clause of result.   **480. ultra provehor:** *continue further*, i.e., talk on.
484. nec cedit honore: She does not yield to (i.e., fall behind) Helenus in paying respect.   **487. longum:** *undying.*   **489. sola mei super . . . imago:** *the only image left
to me;* Astyanax, her son of the same age, had been killed by Ulysses.   **491. pubesceret:** *would be growing up*, if he had lived.   **493. Vivite felices:** *Farewell* (lit., *may
you live long and prosper*).   **495. parta:** *won.*   **498. melioribus . . . auspiciis:** *with
a happier destiny.*   **499. fuerit:** Fut. perf., *will prove.*   **500. quando:** *ever.* **vicina
Thybridis:** i.e., along the Tiber's banks.   **503. Epiro, Hesperia:** Abl. of place where.
quibus (est): Dat. of possession.

atque idem casus, unam faciemus utramque
Troiam animis; maneat nostros ea cura nepotes.'   505

Departure from Buthrotum

Provehimur pelago vicina Ceraunia iuxta,
unde iter Italiam cursusque brevissimus undis.
Sol ruit interea et montes umbrantur opaci;
sternimur optatae gremio telluris ad undam,
sortiti remos, passimque in litore sicco   510
corpora curamus; fessos sopor irrigat artus.
Necdum orbem medium Nox horis acta subibat:
haud segnis strato surgit Palinurus et omnes
explorat ventos, atque auribus aera captat;
sidera cuncta notat tacito labentia caelo,   515
Arcturum pluviasque Hyadas geminosque Triones,
armatumque auro circumspicit Oriona.
Postquam cuncta videt caelo constare sereno,
dat clarum e puppi signum; nos castra movemus,
temptamusque viam et velorum pandimus alas.   520

The Landing on the East Coast of Italy

Iamque rubescebat stellis Aurora fugatis,
cum procul obscuros colles humilemque videmus
Italiam. Italiam primus conclamat Achates,
Italiam laeto socii clamore salutant.
Tum pater Anchises magnum cratera corona   525
induit, implevitque mero, divosque vocavit
stans celsa in puppi:

. . . . **504. casus:** *fortune*, i.e., both were exiles.
508. ruit: *sets.* **umbrantur opaci:** *are wrapped in darkness.* **509. sternimur:**
Middle voice, *we stretch our limbs.* **510. sortiti remos:** *assigning oars*, for the next
day. **511. curamus:** *we rest.* **512. orbem medium:** *the middle of her course.* **acta:**
drawn in her chariot. **513. haud segnis:** *briskly;* litotes. **514. aera:** Acc., *the
sound of the breeze.* **517. auro:** *with* (*his belt of*) *gold.* **Oriona:** Acc.; a spondaic
verse. **518. constare:** *is settled*, i.e., no bad weather in sight. **520. velorum . . .
alas:** *the wings of the sails.*
522. humilem: *low-lying*, on the shore. **523. Italiam:** Obj. of **conclamat**, an
exclamation. **525. cratera:** Acc.; see note on Book I. 724.

'Di maris et terrae tempestatumque potentes,
ferte viam vento facilem et spirate secundi.'
Crebrescunt optatae aurae, portusque patescit   530
iam propior, templumque apparet in arce Minervae.
Vela legunt socii, et proras ad litora torquent.
Portus ab Euroo fluctu curvatus in arcum;
obiectae salsa spumant aspargine cautes;
ipse latet; gemino demittunt bracchia muro   535
turriti scopuli, refugitque ab litore templum.

The Omen of the Horses

Quattuor hic, primum omen, equos in gramine vidi
tondentes campum late, candore nivali.
Et pater Anchises: 'Bellum, O terra hospita, portas;
bello armantur equi, bellum haec armenta minantur.   540
Sed tamen idem olim curru succedere sueti
quadrupedes, et frena iugo concordia ferre;
spes et pacis,' ait. Tum numina sancta precamur
Palladis armisonae, quae prima accepit ovantes,
et capita ante aras Phrygio velamur amictu;   545
praeceptisque Heleni, dederat quae maxima, rite
Iunoni Argivae iussos adolemus honores.

Voyage Toward Sicily

Haud mora, continuo perfectis ordine votis,
cornua velatarum obvertimus antemnarum,
Graiugenumque domos suspectaque linquimus arva.   550

528. potentes: *lords of.*   529. secundi: As adv.   530. Crebrescunt: *Freshen.*
portus: The Portus Veneris is just at the "heel" of Italy; the place is Castrum
Minervae.   532. legunt: *furl.*   533. curvatus (est) in arcum: *is hollowed, bow-like.*
534. obiectae: *jutting.*   535. ipse (portus).   536. refugit: *seems to recede.*
537. primum: Being the first, it is full of meaning to the Trojans.   538. candore
nivali: Abl. of description, *white as snow.*   540. bello: Dat. of purpose.   541. idem
= eidem.   olim: *at times.*   curru = currui.   543. et (est): *and also.*   546. praeceptis: *in obedience to the instructions.* maxima: *as most urgent.*   547. Argivae:
Juno was the protectress of Argos.
548. ordine = rite.   549. cornua: *ends* or *tips* of the yards.

Hinc sinus Herculei (si vera est fama) Tarenti
cernitur; attollit se diva Lacinia contra,
Caulonisque arces et navifragum Scylaceum.
Tum procul e fluctu Trinacria cernitur Aetna,
et gemitum ingentem pelagi pulsataque saxa   555
audimus longe fractasque ad litora voces,
exsultantque vada, atque aestu miscentur arenae.
Et pater Anchises: 'Nimirum haec illa Charybdis:
hos Helenus scopulos, haec saxa horrenda canebat.
Eripite, O socii, pariterque insurgite remis!'   560
　Haud minus ac iussi faciunt, primusque rudentem
contorsit laevas proram Palinurus ad undas:
laevam cuncta cohors remis ventisque petivit.
Tollimur in caelum curvato gurgite, et idem
subducta ad Manes imos desedimus unda.   565
Ter scopuli clamorem inter cava saxa dedere:
ter spumam elisam et rorantia vidimus astra.
Interea fessos ventus cum sole reliquit,
ignarique viae Cyclopum allabimur oris.

Landing in Sicily

　Portus ab accessu ventorum immotus et ingens   570
ipse; sed horrificis iuxta tonat Aetna ruinis;
interdumque atram prorumpit ad aethera nubem,
turbine fumantem piceo et candente favilla,
attollitque globos flammarum et sidera lambit;

551. **Herculei si**: *founded by Hercules, that is if . . .*　552. **diva Lacinia**: i.e., the
temple of Juno at Lacinium (see map of Aeneas's voyage). **contra**: *across the bay.*
554. **e fluctu**: *rising from the sea.*　555. **gemitum**: *the moaning* or *roaring* of the
whirlpool of Charybdis, on the Sicilian side of the straits of Messina. **pulsata**: *wave-
beaten.*　556. **fractas . . . voces**: *roar of the breakers;* what is the literal translation?
560. **Eripite (vos) . . . pariter**: i.e., all together.　561. **rudentem**: *groaning* or *roaring.*　563. **cohors = classis.**　564. **caelum**: Hyperbole. **curvato**: *swelling.*
566. **scopuli . . . dedere**: *the reefs roared amidst the rocky caverns.*　567. **rorantia**:
dripping with spray. **astra**: Hyperbole.　569. **Cyclopum . . . oris**: On the east coast
of Sicily.
　570. **Portus**: The harbor is quiet, but Etna is not.　573. **turbine . . . imo**: Translate literally — the Latin is vigorous. Milton imitated this passage in *Paradise Lost,*
I. 232–237.

interdum scopulos avulsaque viscera montis 575
erigit eructans, liquefactaque saxa sub auras
cum gemitu glomerat, fundoque exaestuat imo.
Fama est Enceladi semustum fulmine corpus
urgeri mole hac, ingentemque insuper Aetnam
impositam ruptis flammam exspirare caminis; 580
et fessum quotiens mutet latus, intremere omnem
murmure Trinacriam, et caelum subtexere fumo.
Noctem illam tecti silvis immania monstra
perferimus, nec quae sonitum det causa videmus.
Nam neque erant astrorum ignes, nec lucidus aethra 585
siderea polus, obscuro sed nubila caelo,
et lunam in nimbo nox intempesta tenebat.

The Plight of a Greek from Ulysses' Company

Postera iamque dies primo surgebat Eoo
umentemque Aurora polo dimoverat umbram:
cum subito e silvis, macie confecta suprema, 590
ignoti nova forma viri miserandaque cultu
procedit, supplexque manus ad litora tendit.
Respicimus: dira illuvies immissaque barba,
consertum tegumen spinis; at cetera Graius,
[et quondam patriis ad Troiam missus in armis.] 595
Isque ubi Dardanios habitus et Troia vidit
arma procul, paulum aspectu conterritus haesit,

· · · · · · **575. avulsa viscera:** As in English, *the bowels of the earth.* **576. erigit eructans:** *belches forth and spouts.* **578. Enceladi:** One of the giants who fought against the gods. Jove struck him down and placed Mt. Etna on him. Compare Longfellow's *Enceladus.* **semustum = semi-ustum.** **580. ruptis . . . caminis:** *through its bursting craters,* i.e., the fire comes from the giant's **semustum corpus.** **582. subtexere:** *veils.* **583. tecti silvis:** *under the cover of the woods.* **immania monstra:** *dire portents;* i.e., sights and sounds from Etna. **585. ignes = lux.** **aethra siderea:** *starry glow,* abl. of cause. **587. nox intempesta:** *midnight darkness,* the dead of night.
589. umentem: *dewy.* **590. confecta . . . forma:** i.e., his condition of body was more startling than his sudden appearance. **591. nova:** *strange.* **miseranda cultu:** *in pitiable plight.* **593. Respicimus:** *We turn and look at him.* **dira . . . barba:** No verb is required — *dire his filth, unkempt his beard.* **594. cetera:** Acc. of specification, *in other respects;* features, language, dress. **597. haesit:** *he stood motionless.*

continuitque gradum; mox sese ad litora praeceps
cum fletu precibusque tulit: 'Per sidera testor,
per superos atque hoc caeli spirabile lumen,   600
tollite me, Teucri; quascumque abducite terras;
hoc sat erit. Scio me Danais e classibus unum,
et bello Iliacos fateor petiisse Penates;
pro quo, si sceleris tanta est iniuria nostri,
spargite me in fluctus, vastoque immergite ponto.   605
Si pereo, hominum manibus periisse iuvabit.'
Dixerat, et genua amplexus genibusque volutans
haerebat. Qui sit, fari, quo sanguine cretus,
hortamur; quae deinde agitet fortuna, fateri.
Ipse pater dextram Anchises, haud multa moratus,   610
dat iuveni, atque animum praesenti pignore firmat.

Achaemenides's Story

Ille haec, deposita tandem formidine, fatur:
'Sum patria ex Ithaca, comes infelicis Ulixi,
nomine Achaemenides, Troiam genitore Adamasto
paupere — mansissetque utinam fortuna! — profectus.   615
Hic me, dum trepidi crudelia limina linquunt,
immemores socii vasto Cyclopis in antro
deseruere. Domus sanie dapibusque cruentis,
intus opaca, ingens; ipse arduus, altaque pulsat
sidera — Di, talem terris avertite pestem —   620
nec visu facilis nec dictu affabilis ulli.

..... **599. testor (vos). 600. hoc ... spirabile lumen:** *this air we breathe.* **601.
tollite me:** *take me with you.* **quascumque:** *any you please.* **602. Scio:** *I admit;*
the final *o* is shortened. **605. spargite me:** *fling me in pieces.* **606. pereo, hominum:**
Hiatus. **hominum:** *of men,* not of the Cyclops band. **607. genibus ... haerebat:**
groveling at our knees, he clung to us. **608. Qui** = **Quis:** Indir. question. **610. multa:**
Cognate acc. **611. praesenti:** *ready* or *prompt.*

613. infelicis: *ill-fated,* on account of his long wanderings since the war. **614. genitore ... paupere:** *since my father was poor.* **615. mansisset ... fortuna:** i.e., would
that I had been content with my lot. **616. trepidi:** Because of their fear of Polyphemus. **617. immemores ... deseruere:** *forgot and left.* **618. Domus (est) ...
cruentis:** *'Tis a house of gore and bloody banquets;* abl. of description. **619. ipse
(est) arduus:** *the master is a giant.* **621. nec ... ulli:** i.e., one may not look upon
or address him; **visu** and **dictu** are supines with adj.

Visceribus miserorum et sanguine vescitur atro.
Vidi egomet, duo de numero cum corpora nostro
prensa manu magna, medio resupinus in antro,
frangeret ad saxum, sanieque aspersa natarent   625
limina; vidi atro cum membra fluentia tabo
manderet, et tepidi tremerent sub dentibus artus.
Haud impune quidem; nec talia passus Ulixes,
oblitusve sui est Ithacus discrimine tanto.
Nam simul expletus dapibus vinoque sepultus   630
cervicem inflexam posuit, iacuitque per antrum
immensus, saniem eructans et frusta cruento
per somnum commixta mero, nos magna precati
numina sortitique vices, una undique circum
fundimur, et telo lumen terebramus acuto —   635
ingens, quod torva solum sub fronte latebat,
Argolici clipei aut Phoebeae lampadis instar —
et tandem laeti sociorum ulciscimur umbras.
Sed fugite, O miseri, fugite, atque ab litore funem
rumpite.   640
Nam qualis quantusque cavo Polyphemus in antro
lanigeras claudit pecudes atque ubera pressat,
centum alii curva haec habitant ad litora vulgo
infandi Cyclopes, et altis montibus errant.
Tertia iam lunae se cornua lumine complent,   645
cum vitam in silvis inter deserta ferarum
lustra domosque traho, vastosque ab rupe Cyclopas
prospicio, sonitumque pedum vocemque tremesco.
Victum infelicem, bacas lapidosaque corna,
dant rami, et vulsis pascunt radicibus herbae.   650

---

622. Visceribus: Abl. with **vescor.** **624. prensa ... frangeret:** *seized and dashed.* Compare with *Odyssey*, IX. 289 ff. **625. aspersa:** *bespattered.* **628. Haud impune (id fecit).** **629. -ve = nec.** **sui:** *his cunning* (lit. *himself*). **630. simul = simul atque. expletus:** *gorged.* **631. cervicem ... posuit:** *rested his drooping neck.* **632. frusta:** *bits of food.* **634. sortiti vices:** *choosing our places by lot.* **635. lumen:** *eye.* **637. Argolici:** i.e., large and round. **Phoebeae lampadis:** i.e., the sun. **instar:** *like.* **638. umbras:** *death.* **641. qualis ... claudit:** *as hideous and as huge as is Polyphemus, who encloses ...* **643. vulgo:** *all about.* **645. Tertia:** With adv. force, *For the third time.* **646. cum ... traho:** *since I have been dragging,* i.e., have been and still am dragging. **649. infelicem:** *sorry* or *insufficient.*

Omnia collustrans, hanc primum ad litora classem
prospexi venientem. Huic me, quaecumque fuisset,
addixi: satis est gentem effugisse nefandam.
Vos animam hanc potius quocumque absumite leto.'

Polyphemus Appears on the Shore

Vix ea fatus erat, summo cum monte videmus   655
ipsum inter pecudes vasta se mole moventem
pastorem Polyphemum et litora nota petentem,
monstrum horrendum, informe, ingens, cui lumen ademptum.
Trunca manu pinus regit et vestigia firmat;
lanigerae comitantur oves — ea sola voluptas   660
solamenque mali.
Postquam altos tetigit fluctus et ad aequora venit,
luminis effossi fluidum lavit inde cruorem,
dentibus infrendens gemitu, graditurque per aequor
iam medium, necdum fluctus latera ardua tinxit.   665
Nos procul inde fugam trepidi celerare, recepto
supplice sic merito, tacitique incidere funem;
verrimus et proni certantibus aequora remis.
Sensit, et ad sonitum vocis vestigia torsit;
verum ubi nulla datur dextra affectare potestas,   670
nec potis Ionios fluctus aequare sequendo,
clamorem immensum tollit, quo pontus et omnes
contremuere undae, penitusque exterrita tellus
Italiae, curvisque immugiit Aetna cavernis.

. . . . **652. fuisset:** *it might be*, friendly
or hostile.   **653. addixi:** *I decided to surrender.*   **654. potius:** *rather* than abandon
me to such a fate.
  656. vasta . . . mole: *with his huge bulk*, denoting the manner of his gait.   **658. lumen:** *eye.* **ademptum (erat):** The spondees in this verse suggest the staggering movement of the blinded Polyphemus; onomatopoeia.   **659. Trunca . . . pinus:** *a pine
trunk in his hand.*   **663. inde:** *with it*, the water from the sea.   **664. dentibus:** For
acc., *gnashing his teeth;* abl. of instrument.   **666. celerare, incidere:** Historical
infin., here used to convey sense of haste.   **667. sic merito:** *so deserving*, i.e., as he
deserved, for warning us of the dangers.   **669. vocis:** Here (poetically), *the splash-
ing oars.*   **670. dextra affectare:** *to grasp with his hand.*   **671. aequare:** *to match.*
672. quo: *at which.*

At genus e silvis Cyclopum et montibus altis   675
excitum ruit ad portus et litora complent.
Cernimus astantes nequiquam lumine torvo
Aetnaeos fratres, caelo capita alta ferentes,
concilium horrendum: quales cum vertice celso
aeriae quercus, aut coniferae cyparissi   680
constiterunt, silva alta Iovis, lucusve Dianae.
Praecipites metus acer agit quocumque rudentes
excutere, et ventis intendere vela secundis.
Contra iussa monent Heleni Scyllam atque Charybdim
inter, utramque viam leti discrimine parvo,   685
ni teneant cursus; certum est dare lintea retro.
Ecce autem Boreas angusta ab sede Pelori
missus adest. Vivo praetervehor ostia saxo
Pantagiae Megarosque sinus Thapsumque iacentem.
Talia monstrabat relegens errata retrorsus   690
litora Achaemenides, comes infelicis Ulixi.
Sicanio praetenta sinu iacet insula contra
Plemyrium undosum; nomen dixere priores
Ortygiam. Alpheum fama est huc Elidis amnem

676. ruit: Sing., i.e., as one. **complent:** Pl., suggesting many. **677. nequiquam
... torvo:** *baffled, with savage glare.* **678. caelo** = ad caelum. **679. quales cum**
= tales quales cum: *just as when.* **vertice celso:** *on some lofty height.* **681. constiterunt:** *stand;* the *e* is short; systole. **silva ... Dianae:** *the one, the tall forest of
Jove, the other ...* The cypress was the funereal tree, hence sacred to Diana as
Hecate of the underworld, just as the oak was sacred to Jupiter. **682. quocumque:** *no
matter where.* **rudentes excutere:** *to fling loose our sails,* i.e., give free rein. **684. Contra:** *On the other hand.* This sentence indicates that as they sailed away, the winds
were blowing from the south, driving them toward the straits of Messina, where
Helenus had warned them not to go. The wind then shifted, and the north wind
Boreas carried them out of danger. **685. viam:** In apposition with **cursus. 686. ni**
= ne: After **monent (nos). certum est (nobis):** *we decided.* **687. sede:** *strait.* **Pelori:** The north headland at the strait of Messina. **689. iacentem:** *low-lying;* see
map for the route of the Trojans around Sicily. **690. Talia:** *such places as these.*
relegens: *retracing* the places where he had been with Ulysses. **692. Sicanio ...
sinu:** *stretched before a Sicilian bay;* **sinu** is dat. with **praetenta. 693. priores:**
men of old. **694. Alpheum, Arethusa:** The river god Alpheus loved the nymph
Arethusa; as he was pursuing her, she was changed by Diana into a stream. Still
pursued by Alpheus, the stream flowed beneath land and sea to Ortygia, where the
two streams were mingled and gushed forth in the fountain of Arethusa.

occultas egisse vias subter mare; qui nunc   695
ore, Arethusa, tuo Siculis confunditur undis.
Iussi numina magna loci veneramur; et inde
exsupero praepingue solum stagnantis Helori.
Hinc altas cautes proiectaque saxa Pachyni
radimus et fatis numquam concessa moveri   700
apparet Camerina procul campique Geloi,
immanisque Gela fluvii cognomine dicta.
Arduus inde Acragas ostentat maxima longe
moenia, magnanimum quondam generator equorum;
teque datis linquo ventis, palmosa Selinus,   705
et vada dura lego saxis Lilybeia caecis.

The Death of Anchises

Hinc Drepani me portus et illaetabilis ora
accipit. Hic, pelagi tot tempestatibus actus,
heu genitorem, omnis curae casusque levamen,
amitto Anchisen: hic me, pater optime, fessum   710
deseris, heu, tantis nequiquam erepte periclis!
Nec vates Helenus, cum multa horrenda moneret,
hos mihi praedixit luctus, non dira Celaeno.
Hic labor extremus, longarum haec meta viarum.
Hinc me digressum vestris deus appulit oris."   715
Sic pater Aeneas intentis omnibus unus
fata renarrabat divum, cursusque docebat.
Conticuit tandem, factoque hic fine quievit.

. . . . **695. egisse:** *forced.* **696. ore:** *foun-*
tain. **697. Iussi:** *As ordered* by Helenus. **698. exsupero:** *pass by.* **stagnantis:**
overflowing the banks. **699. Hinc:** *And then.* **700. radimus:** *sail close to* or
skirt. **fatis . . . moveri:** *which by decree of fate was never to be disturbed.* The
story was that the people, in defiance of the oracle, had drained a neighboring marsh
in order to stop a pestilence. The draining of the marsh, also called Camerina, made
the city accessible to the enemy. **702. immanis . . . cognomine:** *named from its*
mighty stream. **Gela:** Nom., Greek long *a.* **706. dura = periculosa. caecis =**
latentibus.
    707. illaetabilis: Because Anchises died there. **716. intentis omnibus:** *before his*
attentive audience. **717. fata . . . divum:** *heaven's decrees,* i.e., his experiences.
718. Conticuit . . . quievit: *He ceased, and at this point, having reached the end of his*
story, rested.

LIBER IV

Dido Confesses She Has Fallen in Love

AT REGINA gravi iamdudum saucia cura
        vulnus alit venis, et caeco carpitur igne.
        Multa viri virtus animo, multusque recursat
gentis honos; haerent infixi pectore vultus
verbaque, nec placidam membris dat cura quietem.   5
    Postera Phoebea lustrabat lampade terras,
umentemque Aurora polo dimoverat umbram,
cum sic unanimam alloquitur male sana sororem:
"Anna soror, quae me suspensam insomnia terrent!

1. gravi . . . cura: *deeply smitten with the pangs of love.*   2. venis: *within her veins.*   carpitur: *is wasted away.*   3. Multa . . . multus: Adv. force, *often . . . often.*   6. Postera: With Aurora. Phoebea . . . lampade: The sun.   8. unanimam: *sympathizing.*   male sana: *distracted.*

Quis novus hic nostris successit sedibus hospes,   10
quem sese ore ferens, quam forti pectore et armis!
Credo equidem, nec vana fides, genus esse deorum:
degeneres animos timor arguit. Heu, quibus ille
iactatus fatis! quae bella exhausta canebat!
Si mihi non animo fixum immotumque sederet,   15
ne cui me vinclo vellem sociare iugali,
postquam primus amor deceptam morte fefellit;
si non pertaesum thalami taedaeque fuisset,
huic uni forsan potui succumbere culpae.
Anna, fatebor enim, miseri post fata Sychaei   20
coniugis et sparsos fraterna caede Penates,
solus hic inflexit sensus, animumque labantem
impulit: agnosco veteris vestigia flammae.
Sed mihi vel tellus optem prius ima dehiscat,
vel Pater omnipotens adigat me fulmine ad umbras,   25
pallentes umbras Erebi noctemque profundam,
ante, Pudor, quam te violo, aut tua iura resolvo.
Ille meos, primus qui me sibi iunxit, amores
abstulit; ille habeat secum servetque sepulcro."
Sic effata sinum lacrimis implevit obortis.   30

Dido's Sister Encourages Her

Anna refert: "O luce magis dilecta sorori,
solane perpetua maerens carpere iuventa,

· · · · · · · · · · · **10. Quis . . . successit** = Quis (est) hic . . . (qui) successit.
11. quem . . . armis: *What a noble presence is his, how brave his soul and martial deeds;*
pectore et armis is abl. of description.   **12. genus . . . deorum:** *of heavenly parentage.*
13. degeneres . . . arguit: *ignoble souls are betrayed by fear,* i.e., not Aeneas.   **14. ex-**
hausta: *endured.*   **15. Si . . . sederet:** Contrary-to-fact condition.   **16. ne . . . vel-**
lem: *not to consent.* **cui:** *anyone.*   **17. primus amor:** i.e., Sychaeus, who became
the source of Dido's disappointment and betrayal by his death.   **18. pertaesum**
(me) . . . fuisset: *if I were not so weary;* impers.   **19. forsan potui:** *perhaps I might*
have. **culpae:** *weakness.*   **21. sparsos . . . Penates:** *household gods stained* with
the murder of Sychaeus, Dido's husband, by Pygmalion, her brother.   See Book I.
343–356.   **22. labantem:** *till it wavers;* prolepsis.   **24. mihi:** i.e., beneath my feet.
optem: *I could wish that;* potential subjunc.   **29. abstulit:** i.e., when he died.
31. luce = **vita:** i.e., dearer than life. **sorori:** Dat. of agent.   **32. perpetua**
. . . **iuventa:** Abl. of time within which.   **carpere:** Fut. pass., *you will waste away.*

nec dulces natos, Veneris nec praemia noris?
Id cinerem aut Manes credis curare sepultos?
Esto: aegram nulli quondam flexere mariti,   35
non Libyae, non ante Tyro; despectus Iarbas
ductoresque alii, quos Africa terra triumphis
dives alit: placitone etiam pugnabis amori?
Nec venit in mentem, quorum consederis arvis?
Hinc Gaetulae urbes, genus insuperabile bello,   40
et Numidae infreni cingunt et inhospita syrtis;
hinc deserta siti regio, lateque furentes
Barcaei. Quid bella Tyro surgentia dicam,
germanique minas?
Dis equidem auspicibus reor et Iunone secunda   45
hunc cursum Iliacas vento tenuisse carinas.
Quam tu urbem, soror, hanc cernes, quae surgere regna
coniugio tali! Teucrum comitantibus armis
Punica se quantis attollet gloria rebus!
Tu modo posce deos veniam, sacrisque litatis   50
indulge hospitio, causasque innecte morandi,
dum pelago desaevit hiems et aquosus Orion,
quassataeque rates, dum non tractabile caelum."

Dido's Sacrifices to the Gods

His dictis incensum animum inflammavit amore,
spemque dedit dubiae menti, solvitque pudorem.   55
Principio delubra adeunt, pacemque per aras

33. Veneris ... praemia: *love's blessings.* **noris** = noveris. **35. Esto:** *True* (lit., *be it so*). **aegram:** *in your sorrow.* **mariti:** *suitors.* **36. Libyae, Tyro:** Poetic expression of place where. **despectus (est). Iarbas:** A Libyan king, one of the rejected suitors. **37. triumphis dives:** *rich in triumphs,* i.e., victorious in war. **38. placito:** *pleasing (to you).* **pugnabis** = resistes. **39. venit ... mentem:** i.e., occur to you. **consederis:** Indirect question; she had warlike neighbors. **40. Hinc ... hinc:** *On this side ... on that.* **42. deserta siti:** *desolate because of drought,* i.e., the African desert. **43. Quid ... dicam:** *Why speak of.* **Tyro:** *from Tyre.* **44. germani:** Pygmalion. **45. equidem:** *indeed.* **Iunone secunda:** *with Juno's favor;* Juno was the patron goddess of Carthage. See Book I. 45. **47. Quam ... urbem:** *What a city!* **48. comitantibus:** i.e., on our side. **49. quantis ... rebus:** Dat., *to what power.* **50. Tu ... veniam:** *Do you but entreat the power of heaven.*
55. solvit pudorem: *overcame her scruples.*

exquirunt; mactant lectas de more bidentes
legiferae Cereri Phoeboque patrique Lyaeo,
Iunoni ante omnes, cui vincla iugalia curae.
Ipsa, tenens dextra pateram, pulcherrima Dido   60
candentis vaccae media inter cornua fundit,
aut ante ora deum pingues spatiatur ad aras,
instauratque diem donis, pecudumque reclusis
pectoribus inhians spirantia consulit exta.

Dido's Emotion

Heu vatum ignarae mentes! quid vota furentem,   65
quid delubra iuvant? Est molles flamma medullas
interea, et tacitum vivit sub pectore vulnus.
Uritur infelix Dido, totaque vagatur
urbe furens, qualis coniecta cerva sagitta,
quam procul incautam nemora inter Cresia fixit   70
pastor agens telis, liquitque volatile ferrum
nescius; illa fuga silvas saltusque peragrat
Dictaeos; haeret lateri letalis harundo.
Nunc media Aenean secum per moenia ducit,
Sidoniasque ostentat opes urbemque paratam;   75
incipit effari, mediaque in voce resistit;
nunc eadem labente die convivia quaerit,
Iliacosque iterum demens audire labores

. . . . **57. bidentes:** *victims.*
58. legiferae: i.e., as goddess of agriculture, she was goddess of civilization.
Lyaeo: Bacchus. Juno, Ceres, and Bacchus were deities presiding over marriage. **59. cui . . . curae (sunt):** *the guardian of;* double dat. **62. ora:** *presence,*
i.e., statues. **pingues:** *rich with offerings.* **spatiatur ad:** *solemnly paces beside,* a
ritual performed near the altar before the sacrifice. **63. reclusis pectoribus . . . inhians:** *gazing intently at the open breasts.* This part of the rite was called the ex-
tispicium, the observing of the entrails of the victims. **64. pectoribus:** The *u* is
long; diastole. **64. spirantia:** *quivering.*
65. ignarae (sunt): i.e., how blind are. **furentem:** *one in love.* **66. Est:** From
edo, *consume.* **68. Uritur:** *Is consumed with love.* **69. coniecta . . . sagitta:** Abl.
abs., *when the arrow has been shot.* **71. liquit:** i.e., in the body of the doe.
75. paratam: i.e., for the Trojans; they need go no further. **77. eadem:** *she yet
again,* as on the preceding night. **labente die:** *at the end of day.*

exposcit, pendetque iterum narrantis ab ore.
Post, ubi digressi, lumenque obscura vicissim   80
luna premit suadentque cadentia sidera somnos,
sola domo maeret vacua, stratisque relictis
incubat, illum absens absentem auditque videtque;
aut gremio Ascanium, genitoris imagine capta,
detinet, infandum si fallere possit amorem.   85
Non coeptae assurgunt turres, non arma iuventus
exercet, portusve aut propugnacula bello
tuta parant; pendent opera interrupta, minaeque
murorum ingentes aequataque machina caelo.

Juno Approaches Venus

Quam simul ac tali persensit peste teneri   90
cara Iovis coniunx, nec famam obstare furori,
talibus aggreditur Venerem Saturnia dictis:
"Egregiam vero laudem et spolia ampla refertis
tuque puerque tuus, magnum et memorabile numen,
una dolo divum si femina victa duorum est!   95
Nec me adeo fallit veritam te moenia nostra
suspectas habuisse domos Karthaginis altae.
Sed quis erit modus, aut quo nunc certamine tanto?
Quin potius pacem aeternam pactosque hymenaeos
exercemus? Habes, tota quod mente petisti: 100
ardet amans Dido, traxitque per ossa furorem.
Communem hunc ergo populum paribusque regamus

. . . . 79. ab ore: *on the*
words. **80. digressi (sunt):** (*the guests*) *have gone.* **82. stratis relictis:** *the ban-*
quet couch that he has left. **84. Ascanium:** The real Ascanius, who has now returned.
capta: *charmed.* **85. detinet:** *fondles.* **si:** (*to see*) *whether.* **86. Non:** *No*
longer. **87. bello tuta:** *for defense in war.* **88. pendent:** *hang idle.* **minae muro-**
rum: *threatening walls* (lit., *the threats of the walls*). **89. machina caelo:** *derricks*
raised as high as heaven.
   91. nec . . . furori: *and that regard for her reputation did not check her mad*
love. **92. aggreditur:** *addresses.* **94. puer:** Cupid. **numen:** *power.* **95. una:** i.e.,
Dido. **96. Nec . . . fallit:** *Nor indeed does it escape me that.* **moenia:** Carthage.
97. suspectas: *in suspicion.* **98. modus:** *limit* or *end.* **certamine tanto:** Abl. of
means. **99. Quin:** *Why not.* **102. Communem:** *In common.*

auspiciis; liceat Phrygio servire marito,
dotalesque tuae Tyrios permittere dextrae."

Venus Agrees to Juno's Scheme

   Olli — sensit enim simulata mente locutam,   105
quo regnum Italiae Libycas averteret oras —
sic contra est ingressa Venus: "Quis talia demens
abnuat, aut tecum malit contendere bello,
si modo, quod memoras, factum fortuna sequatur?
Sed fatis incerta feror, si Iuppiter unam   110
esse velit Tyriis urbem Troiaque profectis,
miscerive probet populos, aut foedera iungi.
Tu coniunx: tibi fas animum temptare precando.
Perge; sequar." Tum sic excepit regia Iuno:
"Mecum erit iste labor: nunc qua ratione quod instat   115
confieri possit, paucis, adverte, docebo.
Venatum Aeneas unaque miserrima Dido
in nemus ire parant, ubi primos crastinus ortus
extulerit Titan, radiisque retexerit orbem.
His ego nigrantem commixta grandine nimbum,   120
dum trepidant alae, saltusque indagine cingunt,
desuper infundam, et tonitru caelum omne ciebo.
Diffugient comites et nocte tegentur opaca:
speluncam Dido dux et Troianus eandem
devenient; adero, et, tua si mihi certa voluntas,   125

· **103. auspiciis:** *power,* as
the taking of the *auspicia* was the prerogative of the Roman magistrates. **liceat (ei):**
let her (Dido). **marito:** *lord* or *husband;* dat. with **servire.** **104. dotales:** *as her
dowry,* i.e., let her marry Aeneas and bring Carthage as her marriage portion.
Among the Greeks and Romans it was customary for the bridegroom to receive a
wedding gift from the bride.
   105. Olli = Illi. simulata mente: *with treacherous design.* **locutam (eam esse).**
106. quo = ut. 107. Quis . . . abnuat: *Who would be so mad as to reject such an
offer?* **109. quod memoras:** *of which you speak.* **110. si:** *whether.* **111. profectis (eis).** Dat. of possession. **113. temptare:** *sound.* **114. excepit = respondit.**
116. confieri = confici. paucis (verbis). 117. Venatum: Supine, to express purpose. **119. Titan:** *the sun.* **retexerit:** *shall reveal.* **120. His:** Dat., *on them.*
121. trepidant: *ride to and fro.* **alae:** *the beaters,* employed to drive the game.
125. certa: *assured.*

conubio iungam stabili propriamque dicabo.
Hic hymenaeus erit." — Non adversata petenti
annuit, atque dolis risit Cytherea repertis.

The Hunting Party

Oceanum interea surgens Aurora reliquit.
It portis iubare exorto delecta iuventus;   130
retia rara, plagae, lato venabula ferro,
Massylique ruunt equites et odora canum vis.
Reginam thalamo cunctantem ad limina primi
Poenorum exspectant, ostroque insignis et auro
stat sonipes, ac frena ferox spumantia mandit.   135
Tandem progreditur, magna stipante caterva,
Sidoniam picto chlamydem circumdata limbo.

· · · · · · · · · · · **126.** See Book I. 73. This verse may have been wrongly
inserted.   **128. repertis:** *detecting*.
   130. iubare exorto: Abl. abs., *at dawn*.   **131. rara:** *wide-meshed.* **lato . . . ferro:**
broad-headed.   **132. Massyli:** Famed for their dogs.   **ruunt:** With the subjects
retia, plagae, venabula, *are brought out;* but with **equites,** *rush forth* — an unusual
zeugma. **odora canum vis:** *keen-scented hounds.*   **133. limina:** i.e., of the palace.
primi: *the chiefs.*   **137. chlamydem . . . limbo:** *with mantle thrown around her;*
acc. and middle voice.

132

Cui pharetra ex auro, crines nodantur in aurum,
aurea purpuream subnectit fibula vestem.
Nec non et Phrygii comites et laetus Iulus   140
incedunt. Ipse ante alios pulcherrimus omnes
infert se socium Aeneas atque agmina iungit.
Qualis ubi hibernam Lyciam Xanthique fluenta
deserit ac Delum maternam invisit Apollo,
instauratque choros, mixtique altaria circum   145
Cretesque Dryopesque fremunt pictique Agathyrsi;

· · · · · · · · · · ·   **138. crines . . . aurum:** *her hair is knotted with a golden*
clasp.   **142. infert se socium:** *appears as her companion.*   **144. maternam:** Latona
gave birth to Apollo and Diana on the island of Delos.   **146. Cretesque:** Final
e is long; diastole. **picti:** *painted* or *tattooed*, a custom of the Agathyrsi, a
Scythian tribe.

ipse iugis Cynthi graditur, mollique fluentem
fronde premit crinem fingens atque implicat auro;
tela sonant umeris: haud illo segnior ibat
Aeneas, tantum egregio decus enitet ore.   150
Postquam altos ventum in montes atque invia lustra,
ecce ferae, saxi deiectae vertice, caprae
decurrere iugis; alia de parte patentes
transmittunt cursu campos atque agmina cervi
pulverulenta fuga glomerant montesque relinquunt.   155
At puer Ascanius mediis in vallibus acri
gaudet equo, iamque hos cursu, iam praeterit illos,
spumantemque dari pecora inter inertia votis
optat aprum, aut fulvum descendere monte leonem.

The Pair Take Shelter in a Cave

Interea magno misceri murmure caelum   160
incipit; insequitur commixta grandine nimbus;
et Tyrii comites passim et Troiana iuventus
Dardaniusque nepos Veneris diversa per agros
tecta metu petiere; ruunt de montibus amnes.
Speluncam Dido dux et Troianus eandem   165
deveniunt: prima et Tellus et pronuba Iuno
dant signum; fulsere ignes et conscius aether
conubiis, summoque ulularunt vertice nymphae.
Ille dies primus leti primusque malorum
causa fuit; neque enim specie famave movetur,   170
nec iam furtivum Dido meditatur amorem:
coniugium vocat; hoc praetexit nomine culpam.

· · · · · · · · · · 147. molli ... fingens: *he gracefully confines his flowing locks
with a wreath.* 149. illo: Abl. of comparison. 151. ventum (est): Impers., *they
arrived.* 152. deiectae: *driven down* by the beaters. 153. decurrere: Perf. indic.
154. transmittunt (se) campos: *scour the plains.* 156. acri: *spirited.* 158. pecora ... inertia: *unresisting* (tame) *herds,* i.e., with such animals, sport was tame.
    160. misceri murmure: *filled with mutterings* (of the storm); alliteration. 163. di-
versa: *here and there.* 164. tecta: *shelter.* 166. prima ... nymphae: The different parts of a Roman wedding ceremony are here represented: (1) Earth and Juno
act as the attendant, pronuba, of the bride; (2) the lightning flashes, ignes, and the
blazing sky are the marriage torches; (3) the nymph chorus on the hills, vertice, is
the maidens' chant. 170. specie: *appearances.*

Extemplo Libyae magnas it Fama per urbes —
Fama, malum qua non aliud velocius ullum;
mobilitate viget, viresque acquirit eundo,   175
parva metu primo, mox sese attollit in auras,
ingrediturque solo, et caput inter nubila condit.
Illam Terra parens, ira irritata deorum,
extremam (ut perhibent) Coeo Enceladoque sororem
progenuit, pedibus celerem et pernicibus alis,   180
monstrum horrendum, ingens, cui, quot sunt corpore plumae,
tot vigiles oculi subter, mirabile dictu,
tot linguae, totidem ora sonant, tot surrigit aures.
Nocte volat caeli medio terraeque per umbram,
stridens, nec dulci declinat lumina somno;   185
luce sedet custos aut summi culmine tecti,
turribus aut altis, et magnas territat urbes;
tam ficti pravique tenax, quam nuntia veri.
Haec tum multiplici populos sermone replebat
gaudens, et pariter facta atque infecta canebat: 190
venisse Aenean, Troiano sanguine cretum,
cui se pulchra viro dignetur iungere Dido;
nunc hiemem inter se luxu, quam longa, fovere
regnorum immemores turpique cupidine captos.
Haec passim dea foeda virum diffundit in ora.   195
Protinus ad regem cursus detorquet Iarban,
incenditque animum dictis atque aggerat iras.

---

173. Fama: *Rumor,* personified as a mischief-making goddess.   **174. malum:**
pest.   **175. eundo:** *as she goes.*   **176. primo;** *at first,* because not yet confident of
being believed.   **178. deorum:** Obj. gen., *at the gods,* because they had thrust her
offspring, Coeus and the other Titans, down to Tartarus.   **179. extremam:** *the
youngest.*   **Encelado:** See Book III. 578, and note.   **181. cui ... tot:** *for every
feather on her body, she has just as many.*   **183. surrigit:** *pricks up.*   **184. medio**
= **inter.**   **185. stridens:** *with buzzing wings.*   **186. luce:** *by day.*   **custos:** *as spy.*
188. tam ... veri: *clinging to the false and wrong no less than reporting the true;*
ficti pravique, gen. with the adj. **tenax.**   **190. facta ... infecta:** *fact ... fiction.*
192. viro: *as husband.*   **dignetur:** *deigns;* subordinate clause in indirect discourse.
193. hiemem ... quam longa (sit) fovere: *they are together passing the entire winter in
luxurious ease.*   **194. captos:** *enslaved.*   **195. foeda:** With **dea. virum = virorum.**

Hic Hammone satus, rapta Garamantide nympha,
templa Iovi centum latis immania regnis,
centum aras posuit, vigilemque sacraverat ignem,   200
excubias divum aeternas, pecudumque cruore
pingue solum et variis florentia limina sertis.
Isque amens animi et rumore accensus amaro
dicitur ante aras media inter numina divum
multa Iovem manibus supplex orasse supinis: 205
   "Iuppiter omnipotens, cui nunc Maurusia pictis
gens epulata toris Lenaeum libat honorem,
aspicis haec, an te, genitor, cum fulmina torques,
nequiquam horremus, caecique in nubibus ignes
terrificant animos et inania murmura miscent?   210
Femina, quae nostris errans in finibus urbem
exiguam pretio posuit, cui litus arandum
cuique loci leges dedimus, conubia nostra
reppulit, ac dominum Aenean in regna recepit.
Et nunc ille Paris cum semiviro comitatu,   215
Maeonia mentum mitra crinemque madentem
subnixus, rapto potitur; nos munera templis
quippe tuis ferimus, famamque fovemus inanem."
   Talibus orantem dictis arasque tenentem
audiit omnipotens, oculosque ad moenia torsit   220
regia et oblitos famae melioris amantes.

---

198. Hic ... nympha: *He, son of Hammon (the African Jupiter) and a ravished African nymph.* **200. vigilem:** i.e., like the fire of Vesta, it was never allowed to go out. **201. excubias:** *sentinels,* in apposition with **ignem.** **202. solum, limina:** Acc. with **sacraverat. sertis:** *floral offerings.* **203. animi:** Locative. **207. Lenaeum:** *of wine;* metonymy. **209. nequiquam:** *for naught.* **caeci:** *aimless* or *random.* **210. inania:** *meaningless,* i.e., Is there, after all, no divine power behind all this? **212. pretio:** *for a price,* i.e., she did not win the land by fighting for it. **litus arandum:** *a strip of shore to till.* **213. loci leges:** *title to the land.* **conubia:** *offers of marriage.* **215. ille Paris:** i.e., a second wife-stealer. **semiviro:** *effeminate.* **216. mitra ... subnixus:** *supporting with a Lydian bonnet-string,* as though his head needed this un-Roman covering and his languid neck this effeminate support. **madentem:** *anointed;* Iarbas supposes the Trojans to be given to all Oriental foppery. **217. rapto:** *the spoil* or *prize.* **potitur:** Here, 3rd conjugation. **nos:** *while we.* **218. famam:** *faith,* i.e., report that Jove is righteous.

Tum sic Mercurium alloquitur ac talia mandat:
"Vade age, nate, voca Zephyros et labere pinnis,
Dardaniumque ducem, Tyria Karthagine qui nunc
exspectat, fatisque datas non respicit urbes,   225
alloquere, et celeres defer mea dicta per auras.
Non illum nobis genetrix pulcherrima talem
promisit, Graiumque ideo bis vindicat armis;

222. Mercurium: Messenger of Jove, who wore a winged cap and winged shoes, and carried a rod entwined with two serpents, called the caduceus. **alloquitur:** Long final *u*; diastole.   **225. exspectat:** *loiters.*   **227. Non . . . talem:** *Not such a man as this.*   **228. -que ideo:** *or for this.*   **bis:** (1) from Diomedes; (2) at the fall of Troy.

sed fore, qui gravidam imperiis belloque frementem
Italiam regeret, genus alto a sanguine Teucri   230
proderet, ac totum sub leges mitteret orbem.
Si nulla accendit tantarum gloria rerum,
nec super ipse sua molitur laude laborem,
Ascanione pater Romanas invidet arces?
Quid struit, aut qua spe inimica in gente moratur,   235
nec prolem Ausoniam et Lavinia respicit arva?
Naviget; haec summa est; hic nostri nuntius esto."
  Dixerat. Ille patris magni parere parabat
imperio; et primum pedibus talaria nectit
aurea, quae sublimem alis sive aequora supra   240
seu terram rapido pariter cum flamine portant;
tum virgam capit: hac animas ille evocat Orco
pallentes, alias sub Tartara tristia mittit,
dat somnos adimitque, et lumina morte resignat.
Illa fretus agit ventos, et turbida tranat   245
nubila; iamque volans apicem et latera ardua cernit
Atlantis duri, caelum qui vertice fulcit,
Atlantis, cinctum assidue cui nubibus atris
piniferum caput et vento pulsatur et imbri;
nix umeros infusa tegit; tum flumina mento   250
praecipitant senis, et glacie riget horrida barba.
Hic primum paribus nitens Cyllenius alis
constitit; hinc toto praeceps se corpore ad undas
misit, avi similis, quae circum litora, circum
piscosos scopulos humilis volat aequora iuxta.   255
Haud aliter terras inter caelumque volabat

---

229. sed fore qui: *but that it would be he who.*   **232. accendit (eum).**   **233. molitur:**
undertakes.   **234. Ascanione pater . . . invidet:** *does he, a father, begrudge Ascanius.*
236. prolem Ausoniam: i.e., the future Romans.   **237. Naviget:** A strong command.
summa: i.e., my command.   **243. sub:** *down to.*   **244. morte resignat:** *unseals
from death;* Mercury is here described as the god who escorts the soul to the lower
world.   **245. Illa fretus:** *Relying on that.*   **tranat:** *cleaves.*   **247. Atlantis:** Atlas
was the father of Maia, Mercury's mother.   **duri:** *patient;* the mountain is strongly
personified.   **249. piniferum:** *pine-covered.*   **250. nix . . . infusa:** *drifts of snow.*
tum: *besides.*   **252. nitens . . . alis:** *poised on even wing.* **Cyllenius:** *Cyllene's son;*
Mercury was born on Mt. Cyllene in Arcadia.   **253. constitit:** *alighted.*   **256. Haud
aliter:** *Even so.*

litus arenosum ad Libyae ventosque secabat
materno veniens ab avo Cyllenia proles.

Mercury's Arrival

Ut primum alatis tetigit magalia plantis,
Aenean fundantem arces ac tecta novantem   260
conspicit; atque illi stellatus iaspide fulva
ensis erat, Tyrioque ardebat murice laena
demissa ex umeris, dives quae munera Dido
fecerat, et tenui telas discreverat auro.
Continuo invadit: "Tu nunc Karthaginis altae   265
fundamenta locas, pulchramque uxorius urbem
exstruis, heu regni rerumque oblite tuarum?
Ipse deum tibi me claro demittit Olympo
regnator, caelum ac terras qui numine torquet;
ipse haec ferre iubet celeres mandata per auras: 270
Quid struis, aut qua spe Libycis teris otia terris?
Si te nulla movet tantarum gloria rerum,
nec super ipse tua moliris laude laborem,
Ascanium surgentem et spes heredis Iuli
respice, cui regnum Italiae Romanaque tellus   275
debentur." Tali Cyllenius ore locutus
mortales visus medio sermone reliquit,
et procul in tenuem ex oculis evanuit auram.

Aeneas Makes Plans for Leaving

At vero Aeneas aspectu obmutuit amens,
arrectaeque horrore comae, et vox faucibus haesit.   280
Ardet abire fuga dulcesque relinquere terras,

---

258. **materno . . . avo:** *his mother's sire.*
260. **tecta novantem:** *building new houses,* to replace the huts, **magalia.**   262. **ardebat:** *blazed.* **laena:** A thick woollen cloak.   264. **tenui . . . auro:** *threads of gold.*
discreverat: *had interwoven.*   265. **invadit:** *assails.*   266. **uxorius:** *a doting husband.*   269. **torquet:** *sways.*   271. **teris otia:** *you waste idle hours.*   272. **rerum:** *destiny.*   274. **spes . . . Iuli:** i.e., do not deprive him of his destiny. The Julian family claimed descent from Iulus, Aeneas's son.   277. **mortales = hominum.**
280. Compare with Book III. 48.   281. **dulces . . . terras:** *the land he loves.*

attonitus tanto monitu imperioque deorum.
Heu quid agat? Quo nunc reginam ambire furentem
audeat affatu? Quae prima exordia sumat?
Atque animum nunc huc celerem, nunc dividit illuc,   285
in partesque rapit varias perque omnia versat.
Haec alternanti potior sententia visa est:
Mnesthea Sergestumque vocat fortemque Serestum,
classem aptent taciti sociosque ad litora cogant,
arma parent, et quae rebus sit causa novandis   290
dissimulent; sese interea, quando optima Dido
nesciat et tantos rumpi non speret amores,
temptaturum aditus, et quae mollissima fandi
tempora, quis rebus dexter modus. Ocius omnes
imperio laeti parent ac iussa facessunt.   295

Dido's Suspicions

At regina dolos — quis fallere possit amantem? —
praesensit, motusque excepit prima futuros,
omnia tuta timens. Eadem impia Fama furenti
detulit armari classem cursumque parari.
Saevit inops animi, totamque incensa per urbem   300
bacchatur, qualis commotis excita sacris
Thyias, ubi audito stimulant trieterica Baccho
orgia, nocturnusque vocat clamore Cithaeron.
Tandem his Aenean compellat vocibus ultro:

283. Quo ... affatu: *with what words.* furentem: Proleptic. 287. (ei) alternanti:
i.e., in his perplexity between two courses. 289. aptent ... dissimulent: Commands
in indir. discourse, *directing them to.* 290. rebus ... novandis: *for this change of
plans.* 291. sese ... modus: Indir. discourse, hence the subjunc. in the subordinate
clauses. 292. rumpi non speret: *does not suspect the breaking of.* 293. temptaturum (esse) aditus: *will seek the (best way of) approach.* 294. rebus dexter: *best
suited to his purpose.*
   297. excepit: *surmised* (lit. *caught*). 298. tuta: (*though seeming*) *safe.* 300. inops
animi: *bereft of reason;* the subject is Dido. 301. bacchatur: *raves.* qualis ...
Cithaeron: *like a Bacchanal, roused by the waving of the sacred emblems, when the cry
of Bacchus is heard and the biennial revel goads her to frenzy; and by night with its
shouts Cithaeron calls her.* The festival of Bacchus was held at Thebes every third
year; the night revels were celebrated on Mt. Cithaeron near Thebes. 302. Thyias:
Two syllables. 304. ultro = prior: She speaks to him before he addresses her.

"Dissimulare etiam sperasti, perfide, tantum   305
posse nefas tacitusque mea decedere terra?
Nec te noster amor, nec te data dextera quondam,
nec moritura tenet crudeli funere Dido?
Quin etiam hiberno moliris sidere classem,
et mediis properas aquilonibus ire per altum,   310
crudelis? Quid, si non arva aliena domosque
ignotas peteres, sed Troia antiqua maneret,
Troia per undosum peteretur classibus aequor?
Mene fugis? Per ego has lacrimas dextramque tuam te
(quando aliud mihi iam miserae nihil ipsa reliqui),   315
per conubia nostra, per inceptos hymenaeos,
si bene quid de te merui, fuit aut tibi quicquam
dulce meum, miserere domus labentis, et istam —
oro, si quis adhuc precibus locus — exue mentem.
Te propter Libycae gentes Nomadumque tyranni   320
odere, infensi Tyrii; te propter eundem
exstinctus pudor, et, qua sola sidera adibam,
fama prior. Cui me moribundam deseris, hospes?
hoc solum nomen quoniam de coniuge restat.
Quid moror? An mea Pygmalion dum moenia frater   325
destruat, aut captam ducat Gaetulus Iarbas?
Saltem si qua mihi de te suscepta fuisset
ante fugam suboles, si quis mihi parvulus aula
luderet Aeneas, qui te tamen ore referret,
non equidem omnino capta ac deserta viderer."   330

· · · · · · · · · · · · · · · **306. tacitus:** *stealthily* . **307. dextera:** *your pledge.* **309. sidere:** *season.* **311. Quid:** *What,* i.e., How would it be? **312. Troia:** Emphatic; i.e., even if your old home were still standing, you would not think of setting out for it at such a season. **313. peteretur:** Contrary-to-fact in present time. **314. Mene fugis:** *Is it from me that you are fleeing?* **te:** With **oro.** **315. aliud ... nihil:** *nothing else,* to which I can appeal. **317. de te:** *at your hands.* **quicquam ... meum:** *anything in me.* **318. domus:** Gen. with verb of pitying. **319. mentem:** *purpose* or *resolve.* **320. Te propter** = **propter te.** **321. odere (me). infensi (sunt).** **eundem:** *too.* **322. qua ... adibam:** *by which alone I was to win immortality.* **323. moribundam:** *soon to die.* **324. hoc ... nomen:** i.e., guest. **de coniuge:** *from that of husband.* **325. Quid moror:** i.e., Why postpone my death. **An:** *Is it until ...* **329. qui ... referret:** *who would recall;* rel. clause of purpose. **tamen:** *after all,* though you have deserted me. **330. capta:** *deceived.*

Dixerat. Ille Iovis monitis immota tenebat
lumina, et obnixus curam sub corde premebat.
Tandem pauca refert: "Ego te, quae plurima fando
enumerare vales, numquam, regina, negabo
promeritam; nec me meminisse pigebit Elissae,   335
dum memor ipse mei, dum spiritus hos regit artus.
Pro re pauca loquar. Neque ego hanc abscondere furto
speravi — ne finge — fugam, nec coniugis umquam
praetendi taedas, aut haec in foedera veni.
Me si fata meis paterentur ducere vitam   340
auspiciis et sponte mea componere curas,
urbem Troianam primum dulcesque meorum
reliquias colerem, Priami tecta alta manerent,
et recidiva manu posuissem Pergama victis.
Sed nunc Italiam magnam Gryneus Apollo,   345
Italiam Lyciae iussere capessere sortes:
hic amor, haec patria est. Si te Karthaginis arces,
Phoenissam, Libycaeque aspectus detinet urbis,
quae tandem, Ausonia Teucros considere terra,
invidia est? Et nos fas extera quaerere regna.   350
Me patris Anchisae, quotiens umentibus umbris
nox operit terras, quotiens astra ignea surgunt,
admonet in somnis et turbida terret imago;
me puer Ascanius capitisque iniuria cari,
quem regno Hesperiae fraudo et fatalibus arvis.   355
Nunc etiam interpres divum, Iove missus ab ipso —

---

331. monitis: Abl. of cause. **332. obnixus:** *with great effort.* **curam:** *pain.* **333.
te quae plurima ... promeritam (esse):** *that you have deserved (of me) the many
things that you can claim in words.* **335. me ... pigebit:** *shall I be sorry.* **336. ipse
mei (sum).** **337. Pro re:** *As the case requires.* **338. ne finge:** *do not imagine it.*
339. praetendi taedas: *made pretense of marriage.* **haec in foedera veni:** *made any
such compact.* **340. meis ... auspiciis:** *according to my own direction.* **343. colerem:** *I would still be cherishing,* still today. **344. recidiva ... Pergama:** *a second
Troy,* on the site of the old city. **345. Italiam:** Emphatic, *it is Italy that.* **Gryneus
... Lyciae:** Grynium in Asia Minor and Patara in Lycia had oracles of Apollo.
349. quae tandem ... invidia est: *what objection is there to.* **353. turbida ... imago:**
troubled ghost of Anchises. **354. puer:** i.e., the thought of the boy. **355. fatalibus:** *destined.*

testor utrumque caput — celeres mandata per auras
detulit; ipse deum manifesto in lumine vidi
intrantem muros, vocemque his auribus hausi.
Desine meque tuis incendere teque querelis;   360
Italiam non sponte sequor."

Dido's Anger Increases

Talia dicentem iamdudum aversa tuetur,
huc illuc volvens oculos, totumque pererrat
luminibus tacitis, et sic accensa profatur:
"Nec tibi diva parens, generis nec Dardanus auctor,   365
perfide; sed duris genuit te cautibus horrens
Caucasus, Hyrcanaeque admorunt ubera tigres.
Nam quid dissimulo, aut quae me ad maiora reservo?
Num fletu ingemuit nostro? Num lumina flexit?
Num lacrimas victus dedit, aut miseratus amantem est?   370
Quae quibus anteferam? Iam iam nec maxima Iuno,
nec Saturnius haec oculis pater aspicit aequis.
Nusquam tuta fides. Eiectum litore, egentem
excepi, et regni demens in parte locavi;
amissam classem, socios a morte reduxi.   375
Heu furiis incensa feror! Nunc augur Apollo,
nunc Lyciae sortes, nunc et Iove missus ab ipso
interpres divum fert horrida iussa per auras.
Scilicet is superis labor est, ea cura quietos
sollicitat. Neque te teneo, neque dicta refello.   380
I, sequere Italiam ventis, pete regna per undas.

---

357. testor . . . caput: *I swear by your head and mine.*
362. iamdudum aversa tuetur: *has viewed him all along with face averted.*
363. (eum) totum: i.e., from head to foot. **366. duris . . . cautibus:** This and the
following **Hyrcanae tigres** commonly express hard-heartedness in love poetry.
367. admorunt = admoverunt. **ubera (tibi):** i.e., suckled you. **368. maiora (mala).**
369. Num . . . nostro: *Did he sigh when I wept?* **371. Quae quibus anteferam:** *What
shall I say first, what last* (lit., *What shall I put before what*). **373. tuta (est):** *to
be trusted.* **376. Nunc . . . nunc . . . nunc:** Emphasis and scorn; i.e., but *now* he
is the child of destiny. **379. Scilicet:** *Verily,* i.e., a likely story. **cura:** *trouble,*
about Aeneas. **quietos (eos):** *their tranquil life.*

Spero equidem mediis, si quid pia numina possunt,
supplicia hausurum scopulis, et nomine Dido
saepe vocaturum. Sequar atris ignibus absens,
et cum frigida mors anima seduxerit artus,   385
omnibus umbra locis adero. Dabis, improbe, poenas.
Audiam, et haec Manes veniet mihi fama sub imos."
His medium dictis sermonem abrumpit, et auras
aegra fugit, seque ex oculis avertit et aufert,
linquens multa metu cunctantem et multa parantem   390
dicere. Suscipiunt famulae, collapsaque membra
marmoreo referunt thalamo stratisque reponunt.

Preparations for Departure

At pius Aeneas, quamquam lenire dolentem
solando cupit et dictis avertere curas,
multa gemens magnoque animum labefactus amore,   395
iussa tamen divum exsequitur, classemque revisit.
Tum vero Teucri incumbunt, et litore celsas
deducunt toto naves; natat uncta carina;
frondentesque ferunt remos et robora silvis
infabricata, fugae studio.   400
Migrantes cernas, totaque ex urbe ruentes.
Ac velut ingentem formicae farris acervum
cum populant, hiemis memores, tectoque reponunt;
it nigrum campis agmen, praedamque per herbas
convectant calle angusto; pars grandia trudunt   405
obnixae frumenta umeris; pars agmina cogunt
castigantque moras; opere omnis semita fervet.

---

382. equidem: *at least.* **pia:** *righteous.* **384. atris ignibus:** *with smoking fire-brands,* i.e., like a Fury. **388. auras:** *the light of day* (lit., *the open air*). **390. multa ... (eum) cunctantem:** *hesitating to say much.* **multa parantem dicere:** *preparing to say many things.* **392. thalamo:** *to her chamber.*
393. pius: A strong reminder that Aeneas is doing his duty to the gods and is reluctant to leave Dido. **397. incumbunt:** *set to work.* **398. uncta:** *well-pitched.* **399. frondentes:** i.e., still untrimmed boughs. **401. cernas:** *you* (i.e., one) *might see them;* potential subjunc., normally the imp. in prose. **403. reponunt:** *store.* **405. pars = aliae:** Hence a plural verb.

Dido's Final Appeal

Quis tibi tum, Dido, cernenti talia sensus?
quosve dabas gemitus, cum litora fervere late
prospiceres arce ex summa, totumque videres   410
misceri ante oculos tantis clamoribus aequor?
Improbe Amor, quid non mortalia pectora cogis?
Ire iterum in lacrimas, iterum temptare precando
cogitur, et supplex animos summittere amori,
ne quid inexpertum frustra moritura relinquat.   415
"Anna, vides toto properari litore; circum
undique convenere; vocat iam carbasus auras,
puppibus et laeti nautae imposuere coronas.
Hunc ego si potui tantum sperare dolorem,
et perferre, soror, potero. Miserae hoc tamen unum   420
exsequere, Anna, mihi. Solam nam perfidus ille
te colere, arcanos etiam tibi credere sensus;
sola viri molles aditus et tempora noras.
I, soror, atque hostem supplex affare superbum:
non ego cum Danais Troianam exscindere gentem   425
Aulide iuravi, classemve ad Pergama misi,
nec patris Anchisae cineres Manesve revelli;
cur mea dicta negat duras demittere in aures?
Quo ruit? Extremum hoc miserae det munus amanti:
exspectet facilemque fugam ventosque ferentes.   430
Non iam coniugium antiquum, quod prodidit, oro,
nec pulchro ut Latio careat regnumque relinquat:

---

408. Quis ... sensus (erat): quis is used as an interrog. adj.   **409.** fervĕre: Old
form of fervēre.   **412.** quid ... cogis: Compare with Book III. 56.   **413.** Ire ...
in: *Resort to.*   temptare (eum): i.e., Aeneas.   **416.** properari: Impers., *signs of
haste.*   **419.** Hunc ... potero: *If I have been able to foresee this great sorrow, I shall
also, my sister, be able to endure it.*   **420.** tamen ... mihi: *still you can do this one
favor.*   **422.** te colere: *has made you his friend;* historical infin.   **423.** molles ...
noras: *how and when his heart is most accessible;* noras = noveras.   **424.** hostem:
No longer is he called coniunx or even hospes.   **426.** Aulide: Aulis, in Boeotia, was
the rendezvous of the Greek fleet on its way to Troy.   **427.** revelli: i.e., from the
grave; in other words, "I have wronged neither Aeneas nor his race."   **430.** ferentes = secundos.   **432.** pulchro ... careat: Sarcastic, *lose his fair Latium;* abl. of
separation.   ut ... relinquat: Substantive clause after oro, which also has the noun
dir. obj. coniugium.

tempus inane peto, requiem spatiumque furori,
dum mea me victam doceat fortuna dolere.
Extremam hanc oro veniam — miserere sororis —   435
quam mihi cum dederit, cumulatam morte remittam.''

Aeneas Remains Steadfast in His Decision

Talibus orabat, talesque miserrima fletus
fertque refertque soror: sed nullis ille movetur
fletibus, aut voces ullas tractabilis audit;
fata obstant, placidasque viri deus obstruit aures.   440

· · · · · · · **433. tempus inane:** *nothing but time.*   **434. dolere:** i.e., how to ...
436. quam ... remittam: A puzzling verse to scholars for centuries. The accepted
meaning is that when Aeneas grants Dido the favor of "a little time," she will repay
it with interest (**cumulatam**) by her death — a boon to Aeneas since it would free him
for his journey to Italy.

437. tales ... fletus: *such tearful appeals.*   **439. aut:** *nor.*   **440. placidas:** i.e.,
naturally sympathetic.

Ac, velut annoso validam cum robore quercum
Alpini Boreae nunc hinc nunc flatibus illinc
eruere inter se certant; it stridor, et altae
consternunt terram concusso stipite frondes;
ipsa haeret scopulis, et, quantum vertice ad auras   445
aetherias, tantum radice in Tartara tendit:
haud secus assiduis hinc atque hinc vocibus heros
tunditur, et magno persentit pectore curas;
mens immota manet; lacrimae volvuntur inanes.

Dido's Despair

Tum vero infelix fatis exterrita Dido   450
mortem orat; taedet caeli convexa tueri.
Quo magis inceptum peragat lucemque relinquat,
vidit, turicremis cum dona imponeret aris,
horrendum dictu, latices nigrescere sacros,
fusaque in obscenum se vertere vina cruorem.   455
Hoc visum nulli, non ipsi effata sorori.
Praeterea fuit in tectis de marmore templum
coniugis antiqui, miro quod honore colebat,
velleribus niveis et festa fronde revinctum:
hinc exaudiri voces et verba vocantis   460
visa viri, nox cum terras obscura teneret;
solaque culminibus ferali carmine bubo
saepe queri et longas in fletum ducere voces;
multaque praeterea vatum praedicta priorum
terribili monitu horrificant. Agit ipse furentem   465

. . . . **441. annoso ... robore:** *with its strength of years.* **443. it
stridor:** *a creaking sound is heard.* **444. consternunt:** *strew.* **445. quantum:** *as
far as.* **448. tunditur:** *is assailed.* **449. lacrimae ... inanes:** *his tears are shed in
vain.*
451. (eam) taedet ... tueri: Impers., *she is weary of the sight of the canopy of
heaven.* **452. Quo ... peragat:** *And so that she may more certainly fulfill her purpose.* **454. latices:** *water.* **455. obscenum:** *ill-omened.* **457. templum:** *shrine,*
to the Manes of Sychaeus. **459. velleribus** = vittis. **festa:** *festal,* i.e., solemn.
461. viri: *husband,* Sychaeus. **462. solaque ... voces:** *and alone upon the house
top with funereal note the owl often seemed to complain and prolong its lingering cry into
a wail.* Superstitions about owls seem to be almost universal. **465. Agit (eam)
furentem:** *pursues her frantic.*

in somnis ferus Aeneas; semperque relinqui
sola sibi, semper longam incomitata videtur
ire viam, et Tyrios deserta quaerere terra.
Eumenidum veluti demens videt agmina Pentheus,
et solem geminum et duplices se ostendere Thebas;　　　470
aut Agamemnonius scaenis agitatus Orestes
armatam facibus matrem et serpentibus atris
cum fugit, ultricesque sedent in limine Dirae.

The Plans for a Funeral Pyre

Ergo ubi concepit furias evicta dolore
decrevitque mori, tempus secum ipsa modumque　　　475
exigit, et, maestam dictis aggressa sororem,
consilium vultu tegit, ac spem fronte serenat:
"Inveni, germana, viam — gratare sorori —
quae mihi reddat eum, vel eo me solvat amantem.
Oceani finem iuxta solemque cadentem　　　480
ultimus Aethiopum locus est, ubi maximus Atlas
axem umero torquet stellis ardentibus aptum:
hinc mihi Massylae gentis monstrata sacerdos,
Hesperidum templi custos, epulasque draconi
quae dabat, et sacros servabat in arbore ramos,　　　485
spargens umida mella soporiferumque papaver.

. . . . **467. sibi:** With **videtur.**　　**468. viam:** Cognate acc.
Tyrios: She seems to be homeless.　　**469. Pentheus:** A king of Thebes, who opposed
the worship of Bacchus, first driven mad and then killed by Bacchanals. Euripides,
in the play called *The Bacchae*, has Pentheus say, "And now methinks I see *two
suns* and *twofold* Thebes."　　**471. scaenis agitatus:** *pursued over the stage.* **Orestes:**
Son of Agamemnon, pursued by the Furies for slaying his mother Clytemnestra,
because she had killed his father. Vergil draws his similes from *The Bacchae* of
Euripides and *The Eumenides* of Aeschylus, plays seen on the Roman stage.
472. matrem: Clytemnestra, in the form of an avenging Fury.　　**473. in limine:** To
prevent his escape.
　　474. concepit furias: *became frenzied.*　　**476. exigit:** *considers* (lit. *examines*).
477. consilium . . . serenat: *masks her design with a cheerful face, and assumes an air of
hope upon her brow.* ·**479. reddat:** Rel. purpose clause. **solvat:** *release.*　　**482. axem**
= **caelum. aptum:** *studded.*　　**483. hinc:** *from that place.*　　**484. Hesperidum:**
Daughters of Hesperus, called the Hesperides, were the guardians of the golden apples.
486. soporiferum: Stock epithet with **papaver,** but misleading here, for the poppyseed
is not intended to be soporific in this context.

Haec se carminibus promittit solvere mentes
quas velit, ast aliis duras immittere curas,
sistere aquam fluviis, et vertere sidera retro;
nocturnosque movet Manes; mugire videbis   490
sub pedibus terram, et descendere montibus ornos.
Testor, cara, deos et te, germana, tuumque
dulce caput, magicas invitam accingier artes.
Tu secreta pyram tecto interiore sub auras
erige, et arma viri, thalamo quae fixa reliquit   495
impius, exuviasque omnes, lectumque iugalem,
quo perii, superimponas: abolere nefandi
cuncta viri monumenta iuvat, monstratque sacerdos."
Haec effata silet; pallor simul occupat ora.
Non tamen Anna novis praetexere funera sacris   500
germanam credit, nec tantos mente furores
concipit, aut graviora timet, quam morte Sychaei:
ergo iussa parat.

Dido's Sacrifice to the Gods Below

At regina, pyra penetrali in sede sub auras
erecta ingenti taedis atque ilice secta,   505
intenditque locum sertis, et fronde coronat
funerea; super exuvias ensemque relictum
effigiemque toro locat, haud ignara futuri.
Stant arae circum, et crines effusa sacerdos
ter centum tonat ore deos, Erebumque Chaosque,   510

. . . . **487. promittit:** *professes.* **mentes**
. . . velit: *such hearts as she pleases.*   **490. movet** = **evocat.**   **493. caput:** *self.*
(me) accingier: Old form of **accingi,** *that I employ* or *have recourse to.*   **artes:** Obj.
of middle voice verb.   **494. secreta:** As adv., *in secret.*   **sub auras:** *in the open air.*
495. fixa: *hanging.*   **496. impius:** *wretch;* no longer **pius.**   **exuvias:** *raiment.*
497. superimponas: Imperative force.   **498. (me) iuvat:** Impers., *it is my wish.*
500. novis . . . sacris: *strange rites.*   **502. morte:** Abl. of time when.
   505. ingenti . . . secta: *lofty with pinewood and oaken planks.*   **506. intendit:**
strews. **fronde:** i.e., cypress.   **508. effigiem:** *the image* of Aeneas.   **haud . . . futuri:**
well knowing what is to follow; litotes.   **509. crines effusa:** *with disheveled hair,* as
appropriate to these magic rites.   **510. ter centum:** *three hundred* stands for any
great number. **tonat ore:** *loudly invokes.* **Erebum . . . Dianae:** The powers of darkness and mystery.

tergeminamque Hecaten, tria virginis ora Dianae.
Sparserat et latices simulatos fontis Averni,
falcibus et messae ad lunam quaeruntur aenis
pubentes herbae nigri cum lacte veneni;
quaeritur et nascentis equi de fronte revulsus   515
et matri praereptus amor.
Ipsa mola manibusque piis altaria iuxta,
unum exuta pedem vinclis, in veste recincta,
testatur moritura deos et conscia fati
sidera; tum, si quod non aequo foedere amantes   520
curae numen habet iustumque memorque, precatur.

Dido's Grief

Nox erat, et placidum carpebant fessa soporem
corpora per terras, silvaeque et saeva quierant
aequora: cum medio volvuntur sidera lapsu,
cum tacet omnis ager, pecudes pictaeque volucres,   525
quaeque lacus late liquidos, quaeque aspera dumis
rura tenent, somno positae sub nocte silenti
lenibant curas, et corda oblita laborum.
At non infelix animi Phoenissa, nec umquam
solvitur in somnos, oculisve aut pectore noctem   530

· · · · · · · **511. tria . . . ora:** In apposition with **Hecaten,** *three aspects* — as
Diana among the gods above, as Luna, the moon, and as Hecate, goddess of witchcraft in the underworld.   **512. Averni:** Ancients believed that the entrance to the
passage to the abode of the dead stood here, near Cumae, not far from Naples.
513. ad lunam: *by moonlight.* **aenis:** Use of bronze implements in sacred rites was
a very ancient custom.   **515. quaeritur . . . amor:** The reference is to **hippomanes,**
a powerful love charm, **amor,** supposed to be a growth on the forehead of a newborn
colt, which the mare devoured if she could. If, however, this love charm was snatched
beforehand from the mare, **matri praereptus,** she refused to rear the colt.   **517. Ipsa:**
Dido herself. **piis:** With both **mola** and **manibus,** *holy;* the **mola salsa** was used in
sacrifices.   **518. unum . . . vinclis:** *with one foot unsandaled.* **recincta:** *ungirdled;*
the loose garments were associated with magic rites.   **519. conscia fati:** *that know
the secrets of Fate.*   **520. si quod** (= **quodcumque**) **. . . habet:** *whatever power keeps
watch over unhappy lovers;* **curae** is dat. of purpose.
    523. quierant = **quieverant.**   **524. volvuntur:** *roll on.* **lapsu** = **cursu.**   **525. pic-**
tae: *brightly plumed.*   **526. quaeque . . . tenent:** *both those that haunt.* Note alliteration of *l* sound.   **528. lenibant** = **leniebant.**   **530. solvitur in:** *sink to* (lit.,
is relaxed into).

accipit: ingeminant curae, rursusque resurgens
saevit amor, magnoque irarum fluctuat aestu.
Sic adeo insistit, secumque ita corde volutat:
"En, quid ago? Rursusne procos irrisa priores
experiar, Nomadumque petam conubia supplex,   535
quos ego sim totiens iam dedignata maritos?
Iliacas igitur classes atque ultima Teucrum
iussa sequar? Quiane auxilio iuvat ante levatos,
et bene apud memores veteris stat gratia facti?
Quis me autem, fac velle, sinet, ratibusve superbis   540
invisam accipiet? Nescis heu, perdita, necdum
Laomedonteae sentis periuria gentis?
Quid tum, sola fuga nautas comitabor ovantes,
an Tyriis omnique manu stipata meorum
inferar, et, quos Sidonia vix urbe revelli,   545
rursus agam pelago, et ventis dare vela iubebo?
Quin morere, ut merita es, ferroque averte dolorem.
Tu lacrimis evicta meis, tu prima furentem
his, germana, malis oneras atque obicis hosti.
Non licuit thalami expertem sine crimine vitam   550
degere, more ferae, tales nec tangere curas!
Non servata fides cineri promissa Sychaeo!"
Tantos illa suo rumpebat pectore questus.

Mercury Again Warns Aeneas

Aeneas celsa in puppe, iam certus eundi,
carpebat somnos, rebus iam rite paratis.   555

· · · **533. Sic . . . insistit:** *Then she begins in this way.*   **534. irrisa:** *mocked* or
ridiculed.   **535. Nomadum:** Contemptuous, i.e., among these African wild men.
538. sequar: (1) *follow;* (2) *submit;* zeugma.   **Quiane . . . facti:** *Shall I do this
because they are thankful for past help, and gratitude for a former favor lives in their
mindful hearts?*   **540. fac (me) velle:** *but suppose I were willing.*   **543. sola:**
Emphatic.   **nautas:** Of Aeneas.   **544. stipata = comitata.**   **545. inferar:** Middle
voice, *pursue,* as a foe.   **547. Quin morere:** *Nay, rather die.*   **548. Tu . . . tu prima:**
It was you, you, I say, that first; Dido apostrophizes Anna.   **549. oneras, obicis:**
Historical pres.   **550. Non . . . curas:** *Why might not I, unmarried, above reproach,
have passed my life like some wild creature and never known such sorrow.*   **552. servata (est). Sychaeo:** Adj.

Huic se forma dei vultu redeuntis eodem
obtulit in somnis, rursusque ita visa monere est —
omnia Mercurio similis, vocemque coloremque
et crines flavos et membra decora iuventa:
"Nate dea, potes hoc sub casu ducere somnos,   560
nec, quae te circum stent deinde pericula, cernis,
demens, nec Zephyros audis spirare secundos?
Illa dolos dirumque nefas in pectore versat,
certa mori, varioque irarum fluctuat aestu.
Non fugis hinc praeceps, dum praecipitare potestas?   565
Iam mare turbari trabibus, saevasque videbis
collucere faces, iam fervere litora flammis,
si te his attigerit terris Aurora morantem.
Heia age, rumpe moras. Varium et mutabile semper
femina." Sic fatus nocti se immiscuit atrae.   570

Departure of the Trojans

Tum vero Aeneas, subitis exterritus umbris,
corripit e somno corpus, sociosque fatigat:
"Praecipites vigilate, viri, et considite transtris;
solvite vela citi. Deus aethere missus ab alto
festinare fugam tortosque incidere funes   575
ecce iterum instimulat. Sequimur te, sancte deorum,
quisquis es, imperioque iterum paremus ovantes.
Adsis O placidusque iuves, et sidera caelo
dextra feras." Dixit, vaginaque eripit ensem
fulmineum, strictoque ferit retinacula ferro.   580
Idem omnes simul ardor habet, rapiuntque ruuntque;

---

556. eodem: i.e., as before, l. 265.   **558. coloremque:** Hypermetric.   **560. sub
...somnos:** *sleep on at such a crisis.*   **563. Illa:** Dido.   **564. certa mori:** *now
determined to die;* the infin. used with an adj. is a rare, poetical construction.
565. Non = Nonne. fugis = fugies. dum (tibi) potestas (est): *while still you may.*
566. Iam: *Soon.* **trabibus:** i.e., Dido's fleet.   **568. attigerit:** *finds;* fut. perf.
569. Heia age: *Up at once.* **Varium:** i.e., a fickle creature.
571. umbris: *vision.*   **575. festinare (nos).**   **576. sancte deorum:** Partitive gen.,
holy one divine.   **578. Adsis ... feras:** *Be with us and graciously aid us, and make the
stars (weather) in the sky propitious.*   **581. rapiuntque ruuntque:** *they work with a
will;* what is the literal translation?

litora deseruere; latet sub classibus aequor;
annixi torquent spumas et caerula verrunt.
  Et iam prima novo spargebat lumine terras
Tithoni croceum linquens Aurora cubile.   585
Regina e speculis ut primum albescere lucem
vidit, et aequatis classem procedere velis,
litoraque et vacuos sensit sine remige portus,
terque quaterque manu pectus percussa decorum,
flaventesque abscissa comas, "Pro Iuppiter, ibit   590
hic," ait, "et nostris illuserit advena regnis?

· · · · · · · · · · · · · · · · · **585. Tithoni:** Husband of Aurora, goddess of
the dawn. See Tennyson's poem *Tithonus*.   **587. aequatis:** *even*, i.e., they were set
squarely across the mast as they were sailing before the wind.   **589. percussa,**
abscissa: Middle voice; translate actively.   **590. flaventes:** *golden*, the poetic color
of the hair of heroes and heroines.   **591. advena:** *adventurer* or *chance-comer*.

Non arma expedient, totaque ex urbe sequentur,
deripientque rates alii navalibus? Ite,
ferte citi flammas, date vela, impellite remos! —
Quid loquor, aut ubi sum? Quae mentem insania mutat?   595
Infelix Dido, nunc te facta impia tangunt.
Tum decuit, cum sceptra dabas. — En dextra fidesque,
quem secum patrios aiunt portare Penates,
quem subiisse umeris confectum aetate parentem!
Non potui abreptum divellere corpus, et undis   600
spargere? Non socios, non ipsum absumere ferro
Ascanium, patriisque epulandum ponere mensis? —
Verum anceps pugnae fuerat fortuna: — fuisset.
Quem metui moritura? Faces in castra tulissem,
implessemque foros flammis, natumque patremque   605
cum genere exstinxem, memet super ipsa dedissem."

Dido's Curse

"Sol, qui terrarum flammis opera omnia lustras,
tuque harum interpres curarum et conscia Iuno,
nocturnisque Hecate triviis ululata per urbes,
et Dirae ultrices, et di morientis Elissae,   610
accipite haec, meritumque malis advertite numen,
et nostras audite preces. Si tangere portus

---

592. expedient: i.e., *my followers.*   **593. deripient:** *launch in haste.* The pause at
the end of the fifth foot is unusual and gives the feeling of abruptness, just as the following verse gives the impression of speed.   **594. flammas = faces.**   **596. nunc:** i.e.,
now, for the first time.   **impia:** Implying disloyalty to the memory of Sychaeus.
597. Tum decuit: *Then was (your regret) more fitting.* **En . . . Penates:** *So this is the
truth and honor of the man who, they say, . . .*   **600. Non** (= **Nonne**) **potui:** *Could I not
rather.*   **602. epulandum ponere:** *served as a feast,* as Atreus had served up to his
brother Thyestes the flesh of Thyestes' two sons.   **603. fuerat:** *had been,* more vivid
than the subjunc.   **fuisset:** *Suppose it had been,* i.e., what of that?   **604. metui:** *had
I to fear.*   **tulissem:** *I should have hurled.*   **605. implessem = implevissem. foros:**
decks.   **606. exstinxem = exstinxissem. super:** Adv., *on top.*
     607. terrarum . . . omnia: *all that is done on earth.*   **608. harum . . . conscia:**
agent and witness (i.e., *conscious witness*) *of all these woes.*   **609. nocturnis:** *by night.*
triviis: Hecate was worshiped at a crossroad, where three roads met — hence she
was called Trivia.   **ululata:** *whose name is shrieked.*   **611. meritum . . . numen:** *and
direct (toward me) your divine attention merited by my woes.*

infandum caput ac terris annare necesse est,
et sic fata Iovis poscunt, hic terminus haeret:
at bello audacis populi vexatus et armis, 615
finibus extorris, complexu avulsus Iuli,
auxilium imploret, videatque indigna suorum
funera; nec, cum se sub leges pacis iniquae
tradiderit, regno aut optata luce fruatur,
sed cadat ante diem, mediaque inhumatus arena. 620
Haec precor, hanc vocem extremam cum sanguine fundo.
Tum vos, O Tyrii, stirpem et genus omne futurum
exercete odiis, cinerique haec mittite nostro
munera. Nullus amor populis, nec foedera sunto.
Exoriare aliquis nostris ex ossibus ultor, 625
qui face Dardanios ferroque sequare colonos,
nunc, olim, quocumque dabunt se tempore vires.
Litora litoribus contraria, fluctibus undas
imprecor, arma armis; pugnent ipsique nepotesque."

Dido's Death

Haec ait, et partes animum versabat in omnes, 630
invisam quaerens quam primum abrumpere lucem.
Tum breviter Barcen nutricem affata Sychaei;
namque suam patria antiqua cinis ater habebat:
"Annam cara mihi nutrix huc siste sororem;

· **614. hic terminus
haeret:** *this goal is fixed.* **615–620.** Dido in her curse is gifted with prophetic
vision, supposed to be granted to those about to die. This imprecation, according to the legend, was largely fulfilled: Aeneas was *harassed in war* by the Rutuli;
he was driven to leave Ascanius and *implore aid* from Evander; many of his men were
killed, and he had to accept a peace in which the name *Latins* was substituted for *Trojans;* and three years later he was drowned in the Numicius, and his body not recovered **(inhumatus).** **622. Tyrii:** Of all generations. Her second sight foresees
the Punic wars. **624. populis:** The Romans and the Carthaginians. **625. Exoriare:** 2nd sing. subjunc. in a hortatory sense. **ultor:** *avenger,* referring to Hannibal. **627. quocumque . . . vires:** *at whatever time strength is given.* **629. nepotesque:** The -que elides with **Haec** in the next line; synapheia.
     632. nutricem: *nurse* or *foster-mother;* she was held in high esteem. **633. suam:**
her own, i.e. Dido's. **cinis:** *tomb.* **634. mihi . . . huc siste:** *bring here to me.*

dic corpus properet fluviali spargere lympha,   635
et pecudes secum et monstrata piacula ducat;
sic veniat; tuque ipsa pia tege tempora vitta.
Sacra Iovi Stygio, quae rite incepta paravi,
perficere est animus, finemque imponere curis,
Dardaniique rogum capitis permittere flammae."   640
Sic ait: illa gradum studio celerabat anili.
At trepida, et coeptis immanibus effera Dido,
sanguineam volvens aciem, maculisque trementes
interfusa genas, et pallida morte futura,
interiora domus irrumpit limina, et altos   645
conscendit furibunda rogos, ensemque recludit
Dardanium, non hos quaesitum munus in usus.
Hic, postquam Iliacas vestes notumque cubile
conspexit, paulum lacrimis et mente morata,
incubuitque toro, dixitque novissima verba: 650
  "Dulces exuviae, dum fata deusque sinebat,
accipite hanc animam, meque his exsolvite curis.
Vixi, et, quem dederat cursum fortuna, peregi,
et nunc magna mei sub terras ibit imago.
Urbem praeclaram statui; mea moenia vidi;   655
ulta virum, poenas inimico a fratre recepi;
felix, heu nimium felix, si litora tantum
numquam Dardaniae tetigissent nostra carinae!"
  Dixit, et os impressa toro, "Moriemur inultae,
sed moriamur," ait. "Sic, sic iuvat ire sub umbras.   660

. . . . · **635. dic (ut)** . . . **properet:**
bid her hasten.   **636. pecudes:** *victims* for sacrifice.   **monstrata:** *prescribed* by
the priestess.   **638. Iovi Stygio:** i.e., Pluto.   **639. est (mihi) animus:** *it is my*
purpose.   **640. rogum:** Called Aeneas's because all reminders, **monumenta,** of
him are to be burned. It is of course actually Dido's funeral pyre.   **641. illa:**
Barce.   **anili:** *of an old woman.*   **642. coeptis** . . . **effera:** *wild with her dreadful pur-*
pose.   **643. aciem** = oculos.   **trementes:** *quivering.*   **644. genas:** Acc. of specification.   **647. hos** . . . **in usus:** *for such a deed as this.*   **648. Hic:** *Here,* at the top
of the pyre.   **649. paulum** . . . **morata:** *pausing a little in tears and thought.*   **650. in,**
cubuit: *threw herself.*   **651. dum:** Limits **dulces,** *dear, as long as.*   **654. magna:**
majestic, a queen to the last.   **mei** = mea.   **656. virum** = coniugem.   **recepi:** *ex-*
acted.   **657. tantum:** *only.*   **659. impressa:** Middle voice, *pressing.*   **660. iuvat**
(me).

Hauriat hunc oculis ignem crudelis ab alto
Dardanus, et nostrae secum ferat omina mortis."
Dixerat; atque illam media inter talia ferro
collapsam aspiciunt comites, ensemque cruore
spumantem, sparsasque manus. It clamor ad alta   665
atria; concussam bacchatur Fama per urbem.
Lamentis gemituque et femineo ululatu
tecta fremunt; resonat magnis plangoribus aether,
non aliter quam si immissis ruat hostibus omnis
Karthago aut antiqua Tyros, flammaeque furentes   670
culmina perque hominum volvantur perque deorum.

Anna's Grief

Audiit exanimis, trepidoque exterrita cursu
unguibus ora soror foedans et pectora pugnis
per medios ruit, ac morientem nomine clamat:
"Hoc illud, germana, fuit? Me fraude petebas?   675
Hoc rogus iste mihi, hoc ignes araeque parabant?
Quid primum deserta querar? Comitemne sororem
sprevisti moriens? Eadem me ad fata vocasses;
idem ambas ferro dolor, atque eadem hora tulisset.
His etiam struxi manibus, patriosque vocavi   680
voce deos, sic te ut posita crudelis abessem?
Exstinxti te meque, soror, populumque patresque
Sidonios urbemque tuam. Date vulnera lymphis
abluam, et extremus si quis super halitus errat,

· · · **661. ignem:** *the* (*sight of the*) *fire*, which will be lighted after her death.
662. omina: Things seen at the beginning of a voyage were particularly ominous.
663. ferro: *on the sword.* **664. comites:** *her attendants.* **666. concussam:** *star-*
tled. **bacchatur:** *flies wildly.* **667. femineo ululatu:** Hiatus. **669. ruat:** *were*
sinking in ruins. **671. culmina** = **tecta.**
672. exanimis: *aghast.* **cursu:** *haste.* **675. Hoc illud . . . fuit:** *Was this your*
plan? **fraude petebas:** i.e., plotting to deceive. **678. vocasses** = **vocavisses:** *would*
that you had called. **679. tulisset** = **abstulisset.** **680. struxi (pyram).** **681. sic:**
Emphatic with **posita,** *when you were lying thus.* **crudelis:** (*I*), *cruel one.* **abessem:**
Purpose. **683. Date (ut) . . . abluam:** *Let me bathe.* **684. super . . . errat:** *hovers*
over her lips.

ore legam." Sic fata, gradus evaserat altos,   685
semianimemque sinu germanam amplexa fovebat
cum gemitu, atque atros siccabat veste cruores.
Illa, graves oculos conata attollere, rursus
deficit; infixum stridit sub pectore vulnus.
Ter sese attollens cubitoque annixa levavit;   690
ter revoluta toro est, oculisque errantibus alto
quaesivit caelo lucem, ingemuitque reperta.

Dido's Spirit Set Free

Tum Iuno omnipotens, longum miserata dolorem
difficilesque obitus, Irim demisit Olympo,
quae luctantem animam nexosque resolveret artus.   695
Nam quia nec fato, merita nec morte peribat,
sed misera ante diem, subitoque accensa furore,
nondum illi flavum Proserpina vertice crinem
abstulerat, Stygioque caput damnaverat Orco.
Ergo Iris croceis per caelum roscida pinnis,   700
mille trahens varios adverso sole colores,
devolat, et supra caput astitit: "Hunc ego Diti
sacrum iussa fero, teque isto corpore solvo."
Sic ait, et dextra crinem secat: omnis et una
dilapsus calor, atque in ventos vita recessit.   705

· · · · · · · **685. legam:** *I will catch it,* referring to the custom of "catching the
breath" of a dying person, as a last token of love.   **686. semianimem:** The first *i* is
read like *y,* a slurring together to produce one sound.   **688. Illa:** Dido.   **689. stridit:**
gurgles; onomatopoeia.   **690. cubito annixa:** *leaning on her elbow.*   **691. re-**
voluta (est): *fell back.*   **692. (luce) reperta:** Abl. abs.
    694. Irim: Goddess of the rainbow, messenger of Juno.   The thread of life was
usually cut by Proserpina.   **695. quae ... artus:** Purpose clause.   **696. fato:**
in the course of fate, i.e., by natural death.   **698. illi:** *from her;* dat. of separation.
crinem: It was customary to begin a sacrifice by plucking a few hairs from the
victim's forehead, and a dying person was regarded as a "victim" to the powers
below.   **699. damnaverat:** *had consigned.*   **701. trahens:** *trailing.* **adverso sole:**
Abl. abs., *against the (opposite) sun.*   **702. Hunc (crinem).** ,   **703. sacrum:** With Diti,
an offering to Pluto. **iussa:** *as bidden.*   **704. una = simul.**   **705. dilapsus (est):**
fled.

LIBER V

The Trojans Sail to Sicily

INTEREA medium Aeneas iam classe tenebat
certus iter, fluctusque atros Aquilone secabat,
moenia respiciens, quae iam infelicis Elissae
collucent flammis. Quae tantum accenderit ignem,
causa latet; duri magno sed amore dolores   5

---

1. Interea: i.e., during the closing scene of Book IV.   **2. certus:** *with fixed resolve.* **Aquilone:** Normally the north wind, but here used for winds in general; they are sailing north from Carthage to Sicily.   **4. flammis:** *blazing pyre.* **accenderit:** Indir. question.   **5. latet:** *is unknown.* **duri ... ducunt:** *but the bitter grief (that comes) when deep love is profaned, and the knowledge of what a frenzied woman can do, incline the Trojans' hearts to sad premonitions.*

polluto, notumque furens quid femina possit,
triste per augurium Teucrorum pectora ducunt.
Ut pelagus tenuere rates, nec iam amplius ulla
occurrit tellus, maria undique et undique caelum,
olli caeruleus supra caput astitit imber,   10
noctem hiememque ferens, et inhorruit unda tenebris.
Ipse gubernator puppi Palinurus ab alta:
"Heu! quianam tanti cinxerunt aethera nimbi?
Quidve, pater Neptune, paras?" Sic deinde locutus
colligere arma iubet validisque incumbere remis,   15
obliquatque sinus in ventum, ac talia fatur:
"Magnanime Aenea, non, si mihi Iuppiter auctor
spondeat, hoc sperem Italiam contingere caelo.
Mutati transversa fremunt et vespere ab atro
consurgunt venti, atque in nubem cogitur aer.   20
Nec nos obniti contra, nec tendere tantum
sufficimus. Superat quoniam Fortuna, sequamur,
quoque vocat, vertamus iter. Nec litora longe
fida reor fraterna Erycis portusque Sicanos,
si modo rite memor servata remetior astra."   25
Tum pius Aeneas: "Equidem sic poscere ventos
iamdudum et frustra cerno te tendere contra:
flecte viam velis. An sit mihi gratior ulla,
quove magis fessas optem demittere naves,
quam quae Dardanium tellus mihi servat Acesten,   30
et patris Anchisae gremio complectitur ossa?"
Haec ubi dicta, petunt portus, et vela secundi
intendunt Zephyri; fertur cita gurgite classis,
et tandem laeti notae advertuntur arenae.

· **10. olli** = **illi:** Dat. of reference.   **15. colligere arma:** *to reef the sails,* in preparation for the gale.   **16. obli-**
quatque . . . ventum: *and slants the canvas to the wind,* i.e., tacks.   **18. spondeat:**
should pledge his word.   **19. transversa:** Neut. acc. as adv., *across our course.*
24. fraterna = **fratris tui:** Eryx was the son of Venus and Butes. The mountain in northwest Sicily took its name from him, and here was a shrine to Venus.
25. (ante) servata: *observed before,* i.e., when sailing along the coast of Sicily.
29. quove magis . . . demittere: *or one to which I would rather bring.*   **32. secundi:**
The winds are now from the southeast.   **33. cita:** As an adv., *swiftly.*

Acestes Welcomes the Trojans

At procul ex celso miratus vertice montis   35
adventum sociasque rates, occurrit Acestes,
horridus in iaculis et pelle Libystidis ursae,
Troia Criniso conceptum flumine mater
quem genuit: veterum non immemor ille parentum
gratatur reduces, et gaza laetus agresti   40
excipit, ac fessos opibus solatur amicis.

Aeneas Announces the Funeral Games

Postera cum primo stellas Oriente fugarat
clara dies, socios in coetum litore ab omni
advocat Aeneas, tumulique ex aggere fatur:
"Dardanidae magni, genus alto a sanguine divum,   45
annuus exactis completur mensibus orbis,
ex quo reliquias divinique ossa parentis
condidimus terra maestasque sacravimus aras.
Iamque dies, nisi fallor, adest, quem semper acerbum,
semper honoratum — sic di voluistis — habebo.   50
Hunc ego Gaetulis agerem si syrtibus exsul,
Argolicove mari deprensus et urbe Mycenae,
annua vota tamen sollemnesque ordine pompas
exsequerer, strueremque suis altaria donis.
Nunc ultro ad cineres ipsius et ossa parentis,   55
haud equidem sine mente reor, sine numine divum,
adsumus et portus delati intramus amicos.
Ergo agite, et laetum cuncti celebremus honorem;

---

35. miratus . . . rates: *viewing with amazement the arrival of friendly ships.* **37. horridus:** With both **iaculis** and **pelle**, *bristling with.* **38. Criniso:** Acestes was the son of Egesta, or Segesta, and the river-god Crinisus. She had been sent to Sicily by her father to save her from being thrown to the sea-monster sent by Neptune against Laomedon. **40. reduces:** *on their return.*

45. sanguine divum: Since Dardanus was the son of Jupiter. **47. ex quo:** *from the time when.* **51. Hunc:** Emphatic, *As for this day,* if I . . . **52. Mycenae:** Gen. sing. instead of abl. pl. **53. ordine** = **rite. 54. exsequerer:** *I would conduct.* **suis:** *fitting.* **55. Nunc:** *Now,* on the contrary. **ultro:** *beyond our expectation.*

poscamus ventos; atque haec me sacra quotannis
urbe velit posita templis sibi ferre dicatis. 60
Bina boum vobis Troia generatus Acestes
dat numero capita in naves; adhibete Penates
et patrios epulis et quos colit hospes Acestes.
Praeterea, si nona diem mortalibus almum
Aurora extulerit radiisque retexerit orbem, 65
prima citae Teucris ponam certamina classis;
quique pedum cursu valet, et qui viribus audax
aut iaculo incedit melior levibusque sagittis,
seu crudo fidit pugnam committere caestu,
cuncti adsint, meritaeque exspectent praemia palmae. 70
Ore favete omnes, et cingite tempora ramis."

At the Tomb of Anchises

Sic fatus, velat materna tempora myrto;
hoc Helymus facit, hoc aevi maturus Acestes,
hoc puer Ascanius, sequitur quos cetera pubes.
Ille e concilio multis cum milibus ibat 75
ad tumulum, magna medius comitante caterva.
Hic duo rite mero libans carchesia Baccho
fundit humi, duo lacte novo, duo sanguine sacro,
purpureosque iacit flores, ac talia fatur:
"Salve, sancte parens: iterum salvete, recepti 80
nequiquam cineres, animaeque umbraeque paternae.
Non licuit fines Italos fataliaque arva,
nec tecum Ausonium (quicumque est) quaerere Thybrim."

59. atque . . . dicatis: *may he grant that after founding a city, I may year after year
offer him these rites in a temple dedicated to him.* **61. Bina boum . . . capita:** *Two oxen,*
for each ship. **63. patrios:** *of our country.* **64. si = cum. nona:** i.e., the ninth
day after the anniversary. The **novemdiale** was a solemn festival held on the ninth
day after a person's death. **66. prima:** Modifies **certamina.** **69. crudo:** *rawhide.*
71. Ore favete: *Guard well your lips,* like **favete linguis,** a regular formula at a
sacrifice. **ramis:** *wreaths.*
72. materna: Modifies **myrto,** which was sacred to Venus. **73. aevi:** *in years.*
75. Ille: Aeneas. **76. tumulum:** Of Anchises. **77. Hic:** i.e., at that tomb.
79. purpureos: *bright* or *gay.* **80. recepti:** *rescued* from Troy. **81. paternae**
= **patris mei.. 82. Non licuit (mihi):** *It was not my lot.*

Dixerat haec, adytis cum lubricus anguis ab imis
septem ingens gyros, septena volumina traxit,   85
amplexus placide tumulum lapsusque per aras,
caeruleae cui terga notae, maculosus et auro
squamam incendebat fulgor, ceu nubibus arcus
mille iacit varios adverso sole colores.
Obstipuit visu Aeneas. Ille agmine longo   90
tandem inter pateras et levia pocula serpens
libavitque dapes, rursusque innoxius imo
successit tumulo, et depasta altaria liquit.
Hoc magis inceptos genitori instaurat honores,
incertus, geniumne loci famulumne parentis   95
esse putet: caedit binas de more bidentes,
totque sues, totidem nigrantes terga iuvencos;
vinaque fundebat pateris, animamque vocabat
Anchisae magni Manesque Acheronte remissos.
Nec non et socii, quae cuique est copia, laeti   100
dona ferunt, onerant aras, mactantque iuvencos;
ordine aena locant alii, fusique per herbam
subiciunt veribus prunas et viscera torrent.

Preparations for the Games

Exspectata dies aderat, nonamque serena
Auroram Phaethontis equi iam luce vehebant,   105
famaque finitimos et clari nomen Acestae
excierat; laeto complerant litora coetu,

· **84. adytis:** Here, *tomb* or
shrine.   **87. caeruleae . . . iacit:** *whose back dark-blue streaks adorned, and brilliant
golden spots lit up its scales, as when in clouds the rainbow casts.*   **90. Ille:** The serpent.   **91. levia:** Long *e — smooth, polished.*   **92. libavit dapes:** *tasted the offerings.*   **93. depasta:** *where he had fed.*   **94. Hoc magis:** *All the more eagerly.*
95. -ne . . . -ne: *whether . . . or.*   **famulum:** *attendant spirit.*   **97. nigrantes terga:**
black-backed; the sacrifice was called **suovetaurilia.**   **99. Acheronte remissos:** *released from Acheron,* to attend the ceremony.   **100. quae . . . copia:** *each as he was
able;* what is the literal translation?   **103. veribus:** From **veru,** *spits* for roasting
meat.
   105. Phaethontis: Phaethon, son of Apollo, who perished while trying to drive
his father's chariot for a day.

visuri Aeneadas, pars et certare parati.
Munera principio ante oculos circoque locantur
in medio, sacri tripodes viridesque coronae, 110
et palmae pretium victoribus, armaque et ostro
perfusae vestes, argenti aurique talenta;
et tuba commissos medio canit aggere ludos.

The Boat Race

Prima pares ineunt gravibus certamina remis
quattuor ex omni delectae classe carinae. 115
Velocem Mnestheus agit acri remige Pristim,
mox Italus Mnestheus, genus a quo nomine Memmi;
ingentemque Gyas ingenti mole Chimaeram,
urbis opus, triplici pubes quam Dardana versu
impellunt, terno consurgunt ordine remi; 120
Sergestusque, domus tenet a quo Sergia nomen,
Centauro invehitur magna, Scyllaque Cloanthus
caerulea, genus unde tibi, Romane Cluenti.
Est procul in pelago saxum spumantia contra
litora, quod tumidis summersum tunditur olim 125
fluctibus, hiberni condunt ubi sidera Cori;
tranquillo silet, immotaque attollitur unda
campus, et apricis statio gratissima mergis.
Hic viridem Aeneas frondenti ex ilice metam
constituit signum nautīs pater, unde reverti 130
scirent, et longos ubi circumflectere cursus.

. . . . **108. visuri:** Fut. part. to express purpose. **109. Munera:** *Prizes.* **circo:** *the course* or *field* where most of the games were to be held. **110. tripodes:** Regular prizes in Greek games; **sacri,** because used in sacrifices. **113. commissos:** *the beginning of.* **medio . . . aggere:** *from the central mound.* **114. pares:** *well-matched.* **116. remige:** Collective noun. **Pristim:** Each ship is named after its figurehead. **117. mox . . . Mnestheus:** *soon (to be) Mnestheus of Italy.* **Memmi:** A prominent Roman family; many Roman families claimed Trojan descent. **119. urbis opus:** *a floating city,* i.e., vast as a city. **versu:** *bank* of oars; anachronistic as triremes were not invented until about 700 B.C. **122. magna:** Fem., agreeing with (**nave**) **Centàuro.** **125. olim:** *at times.* **126. condunt:** i.e., with clouds. **127. tranquillo:** *in calm weather.* **128. campus . . . mergis:** *a level surface and the favorite haunt of sun-loving sea birds.* **129. metam:** As in the Roman circus, they were to go around the goal. **130. signum:** *mark.*

Tum loca sorte legunt, ipsique in puppibus auro
ductores longe effulgent ostroque decori;
cetera populea velatur fronde iuventus,
nudatosque umeros oleo perfusa nitescit.   135
Considunt transtris, intentaque bracchia remis;
intenti exspectant signum, exsultantiaque haurit
corda pavor pulsans, laudumque arrecta cupido.

The Race Starts

Inde, ubi clara dedit sonitum tuba, finibus omnes,
haud mora, prosiluere suis; ferit aethera clamor   140
nauticus, adductis spumant freta versa lacertis.

132. auro...ostroque: With **decori.**   **134. populea:** The poplar was sacred to Hercules, and was also a symbol of mourning.   **135. nudatos...perfusa:** *with bared
and well-oiled shoulders.*   **137. exsultantia . . . cupido:** *throbbing excitement and eager
passion for glory drain their bounding hearts.*   **139. finibus:** *from starting places.*

Infindunt pariter sulcos totumque dehiscit
convulsum remis rostrisque tridentibus aequor.
Non tam praecipites biiugo certamine campum
corripuere, ruuntque effusi carcere currus,   145
nec sic immissis aurigae undantia lora
concussere iugis pronique in verbera pendent.
Tum plausu fremituque virum studiisque faventum
consonat omne nemus, vocemque inclusa volutant
litora, pulsati colles clamore resultant.   150

Gyas Takes the Lead

Effugit ante alios primisque elabitur undis
turbam inter fremitumque Gyas; quem deinde Cloanthus
consequitur, melior remis, sed pondere pinus
tarda tenet. Post hos aequo discrimine Pristis
Centaurusque locum tendunt superare priorem;   155
et nunc Pristis habet, nunc victam praeterit ingens
Centaurus, nunc una ambae iunctisque feruntur
frontibus, et longa sulcant vada salsa carina.
Iamque propinquabant scopulo metamque tenebant,
cum princeps medioque Gyas in gurgite victor   160
rectorem navis compellat voce Menoeten:
"Quo tantum mihi dexter abis? Huc dirige gressum;
litus ama, et laevas stringat sine palmula cautes;
altum alii teneant." Dixit; sed caeca Menoetes
saxa timens proram pelagi detorquet ad undas.   165
"Quo diversus abis?" iterum "Pete saxa, Menoete!"

. . . . **143. tridentibus:** The **rostrum,** or beak, often consisted of three huge prongs, one above the other; they were used to sink an enemy
ship. **144. biiugo certamine:** *the chariot race.* **145. effusi carcere:** *leaping from
their starting point* or *stalls,* arranged side by side, where they awaited the starting
signal. **146. nec sic (acres). immissis . . . iugis:** *over the dashing steeds.* **147. in
verbera:** i.e., to lash them. **149. inclusa:** *cliff-bound.* **150. resultant:** *re-echo.*
152. turbam: *confusion* of his rivals. **154. discrimine:** *distance,* behind Cloanthus. **157. iunctis . . . frontibus:** *with prows even.* **159. tenebant:** *were close to*
the rock, **metam,** which was the middle point of the race. **162. Quo . . . abis:** *Where
are you going so far to the right?* **mihi:** Ethical dat., *I should like to ask,* or simply
omit in translation. **163. litus . . . cautes:** *hug the shore, and let the oar blade graze
the rocks on the left.* **165. pelagi:** *the open sea.* **166. diversus:** *out of your course.*

cum clamore Gyas revocabat; et ecce Cloanthum
respicit instantem tergo, et propiora tenentem.
Ille inter navemque Gyae scopulosque sonantes
radit iter laevum interior, subitoque priorem   170
praeterit, et metis tenet aequora tuta relictis.
Tum vero exarsit iuveni dolor ossibus ingens,
nec lacrimis caruere genae, segnemque Menoeten,
oblitus decorisque sui sociumque salutis,
in mare praecipitem puppi deturbat ab alta;   175
ipse gubernaclo rector subit, ipse magister,
hortaturque viros, clavumque ad litora torquet.
At gravis ut fundo vix tandem redditus imo est,
iam senior madidaque fluens in veste Menoetes
summa petit scopuli siccaque in rupe resedit.   180
Illum et labentem Teucri et risere natantem,
et salsos rident revomentem pectore fluctus.

Sergestus Runs His Boat onto Rocks

Hic laeta extremis spes est accensa duobus,
Sergesto Mnestheique, Gyan superare morantem.
Sergestus capit ante locum scopuloque propinquat,   185
nec tota tamen ille prior praeeunte carina;
parte prior, partem rostro premit aemula Pristis.
At media socios incedens nave per ipsos
hortatur Mnestheus: "Nunc, nunc insurgite remis,
Hectorei socii, Troiae quos sorte suprema   190
delegi comites; nunc illas promite vires,
nunc animos, quibus in Gaetulis syrtibus usi,
Ionioque mari Maleaeque sequacibus undis.

168. **propiora tenentem:** *holding a nearer course*, i.e., near the rocks.   **169. Ille:**
Cloanthus.   **170. radit ... interior:** *steers his course to the left, inside* (*Gyas's*).
172. iuveni: *of the youth*, Gyas; dat. of ref. **dolor** = ira. **ossibus:** *the marrow*, considered the seat of deepest feelings.   **174. decoris:** *dignity*. **socium:** Gen. pl.
178. gravis: From the wet clothing, and from being old.   **181. risere:** Trans.
184. Mnesthei: Dat., Greek form.   **186. tota ... carina:** *a full boat's length.*
praeeunte: The diphthong is short before the following vowel.   **187. premit:** *over-
laps*.   **190. Troiae sorte suprema:** *in Troy's last hour*.   **192. usi (estis):** *you displayed.*   **193. Maleae:** The south promontory of Greece, proverbially dangerous.

Non iam prima peto Mnestheus, neque vincere certo;
quamquam O! — sed superent, quibus hoc, Neptune, dedisti;
extremos pudeat rediisse; hoc vincite, cives,   196
et prohibete nefas." Olli certamine summo
procumbunt; vastis tremit ictibus aerea puppis,
subtrahiturque solum; tum creber anhelitus artus
aridaque ora quatit, sudor fluit undique rivis.   200
Attulit ipse viris optatum casus honorem.
Namque furens animi dum proram ad saxa suburget
interior, spatioque subit Sergestus iniquo,
infelix saxis in procurrentibus haesit.
Concussae cautes, et acuto in murice remi   205
obnixi crepuere, illisaque prora pependit.
Consurgunt nautae et magno clamore morantur,
ferratasque trudes et acuta cuspide contos
expediunt, fractosque legunt in gurgite remos.

Mnestheus Overtakes Sergestus and Gyas

At laetus Mnestheus successuque acrior ipso   210
agmine remorum celeri ventisque vocatis
prona petit maria et pelago decurrit aperto.
Qualis spelunca subito commota columba,
cui domus et dulces latebroso in pumice nidi,
fertur in arva volans, plausumque exterrita pinnis   215
dat tecto ingentem, mox aere lapsa quieto
radit iter liquidum, celeres neque commovet alas:
sic Mnestheus, sic ipsa fuga secat ultima Pristis
aequora, sic illam fert impetus ipse volantem.

· · · · ·   **194 prima:** *first place.*   **196. extremos pudeat (nos) rediisse:** *let us be
ashamed to come in last.*   **199. subtrahitur solum:** *the ocean's surface flies beneath
them.*   **203. interior:** i.e., taking the inner course.   **iniquo:** *dangerous.*   **204. haesit:**
stuck fast.   **205. murice:** *reef,* i.e., a rock like the rough murex, or shellfish.   **206. crepuere:** *broke with a crash.*   **illisa:** *driven* upon the rock.   **207. et ... morantur:**
i.e., shouting loudly at their delay.
   211. agmine: *plying* or *driving.*   **212. prona:** *sloping,* i.e., to the shore.   **214. latebroso ... nidi:** *the nestlings in the cranny of the rock.*   **215. plausum ... dat ... ingentem:** *flaps loudly.*   **216. tecto:** With **exterrita,** *from her dwelling.*   **217. radit:**
skims.

Et primum in scopulo luctantem deserit alto 220
Sergestum brevibusque vadis, frustraque vocantem
auxilia, et fractis discentem currere remis.
Inde Gyan ipsamque ingenti mole Chimaeram
consequitur; cedit, quoniam spoliata magistro est.
Solus iamque ipso superest in fine Cloanthus: 225
quem petit, et summis annixus viribus urget.
Tum vero ingeminat clamor, cunctique sequentem
instigant studiis, resonatque fragoribus aether.
Hi proprium decus et partum indignantur honorem
ni teneant, vitamque volunt pro laude pacisci; 230
hos successus alit: possunt, quia posse videntur.
Et fors aequatis cepissent praemia rostris
ni palmas ponto tendens utrasque Cloanthus
fudissetque preces, divosque in vota vocasset:
"Di, quibus imperium est pelagi, quorum aequora curro, 235
vobis laetus ego hoc candentem in litore taurum
constituam ante aras, voti reus, extaque salsos
porriciam in fluctus et vina liquentia fundam."
Dixit, eumque imis sub fluctibus audiit omnis
Nereidum Phorcique chorus Panopeaque virgo, 240
et pater ipse manu magna Portunus euntem
impulit; illa Noto citius volucrique sagitta
ad terram fugit, et portu se condidit alto.

Aeneas Rewards the Winners

Tum satus Anchisa, cunctis ex more vocatis,
victorem magna praeconis voce Cloanthum 245
declarat, viridique advelat tempora lauro,

---

221. brevibus vadis: *shallows.*   **224. cedit:** *she* (the Chimaera) *falls behind.*
228. studiis: *cheers.*   **229. Hi:** *They,* Cloanthus's men.   **indignantur . . . ni** (= **nisi**)
teneant: *cannot endure the thought of not keeping.*   **230. pacisci:** *to barter* or *risk.*
231. hos: i.e., Mnestheus' men.   **possunt . . . videntur:** *they can, because they think*
they can — a famous saying.   **232. fors = forte.**   **237. voti reus:** *bound by my*
vow.   **240. Phorci:** Son of Pontus and father of the Gorgons.   **Panopea:** A sea-
nymph.   **241. Portunus:** Italian god of harbors.

muneraque in naves ternos optare iuvencos,
vinaque et argenti magnum dat ferre talentum.
Ipsis praecipuos ductoribus addit honores:
victori chlamydem auratam, quam plurima circum   250
purpura maeandro duplici Meliboea cucurrit,
intextusque puer frondosa regius Ida
veloces iaculo cervos cursuque fatigat,
acer, anhelanti similis, quem praepes ab Ida
sublimem pedibus rapuit Iovis armiger uncis;   255
longaevi palmas nequiquam ad sidera tendunt
custodes, saevitque canum latratus in auras.
At qui deinde locum tenuit virtute secundum,
levibus huic hamis consertam auroque trilicem
loricam, quam Demoleo detraxerat ipse   260
victor apud rapidum Simoenta sub Ilio alto,
donat habere viro, decus et tutamen in armis.
Vix illam famuli Phegeus Sagarisque ferebant
multiplicem, conixi umeris; indutus at olim
Demoleos cursu palantes Troas agebat.   265
Tertia dona facit geminos ex aere lebetas,
cymbiaque argento perfecta atque aspera signis.

The Centaur Returns

Iamque adeo donati omnes opibusque superbi
puniceis ibant evincti tempora taenis,

---

248. dat: with **optare** and **ferre,** *allows.*   **250. quam . . . cucurrit:** *around which
ran a deep* (**plurima**) *border of Meliboean purple in double wavy figure.* Meliboea was
a town in Thessaly, famous for its purple-fish, **murex.** The Maeander was a river in
Asia Minor famous for its many windings.   **252. puer . . . regius:** Ganymede, carried up by Jove's eagle to be cup-bearer to the gods.   **253. fatigat:** *pursues;* two
scenes are embroidered on the garment: (1) Ganymede hunting; (2) Ganymede being
carried away.   **255. pedibus:** *talons.*   **armiger:** i.e., the eagle as it is often shown,
with thunderbolts.   **259. hamis . . . trilicem:** *wrought three-ply with golden links;*
hendiadys.   **260. Demoleo:** Dat. of separation.   **261. Ilio:** Shortened final *o,*
without elision.   **262. habere:** *to keep.*   **viro:** A repetition of **huic,** l. 259; i.e., a
gift *fit for a hero.*   **263. ferebant = ferre poterant.**   **264. conixi umeris:** i.e., with
straining shoulders.   **indutus:** *clad* in this.   **265. Troas:** acc. pl. of **Tros.**   **266. lebetas:**
Acc. pl., Greek.   **267. aspera:** *embossed.*
     269. taenis = taeniis, the victors' emblems.

cum saevo e scopulo multa vix arte revulsus,   270
amissis remis atque ordine debilis uno,
irrisam sine honore ratem Sergestus agebat.
Qualis saepe viae deprensus in aggere serpens,
aerea quem obliquum rota transiit, aut gravis ictu
seminecem liquit saxo lacerumque viator;   275
nequiquam longos fugiens dat corpore tortus,
parte ferox, ardensque oculis, et sibila colla
arduus attollens, pars vulnere clauda retentat
nixantem nodis seque in sua membra plicantem:
tali remigio navis se tarda movebat;   280
vela facit tamen, et velis subit ostia plenis.
Sergestum Aeneas promisso munere donat,
servatam ob navem laetus sociosque reductos.
Olli serva datur, operum haud ignara Minervae,
Cressa genus, Pholoe, geminique sub ubere nati.   285

The Foot Race

Hoc pius Aeneas misso certamine tendit
gramineum in campum, quem collibus undique curvis
cingebant silvae, mediaque in valle theatri
circus erat; quo se multis cum milibus heros
consessu medium tulit exstructoque resedit.   290
Hic, qui forte velint rapido contendere cursu,
invitat pretiis animos, et praemia ponit.
Undique conveniunt Teucri mixtique Sicani,
Nisus et Euryalus primi,

. . . . **271. ordine:** *tier* (*of oars*); abl. of
specification with **debilis.**   **273. viae . . . aggere:** *the highway* (lit., *the causeway of
the road*).   **274. aerea . . . rota:** Of a chariot. **obliquum:** adj. with adverb force.
gravis ictu = **gravi ictu.**   **276. fugiens:** *as it tries to escape.* **dat . . . tortus:** *twists
its body in long coils.*   **278. pars (altera):** *its lower part.*   **281. vela facit:** *hoists
its sails.*   **284. datur:** Long *u*, before the caesura. **operum:** i.e., weaving, spinning,
etc.   **285. genus:** Acc. of specification. **Pholoe (nomine). sub:** *at.*
   286. misso: i.e., finito. **tendit** (iter).   **288. theatri circus:** *a circular theater.*
290. consessu medium: *in the middle of the assembly.* **exstructo:** *on a mound.*
291. (eorum) qui . . . velint: *for those who may wish.*

Euryalus forma insignis viridique iuventa, 295
Nisus amore pio pueri; quos deinde secutus
regius egregia Priami de stirpe Diores;
hunc Salius simul et Patron, quorum alter Acarnan,
alter ab Arcadio Tegeaeae sanguine gentis;
tum duo Trinacrii iuvenes, Helymus Panopesque, 300
assueti silvis, comites senioris Acestae;
multi praeterea, quos fama obscura recondit.
Aeneas quibus in mediis sic deinde locutus:
    "Accipite haec animis, laetasque advertite mentes:
nemo ex hoc numero mihi non donatus abibit; 305

· **295. viridi iuventa:**
the freshness of youth. **296. pueri:** Euryalus. **301. assueti:** *trained.* **302. fama**
obscura: *dim tradition;* oxymoron. **305. mihi . . . donatus:** *without a gift from me;*
dat. of agent.

Gnosia bina dabo levato lucida ferro
spicula caelatamque argento ferre bipennem,
omnibus hic erit unus honos. Tres praemia primi
accipient, flavaque caput nectentur oliva.
Primus equum phaleris insignem victor habeto;   310
alter Amazoniam pharetram plenamque sagittis
Threiciis, lato quam circum amplectitur auro
balteus, et tereti subnectit fibula gemma;
tertius Argolica hac galea contentus abito."

Nisus Helps Euryalus

Haec ubi dicta, locum capiunt, signoque repente   315
corripiunt spatia audito, limenque relinquunt,
effusi nimbo similes, simul ultima signant.
Primus abit longeque ante omnia corpora Nisus
emicat, et ventis et fulminis ocior alis;
proximus huic, longo sed proximus intervallo,   320
insequitur Salius; spatio post deinde relicto
tertius Euryalus;
Euryalumque Helymus sequitur; quo deinde sub ipso
ecce volat calcemque terit iam calce Diores,
incumbens umero, spatia et si plura supersint,   325
transeat elapsus prior, ambiguumve relinquat.
Iamque fere spatio extremo fessique sub ipsam
finem adventabant, levi cum sanguine Nisus
labitur infelix, caesis ut forte iuvencis
fusus humum viridesque super madefecerat herbas.   330
Hic iuvenis iam victor ovans vestigia presso

· · · · · · · **306. levato . . . ferro:** *with points of polished steel.* **307. caelatam:**
inlaid. **ferre:** Infin. with **dabo.** **309. flava:** *pale green.* **caput:** Acc. of specification. **311. alter = secundus. Amazoniam, Threiciis:** The Amazons had helped
the Trojans, and Thrace had been allied with Troy. **312. lato . . . gemma:** *which a
broad gold baldric* (belt) *encircles, and a buckle clasps with its polished gem.* **circum:**
Adv.
316. spatia: *course.* **317. ultima signant:** *they mark* (keep their eyes on) *the
goal.* **323. quo . . . sub ipso:** *close behind him;* what is the literal translation?
326. ambiguum: *doubtful.* **328. levi:** *slippery.* **329. ut:** *as,* or even *where.*
331. presso . . . solo: *when he touched the spot.*

haud tenuit titubata solo, sed pronus in ipso
concidit immundoque fimo sacroque cruore.
Non tamen Euryali, non ille oblitus amorum;
nam sese opposuit Salio per lubrica surgens;   335
ille autem spissa iacuit revolutus arena.
Emicat Euryalus, et munere victor amici
prima tenet, plausuque volat fremituque secundo.
Post Helymus subit, et nunc tertia palma Diores.

Salius Protests

Hic totum caveae consessum ingentis et ora   340
prima patrum magnis Salius clamoribus implet,
ereptumque dolo reddi sibi poscit honorem.
Tutatur favor Euryalum, lacrimaeque decorae,
gratior et pulchro veniens in corpore virtus.
Adiuvat et magna proclamat voce Diores,   345
qui subiit palmae, frustraque ad praemia venit
ultima, si primi Salio reddantur honores.

More Prize Giving

Tum pater Aeneas, "Vestra," inquit, "munera vobis
certa manent, pueri, et palmam movet ordine nemo;
me liceat casus miserari insontis amici."   350
Sic fatus, tergum Gaetuli immane leonis
dat Salio, villis onerosum atque unguibus aureis.
Hic Nisus, "Si tanta," inquit, "sunt praemia victis,

. . . . **332. tenuit = tenere potuit.**
334. amorum: *the love* he bore his friend. **335. per:** *amid.* **336. ille:** Salius.
revolutus: *thrown back* by the block. **337. Euryalus:** Long final *u*; diastole.
340. ora . . . patrum: i.e., the rows of elders in front; at Rome senators and distinguished persons had the front rows of seats, in the orchestra. **342. reddi:** Prose
construction would be **ut reddatur.** **343. decorae:** *becoming,* as he was a mere youth.
345. Adiuvat: *Supports him.* **346. venit ad = consecutus est.** **347. si . . . reddan-**
tur: *should first prize be given.*
349. certa: *unchanged.* **palmam . . . ordine:** *alters the order of the prizes* (lit., *moves*
the prizes from their order). **350. me:** With **miserari. casus:** *mishap.* **351. ter-**
gum = pellem. **352. aureis:** Two syllables; synizesis.

et te lapsorum miseret, quae munera Niso
digna dabis, primam merui qui laude coronam,   355
ni me, quae Salium, fortuna inimica tulisset?"
Et simul his dictis faciem ostentabat et udo
turpia membra fimo. Risit pater optimus olli,
et clipeum efferri iussit, Didymaonis artem,
Neptuni sacro Danais de poste refixum.   360
Hoc iuvenem egregium praestanti munere donat.

The Boxing Match

Post, ubi confecti cursus, et dona peregit:
"Nunc si cui virtus animusque in pectore praesens,
adsit, et evinctis attollat bracchia palmis."
Sic ait, et geminum pugnae proponit honorem,   365
victori velatum auro vittisque iuvencum,
ensem atque insignem galeam solacia victo.
Nec mora: continuo vastis cum viribus effert
ora Dares, magnoque virum se murmure tollit;
solus qui Paridem solitus contendere contra,   370
idemque ad tumulum, quo maximus occubat Hector,
victorem Buten, immani corpore qui se
Bebrycia veniens Amyci de gente ferebat,
perculit, et fulva moribundum extendit arena.
Talis prima Dares caput altum in proelia tollit,   375

· **356. ni me ... tulisset:**
(and would have received it) had not.   **357. ostentabat:** *kept displaying;* intensive.
359. artem: *the handiwork.*   **360. Danais:** Dat. of agent.   **poste:** *temple door;*
the inference is that it was afterwards captured from the Greeks by Aeneas.
  362. peregit: *distributed.*   **363. si cui (est):** *whoever possesses.* **praesens:** *ready.*
364. adsit: *let him step forward.*   **evinctis:** i.e., with the **caestus,** a sort of boxing
glove consisting of leather thongs, studded with lead, with which the hand and arm
were bound.   **366. velatum (cornua)** ... **vittis:** *its horns gilded and decked with rib-*
bons.   **368. effert ora:** *appears;*   what is the literal translation?   **369. virum**
= **virorum.**   **370. Paridem:** Who had a reputation as a noted prize-fighter, if not as
a warrior.   **372. victorem:** *(hitherto) undefeated.*   **Buten:** Butes, son of Amycus,
king of Bebrycia (Bithynia), slain by Dares at Hector's tomb.   **se ... veniens ...**
ferebat: *boasted of his descent from;* Amycus was a noted boxer, killed in a contest
with Pollux.   **375. Talis ... Dares:** *Such was Dares, who.*

ostenditque umeros latos, alternaque iactat
bracchia protendens, et verberat ictibus auras.
Quaeritur huic alius; nec quisquam ex agmine tanto
audet adire virum manibusque inducere caestus.
Ergo alacris, cunctosque putans excedere palma,   380
Aeneae stetit ante pedes, nec plura moratus
tum laeva taurum cornu tenet, atque ita fatur:
"Nate dea, si nemo audet se credere pugnae,
quae finis standi? Quo me decet usque teneri?
Ducere dona iube." Cuncti simul ore fremebant   385
Dardanidae, reddique viro promissa iubebant.

Entellus Accepts Dares's Challenge

Hic gravis Entellum dictis castigat Acestes,
proximus ut viridante toro consederat herbae:
"Entelle, heroum quondam fortissime frustra,
tantane tam patiens nullo certamine tolli   390
dona sines? Ubi nunc nobis deus ille magister
nequiquam memoratus Eryx? Ubi fama per omnem
Trinacriam, et spolia illa tuis pendentia tectis?"
Ille sub haec: "Non laudis amor, nec gloria cessit
pulsa metu; sed enim gelidus tardante senecta   395
sanguis hebet, frigentque effetae in corpore vires.
Si mihi, quae quondam fuerat, quaque improbus iste
exsultat fidens, si nunc foret illa iuventas,
haud equidem pretio inductus pulchroque iuvenco
venissem, nec dona moror." Sic deinde locutus   400
in medium geminos immani pondere caestus
proiecit quibus acer Eryx in proelia suetus
ferre manum, duroque intendere bracchia tergo.

· **380. palma** = certamine.   **382. laeva (manu). 385. Ducere** = me abducere.
   387. grāvis: Translate as adv.   **391. nobis:** Ethical dat., *pray tell me.*   **392. ne-**
quiquam: *in vain;* if Dares, a Trojan, is allowed to carry off the prize without a contest.   **393. spolia:** *prizes.* **tectis:** *in your halls.*   **394. sub haec:** *in reply.* **gloria:**
ambition or *pride.*   **395. sed enim:** *but the truth is.*   **397. improbus:** *braggart.*
400. venissem: *entered the lists,* i.e., I should not have waited for a prize.   **moror:**
i.e., care about.   **403. ferre manum:** Freely *to enter the fray.*

Obstipuere animi: tantorum ingentia septem
terga boum plumbo insuto ferroque rigebant.   405
  Ante omnes stupet ipse Dares, longeque recusat;
magnanimusque Anchisiades et pondus et ipsa
huc illuc vinclorum immensa volumina versat.
Tum senior tales referebat pectore voces:
  "Quid, si quis caestus ipsius et Herculis arma   410
vidisset, tristemque hoc ipso in litore pugnam?
Haec germanus Eryx quondam tuus arma gerebat —
sanguine cernis adhuc sparsoque infecta cerebro —
his magnum Alciden contra stetit; his ego suetus,
dum melior vires sanguis dabat, aemula necdum   415
temporibus geminis canebat sparsa senectus.
Sed si nostra Dares haec Troius arma recusat,
idque pio sedet Aeneae, probat auctor Acestes,
aequemus pugnas. Erycis tibi terga remitto;
solve metus; et tu Troianos exue caestus."   420
Haec fatus, duplicem ex umeris reiecit amictum,
et magnos membrorum artus, magna ossa lacertosque
exuit, atque ingens media consistit arena.

The Match Begins

  Tum satus Anchisa caestus pater extulit aequos,
et paribus palmas amborum innexuit armis.   425
Constitit in digitos extemplo arrectus uterque,
bracchiaque ad superas interritus extulit auras.
Abduxere retro longe capita ardua ab ictu,
immiscentque manus manibus, pugnamque lacessunt.
Ille pedum melior motu, fretusque iuventa;   430
hic membris et mole valens, sed tarda trementi

---

404. tantorum ... rigebant: *so vast were the seven ox-hides, stiff with lead and iron
stitched in;* what is the literal translation? **409. senior:** Entellus. **411. tristem:**
fatal, because Eryx was slain by Hercules. **414. suetus:** *trained.* **415. aemula:**
envious. **416. canebat:** From *caneo, sprinkled white, on ...* **418. sedet = placet.**
419. tibi = si vis: Dat. of reference. **422. magnos ... artus:** *massive-jointed limbs;*
a hypermetric verse. **423. exuit = nudavit.**
  430. Ille: Dares. **431. hic:** Entellus. **trementi (ei) :** Dat. of reference; *beneath
him.*

genua labant, vastos quatit aeger anhelitus artus.
Multa viri nequiquam inter se vulnera iactant,
multa cavo lateri ingeminant, et pectore vastos
dant sonitus, erratque aures et tempora circum 435
crebra manus, duro crepitant sub vulnere malae.
Stat gravis Entellus nisuque immotus eodem,
corpore tela modo atque oculis vigilantibus exit.
Ille, velut celsam oppugnat qui molibus urbem,
aut montana sedet circum castella sub armis, 440
nunc hos, nunc illos aditus, omnemque pererrat
arte locum, et variis assultibus irritus urget.
Ostendit dextram insurgens Entellus, et alte
extulit: ille ictum venientem a vertice velox
praevidit, celerique elapsus corpore cessit. 445
Entellus vires in ventum effudit, et ultro
ipse gravis graviterque ad terram pondere vasto
concidit, ut quondam cava concidit aut Erymantho,
aut Ida in magna radicibus eruta pinus.
Consurgunt studiis Teucri et Trinacria pubes; 450
it clamor caelo, primusque accurrit Acestes,
aequaevumque ab humo miserans attollit amicum.
At non tardatus casu neque territus heros
acrior ad pugnam redit, ac vim suscitat ira.

Entellus Wins

Tum pudor incendit vires et conscia virtus, 455
praecipitemque Daren ardens agit aequore toto,
nunc dextra ingeminans ictus, nunc ille sinistra;
nec mora, nec requies; quam multa grandine nimbi
culminibus crepitant, sic densis ictibus heros

· 432. genua: Two syllables; synaeresis. 433. inter se ... iactant: *exchange.* 437. nisu: *position.*
438. corpore: *by (moving) his body,* not his feet. tela: Obj. of exit. 439. molibus:
engines of war. 440. sedet circum: *besets.* 441. pererrat: Zeugma. 446. effudit:
wasted. ultro = suo pondere: i.e., not because he was struck by Dares. 448. quondam: *sometimes.* cava: i.e., through age. 450. studiis: *eagerly.* 453. casu: *by
the fall.* 454. ira: Abl.
456. aequore: *the field.*

creber utraque manu pulsat versatque Dareta.   460
    Tum pater Aeneas procedere longius iras
et saevire animis Entellum haud passus acerbis;
sed finem imposuit pugnae, fessumque Dareta
eripuit, mulcens dictis, ac talia fatur:
"Infelix, quae tanta animum dementia cepit?   465
Non vires alias conversaque numina sentis?
Cede deo." Dixitque et proelia voce diremit.
Ast illum fidi aequales, genua aegra trahentem,
iactantemque utroque caput, crassumque cruorem
ore eiectantem mixtosque in sanguine dentes,   470
ducunt ad naves; galeamque ensemque vocati
accipiunt; palmam Entello taurumque relinquunt.
Hic victor, superans animis tauroque superbus:
    "Nate dea, vosque haec," inquit, "cognoscite, Teucri,
et mihi quae fuerint iuvenali in corpore vires,   475
et qua servetis revocatum a morte Dareta."
Dixit, et adversi contra stetit ora iuvenci,
qui donum astabat pugnae, durosque reducta
libravit dextra media inter cornua caestus,
arduus, effractoque illisit in ossa cerebro.   480
Sternitur exanimisque tremens procumbit humi bos.
Ille super tales effundit pectore voces:
"Hanc tibi, Eryx, meliorem animam pro morte Daretis
persolvo; hic victor caestus artemque repono."

The Archery Contest

    Protinus Aeneas celeri certare sagitta   485
invitat qui forte velint, et praemia ponit,

. . . . **460. creber:** *ceaselessly.* **pulsat versatque:** *batters
and pounds from side to side.* **466. Non** = **Nonne. alias:** *other* (*than mortal*). **conversa:** i.e., *against you.* **469. utroque:** *from side to side.* **471. vocati:** *when summoned.* **473. superans animis:** *triumphant in spirit.* **474. haec:** i.e., *from what I
do now.* **476. servetis revocatum:** *you save and rescue.* **477. adversi:** *right in
front of.* **479. libravit:** *aimed.* **480. effracto . . . cerebro:** *dealt a crushing blow
upon its skull, dashing out the brain.* **481. bos:** The monosyllable **bos,** ending the
verse, gives the effect of a thud. See Book I. 105. **483. Eryx:** i. e., the spirit of his
divine teacher. **pro:** *as a substitute for.* **486. qui . . . velint:** See l. 291 and note.

ingentique manu malum de nave Seresti
erigit, et volucrem traiecto in fune columbam
quo tendant ferrum, malo suspendit ab alto.
Convenere viri, deiectamque aerea sortem   490
accepit galea; et primus clamore secundo
Hyrtacidae ante omnes exit locus Hippocoontis;
quem modo navali Mnestheus certamine victor
consequitur, viridi Mnestheus evinctus oliva.
Tertius Eurytion, tuus, O clarissime, frater,   495
Pandare, qui quondam, iussus confundere foedus,
in medios telum torsisti primus Achivos.
Extremus galeaque ima subsedit Acestes,
ausus et ipse manu iuvenum temptare laborem.
Tum validis flexos incurvant viribus arcus   500
pro se quisque viri, et depromunt tela pharetris.
Primaque per caelum, nervo stridente, sagitta
Hyrtacidae iuvenis volucres diverberat auras;
et venit, adversique infigitur arbore mali.
Intremuit malus, timuitque exterrita pinnis   505
ales, et ingenti sonuerunt omnia plausu.
Post acer Mnestheus adducto constitit arcu,
alta petens, pariterque oculos telumque tetendit.
Ast ipsam miserandus avem contingere ferro
non valuit; nodos et vincula linea rupit,   510
quis innexa pedem malo pendebat ab alto:
illa notos atque atra volans in nubila fugit.
Tum rapidus, iamdudum arcu contenta parato

. . . . **487. ingenti:** *mighty,* an adj. regularly
applied to gods and heroes.   **Seresti:** Perhaps **Sergesti,** whose ship was damaged in the
race.   **488. traiecto in fune:** *on a cord passed through* the top of the mast.   **489. quo
tendant:** *at which they are to aim.*   **490. deiectam:** *thrown into it;* names were
usually written on pebbles, which were cast into an urn or helmet; this was shaken
until the lot "leaped out," **exit.**   **493. modo:** *but lately,* with **victor.**   **496. iussus:**
i.e., by Pallas Athene.   **foedus:** Made between the Greeks and the Trojans. Pandarus
shot an arrow which wounded Menelaus, and ended the truce (*Iliad,* IV. 104).
498. Acestes: *Acestes'* name or *lot.*   **499. et ipse:** *he also,* though an old man.
501. pro se: *according to his ability.*   **504. venit:** *reaches* (*the mast*).   **506. omnia**
(**loca**): *the whole field.*   **508. alta petens:** *aiming high.*   **509. miserandus:** *unlucky.*
511. quis = quibus. pedem: Acc. of specification.   **512. notos:** Depends on **in,** *to
the winds.*

tela tenens, fratrem Eurytion in vota vocavit,
iam vacuo laetam caelo speculatus, et alis   515
plaudentem nigra figit sub nube columbam.
Decidit exanimis, vitamque reliquit in astris
aetheriis, fixamque refert delapsa sagittam.

Acestes' Feat and Special Prize

Amissa solus palma superabat Acestes;
qui tamen aerias telum contendit in auras,   520
ostentans artemque pater arcumque sonantem.
Hic oculis subito obicitur magnoque futurum
augurio monstrum; docuit post exitus ingens,
seraque terrifici cecinerunt omina vates.
Namque volans liquidis in nubibus arsit harundo,   525
signavitque viam flammis, tenuesque recessit
consumpta in ventos; caelo ceu saepe refixa
transcurrunt crinemque volantia sidera ducunt.
Attonitis haesere animis, superosque precati
Trinacrii Teucrique viri; nec maximus omen   530
abnuit Aeneas; sed laetum amplexus Acesten
muneribus cumulat magnis, ac talia fatur:
"Sume, pater; nam te voluit rex magnus Olympi
talibus auspiciis exsortem ducere honores.
Ipsius Anchisae longaevi hoc munus habebis,   535
cratera impressum signis, quem Thracius olim
Anchisae genitori in magno munere Cisseus
ferre sui dederat monumentum et pignus amoris."
Sic fatus cingit viridanti tempora lauro,
et primum ante omnes victorem appellat Acesten.   540

· · · · · **514. tela:** *arrow.* **fratrem:** i.e., Pandarus, as a deified patron of archers;
so Entellus addressed Eryx, l. 483.   **518. fixam:** i.e., in its body.
   519. superabat = supererat.   **521. pater:** *though an old man;* long *e*, diastole.
522. magno ... vates: *destined to prove a mighty portent; the great event in after
years revealed its meaning, and fear-inspiring seers later explained the omen.* **525. arsit:**
caught fire.   **528. crinem:** *a trail of fire;* compare with Book II. 694. **529. haesere:**
were rooted to the spot.   **534. exsortem:** With **te**, i.e., out of due course.   **537. in**
= **pro:** *as a gift.*

Liber V   **181**

Nec bonus Eurytion praelato invidit honori,
quamvis solus avem caelo deiecit ab alto.
Proximus ingreditur donis, qui vincula rupit;
extremus, volucri qui fixit harundine malum.

Horseback Riding by the Boys

At pater Aeneas, nondum certamine misso,   545
custodem ad sese comitemque impubis Iuli
Epytiden vocat, et fidam sic fatur ad aurem:
"Vade age, et Ascanio, si iam puerile paratum
agmen habet secum cursusque instruxit equorum,
ducat avo turmas et sese ostendat in armis   550
dic," ait. Ipse omnem longo decedere circo
infusum populum, et campos iubet esse patentes.
Incedunt pueri, pariterque ante ora parentum
frenatis lucent in equis, quos omnis euntes
Trinacriae mirata fremit Troiaeque iuventus.   555
Omnibus in morem tonsa coma pressa corona:
cornea bina ferunt praefixa hastilia ferro:
pars leves umero pharetras; it pectore summo
flexilis obtorti per collum circulus auri.
Tres equitum numero turmae ternique vagantur   560
ductores: pueri bis seni quemque secuti
agmine partito fulgent paribusque magistris.
Una acies iuvenum, ducit quam parvus ovantem
nomen avi referens Priamus — tua clara, Polite,

· · · · · · · · **541. praelato . . . honori:** *grudged the honor set above his own;*
i.e., Eurytion received the second prize. **543. Proximus . . . donis:** *the next prize
winner* (lit., *next in gifts*).

545. certamine: *the games*, in general. The introduction of the following games
is a special tribute to Augustus, who revived the **Troiae lusus. 548. Vade age:** *Go
quickly.* **puerile** = *puerorum.* **550. avo:** Dat., *in honor of his grandfather.*
552. infusum: *that had crowded in*, to get a closer view of the last two events.
555. fremit: *applauds.* **556. Omnibus . . . corona:** *All have their hair duly* (**in
morem**) *bound with a wreath of close-trimmed leaves.* **557. bina:** *two each.* **558. it**
. . . auri: *high on the breast around the neck passes a pliant circlet of twisted gold*, the
golden **torques,** a common military decoration. **560. terni** = *tres.* **vagantur:** *ride
over the course.* **562. magistris** = *ductoribus.*

progenies, auctura Italos — quem Thracius albis   565
portat equus bicolor maculis, vestigia primi
alba pedis frontemque ostentans arduus albam.
Alter Atys, genus unde Atii duxere Latini,
parvus Atys, pueroque puer dilectus Iulo.
Extremus, formaque ante omnes pulcher, Iulus   570
Sidonio est invectus equo quem candida Dido
esse sui dederat monumentum et pignus amoris.
Cetera Trinacriis pubes senioris Acestae
fertur equis.
Excipiunt plausu pavidos, gaudentque tuentes   575
Dardanidae, veterumque agnoscunt ora parentum.
Postquam omnem laeti consessum oculosque suorum
lustravere in equis, signum clamore paratis
Epytides longe dedit insonuitque flagello.

Intricate Formations

Olli discurrere pares, atque agmina terni   580
diductis solvere choris, rursusque vocati
convertere vias infestaque tela tulere.
Inde alios ineunt cursus aliosque recursus
adversi spatiis, alternosque orbibus orbes
impediunt, pugnaeque cient simulacra sub armis;   585
et nunc terga fuga nudant, nunc spicula vertunt
infensi, facta pariter nunc pace feruntur.
Ut quondam Creta fertur Labyrinthus in alta
parietibus textum caecis iter, ancipitemque
mille viis habuisse dolum, qua signa sequendi   590

. . . . **565. auctura:** *destined to increase,* possibly in the town later called Politorium. **566. vestigia . . . pedis:** *white pasterns* (the part of the foot just above the hoof); **primi pedis** means *the front part of the foot.* **578. lustravere:** *passed in review.* **579. insonuit flagello:** *cracked his whip.* **580. pares:** *in equal numbers.* **agmina . . . choris:** *the three companies broke up their line with parted bands.* **582. infesta:** *leveled.* **584. adversi spatiis:** *confronting one another* (lit., *opposite in their courses*). **585. impediunt:** *interweave.* **587. infensi:** *for the charge;* what is the literal translation? **588. Labyrinthus:** In Crete, traditionally built by Daedalus. **590. qua . . . error:** *where the undiscoverable and irretraceable maze rendered clues of no avail.*

falleret indeprensus et irremeabilis error;
haud alio Teucrum nati vestigia cursu
impediunt, texuntque fugas et proelia ludo,
delphinum similes, qui per maria umida nando
Carpathium Libycumque secant luduntque per undas.   595
Hunc morem cursus atque haec certamina primus
Ascanius, Longam muris cum cingeret Albam,
rettulit, et priscos docuit celebrare Latinos,
quo puer ipse modo, secum quo Troia pubes;
Albani docuere suos; hinc maxima porro   600
accepit Roma, et patrium servavit honorem;
Troiaque nunc pueri, Troianum dicitur agmen.
Hac celebrata tenus sancto certamina patri.

Juno Arouses the Women

Hic primum fortuna fidem mutata novavit.
Dum variis tumulo referunt sollemnia ludis,   605
Irim de caelo misit Saturnia Iuno
Iliacam ad classem, ventosque aspirat eunti
multa movens, necdum antiquum saturata dolorem.
Illa, viam celerans per mille coloribus arcum,
nulli visa cito decurrit tramite virgo.   610
Conspicit ingentem concursum, et litora lustrat,
desertosque videt portus classemque relictam.
At procul in sola secretae Troades acta
amissum Anchisen flebant, cunctaeque profundum
pontum aspectabant flentes. "Heu tot vada fessis   615
et tantum superesse maris!" vox omnibus una.
Urbem orant; taedet pelagi perferre laborem.

· · · · · · · · · · · · · · · · · · ·   **592. haud . . . ludo:** *in maneuvers as
intricate* (i.e., as the Labyrinth), *interlace their movements and weave in sport a web of
flight and fight.*   **595. Carpathium, Libycum:** i.e., **mare.**   **596. cursus:** Gen., *of
drill.*   **598. rettulit:** *renewed.*   **599. quo . . . modo** = **eodem modo quo.**   **600. porro:**
in direct succession.   **601. patrium . . . honorem:** *ancestral observance,* originally in
honor of Anchises.   **603. Hac . . . tenus:** *'Til now;* tmesis.   **patri:** Anchises.
   604. novavit: *broke* (lit. *changed*).   **605. referunt:** i.e., *pay.*   **608. movens:**
plotting.   **616. superesse:** Infin. of exclamation, *so much remains for us to cross.*
617. taedet (eas).

Ergo inter medias sese haud ignara nocendi
conicit, et faciemque deae vestemque reponit;
fit Beroe, Tmarii coniunx longaeva Dorycli,   620
cui genus et quondam nomen natique fuissent;
ac sic Dardanidum mediam se matribus infert:
  "O miserae, quas non manus," inquit, "Achaica bello
traxerit ad letum patriae sub moenibus! O gens
infelix, cui te exitio Fortuna reservat?   625
Septima post Troiae excidium iam vertitur aestas,
cum freta, cum terras omnes, tot inhospita saxa
sideraque emensae ferimur, dum per mare magnum
Italiam sequimur fugientem, et volvimur undis.
Hic Erycis fines fraterni, atque hospes Acestes: 630
quis prohibet muros iacere et dare civibus urbem?
O patria et rapti nequiquam ex hoste Penates,
nullane iam Troiae dicentur moenia? Nusquam
Hectoreos amnes, Xanthum et Simoenta, videbo?
Quin agite et mecum infaustas exurite puppes.   635
Nam mihi Cassandrae per somnum vatis imago
ardentes dare visa faces: Hic quaerite Troiam;
hic domus est, inquit, vobis. Iam tempus agi res,
nec tantis mora prodigiis. En quattuor arae
Neptuno; deus ipse faces animumque ministrat."   640

The Ships Are Set on Fire

  Haec memorans, prima infensum vi corripit ignem,
sublataque procul dextra conixa coruscat,
et iacit: arrectae mentes stupefactaque corda
Iliadum. Hic una e multis, quae maxima natu,
Pyrgo, tot Priami natorum regia nutrix: 645

· · · · · · · **618. haud ignara nocendi:** i.e., well skilled in mischief. **621. cui:**
Introduces a rel. clause of cause. **626. vertitur:** *is passing.* **628. emensae:** i.e.,
passing *by* so many rocks and *beneath* so many stars; **sidera** suggests both the length
of their voyage and the changes of weather. **631. (nos) iacere:** *our founding.*
633. Troiae: i.e., that bear the name of Troy. **635. infaustas:** *ill-omened.* **638. agi
res:** *for action.* **639. arae Neptuno:** On which was to be offered sacrifice for a
prosperous voyage. **640. animum:** *determination* to use them.

"Non Beroe vobis, non haec Rhoeteia, matres,
est Dorycli coniunx; divini signa decoris
ardentesque notate oculos; qui spiritus illi,
qui vultus, vocisque sonus, vel gressus eunti.
Ipsa egomet dudum Beroen digressa reliqui   650
aegram, indignantem, tali quod sola careret
munere, nec meritos Anchisae inferret honores."
Haec effata.
   At matres primo ancipites, oculisque malignis
ambiguae spectare rates miserum inter amorem   655
praesentis terrae fatisque vocantia regna,
cum dea se paribus per caelum sustulit alis,

646. vobis: Ethical dat., *I tell you.*   **648. spiritus (est):** *fire* or *energy.*   **650. dudum:** *just recently.*   **651. tali . . . munere:** *because she alone was to miss such a ceremony.*   **654. malignis:** *spiteful.*   **655. ambiguae:** *wavering.*   **spectare:** Historical infin.

ingentemque fuga secuit sub nubibus arcum.
Tum vero attonitae monstris actaeque furore
conclamant, rapiuntque focis penetralibus ignem;   660
pars spoliant aras, frondem ac virgulta facesque
coniciunt. Furit immissis Volcanus habenis
transtra per et remos et pictas abiete puppes.

Ascanius's Appeal to the Women

Nuntius Anchisae ad tumulum cuneósque theatri
incensas perfert naves Eumelus, et ipsi   665
respiciunt atram in nimbo volitare favillam.
Primus et Ascanius, cursus ut laetus equestres
ducebat, sic acer equo turbata petivit
castra, nec exanimes possunt retinere magistri.
"Quis furor iste novus? Quo nunc, quo tenditis," inquit, 670
"heu, miserae cives? Non hostem inimicaque castra
Argivum, vestras spes uritis. En, ego vester
Ascanius!" Galeam ante pedes proiecit inanem,
qua ludo indutus belli simulacra ciebat;
accelerat simul Aeneas, simul agmina Teucrum.   675
Ast illae diversa metu per litora passim
diffugiunt, silvasque et sicubi concava furtim
saxa petunt; piget incepti lucisque, suosque
mutatae agnoscunt, excussaque pectore Iuno est.
Sed non idcirco flammae atque incendia vires   680
indomitas posuere; udo sub robore vivit
stuppa vomens tardum fumum, lentusque carinas
est vapor, et toto descendit corpore pestis,
nec vires heroum infusaque flumina prosunt.

· · · **662. immissis . . . habenis:** *with unbridled fury* (lit., *with reins let loose*).
Volcanus: *fire;* metonymy. **663. pictas:** *painted* stern and bow were not unusual
in ancient ships.
664. cuneos: *seats* of a theater. **669. exanimes:** *breathless*, with pursuing him.
677. sicubi (sunt): i.e., wherever they can find them. **678. piget (eas):** *they are
disgusted with;* impers. **679. mutatae:** i.e., their madness gone. **Iuno:** i.e.,
Juno's influence. **681. posuere = deposuere. vivit:** *smolders.* **682. stuppa:** *tow*
used for calking. **lentus . . . est:** *the fire gradually consumes;* **est,** from **edo.**
683. corpore: *hull.*

Jupiter Sends a Rainstorm

Tum pius Aeneas umeris abscindere vestem,   685
auxilioque vocare deos, et tendere palmas:
"Iuppiter omnipotens, si nondum exosus ad unum
Troianos, si quid pietas antiqua labores
respicit humanos, da flammam evadere classi
nunc, Pater, et tenues Teucrum res eripe leto.   690
Vel tu — quod superest — infesto fulmine morti,
si mereor, demitte, tuaque hic obrue dextra."
Vix haec ediderat, cum effusis imbribus atra
tempestas sine more furit, tonitruque tremescunt
ardua terrarum et campi; ruit aethere toto   695
turbidus imber aqua densisque nigerrimus austris;
implenturque super puppes; semusta madescunt
robora; restinctus donec vapor omnis, et omnes,
quattuor amissis, servatae a peste carinae.

Nautes's Advice to Aeneas

At pater Aeneas, casu concussus acerbo,   700
nunc huc ingentes, nunc illuc pectore curas
mutabat versans, Siculisne resideret arvis,
oblitus fatorum, Italasne capesseret oras.
Tum senior Nautes, unum Tritonia Pallas
quem docuit multaque insignem reddidit arte,   705
(haec responsa dabat, vel quae portenderet ira
magna deum, vel quae fatorum posceret ordo)
isque his Aenean solatus vocibus infit:
"Nate dea, quo fata trahunt retrahuntque, sequamur;
quidquid erit, superanda omnis fortuna ferendo est.   710
Est tibi Dardanius divinae stirpis Acestes:

---

685. abscindere: i.e., as a sign of grief; historical infin.   **687. exosus (es). ad unum:** *to a man.*   **688. pietas:** Of Jupiter.   **689. da:** *grant.*   **690. tenues . . . res:** *failing fortunes.*   **691. quod superest:** *for that alone remains.*   **692. demitte (me).** **697. super = desuper.**

702. -ne . . . -ne: *whether . . . or.*   **704. Nautes:** Said to have been the guardian of the Palladium in Troy.   **unum:** *above all others.*   **705. arte:** *wisdom.*   **706. haec:** i.e. Pallas.   **711. divinae stirpis:** See l. 38.

hunc cape consiliis socium et coniunge volentem;
huic trade, amissis superant qui navibus, et quos
pertaesum magni incepti rerumque tuarum est;
longaevosque senes ac fessas aequore matres,   715
et quidquid tecum invalidum metuensque pericli est,
delige, et his habeant terris sine moenia fessi:
urbem appellabunt permisso nomine Acestam."

The Vision of Anchises

Talibus incensus dictis senioris amici,
tum vero in curas animo diducitur omnes.   720
Et nox atra polum bigis subvecta tenebat:
visa dehinc caelo facies delapsa parentis
Anchisae subito tales effundere voces:
"Nate, mihi vita quondam, dum vita manebat,
care magis, nate, Iliacis exercite fatis,   725
imperio Iovis huc venio, qui classibus ignem
depulit et caelo tandem miseratus ab alto est.
Consiliis pare, quae nunc pulcherrima Nautes
dat senior; lectos iuvenes, fortissima corda,
defer in Italiam. Gens dura atque aspera cultu   730
debellanda tibi Latio est. Ditis tamen ante
infernas accede domos, et Averna per alta
congressus pete, nate, meos. Non me impia namque
Tartara habent, tristes umbrae, sed amoena piorum
concilia Elysiumque colo. Huc casta Sibylla   735
nigrarum multo pecudum te sanguine ducet:

. . . . **712. volentem:** *a ready helper.* **713. quos
pertaesum ... est:** *who are weary.* **716. quidquid ... est:** *all those who are* (lit.,
whatever there is). **pericli:** Obj. gen. with **metuens.** **717. sine:** From **sino.**
718. permisso nomine: i.e., with his permission. **Acestam:** Acesta was also called
Egesta or Segesta. Cicero had indicated that Segesta was founded by Aeneas (*In
Verrem*, V. 33).
   720. animo diducitur in: *distracted by* (lit., *he is torn asunder into*). **722. facies:**
phantom; not the actual shade of Anchises, who was in Elysium, but a vision sent by
Jupiter. **725. exercite:** *persecuted.* **730. Gens:** The Rutulians. **733. congressus ... meos:** *a meeting with me.* **735. colo. — Huc:** Hiatus. **736. multo ...
sanguine:** i.e., after great sacrifice.

tum genus omne tuum, et quae dentur moenia, disces.
Iamque vale: torquet medios Nox umida cursus,
et me saevus equis Oriens afflavit anhelis."
Dixerat, et tenues fugit, ceu fumus, in auras.   740
Aeneas, "Quo deinde ruis, quo proripis?" inquit,
"Quem fugis, aut quis te nostris complexibus arcet?"
Haec memorans cinerem et sopitos suscitat ignes,
Pergameumque Larem et canae penetralia Vestae
farre pio et plena supplex veneratur acerra.   745

Division of the Trojans

Extemplo socios primumque arcessit Acesten,
et Iovis imperium et cari praecepta parentis
edocet, et quae nunc animo sententia constet.
Haud mora consiliis, nec iussa recusat Acestes.
Transcribunt urbi matres, populumque volentem   750
deponunt, animos nil magnae laudis egentes.
Ipsi transtra novant, flammisque ambesa reponunt
robora navigiis, aptant remosque rudentesque,
exigui numero, sed bello vivida virtus.
Interea Aeneas urbem designat aratro   755
sortiturque domos; hoc Ilium et haec loca Troiam
esse iubet. Gaudet regno Troianus Acestes,
indicitque forum et patribus dat iura vocatis.
Tum vicina astris, Erycino in vertice sedes
fundatur Veneri Idaliae, tumuloque sacerdos   760
ac lucus late sacer additur Anchiseo.

. . . . **741. proripis** (te).   **743. cinerem:** *embers.*
744. Larem: The Lares, good spirits of the departed, who continued to bring blessings
to their posterity. **canae:** *ancient.*
    748. constet: *is settled.*   **749. mora** (est).   **750. Transcribunt:** *enroll* or *regis-*
ter, for the new city.   **751. deponunt:** *put ashore* or *aside,* as though from the ships.
nil . . . egentes: *that do not crave high renown.* **laudis:** Gen. with verb of want.
753. rudentesque: Hypermetric verse.   **754. vivida:** *keen.*   **755. designat aratro:**
A Roman custom, as seen in the story of Romulus.   **758. indicit forum:** *proclaims a*
court. **patribus . . . vocatis:** i.e., the assembled senate.   **759. sedes:** There was
a famous temple of Venus on Mt. Eryx.   **761. ac . . . Anchiseo:** Spondaic verse.
late sacer: *revered far and wide.*

Iamque dies epulata novem gens omnis, et aris
factus honos: placidi straverunt aequora venti,
creber et aspirans rursus vocat Auster in altum.
Exoritur procurva ingens per litora fletus;   765
complexi inter se noctemque diemque morantur.
Ipsae iam matres, ipsi, quibus aspera quondam
visa maris facies et non tolerabile nomen,
ire volunt, omnemque fugae perferre laborem.
Quos bonus Aeneas dictis solatur amicis,   770
et consanguineo lacrimans commendat Acestae.
Tres Eryci vitulos et Tempestatibus agnam
caedere deinde iubet, solvique ex ordine funem.
Ipse, caput tonsae foliis evinctus olivae,
stans procul in prora pateram tenet, extaque salsos   775
porricit in fluctus ac vina liquentia fundit.
Prosequitur surgens a puppi ventus euntes.
Certatim socii feriunt mare et aequora verrunt.

Venus Begs for a Safe Voyage

At Venus interea Neptunum exercita curis
alloquitur, talesque effundit pectore questus: 780
"Iunonis gravis ira nec exsaturabile pectus
cogunt me, Neptune, preces descendere in omnes;
quam nec longa dies, pietas nec mitigat ulla,
nec Iovis imperio fatisque infracta quiescit.
Non media de gente Phrygum exedisse nefandis   785
urbem odiis satis est, nec poenam traxe per omnem:
reliquias Troiae, cineres atque ossa peremptae
insequitur: causas tanti sciat illa furoris.
Ipse mihi nuper Libycis tu testis in undis

· · · · · · · · · · · · · · · · **769. fugae:** *exile.*   **773. ex ordine:** *in due
form,* i.e., solemnly.   **funem** = funes.   **775. procul:** *apart.* **pateram:** i.e., for the
parting libation.   **777–778.** Repeated from Book III. 130, 290.
    781. nec exsaturabile: *and her insatiable.*   **784. infracta:** *yielding (to)* or *subdued.*
785. media . . . exedisse: *to have consumed from the very heart of Phrygia.* **786. traxe**
= traxisse.   **788. sciat:** *let her know,* i.e., for no one else can.   **789. testis**
(es).

quam molem subito excierit: maria omnia caelo 790
miscuit, Aeoliis nequiquam freta procellis,
in regnis hoc ausa tuis.
Per scelus ecce etiam Troianis matribus actis
exussit foede puppes, et classe subegit
amissa socios ignotae linquere terrae. 795
Quod superest, oro, liceat dare tuta per undas
vela tibi, liceat Laurentem attingere Thybrim —
si concessa peto, si dant ea moenia Parcae."

Neptune Promises to Help the Trojans

Tum Saturnius haec domitor maris edidit alti:
"Fas omne est, Cytherea, meis te fidere regnis, 800
unde genus ducis: merui quoque; saepe furores
compressi et rabiem tantam caelique marisque.
Nec minor in terris, Xanthum Simoentaque testor,
Aeneae mihi cura tui. Cum Troia Achilles
exanimata sequens impingeret agmina muris, 805
milia multa daret leto, gemerentque repleti
amnes, nec reperire viam atque evolvere posset
in mare se Xanthus, Pelidae tunc ego forti
congressum Aenean nec dis nec viribus aequis
nube cava rapui, cuperem cum vertere ab imo 810
structa meis manibus periurae moenia Troiae.
Nunc quoque mens eadem perstat mihi; pelle timorem.
Tutus, quos optas, portus accedet Averni.
Unus erit tantum, amissum quem gurgite quaeres;

790. molem: *tumult.* **791. freta:** Adj. **795. terrae = in terra.** **798. ea:** *those,* by the Tiber.
799. Saturnius: Neptune, son of Saturn. **800. Cytherea:** It was at Cythera that Venus "sprang from the sea foam." **801. merui:** *I have deserved* your faith. **803. Xanthum Simoentaque:** In the *Iliad,* the rivers Xanthus and Simois are represented as rising against Achilles. **805. exanimata (metu):** *panic-stricken.* **808. Pelidae:** Dat. with **congressum,** *encountering the son of Peleus,* Achilles. **809. nec dis ... aequis:** *with the gods not impartial, and their strength ill-matched;* zeugma. **810. cum:** *although;* another allusion to Laomedon, the bargain breaker. See Book II. 625 and III. 248. **812. perstat:** *remains unchanged.* **814. Unus ... tantum:** *Only one,* Palinurus; see l. 859.

unum pro multis dabitur caput." 815
  His ubi laeta deae permulsit pectora dictis,
iungit equos auro Genitor, spumantiaque addit
frena feris, manibusque omnes effundit habenas.
Caeruleo per summa levis volat aequora curru;
subsidunt undae, tumidumque sub axe tonanti 820
sternitur aequor aquis; fugiunt vasto aethere nimbi.
Tum variae comitum facies, immania cete,
et senior Glauci chorus, Inousque Palaemon,
Tritonesque citi, Phorcique exercitus omnis;
laeva tenet Thetis, et Melite, Panopeaque virgo, 825
Nisaee, Spioque, Thaliaque, Cymodoceque.
  Hic patris Aeneae suspensam blanda vicissim
gaudia pertemptant mentem: iubet ocius omnes
attolli malos, intendi bracchia velis.
Una omnes fecere pedem, pariterque sinistros, 830
nunc dextros solvere sinus; una ardua torquent
cornua detorquentque; ferunt sua flamina classem.
Princeps ante omnes densum Palinurus agebat
agmen; ad hunc alii cursum contendere iussi.

Palinurus Is Swallowed Up by the Sea

  Iamque fere mediam caeli nox umida metam 835
contigerat; placida laxabant membra quiete
sub remis fusi per dura sedilia nautae:
cum levis aetheriis delapsus Somnus ab astris
aera dimovit tenebrosum et dispulit umbras,
te, Palinure, petens, tibi somnia tristia portans 840

· · · · · · · · · · · · · · · · · **816. laeta:** Prolepsis.   **818. feris:** *fiery steeds.*
manibus ... habenas: i.e., gives them free rein.   **822. comitum:** *his retinue.*   **cete:**
Greek pl., *sea monsters.*   **823. senior:** *aged,* like Glaucus, their leader; the names
that follow are sea-gods or sea-nymphs. **Inous:** *Ino's son.*   **825. laeva tenet:** i.e.,
are on the left. **Thetis:** Mother of Achilles.   **830. Una:** *Together.* **fecere pedem:**
made a tack; **pes** is the corner of the sail which is drawn in or out when tacking.
832. cornua: *spars* or *tips* of the sailyards. **sua:** *favoring.*
  835. mediam ... metam: i.e., it is midnight, and night, having passed this goal,
begins to descend.   **837. sub remis:** *at their oars.* **fusi per:** *stretched along.*   **840. tris-**
tia: *deadly.*

insonti; puppique deus consedit in alta,
Phorbanti similis, funditque has ore loquelas:
"Iaside Palinure, ferunt ipsa aequora classem;
aequatae spirant aurae; datur hora quieti.
Pone caput, fessosque oculos furare labori: 845
ipse ego paulisper pro te tua munera inibo."
Cui vix attollens Palinurus lumina fatur:
"Mene salis placidi vultum fluctusque quietos
ignorare iubes? Mene huic confidere monstro?
Aenean credam quid enim fallacibus auris,   850
et caeli totiens deceptus fraude sereni?"
Talia dicta dabat, clavumque affixus et haerens
nusquam amittebat, oculosque sub astra tenebat.
Ecce deus ramum Lethaeo rore madentem,
vique soporatum Stygia, super utraque quassat   855
tempora, cunctantique natantia lumina solvit.

· · · · · · · **841. insonti:** i.e., not consenting.   **842. Phorbanti:** One of the
sailors.   **845. furare:** Imperative of **furor,** *steal away.* **labori:** Dat. of separation.
849. monstro: *fickle monster,* the sea.   **850. Aenean . . . quid:** *Why should I entrust . . .*
854. Lethaeo: Lethe, the underworld river of forgetfulness.   **855. vi . . . Stygia:** *with
Stygian force.*   **856. (ei) cunctanti:** *though he struggled against* (*his influence*).

Vix primos inopina quies laxaverat artus,
et super incumbens cum puppis parte revulsa,
cumque gubernaclo, liquidas proiecit in undas
praecipitem ac socios nequiquam saepe vocantem;   860
ipse volans tenues se sustulit ales ad auras.
Currit iter tutum non setius aequore classis,
promissisque patris Neptuni interrita fertur.
  Iamque adeo scopulos Sirenum advecta subibat,
difficiles quondam multorumque ossibus albos,   865
tum rauca assiduo longe sale saxa sonabant:
cum pater amisso fluitantem errare magistro
sensit, et ipse ratem nocturnis rexit in undis,
multa gemens, casuque animum concussus amici:
"O nimium caelo et pelago confise sereno,   870
nudus in ignota, Palinure, iacebis arena!"

861. ales: Adj., *on his wings.* **862. iter:** Cognate acc. **non setius:** *nevertheless,*
though without Palinurus. **864. Sirenum:** The rocks of the Sirens, off the southern part of the Bay of Naples. **865. quondam:** i.e., viewed from Vergil's time.
The Sirens cast themselves into the sea after Ulysses foiled them (*Odyssey*, XII. 178–
200). **866. tum:** i.e., after Ulysses' time. **sale saxa sonabant:** Onomatopoeia.
867. fluitantem: *drifting.* **869. animum:** Acc. of specification. **871. nudus:**
unburied, a dreadful fate.

LIBER VI

Arrival at Cumae

SIC FATUR lacrimans, classique immittit habenas,
et tandem Euboicis Cumarum allabitur oris.
Obvertunt pelago proras; tum dente tenaci
ancora fundabat naves, et litora curvae
praetexunt puppes. Iuvenum manus emicat ardens   5
litus in Hesperium; quaerit pars semina flammae
abstrusa in venis silicis, pars densa ferarum
tecta rapit silvas, inventaque flumina monstrat.

2. Euboicis . . . oris: Cumae, a colony from Chalcis in Euboea, was the oldest Greek settlement in Italy. It was situated on the coast of Campania, just north of the Bay of Naples. Traces of the old city exist today. **5. praetexunt:** *line*, i.e., the sterns were along the shore. **6. semina flammae:** *seeds of flame*, sparks thought of as hidden in the flint until struck out of it. **8. tecta:** *haunts*, in apposition with **silvas.**

At pius Aeneas arces, quibus altus Apollo
praesidet, horrendaeque procul secreta Sibyllae 10
antrum immane petit, magnam cui mentem animumque
Delius inspirat vates, aperitque futura.
Iam subeunt Triviae lucos atque aurea tecta.

The Temple of Apollo

Daedalus, ut fama est, fugiens Minoia regna,
praepetibus pinnis ausus se credere caelo, 15
insuetum per iter gelidas enavit ad Arctos,
Chalcidicaque levis tandem super astitit arce.
Redditus his primum terris, tibi, Phoebe, sacravit
remigium alarum, posuitque immania templa.
In foribus letum Androgeo: tum pendere poenas 20
Cecropidae iussi — miserum! — septena quotannis

· · · · · · · · **9. arces:** *hill* or *citadel*, where the Temple of Apollo was situated;
under the temple were the secret caves of the Sibyl. **10. procul:** *at some distance,
hard by.* **secreta:** *retreat.* **Sibyllae:** This name was given to various mythical prophetic women, of whom the Cumaean Sibyl was the most famous. **12. Delius . . .
vates:** Apollo, born at Delos. **13. Triviae:** An epithet of Diana; see note on
Book IV. 511.
    14. Daedalus: A friend of Minos, king of Crete; after incurring Minos's enmity,
he was forced to seek safety in other lands. He made wings for himself and his son
Icarus. The boy flew too near the sun, lost his wax-fastened wings, fell into the sea,
and was drowned. Daedalus reached Italy, built a temple to Apollo as a thank-
offering, and carved on the doors the four scenes described below, ll. 20–30. **16. Arctos:** *the north* (lit., *the Bears*, the two constellations). **17. Chalcidica:** Cumae was
founded by men from Chalcis in Euboea, l. 2. **19. remigium:** *oarage;* compare
Book I. 301 and note. **20. In foribus:** There are four carvings on the doors: (1) the
death of Androgeos, son of Minos, killed at Athens by the Athenians; (2) the penalty
paid by the Athenians, who were forced to send as an annual tribute seven youths
and seven maidens, chosen by lot, who were fed to the Minotaur; (3) Pasiphaë and
the bull — Pasiphaë, wife of Minos, had angered Venus by revealing the goddess's
love affair with Mars. Venus caused her to be smitten with a "cruel passion" for a
bull and to give birth to the monster, half man and half bull, called the Minotaur,
which was kept in the Labyrinth built by Daedalus; (4) Theseus and Ariadne —
Theseus, the Athenian hero, finally went as one of the seven youths in the annual
tribute, slew the Minotaur, and freed Athens from its terrible payment. He won the
love of Ariadne, daughter of Minos; and she, with Daedalus's assistance, helped him
to thread his way through the Labyrinth. **21. Cecropidae:** *the descendants of
Cecrops,* i.e., Athenians. Cecrops was the legendary ancestor of the Athenians, said
to be earth-born, shown as a serpent below the waist. **miserum:** Acc. of exclamation.

corpora natorum; stat ductis sortibus urna.
Contra elata mari respondet Gnosia tellus:
hic crudelis amor tauri, suppostaque furto
Pasiphae, mixtumque genus prolesque biformis   25
Minotaurus inest, Veneris monumenta nefandae;
hic labor ille domus et inextricabilis error;
magnum reginae sed enim miseratus amorem
Daedalus ipse dolos tecti ambagesque resolvit,
caeca regens filo vestigia. Tu quoque magnam   30
partem opere in tanto, sineret dolor, Icare, haberes.
Bis conatus erat casus effingere in auro;
bis patriae cecidere manus.

The Cumaean Sibyl

          Quin protinus omnia
perlegerent oculis, ni iam praemissus Achates
afforet, atque una Phoebi Triviaeque sacerdos,   35
Deiphobe Glauci, fatur quae talia regi:
"Non hoc ista sibi tempus spectacula poscit;
nunc grege de intacto septem mactare iuvencos
praestiterit, totidem lectas de more bidentes."
Talibus affata Aenean (nec sacra morantur   40
iussa viri), Teucros vocat alta in templa sacerdos.
    Excisum Euboicae latus ingens rupis in antrum,
quo lati ducunt aditus centum, ostia centum;
unde ruunt totidem voces, responsa Sibyllae.
Ventum erat ad limen, cum virgo, "Poscere fata   45

---

24. supposta (= **supposita**) **furto**: *craftily mated.* **28. reginae**: *princess,* Ariadne.
sed enim: Ellipsis. **29. dolos ... ambagesque**: *treacherous windings;* hendiadys.
30. caeca ... vestigia: *the groping footsteps* of Theseus, Ariadne's lover. **31. sineret dolor**: *if grief permitted;* a conditional clause, with the **si** omitted. **32. conatus
erat**: i.e., **pater eius**, implied in **patriae**, l. 33. **33. cecidere**: *fell,* unnerved by his
grief.
    33. protinus ... perlegerent: *they would have kept on surveying.* **omnia**: Two
syllables. **35. sacerdos**: The Sibyl. **36. Glauci**: i.e., daughter of Glaucus.
38. intacto: i.e., that never felt the yoke. **39. praestiterit**: Potential subjunc., *it
would be better.* **43. aditus**: *passages,* leading from the outer temple to the cave.
45. Ventum erat: Impers., *They had come.* **fata**: *oracles* of Apollo.

tempus," ait; "deus, ecce, deus!" Cui talia fanti
ante fores subito non vultus, non color unus,
non comptae mansere comae; sed pectus anhelum,
et rabie fera corda tument; maiorque videri,
nec mortale sonans, afflata est numine quando   50
iam propiore dei. "Cessas in vota precesque,
Tros," ait, "Aenea? Cessas? Neque enim ante dehiscent
attonitae magna ora domus." Et talia fata
conticuit. Gelidus Teucris per dura cucurrit
ossa tremor, funditque preces rex pectore ab imo: 55

The Prayer of Aeneas to Apollo

"Phoebe, graves Troiae semper miserate labores,
Dardana qui Paridis direxti tela manusque
corpus in Aeacidae, magnas obeuntia terras
tot maria intravi duce te, penitusque repostas
Massylum gentes praetentaque syrtibus arva,   60
iam tandem Italiae fugientes prendimus oras;
hac Troiana tenus fuerit Fortuna secuta.
Vos quoque Pergameae iam fas est parcere genti,
dique deaeque omnes quibus obstitit Ilium et ingens
gloria Dardaniae. Tuque, O sanctissima vates,   65
praescia venturi, da, non indebita posco
regna meis fatis, Latio considere Teucros
errantesque deos agitataque numina Troiae.
Tum Phoebo et Triviae solido de marmore templum

· **48. comptae:**
in order. **anhelum (est):** *heaves.* **49. videri:** Historical infin. **50. mortale:** Cognate acc. **51. Cessas:** *Are you remiss,* i.e., in entering upon prayer. **52. Neque
enim ante:** i.e., not until you pray. **53. attonitae:** *awe-struck,* as though the shrine
felt the presence of the god.
57. Paridis: Paris, who slew Achilles, with Apollo's aid. **direxti = direxisti.**
58. Aeacidae: i.e., Achilles; Aeacus was the grandfather of Achilles. **obeuntia:**
surrounding. **60. praetenta:** *bordering,* with dat. **61. fugientes:** *ever-retreating,*
as it seems. **62. hac . . . secuta:** *thus far may Trojan fortune (misfortune) have followed us, and no further.* **63. Vos:** Acc., subj. of *parcere.* **64. obstitit:** *offended.*
66. venturi: Obj. gen. **non indebita . . . fatis:** *due to my destiny.* **68. agitata:**
storm-tossed. **69. templum:** Probably an allusion to the Temple of Apollo built by
Augustus in 28 B.C., as a thank-offering for his victory at Actium.

instituam, festosque dies de. nomine Phoebi.   70
Te quoque magna manent regnis penetralia nostris:
hic ego namque tuas sortes arcanaque fata,
dicta meae genti ponam, lectosque sacrabo,
alma, viros. Foliis tantum ne carmina manda,
ne turbata volent rapidis ludibria ventis;   75
ipsa canas oro." Finem dedit ore loquendi.

The Sibyl's Prophecy

At, Phoebi nondum patiens, immanis in antro
bacchatur vates, magnum si pectore possit
excussisse deum; tanto magis ille fatigat
os rabidum, fera corda domans, fingitque premendo.   80
Ostia iamque domus patuere ingentia centum
sponte sua, vatisque ferunt responsa per auras:
"O tandem magnis pelagi defuncte periclis!
Sed terrae graviora manent. In regna Lavini
Dardanidae venient; mitte hanc de pectore curam;   85
sed non et venisse volent. Bella, horrida bella,
et Thybrim multo spumantem sanguine cerno.
Non Simois tibi, nec Xanthus, nec Dorica castra
defuerint; alius Latio iam partus Achilles,
natus et ipse dea; nec Teucris addita Iuno   90

.̓ . . . . · **70. festos dies:** The Ludi
Apollinares, instituted in 212 B.C.   **71. Te:** i.e., the Sibyl, obj. of **manent,** which is
trans. here. **penetralia:** *sanctuary* in the Temple of Apollo at Rome, where the
Sibylline Books were kept.   **72. sortes:** *oracles* of the Sibylline Books.   **73. lec-**
tos . . . viros: Priests having charge of the Sibylline Books.   **74. tantum:** *only.*
ne . . . manda = noli mandare: *do not commit;* Aeneas remembers the advice given
by Helenus, Book III. 441–457.   **76. ipsa canas = ut canas:** Spoken, not written,
prophecy is requested.
    77. immanis: Translate as adv.   **78. si . . . possit:** Indir. question.   **79. ex-**
cussisse: Perf. infin. for pres., for emphasis. **fatigat:** The image is that of taming a
wild horse.   **80. fingit premendo:** *trains her by force.*   **83. periclis:** Abl. with
defungor.   **84. Lavini:** *of Lavinium,* their future home.   **86. non:** With **venisse. et:**
With **volent. 88. Non Simois:** The Trojan woes repeated: (1) the two rivers, Tiber
and Numicius (where Aeneas died), like the Trojan Simois and Xanthus; (2) the
Rutulian camp, like the Greek camp before Troy; (3) a second Achilles, Turnus.
90. et ipse: *he, too,* i.e., Turnus, son of Venilia, a nymph, like Achilles, son of
Thetis, a sea-goddess.   **addita:** *haunting.*

usquam aberit; cum tu supplex in rebus egenis
quas gentes Italum aut quas non oraveris urbes!
Causa mali tanti coniunx iterum hospita Teucris
externique iterum thalami.
Tu ne cede malis, sed contra audentior ito,   95
qua tua te Fortuna sinet. Via prima salutis,
quod minime reris, Graia pandetur ab urbe."
   Talibus ex adyto dictis Cumaea Sibylla
horrendas canit ambages antroque remugit,
obscuris vera involvens: ea frena furenti   100
concutit, et stimulos sub pectore vertit Apollo.

· · · · · · · · · · · · · · **93. coniunx:** Lavinia. **iterum:** i.e., a second Helen.
hospita: *foreign.* **96. qua (via):** *by whatever way.* **97. quod =** **id quod. Graia:**
Two syllables. Evander was an ally of Aeneas, who came from Arcadia and built
Pallanteum on the site of Rome. **99. ambages:** *riddles.* **100. ea =** **talia:** With
furenti. **101. vertit:** *plies,* continuing the figure of a wild horse begun in l. 79.

Ut primum cessit furor et rabida ora quierunt,
incipit Aeneas heros: "Non ulla laborum,
O virgo, nova mi facies inopinave surgit;
omnia praecepi atque animo mecum ante peregi.   105
Unum oro: quando hic inferni ianua regis
dicitur, et tenebrosa palus Acheronte refuso,
ire ad conspectum cari genitoris et ora
contingat; doceas iter et sacra ostia pandas.
Illum ego per flammas et mille sequentia tela   110
eripui his umeris, medioque ex hoste recepi;
ille meum comitatus iter, maria omnia mecum
atque omnes pelagique minas caelique ferebat,
invalidus, vires ultra sortemque senectae.
Quin, ut te supplex peterem et tua limina adirem,   115
idem orans mandata dabat. Natique patrisque,
alma, precor, miserere — potes namque omnia, nec te
nequiquam lucis Hecate praefecit Avernis —
si potuit Manes arcessere coniugis Orpheus,
Threicia fretus cithara fidibusque canoris,   120
si fratrem Pollux alterna morte redemit,
itque reditque viam totiens. Quid Thesea, magnum
quid memorem Alciden? Et mi genus ab Iove summo."

104. mi = mihi: *before me.*   107. Acheronte refuso: *where Acheron wells up or*
overflows into Lake Avernus.   109. contingat (mihi): *may it be my happy fortune.*
115. Quin: *Nay, more.* ut...adirem: Purpose clause with mandata.   116. idem:
he, too. Nati: Gen. with miserere.   119. coniugis: Eurydice. Orpheus, the
Thracian bard, married Eurydice, who was bitten by a snake and died on her wedding
day. Orpheus went to Hades to recover her, and because he charmed Proserpina,
the Queen of Hades, with his music, Eurydice was returned to him on the condition
that he not look back at her on the way out. Orpheus did look back, and she van-
ished again into the underworld.   120. cithara fidibusque: Abl. with fretus.   121. Pollux: Castor was mortal, the son of Leda and Tyndareus; his twin brother was immortal, the son of Leda and Jupiter. When Castor died, Pollux received permission
from Jupiter to share his immortality with Castor. Each lived one day in the underworld and the next among the gods.   122. Quid...memorem: *Why tell of.* Thesea:
Greek acc.; Theseus went to the underworld to carry away Proserpina, wife of Pluto.
123. Alciden: Hercules went to the underworld to carry away the three-headed dog,
Cerberus. mi: Dat. of poss. genus: i.e., his mother, Venus, was the daughter of
Jupiter.

Talibus orabat dictis, arasque tenebat,
cum sic orsa loqui vates: "Sate sanguine divum,   125
Tros Anchisiade, facilis descensus Averno;
noctes atque dies patet atri ianua Ditis;
sed revocare gradum superasque evadere ad auras,
hoc opus, hic labor est. Pauci, quos aequus amavit
Iuppiter, aut ardens evexit ad aethera virtus,   130
dis geniti potuere. Tenent media omnia silvae,
Cocytusque sinu labens circumvenit atro.
Quod si tantus amor menti, si tanta cupido,
bis Stygios innare lacus, bis nigra videre
Tartara, et insano iuvat indulgere labori   135
accipe quae peragenda prius. Latet arbore opaca
aureus et foliis et lento vimine ramus,
Iunoni infernae dictus sacer; hunc tegit omnis
lucus, et obscuris claudunt convallibus umbrae.
Sed non ante datur telluris operta subire,   140
auricomos quam quis decerpserit arbore fetus.
Hoc sibi pulchra suum ferri Proserpina munus
instituit. Primo avulso non deficit alter
aureus, et simili frondescit virga metallo.
Ergo alte vestiga oculis, et rite repertum   145
carpe manu; namque ipse volens facilisque sequetur,
si te fata vocant; aliter non viribus ullis
vincere, nec duro poteris convellere ferro.
Praeterea iacet exanimum tibi corpus amici —
heu nescis — totamque incestat funere classem,   150
dum consulta petis nostroque in limine pendes.
Sedibus hunc refer ante suis et conde sepulcro.

---

125. orsa (est). **sanguine:** Abl. of source. **126. Averno:** Here used for the whole lower world. **131. (hoc) potuere:** *have been able to do this.* **133. menti:** Dat. of possession. **137. foliis, vimine:** Abl. of specification with **aureus. 138. Iunoni infernae:** Proserpina, the Juno of the lower world. **140. subire:** Subj. of **datur. 141. quis** = **aliquis. arbore:** Abl. of source. **142. suum . . . munus:** *as her appropriate offering.* **143. instituit:** *has ordained.* **144. metallo:** Abl. of description. **145. alte:** *on high.* **148. vincere:** i.e., it will resist all your efforts. **149. tibi:** Ethical dat., *I tell you.* **151. pendes** = **moraris. 152. Sedibus:** Dat., *resting place.* **ante:** *first.*

Duc nigras pecudes; ea prima piacula sunto:
sic demum lucos Stygis et regna invia vivis
aspicies." Dixit, pressoque obmutuit ore.   155

The Body of Misenus

Aeneas maesto defixus lumina vultu
ingreditur, linquens antrum, caecosque volutat
eventus animo secum. Cui fidus Achates
it comes, et paribus curis vestigia figit.
Multa inter sese vario sermone serebant,   160
quem socium exanimem vates, quod corpus humandum
diceret. Atque illi Misenum in litore sicco,
ut venere, vident indigna morte peremptum,
Misenum Aeoliden, quo non praestantior alter
aere ciere viros, Martemque accendere cantu.   165
Hectoris hic magni fuerat comes, Hectora circum
et lituo pugnas insignis obibat et hasta:
postquam illum vita victor spoliavit Achilles,
Dardanio Aeneae sese fortissimus heros
addiderat socium, non inferiora secutus.   170
Sed tum, forte cava dum personat aequora concha,
demens, et cantu vocat in certamina divos,
aemulus exceptum Triton, si credere dignum est,
inter saxa virum spumosa immerserat unda.
Ergo omnes magno circum clamore fremebant,   175
praecipue pius Aeneas. Tum iussa Sibyllae,
haud mora, festinant flentes, aramque sepulcri
congerere arboribus caeloque educere certant.
Itur in antiquam silvam, stabula alta ferarum;

---

154. sic demum: *thus, and only thus.*
 156. lumina: *eyes;* acc. of specification.   **159. figit:** *plants*, in deep meditation.
161. quem socium: *as to which comrade.*   **164. quo:** Abl. of comparison.   **165. aere
ciere:** *in mustering with his bugle;* **aere,** metonymy for **tuba;** **ciere** and **accendere,**
infin. with **praestantior.**   **166. Hectora circum:** *at Hector's side.*   **168. illum:**
Hector.   **171. personat:** *makes echo.* **concha:** i.e., challenging the gods of the sea
with their own instrument.   **173. exceptum ... immerserat:** *had caught off his
guard and plunged.*   **177. aram sepulcri:** *funeral pyre.*   **179. Itur:** *They go.*
stabula: *coverts.*

procumbunt piceae, sonat icta securibus ilex, 180
fraxineaeque trabes cuneis et fissile robur
scinditur, advolvunt ingentes montibus ornos.
Nec non Aeneas opera inter talia primus
hortatur socios, paribusque accingitur armis.

The Search for the Golden Bough

Atque haec ipse suo tristi cum corde volutat, 185
aspectans silvam immensam, et sic forte precatur:
"Si nunc se nobis ille aureus arbore ramus
ostendat nemore in tanto, quando omnia vere
heu nimium de te vates, Misene, locuta est."
Vix ea fatus erat, geminae cum forte columbae 190
ipsa sub ora viri caelo venere volantes,
et viridi sedere solo. Tum maximus heros
maternas agnoscit aves, laetusque precatur:
"Este duces, O, si qua via est, cursumque per auras
dirigite in lucos, ubi pinguem dives opacat 195
ramus humum. Tuque, O, dubiis ne defice rebus,
diva parens." Sic effatus vestigia pressit,
observans quae signa ferant, quo tendere pergant.
Pascentes illae tantum prodire volando,
quantum acie possent oculi servare sequentum. 200
Inde ubi venere ad fauces grave olentis Averni,
tollunt se celeres, liquidumque per aera lapsae
sedibus optatis geminae super arbore sidunt,
discolor unde auri per ramos aura refulsit.
Quale solet silvis brumali frigore viscum 205
fronde virere nova, quod non sua seminat arbos,

---

182. (de) montibus.   184. armis: *tools.*
186. forte: *as it chanced;* also in l. 190.   187. Si = Utinam.   ille: *that (prom-ised).*   188. omnia: *everything else.*   193. maternas = suae matris: Doves were
sacred to Venus.   195. pinguem: *fertile.* dives: Because it is golden.   198. tendere
(cursum).   199. tantum prodire . . . quantum: *moved only so far in advance as.*
200. acie . . . servare: *to keep them in sight.*   201. grave olentis: i.e., Avernus gave
off noxious fumes.   203. optatis: *longed-for,* by Aeneas.   204. discolor . . . aura:
contrasted gleam, i.e., the contrast to the darker foliage.   aura: Light and air are
commonly confused.   206. fronde . . . nova: *put forth fresh foliage.*

et croceo fetu teretes circumdare truncos,
talis erat species auri frondentis opaca
ilice, sic leni crepitabat brattea vento.
Corripit Aeneas extemplo avidusque refringit   210
cunctantem, et vatis portat sub tecta Sibyllae.

The Funeral of Misenus

Nec minus interea Misenum in litore Teucri
flebant, et cineri ingrato suprema ferebant.
Principio pinguem taedis et robore secto
ingentem struxere pyram, cui frondibus atris   215
intexunt latera, et ferales ante cupressos
constituunt, decorantque super fulgentibus armis.
Pars calidos latices et aena undantia flammis
expediunt, corpusque lavant frigentis et unguunt.
Fit gemitus. Tum membra toro defleta reponunt,   220
purpureasque super vestes, velamina nota,
coniciunt. Pars ingenti subiere feretro,
triste ministerium, et subiectam more parentum
aversi tenuere facem. Congesta cremantur
turea dona, dapes, fuso crateres olivo.   225
Postquam collapsi cineres et flamma quievit,
reliquias vino et bibulam lavere favillam,
ossaque lecta cado texit Corynaeus aeno.
Idem ter socios pura circumtulit unda,
spargens rore levi et ramo felicis olivae,   230
lustravitque viros, dixitque novissima verba.

---

208. auri: *golden bough.*   **209. crepitabat:** *crackled.*   **211. cunctantem:** *clinging.*
214. pinguem: *resinous,* with pine fagots.   **216. ante:** *in front.* **cupressos:** Associated with death; see Book III. 64.   **217. decorant ... armis:** A very ancient
funeral custom.   **218. aena ... flammis:** *bronze vessels boiling over the fire.*
219. frigentis: *(of the hero) cold and dead.*   **220. Fit:** *Is raised.* **defleta:** *over which
they have wept.*   **221. purpureas ... vestes:** As at great Roman funerals.   **nota:**
They were his own, and so, well known.   **222. subiere:** *took up.*   **223. ministerium:**
Appositive to **Pars ... feretro.**   **224. aversi:** *with averted faces,* as was customary.
225. fuso ... olivo: *of streaming oil;* abl. of description.   **227. bibulam:** *thirsty.*
228. cado: (the cinerary) *urn.*   **229. circumtulit:** *went around among.*   **230. felicis:**
well-omened.   **231. novissima verba:** *the last words,* e.g., *ave, vale.*

At pius Aeneas ingenti mole sepulcrum
imponit, suaque arma viro, remumque tubamque,
monte sub aerio, qui nunc Misenus ab illo
dicitur, aeternumque tenet per saecula nomen.   235

Aeneas Makes an Offering to the Underworld Deities

His actis, propere exsequitur praecepta Sibyllae.
Spelunca alta fuit vastoque immanis hiatu,
scrupea, tuta lacu nigro nemorumque tenebris,
quam super haud ullae poterant impune volantes
tendere iter pinnis — talis sese halitus atris   240
faucibus effundens supera ad convexa ferebat:
unde locum Grai dixerunt nomine Aornon.
Quattuor hic primum nigrantes terga iuvencos
constituit, frontique invergit vina sacerdos;
et summas carpens media inter cornua saetas   245
ignibus imponit sacris, libamina prima,
voce vocans Hecaten, Caeloque Ereboque potentem.
Supponunt alii cultros, tepidumque cruorem
suscipiunt pateris. Ipse atri velleris agnam
Aeneas matri Eumenidum magnaeque sorori   250
ense ferit, sterilemque tibi, Proserpina, vaccam.
Tum Stygio regi nocturnas incohat aras,
et solida imponit taurorum viscera flammis,
pingue super oleum fundens ardentibus extis.
Ecce autem, primi sub lumina solis et ortus,   255
sub pedibus mugire solum, et iuga coepta moveri

---

233. sua: *his appropriate.* **arma:** *emblems,* rather than arms. **234. Misenus:**
Today it is called Capo Miseno, near the Bay of Naples.
    237. hiatu: *yawning entrance.* **238. tuta:** Part. of **tueor.** **239. volantes:** i.e.,
aves, *flying creatures.* **241. supera . . . convexa:** *heaven's vault.* **242. Aornon:**
Referring to the supposed derivation of Avernus from Greek Aornos, meaning *bird-less.* **243. nigrantes terga:** *black-backed;* **terga,** acc. of specification. **245. saetas:**
hairs; see note on Book IV. 698. **249. suscipiunt:** *catch* (from below). **250. matri
Eumenidum:** *Night.* **sorori:** i.e., **Telluri. 251. sterilem:** Appropriate to the world of
the shades, *barren.* **252. Stygio regi:** Pluto. **253. solida . . . viscera:** *whole car-casses.* **254. super:** Long *e;* diastole. **256. mugire (coepit). coepta (sunt):** Pass.
with pass. infin.

silvarum, visaeque canes ululare per umbram,
adventante dea. "Procul, O procul este, profani,"
conclamat vates, "totoque absistite luco;
tuque invade viam, vaginaque eripe ferrum: 260
nunc animis opus, Aenea, nunc pectore firmo."

The Descent to the Lower World

Tantum effata, furens antro se immisit aperto;
ille ducem haud timidis vadentem passibus aequat.
Di, quibus imperium est animarum, umbraeque silentes,
et Chaos, et Phlegethon, loca nocte tacentia late,   265
sit mihi fas audita loqui; sit numine vestro
pandere res alta terra et caligine mersas!
Ibant obscuri sola sub nocte per umbram,
perque domos Ditis vacuas et inania regna:
quale per incertam lunam sub luce maligna   270
est iter in silvis, ubi caelum condidit umbra
Iuppiter, et rebus nox abstulit atra colorem.

Description of the Entrance

Vestibulum ante ipsum, primisque in faucibus Orci,
Luctus et ultrices posuere cubilia Curae;
pallentesque habitant Morbi, tristisque Senectus,   275
et Metus, et malesuada Fames, ac turpis Egestas,
terribiles visu formae: Letumque, Labosque;
tum consanguineus Leti Sopor, et mala mentis
Gaudia, mortiferumque adverso in limine Bellum,

. . . . **257. canes:** *hounds* that attend Hecate. **258. dea:** Hecate.
Procul . . . profani: *Away, away, ye unhallowed,* the regular warning addressed to the
uninitiated at religious ceremonies — here, Aeneas's companions, who cannot accompany him to the lower world. **260. tuque:** *But you,* Aeneas. **261. animis
opus (tibi est):** *now you need courage.*
　　263. aequat: *keeps pace with.* **265. Chaos:** The lower world. **Phlegethon:** *the
burning river* of the lower world. **266. sit . . . loqui:** *grant me the right to tell the
things I have heard.* **numine:** *consent.* **269. vacuas . . . inania:** *phantom . . . spectral,* tenanted only by shades. **270. quale . . . est iter:** i.e., as when one journeys.
　　273. Vestibulum: First, they meet human ills personified.

ferreique Eumenidum thalami, et Discordia demens, 280
vipereum crinem vittis innexa cruentis.
In medio ramos annosaque bracchia pandit
ulmus opaca, ingens, quam sedem Somnia vulgo
vana tenere ferunt, foliisque sub omnibus haerent.
Multaque praeterea variarum monstra ferarum: 285
Centauri in foribus stabulant, Scyllaeque biformes,
et centumgeminus Briareus, ac belua Lernae
horrendum stridens, flammisque armata Chimaera,
Gorgones Harpyiaeque et forma tricorporis umbrae.
Corripit hic subita trepidus formidine ferrum 290
Aeneas, strictamque aciem venientibus offert,
et, ni docta comes tenues sine corpore vitas
admoneat volitare cava sub imagine formae,
irruat, et frustra ferro diverberet umbras.

Arrival at the Styx

Hinc via, Tartarei quae fert Acherontis ad undas. 295
Turbidus hic caeno vastaque voragine gurges
aestuat, atque omnem Cocyto eructat arenam.
Portitor has horrendus aquas et flumina servat
terribili squalore Charon, cui plurima mento
canities inculta iacet; stant lumina flamma, 300
sordidus ex umeris nodo dependet amictus.
Ipse ratem conto subigit, velisque ministrat,
et ferruginea subvectat corpora cumba,
iam senior, sed cruda deo viridisque senectus.

280. ferrei: Two syllables; synaeresis.   **281. vipereum . . . innexa:** *with snaky locks entwined;* acc. of specification.   **285. monstra (sunt):** *monstrous shapes.* **286. stabulant:** *have their stalls.* **Scyllae:** See Book III. 426.   **287. belua Lernae:** The Hydra, killed by Hercules.   **288. horrendum:** Cognate acc. as adv., *horribly.* **Chimaera:** A monster slain by Bellerophon.   **289. Gorgones:** The three daughters of Phorcus, who had snakes for hair and turned to stone all those who looked at them. **Harpyiae:** See Book III. 212.   **forma . . . umbrae:** *the triple-bodied spirit,* i.e., the monster Geryon, slain by Hercules.

297. Cocyto: Dat. of place to which.   **299. cui . . . iacet:** *on whose chin there grows a mass of unkempt white beard.*   **300. stant . . . flamma:** *his eyes flash with fire.* **302. Ipse:** i.e., without help, in spite of his age.   **304. deo (est).**

Huc omnis turba ad ripas effusa ruebat,   305
matres atque viri, defunctaque corpora vita
magnanimum heroum, pueri innuptaeque puellae,
impositique rogis iuvenes ante ora parentum:
quam multa in silvis autumni frigore primo
lapsa cadunt folia, aut ad terram gurgite ab alto   310
quam multae glomerantur aves, ubi frigidus annus
trans pontum fugat, et terris immittit apricis.
Stabant orantes primi transmittere cursum,
tendebantque manus ripae ulterioris amore.
Navita sed tristis nunc hos nunc accipit illos,   315
ast alios longe summotos arcet arena.
    Aeneas, miratus enim motusque tumultu,
"Dic," ait, "O virgo, quid vult concursus ad amnem?
Quidve petunt animae, vel quo discrimine ripas
hae linquunt, illae remis vada livida verrunt?"   320

. . . .   **306. defuncta:** *that have done with.*   **307. magnanimum:**
Gen. pl.   **313. primi transmittere:** Poetic use of the infin. instead of purpose clause
with **oro,** *to be the first to cross.*   **319. discrimine:** *distinction* or *choice.*

Olli sic breviter fata est longaeva sacerdos:
"Anchisa generate, deum certissima proles,
Cocyti stagna alta vides Stygiamque paludem,
di cuius iurare timent et fallere numen.
Haec omnis, quam cernis, inops inhumataque turba est;   325
portitor ille Charon; hi, quos vehit unda, sepulti.
Nec ripas datur horrendas et rauca fluenta
transportare prius quam sedibus ossa quierunt.
Centum errant annos volitantque haec litora circum;
tum demum admissi stagna exoptata revisunt."   330
Constitit Anchisa satus et vestigia pressit,
multa putans, sortemque animi miseratus iniquam.
Cernit ibi maestos et mortis honore carentes
Leucaspim et Lyciae ductorem classis Oronten,
quos, simul a Troia ventosa per aequora vectos,   335
obruit Auster, aqua involvens navemque virosque.

· · · · · · · · · · · · · **321. Olli = Illi. longaeva:** According to the legend, the Sibyl had obtained from Apollo the promise of as many years as the grains of sand that she held in her hand, but she received years without youth.   **324. di . . . numen:** *by whose power gods fear to swear and break their oath.*   **325. inops:** *poor,* i.e., without the coin, the passage money, usually placed between the lips of the dead. **328. sedibus . . . quierunt:** *they have rested in a tomb;* compare l. 325.   **330. revisunt:** i.e., they had been driven away.   **332. animi:** Locative, *in his heart.*   **333. mortis honore:** *rites of burial.*   **334. Leucaspim:** Not mentioned before. **Oronten:** See Book I. 113.

Ecce gubernator sese Palinurus agebat,
qui Libyco nuper cursu, dum sidera servat,
exciderat puppi mediis effusus in undis.
Hunc ubi vix multa maestum cognovit in umbra,   340
sic prior alloquitur: "Quis te, Palinure, deorum
eripuit nobis, medioque sub aequore mersit?
Dic age. Namque, mihi fallax haud ante repertus,
hoc uno responso animum delusit Apollo,
qui fore te ponto incolumem, finesque canebat   345
venturum Ausonios. En haec promissa fides est?"
Ille autem: "Neque te Phoebi cortina fefellit,
dux Anchisiade, nec me deus aequore mersit.
Namque gubernaclum multa vi forte revulsum,
cui datus haerebam custos cursusque regebam,   350
praecipitans traxi mecum. Maria aspera iuro
non ullum pro me tantum cepisse timorem,
quam tua ne, spoliata armis, excussa magistro,
deficeret tantis navis surgentibus undis.
Tres Notus hibernas immensa per aequora noctes   355
vexit me violentus aqua; vix lumine quarto
prospexi Italiam summa sublimis ab unda.
Paulatim annabam terrae; iam tuta tenebam,
ni gens crudelis madida cum veste gravatum
prensantemque uncis manibus capita aspera montis   360
ferro invasisset, praedamque ignara putasset.
Nunc me fluctus habet, versantque in litore venti.

---

337. Palinurus: Book V. 833.   **338. Libyco:** *from Libya.*   **339. effusus:** *hurled overboard.*   **344. hoc ... responso:** An apparent inconsistency; the only prediction is that made by Neptune to Venus, Book V. 813–815, and this prophesies the loss of one of the crew.   **347. cortina:** i.e., the oracle; see Book III. 92.   **348. nec ... deus:** i.e., he knows nothing of the sleep-god's agency in his disaster — Book V. 854–860.   **351. Maria:** Like numen, l. 324, obj. of verb of swearing.   **352. cepisse (me):** *possessed;* the subj. is timorem.   **353. quam ... ne:** *(as was my fear) lest.*   **armis:** *rudder.*   **354. deficeret:** *founder.*   **356. aqua:** Abl. of specification with violentus.   **357. ab unda:** With prospexi.   **358. tuta tenebam:** *I was reaching a place of safety.* The indic. is used in a mixed conditional sentence for the sake of vividness, i.e., it was a very near thing.   **360. capita ... montis:** *projecting points of the cliff.*   **361. praedam:** *prize,* i.e., a shipwrecked sailor who might have money about him.

Quod te per caeli iucundum lumen et auras,
per genitorem oro, per spes surgentis Iuli,
eripe me his, invicte, malis: aut tu mihi terram   365
inice, namque potes, portusque require Velinos;
aut tu, si qua via est, si quam tibi diva creatrix
ostendit — neque enim, credo, sine numine divum
flumina tanta paras Stygiamque innare paludem —
da dextram misero, et tecum me tolle per undas,   370
sedibus ut saltem placidis in morte quiescam."
   Talia fatus erat, coepit cum talia vates:
"Unde haec, O Palinure, tibi tam dira cupido?
Tu Stygias inhumatus aquas amnemque severum
Eumenidum aspicies, ripamve iniussus adibis?   375
Desine fata deum flecti sperare precando.
Sed cape dicta memor, duri solacia casus.
Nam tua finitimi, longe lateque per urbes
prodigiis acti caelestibus, ossa piabunt,
et statuent tumulum, et tumulo sollemnia mittent,   380
aeternumque locus Palinuri nomen habebit."
His dictis curae emotae, pulsusque parumper
corde dolor tristi: gaudet cognomine terrae.

Crossing the Styx

   Ergo iter inceptum peragunt fluvioque propinquant.
Navita quos iam inde ut Stygia prospexit ab unda   385
per tacitum nemus ire pedemque advertere ripae,
sic prior aggreditur dictis, atque increpat ultro:
"Quisquis es, armatus qui nostra ad flumina tendis,
fare age, quid venias, iam istinc, et comprime gressum.
Umbrarum hic locus est, somni noctisque soporae;   390

· **363. Quod:** *But,*
therefore.   **365. terram:** *earth,* sprinkled over the dead, would serve as a substitute
for burial.   **366. Velinos:** *of Velia,* where his body is, on the coast of Lucania.
370. undas: *the stream,* the Styx.   **371. sedibus . . . quiescam:** *that at least I may*
find in death a quiet resting place, since I could not have a tomb.   **373. dira:** *wild,*
because unlawful.   **379. prodigiis:** *signs,* probably a pestilence.   **380. mittent:**
shall pay.   **383. cognomine:** The promontory is still called the Punta di Palinuro.
389. iam istinc: *from where you are,* i.e., not another step!

corpora viva nefas Stygia vectare carina.
Nec vero Alciden me sum laetatus euntem
accepisse lacu, nec Thesea Pirithoumque,
dis quamquam geniti atque invicti viribus essent.
Tartareum ille manu custodem in vincla petivit,   395
ipsius a solio regis, traxitque trementem;
hi dominam Ditis thalamo deducere adorti."
    Quae contra breviter fata est Amphrysia vates:
"Nullae hic insidiae tales; absiste moveri;
nec vim tela ferunt; licet ingens ianitor antro   400
aeternum latrans exsangues terreat umbras,
casta licet patrui servet Proserpina limen.
Troius Aeneas, pietate insignis et armis,
ad genitorem imas Erebi descendit ad umbras.
Si te nulla movet tantae pietatis imago,   405
at ramum hunc" (aperit ramum, qui veste latebat)
"agnoscas." Tumida ex ira tum corda residunt.
Nec plura his. Ille admirans venerabile donum
fatalis virgae, longo post tempore visum,
caeruleam advertit puppim, ripaeque propinquat.   410
Inde alias animas, quae per iuga longa sedebant,
deturbat, laxatque foros; simul accipit alveo
ingentem Aenean. Gemuit sub pondere cumba
sutilis, et multam accepit rimosa paludem.
Tandem trans fluvium incolumes vatemque virumque   415
informi limo glaucaque exponit in ulva.

. . . . **394. essent:** Subjunc., as giving Charon's thought, i.e., "though I knew them to be."   **395. ille:** *the
former*, Hercules. **custodem:** Cerberus, the watchdog; to bring him from the lower
world was one of the labors of Hercules. **in vincla:** *to bind him*, expressing purpose.
397. hi: *the latter*, Theseus and Pirithous. **dominam:** *queen*. **Ditis:** With **thalamo.**
adorti = conati sunt.   **398. Amphrysia:** So called because Apollo once fed the
flocks of Admetus by the Thessalian river Amphrysus.   **399. absiste:** Instead of
noli.   **400. licet (per nos)...terreat:** *the huge doorkeeper (for all we care) may scare
with his ceaseless bark.*   **402. casta:** As adv., *chastely*. **patrui:** Because Jupiter, her
father, was Pluto's brother.   **406. at:** *still*.   **407. residunt:** *calmed*, from its storm
(**ira**).   **409. tempore:** Abl. of degree of difference.   **411. iuga:** *benches*.   **412. laxat
foros:** *clears the gangways*. **alveo:** Two syllables; synizesis.   **414. sutilis:** *seamed*,
i.e., made of skins stitched together. **multam...paludem:** *a flood of water*.
416. glauca: *gray*, because sunshine is lacking. **exponit:** *lands*.

Cerberus

Cerberus haec ingens latratu regna trifauci
personat, adverso recubans immanis in antro.
Cui vates, horrere videns iam colla colubris,
melle soporatam et medicatis frugibus offam   420
obicit. Ille fame rabida tria guttura pandens
corripit obiectam, atque immania terga resolvit
fusus humi, totoque ingens extenditur antro.
Occupat Aeneas aditum custode sepulto,
evaditque celer ripam irremeabilis undae.   425

418. personat: *makes echo.* **adverso:** *facing* (*the ferry*).   **420. melle ... offam:**
a cake made soporific with honey and drugged meal; **offa,** any scrap of food.   **421. Ille:**
The beast. **fame:** The *e* is long.   **424. sepulto:** *buried* (*in sleep*).

Continuo auditae voces, vagitus et ingens,
infantumque animae flentes in limine primo,
quos dulcis vitae exsortes et ab ubere raptos
abstulit atra dies et funere mersit acerbo.
Hos iuxta falso damnati crimine mortis.   430
Nec vero hae sine sorte datae, sine iudice, sedes:
quaesitor Minos urnam movet; ille silentum
conciliumque vocat vitasque et crimina discit.
Proxima deinde tenent maesti loca, qui sibi letum
insontes peperere manu, lucemque perosi   435
proiecere animas. Quam vellent aethere in alto
nunc et pauperiem et duros perferre labores!
Fas obstat, tristique palus inamabilis unda
alligat, et noviens Styx interfusa coercet.

The Fields of Mourning

Nec procul hinc partem fusi monstrantur in omnem   440
lugentes campi: sic illos nomine dicunt.
Hic, quos durus amor crudeli tabe peredit,
secreti celant calles et myrtea circum
silva tegit; curae non ipsa in morte relinquunt.
His Phaedram Procrimque locis, maestamque Eriphylen   445
crudelis nati monstrantem vulnera, cernit,
Evadnenque et Pasiphaen; his Laodamia

---

429. atra dies: i.e., they died before their time.   **431. sine sorte . . . sine iudice:** *without trial or judge;* **sorte,** the selection of jurors by lot.   **432. quaesitor:** *presiding judge.* **urnam movet:** *shakes the urn,* until the tablets bearing the names leap out, one by one. This Minos, the grandfather of the Minos alluded to in l. 14, had been a king and lawgiver in Crete. **silentum = silentium:** *the dead.*   **435. insontes:** Of capital crimes.   **436. proiecere:** *have thrown away.* **Quam vellent . . . perferre:** *How gladly would they now endure,* if it were possible. **alto:** *upper* or *on earth.* **439. interfusa:** *interposed.*

440. fusi: *widespread.*   **442. (eos) quos.**   **445–449.** Phaedra perished through her guilty love for her stepson; Procris was accidentally shot by her husband while jealously watching him; Eriphyle betrayed her husband for a golden necklace and was slain by her son; Evadne perished for love on her husband's funeral pyre; Pasiphaë, see ll. 23–26; Laodamia killed herself for love of her dead husband, Protesilaus; Caeneus had been a maiden but was changed by Neptune into a youth.

it comes, et iuvenis quondam, nunc femina, Caeneus,
rursus et in veterem fato revoluta figuram.

The Meeting with Dido

Inter quas Phoenissa recens a vulnere Dido   450
errabat silva in magna; quam Troius heros
ut primum iuxta stetit agnovitque per umbras
obscuram, qualem primo qui surgere mense
aut videt, aut vidisse putat, per nubila lunam,
demisit lacrimas, dulcique affatus amore est: 455
"Infelix Dido, verus mihi nuntius ergo
venerat exstinctam, ferroque extrema secutam?
Funeris heu tibi causa fui? Per sidera iuro,
per superos, et si qua fides tellure sub ima est,
invitus, regina, tuo de litore cessi.   460
Sed me iussa deum, quae nunc has ire per umbras,
per loca senta situ cogunt noctemque profundam,
imperiis egere suis; nec credere quivi
hunc tantum tibi me discessu ferre dolorem.
Siste gradum, teque aspectu ne subtrahe nostro.   465
Quem fugis? Extremum fato, quod te alloquor, hoc est."
Talibus Aeneas ardentem et torva tuentem
lenibat dictis animum, lacrimasque ciebat.
Illa solo fixos oculos aversa tenebat,
nec magis incepto vultum sermone movetur,   470
quam si dura silex aut stet Marpesia cautes.
Tandem corripuit sese, atque inimica refugit
in nemus umbriferum, coniunx ubi pristinus illi
respondet curis aequatque Sychaeus amorem.
Nec minus Aeneas, casu concussus iniquo,   475
prosequitur lacrimis longe, et miseratur euntem.

---

450. **recens a vulnere:** *with wound still fresh.*   453. **obscuram:** *dimly outlined.*
qualem . . . lunam: *as the moon which someone ([ali]qui) sees.*   457. **exstinctam (te),**
secutam (esse): Indir. statement dependent on **nuntius.**   459. **si qua fides:** *by what-*
ever pledge there is.   462. **senta situ:** *rough with neglect.*   466. **Extremum fato . . .**
hoc est: *By fate's decree, this is the last word.*   467. **ardentem (eam).**   468. **lenibat =**
leniebat: *strove to soothe.*   470. **vultum:** Acc. with middle voice.

Inde datum molitur iter. Iamque arva tenebant
ultima, quae bello clari secreta frequentant.
Hic illi occurrit Tydeus, hic inclutus armis
Parthenopaeus et Adrasti pallentis imago;   480
hic multum fleti ad superos belloque caduci
Dardanidae, quos ille omnes longo ordine cernens
ingemuit, Glaucumque Medontaque Thersilochumque,
tres Antenoridas, Cererique sacrum Polyboeten,
Idaeumque, etiam currus, etiam arma tenentem.   485
Circumstant animae dextra laevaque frequentes;
nec vidisse semel satis est; iuvat usque morari,
et conferre gradum, et veniendi discere causas.
At Danaum proceres Agamemnoniaeque phalanges
ut videre virum fulgentiaque arma per umbras,   490
ingenti trepidare metu; pars vertere terga,
ceu quondam petiere rates; pars tollere vocem
exiguam, inceptus clamor frustratur hiantes.

The Fate of Deiphobus

Atque hic Priamiden laniatum corpore toto
Deiphobum videt et lacerum crudeliter ora,   495
ora manusque ambas, populataque tempora raptis
auribus, et truncas inhonesto vulnere nares.
Vix adeo agnovit pavitantem et dira tegentem
supplicia, et notis compellat vocibus ultro:
"Deiphobe armipotens, genus alto a sanguine Teucri,   500
quis tam crudeles optavit sumere poenas?

---

478. secreta: Part. of **secernere.**   **479. Tydeus:** Three of the seven Greek chieftains concerned in the expedition against Thebes, immediately preceding the Trojan
War, are introduced.   **481. ad superos:** *on earth.*   **484. sacrum:** *devoted to,* i.e.,
her priest.   **487. iuvat (eos):** *they delight.*   **488. conferre gradum:** *walk beside
him.*   **493. exiguam:** *feeble* or *ghostly.*
    495. ora, manus, tempora, nares: Acc. of specification with **lacerum. 496. popu-
lata:** *robbed.*   **498. tegentem:** i.e., striving to cover.   **499. supplicia:** Because
his wounds were a penalty of vengeance; he had married Helen after the death of
Paris. **ultro = prior.**

Cui tantum de te licuit? Mihi fama suprema
nocte tulit fessum vasta te caede Pelasgum
procubuisse super confusae stragis acervum.
Tunc egomet tumulum Rhoeteo litore inanem   505
constitui, et magna Manes ter voce vocavi.
Nomen et arma locum servant; te, amice, nequivi
conspicere, et patria decedens ponere terra."
    Ad quae Priamides: "Nihil O tibi, amice, relictum;
omnia Deiphobo solvisti et funeris umbris.   510
Sed me fata mea et scelus exitiale Lacaenae
his mersere malis; illa haec monumenta reliquit.
Namque ut supremam falsa inter gaudia noctem
egerimus, nosti; et nimium meminisse necesse est.
Cum fatalis equus saltu super ardua venit   515
Pergama, et armatum peditem gravis attulit alvo,
illa, chorum simulans, euantes orgia circum
ducebat Phrygias; flammam media ipsa tenebat
ingentem, et summa Danaos ex arce vocabat.
Tum me, confectum curis somnoque gravatum,   520
infelix habuit thalamus, pressitque iacentem
dulcis et alta quies placidaeque simillima morti.
Egregia interea coniunx arma omnia tectis
amovet, et fidum capiti subduxerat ensem;
intra tecta vocat Menelaum, et limina pandit,   525
scilicet id magnum sperans fore munus amanti,
et famam exstingui veterum sic posse malorum.
Quid moror? Irrumpunt thalamo; comes additur una

· · · · · · · · · ·   **502. Cui ... licuit:** *Who was permitted to treat you thus?*
503. tulit: *brought the news.*   **505. tumulum ... inanem:** *cenotaph,* i.e., the technical burial, which would allow the shade to cross the Styx.   **507. te:** Emphatic;
the *e* is shortened and not elided, a semihiatus.   **508. ponere:** *bury.*   **509. tibi:**
Dat. of agent. **relictum (est):** i.e., neglected or omitted.   **511. Lacaenae:** Helen,
called "the Spartan woman" in contempt.   **512. monumenta:** *mementoes,* referring
to his mutilated face.   **513. ut:** *how.* **falsa:** *deceptive.*   **514. nimium meminisse:**
too well must you remember.   **517. chorum:** *sacred dance.* **euantes orgia:** Cognate
acc., *celebrating with shouts the Bacchic revels.* **circum:** Adv.   **518. flammam:**
torch, as a signal to the Greeks.   **523. Egregia:** *Worthy,* bitterly ironical. **tectis:**
Abl. of separation.   **526. munus:** i.e., a sort of peace offering. **amanti:** *to her lov-*
ing spouse, Menelaus.

hortator scelerum Aeolides. Di, talia Grais
instaurate, pio si poenas ore reposco!   530
Sed te qui vivum casus, age, fare vicissim,
attulerint. Pelagine venis erroribus actus,
an monitu divum? An quae te fortuna fatigat,
ut tristes sine sole domos, loca turbida, adires?"

Arrival in Tartarus

Hac vice sermonum roseis Aurora quadrigis   535
iam medium aetherio cursu traiecerat axem;
et fors omne datum traherent per talia tempus;
sed comes admonuit, breviterque affata Sibylla est:
"Nox ruit, Aenea; nos flendo ducimus horas.
Hic locus est, partes ubi se via findit in ambas: 540
dextera quae Ditis magni sub moenia tendit,
hac iter Elysium nobis; at laeva malorum
exercet poenas, et ad impia Tartara mittit."
Deiphobus contra: "Ne saevi, magna sacerdos;
discedam, explebo numerum, reddarque tenebris.   545
I decus, i, nostrum; melioribus utere fatis!"
Tantum effatus, et in verbo vestigia torsit.
Respicit Aeneas subito, et sub rupe sinistra
moenia lata videt, triplici circumdata muro,
quae rapidus flammis ambit torrentibus amnis,   550
Tartareus Phlegethon, torquetque sonantia saxa.
Porta adversa ingens, solidoque adamante columnae,
vis ut nulla virum, non ipsi exscindere bello
caelicolae valeant; stat ferrea turris ad auras,
Tisiphoneque sedens, palla succincta cruenta,   555

· · · · · · · · ·   **529. hortator:** *instigator.* **Aeolides:** Ulysses, hinting that his
real father was Sisyphus, son of Aeolus, and not Laertes.   **530. instaurate:** *repay.*
  535. Hac vice sermonum: *In this exchange of talk.*   **536. medium . . . traiecerat
axem:** *had passed its zenith;* it was past noon on earth.   **537. traherent:** *they
might have spent;* the imp. suggests continuance.   **542. iter (est):** *lies.* **(ad) Elysium.**
543. impia: i.e., the abode of the unholy.   **545. reddar:** Middle voice, *go back.*
547. in verbo: *as he spoke.*   **551. Phlegethon:** The river of fire.   **552. adversa
(est):** *confronts him.*   **553. ut:** (*so strong*) *that.*   **555. Tisiphone:** One of the three
Furies, avenger of murder.

vestibulum exsomnis servat noctesque diesque.
Hinc exaudiri gemitus, et saeva sonare
verbera; tum stridor ferri, tractaeque catenae.
  Constitit Aeneas, strepituque exterritus haesit.
"Quae scelerum facies, O virgo, effare; quibusve   560
urgentur poenis? Quis tantus plangor ad auras?"
Tum vates sic orsa loqui: "Dux inclute Teucrum,
nulli fas casto sceleratum insistere limen;
sed me cum lucis Hecate praefecit Avernis,
ipsa deum poenas docuit, perque omnia duxit.   565
Gnosius haec Rhadamanthus habet durissima regna,
castigatque auditque dolos, subigitque fateri,
quae quis apud superos, furto laetatus inani,
distulit in seram commissa piacula mortem.
Continuo sontes ultrix accincta flagello   570
Tisiphone quatit insultans, torvosque sinistra
intentans angues vocat agmina saeva sororum.
Tum demum horrisono stridentes cardine sacrae
panduntur portae. Cernis custodia qualis
vestibulo sedeat, facies quae limina servet?   575
Quinquaginta atris immanis hiatibus Hydra
saevior intus habet sedem. Tum Tartarus ipse
bis patet in praeceps tantum tenditque sub umbras,
quantus ad aetherium caeli suspectus Olympum.

Some Famous Villains

  "Hic genus antiquum Terrae, Titania pubes,   580
fulmine deiecti fundo volvuntur in imo.

· · · · · · · · · · · **566. Rhadamanthus:** Brother of Minos, l. 432, the presiding judge.   **567. castigat . . . audit:** An apparent inversion; hysteron-proteron. **dolos:** *(the story of) their guilt.*   **568. quae . . . mortem:** *the expiations for crimes committed in the upper world, which anyone, exulting in vain concealment, has put off till death, too late.*   **571. quatit:** *scourges.*   **574. custodia:** Tisiphone.   **575. facies:** *shape.*   **576. hiatibus:** i.e., its open jaws.   **578. bis patet . . . suspectus:** *yawns downward twice as far . . . as is the view upward through the sky.*
    580. Titania pubes: The band of Titans who fought with the gods and were cast down to Tartarus.   **581. volvuntur:** *writhe.*

Hic et Aloidas geminos immania vidi
corpora, qui manibus magnum rescindere caelum
aggressi, superisque Iovem detrudere regnis.
Vidi et crudeles dantem Salmonea poenas,   585
dum flammas Iovis et sonitus imitatur Olympi.
Quattuor hic invectus equis et lampada quassans
per Graium populos mediaeque per Elidis urbem
ibat ovans, divumque sibi poscebat honorem,
demens, qui nimbos et non imitabile fulmen   590
aere et cornipedum pulsu simularet equorum.
At pater omnipotens densa inter nubila telum
contorsit, non ille faces nec fumea taedis
lumina, praecipitemque immani turbine adegit.
Nec non et Tityon, Terrae omniparentis alumnum,   595
cernere erat, per tota novem cui iugera corpus
porrigitur, rostroque immanis vultur obunco
immortale iecur tondens fecundaque poenis
viscera, rimaturque epulis, habitatque sub alto
pectore, nec fibris requies datur ulla renatis.   600
Quid memorem Lapithas, Ixiona Pirithoumque? —
quos super atra silex iam iam lapsura cadentique
imminet assimilis; lucent genialibus altis
aurea fulcra toris, epulaeque ante ora paratae
regifico luxu; Furiarum maxima iuxta   605
accubat, et manibus prohibet contingere mensas,
exsurgitque facem attollens, atque intonat ore.

. . . . 582. **Aloidas:** The sons of Aloeus,
who in an attempt to storm heaven piled Mt. Ossa and Mt. Pelion on Mt. Olympus.
585. **Salmonea:** Greek acc.; he was of Elis in the Peloponnesus; his crime is described in the lines that follow.   588. **mediae:** Transferred epithet; translate with
urbem. Elidis: Jove was especially worshiped at Elis, a fact which made the crime
all the greater. 591. **aere:** He drove a bronze chariot over a bronze bridge. 593. **ille:**
Contrast and emphasis. **fumea . . . lumina:** *the smoky blaze of the pine torch.*
595. **Tityon:** He was guilty of insulting Latona, mother of Diana and Apollo.
598. **fecunda poenis:** *fruitful for punishment.*   599. **rimatur epulis:** *peers about for
his feast.*   601. **Lapithas:** Ixion, king of the Lapiths, had insulted Juno; his son
Pirithous, along with Theseus, tried to carry off Proserpina.   602. **cadenti:** i.e., a
falling rock; hypermetric verse.   604. **fulcra:** *frames* (lit., *props*). **epulae:** These
penalties are usually assigned to Tantalus.   606. **accubat:** *reclines beside them* at the
banquet.

Punishments of the Wicked

"Hic, quibus invisi fratres, dum vita manebat,
pulsatusve parens, et fraus innexa clienti,
aut qui divitiis soli incubuere repertis,   610
nec partem posuere suis (quae maxima turba est),
quique ob adulterium caesi, quique arma secuti
impia nec veriti dominorum fallere dextras,
inclusi poenam exspectant. Ne quaere doceri
quam poenam, aut quae forma viros fortunave mersit.   615
Saxum ingens volvunt alii, radiisque rotarum
districti pendent; sedet, aeternumque sedebit,

609. pulsatus parens: A heinous crime. **innexa:** *devised.* **clienti:** Because the patron was bound by sacred obligation to protect the interests of his client. **610. soli:** i.e., selfishly. **incubuere:** *have hoarded.* **611. posuere:** *set aside.* **612. arma . . . impia:** i.e., civil war. **613. dominorum . . . dextras:** i.e., to engage in a war of slaves against their masters. **615. mersit:** For **mersat. 616. Saxum:** Sisyphus, for example, was doomed to roll uphill a stone which always falls back. **radiis . . . districti:** *outstretched on spokes of wheels*, like Ixion.

infelix Theseus; Phlegyasque miserrimus omnes
admonet, et magna testatur voce per umbras:
'Discite iustitiam moniti, et non temnere divos.'   620
Vendidit hic auro patriam, dominumque potentem
imposuit; fixit leges pretio atque refixit;
hic thalamum invasit natae vetitosque hymenaeos;
ausi omnes immane nefas, ausoque potiti.
Non, mihi si linguae centum sint oraque centum,   625
ferrea vox, omnes scelerum comprendere formas,
omnia poenarum percurrere nomina possim."

The Palace of Pluto

Haec ubi dicta dedit Phoebi longaeva sacerdos:
"Sed iam age, carpe viam et susceptum perfice munus;
acceleremus," ait; "Cyclopum educta caminis   630
moenia conspicio atque adverso fornice portas,
haec ubi nos praecepta iubent deponere dona."
Dixerat, et pariter, gressi per opaca viarum,
corripiunt spatium medium, foribusque propinquant.
Occupat Aeneas aditum, corpusque recenti   635
spargit aqua, ramumque adverso in limine figit.

The Elysian Fields

His demum exactis, perfecto munere divae,
devenere locos laetos et amoena virecta

· · · · · · · · · **618. Theseus:** He tried to carry off Proserpina. **Phlegyas:** He
set fire to Apollo's temple at Delphi.   **620. moniti:** *warned by me.*   **622. fixit . . .
refixit:** *made and unmade;* the choice of verbs comes from the fact that laws were
carved on bronze tablets and fastened up in some public place; when annulled, they
were removed.   **624. auso:** *the object of their daring.*
   629. munus: *duty* of depositing the golden bough.   **630. Cyclopum . . . caminis:**
wrought by the forges of the Cyclopes, i.e., made of iron. The Cyclopes were Vulcan's
workmen.   **632. praecepta:** *our instructions,* as given in l. 142.   **633. pariter:** *side
by side.* **opaca viarum:** Compare to **angusta viarum,** Book II. 332.   **636. spargit
aqua:** As a purifying rite before he enters Elysium.
   637. divae: Proserpina.

fortunatorum nemorum sedesque beatas.
Largior hic campos aether et lumine vestit   640
purpureo, solemque suum, sua sidera norunt.
Pars in gramineis exercent membra palaestris,
contendunt ludo et fulva luctantur arena;
pars pedibus plaudunt choreas et carmina dicunt.
Nec non Threicius longa cum veste sacerdos   645
obloquitur numeris septem discrimina vocum,
iamque eadem digitis, iam pectine pulsat eburno.
Hic genus antiquum Teucri, pulcherrima proles,
magnanimi heroes, nati melioribus annis,
Ilusque Assaracusque et Troiae Dardanus auctor.   650
Arma procul currusque virum miratur inanes.
Stant terra defixae hastae, passimque soluti
per campum pascuntur equi. Quae gratia currum
armorumque fuit vivis, quae cura nitentes
pascere equos, eadem sequitur tellure repostos.   655
   Conspicit, ecce, alios dextra laevaque per herbam
vescentes, laetumque choro paeana canentes
inter odoratum lauri nemus, unde superne
plurimus Eridani per silvam volvitur amnis.
Hic manus ob patriam pugnando vulnera passi,   660
quique sacerdotes casti, dum vita manebat,
quique pii vates et Phoebo digna locuti,
inventas aut qui vitam excoluere per artes,
quique sui memores aliquos fecere merendo,
omnibus his nivea cinguntur tempora vitta.   665

. . . . **640. Largior** . . . **vestit:** *Here with freer air and dazzling
light, the atmosphere clothes the plains.* **641. suum:** i.e., other than ours. **644. pars
. . . plaudunt:** Alliteration. **645. Threicius . . . sacerdos:** The Thracian bard, Orpheus. **longa . . . veste:** Characteristic of musicians. **646. obloquitur . . . vocum:**
accompanies their strains with the seven notes of his lyre. **numeris** refers to the
songs of the dancers. **651. inanes:** *ghostly.* **652. soluti:** i.e., unharnessed.
653. Quae . . . currum: *Whatever fondness for chariots.* **658. superne:** *in the
world above.* The Po, which flows underground for a certain distance, was supposed to have its source in the Elysian fields. **659. plurimus:** With **volvitur,**
rolls full-flowing. **660. passi:** Agrees with **manus** according to meaning, *a band
(of those) who suffered.* **662. vates:** *bards.* **Phoebo digna:** *songs worthy of
Apollo.*

Quos circumfusos sic est affata Sibylla,
Musaeum ante omnes, medium nam plurima turba
hunc habet, atque umeris exstantem suspicit altis:
"Dicite, felices animae, tuque, optime vates,
quae regio Anchisen, quis habet locus? Illius ergo   670
venimus, et magnos Erebi tranavimus amnes."
Atque huic responsum paucis ita reddidit heros:
"Nulli certa domus; lucis habitamus opacis,
riparumque toros et prata recentia rivis
incolimus. Sed vos, si fert ita corde voluntas,   675
hoc superate iugum; et facili iam tramite sistam."
Dixit, et ante tulit gressum, camposque nitentes
desuper ostentat; dehinc summa cacumina linquunt.

At pater Anchises penitus convalle virenti
inclusas animas superumque ad lumen ituras   680
lustrabat studio recolens, omnemque suorum
forte recensebat numerum carosque nepotes,
fataque fortunasque virum moresque manusque.
Isque ubi tendentem adversum per gramina vidit
Aenean, alacris palmas utrasque tetendit,   685
effusaeque genis lacrimae, et vox excidit ore:

"Venisti tandem, tuaque exspectata parenti
vicit iter durum pietas? Datur ora tueri,
nate, tua, et notas audire et reddere voces?
Sic equidem ducebam animo rebarque futurum,   690
tempora dinumerans, nec me mea cura fefellit.
Quas ego te terras et quanta per aequora vectum
accipio! quantis iactatum, nate, periclis!
Quam metui, ne quid Libyae tibi regna nocerent!"

---

667. Musaeum: Musaeus is the mythical father of poets, as Orpheus is of singers. **medium:** *in their midst.* **668. umeris:** Abl. of degree of difference. **670. Illius ergo:** *For the sake of him.* **676. iam ... sistam** (**vos**): *presently I will set you* **678. linquunt:** i.e., Aeneas and the Sibyl; Musaeus merely shows them the way. **680. superum ... ituras:** *destined to go one day to the upper light;* Anchises explains this to Aeneas in ll. 724–751. **683. manus:** *deeds.* **684. adversum:** *to meet him.* **685. alacris:** Nom. masc. sing. as in Book V. 380. **688. Datur (mihi):** *Is it my lot?* **691. tempora:** i.e., till Aeneas should come. **cura:** i.e., **spes.** **694. Quam metui:** *How fearful I was.*

Ille autem: "Tua me, genitor, tua tristis imago, 695
saepius occurrens, haec limina tendere adegit:
stant sale Tyrrheno classes. Da iungere dextram,
da, genitor, teque amplexu ne subtrahe nostro."
Sic memorans, largo fletu simul ora rigabat.
Ter conatus ibi collo dare bracchia circum, 700
ter frustra comprensa manus effugit imago,
par levibus ventis volucrique simillima somno.

The River Lethe

Interea videt Aeneas in valle reducta
seclusum nemus et virgulta sonantia silvae,
Lethaeumque, domos placidas qui praenatat, amnem. 705
Hunc circum innumerae gentes populique volabant;
ac — velut in pratis ubi apes aestate serena
floribus insidunt variis, et candida circum
lilia funduntur — strepit omnis murmure campus.

695. **imago:** A vision, seen in dreams. 696. **saepius occurrens:** In Book IV. 351
and Book V. 722. 699. **rigabat:** *bedewed.* 700–702. Lines repeated from Book II.
792–794.
705. **Lethaeum:** *Lethe's;* compare *Paradise Lost*, II. 582–586, and *Hamlet*, I. 4.
32–34. 709. **funduntur:** *swarm.*

Horrescit visu subito, causasque requirit 710
inscius Aeneas, quae sint ea flumina porro,
quive viri tanto complerint agmine ripas.
  Tum pater Anchises: "Animae, quibus altera fato
corpora debentur, Lethaei ad fluminis undam
securos latices et longa oblivia potant. 715
Has equidem memorare tibi atque ostendere coram,
iam pridem hanc prolem cupio enumerare meorum,
quo magis Italia mecum laetere reperta."
"O pater, anne aliquas ad caelum hinc ire putandum est
sublimes animas, iterumque ad tarda reverti 720
corpora? Quae lucis miseris tam dira cupido?"
"Dicam equidem, nec te suspensum, nate, tenebo,"
suscipit Anchises, atque ordine singula pandit.

Anchises Philosophizes

"Principio caelum ac terras camposque liquentes
lucentemque globum Lunae Titaniaque astra 725
spiritus intus alit, totamque infusa per artus
mens agitat molem et magno se corpore miscet.
Inde hominum pecudumque genus, vitaeque volantum,
et quae marmoreo fert monstra sub aequore pontus.
Igneus est ollis vigor et caelestis origo 730
seminibus, quantum non noxia corpora tardant,

. . . . **713. quibus . . . debentur:** *to whom by fate other bodies are due.* **715. securos:** i.e., which makes men free from care. **718. laetere** = **laeteris:** With **quo** in a purpose clause. **719. anne . . . cupido:** *Are we then to suppose that any spirits pass hence aloft to the light of day, and return again to sluggish (mortal) bodies? Why have these wretched souls this mad longing for life?* **723. ordine . . . pandit:** *unfolds each truth in order,* i.e., he expounds, step by step, the doctrine of the soul of the universe, which pervades everything in nature. In men, however, this spirit is so clogged by the body that a process of purification becomes necessary after death. This completed, the souls that are again to enter human bodies (l. 713) drink from the river Lethe, thus banishing all memory of their former life; they then ascend to the world above, and once more begin life on earth.
  724. Principio: *In the beginning.* **725. Titania astra:** *the sun;* pl. for the sake of the meter. **727. corpore:** *frame* of the universe. **728. Inde (est):** *From this union* (of spirit and body) *comes.* **volantum** = **volantium:** *winged creatures.* **729. quae . . . monstra:** *the monsters which.* **730. ollis** = **illis:** Dat. of possession. **731. quantum . . . tardant:** *so far as harmful bodies do not clog them.*

terrenique hebetant artus moribundaque membra.
Hinc metuunt cupiuntque, dolent gaudentque, neque auras
dispiciunt clausae tenebris et carcere caeco.
Quin et supremo cum lumine vita reliquit,   735
non tamen omne malum miseris nec funditus omnes
corporeae excedunt pestes, penitusque necesse est
multa diu concreta modis inolescere miris.
Ergo exercentur poenis, veterumque malorum
supplicia expendunt: aliae panduntur inanes   740
suspensae ad ventos; aliis sub gurgite vasto
infectum eluitur scelus, aut exuritur igne;
quisque suos patimur Manes; exinde per amplum
mittimur Elysium, et pauci laeta arva tenemus;
donec longa dies, perfecto temporis orbe,   745
concretam exemit labem, purumque relinquit
aetherium sensum atque aurai simplicis ignem.
Has omnes, ubi mille rotam volvere per annos,
Lethaeum ad fluvium deus evocat agmine magno,
scilicet immemores supera ut convexa revisant,   750
rursus et incipiant in corpora velle reverti."

The Alban Kings and Romulus

Dixerat Anchises, natumque unaque Sibyllam
conventus trahit in medios turbamque sonantem,
et tumulum capit, unde omnes longo ordine possit
adversos legere, et venientum discere vultus.   755
   "Nunc age, Dardaniam prolem quae deinde sequatur

· **732. hebetant:** *dull
their vigor.*   **733. Hinc:** *Hence*, from this union with the body.   **735. Quin . . .
cum:** *Nay, even when.*   **736. miseris:** *from the wretched beings.*   **737. penitusque
. . . miris:** *it must be that many long-contracted stains become strangely ingrained.*
740. aliae . . . igne: The three non-earthly elements by which souls are purified —
air, water, and fire.   **741. aliis:** *from others.*   **745. orbe:** i.e., the cycles of years
found in ancient philosophies — as **rotam,** l. 748.   **746. concretam . . . labem:** *the
ingrained stain.*   **747. aurai . . . ignem:** *the spark of pure light,* composing the human
soul.
   755. adversos: *as they come toward him.* **legere:** *scan.*   **756. deinde:** *hereafter;*
two syllables; synizesis. **sequatur:** *shall attend;* indir. question with **expediam,**
l. 759.

gloria, qui maneant Itala de gente nepotes,
illustres animas nostrumque in nomen ituras,
expediam dictis, et te tua fata docebo.
Ille, vides, pura iuvenis qui nititur hasta,   760
proxima ʻsorte tenet lucis loca, primus ad auras
aetherias Italo commixtus sanguine surget,
Silvius, Albanum nomen, tua postuma proles,
quem tibi longaevo serum Lavinia coniunx
educet silvis regem regumque parentem,   765
unde genus Longa nostrum dominabitur Alba.
"Proximus ille Procas, Troianae gloria gentis,
et Capys, et Numitor, et qui te nomine reddet
Silvius Aeneas, pariter pietate vel armis
egregius, si umquam regnandam acceperit Albam.   770
Qui iuvenes! Quantas ostentant, aspice, vires,
atque umbrata gerunt civili tempora quercu!
Hi tibi Nomentum et Gabios urbemque Fidenam,
hi Collatinas imponent montibus arces,
Pometios Castrumque Inui Bolamque Coramque.   775
Haec tum nomina erunt, nunc sunt sine nomine terrae.
"Quin et avo comitem sese Mavortius addet
Romulus, Assaraci quem sanguinis Ilia mater
educet. Viden, ut geminae stant vertice cristae,
et pater ipse suo superum iam signat honore?   780
En, huius, nate, auspiciis illa incluta Roma

· · · · **757. maneant (te).** **758. nostrum ... ituras:** i.e., heirs to the Trojan
name. **760. pura ... hasta:** *a headless spear,* given as a reward after a first victory. **761. lucis:** *in the upper world,* i.e., the first to be reborn. **762. commixtus:**
with a mixture of, i.e., his mother will be Lavinia, the daughter of Latinus, king of
Latium. **763. postuma:** *last* or *youngest.* **764. serum:** *late in life,* with adv. force.
765. educet: *will give birth to.* **766. unde:** *by* or *through whom.* **767. Procas**
... Aeneas: Alban kings. **768. Numitor:** Long *o*; diastole. **reddet:** *recall.*
770. si umquam: i.e., he was kept out of his kingdom for 53 years by a usurping
guardian. **772. umbrata ... quercu:** *shaded with the civic crown,* i.e., the **corona**
civica, an oak wreath given for preserving the life of a Roman citizen in battle. **773–**
775. Nomentum ... Coram: Old Latin towns not far from Rome. **774. Collatinas:**
of Collatia. **776. Haec ... erunt:** *these shall then be names,* i.e., places with names.
777. avo: Numitor, whom Romulus restored to the throne. **779. Viden = Videsne.**
780. pater ... honore: *his father* (Mars) *himself with his own token already marks*
him as a god.

imperium terris, animos aequabit Olympo,
septemque una sibi muro circumdabit arces,
felix prole virum: qualis Berecyntia mater
invehitur curru Phrygias turrita per urbes,   785
laeta deum partu, centum complexa nepotes,
omnes caelicolas, omnes supera alta tenentes.

Anchises Shows Aeneas the Julian Descendants

"Huc geminas nunc flecte acies, hanc aspice gentem
Romanosque tuos. Hic Caesar et omnis Iuli
progenies, magnum caeli ventura sub axem.   790
Hic vir, hic est, tibi quem promitti saepius audis,
Augustus Caesar, Divi genus, aurea condet
saecula qui rursus Latio regnata per arva
Saturno quondam, super et Garamantas et Indos
proferet imperium: iacet extra sidera tellus,   795
extra anni solisque vias, ubi caelifer Atlas
axem umero torquet stellis ardentibus aptum.
Huius in adventum iam nunc et Caspia regna
responsis horrent divum et Maeotia tellus,
et septemgemini turbant trepida ostia Nili.   800
Nec vero Alcides tantum telluris obivit,

· · · · · · · · · · **782. imperium . . . aequabit:** Compare with Book I. 286–296.
783. una: Nom., *one (city).*   **784. mater:** Cybele; she was **turrita,** *tower-crowned,*
because she was supposed to have invented the art of fortifying cities. She is called
Berecyntia from a mountain in Phrygia sacred to her.   **787. supera alta:** *abodes in*
heaven.
    788. acies: i.e., **oculos. 790. caeli . . . sub axem:** *into the upper world.* **792. Divi**
genus: *son of the god,* i.e., of Julius Caesar, who was deified after his death and called
Divus, as were most of the later emperors.   **794. Saturno:** Dat. of agent. **super:**
beyond. **Garamantas:** An African tribe conquered by the Romans. **Indos:** The
Indians, i.e., Eastern races in general. The special reference seems to be to the Parthians, and their restoration to Augustus of the Roman standards captured from
Crassus.   **798. Huius in adventum:** *Against his coming.*   **799. horrent:** *quake.*
Maeotia: *Scythian,* in southern Russia.   **800. septemgemini:** i.e., with seven
mouths.   **turbant:** Intrans.   **801–803.** These lines refer to three of the labors of
Hercules: (1) to kill or capture the brazen-footed hind; (2) to kill the huge boar that
spread terror through the woods of Erymanthus; (3) to kill the many-headed Hydra
at Lerna, near Argos.

fixerit aeripedem cervam licet, aut Erymanthi
pacarit nemora, et Lernam tremefecerit arcu;
nec, qui pampineis victor iuga flectit habenis,
Liber, agens celso Nysae de vertice tigres.   805
Et dubitamus adhuc virtutem extendere factis,
aut metus Ausonia prohibet consistere terra?

Roman Kings and Heroes of the Early Republic

"Quis procul ille autem ramis insignis olivae
sacra ferens? Nosco crines incanaque menta
regis Romani, primum qui legibus urbem   810
fundabit, Curibus parvis et paupere terra
missus in imperium magnum. Cui deinde subibit,
otia qui rumpet patriae residesque movebit

· · · · · · · **802. licet:** *although.*   **805. Liber:** Bacchus, who traveled all over
the world; especially famous was his journey to India — *He in triumph guides his car
with vine-branch reins, driving his tiger team from Nysa's lofty heights.* Nysa was the
mountain where Bacchus was said to have been born.   **806. dubitamus adhuc:** *do we
still hesitate,* in view of the great achievements of Augustus. **virtutem:** *our prowess.*
    808. procul ille: Numa, the second king, chief founder of Roman worship and
institutions, hence **sacra.** **olivae:** The symbol of peace.   **810. regis Romani:** The
seven kings of Rome were Romulus, Numa Pompilius, Tullus Hostilius, Ancus
Martius, Tarquinius Priscus, Servius Tullius, and Tarquinius Superbus.   **811. Curibus:** i.e., he was a Sabine from Cures.   **812. subibit:** *shall succeed.*

Tullus in arma viros et iam desueta triumphis
agmina. Quem iuxta sequitur iactantior Ancus,   815
nunc quoque iam nimium gaudens popularibus auris.
Vis et Tarquinios reges, animamque superbam
ultoris Bruti, fascesque videre receptos?
Consulis imperium hic primus saevasque secures
accipiet, natosque pater nova bella moventes   820
ad poenam pulchra pro libertate vocabit —
infelix, utcumque ferent ea facta minores:
vincet amor patriae laudumque immensa cupido.
Quin Decios Drusosque procul saevumque securi
aspice Torquatum et referentem signa Camillum.   825

---

815. iactantior: *rather boastful.*   **818. Bruti:** He aroused Rome to expel the
Tarquins and found the Republic; thus the fasces were recovered by the people from
the king.   **819. saevas:** *sternly just.* **secures:** The axes within the fasces, symbolizing consular **imperium.**   **820. natos:** His sons conspired to restore the Tarquins
and were executed by his command.   **822. utcumque:** *however.* **minores:** *posterity.*
824. Decios: The Decii, to secure victory, devoted themselves to death in battle —
the father against the Latins, the son against the Samnites, and the grandson against
Pyrrhus.   **Drusos:** The most famous, M. Livius Drusus, conqueror of Hasdrubal
at the Metaurus. The mention of the Drusi is a compliment to Livia Drusilla, the
wife of Augustus.   **825. Torquatum:** T. Manlius Torquatus was so called because
he had slain a gigantic Gaul and taken from him a golden necklace, **torques.** When
consul, he put to death his own son for disobedience to military orders; hence the
epithet **saevum securi. Camillum:** He recovered the captured standards from the
Gauls and drove them from Rome in 390 B.C.

"Illae autem, paribus quas fulgere cernis in armis,
concordes animae nunc et dum nocte premuntur,
heu quantum inter se bellum, si lumina vitae
attigerint, quantas acies stragemque ciebunt!
Aggeribus socer Alpinis atque arce Monoeci   830
descendens, gener adversis instructus Eois.
Ne, pueri, ne tanta animis assuescite bella,
neu patriae validas in viscera vertite vires;
tuque prior, tu parce, genus qui ducis Olympo,
proice tela manu, sanguis meus!   835
    "Ille triumphata Capitolia ad alta Corintho
victor aget currum, caesis insignis Achivis.
Eruet ille Argos Agamemnoniasque Mycenas,
ipsumque Aeaciden, genus armipotentis Achilli,
ultus avos Troiae, templa et temerata Minervae.   840
Quis te, magne Cato, tacitum, aut te, Cosse, relinquat?
Quis Gracchi genus, aut geminos, duo fulmina belli,
Scipiadas, cladem Libyae, parvoque potentem

---

827. concordes animae: Caesar and Pompey.   **830. socer:** Pompey married
Caesar's daughter Julia; she died in 54 B.C.   **arce Monoeci:** *the mountain height of
Monoecus,* now Monaco.   **831. Eois:** *from the East,* i.e., Greece and Asia.   **833. validas . . . vires:** Note the alliteration.   **834. tu prior:** Caesar should first refrain
because he is the more illustrious.   **835. sanguis meus:** Caesar claimed descent
from Aeneas and so from Anchises and from Jupiter.

836. Ille: Mummius, who ended the war with Greece by the capture of Corinth
in 146 B.C.   **ad Capitolia:** i.e., in triumphal procession.   **838. ille:** L. Aemilius
Paulus, who defeated Perseus, the last king of Macedonia, at Pydna in 168 B.C.
Perseus claimed descent from Achilles; hence he is called Aeacides.   **840. temerata:**
desecrated by Ajax, who dragged Cassandra from the shrine of Minerva.   **841. Cato:**
The Censor, the famous foe of Carthage.   **Cosse:** He won the **spolia opima** from the
king of Veii.   **842. Gracchi:** The two most famous were Tiberius and Gaius,
tribunes and reformers.   **geminos . . . Scipiadas:** *that pair, two thunderbolts of war,
the Scipios:* (1) P. Cornelius Scipio Africanus Maior, who defeated Hannibal at Zama
in 202 B.C.; (2) P. Cornelius Scipio Africanus Minor, who destroyed Carthage in
146 B.C.   **843. cladem:** *scourge.*   **parvo potentem:** *rich in his poverty;* when he was
conducting the war against Pyrrhus, Fabricius rejected the proffered bribes of the
Greek king and was ever famous for his Roman virtues — bravery, simplicity, and
incorruptibility.   He died "poor" in wealth but "rich" in honor.

Fabricium vel te sulco, Serrane, serentem?
Quo fessum rapitis, Fabii? Tu Maximus ille es, 845
unus qui nobis cunctando restituis rem.

The Mission of Rome

"Excudent alii spirantia mollius aera,
credo equidem, vivos ducent de marmore vultus,
orabunt causas melius, caelique meatus
describent radio, et surgentia sidera dicent: 850
tu regere imperio populos, Romane, memento;
hae tibi erunt artes; pacique imponere morem,
parcere subiectis, et debellare superbos."

The Young Marcellus

Sic pater Anchises, atque haec mirantibus addit:
"Aspice, ut insignis spoliis Marcellus opimis 855
ingreditur, victorque viros supereminet omnes!

. . . . **844. Serrane:** The surname
of C. Atilius Regulus, who was called from the plow to be consul. **845. fessum:**
weary with his long enumeration and too weary to do justice to the Fabii.
(me) rapitis: *do you hurry me?* **Maximus:** The famous Q. Fabius Maximus,
called Cunctator, "Delayer", who wore out Hannibal by his policy of military har-
assment without engaging in a pitched battle. **846. unus ... rem:** A famous verse,
taken from the *Annales* of Ennius, also quoted by Cicero.

847. Excudent ... superbos: These are sometimes called the most famous lines
in Latin literature. The contest is between Rome, great in war and polity, and
Greece, mother of art and song. Even in oratory Vergil gives the palm to Greece,
in order to emphasize the fact that the real contribution of Rome was in the field of
law, political science, and strong government. **alii:** i.e., the Greeks. **spirantia:**
i.e., lifelike. **848. ducent:** *shape.* **849. caelique ... radio:** *with the rod mark out
the paths of heaven;* the **radius** was a rod with which students of geometry and astronomy drew diagrams on a sand surface. **851. Romane:** Addressed to the
nation.

854. mirantibus: *his wondering listeners,* Aeneas and the Sibyl. **855. spoliis ...
opimis:** i.e., the leader's spoils, arms taken in battle by a Roman general from an
enemy general. **Marcellus:** M. Claudius, a famous Roman general in the wars with
the Gauls and later with Hannibal. He is introduced here for the sake of his descendant, the young Marcellus, soon to be mentioned.

Hic rem Romanam, magno turbante tumultu,
sistet, eques sternet Poenos Gallumque rebellem,
tertiaque arma patri suspendet capta Quirino."
    Atque hic Aeneas — una namque ire videbat   860
egregium forma iuvenem et fulgentibus armis,
sed frons laeta parum, et deiecto lumina vultu:
"Quis, pater, ille, virum qui sic comitatur euntem?
Filius, anne aliquis magna de stirpe nepotum?
Qui strepitus circa comitum! Quantum instar in ipso!   865
Sed nox atra caput tristi circumvolat umbra."
Tum pater Anchises lacrimis ingressus obortis:
    "O nate, ingentem luctum ne quaere tuorum;
ostendent terris hunc tantum fata, neque ultra
esse sinent. Nimium vobis Romana propago   870
visa potens, Superi, propria haec si dona fuissent.
Quantos ille virum magnam Mavortis ad urbem
campus aget gemitus, vel quae, Tiberine, videbis
funera, cum tumulum praeterlabere recentem!
Nec puer Iliaca quisquam de gente Latinos   875
in tantum spe tollet avos, nec Romula quondam
ullo se tantum tellus iactabit alumno.

· **857. magno . . . tumultu:** *when*
great commotion shakes the land., **858. sistet:** *will set firm.* **859. tertia:** *a third*
time; the tradition was that the **spolia opima** were won only three times — by Romulus, by Cossus, and by Marcellus. **860. Atque . . . umbra:** These lines were dedicated to the memory of the young Marcellus, son of Augustus's sister Octavia. A
youth of great promise, he had been chosen by Augustus to be his successor. When
Vergil read the verses to Octavia, at the request of the Emperor, she was so overcome
with emotion that she fainted. Upon recovering, she presented Vergil with ten
sestertia (nearly $500) for each verse. **una:** *along with* (*Marcellus*). **861. iuvenem:**
The young Marcellus. **862. laeta parum:** *far from joyous,* i.e., the shadow of death
was on it. **865. Quantum . . . ipso:** *What a noble form is his;* **instar** here seems to
mean ideal or model of manly excellence. **869. tantum:** i.e., fate will allow the
earth merely a glimpse of him. **870. Nimium . . . fuissent:** *Too mighty you thought*
the Roman race would be, O gods, if such a gift had been lasting. **872. Quantos . . .**
recentem: *What groans of men shall that famous plain* (the Campus Martius) *send up*
to Mars's mighty city! Or what a funeral train will you see, O Tiber, as you glide past
the newly made tomb! The tomb was the great mausoleum erected by Augustus in the
Campus Martius five years before. Portions of it still exist. **876. spe:** Abl. of
specification. **877. se tantum . . . iactabit:** *take so much pride.*

Heu pietas, heu prisca fides, invictaque bello
dextera! Non illi se quisquam impune tulisset
obvius armato, seu cum pedes iret in hostem,   880
seu spumantis equi foderet calcaribus armos.
Heu, miserande puer, si qua fata aspera rumpas,
tu Marcellus eris. Manibus date lilia plenis,
purpureos spargam flores, animamque nepotis
his saltem accumulem donis, et fungar inani   885
munere." Sic tota passim regione vagantur
aeris in campis latis, atque omnia lustrant.
Quae postquam Anchises natum per singula duxit,
incenditque animum famae venientis amore,
exin bella viro memorat quae deinde gerenda,   890
Laurentesque docet populos urbemque Latini,
et quo quemque modo fugiatque feratque laborem.

Return to the Upper World

Sunt geminae Somni portae, quarum altera fertur
cornea, qua veris facilis datur exitus umbris;
altera candenti perfecta nitens elephanto,   895
sed falsa ad caelum mittunt insomnia Manes.
His ubi tum natum Anchises unaque Sibyllam
prosequitur dictis, portaque emittit eburna,
ille viam secat ad naves sociosque revisit:
tum se ad Caietae recto fert litore portum.   900
Ancora de prora iacitur, stant litore puppes.

· **878. prisca fides:**
ancient honor.   **879. tulisset:** The conditional clause **si vixisset** is understood.
882. qua: *in any way.*   **883. Marcellus:** *a* (*true*) *Marcellus,* worthy of his namesake.
884. spargam: Hortatory subjunc.   **885. accumulem:** *load.*   **887. aeris campis:**
shadowy plains.   **890. deinde:** *from this time.* **gerenda (sint).**   **892. quo ... modo:**
Tmesis.

894. cornea: *of horn;* the gates of horn and ivory are also described in the *Odyssey,* XIX. 562–567. **veris ... umbris:** *real spirits* that appear in sleep.   **896. falsa**
... insomnia: *delusive dreams.*   **899. secat:** *takes.*   **900. Caietae:** In southern
Latium. **recto ... litore:** *straight along the shore.*   **901. Ancora ... puppes:** Repeated from Book III. 277.

LIBER VII

Partes Selectae

Along the Tyrrhenian Coast

TU quoque litoribus nostris, Aeneia nutrix,
    aeternam moriens famam, Caieta, dedisti;
    et nunc servat honos sedem tuus ossaque nomen
Hesperia in magna, si qua est ea gloria, signat.
At pius exsequiis Aeneas rite solutis,   5
aggere composito tumuli, postquam alta quierunt
aequora, tendit iter velis portumque relinquit.
Aspirant aurae in noctem nec candida cursus
Luna negat, splendet tremulo sub lumine pontus.

---

   1. Tu quoque: i.e., as well as Misenus and Palinurus.   **3. sedem:** *grave.* **ossa:** (*the resting place of*) *thy bones;* the spot is now called Gaeta.

Proxima Circaeae raduntur litora terrae,   10
dives inaccessos ubi Solis filia lucos
assiduo resonat cantu tectisque superbis
urit odoratam nocturna in lumina cedrum,
arguto tenues percurrens pectine telas.
Hinc exaudiri gemitus iraeque leonum   15
vincla recusantum et sera sub nocte rudentum,
saetigerique sues atque in praesaepibus ursi
saevire ac formae magnorum ululare luporum,
quos hominum ex facie dea saeva potentibus herbis
induerat Circe in vultus ac terga ferarum.   20
Quae ne monstra pii paterentur talia Troes
delati in portus neu litora dira subirent,
Neptunus ventis implevit vela secundis
atque fugam dedit et praeter vada fervida vexit.
Iamque rubescebat radiis mare et aethere ab alto   25
Aurora in roseis fulgebat lutea bigis:
cum venti posuere omnisque repente resedit
flatus et in lento luctantur marmore tonsae.
Atque hic Aeneas ingentem ex aequore lucum
prospicit. Hunc inter fluvio Tiberinus amoeno   30
verticibus rapidis et multa flavus arena
in mare prorumpit. Variae circumque supraque
assuetae ripis volucres et fluminis alveo
aethera mulcebant cantu lucoque volabant.
Flectere iter sociis terraeque advertere proras   35
imperat et laetus fluvio succedit opaco.

Vergil Invokes Erato

Nunc age, qui reges, Erato, quae tempora rerum,
quis Latio antiquo fuerit status, advena classem

· **10. Circaeae:** In the
Odyssey, Homer tells how Circe changed the companions of Ulysses into swine.
11. inaccessos: Because of her witchcraft.   **14. arguto:** *shrill;* she is weaving, and
the reed moves along the web with a whistling sound.   **15. gemitus iraeque:** *angry
roars;* hendiadys.   **27. posuere:** *fell.*   **28. tonsae = remi.**
   37. tempora: *crisis.*

cum primum Ausoniis exercitus appulit oris,
expediam et primae revocabo exordia pugnae.   40
Tu vatem, tu, diva, mone. Dicam horrida bella,
dicam acies actosque animis in funera reges
Tyrrhenamque manum totamque sub arma coactam
Hesperiam. Maior rerum mihi nascitur ordo,
maius opus moveo. Rex arva Latinus et urbes   45
iam senior longa placidas in pace regebat.
Hunc Fauno et nympha genitum Laurente Marica
accipimus, Fauno Picus pater isque parentem
te, Saturne, refert, tu sanguinis ultimus auctor.
Filius huic fato divum prolesque virilis   50
nulla fuit primaque oriens erepta iuventa est.
Sola domum et tantas servabat filia sedes,
iam matura viro, iam plenis nubilis annis.
Multi illam magno e Latio totaque petebant
Ausonia. Petit ante alios pulcherrimus omnes   55
Turnus, avis atavisque potens, quem regia coniunx
adiungi generum miro properabat amore;
sed variis portenta deum terroribus obstant.   58

The Oracle of Faunus Answers Latinus

"Ne pete conubiis natam sociare Latinis,   96
O mea progenies, thalamis neu crede paratis:
externi venient generi, qui sanguine nostrum
nomen in astra ferant quorumque a stirpe nepotes
omnia sub pedibus, qua Sol utrumque recurrens   100
aspicit Oceanum, vertique regique videbunt."
Haec responsa patris Fauni monitusque silenti
nocte datos non ipse suo premit ore Latinus,

. . . . **43. Tyrrhenam manum:** An allusion to the story of the uprising of the Tuscans against their tyrant Mezentius, narrated in Book VIII. **45. maius
. . . moveo:** *loftier the task I undertake.* **50. Filius . . . est:** *Son and male issue had
he none; he* (the **proles virilis** he once had) *was cut off in the dawn of early youth.*
56. regia coniunx: Amata, wife of Latinus.

99. ferant: *are destined to raise.* **100. utrumque:** i.e., on the east and west.
103. premit ore: *keeps silent.*

sed circum late volitans iam Fama per urbes
Ausonias tulerat, cum Laomedontia pubes   105
gramineo ripae religavit ab aggere classem.

Fulfillment of the Harpy Celaeno's Prophecy

Aeneas primique duces et pulcher Iulus
corpora sub ramis deponunt arboris altae
instituuntque dapes et adorea liba per herbam
subiciunt epulis (sic Iuppiter ipse monebat)   110
et Cereale solum pomis agrestibus augent.
Consumptis hic forte aliis ut vertere morsus
exiguam in Cererem penuria adegit edendi
et violare manu malisque audacibus orbem
fatalis crusti patulis nec parcere quadris: 115
"Heus! etiam mensas consumimus," inquit Iulus,
nec plura alludens. Ea vox audita laborum
prima tulit finem, primamque loquentis ab ore
eripuit pater ac stupefactus numine pressit.
Continuo: "Salve fatis mihi debita tellus   120
vosque," ait, "O fidi Troiae salvete Penates:
hic domus, haec patria est. Genitor mihi talia namque
(nunc repeto) Anchises fatorum arcana reliquit:
'Cum te, nate, fames ignota ad litora vectum
accisis coget dapibus consumere mensas,   125
tum sperare domos defessus ibique memento
prima locare manu molirique aggere tecta.'
Haec erat illa fames; haec nos suprema manebat,
exitiis positura modum.
Quare agite et primo laeti cum lumine solis   130
quae loca, quive habeant homines, ubi moenia gentis,

---

105. tulerat: i.e., **responsa.**
109. liba . . . subiciunt epulis = imponunt epulas libis.   **111. Cereale . . . augent:**
and load the wheaten surface (cakes used as plates) *with wild fruits.*   **113. penuria
. . . edendi** = inopia cibi.   **115. fatalis crusti:** *fateful cake.* **quadris:** *loaves;* the
dough had been stamped into squares before being baked.   **119. pressit:** *checked*
his speech, lest he should impair the omen by saying more.   **123. Anchises:** But
the Harpy had given the prophecy.   **125. accisis dapibus:** i.e., when food is scant.

vestigemus et a portu diversa petamus.
Nunc pateras libate Iovi precibusque vocate
Anchisen genitorem, et vina reponite mensis."   134

Trojan Scouts Explore the Country

Postera cum prima lustrabat lampade terras   148
orta dies, urbem et fines et litora gentis
diversi explorant: haec fontis stagna Numici,   150
hunc Thybrim fluvium, hic fortes habitare Latinos.
Tum satus Anchisa delectos ordine ab omni
centum oratores augusta ad moenia regis
ire iubet, ramis velatos Palladis omnes,
donaque ferre viro pacemque exposcere Teucris.   155
Haud mora, festinant iussi rapidisque feruntur
passibus. Ipse humili designat moenia fossa
moliturque locum primasque in litore sedes
castrorum in morem pinnis atque aggere cingit.
Iamque iter emensi turres ac tecta Latinorum
ardua cernebant iuvenes muroque subibant.   161

Juno's Fury over the Trojans' Success

Tum quassans caput haec effundit pectore dicta: 292
"Heu stirpem invisam et fatis contraria nostris
fata Phrygum! Num Sigeis occumbere campis,
num capti potuere capi, num incensa cremavit   295
Troia viros? Medias acies mediosque per ignes
invenere viam. At, credo, mea numina tandem
fessa iacent odiis aut exsaturata quievi;
quin etiam patria excussos infesta per undas
ausa sequi et profugis toto me opponere ponto!   300
Absumptae in Teucros vires caelique marisque.
Quid Syrtes aut Scylla mihi, quid vasta Charybdis
profuit? Optato conduntur Thybridis alveo,

---

150. stagna: *waters.* **154. Palladis:** *olive;* metonymy. **157. Ipse:** Aeneas.
159. pinnis: *battlements,* made of twisted boughs and placed on the palisade.

securi pelagi atque mei. Mars perdere gentem
immanem Lapithum valuit, concessit in iras   305
ipse deum antiquam genitor Calydona Dianae,
quod scelus aut Lapithas tantum aut Calydona merentem?
Ast ego, magna Iovis coniunx, nil linquere inausum
quae potui infelix, quae memet in omnia verti,
vincor ab Aenea. Quod si mea numina non sunt   310
magna satis, dubitem haud equidem implorare quod usquam est:
flectere si nequeo superos, Acheronta movebo.
Non dabitur regnis, esto, prohibere Latinis,
atque immota manet fatis Lavinia coniunx:
at trahere atque moras tantis licet addere rebus,   315
at licet amborum populos exscindere regum.
Hac gener atque socer coeant mercede suorum:
sanguine Troiano et Rutulo dotabere, virgo,
et Bellona manet te pronuba. Nec face tantum
Cisseis praegnans ignes enixa iugales;   320
quin idem Veneri partus suus et Paris alter
funestaeque iterum recidiva in Pergama taedae."

Juno Calls on Allecto to Stir Up War

Haec ubi dicta dedit, terras horrenda petivit:
luctificam Allecto dirarum ab sede dearum
infernisque ciet tenebris, cui tristia bella   325
iraeque insidiaeque et crimina noxia cordi.
Odit et ipse pater Pluton, odere sorores
Tartareae monstrum: tot sese vertit in ora,
tam saevae facies, tot pullulat atra colubris.
Quam Iuno his acuit verbis ac talia fatur: 330
"Hunc mihi da proprium, virgo sata Nocte, laborem,
hanc operam, ne noster honos infractave cedat

---

306. Calydona: Ravaged by the wild boar because King Oeneus failed to sacrifice
to Diana.   **312. Acheronta:** i.e., Hades.   **315. trahere:** *put off,* i.e., **tantas res.**
320. Cisseis: Hecuba, before the birth of Paris, dreamed that she would produce
a firebrand.   **ignes...iugales:** *gave birth to nuptial flames.*   **321. quin...taedae:**
i.e., Juno says Venus, in Aeneas, bore one like Paris, who will ruin the new Troy.
332. cedat...loco: *be destroyed.*

fama loco, neu conubiis ambire Latinum
Aeneadae possint Italosve obsidere fines.
Tu potes unanimos armare in proelia fratres   335
atque odiis versare domos, tu verbera tectis
funereasque inferre faces, tibi nomina mille,
mille nocendi artes. Fecundum concute pectus,
disice compositam pacem, sere crimina belli:
arma velit poscatque simul rapiatque inventus."   340

Allecto Arouses Turnus

Dum Turnus Rutulos animis audacibus implet,   475
Allecto in Teucros Stygiis se concitat alis,
arte nova speculata locum, quo litore pulcher
insidiis cursuque feras agitabat Iulus.
Hic subitam canibus rabiem Cocytia virgo
obicit et noto nares contingit odore,   480
ut cervum ardentes agerent; quae prima laborum
causa fuit belloque animos accendit agrestes.
Cervus erat forma praestanti et cornibus ingens,
Tyrrhidae pueri quem matris ab ubere raptum
nutribant Tyrrhusque pater, cui regia parent   485
armenta et late custodia credita campi.
Assuetum imperiis soror omni Silvia cura
mollibus intexens ornabat cornua sertis
pectebatque ferum puroque in fonte lavabat.
Ille, manum patiens mensaeque assuetus erili,   490
errabat silvis rursusque ad limina nota
ipse domum sera quamvis se nocte ferebat.

Ascanius Comes upon the Pet Stag

Hunc procul errantem rabidae venantis Iuli
commovere canes, fluvio cum forte secundo
deflueret ripaque aestus viridante levaret.   495

· · · · · · · · · · · · **333. ambire:** *win.*   **336. versare:** *vex.*   **338. concute:**
search, to discover a fit scheme.
480. odore: i.e., the deer scent.   **485. nutribant:** Old form of the imp. tense.
cui . . . parent: i.e., the keeper of.   **492. sera . . . nocte:** *however late at night.*

Ipse etiam, eximiae laudis succensus amore,
Ascanius curvo direxit spicula cornu;
nec dextrae erranti deus afuit, actaque multo
perque uterum sonitu perque ilia venit harundo.
Saucius at quadrupes nota intra tecta refugit   500
successitque gemens stabulis questuque cruentus
atque imploranti similis tectum omne replebat.
Silvia prima soror, palmis percussa lacertos,
auxilium vocat et duros conclamat agrestes.
Olli, pestis enim tacitis latet aspera silvis,   505
improvisi adsunt, hic torre armatus obusto,
stipitis hic gravidi nodis: quod cuique repertum
rimanti, telum ira facit. Vocat agmina Tyrrhus,
quadrifidam quercum cuneis ut forte coactis
scindebat, rapta spirans immane securi.   510
At saeva e speculis tempus dea nacta nocendi
ardua tecta petit stabuli et de culmine summo
pastorale canit signum cornuque recurvo
Tartaream intendit vocem, qua protinus omne
contremuit nemus et silvae insonuere profundae;   515
audiit et Triviae longe lacus, audiit amnis
sulpurea Nar albus aqua fontesque Velini,
et trepidae matres pressere ad pectora natos.
Tum vero ad vocem celeres, qua bucina signum
dira dedit, raptis concurrunt undique telis   520
indomiti agricolae; nec non et Troia pubes
Ascanio auxilium castris effundit apertis.   522

Latinus Gives Up the Reins of Government

Nec minus interea extremam Saturnia bello   572
imponit regina manum. Ruit omnis in urbem
pastorum ex acie numerus caesosque reportant

---

498. erranti...afuit: i.e., suffer to miss.   **512. stabuli:** Here, *house*.   **514. Tar-**
taream...vocem: Lit., *strains her hellish voice*.   **516. Triviae...lacus:** Lake Nemi,
where there was a grove of Diana.   **517. Nar:** A river in central Italy. **fontes**
Velini: The Veline lake beyond Reate, north of Rome.   **521. indomiti:** *sturdy*.

Almonem puerum foedatique ora Galaesi   575
implorantque deos obtestanturque Latinum.
Turnus adest medioque in crimine caedis et igne
terrorem ingeminat: Teucros in regna vocari,
stirpem admisceri Phrygiam, se limine pelli.   579
Undique collecti coeunt Martemque fatigant.   582
Ilicet infandum cuncti contra omina bellum,
contra fata deum perverso numine poscunt,
certatim regis circumstant tecta Latini.   585
Ille velut pelagi rupes immota resistit,
ut pelagi rupes magno veniente fragore,
quae sese multis circum latrantibus undis
mole tenet; scopuli nequiquam et spumea circum

575. foedati (= foedata)... **Galaesi:** *Galaesus with his mangled face;* Galaesus had been killed while trying to stop the conflict.   **577. crimine ... ingeminat:** *outcry at the slaughter and fiery rage.*   **582. fatigant:** *clamor for.*   **584. numine:** i.e., the influence of Juno.   **589. mole:** *in its bulk.*

saxa fremunt laterique illisa refunditur alga.   590
Verum ubi nulla datur caecum exsuperare potestas
consilium et saevae nutu Iunonis eunt res,
multa deos aurasque pater testatus inanes:
"Frangimur heu fatis," inquit, "ferimurque procella!
Ipsi has sacrilego pendetis sanguine poenas,   595
O miseri. Te, Turne, nefas, te triste manebit
supplicium, votisque deos venerabere seris.
Nam mihi parta quies, omnisque in limine portus;
funere felici spolior." Nec plura locutus
saepsit se tectis rerumque reliquit habenas.   600

War Is Declared

Mos erat Hesperio in Latio, quem protinus urbes
Albanae coluere sacrum nunc maxima rerum
Roma colit, cum prima movent in proelia Martem,
sive Getis inferre manu lacrimabile bellum
Hyrcanisve Arabisve parant seu tendere ad Indos   605
Auroramque sequi Parthosque reposcere signa.
Sunt geminae belli portae (sic nomine dicunt)
religione sacrae et saevi formidine Martis;
centum aerei claudunt vectes aeternaque ferri
robora, nec custos absistit limine Ianus: 610
has, ubi certa sedet patribus sententia pugnae,
ipse Quirinali trabea cinctuque Gabino
insignis reserat stridentia limina consul,
ipse vocat pugnas; sequitur tum cetera pubes,
aereaque assensu conspirant cornua rauco.   615
Hoc et tum Aeneadis indicere bella Latinus
more iubebatur tristesque recludere portas.

· · · · **590. lateri:** With **illisa,** *dashed against its sides.* **592. nutu ... eunt:** *follow the will.* **595. has:** *for this.* **598. mihi ... spolior:** *my rest is won, all my
haven is at hand; a happy death is all I lose;* this is a much disputed passage.

604. Getis ... signa: An allusion to the wars of Augustus. **606. Parthos:** This
alludes to the restoration of the standards taken from Crassus in 53 B.C. **607. belli:**
i.e., the temple of Janus; see Book I. 294. **610. absistit:** *leave.* **612. Quirinali
... Gabino:** *in Quirinus's robe of state and Gabine cincture;* the **cinctus Gabinus** was
a special way of folding the toga.

Abstinuit tactu pater aversusque refugit
foeda ministeria et caecis se condidit umbris.
Tum regina deum caelo delapsa morantes 620
impulit ipsa manu portas, et cardine verso
belli ferratos rumpit Saturnia postes.
Ardet inexcita Ausonia atque immobilis ante;
Pars pedes ire parat campis, pars arduus altis
pulverulentus equis furit; omnes arma requirunt. 625

The Allies of Turnus Rally

Primus init bellum Tyrrhenis asper ab oris 647
contemptor divum Mezentius agminaque armat.
Filius huic iuxta Lausus, quo pulchrior alter
non fuit excepto Laurentis corpore Turni, 650
Lausus, equum domitor debellatorque ferarum,
ducit Agyllina nequiquam ex urbe secutos
mille viros, dignus, patriis qui laetior esset
imperiis et cui pater haud Mezentius esset. 654

Turnus Rides Proudly Forth

Ipse inter primos praestanti corpore Turnus 783
vertitur arma tenens et toto vertice supra est.
Cui triplici crinita iuba galea alta Chimaeram 785
sustinet, Aetnaeos efflantem faucibus ignes:
tam magis illa fremens et tristibus effera flammis,
quam magis effuso crudescunt sanguine pugnae.
At levem clipeum sublatis cornibus Io
auro insignibat, iam saetis obsita, iam bos 790
(argumentum ingens), et custos virginis Argus

---

624. pedes: *on foot*, agreeing in number with **pars.**
652. nequiquam: Because they could not save him from death.   **653. dignus . . .
esset:** *worthy of being happier in his father's authority and of having a better sire than
Mezentius.*
787. illa: *she* (the Chimaera).   **789. Io:** She was changed by Jupiter into a
white heifer; jealous Juno sent the many-eyed Argus to watch her.

caelataque amnem fundens pater Inachus urna.
Insequitur nimbus peditum clipeataque totis
agmina densentur campis, Argivaque pubes
Auruncaeque manus, Rutuli veteresque Sicani   795
et Sacranae acies et picti scuta Labici;
qui saltus, Tiberine, tuos sacrumque Numici
litus arant Rutulosque exercent vomere colles
Circaeumque iugum, quis Iuppiter Anxurus arvis
praesidet et viridi gaudens Feronia luco;   800
qua Saturae iacet atra palus gelidusque per imas
quaerit iter valles atque in mare conditur Ufens.

The Volscians and Camilla Appear

Hos super advenit Volsca de gente Camilla
agmen agens equitum et florentes aere catervas,
bellatrix, non illa colo calathisve Minervae   805
femineas assueta manus, sed proelia virgo
dura pati cursuque pedum praevertere ventos.
Illa vel intactae segetis per summa volaret
gramina nec teneras cursu laesisset aristas,
vel mare per medium fluctu suspensa tumenti   810
ferret iter celeres nec tingueret aequore plantas.
Illam omnis tectis agrisque effusa iuventus
turbaque miratur matrum et prospectat euntem,
attonitis inhians animis, ut regius ostro
velet honos leves umeros, ut fibula crinem   815
auro internectat, Lyciam ut gerat ipsa pharetram
et pastoralem praefixa cuspide myrtum.

---

792. Inachus: A river-god, father of Io; **fundens** since the river-gods were usually
represented as streams pouring from urns.
   805. calathis: *work-basket;* Minerva was the goddess of woman's work.
807. pati (assueta).   **808. Illa ... plantas: volaret** is a potential subjunc. *She
might have skimmed over the topmost blades of standing corn, nor would have harmed
in her flight the tender ears; or across mid-sea, poised on the swelling wave, she might
have kept her way without wetting her swift soles in the watery surface.* Compare
Ovid's description of Atalanta's race, *Metamorphoses*, X. 654–655.   **814. ut ...
ostro ... honos:** *to see how the splendor of royal purple.*   **817. praefixa cuspide:** i.e.,
with javelin point. **myrtum:** *myrtle-staff.*

LIBER VIII

Turnus Starts the War

UT belli signum Laurenti Turnus ab arce
    extulit et rauco strepuerunt cornua cantu,
    utque acres concussit equos utque impulit arma,
extemplo turbati animi, simul omne tumultu
coniurat trepido Latium saevitque iuventus   5
effera. Ductores primi Messapus et Ufens
contemptorque deum Mezentius undique cogunt
auxilia et latos vastant cultoribus agros.
Mittitur et magni Venulus Diomedis ad urbem,

---

6. primi: Translate as adv.   **8. vastant:** *strip*, i.e., the farmers are pressed into service.   **9. Diomedis ... urbem:** Diomedes went to Italy after the fall of Troy and founded the city of Argyripa, or Arpi, in Apulia.

qui petat auxilium et Latio consistere Teucros,   10
advectum Aenean classi victosque Penates
inferre et fatis regem se dicere posci
edoceat multasque viro se adiungere gentes
Dardanio et late Latio increbrescere nomen.
Quid struat his coeptis, quem, si Fortuna sequatur,   15
eventum pugnae cupiat, manifestius ipsi
quam Turno regi aut regi apparere Latino.

Father Tiber Visits the Sleeping Aeneas

Talia per Latium.   Quae Laomedontius heros
cuncta videns magno curarum fluctuat aestu,
atque animum nunc huc celerem, nunc dividit illuc   20
in partesque rapit varias perque omnia versat:
sicut aquae tremulum labris ubi lumen aenis
sole repercussum aut radiantis imagine lunae
omnia pervolitat late loca iamque sub auras
erigitur summique ferit laquearia tecti.   25
Nox erat, et terras animalia fessa per omnes
alituum pecudumque genus sopor altus habebat:
cum pater in ripa gelidique sub aetheris axe
Aeneas, tristi turbatus pectora bello,
procubuit seramque dedit per membra quietem.   30
Huic deus ipse loci fluvio Tiberinus amoeno
populeas inter senior se attollere frondes
visus; eum tenuis glauco velabat amictu
carbasus, et crines umbrosa tegebat harundo,
tum sic affari et curas his demere dictis: 35
    "O sate gente deum, Troianam ex hostibus urbem
qui revehis nobis aeternaque Pergama servas,
exspectate solo Laurenti arvisque Latinis,
hic tibi certa domus, certi, ne absiste, Penates;

. . . . **15. Quid struat:** i.e., Aeneas.
16. manifestius: Because Diomedes is an old enemy of the Trojans.
  20–21. Repeated from Book IV. 285–286.   **23. imagine lunae:** *the moon's form.*
27. alituum = alitum: A spelling used for the sake of the meter.

neu belli terrere minis: tumor omnis et irae   40
concessere deum.
Iamque tibi, ne vana putes haec fingere somnum,
litoreis ingens inventa sub ilicibus sus,
triginta capitum fetus enixa, iacebit,
alba, solo recubans, albi circum ubera nati.   45
(Hic locus urbis erit, requies ea certa laborum.)
Ex quo ter denis urbem redeuntibus annis
Ascanius clari condet cognominis Albam.
Haud incerta cano. Nunc qua ratione quod instat
expedias victor, paucis (adverte) docebo.   50
Arcades his oris, genus a Pallante profectum,
qui regem Evandrum comites, qui signa secuti,
delegere locum et posuere in montibus urbem
Pallantis proavi de nomine Pallanteum.
Hi bellum assidue ducunt cum gente Latina;   55
hos castris adhibe socios et foedera iunge.
Ipse ego te ripis et recto flumine ducam,
adversum remis superes subvectus ut amnem.
Surge age, nate dea, primisque cadentibus astris
Iunoni fer rite preces iramque minasque   60
supplicibus supera votis. Mihi victor honorem
persolves. Ego sum pleno quem flumine cernis
stringentem ripas et pinguia culta secantem,
caeruleus Thybris, caelo gratissimus amnis.
Hic mihi magna domus, celsis caput urbibus, exit."   65

The Trojans Navigate the Tiber

Dixit, deinde lacu fluvius se condidit alto,
ima petens; nox Aenean somnusque reliquit.

. . . . **40. terrere:**
Pass. imperative.   **42. Iamque tibi:** *Soon before your eyes.* **vana:** *empty dreams.*
47. Ex quo (prodigio): Refers to ll. 43–45.   **51. Pallante:** Pallas was an old Arcadian
hero.   **52. Evandrum:** Evander, before the Trojan war, went to Italy and founded
Pallanteum on the site afterwards occupied by Rome.   **55. ducunt = gerunt.**
63. stringentem: *flowing past.* **culta (arva).**   **65. celsis . . . exit:** A line of doubtful
meaning; some translate it *amid lofty cities flows forth my fountainhead.*

Surgit et aetherii spectans orientia solis
lumina rite cavis undam de flumine palmis
sustinet ac tales effundit ad aethera voces: 70
"Nymphae, Laurentes nymphae, genus amnibus unde est,
tuque, O Thybri tuo genitor cum flumine sancto,
accipite Aenean et tandem arcete periclis.
Quo te cumque lacus miserantem incommoda nostra
fonte tenet, quocumque solo pulcherrimus exis,   75
semper honore meo, semper celebrabere donis,
corniger Hesperidum fluvius regnator aquarum.
Adsis O tantum et propius tua numina firmes."
Sic memorat geminasque legit de classe biremes
remigioque aptat, socios simul instruit armis.   80
   Ecce autem subitum atque oculis mirabile monstrum;
candida per silvam cum fetu concolor albo
procubuit viridique in litore conspicitur sus.
Quam pius Aeneas tibi enim, tibi, maxima Iuno,
mactat sacra ferens et cum grege sistit ad aram.   85
Thybris ea fluvium, quam longa est, nocte tumentem
leniit, et tacita refluens ita substitit unda,
mitis ut in morem stagni placidaeque paludis
sterneret aequor aquis, remo ut luctamen abesset.
Ergo iter inceptum celerant rumore secundo;   90
labitur uncta vadis abies; mirantur et undae,
miratur nemus insuetum fulgentia longe
scuta virum fluvio pictasque innare carinas.
Olli remigio noctemque diemque fatigant
et longos superant flexus variisque teguntur   95
arboribus viridesque secant placido aequore silvas.
Sol medium caeli conscenderat igneus orbem,

---

71. **genus . . . est:** *whence rivers spring;* nymphs presided over the sources of streams. **72. Thybri:** Vocative. **77. corniger:** River-gods were often represented with bulls' horns, as a sign of strength. **fluvius:** Nom. for vocative. **78. Adsis . . . firmes:** *Only be thou with us and more clearly ratify thy divine will.* **86. ea . . . nocte:** *all that night.* **89. aquis = aquarum. luctamen:** *effort.* **90. rumore secundo:** *with cheerful strain,* i.e., the rowers' chantey. **91. uncta:** i.e., with pitch. **abies:** i.e., **navis.** **95. superant flexus:** i.e., round the bends of the river. **teguntur:** *pass beneath the shade of.* **97. medium . . . orbem:** *zenith.*

cum muros arcemque procul ac rara domorum
tecta vident, quae nunc Romana potentia caelo
aequavit, tum res inopes Evandrus habebat: 100
ocius advertunt proras urbique propinquant.

Aeneas Meets Pallas and Evander

Forte die sollemnem illo rex Arcas honorem
Amphitryoniadae magno divisque ferebat
ante urbem in luco. Pallas huic filius una,
una omnes iuvenum primi pauperque senatus   105
tura dabant, tepidusque cruor fumabat ad aras.
Ut celsas videre rates atque inter opacum
allabi nemus et tacitis incumbere remis,
terrentur visu subito cunctique relictis
consurgunt mensis. Audax quos rumpere Pallas   110
sacra vetat raptoque volat telo obvius ipse
et procul e tumulo: "Iuvenes, quae causa subegit
ignotas temptare vias, quo tenditis?" inquit.
"Qui genus? Unde domo? Pacemne huc fertis an arma?"
Tum pater Aeneas puppe sic fatur ab alta   115
paciferaeque manu ramum praetendit olivae:
"Troiugenas ac tela vides inimica Latinis,
quos illi bello profugos egere superbo.
Euandrum petimus. Ferte haec et dicite lectos
Dardaniae venisse duces socia arma rogantes."   120
Obstipuit tanto percussus nomine Pallas:
"Egredere o quicumque es" ait "coramque parentem
alloquere ac nostris succede Penatibus hospes";
excepitque manu dextramque amplexus inhaesit.
Progressi subeunt luco fluviumque relinquunt.   125

. . . . **99. nunc:** i.e., in the
time of Augustus.
    103. Amphitryoniadae: i.e., Amphitryon's son, though in fact Hercules was the
son of Jupiter, who sired him in the guise of Amphitryon, his mother Alcmene's mortal husband.   **108. incumbere (remiges). 121. percussus:** *astounded.*   **124. dex-**
tram . . . inhaesit: *grasping his hand, clung to it.*

Tum regem Aeneas dictis affatur amicis:
"Optime Graiugenum, cui me Fortuna precari
et vitta comptos voluit praetendere ramos,
non equidem extimui, Danaum quod ductor et Arcas
quodque a stirpe fores geminis coniunctus Atridis; 130
sed mea me virtus et sancta oracula divum
cognatique patres, tua terris didita fama,
coniunxere tibi et fatis egere volentem.
Dardanus, Iliacae primus pater urbis et auctor,
Electra, ut Grai perhibent, Atlantide cretus, 135
advehitur Teucros; Electram maximus Atlas
edidit, aetherios umero qui sustinet orbes.
Vobis Mercurius pater est, quem candida Maia
Cyllenae gelido conceptum vertice fudit;
at Maiam, auditis si quicquam credimus, Atlas, 140
idem Atlas generat, caeli qui sidera tollit.
Sic genus amborum scindit se sanguine ab uno.
His fretus non legatos neque prima per artem
temptamenta tui pepigi: me, me ipse meumque
obieci caput et supplex ad limina veni. 145
Gens eadem, quae te, crudeli Daunia bello
insequitur; nos si pellant, nihil afore credunt,
quin omnem Hesperiam penitus sua sub iuga mittant
et mare, quod supra, teneant quodque alluit infra.
Accipe daque fidem: sunt nobis fortia bello 150
pectora, sunt animi et rebus spectata iuventus."

---

128. vitta comptos: *decked with the fillet,* a sort of flag of truce. **130. a stirpe:**
by descent. **fores:** i.e., as I was told; hence subjunc. **132. cognati patres:** *our re-*
lated ancestors; the relationship is explained below. **133. fatis . . . volentem:** i.e.,
have made me the willing instrument of fate. **135. Electra:** Abl. of source. **136. ad-**
vehitur: *sailed to the land of . . .* **137. edidit:** *begot.* **139. Cyllenae . . . fudit:**
upon Cyllene's icy peak conceived and brought forth; hence he was called Cyllenius.
143. His: i.e., these facts, or this kinship. **prima . . . pepigi:** *made the first advances*
(overtures) to you through artifice. **147. insequitur (nos). nihil . . . credunt:** *they be-*
lieve that there is nothing that would prohibit them from; what is the literal translation?
149. mare . . . infra: The Adriatic and the Tuscan Seas, called the "upper" and the
"lower." **151. rebus spectata:** *tried by deeds.*

Dixerat Aeneas. Ille os oculosque loquentis
iamdudum et totum lustrabat lumine corpus.
Tum sic pauca refert: "Ut te, fortissime Teucrum,
accipio agnoscoque libens! Ut verba parentis   155
et vocem Anchisae magni voltumque recordor!
Nam memini Hesionae visentem regna sororis
Laomedontiaden Priamum, Salamina petentem,
protinus Arcadiae gelidos invisere fines.
Tum mihi prima genas vestibat flore iuventas,   160
mirabarque duces Teucros, mirabar et ipsum
Laomedontiaden, sed cunctis altior ibat
Anchises: mihi mens iuvenali ardebat amore
compellare virum et dextrae coniungere dextram.
Accessi et cupidus Phenei sub moenia duxi.   165
Ille mihi insignem pharetram Lyciasque sagittas
discedens chlamydemque auro dedit intertextam
frenaque bina meus quae nunc habet aurea Pallas.
Ergo et quam petitis iuncta est mihi foedere dextra,
et lux cum primum terris se crastina reddet,   170
auxilio laetos dimittam opibusque iuvabo.
Interea sacra haec, quando huc venistis amici,
annua, quae differre nefas, celebrate faventes
nobiscum et iam nunc sociorum assuescite mensis."
Haec ubi dicta, dapes iubet et sublata reponi   175
pocula gramineoque viros locat ipse sedili
praecipuumque toro et villosi pelle leonis
accipit Aenean solioque invitat acerno.
Tum lecti iuvenes certatim araeque sacerdos
viscera tosta ferunt taurorum onerantque canistris   180
dona laboratae Cereris Bacchumque ministrant.

---

157. Hesionae: Sister of Priam and Anchises, and wife of Telamon of Salamis.
158. petentem: *on his way to.*   **160. vestibat flore:** *was beginning to cover with
down.*   **165. Phenei:** Pheneus was one of Evander's strongholds in Arcadia.   **169. Ergo
. . . mihi:** *And so the pledge you ask I have already granted.*   **175. sublata:** *that had
been removed.*   **177. praecipuum:** *as the chief guest.*   **toro . . . leonis:** *on a cushion
of shaggy lion hides;* hendiadys.   **181. laboratae Cereris:** i.e., bread.

Vescitur Aeneas simul et Troiana iuventus
perpetui tergo bovis et lustralibus extis.

The Tale of Hercules's Visit

Postquam exempta fames et amor compressus edendi,
rex Evandrus ait: "Non haec sollemnia nobis,   185
has ex more dapes, hanc tanti numinis aram
vana superstitio veterumque ignara deorum
imposuit: saevis, hospes Troiane, periclis
servati facimus meritosque novamus honores.
Iam primum saxis suspensam hanc aspice rupem,   190
disiectae procul ut moles desertaque montis
stat domus et scopuli ingentem traxere ruinam.
Hic spelunca fuit, vasto summota recessu,
semihominis Caci facies quam dira tenebat,
solis inaccessam radiis; semperque recenti   195
caede tepebat humus, foribusque affixa superbis
ora virum tristi pendebant pallida tabo.
Huic monstro Volcanus erat pater: illius atros
ore vomens ignes magna se mole ferebat.
Attulit et nobis aliquando optantibus aetas   200
auxilium adventumque dei. Nam maximus ultor,
tergemini nece Geryonae spoliisque superbus,
Alcides aderat taurosque hac victor agebat
ingentes, vallemque boves amnemque tenebant.
At furiis Caci mens effera, ne quid inausum   205
aut intractatum scelerisve dolive fuisset,
quattuor a stabulis praestanti corpore tauros
avertit, totidem forma superante iuvencas;
atque hos, ne qua forent pedibus vestigia rectis,

---

183. perpetui: *whole.*
191. montis ... domus: *mountain home.* **197. ora ... pallida tabo:** *heads
ghastly with foul decay.* **198. illius:** Vulcan's. **200. aetas:** i.e., time. **202. tergemini:** *three-bodied;* Geryon was a three-headed and three-bodied monster; the
tenth labor of Hercules was to drive off his cattle. **209. pedibus ... rectis:** *forward-
pointing tracks* (lit., *tracks with feet turned forward* — toward the cave).

cauda in speluncam tractos versisque viarum 210
indiciis raptos saxo occultabat opaco:
quaerenti nulla ad speluncam signa ferebant.

Cacus's Cattle Rustling Discovered

Interea, cum iam stabulis saturata moveret
Amphitryoniades armenta abitumque pararet,
discessu mugire boves atque omne querellis 215
impleri nemus et colles clamore relinqui.
Reddidit una boum vocem vastoque sub antro
mugiit et Caci spem custodita fefellit.
Hic vero Alcidae furiis exarserat atro
felle dolor: rapit arma manu nodisque gravatum 220
robur et aerii cursu petit ardua montis.

210. **versis ... indiciis:** *with backward trail.*
213. **saturata:** *well-fed.*   215. **mugire:** This and the following infin. are historical.   216. **colles ... relinqui:** *the hills were filled with their lowing as they left.*
221. **robur:** *oaken club.* **montis:** The Aventine.

Tum primum nostri Cacum videre timentem
turbatumque oculis: fugit ilicet ocior Euro
speluncamque petit, pedibus timor addidit alas.
Ut sese inclusit ruptisque immane catenis   225
deiecit saxum, ferro quod et arte paterna
pendebat, fultosque emuniit obice postes,
ecce furens animis aderat Tirynthius omnemque
accessum lustrans huc ora ferebat et illuc,
dentibus infrendens. Ter totum fervidus ira   230
lustrat Aventini montem, ter saxea temptat
limina nequiquam, ter fessus valle resedit.
Stabat acuta silex, praecisis undique saxis
speluncae dorso insurgens, altissima visu,
dirarum nidis domus opportuna volucrum.   235
Hanc, ut prona iugo laevum incumbebat in amnem,
dexter in adversum nitens concussit et imis
avulsam solvit radicibus; inde repente
impulit, impulsu quo maximus intonat aether,
dissultant ripae refluitque exterritus amnis.   240

Cacus's Court Revealed

At specus et Caci detecta apparuit ingens
regia, et umbrosae penitus patuere cavernae:
non secus ac si qua penitus vi terra dehiscens
infernas reseret sedes et regna recludat
pallida, dis invisa, superque immane barathrum   245
cernatur, trepident immisso lumine manes.
Ergo insperata deprensum luce repente
inclusumque cavo saxo atque insueta rudentem
desuper Alcides telis premit omniaque arma
advocat et ramis vastisque molaribus instat.   250

---

225. catenis: *supporting chains.*　**227. fultos ... postes:** *and fortified with its barrier the (well) supported doorpost.*　**234. dorso:** *on the back,* i.e., top.　**235. dirarum:** *unclean,* i.e., vultures or the like.　**236. ut ... radicibus:** *as leaning from the ridge it inclined toward the river on the left, pushing against it from the right he loosened it and tore it away from its foundation.*
248. insueta: *uncouth* (lit. *unusual*).　**250. instat:** *pelts.*

Ille autem, neque enim fuga iam super ulla pericli,
faucibus ingentem fumum (mirabile dictu)
evomit involvitque domum caligine caeca,
prospectum eripiens oculis, glomeratque sub antro
fumiferam noctem commixtis igne tenebris.   255
Non tulit Alcides animis seque ipse per ignem
praecipiti iecit saltu, qua plurimus undam
fumus agit nebulaque ingens specus aestuat atra.
Hic Cacum in tenebris incendia vana vomentem
corripit in nodum complexus et angit inhaerens   260
elisos oculos et siccum sanguine guttur.
Panditur extemplo foribus domus atra revulsis,
abstractaeque boves abiurataeque rapinae
caelo ostenduntur, pedibusque informe cadaver
protrahitur. Nequeunt expleri corda tuendo   265
terribiles oculos, vultum villosaque saetis
pectora semiferi atque exstinctos faucibus ignes.
Ex illo celebratus honos, laetique minores
servavere diem, primusque Potitius auctor
et domus Herculei custos Pinaria sacri.   270
Hanc aram luco statuit, quae maxima semper
dicetur nobis et erit quae maxima semper.
Quare agite, O iuvenes, tantarum in munere laudum
cingite fronde comas et pocula porgite dextris
communemque vocate deum et date vina volentes."   275

Rites in Honor of Hercules

Dixerat, Herculea bicolor cum populus umbra
velavitque comas foliisque innexa pependit
et sacer implevit dextram scyphus. Ocius omnes

---

260. in nodum . . . guttur: *in tight grasp* (i.e., as in a knot), *and clinging fast chokes him till his eyes start and his throat is dry of blood.* **263. abiuratae:** *which he had denied.* **268. honos:** i.e., of Hercules. **269. Potitius:** The **Potitii** and **Pinarii** were original custodians of Hercules worship. **271. statuit:** i.e., Hercules. **maxima:** i.e., the Ara Maxima, the altar of Hercules in the Forum Boarium; see l. 102. **273. tantarum . . . laudum:** *in honor of exploits so great.*

276. bicolor: Because the leaves are white underneath. **Herculea . . . umbra:** i.e., the poplar, as being Hercules's tree.

in mensam laeti libant divosque precantur.
Devexo interea propior fit Vesper Olympo,   280
iamque sacerdotes primusque Potitius ibant,
pellibus in morem cincti, flammasque ferebant.
Instaurant epulas et mensae grata secundae
dona ferunt cumulantque oneratis lancibus aras.
Tum Salii ad cantus incensa altaria circum   285
populeis adsunt evincti tempora ramis,
hic iuvenum chorus, ille senum; qui carmine laudes
Herculeas et facta ferunt: ut prima novercae
monstra manu geminosque premens eliserit angues,
ut bello egregias idem disiecerit urbes,   290
Troiamque Oechaliamque, ut duros mille labores
rege sub Eurystheo fatis Iunonis iniquae
pertulerit. "Tu nubigenas, invicte, bimembres
Hylaeumque Pholumque, manu, tu Cresia mactas
prodigia et vastum Nemeae sub rupe leonem.   295
Te Stygii tremuere lacus, te ianitor Orci
ossa super recubans antro semesa cruento;
nec te ullae facies, non terruit ipse Typhoeus,
arduus arma tenens; non te rationis egentem
Lernaeus turba capitum circumstetit anguis.   300
Salve, vera Iovis proles, decus addite divis,

· · · · **280. Devexo . . . Olympo:** Lit., *Heaven having sloped down*, i.e., at the end of
the day.   **285. Salii:** Actually, priests of Mars.   **286. evincti:** *their brows bound.*
287. hic . . . ille: *on this side . . . on that*, i.e., their chanting is antiphonal.
288. novercae: Juno; Jupiter was his father, Alcmene his mother.   Juno in jealousy
sent two snakes, **monstra**, to kill the infant Hercules.   **291. Troiam, Oechaliam:**
When Troy was ravaged by the sea-monster, Laomedon promised Hercules his famous horses if he would slay it.   When he refused to pay, Hercules raised an army
and captured the city.   Oechalia in Euboea was destroyed because the king refused
to give his daughter Iole to Hercules.   **mille:** A round number; the usual number
is twelve, alluded to in ll. 293–300.   **292. sub:** *at the bidding of.*   **Eurystheo:**
Scanned as three syllables; Hercules had to serve Eurystheus for twelve years
by Juno's decree, **fatis**.   **293. nubigenas . . . bimembres:** *two-formed, cloud-born*
(*Centaurs*).   **295. prodigia:** *monster*, i.e., the wild bull.   **296. Te:** *At your approach.*   **Stygii . . . cruento:** When he went to bring Cerberus, **ianitor Orci**, from
Hades.   **298. Typhoeus:** A monster with a hundred serpents' heads, flung into
Tartarus by Jupiter.   **299. rationis egentem:** *bewildered* (lit., *lacking reason*).
300. Lernaeus . . . anguis: *serpent of Lerna* — the Hydra, which had numerous heads.
301. addite: Vocative, *added as an honor.*   Hercules was made an Olympian deity.

et nos et tua dexter adi pede sacra secundo."
Talia carminibus celebrant; super omnia Caci
speluncam adiciunt spirantemque ignibus ipsum.
Consonat omne nemus strepitu collesque resultant.   305

Evander Tells of Latinus's Past and Future

Exin se cuncti divinis rebus ad urbem
perfectis referunt. Ibat rex obsitus aevo
et comitem Aenean iuxta natumque tenebat
ingrediens varioque viam sermone levabat.
Miratur facilesque oculos fert omnia circum   310
Aeneas capiturque locis et singula laetus
exquiritque auditque virum monumenta priorum.
Tum rex Evandrus, Romanae conditor arcis:
"Haec nemora indigenae fauni nymphaeque tenebant
gensque virum truncis et duro robore nata,   315
quis neque mos neque cultus erat, nec iungere tauros
aut componere opes norant aut parcere parto,
sed rami atque asper victu venatus alebat.
Primus ab aetherio venit Saturnus Olympo,
arma Iovis fugiens et regnis exsul ademptis.   320
Is genus indocile ac dispersum montibus altis
composuit legesque dedit Latiumque vocari
maluit, his quoniam latuisset tutus in oris.
Aurea quae perhibent illo sub rege fuere
saecula. Sic placida populos in pace regebat,   325
deterior donec paulatim ac decolor aetas
et belli rabies et amor successit habendi.
Tum manus Ausonia et gentes venere Sicanae,
saepius et nomen posuit Saturnia tellus;
tum reges asperque immani corpore Thybris,   330

---

304. speluncam: i.e., the tale of it.   **310. faciles:** *quick-glancing.*   **313. condi-**
tor: Because Pallanteum stood on the site where Rome would rise.   **316. quis =**
quibus.   317. componere: *store up.*   **parcere parto:** *husband their gains.*   **318. asper:**
Transferred epithet; translate with **victu.   322. composuit:** *reduced to order.*
326. decolor: *duller,* i.e., of iron or bronze.   **329. saepius:** *again and again.* **posuit:**
changed (lit., *laid down*).   **330. Thybris:** For Tiberis; in legends, a robber chief.

a quo post Itali fluvium cognomine Thybrim
diximus, amisit verum vetus Albula nomen;
me pulsum patria pelagique extrema sequentem
fortuna omnipotens et ineluctabile fatum
his posuere locis matrisque egere tremenda   335
Carmentis nymphae monita et deus auctor Apollo."

Evander Shows Aeneas the Site of Rome-to-Be

Vix ea dicta: dehinc progressus monstrat et aram
et Carmentalem Romani nomine portam
quam memorant, nymphae priscum Carmentis honorem,
vatis fatidicae, cecinit quae prima futuros   340
Aeneadas magnos et nobile Pallanteum.
Hinc lucum ingentem quem Romulus acer Asylum
rettulit et gelida monstrat sub rupe Lupercal,
Parrhasio dictum Panos de more Lycaei.
Nec non et sacri monstrat nemus Argileti   345
testaturque locum et letum docet hospitis Argi.
Hinc ad Tarpeiam sedem et Capitolia ducit,
aurea nunc, olim silvestribus horrida dumis.
Iam tum religio pavidos terrebat agrestes
dira loci, iam tum silvam saxumque tremebant.   350
"Hóc nemus, hunc," inquit, "frondoso vertice collem
(quis deus incertum est) habitat deus: Arcades ipsum
credunt se vidisse Iovem, cum saepe nigrantem

---

332. Albula: The Tiber's old name.   **335. (me huc) egere.**
337. dehinc: *when straightway.*   **339. honorem:** *honor (paid to);* appositive to
previous clause.   **342. Asylum:** *place of refuge,* established by Romulus in order to
increase the population of Rome by harboring refugees from neighboring towns.
343. rettulit = reddidit: *made.*   **Lupercal:** A cave on the Palatine Hill, sanctuary of
the old Latin shepherd-god Lupercus, identified with the Greek Pan.   **344. Parrhasio
... Lycaei:** *Called, after Parrhasian* (i.e., Arcadian) *custom, (the cave) of Lycaean Pan.*
345. Argileti: The tradition was that a certain Argus, while a guest of Evander, was
detected in treachery to the king and killed there.   **346. testatur:** *calls to witness,* that
Argus was justly slain.   **347. Tarpeiam ... Capitolia:** *the Tarpeian mount and the
heights of the Capitol;* **Mons Tarpeius** was the old name of the Capitoline Hill.
348. aurea: The roof of the temple of Jupiter Capitolinus was gilded.   **353. nigrantem:**
cloud-gathering (lit. *making black*); the aegis, or shield, of Jupiter caused storms when
shaken.

aegida concuteret dextra nimbosque cieret.
Haec duo praeterea disiectis oppida muris,   355
reliquias veterumque vides monumenta virorum.
Hanc Ianus pater, hanc Saturnus condidit arcem:
Ianiculum huic, illi fuerat Saturnia nomen."
Talibus inter se dictis ad tecta subibant
pauperis Evandri passimque armenta videbant   360
Romanoque foro et lautis mugire Carinis.
Ut ventum ad sedes: "Haec," inquit, "limina victor
Alcides subiit, haec illum regia cepit.
Aude, hospes, contemnere opes et te quoque dignum
finge deo rebusque veni non asper egenis."   365
Dixit et angusti subter fastigia tecti
ingentem Aenean duxit stratisque locavit
effultum foliis et pelle Libystidis ursae.

Venus Begs Vulcan's Aid

Nox ruit et fuscis tellurem amplectitur alis.
At Venus haud animo nequiquam exterrita mater   370
Laurentumque minis et duro mota tumultu
Volcanum alloquitur thalamoque haec coniugis aureo
incipit et dictis divinum aspirat amorem:
"Dum bello Argolici vastabant Pergama reges
debita casurasque inimicis ignibus arces,   375
non ullum auxilium miseris, non arma rogavi
artis opisque tuae nec te, carissime coniunx,
incassumve tuos volui exercere labores,
quamvis et Priami deberem plurima natis
et durum Aeneae flevissem saepe laborem.   380
Nunc Iovis imperiis Rutulorum constitit oris:

· · · · **361. foro, Carinis:** i.e., where these were to be in later ages. **lautis:** *stately*, because in later times wealthy Romans had houses there.
    370. haud: With **nequiquam. mater:** Emphatic, *with a mother's anxiety.* **375. debita:** *doomed.* **376. miseris (Troianis). 379. Priami . . . natis:** She owed much to Priam's sons, because of the judgment of Paris. **381. constitit:** i.e., Aeneas.

ergo eadem supplex venio et sanctum mihi numen
arma rogo, genetrix nato. Te filia Nerei,
te potuit lacrimis Tithonia flectere coniunx.
Aspice qui coeant populi, quae moenia clausis   385
ferrum acuant portis in me excidiumque meorum."

Vulcan Promises Armor Fit for a Hero

Tum pater aeterno fatur devinctus amore:
"Quid causas petis ex alto? Fiducia cessit   395
quo tibi, diva, mei? Similis si cura fuisset,
tum quoque fas nobis Teucros armare fuisset:
nec pater omnipotens Troiam nec fata vetabant
stare decemque alios Priamum superesse per annos.
Et nunc, si bellare paras atque haec tibi mens est,   400
quidquid in arte mea possum promittere curae,
quod fieri ferro liquidove potest electro,
quantum ignes animaeque valent, absiste precando
viribus indubitare tuis." Ea verba locutus
optatos dedit amplexus placidumque petivit   405
coniugis infusus gremio per membra soporem.
* Inde ubi prima quies medio iam noctis abactae
curriculo expulerat somnum, cum femina primum,
cui tolerare colo vitam tenuique Minerva
impositum, cinerem et sopitos suscitat ignes,   410
noctem addens operi, famulasque ad lumina longo
exercet penso, castum ut servare cubile
coniugis et possit parvos educere natos:
haud secus Ignipotens nec tempore segnior illo
mollibus e stratis opera ad fabrilia surgit.   415

382. ergo eadem: *so now,* i.e., I who never asked before. **sanctum mihi:** *that I revere;*
he was her husband. **383. filia Nerei:** Thetis, mother of Achilles. **384. Tithonia
... coniunx:** Aurora, who asked arms for her son Memnon.
395. causas ... ex alto: *far-fetched pleas.* **396. quo = quo tandem:** *whither,*
pray. **mei:** Obj. gen., *in me.* **fuisset (tibi). 402. electro:** Electrum is an alloy of
gold and silver. **403. absiste ... tuis:** *cease to show doubt of your powers (over me)*
with your prayers. **409. cui ... vitam:** *on whom devolves the task of supporting life.*
tenui Minerva: Metonymy, *fine work of Minerva,* i.e., spinning, weaving, and similar
arts. **411. ad lumina:** *by lamplight.* **415. fabrilia:** *of the forge.*

Insula Sicanium iuxta latus Aeoliamque
erigitur Liparen, fumantibus ardua saxis,
quam subter specus et Cyclopum exesa caminis
antra Aetnaea tonant validique incudibus ictus
auditi referunt gemitus striduntque cavernis   420
stricturae Chalybum et fornacibus ignis anhelat,
Volcani domus et Volcania nomine tellus.
Hoc tunc Ignipotens caelo descendit ab alto.
Ferrum exercebant vasto Cyclopes in antro,
Brontesque Steropesque et nudus membra Pyracmon.   425
His informatum manibus iam parte polita
fulmen erat, toto genitor quae plurima caelo
deicit in terras, pars imperfecta manebat.

416. Insula: Hiera, one of the Aeolian Islands, northeast of Sicily, supposed to be
the site of Vulcan's workshop.   **418. quam subter:** *and in its depths;* the Cyclopes
are here represented as Vulcan's workmen.   **419. Aetnaea:** *Etna-like.* **validi . . .
auditi:** *sound of stout blows on the anvils.* **423. Hoc = huc.   425. Brontesque:**
The final *e* is lengthened; the Greek names in the line mean thunder, lightning, and
fire-anvil.

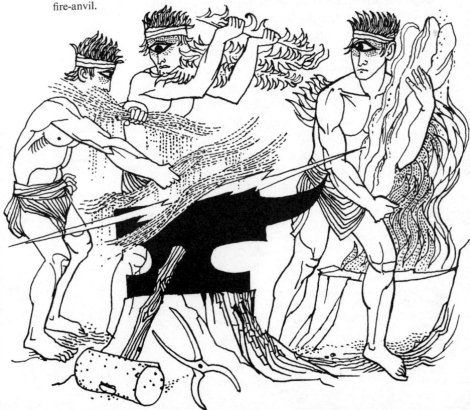

Tres imbris torti radios, tres nubis aquosae
addiderant, rutili tres ignis et alitis austri: 430
fulgores nunc terrificos sonitumque metumque
miscebant operi flammisque sequacibus iras.
Parte alia Marti currumque rotasque volucres
instabant, quibus ille viros, quibus excitat urbes;
aegidaque horriferam, turbatae Palladis arma,   435
certatim squamis serpentum auroque polibant
conexosque angues ipsamque in pectore divae
Gorgona, desecto vertentem lumina collo.
"Tollite cuncta," inquit, "coeptosque auferte labores,
Aetnaei Cyclopes, et huc advertite mentem: 440
arma acri facienda viro. Nunc viribus usus,
nunc manibus rapidis, omni nunc arte magistra.
Praecipitate moras." Nec plura effatus; at illi
ocius incubuere omnes pariterque laborem
sortiti. Fluit aes rivis aurique metallum,   445
vulnificusque chalybs vasta fornace liquescit.
Ingentem clipeum informant, unum omnia contra
tela Latinorum, septenosque orbibus orbes
impediunt. Alii ventosis follibus auras
accipiunt redduntque, alii stridentia tingunt   450
aera lacu. Gemit impositis incudibus antrum.
Illi inter sese multa vi bracchia tollunt
in numerum versantque tenaci forcipe massam.

Aeneas Receives a Pledge of Aid from Evander

Haec pater Aeoliis properat dum Lemnius oris,
Evandrum ex humili tecto lux suscitat alma   455
et matutini volucrum sub culmine cantus.

· · · · · **429. imbris torti:** *hail.* **radios:** *shafts,* as though the **fulmen** were a
bundle of darts — hail, rain, lightning, wind — composing the thunderstorm.
435. aegida: Referring to the shield of Jove and the breastplate of Minerva.
436. squamis . . . polibant: Hendiadys, *were decorating with serpent's scales of gold.*
441. usus (est). 442. magistra: *a master's* or *sovereign.* **448. septenos . . .
impediunt:** *plate on plate welded sevenfold.* **453. in numerum:** *in cadence.*
454. Lemnius: Lemnos was sacred to Vulcan because he fell on this island when he
was hurled from heaven by Jove.

Consurgit senior tunicaque inducitur artus
et Tyrrhena pedum circumdat vincula plantis;
tum lateri atque umeris Tegeaeum subligat ensem,
demissa ab laeva pantherae terga retorquens.   460
Nec non et gemini custodes limine ab alto
praecedunt gressumque canes comitantur erilem.
Hospitis Aeneae sedem et secreta petebat
sermonum memor et promissi muneris heros.
Nec minus Aeneas se matutinus agebat.   465
Filius huic Pallas, illi comes ibat Achates.
Congressi iungunt dextras mediisque residunt
aedibus et licito tandem sermone fruuntur.

Evander's Speech

Rex prior haec:
"Maxime Teucrorum ductor, quo sospite numquam   470
res equidem Troiae victas aut regna fatebor,
nobis ad belli auxilium pro nomine tanto
exiguae vires: hinc Tusco claudimur amni,
hinc Rutulus premit et murum circumsonat armis.
Sed tibi ego ingentes populos opulentaque regnis   475
iungere castra paro, quam fors inopina salutem
ostentat: fatis huc te poscentibus affers.
Haud procul hinc saxo incolitur fundata vetusto
urbis Agyllinae sedes, ubi Lydia quondam
gens, bello praeclara, iugis insedit Etruscis.   480
Hanc multos florentem annos rex deinde superbo
imperio et saevis tenuit Mezentius armis.
Quid memorem infandas caedes, quid facta tyranni
effera? Di capiti ipsius generique reservent!

. . . . **459. Tegeaeum:** *Arcadian;* Tegea was in his
native Arcadia.   **460. demissa:** *that hung from.* **laeva:** i.e., shoulder.   **465. Nec
minus:** *too.* **se . . . agebat:** *was astir.*   **468. licito:** i.e., **libero.**
    470. quo sospite: *while you are safe.*   **475. opulenta regnis:** *rich in realms,* i.e.,
an army with many kings and tribes; the twelve states of Etruria are referred to.
476. paro: *I propose.* **salutem:** (*source of*) *aid.*   **479. urbis Agyllinae = urbs Agylla.**
Lydia: The Etruscans were thought to have come from Lydia.   **484. reservent:**
repay (*his deeds*) *upon.*

Mortua quin etiam iungebat corpora vivis   485
componens manibusque manus atque oribus ora,
tormenti genus, et sanie taboque fluentes
complexu in misero longa sic morte necabat.
At fessi tandem cives infanda furentem
armati circumsistunt ipsumque domumque,   490
obtruncant socios, ignem ad fastigia iactant.
Ille inter caedem Rutulorum elapsus in agros
confugere et Turni defendier hospitis armis.
Ergo omnis furiis surrexit Etruria iustis:
regem ad supplicium praesenti Marte reposcunt.   495
His ego te, Aenea, ductorem milibus addam.
Toto namque fremunt condensae litore puppes
signaque ferre iubent.

The Fateful Prophecy

      "Retinet longaevus haruspex
fata canens, 'O Maeoniae delecta iuventus,
flos veterum virtusque virum, quos iustus in hostem   500
fert dolor et merita accendit Mezentius ira,
nulli fas Italo tantam subiungere gentem:
externos optate duces'; tum Etrusca resedit
hoc acies campo, monitis exterrita divum.
    Ipse oratores ad me regnique coronam   505
cum sceptro misit mandatque insignia Tarchon,
succedam castris Tyrrhenaque regna capessam.
Sed mihi tarda gelu saeclisque effeta senectus
invidet imperium seraeque ad fortia vires.
Natum exhortarer, ni mixtus matre Sabella   510
hinc partem patriae traheret. Tu, cuius et annis

· · · · · · · · · · **487. tormenti genus:** *a monstrous torment,* a sort of exclamation, in apposition with the previous idea. **488. longa sic morte:** *by a linger-*
ing death like this. **489. infanda furentem:** *the frenzied monster;* cognate acc.
493. confugere, defendier: Historical infin.; **defendier = defendi.**
    499. Maeoniae: A district of Lydia, here used for Lydia as a whole. **504. hoc:**
i.e., the neighboring. **507. succedam:** Indir. hortatory, i.e., bidding me to join.
508. gelu: *frosts (of time).* **511. hinc ... traheret:** *derive hence* (i.e., from Italy) *a*
share of his native land; his **patria** was partly Arcadian, partly Italian.

et generi fata indulgent, quem numina poscunt,
ingredere, O Teucrum atque Italum fortissime ductor.
Hunc tibi praeterea, spes et solacia nostri,
Pallanta adiungam; sub te tolerare magistro   515
militiam et grave Martis opus, tua cernere facta
assuescat primis et te miretur ab annis.
Arcadas huic equites bis centum, robora pubis
lecta dabo totidemque suo tibi nomine Pallas."

The Armor Appears in the Sky

Vix ea fatus erat, defixique ora tenebant   520
Aeneas Anchisiades et fidus Achates
multaque dura suo tristi cum corde putabant,
ni signum caelo Cytherea dedisset aperto.
Namque improviso vibratus ab aethere fulgor
cum sonitu venit, et ruere omnia visa repente   525
Tyrrhenusque tubae mugire per aethera clangor.
Suspiciunt, iterum atque iterum fragor increpat ingens:
arma inter nubem caeli regione serena
per sudum rutilare vident et pulsa tonare.
Obstipuere animis alii, sed Troius heros   530
agnovit sonitum et divae promissa parentis.
Tum memorat: "Ne vero, hospes, ne quaere profecto,
quem casum portenta ferant: ego poscor Olympo.
Hoc signum cecinit missuram diva creatrix,
si bellum ingrueret, Volcaniaque arma per auras   535
laturam auxilio.
Heu quantae miseris caedes Laurentibus instant;
quas poenas mihi, Turne, dabis; quam multa sub undas
scuta virum galeasque et fortia corpora volves,
Thybri pater! Poscant acies et foedera rumpant."   540

. . . . **517. miretur:** i.e., take you
as his pattern.
    520. defixi: Transferred from **ora.**   **523. ni:** (*and would have continued to ponder*)
had not.   **526. Tyrrhenus tubae . . . clangor:** *the blare of the Tuscan trumpet.*   **532. profecto:** Emphasizes **vero,** *I pray.*   **535. ingrueret:** *should assail* (*me*).   **540. Poscant:**
i.e., my foes. **foedera:** Made between Aeneas and Latinus.

Haec ubi dicta dedit, solio se tollit ab alto
et primum Herculeis sopitas ignibus aras
excitat hesternumque larem parvosque Penates
laetus adit: mactant lectas de more bidentes
Euandrus pariter, pariter Troiana iuventus.   545
Post hinc ad naves graditur sociosque revisit.
Quorum de numero qui sese in bella sequantur
praestantes virtute legit; pars cetera prona
fertur aqua segnisque secundo defluit amni,
nuntia ventura Ascanio rerumque patrisque.   550
Dantur equi Teucris Tyrrhena petentibus arva;
ducunt exsortem Aeneae, quem fulva leonis
pellis obit totum, praefulgens unguibus aureis.
   Fama volat parvam subito vulgata per urbem,
ocius ire equites Tyrrheni ad litora regis.   555
Vota metu duplicant matres, propiusque periclo
it timor, et maior Martis iam apparet imago.

Evander Bids His Son Farewell

Tum pater Evandrus dextram complexus euntis
haeret, inexpletus lacrimans, ac talia fatur:
"O mihi praeteritos referat si Iuppiter annos,   560
qualis eram, cum primam aciem Praeneste sub ipsa
stravi scutorumque incendi victor acervos
et regem hac Erulum dextra sub Tartara misi,
nascenti cui tres animas Feronia mater
(horrendum dictu) dederat; terna arma movenda,   565
ter leto sternendus erat; cui tum tamen omnes
abstulit haec animas dextra et totidem exuit armis:

---

542. **Herculeis:** i.e., for Hercules.   548. **pars cetera = alii.   prona ... aqua:**
down the stream.   550. **nuntia ventura:** *to bring tidings.*   **rerumque patrisque:** *of his
father's enterprise;* hendiadys.   555. **litora:** i.e., the camp on the shore.   **regis:**
Tarchon.   556. **propius ... timor:** *nearer to the peril terror comes,* i.e., fear increases
as danger approaches.
   560. **si referat:** Both a wish and a condition.   565. **terna ... movenda:** *he was
to wield triple arms.*

non ego nunc dulci amplexu divellerer usquam,
nate, tuo, neque finitimo Mezentius umquam
huic capiti insultans tot ferro saeva dedisset   570
funera, tam multis viduasset civibus urbem.
At vos, o superi, et divum tu maxime rector
Iuppiter, Arcadii, quaeso, miserescite regis
et patrias audite preces. Si numina vestra
incolumem Pallanta mihi, si fata reservant,   575
si visurus eum vivo et venturus in unum:
vitam oro, patior quemvis durare laborem.
Sin aliquem infandum casum, Fortuna, minaris:
nunc, O nunc liceat crudelem abrumpere vitam,
dum curae ambiguae, dum spes incerta futuri,   580
dum te, care puer, mea sera et sola voluptas,
complexu teneo, gravior neu nuntius aures
vulneret." Haec genitor digressu dicta supremo
fundebat: famuli collapsum in tecta ferebant.

The Army Departs

Iamque adeo exierat portis equitatus apertis,   585
Aeneas inter primos et fidus Achates,
inde alii Troiae proceres, ipse agmine Pallas
in medio chlamyde et pictis conspectus in armis:
qualis ubi Oceani perfusus Lucifer unda,
quem Venus ante alios astrorum diligit ignes,   590
extulit os sacrum caelo tenebrasque resolvit.
Stant pavidae in muris matres oculisque sequuntur
pulveream nubem et fulgentes aere catervas.
Olli per dumos, qua proxima meta viarum,
armati tendunt; it clamor, et agmine facto   595
quadrupedante putrem sonitu quatit ungula campum.
Est ingens gelidum lucus prope Caeritis amnem,
religione patrum late sacer; undique colles

. . . . 568. divellerer: i.e., if I were young again.   **571. viduas-**
set = privasset.   **579. liceat (mihi):** *may it be my lot.*
    594. qua . . . viarum: *where lay their shortest route.*   **596. quadrupedante . . .**
campum: The famous "galloping verse."   **putrem:** *crumbling,* i.e., dusty.

inclusere cavi et nigra nemus abiete cingunt.
Silvano fama est veteres sacrasse Pelasgos,   600
arvorum pecorisque deo, lucumque diemque,
qui primi fines aliquando habuere Latinos:
haud procul hinc Tarcho et Tyrrheni tuta tenebant
castra locis, celsoque omnis de colle videri
iam poterat legio et latis tendebat in arvis.   605
Huc pater Aeneas et bello lecta iuventus
succedunt fessique et equos et corpora curant.

The Marvelous Armor Delivered to Aeneas

At Venus aetherios inter dea candida nimbos
dona ferens aderat; natumque in valle reducta
ut procul egelido secretum flumine vidit,   610
talibus affata est dictis seque obtulit ultro:
"En perfecta mei promissa coniugis arte
munera, ne mox aut Laurentes, nate, superbos
aut acrem dubites in proelia poscere Turnum."

· **601. diem:** i.e., annual festival.
603. tuta ... locis: *strong in its position;* abl. of specification. **614. poscere:**
challenge.

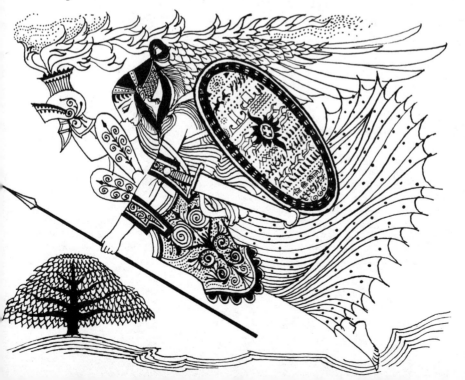

Dixit et amplexus nati Cytherea petivit,   615
arma sub adversa posuit radiantia quercu.
Ille, deae donis et tanto laetus honore,
expleri nequit atque oculos per singula volvit
miraturque interque manus et bracchia versat
terribilem cristis galeam flammasque vomentem   620
fatiferumque ensem, loricam ex aere rigentem
sanguineam ingentem, qualis cum caerula nubes
solis inardescit radiis longeque refulget;
tum leves ocreas electro auroque recocto
hastamque et clipei non enarrabile textum.   625
Illic res Italas Romanorumque triumphos
haud vatum ignarus venturique inscius aevi
fecerat Ignipotens, illic genus omne futurae
stirpis ab Ascanio pugnataque in ordine bella.

Pictures of Rome's Beginnings

Fecerat et viridi fetam Mavortis in antro   630
procubuisse lupam, geminos huic ubera circum
ludere pendentes pueros et lambere matrem
impavidos, illam tereti cervice reflexa
mulcere alternos et corpora fingere lingua.
Nec procul hinc Romam et raptas sine more Sabinas   635
consessu caveae magnis circensibus actis
addiderat subitoque novum consurgere bellum
Romulidis Tatioque seni Curibusque severis.

. . . . **617. honore:** *honor* of having Vulcan-made armor.
621. ex aere: *with bronze plates.* **624. electro . . . recocto:** *of electrum and refined*
gold. **625. non enarrabile textum:** *fabric that defies description.* **627. vatum:**
i.e., of prophecy.
   630. Fecerat: *Had represented;* in this description of the shield of Aeneas every
scene is a prophetic conception of later events in Roman history. **fetam:** *newly de-*
livered of young. **Mavortis in antro:** The Lupercal, or cavern, fabled to have been
the nursery of Romulus and Remus. **633. illam:** *while she.* **tereti:** *shapely.*
634. mulcere: *stroked.* **fingere:** *shaped,* as a cat licks her kittens. **636. consessu**
caveae: *from the crowded seats;* the **caveae** were the tiers of benches in the Circus.
638. Tatio: Tatius, who after the war brought his Sabines from Cures to Rome and
added them to the body of citizens.

Post idem inter se posito certamine reges
armati Iovis ante aram paterasque tenentes   640
stabant et caesa iungebant foedera porca.
Haud procul inde citae Mettum in diversa quadrigae
distulerant, (at tu dictis, Albane, maneres),
raptabatque viri mendacis viscera Tullus
per silvam, et sparsi rorabant sanguine vepres.   645
Nec non Tarquinium eiectum Porsenna iubebat
accipere ingentique urbem obsidione premebat:
Aeneadae in ferrum pro libertate ruebant.

Pictures of Ancient Heroes and Heroines

Illum indignanti similem similemque minanti
aspiceres, pontem auderet quia vellere Cocles   650
et fluvium vinclis innaret Cloelia ruptis.
In summo custos Tarpeiae Manlius arcis
stabat pro templo et Capitolia celsa tenebat,
Romuleoque recens horrebat regia culmo.
Atque hic auratis volitans argenteus anser   655
porticibus Gallos in limine adesse canebat.
Galli per dumos aderant arcemque tenebant,
defensi tenebris et dono noctis opacae:
aurea caesaries ollis atque aurea vestis,

.... **639. posito:** The war was ended at
the request of the stolen brides. **642. Mettum:** Mettus Fufetius, dictator of Alba; after
proving a faithless ally, he was torn asunder by chariots driven in opposite directions.
643. at ... maneres: *you should have kept your word.* **644. Tullus (Hostilius):** The
Roman king. **646. Nec non:** *also,* i.e., another picture. **Tarquinium:** Tarquin the
Proud, last king of Rome, banished by Brutus and other patricians, traditionally in
509 B.C.; he fled to Porsenna, prince of Etruscan Clusium. **647. (Romanos) accipere.**
649. Illum: i.e., Porsenna. **650. aspiceres:** *you might have seen,* on the shield.
Cocles: The famous Horatius, who stood at the bridge. **651. Cloelia:** The hostage
maiden who led a daring escape, but was sent back by her family to save Roman honor.
652. Manlius: The scene represents the defense of the Capitol, in 390 B.C., when
Rome was captured by the Gauls. Manlius was awakened by the cackling of sacred
geese; and the Gauls, stealthily climbing the Arx Tarpeia, were driven back. **654. Ro-**
muleo ... culmo: *and there stood the palace of Romulus rough with fresh thatch.*
655. argenteus: i.e., as depicted on the shield. **657. tenebant:** *were just on the*
point of seizing.

virgatis lucent sagulis, tum lactea colla 660
auro innectuntur, duo quisque Alpina coruscant
gaesa manu, scutis protecti corpora longis.
Hic exsultantes Salios nudosque Lupercos
lanigerosque apices et lapsa ancilia caelo
extuderat, castae ducebant sacra per urbem 665
pilentis matres in mollibus. Hinc procul addit
Tartareas etiam sedes, alta ostia Ditis,
et scelerum poenas et te, Catilina, minaci

· · · · · · · · · **660. virgatis:** *striped.*   **663. Salios:** The Salii, or dancing
priests of Mars. **Lupercos:** The priests of Lupercus, the Roman Pan.   **664. apices:**
caps of the Salii; they had wooden peaks decorated with tufts of wool. **ancilia:** The
twelve shields sacred to Mars; the story was that a shield had fallen from heaven
during the reign of Numa, and that the safety of Rome depended on its preservation.
Numa had eleven others made just like it, and the twelve shields were placed in the
care of the Salii.   **666. pilentis . . . mollibus:** *soft-cushioned chariots;* the matrons
had given their golden ornaments to pay an offering due to Apollo after the capture
of Veii, and this honor was their reward.   **668. Catilina:** Catiline, the famous conspirator.

276

pendentem scopulo furiarumque ora trementem,
secretosque pios, his dantem iura Catonem. 670

Actium, Augustus's Great Triumph

Haec inter tumidi late maris ibat imago
aurea, sed fluctu spumabant caerula cano;
et circum argento clari delphines in orbem
aequora verrebant caudis aestumque secabant.
In medio classes aeratas, Actia bella, 675
cernere erat, totumque instructo Marte videres
fervere Leucaten auroque effulgere fluctus.
Hinc Augustus agens Italos in proelia Caesar
cum patribus populoque, Penatibus et magnis dis,

· · · · · **669. pendentem:** *poised* (*on*). **ora trementem:** *trembling at the faces.*
670. Catonem: Possibly Cato the Censor, but probably Cato the Younger, i.e., Cato
Uticensis, "a pattern of purity and sanctity in a dissolute age."
671. imago: i.e., the representation on the shield. **672. fluctu . . . cano:** i.e.,
whitecaps. **675–728.** These lines describe four scenes in the career of Augustus:
(1) the battle of Actium; (2) the flight of Cleopatra; (3) the triumph of Augustus at
Rome; (4) Augustus reviewing the gifts of the conquered nations. **675. In medio**
(clipeo). **677. fervere, effulgere:** Old forms, with shortened middle *e.*

stans celsa in puppi; geminas cui tempora flammas 680
laeta vomunt patriumque aperitur vertice sidus.
Parte alia ventis et dis Agrippa secundis
arduus agmen agens; cui, belli insigne superbum,
tempora navali fulgent rostrata corona.
Hinc ope barbarica variisque Antonius armis, 685
victor ab Aurorae populis et litore rubro,
Aegyptum viresque Orientis et ultima secum
Bactra vehit, sequiturque (nefas) Aegyptia coniunx.
Una omnes ruere, ac totum spumare reductis
convulsum remis rostrisque tridentibus aequor. 690
Alta petunt: pelago credas innare revulsas
Cycladas aut montes concurrere montibus altos,
tanta mole viri turritis puppibus instant.
Stuppea flamma manu telisque volatile ferrum
spargitur, arva nova Neptunia caede rubescunt. 695
Regina in mediis patrio vocat agmina sistro
necdum etiam geminos a tergo respicit angues.
Omnigenumque deum monstra et latrator Anubis
contra Neptunum et Venerem contraque Minervam
tela tenent. Saevit medio in certamine Mavors 700
caelatus ferro tristesque ex aethere Dirae,
et scissa gaudens vadit Discordia palla,
quam cum sanguineo sequitur Bellona flagello.
Actius haec cernens arcum tendebat Apollo

. . . . ⁓ . . **680. tempora:**
i.e., the sides of his bright (**laeta**) helmet.   **681. patrium** . . . **sidus:** *his father's star;*
the **Iulium sidus**, a comet, appeared in 43 B.C. during the games in honor of Julius
Caesar; Augustus afterwards wore a star on his helmet to commemorate the event.
682. Agrippa: The great general of Augustus, who won the battle of Actium. **684. ro-**
strata: *beak-encircled;* he wore the **corona rostrata** bestowed on victorious naval
commanders; it was ornamented with small **rostra**, or beaks of ships.   **686. victor:**
(*returning*) *as victor.* **Aurorae populis:** e.g., Parthians and Armenians. **rubro:** *of*
the Red Sea.   **688. Bactra:** Northeast of Afghanistan. **coniunx:** Cleopatra.
693. tanta . . . **instant:** One rendering of this troublesome passage is *in such mighty*
ships the seamen assail the towered sterns.   **696. Regina:** Cleopatra. **patrio:** Egyptian; the **sistrum** was a rattle used in the rites of Isis.   **697. a tergo:** *behind her;*
Cleopatra's death was caused by the bite of asps, the twin snakes symbolizing her
death.   **698. monstra:** *strange shapes,* e.g., the cow-headed Isis, the ram-headed
Egyptian Jove, and cat-mummies. **latrator:** *dog-faced.* **704. Apollo:** He had a
temple on the Actian promontory.

desuper: omnis eo terrore Aegyptus et Indi, 705
omnis Arabs, omnes vertebant terga Sabaei.
Ipsa videbatur ventis regina vocatis
vela dare et laxos iam iamque immittere funes.
Illam inter caedes pallentem morte futura
fecerat Ignipotens undis et Iapyge ferri, 710
contra autem magno maerentem corpore Nilum
pandentemque sinus et tota veste vocantem
caeruleum in gremium latebrosaque flumina victos.

Augustus, the World Ruler

At Caesar, triplici invectus Romana triumpho
moenia, dis Italis votum inmortale sacrabat, 715
maxima ter centum totam delubra per urbem.
Laetitia ludisque viae plausuque fremebant;
omnibus in templis matrum chorus, omnibus arae;
ante aras terram caesi stravere iuvenci.
Ipse, sedens niveo candentis limine Phoebi, 720
dona recognoscit populorum aptatque superbis
postibus; incedunt victae longo ordine gentes,
quam variae linguis, habitu tam vestis et armis.
Hic Nomadum genus et discinctos Mulciber Afros,
hic Lelegas Carasque sagittiferosque Gelonos 725
finxerat; Euphrates ibat iam mollior undis,
extremique hominum Morini Rhenusque bicornis
indomitique Dahae et pontem indignatus Araxes.
Talia per clipeum Volcani, dona parentis,
miratur rerumque ignarus imagine gaudet, 730
attollens umero famamque et fata nepotum.

---

714. triplici: For his victories at Actium, at Alexandria, and in Dalmatia.
720. Ipse: Augustus. **limine Phoebi:** i.e., the great temple to Apollo erected by
Augustus on the Palatine. **725. Lelegas Carasque:** Representing Asia Minor.
Gelonos: A people of Scythia. **726. mollior undis:** *with humbler flow*, because of the
vanquished Parthians. **727. Morini (ibant):** The Morini were in Gallia Belgica.
bicornis: Possibly an allusion to the two mouths of the Rhine. **728. Dahae:** A
tribe east of the Caspian. **Araxes:** A wide river in Armenia, said to have been
bridged by Augustus; a former bridge, built by Alexander, was swept away. **730. rerum (futurarum):** With **imagine. ignarus:** i.e., of their meaning.

LIBER IX

Partes Selectae

Juno Sends Iris to Turnus

ATQUE ea diversa penitus dum parte geruntur,
   Irim de caelo misit Saturnia Iuno
   audacem ad Turnum. Luco tum forte parentis
Pilumni Turnus sacrata valle sedebat.
Ad quem sic roseo Thaumantias ore locuta est: 5
"Turne, quod optanti divum promittere nemo
auderet, volvenda dies en attulit ultro.
Aeneas urbe et sociis et classe relicta
sceptra Palatini sedemque petit Evandri.
Nec satis: extremas Corythi penetravit ad urbes   10
Lydorumque manum collectos armat agrestes.
Quid dubitas? Nunc tempus equos, nunc poscere currus.
Rumpe moras omnes et turbata arripe castra."

---

3. parentis: *ancestor.*   **6. (id) quod. (tibi) optanti.**   **7. volvenda dies:** *rolling time.* **ultro:** *unbidden.*   **8. urbe:** i.e., his camp near the mouth of the Tiber. **9. sceptra:** *kingdom.* **Palatini:** i.e., on the Palatine Hill. **petit:** Long *i*; the verse is spondaic.   **10. Nec (hoc) satis (est):** i.e., and not content with that. **Corythi . . . urbes:** i.e., the cities of Etruria; Corythus was supposed to be the founder of the place by that name, a Tuscan city.   **13. turbata arripe:** *surprise and seize.*

Dixit et in caelum paribus se sustulit alis
ingentemque fuga secuit sub nubibus arcum.   15
Agnovit iuvenis duplicesque ad sidera palmas
sustulit, ac tali fugientem est voce secutus:
"Iri, decus caeli, quis te mihi nubibus actam
detulit in terras? Unde haec tam clara repente
tempestas? Medium video discedere caelum   20
palantesque polo stellas. Sequor omina tanta,
quisquis in arma vocas." Et sic effatus ad undam
processit summoque hausit de gurgite lymphas,
multa deos orans, oneravitque aethera votis.

Turnus Goes to Attack the Trojan Camp

Iamque omnis campis exercitus ibat apertis,   25
dives equum, dives pictai vestis et auri;
Messapus primas acies, postrema coercent
Tyrrhidae iuvenes, medio dux agmine Turnus,   28
ceu septem surgens sedatis amnibus altus   30
per tacitum Ganges aut pingui flumine Nilus
cum refluit campis et iam se condidit alveo.
Hic subitam nigro glomerari pulvere nubem
prospiciunt Teucri ac tenebras insurgere campis.
Primus ab adversa conclamat mole Caicus: 35
"Quis globus, o cives, caligine volvitur atra?
Ferte citi ferrum, date tela, ascendite muros,
hostis adest, heia!" Ingenti clamore per omnes
condunt se Teucri portas et moenia complent.
Namque ita discedens praeceperat optimus armis   40
Aeneas: si qua interea fortuna fuisset,
neu struere auderent aciem neu credere campo;
castra modo et tutos servarent aggere muros.
Ergo etsi conferre manum pudor iraque monstrat,

· · · · · **16. Agnovit (eam):** i.e., by the rainbow.   **22. quisquis (es qui) vocas.**
undam = flumen.   **24. oneravit:** *filled.*
26. pictai...auri: *embroidered with gold;* **pictai** is an old gen. sing. form.
41. fortuna: *crisis.*   **42. auderent...servarent:** *they were not to...but merely to.*
44. conferre manum = proelium committere. monstrat: *bid.*

obiciunt portas tamen et praecepta facessunt   45
armatique cavis exspectant turribus hostem.

Turnus's Fury

Turnus ut ante volans tardum praecesserat agmen
viginti lectis equitum comitatus, et urbi
improvisus adest; maculis quem Thracius albis
portat equus cristaque tegit galea aurea rubra.   50
"Ecquis erit, mecum, iuvenes, qui primus in hostem?
En," ait et iaculum attorquens emittit in auras,
principium pugnae, et campo sese arduus infert.
Clamorem excipiunt socii fremituque sequuntur
horrisono: Teucrum mirantur inertia corda,   55
non aequo dare se campo, non obvia ferre
arma viros, sed castra fovere. Huc turbidus atque huc
lustrat equo muros aditumque per avia quaerit.
Ac veluti pleno lupus insidiatus ovili
cum fremit ad caulas, ventos perpessus et imbres,   60
nocte super media; tuti sub matribus agni
balatum exercent, ille asper et improbus ira
saevit in absentes, collecta fatigat edendi
ex longo rabies et siccae sanguine fauces:
haud aliter Rutulo muros et castra tuenti   65
ignescunt irae, duris dolor ossibus ardet.
Qua temptet ratione aditus et quae via clausos
excutiat Teucros vallo atque effundat in aequum?
Classem, quae lateri castrorum adiuncta latebat,
aggeribus saeptam circum et fluvialibus undis,   70
invadit sociosque incendia poscit ovantes
atque manum pinu flagranti fervidus implet.
Tum vero incumbunt, urget praesentia Turni,

---

53. principium: Appositive to previous clause, *the prelude.* **campo ... infert:** *(on his tall steed) bounds forth upon the plain.* **56. non (eos) dare:** *and they do not dare trust.* **obvia:** *to meet them.* **60. caulas:** *pens* (lit., *barred fence*). **62. balatum exercent:** *keep bleating.* **improbus:** *desperate.* **64. siccae sanguine:** Abl. of separation, *dry for want of blood.* **68. excutiat ... effundat:** *dislodge ... force.* **aequum:** *the plain.*

atque omnis facibus pubes accingitur atris.
Diripuere focos; piceum fert fumida lumen
taeda et commixtam Volcanus ad astra favillam.   76

Nisus and Euryalus Set Out to Bring Back Aeneas

Nisus erat portae custos, acerrimus armis,   176
Hyrtacides, comitem Aeneae quem miserat Ida
venatrix iaculo celerem levibusque sagittis;
it iuxta comes Euryalus, quo pulchrior alter
non fuit Aeneadum Troiana neque induit arma,   180
ora puer prima signans intonsa iuventa.
His amor unus erat, pariterque in bella ruebant:
tum quoque communi portam statione tenebant.
Nisus ait: "Dine hunc ardorem mentibus addunt,
Euryale, an sua cuique deus fit dira cupido?   185
Aut pugnam aut aliquid iamdudum invadere magnum
mens agitat mihi nec placida contenta quiete est.
Cernis, quae Rutulos habeat fiducia rerum.
Lumina rara micant; somno vinoque soluti
procubuere; silent late loca: percipe porro,   190
quid dubitem et quae nunc animo sententia surgat.
Aenean acciri omnes, populusque patresque,
exposcunt mittique viros, qui certa reportent.
Si tibi quae posco promittunt (nam mihi facti
fama sat est), tumulo videor reperire sub illo   195
posse viam ad muros et moenia Pallantea."
Obstipuit magno laudum percussus amore
Euryalus; simul his ardentem affatur amicum:
"Mene igitur socium summis adiungere rebus,
Nise, fugis? Solum te in tanta pericula mittam?   200
Non ita me genitor, bellis assuetus Opheltes,

· · · · · · · · · **75. Diripuere:** Perf., denoting rapid action, *they plunder.* **fert:**
emits . . . and *rolls;* zeugma.   **76. commixtam:** *mingled* with the smoke and flame.
     177. Ida: A mountain-nymph, mother of Nisus.   **185. an . . . cupido:** *or does each
man's own wild desire become his god.*   **192. populus . . . patres:** *people . . . leaders,*
i.e., "fathers," senators, a Roman phrase transferred to ancient times.   **199. socium
. . . rebus:** *make me a partner in your great enterprise.*   **200. fugis = dubitas.**

Argolicum terrorem inter Troiaeque labores
sublatum erudiit, nec tecum talia gessi,
magnanimum Aenean et fata extrema secutus:
est hic, est animus lucis contemptor et istum   205
qui vita bene credat emi, quo tendis, honorem."
Nisus ad haec: "Equidem de te nil tale verebar
nec fas, non, ita me referat tibi magnus ovantem
Iuppiter aut quicumque oculis haec aspicit aequis.
Sed si quis, quae multa vides discrimine tali,   210
si quis in adversum rapiat casusve deusve,
te superesse velim; tua vita dignior aetas.
Sit qui me raptum pugna pretiove redemptum
mandet humo solita aut si qua id Fortuna vetabit,
absenti ferat inferias decoretque sepulchro.   215
Neu matri miserae tanti sim causa doloris,
quae te sola, puer, multis e matribus ausa
persequitur magni nec moenia curat Acestae."
Ille autem: "Causas nequiquam nectis inanes,
nec mea iam mutata loco sententia cedit: 220
acceleremus," ait. Vigiles simul excitat, illi
succedunt servantque vices: statione relicta
ipse comes Niso graditur, regemque requirunt.

They Describe Their Plan to Ascanius

Cetera per terras omnes animalia somno
laxabant curas et corda oblita laborum: 225
ductores Teucrum primi et delecta iuventus
consilium summis regni de rebus habebant,
quid facerent quisve Aeneae iam nuntius esset.
Stant longis annixi hastis, et scuta tenentes,
castrorum et campi medio. Tum Nisus et una   230
Euryalus confestim alacres admittier orant:

---

217. ausa persequitur: *has the courage to follow;* the matrons, weary of the sea, had
been left in Sicily with Acestes.   **223. ipse:** Euryalus. **regem:** *prince,* i.e., Ascanius.
230. castrorum ... medio: i.e., in the open space in the middle of the camp.
231. admittier = admitti.

rem magnam, pretiumque morae fore.   Primus Iulus
accepit trepidos ac Nisum dicere iussit.
Tum sic Hyrtacides: "Audite O mentibus aequis,
Aeneadae, neve haec nostris spectentur ab annis,   235
quae ferimus.   Rutuli somno vinoque soluti
conticuere; locum insidiis conspeximus ipsi,
qui patet in bivio portae, quae proxima ponto;
interrupti ignes, aterque ad sidera fumus
erigitur: si fortuna permittitis uti   240
quaesitum Aenean et moenia Pallantea,
mox hic cum spoliis ingenti caede peracta
adfore cernetis.   Nec nos via fallit euntes:
vidimus obscuris primam sub vallibus urbem
venatu assiduo et totum cognovimus amnem."   245

· · · · · · · · · · · · · · **232. rem . . . fore:** (saying) *that their errand was im-*
portant and would be worth the delay, i.e., the interruption.   **235. ab annis:** *in the*
light of our years.   **240. fortuna . . . uti:** This suggests the idea of starting.   **241. quae-**
situm: Supine.   **243. adfore:** i.e., **nos,** or **Aenean.**   **244. primam:** *outskirts of.*
sub vallibus: *down in the valley,* with **vidimus.**

Interea praemissi equites ex urbe Latina, 367
cetera dum legio campis instructa moratur,
ibant et Turno regi responsa ferebant,
tercentum, scutati omnes, Volcente magistro. 370
Iamque propinquabant castris murosque subibant,
cum procul hos laevo flectentes limite cernunt
et galea Euryalum sublustri noctis in umbra
prodidit immemorem radiisque adversa refulsit.
Haud temere est visum. Conclamat ab agmine Volcens: 375
"State, viri. Quae causa viae? Quive estis in armis?
Quove tenetis iter?" Nihil illi tendere contra,
sed celerare fugam in silvas et fidere nocti.
Obiciunt equites sese ad divortia nota
hinc atque hinc omnemque abitum custode coronant. 380
Silva fuit late dumis atque ilice nigra
horrida, quam densi complerant undique sentes;
rara per occultos lucebat semita calles.
Euryalum tenebrae ramorum onerosaque praeda
impediunt fallitque timor regione viarum; 385
Nisus abit, iamque imprudens evaserat hostes
atque locos, qui post Albae de nomine dicti
Albani, tum rex stabula alta Latinus habebat,
ut stetit et frustra absentem respexit amicum.
"Euryale infelix, qua te regione reliqui? 390
Quave sequar, rursus perplexum iter omne revolvens
fallacis silvae?" Simul et vestigia retro
observata legit dumisque silentibus errat.
Audit equos, audit strepitus et signa sequentum.
Nec longum in medio tempus, cum clamor ad aures 395
pervenit ac videt Euryalum, quem iam manus omnis
fraude loci et noctis, subito turbante tumultu,
oppressum rapit et conantem plurima frustra.

---

367. **urbe Latina:** Laurentum.   369. **responsa:** *answers*, perhaps to a demand
for aid.   377. **tendere** = **respondent:** Historical infin.   385. **fallit:** *leads him astray*
rom (lit., *in respect to*).   386. **imprudens:** *heedless* of Euryalus.   387. **locos:** Some
district near Alba.

Quid faciat? Qua vi iuvenem, quibus audeat armis
eripere? An sese medios moriturus in enses   400
inferat et pulchram properet per vulnera mortem?

Euryalus Falls

Ocius adducto torquens hastile lacerto,
suspiciens altam Lunam sic voce precatur:
"Tu, dea, tu praesens nostro succurre labori,
astrorum decus et nemorum Latonia custos.   405
Si qua tuis umquam pro me pater Hyrtacus aris
dona tulit, si qua ipse meis venatibus auxi
suspendive tholo aut sacra ad fastigia fixi:
hunc sine me turbare globum et rege tela per auras."
Dixerat, et toto conixus corpore ferrum   410
conicit: hasta volans noctis diverberat umbras
et venit aversi in tergum Sulmonis ibique
frangitur ac fisso transit praecordia ligno.
Volvitur ille vomens calidum de pectore flumen
frigidus et longis singultibus ilia pulsat.   415
Diversi circumspiciunt. Hoc acrior idem
ecce aliud summa telum librabat ab aure.
Dum trepidant, it hasta Tago per tempus utrumque
stridens traiectoque haesit tepefacta cerebro.
Saevit atrox Volcens nec teli conspicit usquam   420
auctorem nec quo se ardens immittere possit.
"Tu tamen interea calido mihi sanguine poenas
persolves amborum," inquit; simul ense recluso
ibat in Euryalum. Tum vero exterritus, amens
conclamat Nisus, nec se celare tenebris   425
amplius aut tantum potuit perferre dolorem.
"Me, me, adsum qui feci, in me convertite ferrum,
O Rutuli, mea fraus omnis; nihil iste nec ausus
nec potuit, caelum hoc et conscia sidera testor,

---

408. tholo ... fastigia: *dome ... pediment*, i.e., either within or without. **409. sine:**
Imperative. **globum:** i.e., **manum.** **413. fisso ... ligno:** *though the shaft broke.*
421. quo ... possit: *on whom he could wreak his fury.*

tantum infelicem nimium dilexit amicum." 430
Talia dicta dabat; sed viribus ensis adactus
transabiit costas et candida pectora rumpit.
Volvitur Euryalus leto, pulchrosque per artus
it cruor, inque umeros cervix collapsa recumbit:
purpureus veluti cum flos succisus aratro 435
languescit moriens lassove papavera collo
demisere caput, pluvia cum forte gravantur.
At Nisus ruit in medios solumque per omnes
Volcentem petit, in solo Volcente moratur.
Quem circum glomerati hostes hinc comminus atque hinc 440
proturbant. Instat non setius ac rotat ensem
fulmineum, donec Rutuli clamantis in ore
condidit adverso et moriens animam abstulit hosti.
Tum super exanimum sese proiecit amicum
confossus placidaque ibi demum morte quievit. 445

Euryalus's Mother Hears of His Death

Interea pavidam volitans pennata per urbem 473
nuntia Fama ruit matrisque allabitur aures
Euryali. At subitus miserae calor ossa reliquit, 475
excussi manibus radii revolutaque pensa.
Evolat infelix et femineo ululatu,
scissa comam, muros amens atque agmina cursu
prima petit, non illa virum, non illa pericli
telorumque memor; caelum dehinc questibus implet: 480
"Hunc ego te, Euryale, aspicio? Tune illa senectae
sera meae requies, potuisti linquere solam,
crudelis? Nec te, sub tanta pericula missum,
affari extremum miserae data copia matri?
Heu, terra ignota canibus data praeda Latinis 485
alitibusque iaces, nec te, tua funera mater

. . . . **439. in solo . . . moratur:** *stays
not till he reaches.* **442. in ore . . . adverso:** *full in the mouth.*
 476. excussi . . . pensa: *down fell the shuttle from her hands and unwound was the
thread;* she had been spinning. **484. extremum:** Cognate acc., *a last farewell.*
486. nec te . . . produxi: *nor have I led thee forth to thy burial.*

produxi pressive oculos aut vulnera lavi,
veste tegens, tibi quam noctes festina diesque
urgebam et tela curas solabar aniles.
Quo sequar, aut quae nunc artus avulsaque membra   490
et funus lacerum tellus habet? Hoc mihi de te,
nate, refers? Hoc sum terraque marique secuta?
Figite me, si qua est pietas, in me omnia tela
conicite, o Rutuli, me primam absumite ferro:
aut tu, magne pater divum, miserere tuoque   495
invisum hoc detrude caput sub Tartara telo,
quando aliter nequeo crudelem abrumpere vitam."
Hoc fletu concussi animi, maestusque per omnes
it gemitus: torpent infractae ad proelia vires.
Illam incendentem luctus Idaeus et Actor   500
Ilionei monitu et multum lacrimantis Iuli
corripiunt interque manus sub tecta reponunt.   502

Many Trojans and Latins Die in Fierce Fighting

Hic Mars armipotens animum viresque Latinis   717
addidit et stimulos acres sub pectore vertit
immisitque Fugam Teucris atrumque Timorem.
Undique conveniunt, quoniam data copia pugnae   720
bellatorque animo deus incidit.
Pandarus ut fuso germanum corpore cernit
et quo sit fortuna loco, qui casus agat res,
portam vi magna converso cardine torquet,
obnixus latis umeris, multosque suorum   725
moenibus exclusos duro in certamine linquit;
ast alios secum includit recipitque ruentes,
demens, qui Rutulum in medio non agmine regem
viderit irrumpentem ultroque incluserit urbi,
immanem veluti pecora inter inertia tigrim.   730

---

489. tela: First decl.   **491. funus lacerum:** *mangled corpse.* **Hoc:** i.e., **caput tuum,** i.e., his head is displayed on a pike, l. 465.   **499. torpent ... vires:** *their strength is broken and unnerved for battle.*
    717. In the omitted lines, a Trojan sally is described.   **720. conveniunt:** i.e., the Rutuli.   **728. qui:** *since he.* **regem:** Turnus.

Continuo nova lux oculis effulsit, et arma
horrendum sonuere; tremunt in vertice cristae
sanguineae, clipeoque micantia fulmina mittit:
agnoscunt faciem invisam atque immania membra
turbati subito Aeneadae. Tum Pandarus ingens   735
emicat et mortis fraternae fervidus ira
effatur: "Non haec dotalis regia Amatae,
nec muris cohibet patriis media Ardea Turnum.
Castra inimica vides; nulla hinc exire potestas."
Olli subridens sedato pectore Turnus: 740
"Incipe, si qua animo virtus, et consere dextram:
hic etiam inventum Priamo narrabis Achillem."
Dixerat. Ille rudem nodis et cortice crudo
intorquet summis annixus viribus hastam:
excepere aurae; vulnus Saturnia Iuno   745
detorsit veniens, portaeque infigitur hasta.
"At non hoc telum, mea quod vi dextera versat,
effugies; neque enim is teli nec vulneris auctor."
Sic ait et sublatum alte consurgit in ensem
et mediam ferro gemina inter tempora frontem   750
dividit impubesque immani vulnere malas.
Fit sonus, ingenti concussa est pondere tellus:
collapsos artus atque arma cruenta cerebro
sternit humi moriens, atque illi partibus aequis
huc caput atque illuc umero ex utroque pependit.   755
Diffugiunt versi trepida formidine Troes:
et si continuo victorem ea cura subisset,
rumpere claustra manu sociosque immittere portis,
ultimus ille dies bello gentique fuisset;
sed furor ardentem caedisque insana cupido   760
egit in adversos.

The remainder of Book IX relates how the Trojans rally and Turnus,
forced back, escapes by swimming the Tiber.

737. dotalis ... Amatae: *the palace* (at Laurentum), *Amata's wedding gift* to
Lavinia.   **738. media Ardea:** *the heart of Ardea*, i.e., your own city.   **742. Priamo:**
i.e., in the lower world.   **748. neque ... auctor:** *not such* (i.e., so feeble) *is he that
wields this sword and deals this wound.*   **749. sublatum alte:** i.e., raises himself to
give downward force to the stroke.   **757. cura subisset:** *the thought had occurred to.*

LIBER X

Partes Selectae

The Gods Meet in Council

PANDITUR interea domus omnipotentis Olympi,
conciliumque vocat divum pater atque hominum rex
sideream in sedem, terras unde arduus omnes
castraque Dardanidum aspectat populosque Latinos.
Considunt tectis bipatentibus, incipit ipse: 5
"Caelicolae magni, quianam sententia vobis
versa retro tantumque animis certatis iniquis?
Abnueram bello Italiam concurrere Teucris.
Quae contra vetitum discordia?   Quis metus aut hos
aut hos arma sequi ferrumque lacessere suasit?   10

---

5. bipatentibus: *with double gates,* i.e., stately; Olympus had doors at the east and
west ends; the sun went through the eastern gate at dawn, and returned at night
through the western.   **7. versa (est) retro:** *changed* or *reversed.* **iniquis:** *hostile* or
discordant.

Adveniet iustum pugnae, ne arcessite, tempus,
cum fera Karthago Romanis arcibus olim
exitium magnum atque Alpes immittet apertas:
tum certare odiis, tum res rapuisse licebit.
Nunc sinite et placitum laeti componite foedus." 15

Jupiter Forbids the Gods to Intervene on Either Side

Tum pater omnipotens, rerum cui prima potestas, 100
infit; eo dicente deum domus alta silescit
et tremefacta solo tellus, silet arduus aether,
tum Zephyri posuere, premit placida aequora pontus:
"Accipite ergo animis atque haec mea figite dicta.
Quandoquidem Ausonios coniungi foedere Teucris 105
haud licitum, nec vestra capit discordia finem:
quae cuique est fortuna hodie, quam quisque secat spem,
Tros Rutulusne fuat nullo discrimine habebo.
Seu fatis Italum castra obsidione tenentur
sive errore malo Troiae monitisque sinistris. 110
Nec Rutulos solvo: sua cuique exorsa laborem
fortunamque ferent. Rex Iuppiter omnibus idem.
Fata viam invenient." Stygii per flumina fratris,
per pice torrentes atraque voragine ripas
annuit et totum nutu tremefecit Olympum. 115
Hic finis fandi. Solio tum Iuppiter aureo
surgit, caelicolae medium quem ad limina ducunt.
    Interea Rutuli portis circum omnibus instant
sternere caede viros et moenia cingere flammis.
At legio Aeneadum vallis obsessa tenetur, 120
nec spes ulla fugae. Miseri stant turribus altis
nequiquam et rara muros cinxere corona. 122

· · · · · · 13. Alpes . . . apertas: i.e., per Alpes, a reference to Hannibal's invasion. 15. sinite: *desist.* placitum (mihi).
    107. quam . . . spem: *whatever path of hope each marks out.* 108. fuat: Old
form of sit. 109. Italum: With fatis, i.e., destiny favorable to the Italians. 110. monitis sinistris: *foolish advice,* i.e., misguided. 115. annuit: *with a nod confirms his
oath.* 122. cinxere: *line.* corona (defensorum).

The Return of Aeneas with His Etruscan Allies

Illi inter sese duri certamina belli   146
contulerant: media Aeneas freta nocte secabat.
Namque ut ab Euandro castris ingressus Etruscis
regem adit et regi memorat nomenque genusque,
quidve petat quidve ipse ferat, Mezentius arma   150
quae sibi conciliet, violentaque pectora Turni
edocet, humanis quae sit fiducia rebus
admonet immiscetque preces: haud fit mora, Tarchon
iungit opes foedusque ferit; tum libera fati
classem conscendit iussis gens Lydia divum,   155
externo commissa duci. Aeneia puppis
prima tenet, rostro Phrygios subiuncta leones,
imminet Ida super, profugis gratissima Teucris.
Hic magnus sedet Aeneas secumque volutat
eventus belli varios, Pallasque sinistro   160
affixus lateri iam quaerit sidera, opacae
noctis iter, iam quae passus terraque marique.   162

The Rutuli Attack Aeneas's Forces as They Land

Interea soror alma monet succedere Lauso
Turnum, qui volucri curru medium secat agmen.   440
Ut vidit socios: "Tempus desistere pugnae;
solus ego in Pallanta feror, soli mihi Pallas
debetur; cuperem ipse parens spectator adesset."
Haec ait, et socii cesserunt aequore iusso.
At Rutulum abscessu iuvenis tum iussa superba   445
miratus stupet in Turno corpusque per ingens
lumina volvit obitque truci procul omnia visu

---

147. Aeneas: On his way back from Tarchon (Book VIII. 607).   **152. quae:** i.e., how little; Tarchon may some day need aid.   **154. libera fati:** *released from fate;* i.e., they had obeyed the oracle and chosen a foreign leader.   **155. gens Lydia:** Referring to the supposed origins of the Etruscans.   **157. rostro . . . leones:** i.e., with Phrygian lions joined to its beak below.   **160. Pallas:** Son of Evander. **162. iter:** *their pathway through,* i.e., their guides. **(ea) quae passus (est).**

    439. soror alma: The nymph Juturna, Turnus's sister.   **succedere Lauso:** *to take Lausus's place,* against Pallas.   **441. pugnae:** Dat. for abl.   **445. iuvenis:** Pallas.

talibus et dictis it contra dicta tyranni:
"Aut spoliis ego iam raptis laudabor opimis
aut leto insigni: sorti pater aequus utrique est.   450
Tolle minas." Fatus medium procedit in aequor.
Frigidus Arcadibus coit in praecordia sanguis.
Desiluit Turnus biiugis, pedes apparat ire
comminus; utque leo, specula cum vidit ab alta
stare procul campis meditantem in proelia taurum,   455
advolat: haud alia est Turni venientis imago.
Hunc ubi contiguum missae fore credidit hastae,
ire prior Pallas, si qua fors adiuvet ausum
viribus imparibus, magnumque ita ad aethera fatur:
"Per patris hospitium et mensas, quas advena adisti,   460
te precor, Alcide, coeptis ingentibus adsis.
Cernat semineci sibi me rapere arma cruenta
victoremque ferant morientia lumina Turni."
Audiit Alcides iuvenem magnumque sub imo
corde premit gemitum lacrimasque effundit inanes.   465
Tum Genitor natum dictis affatur amicis:
"Stat sua cuique dies, breve et irreparabile tempus
omnibus est vitae: sed famam extendere factis,
hoc virtutis opus. Troiae sub moenibus altis
tot nati cecidere deum; quin occidit una   470
Sarpedon, mea progenies. Etiam sua Turnum
fata vocant, metasque dati pervenit ad aevi."
Sic ait atque oculos Rutulorum reicit arvis.   473

Turnus, Having Slain Pallas, Takes His Belt as a Trophy

Quem Turnus super assistens,   490
"Arcades, haec," inquit, "memores mea dicta referte
Evandro; qualem meruit, Pallanta remitto.
Quisquis honos tumuli, quidquid solamen humandi est,

---

457. contiguum missae . . . hastae: *within* (lit., *bordering on*) *spear-cast*.   460. hospitium: When Hercules visited Evander (Book VIII. 201).   466. Genitor: i.e.
Jupiter. natum: i.e. Hercules.
   492. meruit: i.e., as Evander deserved to receive him.

largior. Haud illi stabunt Aeneia parvo
hospitia." Et laevo pressit pede talia fatus   495
exanimem, rapiens immania pondera baltei
impressumque nefas, una sub nocte iugali
caesa manus iuvenum foede thalamique cruenti,
quae Clonus Eurytides multo caelaverat auro;
quo nunc Turnus ovat spolio gaudetque potitus.   500
Nescia mens hominum fati sortisque futurae
et servare modum, rebus sublata secundis!
Turno tempus erit, magno cum optaverit emptum
intactum Pallanta et cum spolia ista diemque
oderit. At socii multo gemitu lacrimisque   505
impositum scuto referunt Pallanta frequentes.

494. Haud . . . parvo: *will cost him dear;* **parvo** is abl. of price.   **497. nefas:**
The story of the slaying of their husbands by the Danaids was engraved on their
belts.

O dolor atque decus magnum rediture parenti!
Haec te prima dies bello dedit, haec eadem aufert,
cum tamen ingentes Rutulorum linquis acervos.   509

Mezentius Mourns the Death of Lausus

Interea genitor Tiberini ad fluminis undam   833
vulnera siccabat lymphis corpusque levabat
arboris acclinis trunco. Procul aerea ramis   835
dependet galea et prato gravia arma quiescunt.
Stant lecti circum iuvenes: ipse aeger anhelans
colla fovet, fusus propexam in pectore barbam;
multa super Lauso rogitat multumque remittit
qui revocent maestique ferant mandata parentis.   840
At Lausum socii exanimem super arma ferebant
flentes, ingentem atque ingenti vulnere victum.
Agnovit longe gemitum praesaga mali mens:
canitiem multo deformat pulvere et ambas
ad caelum tendit palmas et corpore inhaeret.   845
"Tantane me tenuit vivendi, nate, voluptas,
ut pro me hostili paterer succedere dextrae,
quem genui? Tuane haec genitor per vulnera servor,
morte tua vivens? Heu, nunc misero mihi demum
exitium infelix, nunc alte vulnus adactum!   850
Idem ego, nate, tuum maculavi crimine nomen,
pulsus ob invidiam solio sceptrisque paternis.
Debueram patriae poenas odiisque meorum:
omnes per mortes animam sontem ipse dedissem!
Nunc vivo neque adhuc homines lucemque relinquo.   855
Sed linquam." Simul hoc dicens attollit in aegrum
se femur et, quamquam vis alto vulnere tardet,
haud deiectus equum duci iubet. Hoc decus illi,

· · · · · · · · · · · · · · · · · · **507. O . . . rediture:** *Alas, thou art to*
return.   **509. cum tamen:** *while yet;* this was the *glory* (**decus**).
    833. genitor: Mezentius.   **838. fovet:** *eases,* by leaning against the **truncus.**
844. deformat pulvere: An ancient sign of mourning.   **851. Idem ego:** *Yes, and it*
was I that.   **853. Debueram:** i.e., long before this.   **857. tardet:** *flags (by reason of).*

hoc solamen erat; bellis hoc victor abibat
omnibus. Alloquitur maerentem et talibus infit: 860
"Rhaebe, diu, res si qua diu mortalibus ulla est,
viximus. Aut hodie victor spolia illa cruenta
et caput Aeneae referes Lausique dolorum
ultor eris mecum aut, aperit si nulla viam vis,
occumbes pariter; neque enim, fortissime, credo,
iussa aliena pati et dominos dignabere Teucros."   866

Aeneas and Mezentius Fight

Inde ubi tot traxisse moras, tot spicula taedet   888
vellere et urgetur pugna congressus iniqua,
multa movens animo iam tandem erumpit et inter   890
bellatoris equi cava tempora conicit hastam.
Tollit se arrectum quadrupes et calcibus auras
verberat effusumque equitem super ipse secutus
implicat eiectoque incumbit cernuus armo.
Clamore incendunt caelum Troesque Latinique.   895
Advolat Aeneas vaginaque eripit ensem
et super haec: "Ubi nunc Mezentius acer et illa
effera vis animi?" Contra Tyrrhenus, ut auras
suspiciens hausit caelum mentemque recepit:
"Hostis amare, quid increpitas mortemque minaris?   900
Nullum in caede nefas, nec sic ad proelia veni,
nec tecum meus haec pepigit mihi foedera Lausus.
Unum hoc per si qua est victis venia hostibus oro:
corpus humo patiare tegi. Scio acerba meorum
circumstare odia: hunc, oro, defende furorem   905
et me consortem nati concede sepulchro."
Haec loquitur iuguloque haud inscius accipit ensem
undantique animam diffundit in arva cruore.

---

865. fortissime: *my gallant steed.*   866. pati: i.e. to obey.
888. taedet (eum): i.e. Aeneas.   893. effusum . . . implicat: *throwing his rider,*
he falls on him and holds him fast.   897. super (stans) haec (dicit).   899. hausit
caelum: Lit., *drank in the heaven,* i.e., saw it.   901. sic: *on these terms,* i.e., that
mercy should be shown.   903. per . . . venia: *by whatever mercy is due.*   906. consortem: With nati, i.e., lay me beside him.   908. undanti . . . in: *that floods.*

LIBER XI

Partes Selectae

The Body of Pallas Is Sent to His Father

ET IAM Fama volans, tanti praenuntia luctus,
   Evandrum Evandrique domos et moenia replet,   140
   quae modo victorem Latio Pallanta ferebat.
Arcades ad portas ruere et de more vetusto
funereas rapuere faces; lucet via longo
ordine flammarum et late discriminat agros.
Contra turba Phrygum veniens plangentia iungit   145
agmina. Quae postquam matres succedere tectis
viderunt, maestam incendunt clamoribus urbem.
At non Evandrum potis est vis ulla tenere,
sed venit in medios. Feretro Pallanta reposto
procubuit super atque haeret lacrimansque gemensque,   150
et via vix tandem voci laxata dolore est.

144. flammarum: i.e., the torches. **discriminat:** *lights up.*

"Non haec, O Palla, dederas promissa parenti,
cautius ut saevo velles te credere Marti;
haud ignarus eram, quantum nova gloria in armis
et praedulce decus primo certamine posset.   155
Primitiae iuvenis miserae bellique propinqui
dura rudimenta et nulli exaudita deorum
vota precesque meae! Tuque, O sanctissima coniunx,
felix morte tua neque in hunc servata dolorem!
Contra ego vivendo vici mea fata, superstes   160
restarem ut genitor. Troum socia arma secutum
obruerent Rutuli telis! Animam ipse dedissem
atque haec pompa domum me, non Pallanta, referret."   163

Funeral Rites of the Two Armies

Aurora interea miseris mortalibus almam   182
extulerat lucem, referens opera atque labores:
iam pater Aeneas, iam curvo in litore Tarchon
constituere pyras. Huc corpora quisque suorum   185
more tulere patrum, subiectisque ignibus atris
conditur in tenebras altum caligine caelum.
Ter circum accensos cincti fulgentibus armis
decurrere rogos, ter maestum funeris ignem
lustravere in equis ululatusque ore dedere;   190
spargitur et tellus lacrimis, sparguntur et arma:
it caelo clamorque virum clangorque tubarum.
Hic alii spolia occisis derepta Latinis
coniciunt igni, galeas ensesque decoros
frenaque ferventesque rotas; pars munera nota,   195
ipsorum clipeos et non felicia tela.
Multa boum circa mactantur corpora Morti,
saetigerosque sues raptasque ex omnibus agris

- **153. ut ... velles:** *that
you would,* explanatory of **promissa.**   **159. servata in:** i.e., spared to see.   **160. superstes ... genitor:** *only to survive my son and be left a childless father.*   **162. obruerent:**
would that the Rutuli had laid me low.   Continued action, hence imperfect tense.
     185. quisque: Three nations, Trojan, Arcadian, and Tuscan.   **196. ipsorum:**
their friends' own.   **197. Morti:** Person. as a goddess.

Liber XI   **299**

in flammam iugulant pecudes. Tum litore toto
ardentes spectant socios semustaque servant   200
busta neque avelli possunt, nox umida donec
invertit caelum stellis ardentibus aptum.
Nec minus et miseri diversa in parte Latini
innumeras struxere pyras, et corpora partim
multa virum terrae infodiunt avectaque partim   205
finitimos tollunt in agros urbique remittunt,
cetera confusaeque ingentem caedis acervum
nec numero nec honore cremant: tunc undique vasti
certatim crebris collucent ignibus agri.
Tertia lux gelidam caelo dimoverat umbram: 210
maerentes altum cinerem et confusa ruebant
ossa focis tepidoque onerabant aggere terrae.
Iam vero in tectis, praedivitis urbe Latini,
praecipuus fragor et longi pars maxima luctus.
Hic matres miseraeque nurus, hic cara sororum   215
pectora maerentum puerique parentibus orbi
dirum exsecrantur bellum Turnique hymenaeos:
ipsum armis ipsumque iubent decernere ferro,
qui regnum Italiae et primos sibi poscat honores.
Ingravat haec saevus Drances solumque vocari
testatur, solum posci in certamina Turnum.   221

Latinus Proposes a Peace Embassy to Aeneas

"Quid miseros totiens in aperta pericula cives   360
proicis, O Latio caput horum et causa malorum?
Nulla salus bello: pacem te poscimus omnes,
Turne, simul pacis solum inviolabile pignus.
Primus ego, invisum quem tu tibi fingis, et esse
nil moror, en supplex venio. Miserere tuorum,   365

· **199. iugulant:** i.e., slay
and cast in.   **206. urbi:** Laurentum.   **207. cetera (corpora). confusae . . . caedis:**
the undistinguished dead.   **208. nec numero:** *unnamed.*   **216. orbi:** *bereft.*   **220. Ingravat:** *Embitters their wrath.*
     361. proicis: *expose.* **caput:** *source.*   **363. pignus:** i.e., renouncing all claim to
Lavinia's hand.   **364. esse nil moror:** *I do not object to be.*

pone animos et pulsus abi. Sat funera fusi
vidimus ingentes et desolavimus agros.
Aut si fama movet, si tantum pectore robur
concipis et si adeo dotalis regia cordi est,
aude atque adversum fidens fer pectus in hostem.   370
Scilicet ut Turno contingat regia coniunx,
nos animae viles, inhumata infletaque turba,
sternamur campis? Etiam tu, si qua tibi vis,
si patrii quid Martis habes, illum aspice contra,
qui vocat."   375
   Talibus exarsit dictis violentia Turni;
dat gemitum rumpitque has imo pectore voces
"Larga quidem, Drance, semper tibi copia fandi
tum, cum bella manus poscunt, patribusque vocatis
primus ades. Sed non replenda est curia verbis,   380
quae tuto tibi magna volant, dum distinet hostem
agger murorum nec inundant sanguine fossae."   382

Turnus Concludes His Speech of Defiance

"Nunc ad te et tua magna, pater, consulta revertor.   410
Si nullam nostris ultra spem ponis in armis,
si tam deserti sumus et semel agmine verso
funditus occidimus neque habet Fortuna regressum,
oremus pacem et dextras tendamus inertes.
Quamquam O, si solitae quicquam virtutis adesset!   415
Ille mihi ante alios fortunatusque laborum
egregiusque animi, qui, ne quid tale videret,
procubuit moriens et humum semel ore momordit.
Sin et opes nobis et adhuc intacta iuventus

· **366. pone animos:**
put away your stubborn pride. **abi:** *retire* from the contest. **fusi:** *in our rout.* **367. de-**
solavimus: i.e., by pressing into service all peasants.   **369. si adeo . . . est:** *if a*
palace for your dowry is so dear to you.   **371. ut . . . contingat:** i.e., that he may
win a royal bride.   **374. patrii . . . Martis:** *martial spirits of your sires.* **illum . . .**
contra: *look him* (Aeneas) *in the face.*   **380. replenda est:** i.e., this is no time for.
381. tibi: Dat. of reference, *from your mouth.*
   410. pater: Latinus.   **413. neque . . . regressum:** *and Fortune cannot be retrieved.*
416. mihi (videtur).

auxilioque urbes Italae populique supersunt,   420
sin et Troianis cum multo gloria venit
sanguine, sunt illis sua funera parque per omnes
tempestas: cur indecores in limine primo
deficimus? Cur ante tubam tremor occupat artus?
Multa dies variique labor mutabilis aevi   425
rettulit in melius, multos alterna revisens
lusit et in solido rursus Fortuna locavit.
Non erit auxilio nobis Aetolus et Arpi:
at Messapus erit felixque Tolumnius et quos
tot populi misere duces, nec parva sequetur   430
gloria delectos Latio et Laurentibus agris.
Est et Volscorum egregia de gente Camilla,
agmen agens equitum et florentes aere catervas.
Quod si me solum Teucri in certamina poscunt
idque placet tantumque bonis communibus obsto,   435
non adeo has exosa manus Victoria fugit,
ut tanta quicquam pro spe temptare recusem.
Ibo animis contra, vel magnum praestet Achillem
factaque Vulcani manibus paria induat arma
ille licet. Vobis animam hanc soceroque Latino   440
Turnus ego, haud ulli veterum virtute secundus,
devovi. 'Solum Aeneas vocat': et vocet oro,
nec Drances potius, sive est haec ira deorum,
morte luat, sive est virtus et gloria, tollat."

In the midst of debate, Aeneas arrives with his forces. The rest of
Book XI describes the battle between the Rutulians and Volscians on one
side and the Trojans and Etruscans on the other. The warrior-maiden
Camilla, with her Volscians, plays a prominent part. With her death the
Rutulian cause is lost, and Turnus is left to face Aeneas alone in a battle
to be narrated in Book XII.

· · · · · **421. sin et Troianis:** *and if to the Trojans* (*as to ourselves*). **424. tubam:**
i.e., the trumpet sounds. **428. Aetolus...Arpi:** i.e., Diomedes, who has refused
help to the Trojans. **435. placet** (**vobis**). **436. adeo:** *so far.* **exosa...fugit:**
i.e., hate and avoid. **438. vel...licet:** *even though.* **praestet:** *prove himself.*
439. paria: *like* (*his*). **441. veterum:** *my ancestors.* **443. nec....tollat:** *and
may not Drances, rather than I, if this means Heaven's wrath, pay the forfeit of death,
or win the palm, if there are brave deeds and glory to be won.*

LIBER XII

Partes Selectae

Turnus Decides to Meet Aeneas in Single Combat

TURNUS ut infractos adverso Marte Latinos
defecisse videt, sua nunc promissa reposci,
se signari oculis, ultro implacabilis ardet
attollitque animos. Poenorum qualis in arvis
saucius ille gravi venantum vulnere pectus   5
tum demum movet arma leo gaudetque comantes
excutiens cervice toros fixumque latronis
inpavidus frangit telum et fremit ore cruento:
haud secus accenso gliscit violentia Turno.

---

2. promissa: (*fulfillment of*) *his promise*, to fight with Aeneas. **3. se ... oculis:**
that he is the center of all eyes. **ultro:** *at once*. **6. comantes ... toros:** *shaggy
muscles*, i.e., he tosses his mane from his brawny neck. **7. latronis:** *hunter*.

Tum sic affatur regem atque ita turbidus infit: 10
"Nulla mora in Turno; nihil est quod dicta retractent
ignavi Aeneadae, nec quae pepigere recusent.
Congredior, fer sacra, pater, et concipe foedus.
Aut hac Dardanium dextra sub Tartara mittam,
desertorem Asiae (sedeant spectentque Latini),   15
et solus ferro crimen commune refellam,
aut habeat victos, cedat Lavinia coniunx."   17

Aeneas Learns of the Challenge

Nec minus interea maternis saevus in armis   107
Aeneas acuit Martem et se suscitat ira,
oblato gaudens componi foedere bellum,
tum socios maestique metum solatur Iuli,   110
fata docens, regique iubet responsa Latino
certa referre viros et pacis dicere leges.
   Postera vix summos spargebat lumine montes
orta dies, cum primum alto se gurgite tollunt
solis equi lucemque elatis naribus efflant: 115
campum ad certamen magnae sub moenibus urbis
dimensi Rutulique viri Teucrique parabant
in medioque focos et dis communibus aras
gramineas. Alii fontemque ignemque ferebant,
velati limo et verbena tempora vincti.   120
Procedit legio Ausonidum, pilataque plenis
agmina se fundunt portis. Hinc Troius omnis
Tyrrhenusque ruit variis exercitus armis,
haud secus instructi ferro, quam si aspera Martis
pugna vocet; nec non mediis in milibus ipsi   125
ductores auro volitant ostroque decori,
et genus Assaraci Mnestheus et fortis Asilas

· · · · · **10. turbidus:** *in stormy language.*   **16. crimen commune:** *the charge* (of cowardice) *against us all.*   **17. cedat . . . coniunx:** *become his bride.*
   107. maternis: *given by his mother.*   **108. acuit Martem:** *whets his martial spirit.*
115. elatis: *uplifted,* i.e., eager.   **118. focos:** *braziers,* to hold the altar fires.
120. velati limo: *clad in the sacrificial apron,* worn by priests.

et Messapus equum domitor, Neptunia proles.
Utque dato signo spatia in sua quisque recessit,
defigunt tellure hastas et scuta reclinant.   130
Tum studio effusae matres et vulgus inermum
invalidique senes turres ac tecta domorum
obsedere, alii portis sublimibus astant.   133

The Solemn Agreement by the Two Armies

Interea reges, ingenti mole Latinus   161
quadriiugo vehitur curru, cui tempora circum
aurati bis sex radii fulgentia cingunt,
Solis avi specimen; bigis it Turnus in albis,
bina manu lato crispans hastilia ferro;   165
hinc pater Aeneas, Romanae stirpis origo,
sidereo flagrans clipeo et caelestibus armis,
et iuxta Ascanius, magnae spes altera Romae,
procedunt castris, puraque in veste sacerdos
saetigeri fetum suis intonsamque bidentem   170
attulit admovitque pecus flagrantibus aris.
Illi ad surgentem conversi lumina solem
dant fruges manibus salsas et tempora ferro
summa notant pecudum paterisque altaria libant.
Tum pius Aeneas stricto sic ense precatur: 175
"Esto nunc Sol testis et haec mihi Terra vocanti,
quam propter tantos potui perferre labores,
et pater omnipotens et tu Saturnia coniunx,
iam melior, iam, diva, precor; tuque inclute Mavors,
cuncta tuo qui bella, pater, sub numine torques;   180

---

131. **effusae:** i.e., from their houses.
161. **reges:** i.e., came forth. **ingenti mole:** *in royal estate.* **164. specimen:** *emblem;* the Sun was his great-grandfather. **bigis ... in albis:** i.e., in a chariot drawn by two white steeds. **170. saetigeri ... bidentem:** *the young of the bristly boar and an unshorn sheep two years old.* **171. pecus:** *victims.* **173. dant:** *scatter* on the victims' foreheads. **ferro:** *sacrificial knife.* **174. notant:** *mark,* i.e., cut a tuft of hair from the forehead and throw it into the fire. **pateris ... libant:** *pour a libation from the bowls upon the altar.* **179. melior:** *more kind,* than heretofore. **180. torques:** *govern* or *guide.*

fontesque fluviosque voco, quaeque aetheris alti
religio et quae caeruleo sunt numina ponto:
cesserit Ausonio si fors victoria Turno,
convenit Evandri victos discedere ad urbem,
cedet Iulus agris, nec post arma ulla rebelles   185
Aeneadae referent ferrove haec regna lacessent,
sin nostrum annuerit nobis Victoria Martem
(ut potius reor et potius di numine firment),
non ego nec Teucris Italos parere iubebo
nec mihi regna peto: paribus se legibus ambae   190
invictae gentes aeterna in foedera mittant.
Sacra deosque dabo; socer arma Latinus habeto,
imperium sollemne socer; mihi moenia Teucri
constituent, urbique dabit Lavinia nomen."

Latinus Answers Aeneas

Sic prior Aeneas; sequitur sic deinde Latinus   195
suspiciens caelum tenditque ad sidera dextram:
"Haec eadem, Aenea, terram mare sidera iuro
Latonaeque genus duplex Ianumque bifrontem
vimque deum infernam et duri sacraria Ditis;
audiat haec genitor, qui foedera fulmine sancit.   200
Tango aras, medios ignes et numina testor:
nulla dies pacem hanc Italis nec foedera rumpet,
quo res cumque cadent; nec me vis ulla volentem
avertet, non, si tellurem effundat in undas
diluvio miscens caelumque in Tartara solvat;   205
ut sceptrum hoc" (dextra sceptrum nam forte gerebat)
"numquam fronde levi fundet virgulta nec umbras,

· · · · · · · · · · · · · · · · · · · 181. **fontesque:** Long final *e*, diastole.
183. cesserit: *side with* (lit. *pass to*). **fors:** Adv. **184. convenit:** Impers., *it is agreed.* **192. dabo:** *bring*, and make these the common religion. **193. sollemne:** *as before* (lit. *wonted* or *usual*).
   198. genus duplex: Apollo and Diana. **Ianum:** Janus had charge of treaties. **203. quo ... cumque:** Tmesis, *whatever the issue.* **204. avertet:** i.e., my pledge. **si ... solvat:** *though it plunge the earth into sea, confounding both in deluge, and mingle heaven with hell.*

cum semel in silvis imo de stirpe recisum
matre caret posuitque comas et bracchia ferro,
olim arbos, nunc artificis manus aere decoro   210
inclusit patribusque dedit gestare Latinis."
Talibus inter se firmabant foedera dictis
conspectu in medio procerum. Tum rite sacratas
in flammam iugulant pecudes et viscera vivis
eripiunt cumulantque oneratis lancibus aras.   215

Turnus's sister Juturna, fearful for her brother, and incited by Juno,
takes the form of an Italian warrior and urges the Rutulians to renew the
fight. Aeneas tries to restore peace, to no avail, and is wounded. Turnus,
unmindful of the truce, does great harm.

Venus Heals Aeneas's Wound

Hic Venus, indigno nati concussa dolore,   411
dictamnum genetrix Cretaea carpit ab Ida,
puberibus caulem foliis et flore comantem
purpureo; non illa feris incognita capris
gramina, cum tergo volucres haesere sagittae: 415
hoc Venus, obscuro faciem circumdata nimbo,
detulit; hoc fusum labris splendentibus amnem
inficit occulte medicans spargitque salubres
ambrosiae sucos et odoriferam panaceam.
Fovit ea vulnus lympha longaevus Iapyx   420
ignorans, subitoque omnis de corpore fugit
quippe dolor, omnis stetit imo vulnere sanguis;
iamque secuta manum nullo cogente sagitta
excidit, atque novae rediere in pristina vires.
"Arma citi properate viro! Quid statis?" Iapyx   425
conclamat primusque animos accendit in hostem.
"Non haec humanis opibus, non arte magistra

---

412. **dictamnum:** *dittany,* an herb growing on Mt. Dicte in Crete.   413. **puberibus . . . foliis:** *a plant thick with downy leaves.*   416. **faciem circumdata:** *her form enveloped;* middle voice.   420. **Iapyx:** The surgeon.

proveniunt neque te, Aenea, mea dextera servat:
maior agit deus atque opera ad maiora remittit." 429

Turnus Renews the Challenge

Sic urbis ruit ad muros, ubi plurima fuso 690
sanguine terra madet striduntque hastilibus aurae,
significatque manu et magno simul incipit ore:
"Parcite iam, Rutuli, et vos tela inhibete, Latini;
quaecumque est Fortuna, mea est: me verius unum
pro vobis foedus luere et decernere ferro." 695
Discessere omnes medii spatiumque dedere.
At pater Aeneas audito nomine Turni
deserit et muros et summas deserit arces
praecipitatque moras omnes, opera omnia rumpit,
laetitia exsultans, horrendumque intonat armis; 700
quantus Athos aut quantus Eryx aut ipse coruscis
cum fremit ilicibus quantus gaudetque nivali
vertice se attollens pater Apenninus ad auras.
Iam vero et Rutuli certatim et Troes et omnes
convertere oculos Itali, quique alta tenebant 705
moenia quique imos pulsabant ariete muros,
armaque deposuere umeris. Stupet ipse Latinus
ingentes, genitos diversis partibus orbis,
inter se coiisse viros et cernere ferro.
Atque illi, ut vacuo patuerunt aequore campi, 710
procursu rapido, coniectis eminus hastis,
invadunt Martem clipeis atque aere sonoro.
Dat gemitum tellus; tum crebros ensibus ictus
congeminant: fors et virtus miscentur in unum.
Ac velut ingenti Sila summove Taburno 715
cum duo conversis inimica in proelia tauri
frontibus incurrunt; pavidi cessere magistri,

---

690. ruit: i.e., Turnus. muros: Of Laurentum. plurima: Adv. 694. verius
(est): *is fairer.* 695. foedus: *the* (broken) *treaty.* 696. medii: *that stood be-*
tween. 708. ingentes: After stupet, *to see* ... 709. coiisse: *to have met* (*in con-*
flict). 710. ut ... campi: *after the space was cleared.* 712. clipeis atque aere:
Hendiadys. 716. conversis: *leveled.* inimica: *fatal.*

stat pecus omne metu mutum mussantque iuvencae,
quis nemori imperitet, quem tota armenta sequantur;
illi inter sese multa vi vulnera miscent   720
cornuaque obnixi infigunt et sanguine largo
colla armosque lavant; gemitu nemus omne remugit:
non alitur Tros Aeneas et Daunius heros
concurrunt clipeis; ingens fragor aethera complet.   724

Aeneas Refuses to Spare Turnus

Consurgunt gemitu Rutuli, totusque remugit   928
mons circum, et vocem late nemora alta remittunt.
Ille humilis supplexque oculos, dextramque precantem   930
protendens, "Equidem merui nec deprecor," inquit:
"utere sorte tua. Miseri te si qua parentis
tangere cura potest, oro (fuit et tibi talis
Anchises genitor), Dauni miserere senectae
et me seu corpus spoliatum lumine mavis   935
redde meis. Vicisti, et victum tendere palmas
Ausonii videre; tua est Lavinia coniunx:
ulterius ne tende odiis." Stetit acer in armis
Aeneas, volvens oculos, dextramque repressit;
et iam iamque magis cunctantem flectere sermo   940
coeperat, infelix umero cum apparuit alto
balteus et notis fulserunt cingula bullis
Pallantis pueri, victum quem vulnere Turnus
straverat atque umeris inimicum insigne gerebat.
Ille, oculis postquam saevi monumenta doloris   945
exuviasque hausit, furiis accensus et ira
terribilis, "Tune hinc spoliis indute meorum
eripiare mihi? Pallas te hoc vulnere, Pallas
immolat et poenam scelerato ex sanguine sumit,"

---

718. **mussant:** i.e., are in doubt.   721. **obnixi:** *with all their might.*   **infigunt:** *drive deep.*
931. **protendens:** *raising* . . . and *stretching forth;* zeugma.   932. **utere:** *enjoy.*
936. (me) **tendere.**   941. **infelix:** *fatal,* i.e., to be a fatal witness against him.   944. **inimicum:** *of his foe.*   946. **hausit:** *saw* (lit. *drank in*).   948. **eripiare:** Dubitative subjunc., *will you escape me.*

hoc dicens ferrum adverso sub pectore condit   950
fervidus.   Ast illi solvuntur frigore membra
vitaque cum gemitu fugit indignata sub umbras.

· · · · · · · · · · · · · **950. adverso sub:** *full in.*   **951. illi:** i.e., of Turnus.
frigore: *chill* of death   **952. indignata:** i.e., unwilling to leave light and life.

And now, since by the death of Turnus the conditions of the treaty are fulfilled, and Lavinia is obtained in marriage by the Trojan prince, Aeneas unites
the Trojans and Latins into one nation, founds a city, Lavinium, and secures the
right of succession to the throne after the death of Latinus; and thus *condidit
urbem intulitque deos Latio,* Book I. 5–6.

P. VERGILI MARONIS

ECLOGA IV

This is the famous "Messianic Eclogue," so called because of its resemblance to the Messianic prophecies of the Old Testament. It is possible that Vergil was acquainted with a Greek translation of these writings, but Greek literature could also have supplied the literary inspiration for the poem. The poem foretells the birth of a child whose beneficent rule would bring peace and plenty to all men and under whom war and sin would vanish. Vergil may have had an actual child in mind or merely a type for a new and better generation. At any rate, the theme explains much of the veneration accorded the poet in medieval times, when he was thought to be divinely inspired.

SICELIDES Musae, paulo maiora canamus!
 Non omnis arbusta iuvant humilesque myricae;
 si canimus silvas, silvae sint consule dignae.
 Ultima Cumaei venit iam carminis aetas;
magnus ab integro saeclorum nascitur ordo.   5
Iam redit et virgo, redeunt Saturnia regna
iam nova progenies caelo demittitur alto.
Tu modo nascenti puero, quo ferrea primum
desinet ac toto surget gens aurea mundo,
casta fave Lucina: tuus iam regnat Apollo.   10
Teque adeo decus hoc aevi, te consule, inibit,

---

1. Sicelides Musae: Vergil was much influenced by the pastoral poet Theocritus, whose *Idyls* have a Sicilian background. **2. arbusta:** *woodlands.* **myricae:** *tamarisks.* **3. consule:** Gaius Asinius Pollio, scholar, statesman, poet, to whom the poem is dedicated. **4. Ultima . . . aetas:** The idea of sequence of ages, after which the cycle begins anew. Shelley expressed the same thought in his poem *Hellas:*

> The world's great age begins anew
> The golden years return.

6. virgo: The goddess of justice, but to the early Christians the meaning would have been quite different. **Saturnia regna:** The Golden Ages, when Saturn, father of Jupiter, was ruler of the universe. **10. Lucina:** Another name for Diana, in her role as goddess of childbirth.

Pollio, et incipient magni procedere menses;
te duce, si qua manent sceleris vestigia nostri
irrita perpetua solvent formidine terras.
Ille deum vitam accipiet divisque videbit   15
permixtos heroas et ipse videbitur illis,
pacatumque reget patriis virtutibus orbem.
   At tibi prima, puer, nullo munuscula cultu
errantes hederas passim cum baccare tellus
mixtaque ridenti colocasia fundet acantho.   20
Ipsae lacte domum referent distenta capellae
ubera, nec magnos metuent armenta leones;
ipsa tibi blandos fundent cunabula flores.
Occidet et serpens, et fallax herba veneni
occidet; Assyrium vulgo nascetur amomum.   25
At simul heroum laudes et facta parentis
iam legere et quae sit poteris cognoscere virtus
molli paulatim flavescet campus arista,
incultisque rubens pendebit sentibus uva
et durae quercus sudabunt roscida mella.   30
Pauca tamen suberunt priscae vestigia fraudis,
quae temptare Thetin ratibus, quae cingere muris
oppida, quae iubeant telluri infindere sulcos.
Alter erit tum Tiphys, et altera quae vehat Argo
delectos heroas; erunt etiam altera bella,   35
atque iterum ad Troiam magnus mittetur Achilles.
   Hinc, ubi iam firmata virum te fecerit aetas,
cedet et ipse mari vector, nec nautica pinus

. . . . **14. irrita:** *effaced;* the vestiges of sin will be wiped
away. **15. deum:** Gen. pl. **16. heroas:** Greek acc. pl. **17. patriis virtutibus:**
This may belong either with **pacatum** or with **reget**. **18. munuscula:** *little present,*
from **munus**. **19. baccare:** *valerian,* a kind of plant, which yields oil. **20. colo-**
casia: *Egyptian beans,* sometimes translated *water lilies.* **21. capellae:** *she-goat.*
24. serpens: The early Christians would think of the snake in the Garden of Eden.
25. Assyrium . . . amomum: A rare spice from the East. **28. flavescet:** *grows yellow.*
arista: *grain.* **30. roscida mella:** *honey-dew;* the ancients believed that honey fell
from heaven in the form of dew. **31. suberunt:** *will lurk.* **fraudis:** *sin.* **32. Thetin:**
The sea-nymph, mother of Achilles; by metonymy, *sea.* **33. iubeant:** *will impel.*
34. Tiphys: Pilot of the *Argo.* **38. vector:** *traveler.* **pinus:** *ship;* metonymy.

mutabit merces; omnis feret omnia tellus.
Non rastros patietur humus, non vinea falcem;   40
robustus quoque iam tauris iuga solvet arator;
Nec varios discet mentiri lana colores,
ipse sed in pratis aries iam suave rubenti
murice, iam croceo mutabit vellera luto;
sponte sua sandyx pascentes vestiet agnos.   45
   "Talia saecla," suis dixerunt, "currite," fusis
concordes stabili fatorum numine Parcae.
Aggredere o magnos (aderit iam tempus) honores,
cara deum suboles, magnum Iovis incrementum!
Aspice convexo nutantem pondere mundum,   50
terrasque tractusque maris caelumque profundum:
aspice venturo laetentur ut omnia saeclo!
O mihi tum longae maneat pars ultima vitae,
spiritus et quantum sat erit tua dicere facta:
non me carminibus vincet nec Thracius Orpheus,   55
nec Linus, huic mater quamvis atque huic pater adsit,
Orphei Calliopea, Lino formosus Apollo.
Pan etiam, Arcadia mecum si iudice certet,
Pan etiam Arcadia dicat se iudice victum.
Incipe, parve puer, risu cognoscere matrem: 60
Matri longa decem tulerunt fastidia menses.
Incipe, parve puer: cui non risere parentes,
nec deus hunc mensa, dea nec dignata cubili est.

· **41. arator:** *ploughman.*
42. mentiri . . . colores: As if dyeing wool were an act of counterfeiting.   **43. suave:**
Adverbial.   **45. sandyx:** *scarlet.* Some commentators find the picture of yellow,
purple, and scarlet lambs a bit ridiculous.   **46. Talia saecla:** May be taken as
vocative, or as a loose sort of obj. of **currite.**   **47. concordes . . . numine:** *agreeing with the fixed will of the fates.*   **49. magnum Iovis incrementum:** This has
been variously interpreted as *Jove's mighty heir* and *mighty promise of a (future)
Jove.*   **50. convexo . . . pondere:** *the vast dome of heaven.*   **54. spiritus . . . erit:**
Read **et spiritus, quantum satis erit.**   **56. Linus:** A mythological singer classed
with Orpheus.   **57. Orphei:** Two syllables, dat. in a Greek declension.   **Calliopea:** Another form for Calliope, the Muse of epic poetry.   **58. Pan etiam:** Even Pan,
the god of pastoral song, could not vie with a poet using such a theme, though his
own land of Arcadia were to judge the contest.   **62. cui . . . parentes:** the gods smile
on the child who by his smiling encourages a mutual smile from his parents.

Selections from

OVID
CATULLUS
HORACE
MARTIAL

Ovid

Mantua Vergilio gaudet; Verona Catullo;
Pelignae dicar gloria gentis ego.

Mantua rejoices in Vergil; Verona in Catullus;
I shall be called the glory of the Pelignian people.

Ovid — Publius Ovidius Naso — has left us the story of his life in the selection from the *Tristia* (Laments) which follows this introduction. He writes that he was born in 43 B.C. at Sulmo — now Sulmona — a town set high in the mountains of the Abruzzi, east of Rome. His father, a wealthy member of the equestrian order, took his two sons to Rome so that they could have the training necessary for a career in government, considered the only proper profession for young men of their class.

But from childhood Ovid's chief delight was writing poetry — *quicquid temptabam dicere, versus erat.* Even when he was delivering practice speeches, they tended to turn into verse. When he had finished his formal education, he took the customary grand tour to Greece and Asia Minor and spent a year in Sicily. Impressions of the exotic sights and sounds encountered stayed long in his mind and emerged in the themes and images of the *Metamorphoses* and the *Fasti*.

After his return to Rome, Ovid began a rather casual practice of the law, held some judicial offices, but felt himself more and more drawn to poetic

316

art and the colorful society of the capital. Married three times, his third wife, a member of the prominent Fabian family, increased his social status. Endowed as well with a genial disposition and creative gifts, he became a favorite of the gilded set, whose leader was the famed Julia, Augustus's daughter.

The life of ease, pleasure, and recognition ended abruptly in 8 A.D. when the Emperor banished the poet to Tomi, a bleak outpost on the Black Sea, in what is today Bulgaria. The reasons for the sentence are not definitely known. Ovid himself attributed it to a **carmen** and an **error**. The **carmen** is probably *Ars amatoria,* published ten years before the edict was pronounced, although some have suggested that his treatment of the gods in the *Metamorphoses* offended Augustus. The **error** may have been involvement in love intrigues of Julia, or of her daughter, also named Julia. The scandalous behavior of the elder Julia caused her father great anguish, and she was disinherited and banished for her illicit affair with the son of Mark Antony, Augustus's old enemy.

It is possible that Ovid's "mistake" was purely political. For years Rome had seethed with dynastic intrigue over the choice of a successor to the Emperor. Perhaps Ovid had been too obvious a partisan of Augustus's grandson, Agrippa Postumus, or of Germanicus, the popular nephew of Tiberius, instead of favoring Tiberius himself, choice of the powerful Empress Livia. Support for this theory is the fact that Tiberius, after succeeding Augustus, continued the sentence of banishment.

Exile was permanent. In a barren land, cut off from the bright world he loved, Ovid never ceased lamenting and begging that the edict be rescinded. All the while he continued to write and even learned the Getic language of the townspeople, which he used in a poem on the imperial family. He died at Tomi in 17 A.D. and was buried there.

WORKS

The most celebrated of all Ovid's works is the *Metamorphoses,* a collection of stories from classical mythology which recount transformations, particularly of human beings into plants or animals. The poem begins with the origin of things from chaos, the four ages of gold, silver, brass, and iron, and the deluge, followed by picturesque and often sentimental tales of gods and heroes. It ends with the deification of Julius Caesar, as a sequel to the story of the Trojan War. For centuries readers have enjoyed these fables told in fluent hexameters — King Midas, Pyramus and Thisbe, Daedalus

317

and Icarus, Atalanta, and dozens of others have become a part of the fabric of world literature.

Most of Ovid's other works were written in the elegiac couplet form, in which he set the standard of brilliant ease to which other versifiers have aspired. From the early period come the *Amores*, concerned with his mistress Corinna; the *Heroides*, a series of love letters from legendary ladies to their absent husbands and lovers — Penelope to Ulysses, Dido to Aeneas, and the like; the *Ars amatoria,* a cool, witty, and amoral guide to the art of love; and the *Remedia amoris*, a kind of apology for the preceding work.

To the middle period belong the *Metamorphoses* and the *Fasti*, a work on the Roman religious calendar, in which Ovid assumed the unfamiliar role of national poet, in celebrating the rituals of the state. The *Fasti* covers only the first six months of the year because exile intervened. Nor had the *Metamorphoses* been finally revised when Ovid went to Tomi. In despair he burned the manuscript, but friends at Rome had copies and the work was published without the poet's final revision.

From the period of exile come the five books of the *Tristia* and four books of the *Epistulae ex Ponto*, both consisting of verse elegies in which Ovid asks the recipients to use their influence in his behalf. Also from this time are the *Ibis*, an elaborate curse delivered against some enemy at Rome, and the *Halieutica,* a natural history of fish.

In a sense Ovid reflects the taste and temper of the Augustan Age more faithfully than either Vergil, who idealized the newly founded Empire, or Horace, who presented a half-real, half-ideal version of life during his time. Ovid was a finished artist, sensitive to the beauty of sound and image, exuberant and inventive in rendering old legends and new themes. But he was not essentially serious in the way that Vergil and Lucretius were serious; he sought to create entertainment, not to produce works of profound philosophical and moral significance. Nevertheless, his influence on world literature and art has been enormous, and he has probably enjoyed greater popularity than any other classical author. Shakespeare, Milton, Dryden, and Pope knew him well, and the painters of the Renaissance were greatly in his debt. Even the young and sometimes reluctant student of Latin finds himself enchanted by the effortless rhythms, the rapid narratives, the vivid scenes, and the sympathetic characterizations of this master of the poetic art.

OVID'S AUTOBIOGRAPHY

ILLE ego qui fueriɱ, tenerorum lusor amorum
　　quem legis, ut noris, accipe, posteritas.
　Sulmo mihi patria est, gelidis uberrimus undis,
　　milia qui novies distat ab urbe decem.
Editus hinc ego sum; nec non ut tempora noris, 　　　　　5
　　cum cecidit fato consul uterque pari.
Si quid id est, usque a proavis vetus ordinis heres,
　　non sum fortunae munere factus eques.
Nec stirps prima fui. Genito sum fratre creatus,
　　qui tribus ante quater mensibus ortus erat. 　　　　　10
Lucifer amborum natalibus adfuit idem:
　　una celebrata est per duo liba dies.
Haec est armiferae festis de quinque Minervae,
　　quae fieri pugna prima cruenta solet.
Protinus excolimur teneri, curaque parentis 　　　　　15
　　imus ad insignes urbis ab arte viros.
Frater ad eloquium viridi tendebat ab aevo,
　　fortia verbosi natus ad arma fori;
at mihi iam parvo caelestia sacra placebant,
　　inque suum furtim Musa trahebat opus. 　　　　　20

---

1. fuerim: Indir. question depending on **noris. tenerorum . . . amorum:** *a playful writer of tender love poems.* **5. nec non:** *so too.* **6. fato . . . pari:** Ovid was born the year that the consuls Hirtius and Pansa were killed at Mutina in the fighting between Antony's forces and those of the senate, 43 B.C. **7. ordinis:** i.e., the knights, **equites.** Ovid says that his family had belonged to this class for several generations and had not been recently enrolled for political reasons because of the Civil War. **12. liba:** *cakes,* the sort offered to the guardian spirit, **genius,** of a person on his birthday. Ovid says that he and his brother had the same birthday, a year apart. **13. Haec . . . solet:** Lit., *This is in the five-day feast of arms-bearing Minerva, (a day) which is the first one accustomed to become bloody with the boxing match.* The festival is the Quinquatria, extending from March 19 to 23; the gladiatorial games began on the second day. Thus Ovid was born on March 20. **16. ab arte:** *because of their skill.* **19. caelestia sacra:** i.e., poetry as being divinely inspired. **20. furtim:** His brother's bent for the law would be socially and economically more acceptable. See l. 22.

Saepe pater dixit, "Studium quid inutile temptas?
    Maeonides nullas ipse reliquit opes."
Motus eram dictis totoque Helicone relicto
    scribere conabar verba soluta modis:
sponte sua carmen numeros veniebat ad aptos;   25
    quicquid temptabam dicere, versus erat.
Interea, tacito passu labentibus annis,
    liberior fratri sumpta mihique toga est,
induiturque umeris cum lato purpura clavo,
    et studium nobis, quod ante fuit, manet.   30
Iamque decem frater vitae geminaverat annos,
    cum perit, et coepi parte carere mei.
Cepimus et tenerae primos aetatis honores,
    deque viris quondam pars tribus una fui.
Curia restabat; clavi mensura coacta est;   35
    maius erat nostris viribus illud onus;
nec patiens corpus, nec mens fuit apta labori,
    sollicitaeque fugax ambitionis eram.
Et petere Aoniae suadebant tuta sorores
    otia, iudicio semper amata meo.   40
Temporis illius colui fovique poetas,
    quotque aderant vates, rebar adesse deos.
Saepe suas volucres legit mihi grandior aevo,
    quaeque necet serpens, quae iuvet herba, Macer.

---

22. Maeonides: Homer, thought to have been born in Maeonia, Lydia; many
other places claim him.   **24. verba ... modis:** *prose;* what is the literal translation?
28. liberior: Because the assumption of the **toga virilis** marked the young man's
coming of age.   **29. lato ... clavo:** *the wide purple stripe*, marking the toga of a member of the senatorial order; during and after Augustus's time, worn by certain young
men of the equestrian order who were preparing to enter on a political career.   **30. studium:** i.e., his interest in poetry.   **33. honores:** Here, as often, political offices.
34. deque viris ... tribus: There were various minor boards of officials called **tresviri.**
The **tresviri capitales** were police commissioners; Ovid may be referring to this board.
35. Curia: i.e., a career in the senate; the **curia** was the senate house.   **clavi mensura
coacta est:** Lit., *the width was narrowed for the stripe*, i.e., he didn't go into the senate
and therefore reassumed the narrow stripe of the knights.   **39. Aoniae ... sorores:**
Aonia was the region of Boeotia of Mt. Helicon, sacred to the Muses.   **41. Temporis
illius ... poetas:** i.e., the Augustan poets whom he mentions in the following lines.
44. Macer: Aemilius Macer of Verona, who wrote a poem on birds, snakes, and
medicinal plants; none of his works survive.

Saepe suos solitus recitare Propertius ignes,   45
    iure sodalicii qui mihi iunctus erat.
Ponticus heroo, Bassus quoque clarus iambis
    dulcia convictus membra fuere mei.
Detinuit nostras numerosus Horatius aures,
    dum ferit Ausonia carmina culta lyra.   50
Vergilium vidi tantum; nec amara Tibullo
    tempus amicitiae fata dedere meae.
Successor fuit hic tibi, Galle; Propertius illi;
    quartus ab his serie temporis ipse fui.
Utque ego maiores, sic me coluere minores,   55
    notaque non tarde facta Thalia mea est.
Carmina cum primum populo iuvenalia legi,
    Barba resecta mihi bisve semelve fuit.
Moverat ingenium totam cantata per urbem
    nomine non vero dicta Corinna mihi.   60
Multa quidem scripsi; sed quae vitiosa putavi,
    emendaturis ignibus ipse dedi.
Tunc quoque cum fugerem, quaedam placitura cremavi,
    iratus studio carminibusque meis.
Molle Cupidineis nec inexpugnabile telis   65
    cor mihi, quodque levis causa moveret, erat.
Cum tamen hic essem minimoque accenderer igne,
    nomine sub nostro fabula nulla fuit.

. . . . **46. iure sodalicii:** *by the ties of a*
fellowship; Propertius, Ovid, and others appear to have formed a sort of club of
elegiac poets.　　**47. Ponticus, Bassus:** None of their works survive, and we have no
definite knowledge of them. **heroo:** supply **versu. 48. convictus . . . mei:** *of my circle*
of friends.　　**51. vidi tantum:** *I just saw;* Vergil and Tibullus died in the same year,
19 B.C.　　**53. hic:** i.e., Tibullus.　**Galle:** C. Cornelius Gallus, considered to be one
of the finest elegiac poets, rose to distinction under Caesar; Augustus appointed him
first prefect of Egypt. He took his life in 26 B.C.　Lines 51–54 neatly summarize the
leading elegiac poets of the Augustan Age.　　**56. Thalia:** The Muse of comedy;
Ovid limits his poetic ambition.　　**60. Corinna:** The name he gives to his beloved in
the *Amores;* her identity was a subject of much speculation in Rome when the *Amores*
appeared. She may have been pure invention.　　**62. emendaturis:** i.e., fire is a great
corrector of literary faults.　　**63. cremavi:** i.e., when he went into exile in A.D. 8.
66. quodque: *and one that;* the clause thus introduced is one of characteristic, expanding the idea of **molle** and **inexpugnabile.**　　**67. Cum . . . essem:** *although I was*
so.　　**68. fabula:** *scandal.*

Paene mihi puero nec digna nec utilis uxor
 est data, quae tempus per breve nupta fuit.   70
Illi successit quamvis sine crimine coniunx,
 non tamen in nostro firma futura toro.
Ultima, quae mecum seros permansit in annos,
 sustinuit coniunx exsulis esse viri.
Filia me mea bis prima fecunda iuventa   75
 sed non ex uno coniuge, fecit avum.
Et iam complerat genitor sua fata, novemque
 addiderat lustris altera lustra novem.
Non aliter flevi quam me fleturus adempto
 ille fuit. Matri proxima busta tuli.   80
Felices ambo tempestiveque sepulti,
 ante diem poenae quod periere meae.
Me quoque felicem, quod non viventibus illis
 sum miser, et de me quod doluere nihil.
Si tamen exstinctis aliquid nisi nomina restat,   85
 et gracilis structos effugit umbra rogos;
fama, parentales, si vos mea contigit, umbrae,
 et sunt in Stygio crimina nostra foro;
scite, precor, causam (nec vos mihi fallere fas est)
 errorem iussae, non scelus, esse fugae.   90
Manibus hoc satis est. Ad vos, studiosa, revertor,
 pectora, qui vitae quaeritis acta meae.
Iam mihi canities pulsis melioribus annis
 venerat, antiquas miscueratque comas,
postque meos ortus Pisaea vinctus oliva   95
 abstulerat deciens praemia victor equus,

· · · · · · · · · · · · · **74. sustinuit:** *endured.*   **77. novemque . . . novem:** i.e.,
his father died at ninety years of age, somewhat before Ovid's banishment; a lustrum was a period of five years.   **81. felices . . . sepulti:** Nominative.   **83. Me:**
Exclamatory accusative.   **90. errorem:** In *Tristia* II. 20, l. 207, he says there
were two reasons for his banishment — *a poem and a blunder* (**carmen** et **error**).
95. postque . . . equus: Lit., *and after my birth the victorious horse crowned with the
olive of Pisa had carried off the prize ten times.* This refers to the Olympic games;
the olive was the prize, and Pisa a town in Elis. The games were held every four
years, and thus Ovid seems to be off the mark. He was 51 at his banishment. Perhaps he confused the Olympiad with the **lustrum.**

cum maris Euxini positos ad laeva Tomitas
quaerere me laesi principis ira iubet.
Causa meae cunctis nimium quoque nota ruinae
indicio non est testificanda meo.   100
Quid referam comitumque nefas famulosque nocentes?
Ipsa multa tuli non leviora fuga.
Indignata malis mens est succumbere seque
praestitit invictam viribus usa suis.
Oblitusque mei ductaeque per otia vitae   105
insolita cepi temporis arma manu,
totque tuli casus pelagoque terraque quot inter
occultum stellae conspicuumque polum.
Tacta mihi tandem longis erroribus acto
iuncta pharetratis Sarmatis ora Getis.   110
Hic ego finitimis quamvis circumsoner armis,
tristia, quo possum, carmine fata levo.
Quod quamvis nemo est cuius referatur ad aures,
sic tamen absumo decipioque diem.
Ergo quod vivo durisque laboribus obsto,   115
nec me sollicitae taedia lucis habent,
gratia, Musa, tibi. Nam tu solacia praebes,
tu curae requies, tu medicina venis.
Tu dux et comes es, tu nos abducis ab Histro
in medioque mihi das Helicone locum.   120
Tu mihi, quod rarum est, vivo sublime dedisti
nomen, ab exsequiis quod dare fama solet.

· 97. ad laeva: i.e., to one travel-
ing north; Tomi was on the western shore of the Black Sea.   98. principis: i.e.,
Augustus.   106. insolita . . . temporis arma: *unaccustomed arms suitable to the
time;* i.e., he took up whatever activities a strange land offered to counteract the
boredom of his life.   108. occultum . . . conspicuumque polum: i.e., the south and
north poles; **polus,** meaning the north star, is the *visible* sign of the north pole.
110. Sarmatis: Nom. with **ora.** The country of the Getae along the mouth of the
Danube and that of the Sarmatae lying north were adjacent. These regions stretched
far north of Tomi.   111. Hic . . . armis: *Here, however I may be echoed round with
the sound of neighboring arms;* **quamvis** normally takes the concessive subjunc.,
but the poets sometimes use it with the indicative.   113. Quod: Refers to **carmine** and is subject of **referatur.**   116. sollicitae . . . lucis: *of a troubled life.*
119. Histro: i.e., the Danube.

Nec qui detrectat praesentia, Livor iniquo
  ullum de nostris dente momordit opus.
Nam tulerint magnos cum saecula nostra poetas,   125
  non fuit ingenio fama maligna meo.
Cumque ego praeponam multos mihi, non minor illis
  dicor et in toto plurimus orbe legor.
Si quid habent igitur vatum praesagia veri,
  protinus ut moriar, non ero, terra, tuus.   130
Sive favore tuli sive hanc ego carmine famam,
  iure tibi gratēs, candide lector, ago,

Tristia IV. 10

· **123. qui detrectat:** *which*
disparages; **qui** refers to **Livor,** *envy,* personified.   **128. plurimus:** Translate as adv.

HARDSHIPS OF LIFE AT TOMI

SI QUIS adhuc istic meminit Nasonis adempti
    et superest sine me nomen in urbe meum,
    suppositum stellis numquam tangentibus aequor
me sciat in media vivere barbaria.
Sauromatae cingunt, fera gens, Bessique Getaeque,   5
    quam non ingenio nomina digna meo!
Dum tamen aura tepet, medio defendimur Histro;
    ille suis liquidus bella repellit aquis.
At cum tristis Hiems squalentia protulit ora,
    terraque marmoreo candida facta gelu est,   10
dum vetat et boreas et nix habitare sub Arcto,
    tum liquet has gentes axe tremente premi.

---

1. istic: i.e., in Rome. **adempti:** *banished.* **3. suppositum:** Modifies **me.**
stellis: Dat. with a compound, modified by **tangentibus,** which takes **aequor** as direct
obj. In a northern climate such as this, northern constellations do not "set in the
sea." **6. quam:** *how.* **7. defendimur:** i.e., from the tribes in the north mentioned
in l. 5. **12. liquet:** *it is evident.*

Nix iacet, et iactam nec sol pluviaeque resolvunt,
  indurat boreas perpetuamque facit.
Ergo ubi delicuit nondum prior, altera venit,   15
  et solet in multis bima manere locis.
Tantaque commoti vis est aquilonis ut altas
  aequet humo turres tectaque rapta ferat.
Pellibus et sutis arcent mala frigora bracis,
  oraque de toto corpore sola patent.   20
Saepe sonant moti glacie pendente capilli,
  et nitet inducto candida barba gelu.
Nudaque consistunt, formam servantia testae,
  vina; nec hausta meri, sed data frusta bibunt.
Quid loquar ut vincti concrescant frigore rivi,   25
  deque lacu fragiles effodiantur aquae?
Ipse, papyrifero qui non angustior amne
  miscetur vasto multa per ora freto,
caeruleos ventis latices durantibus Hister
  congelat et tectis in mare serpit aquis.   30
Quaque rates ierant, pedibus nunc itur, et undas
  frigore concretas ungula pulsat equi;
perque novos pontes, subter labentibus undis,
  ducunt Sarmatici barbara plaustra boves.
Vix equidem credar; sed cum sint praemia falsi   35
  nulla, ratam debet testis habere fidem:
vidimus ingentem glacie consistere pontum,
  lubricaque immotas testa premebat aquas.
Nec vidisse sat est: durum calcavimus aequor,
  undaque non udo sub pede summa fuit.   40
Si tibi tale fretum quondam, Leandre, fuisset,
  non foret angustae mors tua crimen aquae.

· · · · · · · · · · · · · · · **16. bima (nix):** Subj. of **delicuit.** **19. arcent:**
they ward off. **20. oraque . . . patent:** i.e., they go about with only their mouths
uncovered. **23. Nuda:** i.e., even the wine froze and would stand in the shape of
the jar when the jar was removed. **24. nec hausta . . . sed frusta:** *not drafts, but
lumps.* **25. Quid loquar:** *Why should I tell how.* **27. Ipse:** Looks forward to
Hister, l. 29. **papyrifero . . . amne:** i.e., the Nile. **28. vasto . . . freto:** The Black
Sea. **36. ratam . . . fidem:** *complete belief* in what he says. **38. lubrica . . . testa:**
Lit., *a slippery shell* of ice. **41. Leandre:** Leander used to swim the Hellespont to
see his beloved Hero and was drowned when caught in a storm.

Tum neque se pandi possunt delphines in auras
  tollere; conantes dura coercet hiems.
Et quamvis Boreas iactatis insonet alis,   45
  fluctus in obsesso gurgite nullus erit;
inclusaeque gelu stabunt ut marmora puppes,
  nec poterit rigidas findere remus aquas.
Vidimus in glacie pisces haerere ligatos,
  sed pars ex illis tunc quoque viva fuit.   50
Sive igitur boreae nimii vis saeva marinas
  sive redundatas flumine cogit aquas,
protinus aequato siccis aquilonibus Histro
  invehitur celeri barbarus hostis equo.
Hostis equo pollens longeque volante sagitta   55
  vicinam late depopulatur humum.
Diffugiunt alii, nullisque tuentibus agros
  incustoditae diripiuntur opes,
ruris opes parvae, pecus et stridentia plaustra,
  et quas divitias incola pauper habet.   60
Pars agitur vinctis post tergum capta lacertis,
  respiciens frustra rura Laremque suum;
pars cadit hamatis misere confixa sagittis
  (nam volucri ferro tinctile virus inest).
Quae nequeunt secum ferre aut abducere perdunt,   65
  et cremat insontes hostica flamma casas.
Tunc quoque cum pax est, trepidant formidine belli,
  nec quisquam presso vomere sulcat humum.
Aut videt aut metuit locus hic quem non videt hostem;
  cessat iners rigido terra relicta situ.   70
Non hic pampinea dulcis latet uva sub umbra,
  nec cumulant altos fervida musta lacus.
Poma negat regio; nec haberet Acontius in quo
  scriberet hic dominae verba legenda suae.

43. pandi: *curved.*   **51. marinas ... aquas:** Contrasted with **aquas** (in) **flumine.**
52. redundatas: Translate as active. **cogit = congelat. 53. aequato:** i.e., made level
by freezing.   **55. equo ... sagitta:** i.e., skilled in their use.   **69. hostem:** Translate as dir. obj. of **videt** and **metuit. 72. fervida:** *bubbling* — in the process of
fermentation. **lacus:** Here, *vats.*   **73. Acontius:** Acontius, en route to Delos for
the festival of Diana, saw Cydippe in Diana's temple and fell in love with her. He
threw an apple with words on it: "I swear by the sanctuary of Diana to marry

Aspiceres nudos sine fronde, sine arbore campos.   75
    Heu loca felici non adeunda viro!
Ergo tam late pateat cum maximus orbis,
    haec est in poenam terra reperta meam?

Tristia III. 10

Acontius." Cydippe's nurse gave her the apple, which she read aloud and threw
away in disdain. But Diana had heard the vow, and the repeated illnesses of
Cydippe whenever she was about to marry another man at length compelled her
father to give her in marriage to Acontius.

DIDO TO AENEAS

Dido in a letter to Aeneas expresses her grief at his departure
and attempts to hold him in Carthage. Compare Ovid's and
Vergil's differing treatment of the same legendary episode.

SIC UBI fata vocant, udis abiectus in herbis
        ad vada Maeandri concinit albus olor.
    Nec quia te nostra sperem prece posse moveri,
alloquor — adverso movimus ista deo;
sed merita et famam corpusque animumque pudicum   5
    cum male perdiderim, perdere verba leve est.
Certus es ire tamen miseramque relinquere Didon,
    atque idem venti vela fidemque ferent?
Certus es, Aenea, cum foedere solvere naves,
    quaeque ubi sint nescis, Itala regna sequi?   10
Nec nova Karthago, nec te crescentia tangunt
    moenia nec sceptro tradita summa tuo?
Facta fugis, facienda petis; quaerenda per orbem
    altera, quaesita est altera terra tibi.
Ut terram invenias, quis eam tibi tradet habendam?   15

2. **Maeandri:** A river in Asia Minor famous for its winding course and its swans,
source of the English word *meander*. **concinit:** i.e., the swan song. 3. **sperem:**
Subjunc. after **nec quia;** negatives before **quia** and **quod** usually call for the subjunc.
4. **movimus ista:** *I have begun the words you read* (Showerman). 8. **vela fidemque:**
Note the zeugma here and in the next line. 10. **quaeque = et quae:** The antecedent
is **regna.** 12. **summa:** *the supreme power.* 15. **Ut:** *although.*

Quis sua non notis arva tenenda dabit?
Alter habendus amor tibi restat et altera Dido;
  quamque iterum fallas altera danda fides.
Quando erit, ut condas instar Karthaginis urbem
  et videas populos altus ab arce tuos? 20
Omnia ut eveniant, nec te tua vota morentur,
  unde tibi, quae te sic amet, uxor erit?
Uror, ut inducto ceratae sulpure taedae,
  ut pia fumosis addita tura focis.
Aeneas oculis semper vigilantis inhaeret; 25
  Aenean animo noxque diesque refert.
Ille quidem male gratus et ad mea munera surdus,
  et quo, si non sim stulta, carere velim;
non tamen Aenean, quamvis male cogitat, odi,
  sed queror infidum questaque peius amo. 30
Parce, Venus, nurui, durumque amplectere fratrem,
  frater Amor, castris militet ille tuis!
Aut ego, quem coepi — neque enim dedignor — amare,
  materiam curae praebeat ille meae!
Fallor, et ista mihi falso iactatur imago; 35
  matris ab ingenio dissidet ille suae.
Te lapis et montes innataque rupibus altis
  robora, te saevae progenuere ferae,
aut mare, quale vides agitari nunc quoque ventis,
  quo tamen adversis fluctibus ire paras. 40
Quo fugis? Obstat hiems. Hiemis mihi gratia prosit!
  Aspice, ut eversas concitet Eurus aquas!
Quod tibi malueram, sine me debere procellis;
  iustior est animo ventus et unda tuo.
Non ego sum tanti — quid non censeris inique — 45
  ut pereas, dum me per freta longa fugis.

· **17. altera Dido:**
and another Dido.   **21. ut:** *although.*   **23. inducto . . . sulpure:** *tipped with sulphur.*
31. nurui: i.e., Dido, who regards herself as the wife of Aeneas, son of Venus.
33. ego: Subj. of **coepi**; Dido took the initiative in the affair.   **34. materiam:**
i.e., in his own person.   **41. Hiemis . . . prosit:** *May the boon of winter be to my*
advantage.   **45. quid . . . inique:** Lit., *why are you not unjustly valued,* i.e. by Dido.

Exerces pretiosa odia et constantia magno,
si, dum me careas, est tibi vile mori.
Iam venti ponent, strataque aequaliter unda
caeruleis Triton per mare curret equis.   50
Tu quoque cum ventis utinam mutabilis esses!
Et, nisi duritia robora vincis, eris.
Quid, si nescires, insana quid aequora possunt?
Expertae totiens quam male credis aquae!
Ut, pelago suadente etiam, retinacula solvas,   55
multa tamen latus tristia pontus habet.
Nec violasse fidem temptantibus aequora prodest;
perfidiae poenas exigit ille locus,
praecipue cum laesus amor, quia mater Amorum
nuda Cytheriacis edita fertur aquis.   60
Perdita ne perdam, timeo, noceamve nocenti,
neu bibat aequoreas naufragus hostis aquas.
Vive, precor! sic te melius quam funere perdam.
Tu potius leti causa ferere mei.
Finge, age, te rapido — nullum sit in omine pondus! —   65
turbine deprendi; quid tibi mentis erit?
Protinus occurrent falsae periuria linguae,
et Phrygia Dido fraude coacta mori;
coniugis ante oculos deceptae stabit imago
tristis et effusis sanguinolenta comis.   70
Quid tanti est ut tum "merui! concedite!" Dicas
quaeque cadent, in te fulmina missa putes?
Da breve saevitiae spatium pelagique tuaeque;
grande morae pretium tuta futura via est.
Nec mihi tu curae; puero parcatur Iulo.   75
Te satis est titulum mortis habere meae.
Quid puer Ascanius, quid di meruere Penates?

---

47. constantia magno: *dearly bought.* **48. tibi:** Dat. of reference. **mori:** Subj.
of **est.** **49. venti ponent:** *the winds will fall;* notice the intrans. use of **pono.**
53. quid . . . possunt: i.e., Aeneas had experienced their fury. **54. quam . . . credis:**
how ill to trust. **55. Ut:** *although.* **59. laesus (est).** **60. Cytheriacis . . . aquis:**
Venus rose from the waves off Cythera, an island southeast of the Peloponnesus.
64. ferere: *you will be considered.* **71. Quid tanti est ut:** i.e., what is of so much
importance now to reward him then when he will have to admit his fault. **concedite:**
pardon. **77. meruere:** i.e., what have they done to deserve this?

Ignibus ereptos obruet unda deos?
Sed neque fers tecum, nec, quae mihi, perfide, iactas,
  presserunt umeros sacra paterque tuos.   80
Omnia mentiris, neque enim tua fallere lingua
  incipit a nobis, primaque plector ego.
Si quaeras, ubi sit formosi mater Iuli —
  occidit a duro sola relicta viro!
haec mihi narraras — sat me monuere! Merentem   85
  ure; minor culpa poena futura mea est.
Nec mihi mens dubia est, quin te tua numina damnent.
  Per mare, per terras septima iactat hiems.
Fluctibus eiectum tuta statione recepi
  vixque bene audito nomine regna dedi.   90
His tamen officiis utinam contenta fuissem,
  et mihi concubitus fama sepulta foret!
Illa dies nocuit, qua nos declive sub antrum
  caeruleus subitis compulit imber aquis.
Audieram vocem; nymphas ululasse putavi —   95
  Eumenides fatis signa dedere meis!
Exige, laese pudor, poenas! violate Sychaei . . .
  ad quas, me miseram, plena pudoris eo.
Est mihi marmorea sacratus in aede Sychaeus —
  oppositae frondes velleraque alba tegunt.   100
Hinc ego me sensi noto quater ore citari;
  ipse sono tenui dixit, "Elissa, veni!"
Nulla mora est, venio, venio tibi debita coniunx;
  sum tamen admissi tarda pudore mei.
Da veniam culpae! decepit idoneus auctor;   105
  invidiam noxae detrahit ille meae.

. . . . **79. iactas:** *you tell me of.*
82. primaque = nec prima.   **84. occidit:** Vergil in Book II of the *Aeneid* relates that
Creusa, the wife of Aeneas, was lost as the fugitive Trojans made their way from the
burning city.   **92. et . . . foret:** *and that the report of our union were buried.*   **93. sub
antrum:** In Book IV of the *Aeneid*, ll. 160–172, Aeneas and Dido are driven into a
cave by the fury of a sudden storm which was part of a conspiracy between Juno
and Venus.   **96. Eumenides:** The Furies.   **97.** This line in the text ends **violate
Sychaei**, followed by a lacuna, or gap.   The difficulty of interpreting the passage is
reduced by leaving out these words.   **99. Sychaeus:** Dido's husband, who was murdered in Tyre by her brother Pygmalion.   **104. admissi:** *of my crime;* obj. gen.
with **pudore.**   **106. noxae:** Dat. of separation.

Dido to Aeneas   **331**

Diva parens seniorque pater, pia sarcina nati,
spem mihi mansuri rite dedere viri.
Si fuit errandum, causas habet error honestas;
adde fidem, nulla parte pigendus erit.   110
Durat in extremum vitaeque novissima nostrae
prosequitur fati, qui fuit ante, tenor.
Occidit internas coniunx mactatus ad aras,
et sceleris tanti praemia frater habet;
exul agor cineresque viri patriamque relinquo   115
et feror in duras hoste sequente vias.
Applicor ignotis fratrique elapsa fretoque
quod tibi donavi, perfide, litus emo.
Urbem constitui lateque patentia fixi
moenia finitimis invidiosa locis.   120
Bella tument; bellis peregrina et femina temptor,
vixque rudes portas urbis et arma paro.
Mille procis placui, qui me coiere querentes
nescio quem thalamis praeposuisse suis.
Quid dubitas vinctam Gaetulo tradere Iarbae?   125
Praebuerim sceleri bracchia nostra tuo.
Est etiam frater, cuius manus impia possit
respergi nostro, sparsa cruore viri.
Pone deos et quae tangendo sacra profanas!
Non bene caelestes impia dextra colit.   130
Si tu cultor eras elapsis igne futurus,
paenitet elapsos ignibus esse deos.
Forsitan et gravidam Didon, scelerate, relinquas,
parsque tui lateat corpore clausa meo.
Accedet fatis matris miserabilis infans,   135

---

107. **sarcina:** In this typically Ovidian figure Anchises is likened to a bundle because Aeneas carried him from Troy on his back. 109. **fuit errandum (mihi).** 110. **adde ... erit:** *Let him keep faith, I shall have no reason to regret it.* 111. **novissima:** *the last moments.* 112. **tenor:** On which depends **fati,** the subject of both **durat** and **prosequitur.** 117. **ignotis (terris). fratrique ... fretoque = elapsa et fratri et freto: fratri** and **freto** are dat. of separation. 120. **invidiosa:** *a source of envy.* 123. **coiere querentes:** *assembled complaining.* 125. **Quid:** *why?* **vinctam (me).** 126. **Praebuerim:** Potential subjunc., *I should offer.* 127. **frater:** i.e., Pygmalion; see note on l. 99. 131. **eras ... futurus:** *were fated to be.* **elapsis (deis).** 133. **relinquas: forsitan** commonly takes the subjunc.

et nondum nato funeris auctor eris,
cumque parente sua frater morietur Iuli,
poenaque conexos auferet una duos.
"Sed iubet ire deus." Vellem, vetuisset adire,
   Punica nec Teucris pressa fuisset humus!   140
Hoc duce nempe deo ventis agitaris iniquis
et teris in rapido tempora longa freto?
Pergama vix tanto tibi erant repetenda labore,
   Hectore si vivo quanta fuere forent.
Non patrium Simoenta petis, sed Thybridas undas —   145
   nempe ut pervenias, quo cupis, hospes eris;
utque latet vitatque tuas abstrusa carinas,
   vix tibi continget terra petita seni.
Hos potius populos in dotem, ambage remissa,
   accipe et advectas Pygmalionis opes.   150
Ilion in Tyriam transfer felicius urbem
   resque loco regis sceptraque sacra tene!
Si tibi mens avida est belli, si quaerit Iulus,
   unde suo partus Marte triumphus eat,
quem superet, nequid desit, praebibimus hostem;   155
   hic pacis leges, hic locus arma capit.
Tu modo, per matrem fraternaque tela, sagittas,
   perque fugae comites, Dardana sacra, deos —
sic superent, quoscumque tua de gente reportas,
   Mars ferus et damni sit modus ille tui,   160
Ascaniusque suos feliciter impleat annos,
   et senis Anchisae molliter ossa cubent! —
parce, precor, domui, quae se tibi tradit habendam!
   Quod crimen dicis praeter amasse meum?
Non ego sum Phthias magnisque orienda Mycenis,   165
   nec steterunt in te virque paterque meus.

139. Vellem (ut): Imp. subjunc., unaccomplished wish in present time. **141. nempe:**
Ironic. **147. abstrusa:** From **abstrudo**, with **terra**, l. 148. **149. ambage remissa:**
your roundabout course abandoned. **152. resque . . . tene:** Lit., *hold your state in a
king's position and the sacred scepter.* **154. (locum) unde.** **155. (eum) quem.**
156. hic pacis . . . capit: *here is a place for the laws of peace and a place for arms.*
159. superent: Hortatory subjunc., as are **sit** and **impleat.** **160. Mars . . . ille:** *that
cruel war,* i.e., the Trojan War. **164. Quod . . . meum (esse).** **165. Phthias:** Of
Phthia, the home of Achilles; Dido means that she is no enemy.

Si pudet uxoris, non nupta, sed hospita dicar;
  dum tua sit, Dido quidlibet esse feret.
Nota mihi freta sunt Afrum plangentia litus;
  temporibus certis dantque negantque viam.   170
Cum dabit aura viam, praebebis carbasa ventis;
  nunc levis eiectam continet alga ratem.
Tempus ut observem, manda mihi; serius ibis,
  nec te, si cupies, ipsa manere sinam.
Et socii requiem poscunt, laniataque classis   175
  postulat exiguas semirefecta moras;
pro meritis et si qua tibi debebimus ultra,
  pro spe coniugii tempora parva peto —
dum freta mitescunt et amor, dum tempore et usu
  fortiter edisco tristia posse pati.   180
Si minus, est animus nobis effundere vitam;
  in me crudelis non potes esse diu.
Aspicias utinam, quae sit scribentis imago!
  Scribimus, et gremio Troicus ensis adest,
perque genas lacrimae strictum labuntur in ensem,   185
  qui iam pro lacrimis sanguine tinctus erit.
Quam bene conveniunt fato tua munera nostro!
  Instruis impensa nostra sepulcra brevi.
Nec mea nunc primum feriuntur pectora telo;
  ille locus saevi vulnus amoris habet.   190
Anna soror, soror Anna, meae male conscia culpae,
  iam dabis in cineres ultima dona meos.
Nec consumpta rogis inscribar Elissa Sychaei,
  hoc tamen in tumuli marmore carmen erit:

PRAEBUIT AENEAS ET CAUSAM MORTIS ET ENSEM;   195
  IPSA SUA DIDO CONCIDIT USA MANU.

Heroides VII

---

167. **Si ... uxoris:** i.e., if calling Dido his wife was a source of shame to Aeneas.
168. **Dido ... feret:** *Dido will endure to be anything you like.*   172. **eiectam:** i.e.,
drawn up on the shore.   173. **Tempus ... mihi:** i.e., let Dido keep a watch on the
weather.   177. **meritis:** i.e., those of Aeneas.   181. **Si minus:** *If not,* i.e., if he
will not do what she asks.   183. **imago:** *the face.*   184. **Troicus ensis:** i.e.,
Aeneas's sword, left behind (*Aeneid* IV. 507).   187. **Quam ... conveniunt:** *how appropriate are.*   188. **impensa ... brevi:** *a small cost.*   194. **carmen:** *inscription.*

THE FOUNDING OF ROME

Romulus and Remus, twin sons of Rhea Silvia, were the grand-
sons of Numitor, king of Alba Longa. Numitor's brother Amulius
usurped the kingdom and set the boys adrift on the Tiber soon
after they were born; their mother was put to death. They were
plucked from the river bank by a she-wolf and brought up by the
shepherd Faustulus and his wife. When they grew up, they
restored their grandfather to his throne and decided. to build
a new city for their own followers. In this passage from the
Fasti, Romulus and Remus both wish to be considered the founder
of the city. The omens are favorable to Romulus, who begins the
walls on the Palatine hill. Remus in derision jumps over them and
is killed by Celer, Romulus's lieutenant.

IAM luerat poenas frater Numitoris, et omne
    pastorum gemino sub duce vulgus erat.   810
Contrahere agrestes et moenia ponere utrique
    convenit; ambigitur moenia ponat uter.
"Nil opus est," dixit "certamine" Romulus "ullo:
    magna fides avium est. Experiamur aves."
Res placet. Alter adit nemorosi saxa Palati,   815
    alter Aventinum mane cacumen init.
Sex Remus, hic volucres bis sex videt ordine. Pacto
    statur, et arbitrium Romulus urbis habet.
Apta dies legitur, qua moenia signet aratro.
    Sacra Palis suberant; inde movetur opus.   820

---

809. frater Numitoris: i.e., Amulius.   **810. gemino sub duce:** i.e., Romulus and
Remus.   **811. utrique convenit:** *both agreed.*   **812. ambigitur . . . uter:** *an argument
arose as to who . . .*   **815. Alter.** i.e., Romulus.   **817. Pacto statur:** *They stand
by their agreement.* Notice the frequent use of the impers. passive, as in l. 812.
819. moenia signet: i.e., the marking out by the plow of the boundaries of the city
being founded; **signet** is subjunc. in a rel. clause of purpose.   **820. sacra Palis:** i.e.,
the Parilia or Palilia, a festival held in honor of the rustic goddess Pales on April 21,
the traditional date of the founding of Rome.

Fossa fit ad solidum; fruges iaciuntur in ima
  et de vicino terra petita solo.
Fossa repletur humo, plenaeque imponitur ara,
  et novus accenso fungitur igne focus.
Inde premens stivam designat moenia sulco: 825
  alba iugum niveo cum bove vacca tulit.
Vox fuit haec regis: "Condenti, Iuppiter, urbem,
  et genitor Mavors Vestaque mater, ades!
Quosque pium est adhibere deos, advertite cuncti!
  Auspicibus vobis hoc mihi surgat opus. 830
Longa sit huic aetas dominaeque potentia terrae,
  sitque sub hac oriens occiduusque dies!"
Ille precabatur. Tonitru dedit omina laevo
  Iuppiter, et laevo fulmina missa polo.
Augurio laeti iaciunt fundamina cives, 835
  et novus exiguo tempore murus erat.
Hoc Celer urget opus, quem Romulus ipse vocarat,
  "Sint" que, "Celer, curae" dixerat "ista tuae.

. . . . **821. Fossa ... solo:** A square pit was
dug to solid rock and in it were placed first fruits and earth, probably to appease the
gods of the underworld and symbolize a union of neighboring communities. This
pit was supposed to have been on the Palatine. **823. plenae (fossae).** **829. advertite**
= animadvertite: *take heed.* **831. dominaeque ... terrae:** *and power for this land,*
the mistress (of the world). **832. oriens ... dies:** *east and west.* **833. laevo:**
The favorable side in Roman augury. **837. Celer:** Chief of the knights, the **Celeres.**

336

Neve quis aut muros aut factam vomere fossam
  transeat, audentem talia dede neci."   840
Quod Remus ignorans humiles contemnere muros
  coepit et "His populus" dicere "tutus erit?"
Nec mora, transiluit.   Rutro Celer occupat ausum.
  Ille premit duram sanguinulentus humum.
Haec ubi rex didicit, lacrimas introrsus obortas   845
  devorat et clausum pectore vulnus habet.
Flere palam non vult exemplaque fortia servat,
  "Sic" que "meos muros transeat hostis!" ait.
Dat tamen exsequias; nec iam suspendere fletum
  sustinet, et pietas dissimulata patet.   850
Osculaque applicuit posito suprema feretro
  atque ait, "Invito frater adempte, vale!"

Fasti IV

845. obortas: *rising.*   **850. sustinet:** *does he have the heart to . . .*

THE DESTRUCTION OF CACUS

One of Hercules's labors was the capture of the oxen of Geryon, a three-headed monster living on the island of Erythia off the coast of Spain. On his return with the cattle he spends a night on the site of Rome with Evander, who has established the town of Pallanteum there. Cacus, a fire-breathing giant living in a cave on the slopes of the Aventine hill, steals some of the cattle, and Hercules fights him for their recovery. Vergil's account of the same episode is found in the *Aeneid*, VIII. 190–267.

ECCE boves illuc Erytheidas applicat heros
    emensus longi claviger orbis iter.
Dumque huic hospitium domus est Tegeaea, vagantur
    incustoditae lata per arva boves.   546
Mane erat: excussus somno Tirynthius actor
    de numero tauros sentit abesse duos.
Nulla videt quaerens taciti vestigia furti.
Traxerat aversos Cacus in antra ferox,   550
Cacus, Aventinae timor atque infamia silvae,
    non leve finitimis hospitibusque malum.
Dira viro facies, vires pro corpore, corpus
    grande (pater monstri Mulciber huius erat),
proque domo longis spelunca recessibus ingens,   555
    abdita, vix ipsis invenienda feris.
Ora super postes affixaque bracchia pendent,
    squalidaque humanis ossibus albet humus.

---

543. illuc: i.e., Evander's town. **Erytheidas:** The oxen came from Erythia, island of Spain. **544. longi ... orbis:** *of the breadth of the earth* (lit., *of the long world*). **545. domus ... Tegeaea:** i.e., Evander's house; Tegea is a town of Arcadia. **551. timor atque infamia:** *the terror and disgrace.* **552. non leve ... malum:** *a curse not easily borne.* **553. vires... corpore:** *strength in proportion to his body.* **554. Mulciber:** i.e., Vulcan. **555. proque domo:** *and for a house.* **557. Ora:** *skulls.*

Servata male parte boum Iove natus abibat:
mugitum rauco furta dedere sono.   560
"Accipio revocamen," ait, vocemque secutus
impia per silvas ultor ad antra venit.
Ille aditum fracti praestruxerat obice montis:
vix iuga movissent quinque bis illud opus.
Nititur hic umeris (caelum quoque sederat illis)   565
et vastum motu collabefactat onus.
Quod simul eversum est, fragor aethera terruit ipsum,
ictaque subsedit pondere molis humus.
Prima movet Cacus collata proelia dextra
remque ferox saxis stipitibusque gerit.   570
Quis ubi nil agitur, patrias male fortis ad artes
confugit et flammas ore sonante vomit.
Quas quotiens proflat, spirare Typhoea credas
et rapidum Aetnaeo fulgur ab igne iaci.
Occupat Alcides, adductaque clava trinodis   575
ter quater adverso sedit in ore viri.
Ille cadit mixtosque vomit cum sanguine fumos
et lato moriens pectore plangit humum.
Immolat ex illis taurum tibi, Iuppiter, unum
victor et Evandrum ruricolasque vocat   580
constituitque sibi, quae Maxima dicitur, aram,
hic ubi pars urbis de bove nomen habet.

Fasti I

. . . . · **559. Servata** . . .
parte: i.e., a part of them had been lost.   **560. furta:** *the stolen cattle* (lit., *the
stolen goods*).   **563. Ille:** i.e., Cacus.   **564. iuga:** *yokes of oxen.*   **565. caelum
quoque:** When Hercules was seeking the golden apples, he replaced Atlas as supporter
of the sky while the latter went to get the apples from the Garden of the Hesperides.
569. Prima: Translate as adv.   **collata . . . dextra:** *hand to hand.*   **571. Quis**
= **Quibus:** Refers to **saxis stipitibusque.**   **patrias . . . artes:** Cacus's father was
Vulcan, the divine blacksmith.   **male fortis:** *frightened;* litotes.   **573. Typhoea:**
Greek acc.; Typhoeus, the giant struck by Jove's thunderbolt, lay under Etna. He
is used to personify Etna's volcanic activity.   **575. adducta clava . . . sedit:** Freely,
laying on his club he struck.   **581. quae . . . dicitur:** The Ara Maxima in the Forum
Boarium, the original cattle market in Rome.   **582. pars . . . habet:** i.e., the Forum
Boarium.

Cacus   **339**

JASON AND MEDEA

When Prince Jason was a child, his uncle Pelias usurped the rule of the kingdom of Thessaly and tried to kill his nephew. Jason was rescued by friends of his father and sent to Chiron, the famous centaur, who was also Achilles's tutor. When he grew up, Jason returned to demand the kingdom. Pelias, hoping to remove this threat to his power, promised Jason his kingdom if he went to Colchis and brought back the Golden Fleece. Jason set out in the ship *Argo*, accompanied by a band of legendary heroes of Greece, called the Argonauts.

IAMQUE fretum Minyae Pagasaea puppe secabant,
perpetuaque trahens inopem sub nocte senectam
Phineus visus erat, iuvenesque Aquilone creati
virgineas volucres miseri senis ore fugarant;
multaque perpessi claro sub Iasone tandem   5
contigerant rapidas limosi Phasidis undas.
  Dumque adeunt regem Phrixeaque vellera poscunt,
lexque datur Minyis magnorum horrenda laborum,
concipit interea validos Aeetias ignes,

---

1. Minyae: Descendants of the hero Minyas, originally dwellers in Thessaly; most of the Argonauts were Minyans. **Pagasaea puppe:** *the Pagasaean ship;* the *Argo* was built at Pagasa in Thessaly. **3. Phineus:** Blind prophet and king of Thrace. He was plagued by the Harpies, **virgineas volucres,** birds of prey with the faces of maidens and brazen claws, who descended and snatched away all the food set on the king's table. The Argonauts had stopped to consult Phineus about their journey. **iuvenesque Aquilone creati:** i.e., Zetes and Calais, the sons of the North Wind; they were on the expedition and because they had wings were able to pursue the Harpies and rid Phineus of them. **4. ore:** Abl. of separation. **6. Phasidis:** The river Phasis in Colchis, a region at the east end of the Black Sea. **7. Phrixeaque vellera:** i.e., the Golden Fleece. Phrixus and his sister Helle were to be sacrificed by their father Athamas at the instigation of their stepmother Ino. Their true mother Nephele sent a winged ram with a golden fleece to fly them out of danger. As they crossed the Hellespont, unnamed at this time, Helle in fright fell into the strait and perished — hence the name. Phrixus was carried to Colchis. **8. lex:** *condition.* Before he could obtain the fleece, Jason had to yoke brazen, fire-breathing bulls to a plow and sow dragon's teeth from which would spring armed men. These would have to be defeated before he was allowed to approach the garden and the dragon guarding the fleece. **9. Aeetias:** i.e., Medea. The following lines show Ovid's interest in the psychology of love.

et luctata diu, postquam ratione furorem   10
vincere non poterat, "Frustra, Medea, repugnas;
nescio quis deus obstat," ait, "mirumque, nisi hoc est
aut aliquid certe simile huic quod 'amare' vocatur.
Nam cur iussa patris nimium mihi dura videntur?
Sunt quoque dura nimis. Cur quem modo denique vidi,   15
ne pereat timeo? Quae tanta causa timoris?
Excute virgineo conceptas pectore flammas,
si potes, infelix. Si possem, sanior essem.
Sed gravat invitam nova vis; aliudque cupido,
mens aliud suadet. Video meliora proboque;   20
deteriora sequor. Quid in hospite, regia virgo,
ureris et thalamos alieni concipis orbis?
Haec quoque terra potest quod ames dare. Vivat an ille
occidat, in dis est. Vivat tamen: idque precari
vel sine amore licet. Quid enim commisit Iason?   25
Quem nisi crudelem non tangat Iasonis aetas
et genus et virtus? Quem non, ut cetera desint,
ore movere potest? Certe mea pectora movit.
At nisi opem tulero, taurorum afflabitur ore
concurretque suae segeti tellure creatis   30
hostibus, aut avido dabitur fera praeda draconi.
Hoc ego si patiar, tum me de tigride natam,
tum ferrum et scopulos gestare in corde fatebor.
Cur non et specto pereuntem, oculosque videndo
consceleros? Cur non tauros exhortor in illum   35
terrigenasque feros insopitumque draconem?
    "Di meliora velint. Quamquam non ista precanda,
sed facienda mihi. Prodamne ego regna parentis,

_ _ _ _ _ _ _ _ _ _ _ _ _ _ _ _ **15. quem:** The antecedent is the subject of
pereat. modo denique: _only just now._   **19. cupido:** _passion,_ contrasted with reason,
mens.   20. meliora: _the better course._   **21. Quid . . . ureris:** _Why are you burning with passion for a stranger?_   **23. ames:** Subjunc. in a rel. clause of characteristic. **Vivat an . . . occidat:** _whether he lives or dies._   **24. in dis:** _in the hands of
the gods._   **25. vel:** _even._   **26. tangat:** Deliberative subjunc.   **27. ut:** _although._
28. ore: _with his countenance._   **31. fera:** _like a wild beast._   **32. de . . . natam:** A
stock poetical expression for hardheartedness.   **37. Quamquam . . . mihi:** _And yet
these things are not to be obtained by prayer, but must be done by me._

atque ope nescio quis servabitur advena nostra,
ut per me sospes sine me det lintea ventis,   40
virque sit alterius, poenae Medea relinquar?
Si facere hoc aliamve potest praeponere nobis,
occidat ingratus. Sed non is vultus in illo,
non ea nobilitas animo est, ea gratia formae,
ut timeam fraudem meritique oblivia nostri.   45
Et dabit ante fidem; cogamque in foedera testes
esse deos. Quid tuta times? Accingere et omnem
pelle moram. Tibi se semper debebit Iason,
te face sollemni iunget sibi, perque Pelasgas
servatrix urbes matrum celebrabere turba.   50
Ergo ego germanam fratremque patremque deosque
et natale solum, ventis ablata, relinquam?
Nempe pater saevus, nempe est mea barbara tellus,
frater adhuc infans; stant mecum vota sororis;
maximus intra me deus est. Non magna relinquam,   55
magna sequar: titulum servatae pubis Achivae,
notitiamque loci melioris, et oppida quorum
hic quoque fama viget, cultusque artesque locorum;
quemque ego cum rebus quas totus possidet orbis
Aesoniden mutasse velim: quo coniuge felix   60
et dis cara ferar et vertice sidera tangam.
   "Quid, quod nescio qui mediis incurrere in undis
dicuntur montes; ratibusque inimica Charybdis

· · · · · · · **39. nescio quis:** With **advena.**   **41. poenae:** *for punishment.* Loss
of the fleece was to result in Aeetes's loss of his kingdom; Medea would be held
responsible.   **43. is:** *such.*   **46. ante:** Adv.   **47. Accingere:** Pass. imperative,
used in the middle voice.   **49. face sollemni:** *in sacred matrimony* (lit., *with sacred
bridal torch*).   **Pelasgas:** i.e., Greek, with **urbes.**   **53. Nempe:** *of course;* she now
turns to justification of her feelings.   **54. stant . . . sororis:** *my sister's wishes are
on my side.* Phrixus, from Thessaly like Jason, had married Chalciope, Medea's sister,
and her two sons had been saved from drowning by Jason.   **55. deus:** i.e., the god
of love.   **56. titulum . . . Achivae:** *the glory of having saved the youth of Greece.*
59. quemque . . . velim: *and the son of Aeson for whom I would willingly exchange the
treasures all the earth possesses.*   **62. Quid, quod nescio qui . . . montes:** *what of
the fact that certain* (lit., *I know not what*) *mountains.*   **63. montes:** i.e., the Symple-
gades, the islands at the entrance of the Black Sea, which were said to come together
to crush ships passing between them. **Charybdis:** A huge whirlpool on the Sicilian
side of the straits of Messina.

nunc sorbere fretum, nunc reddere; cinctaque saevis
Scylla rapax canibus Siculo latrare profundo?   65
Nempe tenens quod amo, gremioque in Iasonis haerens
per freta longa ferar. Nihil illum amplexa verebor;
aut, si quid metuam, metuam de coniuge solo.
Coniugiumne putas, speciosaque nomina culpae
imponis, Medea, tuae? Quin aspice quantum   70
aggrediare nefas, et dum licet, effuge crimen."
Dixit. Et ante oculos rectum pietasque pudorque
constiterant, et victa dabat iam terga Cupido.
Ibat ad antiquas Hecates Perseidos aras,
quas nemus umbrosum secretaque silva tegebat.   75
Et iam fortis erat pulsusque resederat ardor,
cum videt Aesoniden, exstinctaque flamma reluxit.
Erubuere genae, totoque recanduit ore,
utque solet ventis alimenta assumere, quaeque
parva sub inducta latuit scintilla favilla,   80
crescere et in veteres agitata resurgere vires,
sic iam lentus amor, iam quem languere putares,
ut vidit iuvenem, specie praesentis inarsit.
    Et casu solito formosior Aesone natus
illa luce fuit. Posses ignoscere amanti.   85
Spectat et in vultu veluti tum denique viso
lumina fixa tenet, nec se mortalia demens
ora videre putat, nec se declinat ab illo.
Ut vero coepitque loqui, dextramque prehendit
hospes, et auxilium summissa voce rogavit,   90
promisitque torum, lacrimis ait illa profusis:
    "Quid faciam video; nec me ignorantia veri
decipiet, sed amor. Servabere munere nostro:

· · · · · · · · · · · · · **65. Scylla:** A monster with six heads on the Italian
side of the straits of Messina. She would thrust forth her long necks and seize sailors
on passing ships.   **71. aggrediare:** *you are about to commit.*   **73. victa:** Translate with **cupido,** *Love vanquished turns his back.*   **74. Hecates Perseidos:** *Of Hecate,
Perses' daughter;* Hecate was the goddess of magic; Perses was an Oceanid and the
mother of Circe also.   **79. quaeque:** -que connects **assumere** and **crescere** (l. 81).
80. parva . . . scintilla: To be taken as subject of **solet** and antecedent of **quae.**
84. solito: *than usual.*   **86. veluti . . . viso:** *as if seen for the first time.*   **87. demens:**
mad with love.   **91. torum:** *marriage.*

servatus promissa dato." Per sacra triformis
ille deae, lucoque foret quod numen in illo,   95
perque patrem soceri cernentem cuncta futuri,
eventusque suos et tanta pericula iurat.
Creditus accepit cantatas protinus herbas,
edidicitque usum, laetusque in tecta recessit.

   Postera depulerat stellas aurora micantes;   100
conveniunt populi sacrum Mavortis in arvum
consistuntque iugis. Medio rex ipse resedit
agmine purpureus sceptroque insignis eburno.
Ecce adamanteis Volcanum naribus efflant
aeripedes tauri, tactaeque vaporibus herbae   105
ardent. Utque solent pleni resonare camini,

. . . . **94. dato:** Fut. imperative, *keep.* **triformis . . . deae:** Hecate was represented with three bodies placed back to back.
95. lucoque . . . illo: *and by what divinity reigned in that grove.* **96. perque patrem
soceri . . . futuri:** *and by the father of his* (Jason's) *future father-in-law;* Aeetes was
the son of Apollo. **97. (per) eventus . . . et pericula. 98. Creditus:** i.e., Medea
believed his oath. **cantatas:** *charmed.* **101. sacrum Mavortis:** *sacred to Mars.*
103. purpureus: *robed in purple.*

aut ubi terrena silices fornace soluti
concipiunt ignem liquidarum aspergine aquarum,
pectora sic intus clausas volventia flammas
gutturaque usta sonant. Tamen illis Aesone natus   110
obvius it. Vertere truces venientis ad ora
terribiles vultus praefixaque cornua ferro,
pulvereumque solum pede pulsavere bisulco
fumificisque locum mugitibus impleverunt.
Deriguere metu Minyae. Subit ille nec ignes   115
sentit anhelatos (tantum medicamina possunt),
pendulaque audaci mulcet palearia dextra,
suppositosque iugo pondus grave cogit aratri
ducere et insuetum ferro proscindere campum.
Mirantur Colchi; Minyae clamoribus augent   120
adiciuntque animos. Galea tum sumit aena
vipereos dentes et aratos spargit in agros.

107. terrena ... soluti: The process referred to is the reduction of stone to lime.
111. Vertere = verterunt.   121. Galea ... aena: i.e., he uses the helmet as a container; the teeth were from a dragon slain by Cadmus and given to Aeetes by Minerva.

Semina mollit humus valido praetincta veneno,
et crescunt fiuntque sati nova corpora dentes.   124
Quodque magis mirum est, simul edita concutit arma.   130
  Quos ubi viderunt praeacutae cuspidis hastas
in caput Haemonii iuvenis torquere parantes,
demisere metu vultumque animumque Pelasgi.
Ipsa quoque extimuit, quae tutum fecerat illum;
utque peti vidit iuvenem tot ab hostibus unum,   135
palluit et subito sine sanguine frigida sedit;
neve parum valeant a se data gramina, carmen
auxiliare canit secretasque advocat artes.
Ille, gravem medios silicem iaculatus in hostes,
a se depulsum Martem convertit in ipsos.   140
Terrigenae pereunt per mutua vulnera fratres,
civilique cadunt acie. Gratantur Achivi
victoremque tenent avidisque amplexibus haerent.
Tu quoque victorem complecti, barbara, velles:
obstitit incepto pudor; at complexa fuisses,   145
sed te, ne faceres, tenuit reverentia famae.
Quod licet, affectu tacito laetaris agisque
carminibus grates et dis auctoribus horum.
  Pervigilem superest herbis sopire draconem,
qui crista linguisque tribus praesignis et uncis   150
dentibus horrendus custos erat arboris aureae.
Hunc postquam sparsit Lethaei gramine suci
verbaque ter dixit placidos facientia somnos,
quae mare turbatum, quae concita flumina sistunt,
somnus in ignotos oculos sibi venit, et auro   155
heros Aesonius potitur; spolioque superbus
muneris auctorem secum, spolia altera, portans
victor Iolciacos tetigit cum coniuge portus.

Metamorphoses VII

· · · · · · · · · · · · · · · · · · · **130. concutit:** "Each warrior" is understood as the subject.   **133. vultumque animumque:** Zeugma.   **137. neve:** *and lest.*
144. barbara: *foreign woman;* Medea was not a Greek.   **velles:** *would have liked.*
147. Quod . . . laetaris: *as you may, you rejoice with silent rapture.*   **152. Lethaei:**
Because the herb induced sleep and Lethe was the river of forgetfulness.   **158. Iolciacos:** *of Iolcos,* the harbor of Thessaly from which Jason had sailed.

PERSEUS AND ANDROMEDA

Cassiopeia, the wife of Cepheus, king of Ethiopia, boasted that she was more beautiful than the sea-nymphs. In punishment, Neptune sent a sea monster to ravage the Ethiopian coast. Cepheus was told by an oracle to sacrifice his daughter Andromeda to the monster in order to save his land. At this point Perseus reached Ethiopia on his return from killing Medusa, and determined to rescue the maiden.

CLAUSERAT Hippotades aeterno carcere ventos,
    admonitorque operum caelo clarissimus alto
    Lucifer ortus erat: pennis ligat ille resumptis
parte ab utraque pedes teloque accingitur unco,   665
et liquidum motis talaribus aera findit.
Gentibus innumeris circumque infraque relictis,
Aethiopum populos Cepheaque conspicit arva.
Illic immeritam maternae pendere linguae
Andromedan poenas iniustus iusserat Hammon.   670
Quam simul ad duras religatam bracchia cautes
vidit Abantiades (nisi quod levis aura capillos
moverat, et tepido manabant lumina fletu,
marmoreum ratus esset opus), trahit inscius ignes,
et stupet, et visae correptus imagine formae   675
paene suas quatere est oblitus in aere pennas.
  Ut stetit, "O," dixit, "non istis digna catenis,

---

662. Hippotades: Aeolus, king of the winds, was the son or grandson of Hippotes, a Trojan hero. His locking the winds in their cave in the Lipari Islands symbolizes here the calm of dawn. **663. admonitor operum:** i.e., Lucifer, the daystar, warns men of the day's tasks now at hand. **664. pennis:** i.e., the winged sandals loaned to him by Mercury. **ille:** i.e., Perseus. **665. parte ... pedes = utrumque pedem. accingitur:** *girds on;* the verb is in the middle voice. **668. Cepheaque ... arva:** i.e., of Cepheus, king of Ethiopia. **669. maternae ... linguae:** Referring to Cassiopeia's boast. **670. Hammon:** i.e., the famous oracle of Zeus-Ammon in Egypt. **672. Abantiades:** Perseus was the great-grandson of Abas, a mythical king of Argos, who was the grandson of Danaus. **nisi quod ... moverat = nisi ... movisset:** Here the situation is one of reality, not contrary to fact; thus **nisi quod** with the indic. **674. trahit ... ignes:** i.e., though unaware of her identity, he feels the fire of love. **675. correptus:** *fascinated.*

sed quibus inter se cupidi iunguntur amantes,
pande requirenti nomen terraeque tuumque,
et cur vincla geras." Primo silet illa nec audet 680
appellare virum virgo; manibusque modestos
celasset vultus, si non religata fuisset.
Lumina, quod potuit, lacrimis implevit obortis.
Saepius instanti, sua ne delicta fateri
nolle videretur, nomen terraeque suumque, 685
quantaque maternae fuerit fiducia formae,
indicat. Et, nondum memoratis omnibus, unda
insonuit, veniensque immenso belua ponto
imminet et latum sub pectore possidet aequor.
Conclamat virgo. Genitor lugubris et una 690
mater adest, ambo miseri, sed iustius illa;
nec secum auxilium, sed dignos tempore fletus
plangoremque ferunt, vinctoque in corpore adhaerent,
cum sic hospes ait: "Lacrimarum longa manere
tempora vos poterunt; ad opem brevis hora ferendam est.
Hanc ego si peterem Perseus, Iove natus . . ., 696
Gorgonis anguicomae Perseus superator, et alis 698
aetherias ausus iactatis ire per auras,
praeferrer cunctis certe gener. Addere tantis 700
dotibus et meritum, faveant modo numina, tempto.
Ut mea sit, servata mea virtute, paciscor."
Accipiunt legem (quis enim dubitaret?) et orant
promittuntque super regnum dotale parentes.
    Ecce velut navis praefixo concita rostro 705
sulcat aquas, iuvenum sudantibus acta lacertis,

· · · · · · **678. quibus** (eis catenis). **679. requirenti** (mihi). **683. quod potuit:**
which she could do, i.e., she could modestly cover her eyes with tears. **686. quantaque**
. . . formae: i.e., how much her mother had trusted in her beauty. **691. iustius:**
with more justice; the trouble had started with Cassiopeia. **694. hospes:** i.e.,
Perseus; he now offers himself as a bridegroom in terms which seem rather casual in
view of the situation. **695. vos:** Acc. after **manere,** here a trans. verb. **696. Hanc**
. . . Iove natus: *If I were wooing her as Perseus the son of Jove who dared* (**ausus**).
699. iactatis: With **alis,** *with flapping wings.* **701. et meritum:** *also a good service.*
702. Ut mea sit: Dependent on **paciscor,** *I stipulate.* **704. super:** Adv. **dotale:**
as a dowry. **705. concita:** *in swift motion;* what is the literal translation?

sic fera, dimotis impulsu pectoris undis,
tantum aberat scopulis quantum Balearica torto
funda potest plumbo medii transmittere caeli,
cum subito iuvenis, pedibus tellure repulsa,   710
arduus in nubes abiit. Ut in aequore summo
umbra viri visa est, visam fera saevit in umbram;
utque Iovis praepes, vacuo cum vidit in arvo
praebentem Phoebo liventia terga draconem,
occupat aversum, neu saeva retorqueat ora,   715
squamigeris avidos figit cervicibus ungues,
sic, celeri missus praeceps per inane volatu,
terga ferae pressit, dextroque frementis in armo
Inachides ferrum curvo tenus abdidit hamo.
Vulnere laesa gravi modo se sublimis in auras   720
attollit, modo subdit aquis, modo more ferocis
versat apri quem turba canum circumsona terret.
Ille avidos morsus velocibus effugit alis;
quaque patet, nunc terga cavis super obsita conchis,
nunc laterum costas, nunc qua tenuissima cauda   725
desinit in piscem, falcato vulnerat ense.
Belua puniceo mixtos cum sanguine fluctus
ore vomit: maduere graves aspergine pennae.
Nec bibulis ultra Perseus talaribus ausus
credere conspexit scopulum, qui vertice summo   730
stantibus exstat aquis, operitur ab aequore moto.

. . . . **708. tantum ... caeli:** *he was
no farther from the cliffs than a Balearic sling could send a missile through the air.*
The Balearic islanders were famous as slingers in ancient armies.   **709. plumbo:**
Modified by **torto**, abl. of means.   **medii ... caeli:** Partitive gen. with **quantum.**
711. in aequore summo: *on the surface of the sea.*   **712. umbra ... umbram:** Note
the characteristically Ovidian use of alliteration, and the balance between the two
halves of this line.   **713. Iovis praepes:** i.e., the eagle of Jupiter.   **714. praebentem
Phoebo:** *sunning itself.*   **draconem:** *snake;* the coins of Elis show an eagle with a
serpent.   **715. aversum:** Agrees with **eum** understood, *from behind.*   **neu = ne.**
719. Inachides: Inachus, the son of Oceanus and Tethys and founder of Argos, was
an ancestor of Perseus.   **hamo:** Abl. with **tenus** (postpositive).   **722. apri:** Gen. after
more.   **724. quaque patet:** *wherever there was an opening.*   **super:** Adv.   **725. qua
... piscem:** Lit., *where the slenderest part of the tail tapers off like that of a fish.*
728. graves: Predicative, *and so became heavy.*   **729. talaribus:** Dat. with **credere.**
731. stantibus ... aquis: *when the sea is calm;* what is the literal translation?

Andromeda   **349**

Nixus eo, rupisque tenens iuga prima sinistra,
ter quater exegit repetita per ilia ferrum.
Litora cum plausu clamor superasque deorum
implevere domos. Gaudent generumque salutant 735
auxiliumque domus servatoremque fatentur
Cassiope Cepheusque pater. Resoluta catenis
incedit virgo, pretiumque et causa laboris.
Ipse manus hausta victrices abluit unda;
anguiferumque caput dura ne laedat arena, 740
mollit humum foliis, natasque sub aequore virgas
sternit et imponit Phorcynidos ora Medusae.
Virga recens bibulaque etiam nunc viva medulla
vim rapuit monstri, tactuque induruit huius,
percepitque novum ramis et fronde rigorem. 745
At pelagi nymphae factum mirabile temptant
pluribus in virgis, et idem contingere gaudent,
seminaque ex illis iterant iactata per undas;
nunc quoque curaliis eadem natura remansit,
duritiam tacto capiant ut ab aere, quodque 750
vimen in aequore erat, fiat super aequora saxum.
Dis tribus ille focos totidem de caespite ponit,
laevum Mercurio, dextrum tibi, bellica virgo;
ara Iovis media est. Mactatur vacca Minervae,
alipedi vitulus, taurus tibi, summe deorum. 755
Protinus Andromedan et tanti praemia facti
indotata rapit. Taedas Hymenaeus Amorque

. . . . **732. eo:** i.e., **scopulo.**
iuga prima: i.e., the upper part of the rock. **733. repetita:** With **ilia.** **735. im-**
plevere: Pl., since **cum plausu clamor** = **plausus et clamor.** **740. caput:** Acc.
741. mollit: Lit. *softens,* i.e., he carpets the ground. **742. Phorcynidos:** Medusa
was the daughter of Phorcys, or Phorcus, a sea divinity. **743. Virga . . . monstri:**
*this branch, recently cut and still fresh, received the force of the monster in its absorbent
pith.* **747. idem contingere:** Acc. and infin. after **gaudent.** **748. semina . . . iterant**
iactata: Lit., *they repeat the tossing of the seeds.* How could the phrasing be improved?
750. capiant ut = **ut capiant:** Explains the line above, and by Ovid's quaint theory
accounts for the formation of coral everywhere. **752. Dis tribus:** Mercury had
loaned him the winged sandals and the curved sword, Minerva the helmet, spear, and
shield. Jupiter was his father. **756. et . . . rapit:** Omit **et** in the translation, *a*
(fitting) reward for so great a deed, even without dowry.

praecutiunt, largis satiantur odoribus ignes,
sertaque dependent tectis, et ubique lyraeque
tibiaque et cantus, animi felicia laeti   760
argumenta, sonant. Reseratis aurea valvis
atria tota patent, pulchroque instructa paratu
Cepheni proceres ineunt convivia regis.

Metamorphoses IV

MIDAS AND THE GOLDEN TOUCH

The satyr Silenus strayed away from Bacchus's company on
a journey from Thrace to Phrygia. King Midas restored him
to Bacchus and in return was allowed to choose any reward he
wanted. Midas asked that everything he touched be turned to
gold. This power soon proved to be a curse, and by Bacchus's
favor was transferred to the river Pactolus, famous ever after-
ward for its gold-bearing sands.

NEC satis hoc Baccho est: ipsos quoque deserit agros   85
   cumque choro meliore sui vineta Timoli
   Pactolonque petit, quamvis non aureus illo
tempore nec caris erat invidiosus arenis.
Hunc assueta cohors, Satyri Bacchaeque, frequentant,
at Silenus abest. Titubantem annisque meroque   90
ruricolae cepere Phryges, vinctumque coronis
ad regem duxere Midan, cui Thracius Orpheus

---

85. **hoc:** The previous story told of the death of Orpheus, torn to pieces by raging
Thracian Bacchantes. Bacchus, grieving over the death of the bard, turned the women
into trees. Not satisfied with this, **hoc,** he retired to Mt. Tmolus in Lydia.   86. **meliore:** i.e., than the band who murdered Orpheus.   87. **Pactolon:** A river rising on
the slopes of Tmolus. Lydia was one of the first regions to coin metal.   90. **Silenus:**
An old satyr, Bacchus's foster-father, often pictured as being supported in his drunken
progress by others in Bacchus's company.

orgia tradiderat cum Cecropio Eumolpo.
Qui simul agnovit socium comitemque sacrorum,
hospitis adventu festum genialiter egit 95
per bis quinque dies et iunctas ordine noctes.
Et iam stellarum sublime coegerat agmen
Lucifer undecimus, Lydos cum laetus in agros
rex venit, et iuveni Silenum reddit alumno.
Huic deus optandi gratum, sed inutile, fecit 100
muneris arbitrium, gaudens altore recepto.
Ille, male usurus donis, ait, "Effice quicquid
corpore contigero fulvum vertatur in aurum."
Annuit optatis nocituraque munera solvit
Liber, et indoluit quod non meliora petisset. 105
    Laetus abit gaudetque malo Berecyntius heros;
pollicitique fidem tangendo singula temptat.
Vixque sibi credens, non alta fronde virentem
ilice detraxit virgam: virga aurea facta est.
Tollit humo saxum: saxum quoque palluit auro. 110
Contigit et glaebam: contactu glaeba potenti
massa fit. Arentes Cereris decerpsit aristas:
aurea messis erat. Demptum tenet arbore pomum:
Hesperidas donasse putes. Si postibus altis
admovit digitos, postes radiare videntur. 115
Ille etiam liquidis palmas ubi laverat undis,
unda fluens palmis Danaen eludere posset.
Vix spes ipse suas animo capit, aurea fingens
omnia. Gaudenti mensas posuere ministri

---

93. tradiderat: *had taught.* **Cecropio Eumolpo:** *Attic Eumolpus,* a mythical Thracian bard who founded the Eleusinian mysteries. His family, the Eumolpidae, continued on as priests of Demeter at Eleusis. Cecrops was an ancient mythical king of Attica. **94. Qui:** i.e., Midas. **sacrorum = orgiorum. 95. adventu:** Abl. of cause. **97. coegerat:** i.e., like a shepherd collecting his flock. **99. iuveni:** Here as an adj., *ever youthful.* **101. arbitrium:** *privilege.* **102. Effice (ut). 105. petisset:** Subjunc. because the reason given is that of the god. **106. Berecyntius:** From Mt. Berecyntus in Phrygia. **108. non alta ... virgam: alta** with **ilice; fronde** is abl. of specification. **112. Cereris:** *grain,* by metonymy. **114. Hesperidas:** Atlas's daughters, the guardians of the golden apples. **putes:** Potential subjunc. **117. Danaen eludere posset:** *could have deceived Danae.* She was the mother of Perseus, wooed by Jupiter disguised in a shower of gold. **118. fingens:** *imagining.* **119. Gaudenti (ei):** Dat. of reference.

exstructas dapibus nec tostae frugis egentes. 120
Tum vero, sive ille sua Cerealia dextra
munera contigerat, Cerealia dona rigebant;
sive dapes avido convellere dente parabat,
lamina fulva dapes admoto dente premebat.
Miscuerat puris auctorem muneris undis: 125
fusile per rictus aurum fluitare videres.
   Attonitus novitate mali, divesque miserque,
effugere optat opes, et quae modo voverat, odit.
Copia nulla famem relevat; sitis arida guttur
urit, et inviso meritus torquetur ab auro. 130
Ad caelumque manus et splendida bracchia tollens,
"Da veniam, Lenaee pater! Peccavimus," inquit,
"sed miserere, precor, speciosoque eripe damno!"
Mite deum numen Bacchus peccasse fatentem
restituit; factique fide data munera solvit. 135
"Neve male optato maneas circumlitus auro,
vade," ait, "ad magnis vicinum Sardibus amnem,
perque iugum ripae labentibus obvius undis
carpe viam, donec venias ad fluminis ortus;
spumigeroque tuum fonti, qua plurimus exit, 140
subde caput corpusque simul, simul elue crimen."
Rex iussae succedit aquae. Vis aurea tinxit
flumen, et humano de corpore cessit in amnem.
Nunc quoque iam veteris percepto semine venae
arva rigent auro madidis pallentia glaebis. 145

Metamorphoses XI

. . . . **120. tostae:** *parched;* the
ancients sometimes parched grain before they ground it.   **121. sive . . . sive** (1. 123)**:**
if . . . or if.   **124. premebat:** *covered;* the subj. is **lamina.**   **125. auctorem:** i.e.,
Bacchus, personifying wine, a rather startling figure here.   **130. meritus:** Translate
as adv. **auro:** May be construed as abl. of agent with **auro** personified, or as an abl.
of source.   **131. splendida:** *shining,* i.e., with gold.   **133. specioso:** *splendid.*
eripe (me).   **134. Mite deum:** *The kindest of the gods.*   **135. restituit:** *restored,*
i.e., to his previous condition. **factique fide:** *and as proof of the deed.* **solvit:** Here in
its most literal sense of loosening, to be taken as if it were **eum datis muneribus solvit.**
136. Neve = et ne.   **137. amnem:** i.e., the Pactolus.   **138. perque iugum ripae:**
Lit., *and along the ridge of the river bank.* **labentibus . . . undis:** Dat. with **obvius,**
i.e., upstream.   **144. semine venae:** *the seed of the vein,* i.e., the golden sands.
145. auro madidis . . . glaebis: *with the soil steeped with gold.*

Midas   **353**

Catullus

NULLA POTEST MULIER TANTUM SE DICERE AMATAM
VERE, QUANTUM A ME LESBIA AMATA ES;
NULLA FIDES ULLO FUIT UMQUAM IN FOEDERE TANTA,
QUANTA IN AMORE TUO EX PARTE REPERTA MEA EST.

No woman can say she is truly loved so much
as you, my Lesbia, are loved by me;
no faith has ever been in such a pledge
as I have in your love for me.

In the last years of the Roman Republic, there emerged a new school of Latin poets who drew their inspiration largely from a study of Greek models, especially the Alexandrians, a school of Greek writers who had gathered around the library of the Ptolemies at Alexandria. The subtle and elaborate critical theories of the Alexandrians appealed to the new Latin poets, among whom were Calvus, Cinna, Cornificius, and Catullus. The pedantic cast of much Alexandrian poetical theory, with its emphasis on learning and an abundance of classical allusion, did not prevent these *novi poetae* from reflecting the stirring times in which they lived; their work drew inspiration from the political and social ferment of the capital, and from their own emotions.

354

Of the new poets the most prominent was Catullus. His genius transcended the confining doctrine of any single school of poetic theory. He is one of the great lyric poets of all time, in a class with Sappho and Keats. There is a directness and spontaneity in his work encountered nowhere else in Latin poetry, or in the poetry of any period.

Of his life we know little. It was a brief one — he was born at Verona about 87 B.C. and died in 54 B.C. The family was well-to-do; like most provincials of any means, Catullus's father sent him to Rome for education. Possibly the historian Cornelius Nepos acted as his guardian and introduced him to the society of the capital. At any rate, his first poem is addressed in dedicatory style to Nepos.

Catullus was soon caught up in the swirl of Roman high life and became an intimate member of the circle of new poets. Not long after his arrival, he met the woman who became the overmastering passion of his life. The Lesbia of Catullus's poetry is not the stock mistress of elegiac poetry. Catullus's feeling for her is one of tremendous power and sincerity. The name Lesbia is generally assumed to stand for Clodia, the beautiful, witty, and wanton sister of Clodius, notorious henchman of Caesar and archenemy of Cicero. The character of Lesbia which emerges from Catullus's poems is not unlike that which Cicero gives Clodia in his attack on her in *Pro Caelio*. Her unfaithfulness and her selfish cruelty were crushing blows which may have contributed to the poet's early death.

Although we have a record of the life of his heart in the poetry, the precise biographical facts of Catullus's life are few. He had a cherished villa at Sirmio on Lake Garda (Lacus Benacus) near his native Verona and another estate in the Sabine country. His brother died in the Troad about 60 B.C. In 57 Catullus went with the propraetor Memmius to Bithynia, a voyage which permitted a visit to the brother's burial place and resulted in the famed elegy, "At His Brother's Tomb." On his return, he appears to have taken a more active interest in politics, and like most of the poets of his circle, was on the conservative, anti-Caesarean side. On the scant evidence of his poetry, he seems to have been reconciled to Caesar around 55 B.C. Such are the meager facts of Catullus's life.

WORKS

It is in his flashing, fiery, tender poetry that Catullus lives for us today. The small volume of verse that we have consists of 116 poems of varying length, subject matter, and metrical scheme. Central are the love poems

355

about Lesbia, which run the course from passionate happiness through doubt and despair to final disillusionment — the usual progression of poetic love in the Roman elegists and the Elizabethan sonneteers. In the case of Catullus, this is no mere literary convention, but the expression of the central emotion of a young man at his most susceptible time of life. In addition there are occasional poems, like "Farewell to Bithynia"; marriage songs; violent polemic attacks on persons, such as those against Caesar and Mamurra, and abuse of personal enemies and rivals, such as "To Alfenus, Who Betrayed Him"; and longer, more formal poems, expressive of his Alexandrian studies, such as the *Attis* and the "Epithalamium of Peleus and Thetis."

1. Upon the Death of Lesbia's Sparrow

LUGETE, O Veneres Cupidinesque
et quantum est hominum venustiorum!
Passer mortuus est meae puellae,
passer, deliciae meae puellae,
quem plus illa oculis suis amabat;   5
nam mellitus erat, suamque norat
ipsam tam bene quam puella matrem;
nec sese a gremio illius movebat,
sed, circumsiliens modo huc modo illuc,
ad solam dominam usque pipilabat.   10
Qui nunc it per iter tenebricosum
illuc unde negant redire quemquam.
At vobis male sit, malae tenebrae
Orci, quae omnia bella devoratis:
tam bellum mihi passerem abstulistis.   15
Vae factum male! Vae miselle passer!
Tua nunc opera meae puellae
flendo turgiduli rubent ocelli.   III

1. Veneres Cupidinesque: The plural suggests all the powers which preside over love. **2. hominum venustiorum:** Partitive gen. after **quantum,** *of the more winning sort of mankind,* however you choose to translate it. **6. suamque:** With **ipsam,** l. 7, *its very own mistress.* **13. vobis . . . sit:** The usual hortatory subjunc. in a curse. **14. Orci:** Ruler of Hades, standing for his whole realm. **16. miselle:** Diminutive of **miser.** **18. turgiduli . . . ocelli:** Double diminutive for **turgidi . . . oculi.**

2. Let Us Live and Love

VIVAMUS, mea Lesbia, atque amemus,
rumoresque senum severiorum
omnes unius aestimemus assis.
Soles occidere et redire possunt:
nobis, cum semel occidit brevis lux,   5
nox est perpetua una dormienda.

3. omnes unius: A striking juxtaposition. **unius . . . assis:** Gen. of indefinite value.

Da mi basia mille, deinde centum,
dein mille altera, dein secunda centum,
dein usque altera mille, deinde centum.
Dein, cum milia multa fecerimus,   10
conturbabimus illa, ne sciamus,
aut ne quis malus invidere possit,
cum tantum sciat esse basiorum.   V

11. conturbabimus ... sciamus: i.e., to mix up the exact figures, for it was an ancient superstition to regard precise enumeration of valuable possessions as unlucky, a notion expanded in the next two lines.

3. Return to Sirmio

PAENE insularum, Sirmio, insularumque
ocelle, quascumque in liquentibus stagnis
marique vasto fert uterque Neptunus,
quam te libenter quamque laetus inviso,
vix mi ipse credens Thyniam atque Bithynos   5
liquisse campos et videre te in tuto!
O quid solutis est beatius curis,
cum mens onus reponit, ac peregrino
labore fessi venimus larem ad nostrum
desideratoque acquiescimus lecto?   10
Hoc est quod unum est pro laboribus tantis.
Salve, O venusta Sirmio, atque ero gaude!
Gaudete vosque, O Lydiae lacus undae!
Ridete, quidquid est domi cachinnorum!   XXXI

1. Paene: Adjectival, to be read with **insularum,** *of peninsulas.* **Sirmio:** A point on Lake Garda. **2. ocelle:** *gem* (lit., *O little eye*). **3. uterque Neptunus:** i.e., ruler of both salt and fresh water. **5. Thyniam:** Thynia was a district originally set off from Bithynia by the river Psilion; here it stands as a synonym for Bithynia, the province Catullus visited with Memmius. **11. Hoc ... tantis:** *This in itself is return for such hardship.* **13. Lydiae ... undae:** i.e., Lake Garda; this region had once been under the rule of the Etruscans, who are thought to have come from Lydia. However, some critics have read the word as **ludiae,** *dancing,* considering it much more probable poetically. **14. quidquid ... cachinnorum:** Vocative; see **quantum est hominum venustiorum** in the first selection from Catullus.

4. Hymn to Diana

This chorus was written to be sung by a choir of boys and girls to mark the dedication of the temple of Diana on the Aventine, probably on August 13, a day sacred to the goddess. Fowler in *The Roman Festivals* says: "She [Diana] was for the old Latins second only to Jupiter Latiaris in the power she exercised of uniting communities together and so working in the cause of civilization."

DIANAE sumus in fide
puellae et pueri integri;
Dianam pueri integri
    puellaeque canamus.

O Latonia, maximi   5
magna progenies Iovis,
quam mater prope Deliam
    deposivit olivam,

montium domina ut fores
silvarumque virentium   10
saltuumque reconditorum
    amniumque sonantum;

tu Lucina dolentibus
Iuno dicta puerperis,
tu potens Trivia et notho es   15
    dicta lumine Luna.

Tu cursu, dea, menstruo
metiens iter annuum
rustica agricolae bonis
    tecta frugibus exples.   20

---

1. in fide: *under the protection.*   **5. Latonia:** Latona gave birth to Apollo and Diana on the island of Delos. During the travail of delivery, she is said to have grasped an olive tree.   **8. deposivit = deposuit.**   **13. Lucina = Luna:** Diana had various identities: as Juno Lucina, the goddess of childbirth; as Hecate, the underworld goddess of the three ways, Trivia; and as the moon-goddess, Luna.   **15. notho:** With **lumine,** *counterfeit,* i.e., borrowed from the sun.

Sis quocumque tibi placet
sancta nomine, Romulique,
antique ut solita es, bona
sospites ope gentem.   XXXIV

5. Farewell to Bithynia

IAM VER egelidos refert tepores,
iam caeli furor aequinoctialis
iucundis Zephyri silescit auris.
Linquantur Phrygii, Catulle, campi,
Nicaeaeque ager uber aestuosae: 5
ad claras Asiae volemus urbes.
Iam mens praetrepidans avet vagari,
iam laeti studio pedes vigescunt.
O dulces comitum valete coetus,
longe quos simul a domo profectos   10
diversae variae viae reportant.   XLVI

1. **egelidos:** Lit., *uncold.* 2. **aequinoctialis:** The spring equinox is a season of
tempestuous weather. 3. **auris:** Abl. of cause. 5. **Nicaeaeque:** Nicaea was the
capital of Bithynia, noted for fertility and sultry heat. 7. **praetrepidans:** *in a flutter
of expectation.* 8. **laeti studio:** *joyous with eagerness.* 10. **longe:** Translate with
profectos.

6. To M. Tullius Cicero

We do not know the circumstances for this poetic thanks to
Cicero. Some have detected a strain of irony in the lines, but to
others the note of gratitude sounds genuine. It may be that
Catullus is thanking Cicero for his defense of Caelius Rufus
against Catullus's faithless love, Clodia.

DISERTISSIME Romuli nepotum,
quot sunt quotque fuere, Marce Tulli,
quotque post aliis erunt in annis,
gratias tibi maximas Catullus
agit, pessimus omnium poeta,   5
tanto pessimus omnium poeta
quanto tu optimus omnium patronus.   XLIX

7. The Marriage Song for Mallius and Junia

Manlius (Mallius) Torquatus was a friend of Cicero; of the bride, Junia (sometimes Vinia) Aurunculeia, nothing is known.

THE INVOCATION OF THE GOD HYMEN

COLLIS O Heliconii
   cultor, Uraniae genus,
   qui rapis teneram ad virum
virginem, O Hymenaee Hymen,
   Hymen O Hymenaee,   5

cinge tempora floribus
   suave olentis amaraci,
   flammeum cape laetus, huc
huc veni, niveo gerens
   luteum pede soccum.   10

Excitusque hilari die,
   nuptialia concinens
   voce carmina tinnula,
pelle humum pedibus, manu
   pineam quate taedam.   15

Namque Iunia Mallio,
   qualis Idalium colens
   venit ad Phrygium Venus
iudicem, bona cum bona
   nubet alite virgo.   20

Quare age, huc aditum ferens,
   perge linquere Thespiae
   rupis Aonios specus,

---

1. Collis ... genus: Mt. Helicon in Boeotia was the home of the Muses; Hymen, god of marriage, was by one account the son of Urania, the Muse of astronomy. **2. cultor = incola. 3. rapis:** Suggesting the time when marriage was a form of abduction. **6. cinge ... soccum:** The god is asked to put on the ceremonial garb of the bride. **11. hilari:** *joyful*, i.e., the day of good omen. The Calends, Nones, and Ides were black days, unlucky for a wedding. **17. Idalium colens:** *who dwells in Idalium*, a town in Cyprus sacred to Venus. **20. alite = omen. 21. aditum ferens = adveniens. 22. perge linquere:** A little stronger than **linque. Thespiae rupis:** The town of Thespiae lay at the foot of Mt. Helicon. **23. Aonios:** Aonia was the section of Boeotia around Mt. Helicon, here personified.

nympha quos super irrigat
    frigerans Aganippe.   25

Ac domum dominam voca
    coniugis cupidam novi,
    mentem amore revinciens
ut tenax hedera huc et huc
    arborem implicat errans.   30

THE COMING OF THE BRIDE

Claustra pandite ianuae.
    Virgo adest. Viden ut faces
    splendidas quatiunt comas?
Sed moraris, abit dies.
    Prodeas, nova nupta.   35

24. super: Adv.   **25. Aganippe:** Sacred spring of the Muses, here personified. Hippocrene was the other on Helicon, said to have been made by Pegasus's striking the ground with his hoofs.   **26. dominam:** i.e., the bride will be the mistress of the house.   **27. coniugis . . . novi:** *the bridegroom.*   **32. viden = videsne.**

Talis in vario solet
  divitis domini hortulo
  stare flos hyacinthinus.
Sed moraris, abit dies:
  prodeas nova nupta.   40

Prodeas nova nupta, si
  iam videtur, et audias
  nostra verba. Viden? Faces
aureas quatiunt comas:
  prodeas nova nupta.   45

Tollite, O pueri, faces.
  Flammeum video venire.
  Ite, concinite in modum
"io Hymen Hymenaee io,
  io Hymen Hymenaee."   50

· **38. hyacinthinus:** Probably our
larkspur or blue iris, according to McDaniel. **41. si...videtur:** *if you please.* **48. in
modum:** *in time.*

363

En tibi domus ut potens
et beata viri tui,
quae tibi sine serviat.
Io Hymen Hymenaee io,
io Hymen Hymenaee.   55

Transfer omine cum bono
limen aureolos pedes,
rasilemque subi forem.
Io Hymen Hymenaee io,
io Hymen Hymenaee.   60

Iam licet venias, marite.
Uxor in thalamo tibi est,
ore floridulo nitens
alba parthenice velut
luteumve papaver.   65

THE HEIR

Torquatus volo parvulus
matris e gremio suae
porrigens teneras manus,
dulce rideat ad patrem
semihiante labello.   70

Sit suo similis patri
Mallio et facile insciis
noscitetur ab omnibus,
et pudicitiam suo
matris indicet ore.   75

· · · · · · · · · **51. En . . . ut:** *See . . . how.* **53. sine (ut) serviat. 56. omine cum bono:** i.e., she must not stumble, and so is lifted over. **61. (ut) venias. 66. Torquatus . . . labello:** These lines have been much commented on and admired as expressing an almost modern, romantic sense of domestic happiness. The description of the child on his mother's lap has been compared to the Renaissance treatment of the Madonna and Child. **71. Sit:** *May he be.* **72. insciis:** i.e., even though they do not know him.

Talis illius a bona
matre laus genus approbet,
qualis unica ab optima
matre Telemacho manet   80
fama Penelopeo.   LXI (*Selections*)

· · · · · · · · · · **76. Talis ... Penelopeo:** Lit., *May such honor* (*inherited*) *from*
a noble mother prove his lineage as that remarkable renown from the best of mothers
endures for Telemachus, Penelope's son.

8. I Hate and Love

This is as direct and moving an expression of the psychological
aspects of love as exists in poetry.

ODI et amo. Quare id faciam fortasse requiris.
Nescio, sed fieri sentio et excrucior.   LXXXV

9. At His Brother's Tomb

It is likely that Catullus on his way to Bithynia in Memmius's
train stopped in the Troad to pay tribute at his brother's tomb.

MULTAS per gentes et multa per aequora vectus
advenio has miseras, frater, ad inferias,
ut te postremo donarem munere mortis
et mutam nequiquam alloquerer cinerem,
quando quidem fortuna mihi tete abstulit ipsum,   5
heu miser indigne frater adempte mihi!
Nunc tamen interea haec, prisco quae more parentum
tradita sunt tristi munere ad inferias,
accipe fraterno multum manantia fletu,   9
atque in perpetuum, frater, ave atque vale!   CI

2. inferias: i.e., sacrifices which could only be performed at the tomb.   **3. munere**
mortis: i.e., offerings for the dead such as salt and meal.   **7. more parentum:**
in accordance with our ancestors' custom.   **8. tristi munere:** Abl. of manner.   **10. ave**
atque vale: The traditional last words of a sacrifice of this sort.

10. Ariadne's Lament at Her Desertion by Theseus

In this epyllion, or little epic, an Alexandrian literary form introduced into Latin by the so-called New Poets, Catullus describes the marriage of Peleus and Thetis with a wealth of literary and mythological allusion. On a coverlet in Peleus's house is pictured the story of Theseus and Ariadne, which Catullus recounts. The following selection is taken from that portion of the poem. Theseus, having slain the Minotaur with Ariadne's assistance, takes her with him from Crete, only to abandon her on the island of Naxos. Compare these lines with Dido's speeches to Aeneas, Book IV of the *Aeneid*, and Ovid's "Dido to Aeneas," *Heroides* VII.

SICINE me patriis avectam, perfide, ab aris,
perfide, deserto liquisti in litore, Theseu?
Sicine discedens, neglecto numine divum,
immemor ah! devota domum periuria portas?   135
Nullane res potuit crudelis flectere mentis
consilium? Tibi nulla fuit clementia praesto
immite ut nostri vellet miserescere pectus?
At non haec quondam blanda promissa dedisti
voce mihi, non haec miseram sperare iubebas,   140
sed conubia laeta, sed optatos hymenaeos:
quae cuncta aerii discerpunt irrita venti.
    Nunc iam nulla viro iuranti femina credat,
nulla viri speret sermones esse fideles,
quis dum aliquid cupiens animus praegestit apisci,   145
nil metuunt iurare, nihil promittere parcunt;
sed simul ac cupidae mentis satiata libido est,
dicta nihil meminere, nihil periuria curant.
Certe ego te, in medio versantem turbine leti,

132. Sicine = sicne.   135. devota ... periuria: *perjury laid under my curse.*
137. praesto: Adv.   138. immite: With pectus.   nostri: Gen. after miserescere.
140. miserae (mihi): Dependent on sperare.   145. quis = quibus: Dat. of reference.
146. nihil: Adverbial acc.   149. in ... leti: *involved in the very midst of the whirlwind of death,* referring to Theseus' fight with the Minotaur.

eripui, et potius germanum amittere crevi   150
quam tibi fallaci supremo in tempore deessem;
pro quo dilaceranda feris dabor alitibusque
praeda, neque iniecta tumulabor mortua terra.
Quaenam te genuit sola sub rupe leaena?
Quod mare conceptum spumantibus exspuit undis,   155
quae Syrtis, quae Scylla rapax, quae vasta Charybdis,
talia qui reddis pro dulci praemia vita?
Si tibi non cordi fuerant conubia nostra,
saeva quod horrebas prisci praecepta parentis,
at tamen in vestras potuisti ducere sedes,   160
quae tibi iucundo famularer serva labore,
candida permulcens liquidis vestigia lymphis,
purpureave tuum consternens veste cubile.
Sed quid ego ignaris nequiquam conqueror auris,
exsternata malo, quae, nullis sensibus auctae,   165
nec missas audire queunt nec reddere voces?
   Ille autem prope iam mediis versatur in undis,
nec quisquam apparet vacua mortalis in alga.
Sic, nimis insultans extremo tempore, saeva
Fors etiam nostris invidit questibus aures.   170
Iuppiter omnipotens, utinam ne tempore primo
Gnosia Cecropiae tetigissent litora puppes,
indomito nec dira ferens stipendia tauro
perfidus in Creta religasset navita funem,
nec malus hic, celans dulci crudelia forma   175

. . . . **150. germanum:** Pasiphaë,
Ariadne's mother, gave birth to the Minotaur. **crevi:** *I decided.* **151. de-**
essem: Subjunc. in a result clause, introduced with **quam** after a comparative.
153. neque ... terra: Three handfuls of earth thrown on the body were essential to
proper burial, without which the soul would have no rest. **154. Quaenam ...**
Charybdis: Note the conventional terms used to emphasize the hardheartedness of
the lover. **158. non ... fuerant:** *had not been dear to your heart.* **159. prisci ...**
parentis: *your stern father,* i.e., Aegeus, to whom Theseus might have been fearful of
introducing Ariadne as his wife. **161. famularer serva:** Rel. clause of purpose,
to serve as slave. **165. quae:** Refers to **auris. auctae:** *endowed.* **168. alga** =
litore. **169. saeva ... aures:** *cruel fortune has begrudged all ears to my complaints.*
170. questibus: Dat. with **invidit.** **172. Gnosia Cecropiae:** *Cretan ... Athenian.*
Note the striking juxtaposition.

consilia, in nostris requiesset sedibus hospes!
Nam quo me referam? Quali spe perdita nitor?
Idaeosne petam montes — ah! gurgite lato
discernens ponti truculentum ubi dividit aequor.
An patris auxilium sperem, quemne ipsa reliqui   180
respersum iuvenem fraterna caede secuta?
Coniugis an fido consoler memet amore,
quine fugit lentos incurvans gurgite remos?
Praeterea nullo litus, sola insula, tecto,
nec patet egressus pelagi cingentibus undis;   185
nulla fugae ratio, nulla spes; omnia muta,
omnia sunt deserta; ostentant omnia letum.
  Non tamen ante mihi languescent lumina morte,
nec prius a fesso secedent corpore sensus,
quam iustam a divis exposcam prodita multam   190
caelestumque fidem postrema comprecer hora.
Quare, facta virum multantes vindice poena
Eumenides, quibus anguino redimita capillo
frons exspirantis praeportat pectoris iras,
huc, huc adventate, meas audite querelas,   195
quas ego (vae miserae!) extremis proferre medullis
cogor inops, ardens, amenti caeca furore.
Quae quoniam verae nascuntur pectore ab imo,
vos nolite pati nostrum vanescere luctum;
sed, quali solam Theseus me mente reliquit,   200
tali mente, deae, funestet seque suosque!   LXIV. 132–201

. . . . **178. Idaeos . . . montes:** i.e., Mt. Ida in Crete.
179. discernens: With **aequor,** *separating.* **ponti:** From **pontus,** gen. with **gurgite.**
180. quemne = quippe qui. **184. nullo . . . tecto:** *a shore without dwellings.* **sola insula:** In apposition with **litus.** **188. ante:** Tmesis; translate with **quam,** l. 190; so also **prius,** l. 189. **190. multam:** Noun, *penalty.* **194. exspirantis:** *hissing.* **196. extremis . . . medullis:** *from my inmost soul.* **200. quali . . . mente:** i.e., just as Theseus forgot his vows. **201. funestet:** Theseus' father had told him to change the black sails of his ship to white as a sign of success in killing the Minotaur. Theseus forgot to do so, and Aegeus, thinking his son had failed, jumped into the sea, giving the Aegean its name, and thus Ariadne's curse was fulfilled. She was rescued from Naxos by Bacchus.

Horace

This is the first line of the ode in which Horace expresses a theme that has preoccupied many poets — immortality through artistic creation. Horace says that he has built a monument — literary fame — more lasting than bronze, which no eroding rain, no harsh wind can destroy. **Non omnis moriar** — "I shall not wholly die" — he avows, and in these pages we find confirmation of his prophecy.

Quintus Horatius Flaccus was born December 8, 65 B.C., in the town of Venusia, a Roman colony in southern Italy. His father, born a slave but freed before Horace's birth, was a **coactor**, which has been interpreted as collector of taxes or public auctioneer. Of his mother, nothing is known. The father must have recognized his son's talents, for he saved enough to take him to Rome for the kind of education usually given only to the sons of senators and knights. Horace (*Satires*, I. 671 ff.) speaks with deep affection of his father, who, he says, secured for him the best instruction and acted as moral tutor and pedagogue, even conducting him to and from school. This is one of the few passages in ancient literature which reflects the filial piety so much cherished by the Romans and especially by Augustus who was eager to restore it in his reign.

Horace pursued the usual grammatical studies under Orbilius, whom he immortalized with the adjective **plagosus,** *fond of flogging.* The whip must have helped to instill a sound knowledge of Homer and Livius Andronicus. The boy moved on to the more advanced rhetorical studies, and about 46 B.C. went to Athens to study philosophy, the traditional "rounding off" of the best Roman education. There he counted Cicero and Marcus Messalla among his friends. In September of 44, Brutus was in Athens organizing the Republican armies after Caesar's murder. He induced Horace to join his standard and appointed him **tribunus militum,** a rank which theoretically gave him a place in the equestrian order.

After the defeat of the Republicans at Philippi and the granting of general amnesty by Octavian, Horace returned to Rome in 41 B.C. Since he had lost his small property through confiscation, he had to earn a living as a clerk in the quaestor's office — i.e., the treasury. For a time life was hard and he felt some bitterness, but he continued to work at his poetry and in 39 B.C., through the influence of Vergil and Varius, was introduced to Maecenas, Augustus's powerful patron of the arts. Nine months later, he tells us (*Satires,* I. 6), Maecenas summoned him and made him an intimate of his circle. From then on his career was one of placid success. About 33 B.C. he received from Maecenas the gift of the Sabine farm, so often mentioned in his poetry. This property lay northwest of Rome and brought him enough income so that he could devote all his time to writing. Its modest comfort and loveliness of setting gave him unending pleasure.

Well situated at last, he lived on terms of friendship with the most eminent Romans of his time: Agrippa, Messalla, Asinius Pollio, Vergil, Varius, Tibullus, and many others distinguished in literature and in politics. His relationship with the Emperor was particularly cordial, and like Vergil he identified himself with the new régime's effort to revive national ideals; by his art he did much to strengthen and glorify the Augustan Age. Horace died on November 27, 8 B.C., a few weeks after the death of Maecenas, who had been his dearest friend. He had never married.

WORKS

Horace's first published work was Book I of the *Satires* (35 B.C.). Book II appeared in 30 B.C. These poems, which Horace called *Sermones,* or "Conversations," were a type of poetry native to Latin literature; earlier writers — for example, Ennius, Lucilius, and Varro — had used the form. As Horace employs it, satire is a commentary on the vices and foibles of the age, on popular philosophical systems, and on types of personalities rather than on individuals. The tone is one of good-humored and tolerant raillery, unlike that of the later satirist, Juvenal, whose poems castigate the morals and manners of his age with intensity and bitterness.

In 30 B.C., also, the *Epodes* appeared; in content these suggest the *Satires*, but in their use of lyric forms they look forward to the *Odes*. The epode is a verse form harking back to the early Greek lyric poets, in particular to Archilochus of Paros (c. 700 B.C.), whose use of the iambic meter in epodes for personal invective made iambic verse synonomous with abusive verse. The *Epodes* show more bitterness of feeling than is apparent in Horace's other works.

In 23 B.C. Horace collected and published Books I–III of the *Odes*, with a dedication to Maecenas. Their appearance placed him in the first rank of Latin poets. Indeed the *Odes* include many of the best-known and most frequently quoted lines of Latin literature. In form they are modeled on the works of earlier Greek lyric poets, notably Alcaeus and Sappho. Horace, however, stamped his odes with his personality and gave them, for all the Greek influence, a strongly Roman quality. The themes range from the highest ideals of patriotism and praise of gods and goddesses to more ordinary matters of hospitality, friendship, love, and wine. In them we see the character of Horace as a shrewd and observant man of the world, endowed with practical wisdom, warmly affectionate, and appreciative of the modest pleasures of existence. His hallmark is the golden mean, **aurea mediocritas**; he is the apostle of moderation in all things.

In 17 B.C. Horace, now in effect the poet laureate of Augustus's court (Vergil had died in 19 B.C.), wrote the *Carmen Saeculare*, to be sung at the centennial celebration of that year. This was followed in 13 B.C. by Book IV of the *Odes*. These last odes were concerned with matters of Empire and the imperial family, and reinforced Horace's position as poet laureate. In 20 B.C. came Book I of the *Epistles;* Book II probably appeared in 14 B.C. Some of the poems in Book I are genuine poetical letters, and others are verse essays on life and literature. Book II consists of three epistles, all dealing with literary criticism and poetic composition. The last one, addressed to the brothers Piso and later called *Ars Poetica*, has had much influence on literary criticism in modern times. Boileau's *l'Art Poétique* and Pope's *Essay on Poetry* are its lineal descendants.

"Urbane," "mellow," "imitative," "ironic," — adjectives like these are commonly applied to Horace's work. Yet he is much more than these adjectives suggest. When he was deeply stirred, even by something as commonplace as a country spring, a strain of lyric genius emerges, as in the matchless *Fons Bandusiae* (p. 389). When this lyric strain does appear, few poets can equal the emotional power and pure music of Horace's verse.

371

1. The Fickle Pyrrha

What young man woos you now, Pyrrha? He will rue the day.

QUIS multa gracilis te puer in rosa
perfusus liquidis urget odoribus
    grato, Pyrrha, sub antro?
      Cui flavam religas comam,

simplex munditiis? Heu, quotiens fidem   5
mutatosque deos flebit, et aspera
    nigris aequora ventis
      emirabitur insolens,

qui nunc te fruitur credulus aurea;
qui semper vacuam, semper amabilem   10
    sperat, nescius aurae
      fallacis! Miseri, quibus

intemptata nites! Me tabula sacer
votiva paries indicat uvida
    suspendisse potenti   15
      vestimenta maris deo.   *Odes* I. 5

---

2. urget: *woos.*   **3. sub:** *in.*   **4. Cui:** Dat. of reference. **religas:** *bind back.*
5. simplex munditiis: *plain in thy neatness* (Milton). **fidem:** *her faithlessness.*   **6. fle-**
bit: *will weep for,* trans.   **7. nigris:** i.e., the sea is made dark by the wind; a transferred epithet.   **8. emirabitur = mirabitur.** **insolens:** *unaccustomed to the sight.*
9. aurea: *all gold,* i.e., excellent in every way.   **10. vacuam:** *fancy free.*   **12. Mi-**
seri . . . nites: *Wretched those to whom you shine untried.*   **13. sacer:** With **paries,**
i.e., some temple wall.   **14. votiva:** With **tabula.**

2. Indoor Pleasures in Winter

While winter and snow hold the outdoors in their grasp, let us enjoy the pleasures of a good fire and wine within the house. Learn to take today's good things now.

VIDES ut alta stet nive candidum
Soracte, nec iam sustineant onus
   silvae laborantes, geluque
     flumina constiterint acuto.

Dissolve frigus ligna super foco   5
large reponens atque benignius
   deprome quadrimum Sabina,
     O Thaliarche, merum diota.

Permitte divis cetera, qui simul
stravere ventos aequore fervido   10
   deproeliantes, nec cupressi
     nec veteres agitantur orni.

Quid sit futurum cras fuge quaerere et
quem Fors dierum cumque dabit, lucro
   appone nec dulces amores   15
     sperne puer neque tu choreas,

donec virenti canities abest
morosa. Nunc et campus et areae
   lenesque sub noctem susurri
     composita repetantur hora,   20

---

1. ut: *how.* **stet:** *stands out.*   **2. Soracte:** A mountain about 30 miles north of Rome. In World War II it was fortified intensively as the German commander-in-chief's headquarters in the area of Rome.   **3. geluque . . . acuto:** *the biting cold.* **6. large reponens:** i.e., piling on the wood. **benignius:** With **deprome,** *draw off* the wine from the jar.   **7. Sabina:** Grammatically with **diota,** though in sense it goes with **merum.**   **8. Thaliarche:** A name coined by Horace; in Greek it means master of the festivities.   **9. simul stravere = simul ac stravere:** *as soon as they have calmed.* **10. aequore fervido:** Abl. of place.   **11. deproeliantes:** *warring,* i.e., with one another.   **13. fuge quaerere = noli quaerere.** **14. quem . . . cumque: quemcumque;** tmesis. **lucro appone:** *count as gain;* what is the literal translation?   **16. choreas:** *dances.* **17. donec:** *while.* **virenti (tibi):** *you in the bloom of youth.* **18. campus et areae:** i.e., the Campus Martius and the squares around the temples.   **19. sub noctem:** *at nightfall.* **20. composita . . . hora:** *at the appointed hour.*

Horace   **373**

nunc et latentis proditor intimo
gratus puellae risus ab angulo
pignusque dereptum lacertis
aut digito male pertinaci.   *Odes* I. 9

21. proditor: i.e., her laugh betrays the girl's hiding place.   **22. risus:** Also a subject of **repetantur,** as is **pignus** in the next line.   **23. lacertis:** Dat. of separation.

3. The Poet's Recantation

The subject of this palinode, or recantation, is unknown —
if indeed it is addressed to any real woman, rather than to a
creation of Horace's imagination.

O MATRE pulchra filia pulchrior,
quem criminosis cumque voles modum
pones iambis, sive flamma
sive mari libet Hadriano.

Non Dindymene, non adytis quatit   5
mentem sacerdotum incola Pythius,
non Liber aeque, non acuta
sic geminant Corybantes aera,

tristes ut irae, quas neque Noricus
deterret ensis nec mare naufragum   10
nec saevus ignis nec tremendo
Iuppiter ipse ruens tumultu.

2. quem . . . cumque = quemcumque modum: *whatever end;* tmesis.   **3. pones:**
Fut. indic., used almost as the imperative.   **iambis:** Modified by **criminosis,** *my
abusive invective.* As mentioned in the biography of Horace, Greeks attributed the
origin of iambic poetry to Archilochus, who used it for abusive verse.   **Iambi** in Latin
frequently means invective.   Horace says the girl may dispose of his early abusive
poems by burning them or throwing them into the sea.   **4. libet (modum ponere).**
5. Dindymene: Mistress of Mt. Dindymus in Phrygia, or Cybele, the great nature
goddess.   **quatit:** Referring to the frenzy of the priestess of the oracle.   **6. incola
Pythius:** i.e., Apollo; Pytho was the original name of Delphi.   **7. Liber:** Another
name for Bacchus.   **aeque:** Looks to **ut,** *as,* l. 9.   **8. geminant:** *clash.* **Corybantes:**
Priests of Cybele, whose ritual involved frenzied music and dancing.   **9. Noricus:**
The steel of Noricum in Austria was famous for its hardness.   **12. ruens:** *rushing
down* in thunder, lightning, and rain.

Fertur Prometheus, addere principi
limo coactus particulam undique
    desectam, et insani leonis   15
      vim stomacho apposuisse nostro.

Irae Thyesten exitio gravi
stravere et altis urbibus ultimae
    stetere causae cur perirent
      funditus imprimeretque muris   20

hostile aratrum exercitus insolens.
Compesce mentem! Me quoque pectoris
    temptavit in dulci iuventa
      fervor et in celeres iambos

misit furentem; nunc ego mitibus   25
mutare quaero tristia, dum mihi
    fias recantatis amica
      opprobriis animumque reddas.   *Odes* I. 16

13. Prometheus: Bringer of fire to men, according to Plato in the *Protagoras*, the creator of man. The idea here, taking parts of every animal and adding them to the primeval clay, **principi limo,** is peculiar to Horace. **16. stomacho:** *breast.* **17. Thyesten:** Greek accusative; Thyestes was served the flesh of his own children at a banquet given him by his brother Atreus. **18. stravere:** *laid low.* **ultimae . . . causae:** Read as predicate to stetere. **21. aratrum:** Plowing up the site of a destroyed city symbolized its total annihilation. **25. mitibus (verbis). 26. tristia (verba). dum:** Clause of proviso. **28. animumque reddas:** *and give me your heart.*

4. In Praise of Latona and Her Children

This ode was written for a chorus of boys and girls to give in honor of Diana and Apollo as averters of evil. See Catullus's "Hymn to Diana" (p. 359), which probably influenced Horace.

DIANAM tenerae dicite virgines,
intonsum, pueri, dicite Cynthium
    Latonamque supremo
      dilectam penitus Iovi.

1. Dianam: The *i* is long here. **2. intonsum:** *unshorn;* Apollo is usually represented with long hair. **Cynthium:**. i.e., born on Mt. Cynthus in Delos. **4. penitus:** *deeply.*

Horace

Vos laetam fluviis et nemorum coma,   5
quaecumque aut gelido prominet Algido,
   nigris aut Erymanthi
     silvis aut viridis Cragi;

· · · · · · · · · · · · · **5. Vos (virgines). fluviis . . . coma:** Diana was the goddess of streams and forests; the poetical **coma** for **foliis** is common.   **6. Algido:** Algidus was a mountain in Latium, center of the worship of Diana.   **7. nigris:** Refers to the dark effect fir and pine give.   **Erymanthi:** A mountain in Arcadia. **8. Cragi:** A mountain in Lycia, the home of Latona.

vos Tempe totidem tollite laudibus
natalemque, mares, Delon Apollinis,   10
  insignemque pharetra
  fraternaque umerum lyra.

Hic bellum lacrimosum, hic miseram famem
pestemque a populo et principe Caesare in
  Persas atque Britannos   15
  vestra motus aget prece.   *Odes* I. 21

· **9. vos:** It is now the boys'
turn. **Tempe:** Vale of Tempe between Thessaly and Macedonia, through which
flows the river Peneus, a seat of the worship of Apollo.   **10. natalem:** *the birthplace.*
12. fraternaque . . . lyra: Mercury invented the lyre and gave it to his half-brother
Apollo. **umerum:** Dir. obj. of **tollite.**   **13. famem:** The threat of hunger because
of a scarcity of grain was not uncommon in Rome.   **14. in Persas:** Note the echo
of the primitive concept of praying for the transference of evil to someone else.

5. Integer Vitae

This poem, addressed to Aristus Fuscus, a witty friend of
Horace, begins on a note of high moral seriousness, which in the
third stanza shifts into the vein of the mock-heroic. It is perhaps
the best-known poem of Horace.

INTEGER vitae scelerisque purus
non eget Mauris iaculis, neque arcu,
nec venenatis gravida sagittis,
  Fusce, pharetra;

1. vitae scelerisque: Chiasmus, and examples of two poetical genitives, respect
(**vitae**) and separation (**sceleris**).   **2. non eget:** *does not need.* **Mauris:** *Moorish*
javelins; the specification is poetically more effective.

sive per Syrtes iter aestuosas,   5
sive facturus per inhospitalem
Caucasum, vel quae loca fabulosus
lambit Hydaspes.

Namque me silva lupus in Sabina,
dum meam canto Lalagen, et ultra   10
terminum curis vagor expeditis,
    fugit inermem;

quale portentum neque militaris
Daunias latis alit aesculetis,
nec Iubae tellus generat, leonum   15
    arida nutrix.

Pone me pigris ubi nulla campis
arbor aestiva recreatur aura,
quod latus mundi nebulae malusque
    Iuppiter urget;   20

pone sub curru nimium propinqui
solis, in terra domibus negata:
dulce ridentem Lalagen amabo,
    dulce loquentem.   *Odes* I. 22

. . . . **5. Syrtes:** The Syrtes are
actually two gulfs on the North African coast, known for their quicksands; here
they stand for the hot desert wastes of the hinterland.   **7. fabulosus:** *storied;* the
Hydaspes, a tributary of the Indus, became the favorite faraway setting for storytellers
after Alexander's march to India.   **9. me:** Here the poet drops into the humorous,
mock-heroic vein. **silva . . . Sabina:** In the vicinity of his Sabine farm.   **10. Lalagen:** Greek acc.; the girl's name is taken from a Greek word meaning "prattle" —
she is a lively talker.   **11. terminum:** i.e., the limits of his own property.   **12. iner-
mem:** The position of this word makes it very emphatic.   **13. quale portentum:**
In apposition with **lupus.**   **14. Daunias:** Nom.; another name for Apulia, from
Daunus, a mythical king of the country; the Apulians were known for their warlike
character.   **15. Iubae:** Juba I and Juba II were kings of Mauretania in the time of
Caesar and Augustus.   **17. pigris:** *barren;* this refers to far northern latitudes.
18. recreatur: *is revived.*   **19. quod . . . mundi = in eo latere mundi quod. malusque
. . . urget:** *and a lowering sky oppresses.*   **21. sub . . . solis:** i.e., where the sun-god's
chariot comes too close, in a very torrid climate.   **23. dulce:** Adv. acc.

6. On the Death of Quintilius Varus

Varus, friend of Horace and Vergil and a literary scholar and critic, died in 24 B.C.

QUIS desiderio sit pudor aut modus
tam cari capitis? Praecipe lugubres
cantus, Melpomene, cui liquidam Pater
    vocem cum cithara dedit.

Ergo Quintilium perpetuus sopor   5
urget! Cui Pudor et Iustitiae soror,
incorrupta Fides, nudaque Veritas
    quando ullum inveniet parem?

Multis ille bonis flebilis occidit,
nulli flebilior quam tibi, Vergili.   10
Tu frustra pius heu non ita creditum
    poscis Quintilium deos.

Quid? Si Threicio blandius Orpheo
auditam moderere arboribus fidem,
num vanae redeat sanguis imagini,   15
    quam virga semel horrida,

non lenis precibus fata recludere,
nigro compulerit Mercurius gregi?
Durum: sed levius fit patientia   19
    quidquid corrigere est nefas.   *Odes* I. 24

---

1. Quis: With **pudor** and **modus**. **desiderio:** *longing.* **pudor:** *restraint.* **3. Melpomene:** The Muse of tragedy. **Pater:** i.e., Zeus, who was father of the nine Muses. **5. Ergo:** *So then.* **6. urget:** *lies heavy on.* **9. bonis:** Dat. with **flebilis.** **10. nulli** = **nemini:** A substitution common in poetry. **11. Tu ... deos:** *You, in spite of your fond devotion* (**frustra pius**), *ask him back in vain from the gods, not so entrusted to their keeping,* i.e., not entrusted to them for an untimely death. **poscis** takes a double acc., **Quintilium** and **deos.** **14. moderere ... fidem:** *should play the lyre.* **arboribus:** Dat. of agent with **auditam;** stones, trees, animals were all moved by Orpheus's lyre. **15. vanae ... imagini:** *to the empty shade.* **16. virga:** i.e., Mercury's rod, with which he herded souls in the underworld. **17. non ... recludere:** i.e., not gentle enough to change the fates in answer to our prayers. **fata** = **portas fatorum.** **18. nigro ... gregi:** i.e., the dark flock of the shades of the dead.

7. Converted from Epicureanism

A flash of intuitive insight convinced Horace that the Epicureans were wrong in their belief that the gods do not observe mankind and reward or punish them. The poem, however, is not to be taken as a profound statement of philosophical belief.

PARCUS deorum cultor et infrequens,
insanientis dum sapientiae
   consultus erro, nunc retrorsum
     vela dare atque iterare cursus

cogor relictos. Namque Diespiter,   5
igni corusco nubila dividens
   plerumque, per purum tonantes
     egit equos volucremque currum,

quo bruta tellus et vaga flumina,
quo Styx et invisi horrida Taenari   10
   sedes Atlanteusque finis
     concutitur. Valet ima summis

mutare et insignem attenuat deus,
obscura promens. Hinc apicem rapax
   Fortuna cum stridore acuto   15
     sustulit; hic posuisse gaudet.   *Odes* I. 34

---

1. Parcus . . . infrequens: i.e., he had been niggardly in his offerings and an infrequent worshiper. **2. insanientis . . . consultus:** *learned in a mad philosophy;* note oxymoron in **insanientis sapientiae.** **3. erro:** With **consultus,** *skilled in.* **4. cursus . . . relictos:** i.e., the paths of earlier belief. **5. Diespiter:** Jupiter. **7. plerumque:** i.e., Jupiter generally thunders from a cloudy sky. **8. egit:** *had driven.* **9. quo:** *whereby;* it is repeated in the next line. **bruta = iners.** **10. Taenari:** Taenarum, now Cape Matapan, on the south coast of the Peloponnesus, traditional site of one entrance to the lower world. **11. Atlanteusque finis:** *Atlas at the world's end.* The Straits of Gibraltar marked the western limit of the ancients' world. **12. Valet:** *He can;* God is here identified with Fortune. **summis:** *for the highest;* abl. of price. **14. Hinc:** *From one.* **apicem:** apex, normally the word for a flamen's pointed cap, here means the crown of an Oriental monarch. **rapax:** Translate as adv. **15. stridore:** i.e., of her wings. **16. sustulit:** *takes away,* the perfect used for habitual action. **hic:** *on another,* contrasted with **Hinc** above.

8. Persicos Odi

PERSICOS odi, puer, apparatus,
displicent nexae philyra coronae;
mitte sectari, rosa quo locorum
    sera moretur.

Simplici myrto nihil allabores   5
sedulus curo: neque te ministrum
dedecet myrtus neque me sub arta
    vite bibentem.   *Odes* I. 38

1. Persicos . . . apparatus: *Persian magnificence.* puer: *the slave boy.* 2. philyra: The linden tree, inner bark of which was used as a base on which to sew the flowers of a garland. Such garlands were elaborately constructed. 3. mitte (= omitte) sectari: *don't seek out.* quo locorum: Lit., *in which of places;* put it into meaningful English. 4. sera: In Italy the rose is a spring flower; thus a late-blooming rose would be a special and rather elegant flower. The time of this ode is summer. 5. allabores . . . curo (ut). 6. sedulus: Take as adv. with allabores. 7. arta: *thick-leaved.*

9. The Golden Mean

Licinius Murena addressed here by Horace, was a fit subject for the doctrine of moderation. As consul in 23 B.C., he formed a conspiracy against Augustus and was put to death.

RECTIUS vives, Licini, neque altum
semper urgendo neque, dum procellas
cautus horrescis, nimium premendo
    litus iniquum.

Auream quisquis mediocritatem   5
diligit, tutus caret obsoleti
sordibus tecti, caret invidenda
    sobrius aula.

Saepius ventis agitatur ingens
pinus, et celsae graviore casu   10
decidunt turres, feriuntque summos
    fulgura montes.

1. Rectius: *More wisely.* altum . . . urgendo: *by pressing too far out to sea.* 4. iniquum = inimicum: *dangerous.* 6. tutus caret . . . sobrius: *safely avoids . . . discreetly, too.* 8. aula: *palace.*

Sperat infestis, metuit secundis
alteram sortem bene praeparatum
pectus. Informes hiemes reducit   15
   Iuppiter; idem

submovet. Non, si male nunc, et olim
sic erit. Quondam cithara tacentem
suscitat musam neque semper arcum
   tendit Apollo.   20

Rebus angustis animosus atque
fortis appare; sapienter idem
contrahes vento nimium secundo
   turgida vela.   *Odes* II. 10

· · · · · · · · · · · · 13. **infestis (rebus)** . . . **secundis (rebus):** *in adversity* . . .
in prosperity.   **15. Informes:** *Hideous,* with **hiemes.**   **17. si male (est):** *if things go
badly.*   **et olim:** *also in the future.*   **18. Quondam** . . . **Apollo:** i.e., Apollo in his
two aspects, benign as patron of music and malign as bringer of plagues.   **Quondam:**
at times.   **19. musam = carmen:** i.e., Apollo inspires himself to song with the lyre.
21. Rebus angustis: *in straitened circumstances.*   **22. idem:** *also.*   **23. contrahes:**
take in, fut. with force of imperative.

10. The Certainty of Death

Postumus, to whom this ode is addressed, is unknown and
probably imaginary. The poem laments the inevitability of
death which seizes you at last, however much you may have
shunned the perils of life.

EHEU fugaces, Postume, Postume,
labuntur anni, nec pietas moram
   rugis et instanti senectae
     afferet indomitaeque morti;

1. fugaces: With **anni. Postume, Postume:** Repetition for its emotional impact.
3. rugis . . . **senectae** . . . **morti:** Climax, with increasing gravity of the nouns, which
are dat. with **afferet.**   **4. indomitae = indomabili:** *unconquerable.*

non, si trecenis, quotquot eunt dies,   5
amice, places illacrimabilem
   Plutona tauris, qui ter amplum
   Geryonen Tityonque tristi

compescit unda, scilicet omnibus,
quicumque terrae munere vescimur,   10
   enaviganda, sive reges
   sive inopes erimus coloni.

Frustra cruento Marte carebimus
fractisque rauci fluctibus Hadriae,
   frustra per autumnos nocentem   15
   corporibus metuemus Austrum.

Visendus ater flumine languido
Cocytos errans et Danai genus
   infame damnatusque longi
   Sisyphus Aeolides laboris.   20

· **5. trecenis:** The distributive,
i.e., three hecatombs a day, a hecatomb being a hundred victims for sacrifice.
quotquot...dies: Lit., *whatsoever number of days go by,* i.e., daily.   **7. ter...**
Geryonen: Greek acc.; Geryon, whom Hercules slew when he took his cattle,
was a Spanish giant with three bodies.   **8. Tityon:** Greek acc.; the giant Tityos
insulted Latona and was slain by her children, Apollo and Diana. His body took
up some nine acres in the underworld where two vultures and two snakes fed upon
him.   **9. unda:** i.e., the Styx.   **scilicet:** *indeed;* the Styx had to be crossed by
all souls.   **omnibus:** Dat of agent with **enaviganda,** first used by Horace as a tran-
sitive verb.   **10. terrae munere:** *earth's bounty.*   **13. carebimus:** *we shall avoid.*
14. fractis...fluctibus: *the breakers;* what is the literal translation?   **rauci:** The
Adriatic is often used in poetry to symbolize the violence of the sea.   **15. per au-**
tumnos: Autumn was likely to be a season of illness at Rome.   **16. corporibus:**
With both **nocentem** and **metuemus.**   **Austrum:** The south wind, the sirocco, an
enervating and uncomfortable wind from the Sahara.   **18. Cocytos:** Greek nom.;
it was one of the rivers of Hades, the river of lamentation.   **Danai genus:** The fifty
daughters of Danaus, all of whom except one, Hypermnestra, killed their husbands
on their wedding night. Their punishment in the underworld was to carry water
forever in leaking vessels.   **20. Sisyphus:** Son of Aeolus and king of Argos, punished
in the underworld for his deceit and greed by having to roll a huge stone uphill.
As soon as he got it to the top, it would roll back down again.   **laboris:** Gen. of
the charge with **damnatus.**

Linquenda tellus et domus et placens
uxor, neque harum quas colis arborum
te praeter invisas cupressos
ulla brevem dominum sequetur.

Absumet heres Caecuba dignior   25
servata centum clavibus et mero
tinguet pavimentum superbo
pontificum potiore cenis.   *Odes* II. 14

. . . . · **23. invisas:** *hated;* the cypress has long been associated
with death.   **24. brevem:** *short-lived.*   **25. Caecuba** (**vina**): Caecubum was a
district in south Latium, famous for its wine. **dignior:** Ironical, but with the implica-
tion that the heir is more sensible in enjoying what he has.   **27. tinguet:** i.e., he
will waste it by spilling it on the floor.   **28. pontificum . . . cenis:** *better than* (that
served at) *the banquets of the priests;* the priestly colleges were noted for the elegance
of their banquets.

11. In Praise of the Manly Life

In this ode Horace lauds the virtues of courage, patriotism, and
loyalty.

ANGUSTAM amice pauperiem pati
robustus acri militia puer
condiscat, et Parthos ferocis
vexet eques metuendus hasta,

vitamque sub divo et trepidis agat   5
in rebus. Illum ex moenibus hosticis
matrona bellantis tyranni
prospiciens et adulta virgo

1. Angustam . . . pauperiem: *pinching poverty.* **amice . . . pati:** *to bear cheerfully.*
2. puer: The military age was 17.   **3. condiscat:** Hortatory subjunc.   **4. eques:**
Predicative.   **5. sub divo:** *under the sky* or *in the open.*   **6. ex moenibus:** The
viewing of warfare from the walls recalls many scenes in the *Iliad.*   **7. matrona** =
uxor. tyranni: i.e., the king of the town under attack.   **8. adulta** = **nubilis.**

suspiret (eheu!) ne rudis agminum
sponsus lacessat regius asperum   10
tactu leonem, quem cruenta
per medias rapit ira caedes.

Dulce et decorum est pro patria mori.
Mors et fugacem persequitur virum,
nec parcit imbellis iuventae   15
poplitibus timidoque tergo.

Virtus, repulsae nescia sordidae,
intaminatis fulget honoribus,
nec sumit aut ponit secures
arbitrio popularis aurae.   20

Virtus, recludens immeritis mori
caelum, negata temptat iter via,
coetusque vulgaris et udam
spernit humum fugiente penna.

Est et fideli tuta silentio   25
merces. Vetabo qui Cereris sacrum
vulgarit arcanae sub isdem
sit trabibus fragilemque mecum

---

9. **suspiret:** Both **matrona** and **virgo** are the subj., though the verb is singular to
agree with the latter; it is hortatory subjunc. **eheu:** Echoes the girl's sigh. **ne:**
After the idea of fear in **suspiret.** **10. sponsus ... regius:** i.e., some royal youth
engaged to the king's daughter and not very experienced in war. **11. tactu:** Supine
after **asperum. leonem:** i.e., the Roman, **Illum** in l. 6. **14. Mors et:** *death also.*
persequitur: *overtakes.* **17. Virtus:** *True manhood.* **repulsae ... sordidae:** *of
disgraceful defeat;* **repulsae** is the word for defeat at the polls and **sordidae** implies
humiliation; **nescia** implies a Stoic disregard for defeat. **19. nec ... secures:**
does not take up or lay aside authority; the lictors' axes were a symbol of authority.
20. popularis aurae: *of popular whim,* a common meaning for **aura. 21. recludens:**
opening. **immeritis mori:** i.e., those deserving immortality. **22. negata:** i.e., denied
to most. **25. fideli ... silentio:** i.e., discreet and faithful silence, a virtue highly
regarded by Augustus. **26. Cereris sacrum:** The Eleusinian mysteries, which had
become popular in Italy. The initiates of this mystery cult were sworn to secrecy
regarding the ritual. **27. arcanae:** With **Cereris. 28. sit:** **Veto** usually takes
the acc. and infin.; here the idea of **cave,** as in **cave sis,** is suggested. **trabibus** =
tecto.

solvat phaselon. Saepe Diespiter
neglectus incesto addidit integrum;   30
raro antecedentem scelestum
deseruit pede Poena claudo.   *Odes* III. 2

· · · · · **29. Diespiter:** Jupiter.   **30. incesto . . . integrum:** i.e., destroys the innocent with the guilty.   **32. deseruit:** *fails to overtake.*   **pede . . . claudo:** *though lame
of foot.*

12. Regulus

In the first Punic War Regulus had invaded Africa and inflicted
a series of grave defeats on the Carthaginians. The ensuing
terms of peace imposed on them were so severe that they
resumed war and defeated the Romans. Regulus was held in
captivity for five years and then was sent back to Rome, after
the Carthaginians' defeat by Metellus, on condition that he
would solicit peace or the exchange of prisoners. Regulus
recommended the opposite and returned to Carthage to die
a death made hideous by torture. Regulus symbolized to later
Romans the sturdy patriotism of old Rome. In the following
selection Regulus is about to return to Carthage. These are
the last four stanzas of a longer ode on martial courage.

FERTUR pudicae coniugis osculum   41
parvosque natos, ut capitis minor,
   ab se removisse et virilem
      torvus humi posuisse vultum,

41. Fertur: (*Regulus*) *is said.*   **42. ut . . . minor:** *as one who has lost his civic
rights;* **caput** has often the idea of status. **capitis** is a poetical gen. with **minor** (as in
integer vitae). Here Regulus declines to act as a Roman father, feeling with Roman
fortitude that he is no longer a citizen.   **44. torvus:** Translate as adv.

donec labantes consilio patres   45
firmaret auctor numquam alias dato,
    interque maerentes amicos
        egregius properaret exsul.

Atqui sciebat quae sibi barbarus
tortor pararet. Non aliter tamen   50
    dimovit obstantes propinquos
        et populum reditus morantem

quam si clientum longa negotia,
diiudicata lite, relinqueret,
    tendens Venafranos in agros   55
        aut Lacedaemonium Tarentum.

Odes III. 5, 41–56

---

45. donec: *until.* **labantes:** *wavering.* **46. alias:** *before or since.* **50. Non aliter:** With **quam** in l. 53. **53. longa:** *tedious.* **56. Lacedaemonium Tarentum:** Tarentum was founded by the Spartans.

13. A Lover's Quarrel and Reconciliation

This is the only ode of Horace in dialogue. The lover and Lydia, an imaginary character, trade stanzas in a style reminiscent of the song contests in some of Vergil's *Eclogues.* The lover speaks first.

"DONEC gratus eram tibi
    nec quisquam potior bracchia candidae
cervici iuvenis dabat,
        Persarum vigui rege beatior."

---

1. Donec: *as long as.* **2. potior:** *more favored.* **3. dabat = circumdabat:** Thus, **cervici,** dat. with a compound. **4. Persarum ... rege:** A symbol of the greatest happiness.

"Donec non alia magis   5
    arsisti neque erat Lydia post Chloen,
multi Lydia nominis
    Romana vigui clarior Ilia."

"Me nunc Thressa Chloe regit,
    dulces docta modos et citharae sciens,   10
pro qua non metuam mori,
    si parcent animae fata superstiti."

"Me torret face mutua
    Thurini Calais filius Ornyti,
pro quo bis patiar mori,   15
    si parcent puero fata superstiti."

"Quid si prisca redit Venus
    diductosque iugo cogit aeneo?
si flava excutitur Chloe
    reiectaeque patet ianua Lydiae?"   20

"Quamquam sidere pulchrior
    ille est, tu levior cortice et improbo
iracundior Hadria,
    tecum vivere amem, tecum obeam libens!"

Odes III. 9

. . . . **5. alia:** Abl. of cause with **arsisti.**   **7. multi . . . nominis:**
I, Lydia, of much fame.   **8. Ilia:** Mother of Romulus and Remus, echoing **rege**
above.   **9. Thressa:** *Thracian.*   **10. dulces . . . sciens:** *skilled in sweet measures
and accomplished on the lute.* **modos** is acc. with the passive **docta; doceo** in the act.
takes double acc. **sciens = peritus,** and so here takes the gen.   **12. animae:** Dat.
with **parcent,** *my life,* i.e., Chloe. **superstiti:** With **animae** in prolepsis, *to survive me.*
14. Thurini: *of Thurii,* a town in Lucania on the site of Sybaris.   **15. pro quo:**
Notice the parallelism with the preceding stanza in this line and the next.   **17. Venus:**
love; metonymy.   **18. diductos:** *(now) separated.* **iugo . . . aeneo:** i.e., the bonds of
love are heavy and strong.   **20. Lydiae:** Dat.   **22. improbo:** *unruly.*

14. The Fountain of Bandusia

This ode may have been written for the festival of the Fontanalia, October 13, when garlands were thrown into springs and wreaths were put around wellheads. There is a spring behind Horace's Sabine farm, which has been identified with the *Fons Bandusiae*. The original seems to have been a spring near the poet's birthplace, Venusia, the name of which he transferred to his Sabine spring.

O FONS Bandusiae, splendidior vitro,
dulci digne mero non sine floribus,
   cras donaberis haedo,
      cui frons turgida cornibus

primis et venerem et proelia destinat: 5
frustra; nam gelidos inficiet tibi
   rubro sanguine rivos,
      lascivi suboles gregis.

Te flagrantis atrox hora Caniculae
nescit tangere, tu frigus amabile   10
   fessis vomere tauris
      praebes et pecori vago.

Fies nobilium tu quoque fontium,
me dicente cavis impositam ilicem
   saxis unde loquaces   15
      lymphae desiliunt tuae.   *Odes* III. 13

---

2. dulci . . . floribus: Lit., *you, worthy of sweet wine, not without flowers.* The flowers and wine were thrown together into the spring. **4. cui:** Dat. of reference, to be translated as a possessive. **cornibus:** Abl. of cause with **turgida. 5. destinat:** *marks him out for.* **6. frustra:** Note the emphatic position. **tibi:** Like **cui,** l. 4. **9. hora Caniculae:** *the season of the dog-star,* Sirius, i.e., the hot season, the "dog days." **13. nobilium . . . fontium:** i.e., it will become as famous as Castalia, Hippocrene, Dirce, and other storied fountains. **14. me dicente:** *because of my song about.* **15. loquaces . . . tuae:** Very felicitous use of poetic language.

15. The Poet's Undying Fame

This epilogue brings the first three books of the *Odes* to an end — the date, 24–23 B.C. Horace expresses the idea held generally by ancient poets concerning the immortality conferred by poetry.

EXEGI monumentum aere perennius
regalique situ pyramidum altius,
quod non imber edax, non Aquilo impotens
possit diruere aut innumerabilis
annorum series et fuga temporum.   5
Non omnis moriar multaque pars mei
vitabit Libitinam; usque ego postera
crescam laude recens. Dum Capitolium
scandet cum tacita virgine pontifex,
dicar, qua violens obstrepit Aufidus   10
et qua pauper aquae Daunus agrestium
regnavit populorum, ex humili potens,
princeps Aeolium carmen ad Italos
deduxisse modos. Sume superbiam
quaesitam meritis et mihi Delphica   15
lauro cinge volens, Melpomene, comam.   *Odes* III. 30

---

1. Exegi: *I have completed.*   **3. (sui) impotens:** *furious.*   **6. omnis:** *entirely.*
7. Libitinam: A goddess identified by later Romans with Proserpina on account of her connection with death and burial. In her temple at Rome all things necessary for funerals were kept. She often symbolizes death in poetry. **usque:** *still* or *continuously*, with **crescam. postera:** With **laude**, *in the praise of after years.*   **8. Dum ...pontifex:** According to a doubtful tradition, the Pontifex Maximus and the chief Vestal went to the Capitol on the Ides of March to pray for the state.   **9. tacita:** i.e., in reverent silence.   **10. dicar:** *I shall be said*, with **deduxisse**, l. 14. **Aufidus:** A river in Apulia, a mountain torrent in its upper courses, near Horace's birthplace.
11. pauper ... Daunus: Daunus, a mythical king of Apulia, ruled a very dry land.
12. populorum: Gen., following the Greek usage, after a verb of ruling. **ex humili:** Horace's father was a freedman.   **13. Aeolium carmen:** The poetry of Sappho and Alcaeus.   **14. deduxisse:** With **dicar**, l. 10, and **princeps**, *to have first adapted.*
Sume superbiam: *Take pride in yourself.*   **15. Delphica lauro:** The laurel was sacred to Apollo, god of poetry and presiding deity of Delphi.   **16. Melpomene:** Muse of tragedy, here standing for muse in general.

16. The Return of Spring

Torquatus, to whom this ode is addressed, was a lawyer of distinction and a good friend of Horace. The return of spring sets the poet to moralizing on the mutability of all things and especially on the certainty of death for man, without hope of return, as there is with the seasons. The cheerful note of the beginning gives way increasingly to somberness. The fourth book, which came out later than the first three books of *Odes*, is characterized by a much graver spirit.

DIFFUGERE nives, redeunt iam gramina campis
    arboribusque comae;
mutat terra vices et decrescentia ripas
    flumina praetereunt;

Gratia cum Nymphis geminisque sororibus audet   5
    ducere nuda choros.
Immortalia ne speres, monet annus et almum
    quae rapit hora diem.

Frigora mitescunt zephyris, ver proterit aestas.
    interitura simul   10
pomifer autumnus fruges effuderit, et mox
    bruma recurrit iners.

Damna tamen celeres reparant caelestia lunae;
    nos ubi decidimus
quo pius Aeneas, quo Tullus dives et Ancus,   15
    pulvis et umbra sumus.

2. comae: As so often in poetry, for foliage. **3. mutat ... vices:** *earth goes through her changes.* **4. praetereunt:** i.e., flow within their banks after the earlier freshets caused by the melting snow. **5. Gratia cum ... geminis sororibus:** The metrical difficulty of using **Gratiae** is the reason for this roundabout way of saying "the three graces." **7. annus:** i.e., the turning year. **9. ver ... aestas:** *summer treads on* (the heels of) *spring.* Some interpret it to mean that summer tramples down the green of spring. **10. simul = simul atque. 13. Damna ... lunae:** i.e., the waning moon swiftly waxes again. **15. quo:** i.e. Hades. **Tullus dives:** Sixth king of Rome, under whom according to Livy the Roman kingdom was at the peak of glory and prosperity. **Ancus:** Fourth king of Rome.

Quis scit an adiciant hodiernae crastina summae
   tempora di superi?
Cuncta manus avidas fugient heredis, amico
   quae dederis animo.   20

Cum semel occideris et de te splendida Minos
   fecerit arbitria,
non, Torquate, genus, non te facundia, non te
   restituet pietas;

infernis neque enim tenebris Diana pudicum   25
   liberat Hippolytum,
nec Lethaea valet Theseus abrumpere caro
   vincula Pirithoo.   *Odes* IV. 7

. . . . **17. an:** *whether.* **ho-**
diernae . . . summae: *to today's sum.*   **19. amico . . . animo:** *to your own dear soul,*
i.e., to yourself.   **21. splendida:** *august,* an epithet transferred from Minos, one of
the judges of the underworld.   **26. Hippolytum:** Hippolytus, son of Theseus and
cherished by Diana, lost his life because of his rejection of the advances of Phaedra,
his stepmother.   **28. Pirithoo:** Theseus, with his constant companion Pirithous,
attempted to carry Proserpina off from Hades. The two were caught. One version
has Theseus rescued by Hercules.

Martial

HIC EST QUEM LEGIS, QUEM REQUIRIS,
TOTO NOTUS IN ORBE MARTIALIS
ARGUTIS EPIGRAMMATON LIBELLIS;
CUI, LECTOR STUDIOSE, QUOD DEDISTI
VIVENTI DECUS ATQUE SENTIENTI,
RARI POST CINERES HABENT POETAE.

This is the man you read and seek,
Martial, known the world around
for his sharp epigrams; zealous reader,
the glory which you bestow on him
while he's alive and conscious of it,
few poets have after death.

The epigram as a literary form reached full flower in the Silver Age in the works of Marcus Valerius Martialis. Before his time the epigram was simply a poem written on a work of art or in honor of a person or event. In Martial's hands, it came to be a witty commentary on men and events, reflecting the taste of the age for concise and original poetry.

Martial was born at Bilbilis in Spain about 40 A.D. and died there about 104. In 64, like many an ambitious young man from the provinces, he went to Rome where he attached himself to various patrons. In spite of his complimentary verses to them and flattering addresses to the emperors Titus and Domitian, his rewards were scant. Little by little, however, he achieved acceptance in Roman society, and most of the leading literary lights of the day became his friends. Pliny the Younger paid the *viaticum* — travel expenses — for Martial's return to Spain, where he spent the last days of his life on an estate given to him by a patroness named Marcella. He did not find happiness in small-town retirement, his health failed, and he died a few years after going home.

Martial published the *Liber Spectaculorum,* consisting of thirty-three epigrams written in honor of the opening of the Colosseum, two books of epigrams which were inscriptions for gifts presented at the feast of Saturnalia, and the *Epigrammaton Libri,* a collection of twelve books which insured his lasting fame. The last book of this work was written in Spain just before his death.

Martial's poems disclose close observation of the life of the capital, and are marked by a keen interest in his fellow men of all ages and conditions. Many are vivid, frank but not unkind, character portraits. Not a few of his verses are obscene, but many reflect tenderness of feeling and awareness of beauty.

1. Bilbilis Is Proud of Its Native Son

VERONA docti syllabas amat vatis,
   Marone felix Mantua est,
censetur Aponi Livio suo tellus
   Stellaque nec Flacco minus,
Apollodoro plaudit imbrifer Nilus,   5
   Nasone Paeligni sonant,
duosque Senecas unicumque Lucanum
   facunda loquitur Corduba,
gaudent iocosae Canio suo Gades,
   Emerita Deciano meo: 10
te, Liciniane, gloriabitur nostra,
   nec me tacebit Bilbilis.

Epigrammata I. 61

1. **docti . . . vatis:** i.e., Catullus.   **3. Aponi:** A spring of thermal waters near Padua.   **Livio:** Livy, the historian.   **4. Stella:** L. Arruntius Stella, poet and friend of Martial.   **Flacco:** Flaccus, a poet and native of Padua.   **5. Apollodoro:** Unknown to us.   **imbrifer:** *rain-bearing.*   **6. Paeligni:** Sulmo, Ovid's birthplace, lay in the country of the Paeligni, in central Italy.   **7. duosque Senecas:** Seneca the Elder, rhetorician and author of the *Controversiae* and *Suasoriae*, and his son, the philosopher, playwright, and tutor of the youthful Nero.   **Lucanum:** Lucan the poet, author of the *Pharsalia.*   **9. iocosae:** Because Gades (modern Cadiz) was famed for its dancing girls.   **Canio:** Canius Rufus, poet and friend of Martial.   **11. Liciniane:** Licinianus, lawyer and friend of Martial.   **gloriabitur:** *will boast.*

2. Why Poetry Has Declined

TEMPORIBUS nostris aetas cum cedat avorum
   creverit et maior cum duce Roma suo,
ingenium sacri miraris deesse Maronis,
   nec quemquam tanta bella sonare tuba.

Martial   **395**

Sint Maecenates, non deerunt, Flacce, Marones,   5
  Vergiliumque tibi vel tua rura dabunt.
Iugera perdiderat miserae vicina Cremonae
  flebat et abductas Tityrus aeger oves.
Risit Tuscus eques, paupertatemque malignam
  reppulit et celeri iussit abire fuga.   10
"Accipe divitias et vatum maximus esto;
  tu licet et nostrum" dixit "Alexin ames."
Astabat domini mensis pulcherrimus ille
  marmorea fundens nigra Falerna manu
et libata dabat roseis carchesia labris,   15
  quae poterant ipsum sollicitare Iovem.
Excidit attonito pinguis Galatea poetae,
  Thestylis et rubras messibus usta genas:
protinus ITALIAM concepit et ARMA VIRUMQUE,
  qui modo vix Culicem fleverat ore rudi.   20
Quid Varios Marsosque loquar ditataque vatum
  nomina, magnus erit quos numerare labor?
Ergo ego Vergilius si munera Maecenatis
  des mihi? Vergilius non ero, Marsus ero.

Epigrammata VIII. 56

5. Maecenates: i.e., patrons like Maecenas, who sponsored Vergil and Horace and acted as "adviser on the arts" to Augustus. **Flacce:** Valerius Flaccus, author of the *Argonautica*, a friend of Martial. **6. tua rura:** Subj. of **dabunt. 8. flebat:** The reference is to Vergil's Ninth Eclogue, l. 28, in which the poet bewails the loss of his farm. **Tityrus:** Eclogue I. 13. **9. Tuscus eques:** i.e., Maecenas, who was of Etruscan lineage. **12. Alexin:** Alexis, the handsome slave boy referred to in Eclogue II. **17. Galatea, Thestylis:** Both figure in the *Eclogues*. With Maecenas's guidance and patronage, Vergil turned from the lighter poetry of the minor poems and the *Eclogues* to the grand theme of the epic. **attonito:** *inspired.* **18. usta:** From **uro, urere. 19. Italiam . . . arma virumque:** The *Aeneid*, of course. **20. Culicem:** The *Culex*, "Gnat," a mock-heroic minor poem of Vergil. This reference is one of the reasons the poem has been attributed to Vergil. **21. Varios Marsosque:** Varius Rufus was a distinguished writer of elegy, epic, and tragedy, and a friend of Vergil. Along with Plotius Tucca, he edited the *Aeneid* after Vergil's death. Marsus was an Augustan poet whom Martial mentions in the introduction to the *Epigrams* as one of his models in the form. **ditata:** *wealthy.*

3. Return to the Simple Life in Spain

DUM TU forsitan inquietus erras
clamosa, Iuvenalis, in Subura,
aut collem dominae teris Dianae;
dum per limina te potentiorum
sudatrix toga ventilat vagumque   5
maior Caelius et minor fatigant:
me multos repetita post Decembres
accepit mea rusticumque fecit
auro Bilbilis et superba ferro.
Hic pigri colimus labore dulci   10
Boterdum Plateamque; Celtiberis
haec sunt nomina crassiora terris.
Ingenti fruor improboque somno,
quem nec tertia saepe rumpit hora,
et totum mihi nunc repono, quidquid   15
ter denos vigilaveram per annos.
Ignota est toga, sed datur petenti
rupta proxima vestis a cathedra.
Surgentem focus excipit superba
vicini strue cultus iliceti,   20
multa vilica quem coronat olla.
Dispensat pueris rogatque longos
levis ponere vilicus capillos.
Sic me vivere, sic iuvat perire.

Epigrammata XII. 18

---

2. clamosa: *noisy.* **Iuvenalis:** Juvenal, the satirist. **Subura:** A crowded and rather unsavory section of Rome in the valley between the Viminal and Esquiline hills. **3. collem ... Dianae:** The Aventine, on which was a temple to Diana. **5. sudatrix:** *causing perspiration.* **ventilat:** *fans.* **6. maior ... minor:** The main Caelian hill and a spur called the Caeliolus. **7. Decembres:** i.e., winters. **9. Bilbilis:** The poet's birthplace in Spain, between Merida and Saragossa, in the center of a rich mining district. **11. Boterdum Plateamque:** Towns near Bilbilis. **13. improbo somno:** i.e., in excessive amounts. **19. superba ... strue:** *with a fine heap.* **20. iliceti:** *of an ilex grove.* **21. vilica:** *belonging to the country.* **olla:** *an earthenware pot.* **22. longos ... capillos:** Long hair was characteristic of house slaves in the city, but out of place in the rustic simplicity of the country. **23. levis:** *beardless.*

Martial

4. The Poet's Good Life After Returning to Spain

VITAM quae faciant beatiorem,
iucundissime Martialis, haec sunt;
res non parta labore, sed relicta;
non ingratus ager, focus perennis;
lis numquam, toga rara, mens quieta;   5
vires ingenuae, salubre corpus;
prudens simplicitas, pares amici;
convictus facilis, sine arte mensa;
nox non ebria sed soluta curis;
non tristis torus et tamen pudicus;   10
somnus qui faciat breves tenebras;
quod sis, esse velis nihilque malis;
summum nec metuas diem nec optes.

Epigrammata X. 47

2. Martialis: Julius Martialis, a great friend of the poet Martial, who had a villa on the Janiculum hill.   **4. non ingratus:** i.e., which pays when farmed.   **5. toga rara:** i.e., the toga as the costume of official business.   **6. ingenuae:** *innate.*   **9. ebria:** *drunken.*   **12. quod . . . malis:** *be content with what you are, and wish no more.*

5. A Birthday Greeting

SI CREDIS mihi, Quinte, quod mereris,
natalis, Ovidi, tuas Aprilis
ut nostras amo Martias Kalendas
felix utraque lux diesque nobis
signandi melioribus lapillis!   5
Hic vitam tribuit, sed hic amicum.
Plus dant, Quinte, mihi tuae Kalendae.

Epigrammata IX. 52

1. Quinte: Quintus Ovidius, a friend of Martial.   **quod mereris:** *as you deserve.*   **5. melioribus lapillis:** Lucky days were marked by small white stones and unlucky ones, by black.

6. On the Death of a Young Slave

ALCIME, quem raptum domino crescentibus annis
    Labicana levi caespite velat humus,
accipe non Pario nutantia pondera saxo,
    quae cineri vanus dat ruitura labor,
sed faciles buxos et opacas palmitis umbras   5
    quaeque virent lacrimis roscida prata meis.
Accipe, care puer, veri monumenta doloris:
    hic tibi perpetuo tempore vivet honor.
Cum mihi supremos Lachesis perneverit annos
    non aliter cineres mando iacere meos.   10

Epigrammata I. 88

---

2. Labicana: He was buried on the edge of the Via Labicana.   **3. nutantia . . . saxo:** i.e., which will totter and fall.   **4. ruitura:** From **ruo, ruere.**   **5. palmitis:** *of a young branch.*   **9. Lachesis:** One of the three fates who allotted human destiny. **perneverit:** from **perneo, pernere,** *spin to the end.*   **10. iacere:** The prose construction would be **ut iaceant.**

7. The Sensible Basis for Friendship

TRIGINTA mihi quattuorque messes
tecum, si memini, fuere, Iuli.
Quarum dulcia mixta sunt amaris,
sed iucunda tamen fuere plura.
Et si calculus omnis huc et illuc   5
diversus bicolorque digeratur,
vincet candida turba nigriorem.
Si vitare voles acerba quaedam
et tristis animi cavere morsus,
nulli te facias nimis sodalem.   10
Gaudebis minus et minus dolebis.

Epigrammata XII. 34

2. Iuli: i.e., Julius Martialis; see selection 5.   **5. calculus:** In very ancient times, a white stone was a vote of acquittal, a black one, condemnation; hence the metaphorical use of black and white stones as signs of good and bad days.

8. Procrastination

CRAS te victurum, cras dicis, Postume, semper.
Dic mihi, cras istud, Postume, quando venit?
Quam longe cras istud? Ubi est? Aut unde petendum?
Numquid apud Parthos Armeniosque latet?
Iam cras istud habet Priami vel Nestoris annos.   5
Cras istud quanti, dic mihi, posset emi?
Cras vives? Hodie iam vivere, Postume, tardum est:
ille sapit, quisquis, Postume, vixit heri.

Epigrammata V. 58

1. Cras ... cras: Anaphora. **victurum:** From **vivere**.   **4. Parthos:** The Parthians and Armenians represent distant peoples.   **5. Priami:** Homer says that Priam, king of Troy, and Nestor, king of Pylus, were very old.   **6. Cras ... emi:** *Tell me, at what price can tomorrow be bought?*

9. The Dilemma of a Lover

DIFFICILIS facilis, iucundus acerbus es idem:
nec tecum possum vivere nec sine te.

Epigrammata XII. 46

10. On Plagiarism

QUEM recitas meus, O Fidentine, libellus:
sed male cum recitas, incipit esse tuus.

Epigrammata I. 38

2. recitas: Authors used to read their works aloud to prospective purchasers. In the Silver Age, this was carried to such a point that people became weary of the practice. Plagiarism was a common occurrence since there was no copyright protection.

11. He Loves Her Wealth

PETIT Gemellus nuptias Maronillae
et cupit et instat et precatur et donat.
Adeone pulchra est? Immo foedius nil est.
Quid ergo in illa petitur et placet? Tussit.

Epigrammata I. 10

4. tussit: *she coughs*, i.e., she is sick so he will soon get her money.

12. I Just Don't

NON AMO te, Sabidi, nec possum dicere quare:
hoc tantum possum dicere: non amo te.

Epigrammata I. 32

A famous parody of this epigram was written by Thomas Brown about Dr. John Fell, Dean of Christ Church, Oxford, around 1670:

> I do not like thee, Dr. Fell,
> The reason why I cannot tell;
> But this I know and know full well,
> I do not like thee, Dr. Fell.

Martial

401

HELPFUL BOOKS

DICTIONARIES AND ATLASES

Cassel's Latin Dictionary, Macmillan, Inc., New York, 1977
Historical Atlas, C. S. Hammond & Co., Maplewood, N.J.
Historical Atlas of the World, Rand McNally & Co., Chicago
Oxford Classical Dictionary, The Clarendon Press, Oxford
Oxford Companion to Classical Literature, The Clarendon Press, Oxford

ART AND ARCHAEOLOGY

The Mute Stones Speak *by Paul McKendrick,* W. W. Norton & Co., Inc., New York
Gods, Graves, and Scholars *by C. W. Ceram* (pseudonym of Kurt Marek), Alfred A. Knopf, Inc., New York
Greek, Etruscan & Roman Art *by George H. Chase and Cornelius C. Vermeule III,* Museum of Fine Arts, Boston

LITERATURE

The Portable Roman Reader, edited by Basil Davenport, Penguin Books, Inc., New York, 1977
A Literary History of Rome *by J. Wight Duff,* Barnes and Noble, Inc., New York
Vergil, a Biography *by Tenney Frank,* Russell & Russell, Inc., New York, 1965
Roman Literature *by Michael Grant,* Cambridge University Press, Cambridge
Ancilla to Classical Reading *by Moses Hadas,* Columbia University Press, New York
History of Latin Literature *by Moses Hadas,* Columbia University Press, New York
The Classical Tradition *by Gilbert Highet,* Oxford University Press, New York
Poets in a Landscape *by Gilbert Highet,* Greenwood Press, Westport, CT., 1979
Virgil and His Meaning to the World of To-Day *by John W. Mackaill,* Cooper Square Publishers, New York
The Development of Virgil's Art *by Henry W. Prescott,* Russell & Russell, New York, 1963
Horace and His Lyric Poetry *by L. P. Wilkinson,* Cambridge University Press, New York
Ovid Surveyed *by L. P. Wilkinson,* Cambridge University Press, New York

The Art of Virgil *by Viktor Poeschl,* University of Michigan Press, Ann Arbor, 1962
Reading Latin Poetry *by Meyer Reinhold,* Samuel Stevens & Co., Sarasota, FL, 1972

402

HISTORY

The Romans *by R. H. Barrow,* Penguin Books, New York, 1975

Ancient Times, a History of the Early World, 2nd rev. ed., *by James H. Breasted, Ginn and Company, Boston*

A History of Rome to 565 A.D. *by Arthur E. R. Boak,* The Macmillan Co., New York

Augustus *by John Buchan,* Houghton Mifflin Company, Boston

Caesar and Christ *by Will Durant,* Simon and Schuster, Inc., New York

Women of the Caesars *by Guglielmo Ferrero,* Norwood Editions, Norwood, PA.

A History of Rome *by Tenney Frank,* Holt, Rinehart & Winston, Inc., New York

The Decline and Fall of the Roman Empire *by Edward Gibbon,* Modern Library, Inc., New York

The World of Rome *by Michael Grant,* Mentor Books, New American Library of World Literature, Inc., New York

The Roman Way *by Edith Hamilton,* W. W. Norton & Co., Inc., New York, also published under title **The Roman Way to Western Civilization,** Avon Books, New York

The Lives of Noble Grecians and Romans *by Plutarch,* Modern Library, Inc., New York, and other editions

Lives of the Twelve Caesars *by Suetonius,* Modern Library, Inc., New York, and other editions

The Roman Revolution *by Ronald Syme,* The Clarendon Press, Oxford

SOCIAL LIFE AND CUSTOMS

Daily Life in Ancient Rome *by Jérome Carcopino,* Yale University Press, New Haven

A Day in Old Rome *by William Stearns Davis,* Biblo & Tannen, Cheshire, CT.

Social Life at Rome in the Age of Cicero *by W. Warde Fowler,* Richard West, Philadelphia

Aspects of Social Behaviour in Ancient Rome *by Tenney Frank,* Cooper Square Publishers, New York, 1969

Roman Education *by Aubrey O. Gwynn,* Teachers College Press, New York, 1966

Roman Life (formerly **The Private Life of the Romans**) *by Mary Johnston,* Scott, Foresman & Company, Chicago

Everyday Life in Ancient Times, The National Geographic Society, Washington, D.C.

The Social and Economic History of the Roman Empire *by M. I. Rostovtsev,* The Clarendon Press, Oxford

MYTHOLOGY

Bulfinch's Mythology *by Thomas Bulfinch,* many editions available

Gods, Heroes and Men of Ancient Greece *by W. H. D. Rouse,* New American Library, New York

The Classic Myths in English Literature and in Art *by Charles M. Gayley,* John Wiley & Sons, Inc., New York

Mythology *by Edith Hamilton,* Little, Brown and Co., Boston, and Mentor Books, New American Library of World Literature, Inc., New York

Myths and Their Meaning, *by Max J. Herzberg,* Allyn and Bacon, Inc., Boston

Classical Myths in English Literature *by Daniel S. Norton and Peters Rushton,* Greenwood Press, Westport, CT.

Classical Myths That Live Today *by Frances Sabin,* Silver Burdett Co., Morristown, N.J.

Past and Present *by Meyer Reinhold,* Samuel Stevens & Co., Sarasota, FL., 1972

FICTION

The Last Days of Pompeii *by Sir Edward Bulwer-Lytton,* E. P. Dutton & Co., Inc., New York and other editions available. The famous novel of early Christians in the time of the emperor Titus. Excellent material on provincial Roman life in the first century A.D.

Ulysses Found *by Ernle Bradford,* Harcourt Brace & World, New York. A retracing of the possible route of Ulysses back to Ithaca after the Trojan War.

I, Claudius *by Robert Graves,* Modern Library, Inc., and Random House (Vintage paperback), New York. The heady, intrigue-ridden world of Augustus, Tiberius, Messalina, and Claudius.

The King Must Die *by Mary Renault,* Pantheon Books, Inc., New York. An imaginative retelling of the Theseus legend, pertinent to Book VI of the *Aeneid.*

Quo Vadis *by Henryk Sienkiewicz,* Airmont Publishing Co., Inc., New York. The celebrated melodrama pictures wicked Nero, gladiators and martyrs.

Message to Hadrian: An Adventure Story of Ancient Rome *by Geoffrey Trease,* Vanguard Press, Inc., New York

Ben Hur, A Tale of the Christ *by Lew Wallace,* New American Library, New York. Charioteers, galley slaves, and high-living aristocrats in this classic tale.

The Ides of March *by Thorton Wilder,* Avon Books, New York, 1975. This novel in letters brings the age of Caesar into sharp focus.

Appendix

Appendix

Appendix

I. LATIN VERSE

The metrical forms of Latin poetry were borrowed from the Greeks, who developed a form of verse which depends on the natural quantity of syllables. Thus Latin poetry is quite different from English poetry, which relies on accented and unaccented syllables for its effect. The English language, like others in the Teutonic family, is characterized by strong word-accent. Latin was not strongly accented; quantity, or the length of time required to say a syllable, was a more important feature of the spoken language and hence was carried over into the poetry.

A line of Latin verse must be considered as an arrangement of long and short syllables; versification depends entirely on this pattern of alternation. It takes time and practice to acquire the sense of this kind of poetry, but the achievement is within the capacity of every student if he understands the system and will practice reading lines aloud.

1. Quantity of Syllables. Quantity is determined by the nature of the vowel within the syllable or by the vowel's position. A syllable is long by nature if it contains a long vowel or a diphthong, as **lātē, praeda.** A syllable is long by position if it contains a short vowel followed by two consonants, one of which may be at the beginning of the following word; a double consonant (**x** or **z**); or the consonantal **i**, as in **adventus, fornix, maior.** All other syllables are short. However, a syllable containing a short vowel followed by a mute (**p, b, t, d, c, g**) followed by **l** or **r** is said to be *common;* it may be either long or short as the verse requires.

2. Metrical Feet. The rhythm of Latin poetry consists of the division of verse into equal intervals called measures or feet, much the same as the structure of music. The stress of the voice on one or the other part of a foot is called the *ictus.* The stressed part of the foot is called the *thesis,* the unstressed the *arsis.* Some of the measures most commonly used in Latin poetry are:

407

Feet of Two Syllables

Spondee – –   *Trochee* – ∪   *Iambus* ∪ –

Feet of Three Syllables

Dactyl – ∪ ∪   *Anapest* ∪ ∪ ⌣   *Tribrach* ∪ ∪ ∪
Cretic – ∪ –   *Bacchius* ∪ – –   *Molossus* – – –

Feet of Four Syllables

Choriamb – ∪ ∪ –   *Ionic (Maj.)* – – ∪ ∪   *Ionic (Min.)* ∪ ∪ – –

3. Scansion. The division of verse into its component feet is called *scansion*. In scanning Latin poetry the following techniques must be considered:

> *a. Elision.* A vowel or diphthong at the end of a word is dropped before a vowel or an *h.*
>
> *b. Ecthlipsis.* A final *m* with the preceding vowel is dropped before a vowel or an *h.*

Elision and ecthlipsis are marked thus: ⌣ —, **mult-um ͜ ille.** Elision is sometimes disregarded when a word ending with a vowel is emphatic or succeeded by a pause. This is called *hiatus.*

A *verse* — one line of poetry — takes its name from the predominant foot, as dactylic, iambic, trochaic, anapestic, and from the number of feet it contains, as dimeter, trimeter, tetrameter, pentameter, or hexameter. Thus *dactylic hexameter* is a verse consisting of six feet, most of which are dactyls.

A *stanza* or *strophe* is a combination of two or more verses in a metrical system. Often it gets its name from some famous poet who showed special partiality for it, as Alcaic and Sapphic strophes.

4. Meter of the *Aeneid*. The *Aeneid* is written in *dactylic hexameter*, that is, in six-foot verse. All the feet are not dactyls, however. To avoid monotony, a mixture of dactyls and spondees is employed. The fifth foot of the line is regularly a dactyl (when the fifth foot is a spondee, the verse is termed spondaic), and the sixth a spondee or a trochee. The first four feet may be either dactyls or spondees in any combination. They can be manipulated to produce a deliberate effect. A majority of dactyls produces a light, tripping movement, as in VIII. 596:

> qua-dru-pe | dan-te pu | trem soni | tu qua-tit | un-gu-la | cam-pum

The very sound of the words suggests the galloping of a horse. In V. 242 we have:

> Im-pu-lit | il-la No | to ci-ti | us vo-lu | cri-que sa | git-ta

The verse gives the effect of the swift course of a ship. A majority of spondees, on the other hand, produces a heavy effect, as in VIII. 452:

Ill(i) in | ter se | se mul | ta vi | brac-chi-a | tol-lunt

The sound of the line, as well as the meaning of the words, aptly pictures the alternating blows of a blacksmith.

The metrical scheme of the dactylic hexameter is as follows:

$$
\overset{- \cup \cup}{\underset{- \,-}{or}} \;\Big|\; \overset{- \cup \cup}{\underset{- \,-}{or}} \;\Big|\; \overset{- \cup \cup}{\underset{- \,-}{or}} \;\Big|\; \overset{- \cup \cup}{\underset{- \,-}{or}} \;\Big|\; - \cup \cup \;\Big|\; \overset{-\,-}{\underset{-\,\cup}{or}}
$$

The first and the eighth verses of the *Aeneid* are scanned as follows:

Ar-ma vi | rum-que ca | no, Tro | iae qui | pri-mus ab | o-ris

Mu-sa mi | hi cau | sas me mo | ra, quo | nu-mi-ne | lae-so

The ending of a word within a foot is called a *caesura*. Hence a verse may have several caesuras; in the first verse of the *Aeneid*, for example, there is a caesura in every foot except the last. In every well-constructed verse, however, there is one principal caesura, or pause, which should be carefully noted, for it contributes greatly to the melody of the verse. Its place is usually decided by a pause in the sense. The principal caesura, indicated by the symbol ‖, commonly falls in the third foot, as in the first verse of the *Aeneid*, unless a more natural pause occurs in the fourth or second foot. When it falls in the fourth foot, there is often a corresponding caesura in the second foot, and vice versa. The ending of a word with the end of a foot is called *diaeresis*, as in **numine** in line 8.

A procedure for marking the scansion of dactylic hexameter is:

    a. Mark all elisions; i.e., whenever a word ends with a vowel, a diphthong, or **m** preceded by a vowel, and the following word begins with a vowel or **h,** the words are "slurred," as in I. 3: **mult-um ille**

    b. Mark those syllables long in which the vowel is long, and also those in which the vowel is followed by two consonants. The only exception is that when the two consonants are a mute (**p, b, t, d, c, g**) followed by **l** or **r,** the syllable may be either long or short.

    c. Mark syllables containing diphthongs long.

    d. Mark all other syllables short.

    e. Mark the last foot a spondee (or trochee), and the fifth foot a dactyl.

    f. Mark the remaining syllables according to the needs of the feet.

409

Poetic license, of course, allows exceptions to these rules; exceptions include hiatus, systole and diastole, synapheia, and synizesis. See pages 412–13 for an explanation of these terms.

5. The Elegiac Stanza or Couplet. The Elegiac Stanza is composed of two verses, the first of which is dactylic hexameter, the second pentameter. A spondee may be substituted for any dactyl except in the second half of the pentameter. Actually the pentameter line is scanned by taking the first two-and-a-half feet of the hexameter twice. This meter was a favorite with Ovid. The following two lines from his *Tristia*, I. 3, give the scheme:

$$
\text{Iam pro-pe} \mid \text{lux a-de} \mid \text{rat} \parallel \text{qua} \mid \text{me dis} \mid \text{ce de re} \mid \text{Cae-sar}
$$

$$
\text{fi-ni-bus} \mid \text{ex-tre} \mid \text{mae} \wedge \parallel \text{ius-se-rat} \mid \text{Au-so-ni} \mid \text{ae.} \wedge
$$

6. The Meters of Catullus, Horace, and Martial. A complete discussion of the lyric meters used by these poets is out of place here. The student is referred to the standard grammars, such as Allen and Greenough or Bennett, for a detailed treatment of meter. The schematic view of various verses and stanzas given below is designed to give practical assistance in reading correctly the poems included in this book. In the following table, note the special symbols used in addition to those already introduced:

$\breve{\bar{\;}}$ = a syllable which may be either long or short.

$\breve{\bar{\;}}$: = anacrusis, an extra syllable placed at the beginning of a measure.

$\llcorner$ = one syllable held the equivalent length of three short syllables.

$\acute{\;}$ > = an irrational spondee, where a long syllable occurs in the second half of the foot and thus the normal ratio of thesis and arsis is not preserved.

$\acute{\;}\cup\cup$ or $\acute{\;}\cup\cup$ = a cyclic dactyl, again an irrational foot, read trippingly in about the time of a trochee.

$\wedge$ = a pause of about the time value of a short syllable. (A verse lacking a syllable at the end is called *catalectic* and has a pause. When the end-syllable is present, the verse is called *acatalectic*.)

A. THE METERS OF HORACE

The following meters used by Horace are found in the selections included in this book:

410

1. *Alcaic Strophe*, the most frequently used of Horace's meters:

$$\breve{\cup} : \acute{\smile} \cup \mid \acute{\smile} > \mid \acute{\frown} \cup \cup \mid \acute{\smile} \cup \mid \acute{\smile} \wedge$$
$$\breve{\cup} : \acute{\smile} \cup \mid \acute{\smile} > \mid \acute{\frown} \cup \cup \mid \acute{\smile} \cup \mid \acute{\smile} \wedge$$
$$\breve{\cup} : \acute{\smile} \cup \mid \acute{\smile} > \mid \acute{\smile} \cup \mid \acute{\smile} \breve{\cup}$$
$$\acute{\frown} \cup \cup \mid \acute{\frown} \cup \cup \mid \acute{\smile} \cup \mid \acute{\smile} \breve{\cup}$$

Found in selections 2, 3, 7, 10, 11, 12.

2. *Sapphic Strophe:*

$$\acute{\smile} \cup \mid \acute{\smile} > \mid \acute{\smile} \cup \cup \mid \acute{\smile} \cup \mid \acute{\smile} \cup$$
$$\acute{\smile} \cup \mid \acute{\smile} > \mid \acute{\smile} \cup \cup \mid \acute{\smile} \cup \mid \acute{\smile} \cup$$
$$\acute{\smile} \cup \mid \acute{\smile} > \mid \acute{\smile} \cup \cup \mid \acute{\smile} \cup \mid \acute{\smile} \cup$$
$$\acute{\frown} \cup \cup \mid \acute{\smile} \cup$$

Found in selections 5, 8, 9.

3. *First Asclepiadean:*

$$\_ > \mid \overline{} \cup \cup \mid \llcorner \parallel \overline{} \cup \cup \mid \_ \cup \mid \underset{\smile}{\cup} \wedge$$

Found in selection 15.

4. *Second Asclepiadean:*

$$\_ > \mid \overline{} \cup \cup \mid \_ \cup \mid \_$$
$$\_ > \mid \overline{} \cup \cup \mid \llcorner \parallel \overline{} \cup \cup \mid \_ \cup \mid \underset{\smile}{\cup} \wedge$$

Found in selection 13.

5. *Third Asclepiadean:*

$$\acute{\smile} > \mid \overline{} \cup \cup \mid \llcorner \parallel \overline{} \cup \cup \mid \_ \cup \mid \underset{\smile}{\cup} \wedge \text{ (three times)}$$
$$\_ > \mid \overline{} \cup \cup \mid \_ \cup \mid \_$$

Found in selection 6.

6. *Fourth Asclepiadean:*

$$\_ > \mid \overline{} \cup \cup \mid \llcorner \parallel \overline{} \cup \cup \mid \_ \cup \mid \_ \wedge \text{ (two times)}$$
$$\_ > \mid \overline{} \cup \cup \mid \llcorner \mid \_ \wedge$$
$$\_ > \mid \overline{} \cup \cup \mid \_ \cup \mid \_$$

Found in selections 1, 4, 14.

7. *First Archilochean:*
A dactylic hexameter followed by:

$$\_ \cup \cup \mid \_ \cup \cup \mid \_ \overline{\wedge}$$

Found in selection 16.

B. The Meters of Catullus

1. *Dactylic Hexameter* — see § **4.**
Found in selection 10.

2. *Elegiac Couplet* — see § **5.**
Found in selections 8 and 9

3. *Choliambic:*

$$\bar{\breve{\times}} : \underline{\prime} \cup \,|\, \prime\, \bar{\breve{\times}} \,|\, \_ \cup \,|\, \underline{\prime} \cup \,|\, \underline{\prime} \,|\, \underline{\prime} \cup$$

(Here regarded as trochaic with anacrusis.)
Found in selection 3.

4. *Hendecasyllabic* (sometimes called Phalacean):

$$\underline{\breve{\prime}} > \,|\, \underline{\prime} \cup \cup \,|\, \underline{\prime} \cup \,|\, \underline{\prime} \cup \,|\, \underline{\prime} \bar{\cup}$$

Found in selections 1, 2, 5, 6.

5. *Glyconic:* a stanza composed of glyconics —

$$\underline{\prime} \breve{\times} \,|\, \underline{\prime} \cup \cup \,|\, \underline{\prime} \cup \,|\, \underline{\prime}$$

and a pherecratic —

$$\underline{\prime} \breve{\times} \,|\, \underline{\prime} \cup \cup \,|\, \underline{\prime} \,|\, \underline{\breve{\prime}} \wedge$$

Found in selection 4, where the stanza consists of three glyconic lines and a pherecratic, and in selection 7, where there are four glyconics followed by a pherecratic.

C. The Meters of Martial

1. *Iambic Strophe:*

$$\cup \underline{\prime} \,|\, \cup \_ \,|\, \cup \underline{\prime} \,|\, \cup \_ \,|\, \cup \underline{\prime} \,|\, \cup \_$$
$$\cup \underline{\prime} \,|\, \cup \_ \,|\, \cup \underline{\prime} \,|\, \cup \_$$

Found in selection 1.

2. *Elegiac Stanza* — see § 5.
Found in selections 2, 6, 8, 9, 10, 12.

3. *Hendecasyllabic* — see (4) in "Meters of Catullus."
Found in selections 3, 4, 5, 7.

4. *Choliambic* — see (3) in "Meters of Catullus."
Found in selection 11.

TERMS OF PROSODY

1. Arsis: the unaccented part of a foot.

2. Caesura: the ending of a word within a metrical foot.

3. Dactyl: a metrical foot consisting of a long syllable followed by two short syllables.

4. Diaeresis: the coincidence of the end of a foot with the end of a word.

5. Diastole: the lengthening of a short syllable, in proper names or in final syllables, in the thesis of a foot.

6. Elision: the slurring together of the final vowel or diphthong (or final **m** and its preceding vowel) with the first syllable of the following word beginning with a vowel or an **h.**

7. Hexameter: a verse of six metrical feet.

412

8. Hiatus: the meeting of two vowels without elision or contraction: **Samo hic.**

9. Ictus: the stress of voice given to syllables at regular intervals.

10. Semihiatus: the giving of half its value (the value of a short syllable) to a long final vowel or diphthong: **insulae Ionio.**

11. Spondee: a metrical foot consisting of two long syllables.

12. Syllaba anceps: the last syllable of a dactylic hexameter, either long or short.

13. Synapheia: elision between two verses. Such verses are known as hypermetric. See I. 332 or II. 745.

14. Synizesis: the slurring together of two distinct vowels to form one syllable: dehinc, deinde.

15. Systole: the shortening of a long syllable (II. 774).

16. Thesis: the accented part of a foot.

II. FIGURES OF SPEECH

1. Alliteration, a succession of two or more words with repetition of the same (usually initial) sound.

> **magno misceri murmure pontum,** I. 124.

2. Anaphora, the repetition of the same word or word order at the beginning of successive clauses or phrases.

> *Hic* **Dolopum manus,** *hic* **saevus tendebat Achilles;**
> **classibus** *hic* **locus;** *hic* **acie certare solebant,** II. 29–30.

3. Anastrophe, the inversion of the usual order of words for rhetorical effect.

> *quos inter medius* **venit furor,** I. 348.

4. Aposiopesis, the abrupt and deliberate pause in a sentence.

> *Quos ego* — *!* **sed motos praestat componere fluctus,** I. 135.

5. Assonance, the close recurrence of similar sounds.

> **haud aliter puppesque tuae pubesque tuorum,** I. 399.

6. Asyndeton, the omission of the conjunctions in a closely related series.

> **Navem in conspectu nullam, tres litore cervos**
> **prospicit errantes,** I. 184–185.

7. Chiasmus, the arrangement of pairs of words in opposite order.

> *Ilionea* **petit** *dextra laevaque Serestum,* I. 611.

8. Ellipsis, the omission of one or more words that are understood but must be supplied to make a construction grammatically complete.

> **haec secum** (*dicit*), I. 37.

413

9. Euphemism, the use of a mild or agreeable expression in place of an unpleasant one, such as "passed away" for "died."

seu vivere credant
sive extrema pati **nec iam exaudire vocatos,** I. 218–219.

10. Hendiadys, the use of two nouns connected by a conjunction in the sense of a noun modified by an adjective or a genitive.

molem et montes, i.e., huge mountains, I. 61.

11. Hyperbole, rhetorical exaggeration.

terram inter fluctus aperit, I. 107.

12. Hysteron-proteron, the reversal of the natural order of ideas.

moriamur et in media arma ruamus, II. 353.

13. Litotes, a double negative, or the affirming of something by denying its opposite.

operum *haud ignara* **Minervae,** V. 284.

14. Metaphor, the use of a word or phrase denoting one kind of object or idea in place of another, to suggest a likeness or analogy between them, as "the ship churns the sea."

remigio alarum, I. 301.

15. Metonymy, the use of one word in place of another which it suggests.

implentur veteris Bacchi, I. 215.
(Bacchus, the god of wine, used to mean wine itself.)

16. Onomatopoeia, the use of a word whose sound suggests its meaning.

magno cum murmure montis, I. 55.

17. Oxymoron (paradox), the combination of apparently contradictory words in a single expression.

via **dividit** *invia* **terris,** III. 383.

18. Personification, the treatment of inanimate things as if endowed with human attributes.

Vos, aeterni ignes . . . testor, II. 154–155.

19. Polysyndeton, the use of unnecessary conjunctions.

Eurusque Notusque ruunt creberque, I. 85.

20. **Prolepsis,** the use of a word before the action makes it logically appropriate.

furentem incendat, I. 659–660.

21. **Simile,** an expressed comparison introduced by a word such as **similis, qualis,** or **velut.**

Ac veluti magno . . ., I. 148.

22. **Synchysis,** interlocked order (*a,b,a,b*).

saevae memorem Iunonis ob iram, I. 4.

23. **Syncope,** the loss of letters within a word — **pararim** for **paraverim, repostus** for **repositus.**

24. **Synecdoche,** the use of the part for the whole, as **carinis** for **navibus.**

25. **Tmesis,** the separation of two parts of a compound word.

circum dea fudit, I. 412.

26. **Zeugma,** a condensed expression in which one word, usually a verb, is made to stand for two or more ideas.

inclusos utero Danaos et pinea furtim
laxat claustra Sinon, II. 258–259.

III. GRAMMATICAL CONSTRUCTIONS COMMON IN LATIN POETRY

Following are the chief differences between the grammatical constructions used by Vergil and other poets and those common in prose writing of the period. The list is not exhaustive; it represents merely the constructions frequently used.

CASES OF NOUNS
Nominative

1. As subject of an historical infinitive:

Hinc Ulixes terrere, *From here Ulysses spread terror*, II. 97.

2. In exclamations:

en dextra fidesque, *behold his pledge and loyalty*, IV. 597.

Genitive

3. Limiting (prose would use a nominative in apposition) —
  a. in general expressions:

venerabile donum fatalis virgae, *the revered gift of the fatal branch*, VI. 408–409.

415

b. with geographical names:

urbem Patavi, *the city of Patavium,* I. 247.

4. With adjectives and participles having the force of adjectives —
a. objective:

servantissimus aequi, *very observant of justice,* II. 427.

b. specification with adjectives expressing knowledge, skill, mastery, and the opposite:

nimborum . . . tempestatum potentem, *powerful over clouds and storms,* I. 80.

c. specification with adjectives expressing plenty or want:

fessi rerum, *weary of their trials,* I. 178.

5. With neuter adjectives or participles used substantively:

strata viarum, *the paved streets* (lit. *the pavements of the streets*), I. 422.

6. With verbs of plenty and want:

implentur veteris Bacchi, *they fill themselves with old wine,* I. 215.

Dative

7. Agent, with passive voice:

vetor fatis, *I am prevented by the fates,* I. 39.

8. Place to which, limit of motion (where prose would use a preposition):

inferret deos Latio, *he would bring the gods to Latium,* I. 6.

9. Purpose:

optare locum tecto, *to choose a place for a dwelling,* I. 425.

10. Association with verbs meaning *agree with, mix, unite, compare, resemble, struggle with, fight with,* and the like. In prose a preposition would be found.

furit aestus harenis, *the flood rages with the sands,* I. 107.

11. With compound verbs and compound adjectives:

scopulo infixit, *she pierced him on a rock,* I. 45.

12. Ethical, to express a certain interest felt by the person mentioned:

Est urbe egressis tumulus, *There is for men who have gone forth from the city a mound,* II. 713.

Accusative

13. Specification, to denote the part affected by the adjective:

nuda genu, *with bare knee* (lit. *bare as to the knee*), I. 320.

14. With verbs properly intransitive (sometimes called cognate accusative):

navigat aequor, *. . . sails the sea,* I. 67.

15. Limit of motion without a preposition:

Italiam . . . venit, *. . . came to Italy,* I. 2.

16. Adverbial:

multum iactatus, *much buffeted,* I. 3.

17. In exclamations as subject of an infinitive:

Mene incepto desistere, *Am I to forego my purpose,* I. 37.

18. With the middle voice (see Verbs):

inutile ferrum cingitur, *he puts on the useless armor,* II. 510.

19. In exclamations:

infandum, *O horror,* I. 251.

Ablative

20. In place constructions without the preposition:

detrudunt naves scopulo, *they push the ships away from the rock,* I. 145.
aequore toto, *over the whole sea,* I. 29.
vasto antro, *in a vast cave,* I. 52.

VERBS

Tenses

21. Narrative present, where English would use the perfect. See I. 83–94.
22. Perfect of instantaneous action:

Incubuere mari, *They sweep down on the sea,* I. 84.

Imperative

23. Prohibitions (negative imperative) in the second person with **ne:**

equo ne credite, *don't put your trust in the horse,* II. 48.

417

Infinitive

24. Historical:

> **Ulixes . . . terrere . . . spargere . . . quaerere,** *Ulysses*
> *spread terror . . . scattered . . . sought,* II. 97–99.

25. To express purpose:

non nos . . . populare . . . venimus, *we have not come to devastate,* I. 527.

26. In exclamations:

Mene . . . occumbere . . . non potuisse, *Why could I not have fallen,* 1. 97–9.

27. With adjectives:

> **certa mori,** *resolved to die,* IV. 564.

Participles

28. The perfect passive participle is frequently used as a noun: Aeneid IV. 217, **rapto,** *the prize.* **Raptus** is the perfect passive participle of **rapio.**

29. The future active participle may be used, even without **esse,** to denote purpose or destined or intended action: **moriture,** *destined to die.*

The Supine

30. The supine is not limited to poetry, but the students will have had very little experience in its use before they reach Ovid or Vergil. It may be remembered as formed from the fourth principal part of the verb and as belonging to the fourth declension. It has only two cases: the accusative and the ablative. The accusative is used with verbs of motion to express purpose: **Varus me** *visum* **(suos amores) duxerat,** *Varus has led me to see his love.* The ablative of the supine is used after adjectives to denote specification: **mirabile dictu!** *remarkable to say!*

Pronunciation of each vowel sound in respelled names approximates the sound of the vowel in the key word in the following list:

ā as in fate	ē as in me	ō as in note
à as in far	e as in met	o as in not
â as in all	ī as in pine	ū as in truce
a as in fat	i as in pin	u as in us

The rule for the accent in names is the same as for all Latin words: If the penult is long, it is accented; if, however, the penult is short, the antepenult is accented.

A

Abaris, a'bà-ris
Abās, a'bàs
Acamās, a'cà-màs
Acarnān, *Acarnian,* a-kàr'ni-an
Acesta, à-ses'ta
Acestēs, à-ses'tēz
Achaemenides, à-ka-men'i-dēz
Achāicus, *Achaean,* à-kē'an
Achātēs, à-kā'tēz
Acherōn, ak'er-on
Achilles, à-kil'ēz
Acidalia, à-si-dā'lya
Acragās, àk'ra-gàs
Actius, *of Actium,* àk'ti-um
Actor, àc'tor
Adamastus, àd-a-mas'tus
Adrāstus, ad-ràs'tus
Aeacidās, *son of Aeacus,* ē'a-kus
Aeaeus, *of Aeaea,* ē-ē'a
Aegaeus, *Aegean,* ē-jē'an
Aenēās, ē-nē'às
Aeolia, ē-ō'lya
Aeolius, *Aeolian,* ē-ō'lyan
Aeolus, ē'ō-lus
Aethiops, *Ethiopian,* ē-thi-ō'pi-an
Aetna, et'na
Aetnaeus, *Etnian,* et'ni-an
Āfer, à'fer
Āfricus, àf'ri-cus

Agamemnonius, *of Agamemnon,* ag-a-mem'non
Aganippē, a-ga-nip'ē
Agathyrsi, à-ga-ther'sī
Agēnor, a-jēn'or
Agrippa, a-grip'pa
Agyllinus, *of Agylla,* a-jil'a
Albula, al'bu-la
Alcander, al-càn'der
Alcānor, al-cān'or
Alcidēs, *descendant of Alceus,* al'si-us
Alētēs, a-lēt'ēz
Algidus, al'gi-dus
Allectō, à-lec'tō
Alōidae, *sons of Aloeus,* a-loy'us
Alphēus, al-fē'us
Amāta, a-màt'a
Amphitryōniades, *descendant of Amphitryon,* am-fit'ri-on
Amphrȳsius, *Amphrysian,* am-fri'si-an
Amycus, a'mi-kus
Anchisēs, ang-kī'sēz
Androgeōs, an-drō'ji-os
Andromachē, an-dro'ma-kē
Andromeda, an-dro'mē-da
Antandros, an-tan'dros
Antēnor, an-tē'nor
Antheus, an'thūs
Antiphatēs, an-ti'fa-tēz
Antōnius, an-tō'nyus
Anūbis, a-nū'bis

Āonius, *Aonian,* ā-ō'ni-an
Aornos, ā-or'nos
Aquiculus, a-kwi'cū-lus
Araxēs, a-rak'sēs
Arcadia, ar-cā'di-a
Arcēns, ar'kens
Arcitenēns, ar-kit'en-ens
Arctos, ark'tos
Arctūrus, ark-tū'rus
Ardea, ar'dē-a
Arethūsa, a-re-thū'sa
Argilētum, ar-ji-lē'tum
Argīvus, *Argive,* ar'jīv
Argos, ar'gos
Arisba, a-ris'ba
Arpi, ar'pī
Ascānius, as-kā'nyus
Asilās, a-si'las
Assaracus, a-sȧ'ra-kus
Astyanax, as-tī'a-nax
Athesis, a'the-sis
Atridēs, *son of Atreus,* a'trūs
Aulis, â'lis
Auruncus, â-run'kus
Ausonia, â-sō'nya
Auster, â'ster
Automedōn, â-to'me-don
Aventinus, *the Aventine,* av'en-tīn
Avernus, a-ver'nus

B

Baccha, *a Bacchante,* ba-kan'tē
Bacchus, ba'kus
Bactra, bac'tra
Bāiae, ba'yȧ
Bandusia, ban-dū'sha
Barcaei, bȧr-sē'ī
Barcē, bȧr'sē
Bēbrycius, beb-ri'shus
Bellōna, bel-lō'na
Bēlus, bē'lus
Berecyntius, *Berecyntian,* be-re-sin'-shan

Beroē, be-rō'ē
Bessi, bes'ī
Bithȳni, *the Bithynians,* bi-thin'yans
Bitiās, bi'shȧs
Bōla, bō'la
Boreās, bō'ri-ȧs
Briareus, brī-ā'ri-us
Brontēs, bron'tēz
Būtēs, bū'tēz
Būthrōtum, bū-thrō'tum
Byrsa, bir'sa

C

Cācus, kā'kus
Caecubus, *Caecuban,* sē-kyū'ban
Caedicus, sē'di-kus
Caeneus, sē'nyūs
Caere, kē'rē
Caïcus, kā-ī'kus
Cāiēta, kā-yē'ta
Calchās, kal'kȧs
Calliopē, kal-ī'ōp-ē
Camilla, kȧ-mil'a
Camillus, kȧ-mil'us
Canicula, kȧ-ni'kū-la
Capys, kā'pis
Cārēs, kā'rēz
Carinae, ka-rī'nē
Carmentis, kar-men'tis
Carpathius, *Carpathian,* kar-pā'thyan
Caspius, kas'pi-us
Cassandra, kȧ-san'dra
Catilina, *Catiline,* ka'ti-līn
Catō, kā'tō
Catullus, ka-tul'us
Cecropidēs, *descendant of Cecrops,* sē'krops
Celaeno, se-lē'nō
Ceraunia, se-ron'ya
Cerberus, ser'ber-us
Cerēs, sē'rēz
Chalcidicus, *of Chalcis,* kal'sis
Chalybes, kal'i-bēz
Chāōn, kā'ōn

420

Chāonia, kā-ō′nya
Chaos, kā′os
Charōn, kā′rōn
Charybdis, kȧ-rib′dis
Chimaera, kī-mē′ra
Circē, sir′sē
Cisseus, sis′yus
Cithaerōn, si-thē′ron
Claros, kla′rōs
Cloanthus, klō-an′thus
Cloelia, klē′lya
Clonius, klo′nyus
Cluentius, klu-en′shyus
Clytius, klī′ti-us
Coclēs, kok′lēz
Cōcȳtus, ko-sī′tus
Coeus, sē′us
Collātinus, of Collatia, kō-lā′sha
Cora, kō′ra
Corinna, kō-ri′na
Corinthus, Corinth, kōr′inth
Coroebus, kō-rē′bus
Cōrus, kō′rus
Corybantius, of the Corybantes, kō-ri-ban′tēz
Corynaeus, kō-ri-nē′us
Corythus, kō′ri-thus
Cossus, ko′sus
Cragus, krā′gus
Crētheus, krē′thūs
Creūsa, krē-ū′sa
Cūmae, kyū′mē
Cūmaeus, Cumaean, kyū-mē′an
Cupidō, Cupid, kyū′pid
Curēs, kyū′rēz
Cybelē, sib′el-ē
Cybelus, sib′el-us
Cȳclades, sīk′la-dēz
Cȳclōps, sī′klops; pl. sī-klō′pēz
Cyllēnē, sī-lē′nē
Cȳmodocē, sī-mō′do-sē
Cȳmothoē, sī-mō′thē
Cynthus, sin′thus
Cyprus, sī′prus
Cythēra, sith-ē′ra

D

Daedalus, ded′a-lus
Dahae, da′hē
Danaus, dā′nâs
Dardania, dar-dā′nia
Dardanus, dar′dā-nus
Darēs, dā′rēz
Daunias, dâ′ni-as
Daunus, dâ′nus
Decius, dē′shus
Dēiopēa, dē-i-o-pē′a
Dēiphobē, dē-i′fo-bē
Dēiphobus, dē-i′fo-bus
Dēlos, dē′los
Delphicus, Delphic, del′fik
Dēmoleos, dē-mō′le-os
Dictaeus, of Dicte, dik′tē
Didō, dī′dō
Didymāōn, di-di′mā-on
Diēspiter, di-ēs′pi-ter
Dindyma, din′di-ma
Diomēdēs, dī-o-mē′dēz
Diōnaeus, of Dione, di-ō′nē
Diōrēs, dī-ō′rēz
Dioxippus, dī-ok-sip′us
Dirae, dī′rē
Dis, dis
Dōdōnaeus, dō-dō-nē′us
Dolopes, dō′lo-pēz
Donūsa, dō-nū′sa
Dōricus, Doric, do′rik
Doryclus, do′ri-klus
Dōtō, dō′tō
Drancēs, dran′sēz
Drūsus, drū′sus
Dryopes, drī′o-pēz
Dūlichium, dū-lik′yum
Dymās, dī′mȧs

E

Ēlectra, ē-lek′tra
Ēlis, ē′lis
Elissa, e-li′sa
Ēlysium, e-li′shum
Ēmathiōn, ē-math′yōn

421

Enceladus, en-se′la-dus
Entellus, en-tel′us
Ēōus, ē-ō′us
Epēos, e-pē′os
Ēpirus, ē-pī′rus
Ēpytus, e′pi-tus
Eratō, ē′ra-tō
Erebus, e′re-bus
Ēridanus, e-ri′dā-nus
Erinys, e-rī′nis
Eriphylē, e-ri-fi′lē
Erulus, e′ru-lus
Erymanthus, e-ri-man′thus
Eryx, e′rix
Etrūria, ē-trū′ri-a
Euboicus, *of Euboea*, yū-bē′a
Eumēlus, yū-mē′lus
Eumenides, yū-men′i-dēz
Euphrātēs, yū-fra′tez
Eurōpa, yū-rō′pa
Eurōtās, yū-rō′tas
Eurus, yū′rus
Euryalus, yū-ri′a-lus
Eurypylus, yū-ri′pi-lus
Eurystheus, yū-ris′thūs
Eurytiōn, yū-ri′ti-ōn
Evadnē, ē-vad′nē
Evander, ē-van′der

F

Fabricius, fa-bri′shus
Faunus, fâ′nus
Fērōnia, fe-rō′nya
Fidēna, fi-dē′na
Fuscus, fus′kus

G

Gabii, ga′bi-ī
Gabinus, ga-bī′nus
Galaesus, ga-lē′sus
Galatēa, ga-la-tē′a
Ganymēdēs, *Ganymede*, gan′i-mēd
Garamantes, ga-ra-man′tēz
Gela, jē′la
Gelōni, je-lō′nī

Gēryonēs, ger-i′ōn-ēz
Getae, je′tē
Gorgō, *a Gorgon*, gor′gon
Gracchus, gra′kus
Grādivus, gra-dī′vus
Grȳnēus, *of Grynium*, gri′nī-um
Gyaros, jī′a-ros
Gyās, jī′as
Gȳgēs, jī′jēz

H

Haemōn, hē′mōn
Halius, hȧ′lyus
Halys, hȧ′lis
Hammōn, hȧ′mōn
Harpalycē, har-pa′li-sē
Hebrus, hē′brus
Hecatē, he′ka-tē
Hecuba, hec′yū-ba
Helēnor, he-lē′nor
Helenus, hel′e-nus
Helicōn, hel′i-con
Helōrus, hel-ōr′us
Helymus, hel′i-mus
Herbēsus, her-bē′sus
Hermionē, her-mī′o-nē
Hēsionē, he-sī′o-nē
Hesperia, hes-per′i-a
Hibērus, *Iberian*, ī-bēr′i-an
Hippocoōn, hi-pok′ō-on
Hippolytus, hi-pol′it-us
Hister, his′ter
Horātius, ho-rā′shus; *the poet Horace*, hor′is
Hyades, hī′a-dēz
Hydaspēs, hī-das′pēz
Hȳdra, hī′dra
Hylaeus, hī-lē′us
Hȳmēn, hī′men
Hypanis, hip′ȧn-is
Hyrtacus, her′ta-kus

I

Iaera, i-ēr′a
Iāniculum, ja-nik′ū-lum

422

Iānus, jā'nus
Iāpyx, i-āp'ix
Iasius, i-às'yus
Icarus, ic'a-rus
Ida, ī'da
Idalia, ī-dā'lya
Idās, ī'das
Idomeneus, ī-dō-mē'ne-us
Ilia, ī'lya
Ilionē, i-lī'o-nē
Ilioneus, il-ī'ōn-yus
Ilium, i'li-um
Ilus, ī'lus
Inachus, ī'na-kus
Inarimē, i-na'ri-mē
Inōus, of Ino, ī'nō
Iō, ī'ō
Ionius, Ionian, ī-ōn'i-an
Iōpās, i-ō'pas
Iphitus, i'phi-tus
Itys, i'tis
Iuba, jū'ba
Iūlus, i-yū'lus
Iūnia, jū'ni-a
Iūnō, jū'nō
Iuppiter (Iovis), jū'pi-ter (jōv)
Ixiōn, ik-sī'on

K

Karthāgō, Carthage, kar'thij

L

Lacedaemonius, of Lacedaemon, las-e-dē'mon
Lacinius, of Lacinium, la-sin'yum
Lāērtius, of Laertes, lā-er'tēz
Lalagē, la'la-jē
Lamus, là'mus
Lamyrus, là'mi-rus
Lāocoōn, lā-ok'ō-on
Lāodamia, lā-ō-dā-mi'a
Lāomedontēus, of Laomedon, lā-om'-ē-don
Lapithae, lap'i-thē
Lārissaeus, of Larissa, la-ri'sa

Latīnus, la-tī'nus
Latium, lā'shum
Lātōna, lā-tō'na
Laurentum, lâ-ren'tum
Lausus, lâ'sus
Lāvinia, la-vi'nyả
Lāvinium, la-vi'nyum
Leander, lē-an'der
Lēda, lē'da
Leleges, lel'e-gēz
Lēmnius, of Lemnos, lem'nos
Lēthaeus, of Lethe, lē'thē
Leucaspis, lyū-kas'pis
Leucāta, lyū-kā'ta
Liber, lī'ber
Libitina, li-bi-tī'na
Liburni, lī-bur'nī
Libya, li'bi-a
Licinius, lī-sin'yus
Licymnia, lī-sim'nya
Liger, li'jer
Lilybēius, of Lilybaeum, li-li-bē'um
Liparē, lip'ar-ē
Locri, the people of Locris, lok'ris
Lūcetius, lū-sēt'i-us
Lūcifer, lū'si-fer
Lūcina, lū-sī'na
Lupercal, lū-per'kal
Lupercus, lū-per'kus
Lyaeus, lī-ē'us
Lycāōn, lī-kā'ōn
Lycia, li'sha
Lyctius, of Lyctus, lik'tus
Lycurgus, lī-sur'gus
Lycus, lī'kus
Lydius, of Lydia, li'di-a
Lynceus, lin'se-us

M

Machāōn, ma-kā'on
Maeander, mē-an'der
Maeonia, mē-ō'nya
Maeōtius, Maeotian, mē-ō'shun
Māia, mā'yà
Mallius, mal'yus

423

Marcellus, mar-sel'us
Marpēsius, *of Marpesus,* mar-pē'sus
Massȳli, mas-si'lī
Medōn, mē'dōn
Megarus, *of Megara,* mē'ga-ra
Meliboeus, *of Meliboea,* me-li-bē'a
Melitē, me'li-tē
Melpomenē, mel-po'me-nē
Memnōn, mem'non
Menelāus, me-ne-lā'us
Menoetēs, me-nē'tēz
Merops, mē'rops
Messāpus, me-sà'pus
Mettus, me'tus
Mezentius, mē-zent'shus
Midās, mī'dàs
Minōius, *of Minos,* mī'nos
Minōtaurus, *of the Minotaur,* min'ō-tor
Misēnus, mī-sē'nus
Mnēstheus, nes'thūs
Monoecus, mō-nē'kus
Morini, mo'ri-nī
Mulciber, mul'si-ber
Mūsaeus, myū-sē'us
Mycēnae, mī-sē'nē
Myconos, mik'on-os
Mygdonidēs, *son of Mygdon,* mig'don
Myrmidones, *the Myrmidons,* mer'-mi-donz

N

Nārycius, *of Naryx,* nā'rix
Nāsō, nā'sō
Nautēs, nâ'tēz
Nemea, ne'me-a
Neoptolemus, nē-op-tol'e-mus
Nereis, *a Nereid,* nē'rē-id
Nereus, Nē'rē-us
Nēritos, nē'ri-tos
Nicaea, nī-sē'a
Nisaeē nī-sē'ē
Nisus, nī'sus
Noēmōn, nō-ē'mōn
Nomentum, nō-men'tum

Nōricus, *of Noricum,* nor'i-cum
Notus, nō'tus
Numānus, nū-man'us
Numicius, nyū-mi'shus
Numitor, nū'mi-tor
Nȳsa, nī'sa

O

Ōceanus, ō-sē'an-us
Oechalia, ē-kā'li-a
Oenōtrius, *Oenotrian,* ē-nō'tri-an
Oileus, o-i'le-us
Ōlearos, ō-le'ar-os
Opheltēs, ō-fel'tēz
Orēas, *an Oread,* ō'rē-ad
Orestēs, ō-res'tēz
Oriōn, ō-rī'on
Orontēs, ō-ron'tēz
Orpheus, or'fy-us
Ortygia, or-ti'ji-a
Ōthryadēs, *son of Othrys,* oth'ris

P

Pachȳnum, pa-kī'num
Palaemōn, pa-lē'mon
Palamēdes, pa-la-mē'dēz
Palātinus, *the Palatine,* pa'la-tīn
Palicus, pa-lī'kus
Palinūrus, pa-li-nū'rus
Palladium, pa-lā'di-um
Pallantēum, pa-lan'tē-um
Pallas, pa'làs
Pandarus, pan'dà-rus
Panopēa, pa-no-pē'a
Pantagiās, pan-tā'ji-as
Panthūs, pan'thus
Paphos, pā'fos
Parcae, par'sē
Parrhasius, *of Parrhasia,* pa-rā'sha
Parthenopaeus, par-then-o-pē'us
Parthi, *the Parthians,* par'thi-ans
Pāsiphaē, pa-sif'ā-ē
Patavium, pà-tā'vi-um
Patrōn, pāt'ron
Pelasgi, *the Pelasgians,* pe-las'ji-ans

Peliãs, pē'li-as
Pelides, *son of Peleus*, pel'e-us
Pelopēus, *of Pelops*, pē'lops
Pelōrus, pe-lo'rus
Pēnelopē, pe-nel'o-pē
Penthesilēa, pen-the-si-lē'a
Pentheus, pen'thē-us
Pergamum, per'ga-mum
Periphãs, per'i-fas
Persae, *the Parthians*, par'thi-ans
Petēlia, pe-tē'li-a
Phaeāces, *the Phaeacians*, fē-ā'shans
Phaedra, fē'dra
Phaethōn, fā'e-thon
Phaleris, fal'er-is
Phēgeus, fē'je-us
Pheneus, fē'ne-us
Philoctētēs, filok-tē'tēz
Phinēius, *of Phineus*, fin'ē-yus
Phlegethōn, fle'je-thōn
Phlegyãs, fle'ji-as
Phoebus, fē'bus
Phoenissa, *a Phoenician*, fē-ni'shan
Phoenix, fē'nix
Pholoē, fō'lo-ē
Phorbãs, for'bàs
Phryges, *the Phrygians*, fri'jyanz
Phthia, thī'a
Pinārius, pi-nā'ri-us
Pirithous, pī-ri'thō-us
Plemyrium, ple-mi'ri-um
Poeni, *the Phoenicians*, fē-ni'shans
Politēs, po-lī'tēz
Polyboetēs, po-li-bē'tēz
Polydōrus, po-li-dō'rus
Polyphēmus, po-li-fē'mus
Pōmetia, po-mē'sha
Porsenna, por-se'na
Potitius, po-tī'ti-us
Praeneste, prē-nes'tē
Priamus, *Priam*, prī'am
Privernus, pri-ver'nus
Prochyta, prō'ki-ta
Promētheus, prō-mē'thūs
Promolus, pro'mo-lus

Propertius, prō-per'shus
Proserpina, pro-ser'pi-nà
Pūnicus, *Punic*, pyū'nik
Pygmaliōn, pig-mā'lyon
Pyrgō, pir'gō
Pyrrhus, pi'rus
Pȳthius, *of Pytho*, pī'thō

Q

Quercēns, kwer'sens
Quintilius, kwin-til'yus
Quirinus, kwe-rī'nus

R

Rhadamanthus, rad-a-man'thus
Rhaebus, rē'bus
Rhamnēs, ram'nēz
Rhēsus, rē'sus
Rhipeus, rip'yus
Rhoetēus, *of Rhoeteum*, rē'te-um
Rhoetus, rē'tus
Rutuli, rūt'u-lī

S

Sabaeus, *Sabaean*, sa-bē'an
Sabini, *of the Sabines*, sā'bīnz
Sagaris, sag'ar-is
Salamis, sal'a-mis
Salii, sal'i-ī
Salius, sal'i-us
Sallentinus, *Sallentine*, sal'en-tīn
Salmōneus, sal-mō'nyūs
Samē, sā'mē
Samos, sā'mos
Sarmaticus, *Sarmatian*, sar-mā'shan
Sarpēdōn, sar-pē'don
Sāturnus, *Saturn*, sa'turn
Satyrus, *Satyr*, sā'tir
Sauromatae, sa-rō'ma-tī
Scaea, *Scaean*, skē'an
Scipiadēs, *of Scipio*, si'pi-ō
Scylacēum, si-la-kē'um
Scylla, si'la
Scȳrius, *of Scyros*, sī'ros
Selinūs, se-lī'nūs

425

Sergius, *Sergian,* ser'ji-an
Serrānus, se-rā'nus
Sidōn, sī'don
Sigēus, *Sigean,* sī-jē'an
Silēnus, si-lē'nus
Silvānus, sil-vā'nus
Simoïs, si'mo-is
Sinōn, sī'non
Sirēnēs, *the Sirens,* sī'renz
Sirius, si'ri-us
Sirmiō, *Sermione,* ser-mī'on-ē
Sōracte, sō-rak'tē
spiō, spī'ō
Steropēs, ste-rō'pēz
Sthenelus, sthe'ne-lus
Strophades, strō'fa-dēz
Styx, stix
Sychaeus, sī-kē'us
Sȳmaethius, *Symaethian,* si-mē'thyan

T

Taburnus, ta-bur'nus
Taenarus, tē'na-rus
Tarchō, tar'kō
Tarpēius, *Tarpeian,* tar-pē'yan
Tarquinius, tar-kwin'yus
Tartarus, tar'tȧ-rus
Tatius, tā'shus
Tegeaeus, *of Tegea,* tē'jya
Tēlemachus, te-lem'a-kus
Tempē, tem'pē
Tenedos, ten'e-dos
Teucer, tū'ser
Thaliarchus, tha-li-ar'kus
Thaumantias, *a daughter of Thaumas,* thä'mas
Thēbae, *of Thebes,* thēbs
Themillās, the-mil'ȧs
Thersilochus, ther-si'lō-kus
Thēseus, thē'sūs
Thespiae, thes'pi-ē
Thessandrus, the-san'drus
Thoās, thō'ās
Thrācius or Thrāx, *Thracian,* thrā'-shan

Thȳbris, thī'bris
Thyestēs, thī-es'tēz
Thȳias, thī'as
Thymbraeus, *of Thymbra,* thim'bra
Thymoetēs, thi-mē'tēz
Tiberis, *the Tiber,* tī'ber
Tibullus, ti-bul'us
Tibur, tī-ber
Timāvus, ti-mā'vus
Timōlus, ti-mō'lus
Tirynthius, *of Tiryns,* ti'renz
Tisiphonē, ti-si'fō-nē
Titān, tī'tan
Tithōnus, ti-thō'nus
Tityos, ti'ti-os
Tmarius, *of Tmaros,* tma'ros
Tomitae, *of Tomi,* tō'mī
Torquātus, tor-kwā'tus
Triōnēs, trī-ōn'ēz
Tritōn, trī'ton
Tritōnia, trī-tō'ni-a
Tȳdeus, tī'dūs
Tyndaris, *daughter of Tyndarus,* tin'-dar-us
Typhōius, *of Typhōeus,* tī-fo'yus
Tyrrhēnī, ti-rē'nī
Tyrrheus, ti'rē-us
Tyrus, *Tyre,* tīr

U

Ūcalegon, yū-ka'le-gon
Ulixēs, *Ulysses,* yū-li'sēz
Ūrania, yū-rā'ni-a

V

Velinus, *of Velia,* vel'ya
Venāfrānus, *of Venafrum,* ve-nā'frum
Volcēns, vōl'kens
Volscus, *of the Volsci,* vōl'skī

X

Xanthus, zan'thus

Z

Zacynthos, za-sin'thus
Zephyrus, zef'i-rus

Latin-English Vocabulary

Latin-English Vocabulary

In this vocabulary, adverbs formed regularly from adjectives are not given when the adjective appears in the list.

The perfect participle of verbs, except deponents, is given in the supine form.

Definitions which are direct or indirect derivatives from the Latin word — including derivatives from the root combined with various prepositional prefixes — are printed in SMALL CAPITALS.

Words which appear on various lists, such as the latest available lists published by the College Entrance Examination Board and the New York State Board of Regents, are marked in the vocabulary by the symbol •, ••, •••, ••••, to indicate first-year words, second-year words, third-year words, and fourth-year words, respectively.

ABBREVIATIONS

abl.	= *ablative*	fig.	= *figurative*	person.	= *personified*
abbr.	= *abbreviation*	foll.	= *following*	pl.	= *plural*
acc.	= *accusative*	fut.	= *future*	poss.	= *possessive*
adj.	= *adjective*	gen.	= *genitive*	prec.	= *preceded*
adv.	= *adverb*	impers.	= *impersonal*	prep.	= *preposition*
b.	= *born*	indecl.	= *indeclinable*	pres.	= *present*
c.	= *common*	interrog.	= *interrogative*	pron.	= *pronoun*
cap.	= *capitalized*	interj.	= *interjection*	rel.	= *relative,*
compar.	= *comparative*	intrans.	= *intransitive*		*related*
conj.	= *conjunction*	loc.	= *locative*	semidep.	= *semideponent*
dat.	= *dative*	m.	= *masculine*	sing.	= *singular*
def.	= *defective*	n.	= *neuter*	superl.	= *superlative*
esp.	= *especially*	part.	= *participle*	trans.	= *transitive*
f.	= *feminine*	pass.	= *passive*	voc.	= *vocative*

A

•**ā, ab, abs,** prep. with abl.: of place, direction, *from, away from, at, on;* of time, *since, after;* of agency, *by*

Abaris, -is, m., a Rutulian

Abās, -antis, m., a Trojan; a king of Argos

••**abdō, -ere, -didi, -ditum,** [dō], *put away, remove, hide; bury*

abdūcō, -ere, -dūxi, -ductum, *lead away, take away, draw back*

429

•• **abeō, -ire, -ivi** or **-ii, -itum,** *go away, depart*
abiēs, -etis, f., *fir tree, fir wood; ship*
abigō, -ere, -ēgi, -āctum, [agō], *drive away, drive off*
abitus, -ūs, m., **[abeō],** *departure; outlet*
abiūrō, -āre, -āvi, -ātum ("swear off"), *deny on oath*
abluō, -ere, -lui, -lūtum, *wash away* or *off, cleanse, purify*
abnegō, -āre, -āvi, -ātum, *deny, refuse*
abnuō, -ere, -nui, -nuitum or **-nū-tum,** *refuse* (by shaking the head), *decline, reject; forbid*
aboleō, -ēre, -ēvi, -itum, *destroy, efface, remove*
abripiō, -ere, -ripui, -reptum [ra-piō], *snatch away, carry away, drag off*
abrumpō, -ere, -rūpi, -ruptum, *break off, tear, rend; violate*
abruptus, -a, -um, [abrumpō], *broken off; steep;* as a noun, n., *abyss*
abs, see **ā**
abscessus, -ūs, m., **[abscēdō],** *going away, departure*
abscindō, -ere, -scidi, -scissum, *tear off* or *away, tear*
abscondō, -ere, -di or **-didi, -di-tum,** *put out of sight, conceal,' hide; lose sight of*
absēns, -entis, [absum], *absent*
absistō, -ere, -stiti, —, *withdraw from, depart; cease, desist, stop*
abstineō, -ēre, -tinui, -tentum, [teneō], *keep back* or *away, hold back; refrain, abstain*
abstrahō, -ere, -trāxi, -trāctum, *drag away, carry away*
abstrūdō, -ere, -ūsi, -ūsum, *thrust away, hide, conceal*
• **absum, abesse, āfui, āfutūrus, [sum],** *be away from, be absent, be distant; be free from, be missing*

absūmō, -ere, -sūmpsi, -sūmptum, *take away; destroy,* CONSUME
ac, see **atque**
Acamās, -antis, m., a Greek
acanthus, -i, m., the plant *bear's-foot*
Acarnān, -ānis, *of* ACARNANIA; as a noun, m., *an* ACARNA-NIAN
• **accēdō, -ere, -cessi, -cessum,** *come to, come near, approach*
accelerō, -āre, -āvi, -ātum, [ad], *hasten, make haste*
•••• **accendō, -ere, -cendi, -cēnsum, [ad],** *kindle, set on fire; in-flame, arouse, excite*
accessus, -ūs, m., **[accēdō],** *com-ing near, approach*
accidō, -ere, -cidi, -cisum, [ad + caedō], *cut into; consume*
accingō, -ere, -cinxi, -cinctum, [ad], *gird on, gird; make ready, equip; have recourse to*
acciō, -ire, -ivi, -itum, [ad + cieō], *call, summon*
• **accipiō, -ere, -cēpi, -ceptum, [ad + capiō],** *take, receive,* AC-CEPT; *perceive, hear, learn*
accitus, -ūs, m., **[acciō],** *summons, call*
acclinis, -e, *leaning on* or *against*
accolō, -ere, -colui, -cultum, [ad], *dwell by* or *near*
accommodō, -āre, -āvi, -ātum, *fit, fit on, adjust, gird on*
accubō, -āre, def., *lie near* or *by*
accumbō, -ere, -cubui, -cubitum, *recline* (at table)
accumulō, -āre, -āvi, -ātum, [ad], *heap up; bestow upon, load*
accurrō, -ere, -curri or **-cucurri, -cursum, [ad],** *run to, run up, hasten to*
• **ācer, ācris, ācre,** *sharp, keen; bitter, violent, fierce; eager, brave, spirited*
••• **acerbus, -a, -um,** *harsh, bitter; grievous, mournful; fierce, cruel, savage*

430

acernus, -a, -um, [acer, *maple tree*], *of maple, maple*
acerra, -ae, f., *incense box, censer*
acervus, -ī, m., *mass, pile, heap*
Acesta, -ae, f., *a town in northwest Sicily*
Acestēs, -ae, m., *a king of Sicily*
Achaemenides, -ae, m., *a Greek companion of Ulysses*
Achāicus or Achāius, -a, -um, [Achāia], ACHAEAN, *Grecian*
Achātēs, -ae, m., *a companion of Aeneas*
Acherōn, -ontis, m., *a river of the lower world;* the lower world
Achilles, -is, -i, or -ei, m., *famous Greek hero*
Achillēus, -a, -um, *of* ACHILLES
Achivus, -a, -um, *Grecian;* as a noun, m. pl., *Greeks*
Acidalia, -ae, f., *an epithet of Venus, from a fountain in Boeotia*
• aciēs, -ēi, f., [rel. to acuō], *sharp edge* or *point; sight, eye; line of battle; battle*
acquiēscō, -ere, -ēvi, -ētum, [ad], *rest, come to rest*
acquirō, -ere, -quisivi, -quisitum, [ad + quaerō], *get,* ACQUIRE, *obtain*
Acragās, -antis, m., *a city on the southwest coast of Sicily; also called* Agrigentum
acta, -ae, f., *seashore, beach*
Actius, -a, -um, *of* ACTIUM, *a promontory and town of Epirus*
Actor, -ōris, m., *a Trojan*
āctor, -ōris, m., [agō], *herdsman*
āctūtum, adv., [āctus], *instantly, promptly*
•••• acuō, -ere, -ui, -ūtum, [acus], *sharpen, whet; arouse*
acus, -ūs, f., [acuō], *needle*
acūtus, -a, -um, [acuō], *pointed, sharp*
• ad, prep. with acc., *to, toward; near, at, by; among*

adamantēus, -a, -um, *of iron*
adamās, -antis, m., ADAMANT, *the hardest iron or steel*
Adamastus, -ī, m., *the father of Achaemenides*
addīcō, -ere, -dīxī, -dictum, *give assent; yield, surrender*
•• addō, -ere, -didī, -ditum, [dō], ADD, *give; impart; join*
• addūcō, -ere, -dūxī, -ductum, *lead to, draw to; draw tight, strain*
adedō, -ere, -ēdī, -ēsum, *eat up*
• adeō, -ire, -ivi or -ii, -itum, *go to, approach; address; encounter*
••• adeō, adv., *to that point, so far; so long; indeed, even, very, just*
adf-, see aff-
adhaereō, -ēre, -haesi, -haesum, *cling to, stick to,* ADHERE
adhibeō, -ēre, -hibui, -hibitum, [habeō], *hold to, bring to; summon, invite; admit*
••• adhūc, adv., *hitherto, as yet, still*
adiciō, -ere, -iēci, -iectum, [iaciō], *throw to; add, join to*
adigō, -ere, -ēgi, -āctum, [agō], *drive to, compel*
••• adimō, -ere, -ēmi, -ēmptum, [emō], *take away; put out*
•• aditus, -ūs, m., [adeō], *approach, access; opportunity*
••• adiungō, -ere, -iūnxi, -iūnctum, *join, fasten; add*
adiuvō, -āre, -iūvi, -iūtum, *help, assist, aid*
adl-, see all-
•• admiror, -āri, -ātus sum, ADMIRE, *wonder at; wonder*
admisceō, -ēre, -miscui, -mixtum, *mingle,* MIX *with; join, unite*
•• admittō, -ere, -misi, -missum, ADMIT, *allow to visit* or *enter*
••• admoneō, -ēre, -monui, -monitum, *remind; warn; urge on*
admoveō, -ēre, -mōvi, -mōtum, MOVE *to, carry to; apply to*
adn-, see ann-
adoleō, -ēre, -olui, -ultum, *magnify, worship, offer, pay; kindle*

431

adolēscō, -ere, -olēvi, -ultum, *grow up; mature*

adoperiō, -īre, -peruī, -pertum, *cover, cover over*

adōreus, -a, -um, [ador, *spelt, a grain*], *of spelt, wheaten*

•• adorior, -īri, -ortus sum, *attack, undertake, attempt*

adōrō, -āre, -āvī, -ātum, *pray to, entreat, beseech;* ADORE

adq-, see acq-

Adrāstus, -ī, m., a king of Argos

ads-, see ass-

adsp-, see asp-

• adsum, -esse, adfuī, adfutūrus, [sum], *be present, be here* or *at hand; come, appear; help, assist*

adsūmō, -ere, -sūmpsī, -sūmptum, *take,* ASSUME, *receive*

adulterium, -ī, n., ADULTERY

adultus, -a, -um, [adolēscō], *grown up, mature,* ADULT

advehō, -ere, -vexī, -vectum, *bring* or *carry to;* pass., *ride to, sail to, arrive*

advēlō, -āre, -āvī, -ātum, VEIL; *crown, wreathe*

advena, -ae, c., [adveniō], *stranger, foreigner, adventurer;* as adj., *foreign*

adveniō, -īre, -vēnī, -ventum, *come to, arrive at, reach*

adventō, -āre, -āvī, -ātum, [adveniō], *press forward, approach*

• adventus, -ūs, m., [adveniō], *approach, arrival*

adversor, -ārī, -ātus sum, [adversus], *resist, oppose*

•• adversus, -a, -um, [advertō], *turned toward, fronting; facing; opposite; adverse, contrary, unfavorable;* as a noun, m., *enemy*

•• advertō, -ere, -vertī, -versum, *turn to* or *toward; observe, notice*

advocō, -āre, -āvī, -ātum, *call, summon, invite; employ*

advolō, -āre, -āvī, -ātum, *fly to; hasten to, run to*

advolvō, -ere, -volvī, -volūtum, *roll to, roll*

adytum, -ī, n., *inmost recess of a temple; shrine, sanctuary; interior of a tomb*

Aeacidās, -ae, m., *son* or *descendant of* AEACUS, esp. *Achilles*

Aeaeus, -a, -um, AEAEAN, *of* AEAEA (near Colchis), the island where Circe was born; CIRCEAN

• aedēs or aedis, -is, f., *temple;* pl., *house, abode*

•• aedificō, -āre, -āvī, -ātum, [aedēs + faciō], *build, erect, construct*

Aegaeus, -a, -um, *of the* AEGEAN

• aeger, -gra, -grum, *sick, unwell, feeble; wounded; sick, unwell, labored; painful; distressed, troubled, sick at heart*

aegis, -idis, f., *the* AEGIS, shield of Jupiter, also borne by Minerva

Aegyptius, -a, -um, *of* EGYPT, EGYPTIAN

Aegyptus, -ī, f., EGYPT

aemulus, -a, -um, *rivaling, vying,* EMULOUS; *envious, jealous*

Aeneadēs, -ae, m., *son* or *descendant of* AENEAS; pl., *followers of* AENEAS; *Trojans*

Aenēās, -ae, m., hero of the AENEID

Aenēis, -idos or -idis, f., the AENEID or *Story of Aeneas*

Aenēius, -a, -um, *of* AENEAS

Aenidēs = Aeneadēs

•••• aēnus or aēneus, -a, -um, [aes], *of copper, of bronze, brazen;* as a noun, n., *copper* or *bronze vessel, kettle*

Aeolia, -ae, f., the realm of AEOLUS, god of the winds

Aeolidēs, -ae, m., *descendant of* AEOLUS

Aeolius, -a, -um, *of* AEOLUS, AEOLIAN

Aeolus, -ī, m., god of the winds

aequaevus, -a, -um, [aequus + aevum], *of* EQUAL *age*

432

aequālis, -e, [aequō], EQUAL, *even,*
like; of the same age; as a
noun, c., *companion, fellow*
aequinoctiālis, -e, [aequus+nox],
EQUINOCTIAL
•••aequō, -āre, -āvi, -ātum, [aequus],
make EQUAL or *even, balance;*
EQUAL, *keep pace with; raise*
to the same height
••••aequor, -oris, n., [aequus], *level*
surface; sea; plain; pl., *waves,*
billows, waters
aequoreus, -a, -um, [aequor], *of*
the sea
•aequus, -a, -um, *plain, level, flat;*
EQUAL, *like; fair, right, just;*
favorable, advantageous, propi-
tious; as a noun, n., *fairness,*
justice
••••āēr, āeris, acc. āera, m., AIR,
atmosphere; mist
aerātus, -a, -um, [aes], *of bronze*
or *copper, bronze-covered; clad*
in bronze armor
aereus, -a, -um, [aes], *of copper*
or *bronze*
aeripēs, -pedis, [aes + pēs], *bra-*
zen- or *bronze-footed* or *-hoofed*
āerius, -a, -um, [āēr], AERIAL;
lofty, high
aes, aeris, n., *copper, bronze;*
shield, trumpet — any object
made of bronze
aesculētum, -i, n., *oak forest*
•aestās, -ātis, f., [aestus], *summer,*
summer season; summer air
aestimō, -āre, -āvi, -ātum, [aes],
ESTIMATE, *assess, appraise*
aestivus, -a, -um, [aestus], *of*
summer
aestuō, -āre, -āvi, -ātum, [aestus],
burn, boil, seethe; be inflamed
aestuōsus, -a, -um, [aestus], *hot,*
torrid; agitated
••aestus, -ūs, m., *heat; waves* or
tide of flames, flames; tide (of
the sea), *waves; tide* (of feeling
or passion)
•aetās, -ātis, f., [contr. from aevi-

tās], *age, time of life; age,*
period; passing time; old age
•••aeternus, -a, -um, [contr. from
aeviternus], *lasting,* ETERNAL;
adv., *forever, perpetually*
••••aethēr, -eris, acc. -era, m., *the*
upper air, ETHER; *sky, heaven*
aetherius, -a, -um, [aether], *heav-*
enly, ETHEREAL, *celestial*
Aethiops, -opis, m., *an* ETHIOPIAN
aethra, -ae, f., [rel. to aether],
ETHER, *sky, heaven*
Aetna, -ae, f., *Mt.* ETNA, a volcano in Sicily
Aetnaeus, -a, -um, *of* ETNA,
ETNAEAN; *Sicilian*
••••aevum, -i, n., *eternity; time,*
_ *period of life, age; old age*
Āfer, Āfra, Āfrum, AFRICAN; as
a noun, m. or f., *an* AFRICAN
affābilis, -e, [affor], *easily spoken*
to, approachable
affātus, -ūs, m., [affor], *speaking*
to, address
affectō, -āre, -āvi, -ātum, [afficiō],
strive after, seize
•afferō, -ferre, attuli, allātum,
bring, carry; bring forward,
present; pass. or middle voice,
go, come
affigō, -ere, -fixi, -fixum, [ad],
fasten, attach, join
afflictus, -a, -um, [affligō, *strike*
down], *shattered; cast down;*
wretched, despondent
afflō, -āre, -āvi, -ātum, [ad],
breathe upon, inspire; bestow
affluō, -ere, -fluxi, -fluxum, [ad],
FLOW *to; gather, assemble,*
throng
affor, -āri, -ātus sum, [ad], *speak*
to, address; bid farewell to
Āfrica, -ae, f., AFRICA
Āfricus, -a, -um, AFRICAN; as a
noun, m., *southwest wind*
Agamemnonius, -a, -um, *of* AGA-
MEMNON
Aganippē, -ēs, f., a fountain in
Boeotia

433

Agathyrsi, -ōrum, m. pl., a Scythian people

Agēnor, -oris, m., a king of Phoenicia, ancestor of Dido

•**ager, agri,** m., *field, land; territory*

••**agger, -eris,** m., [ad+gerō], *heap, pile, mound; dam, dike; rampart; raised road*

aggerō, -āre, -āvi, -ātum, [agger], *heap up, pile up; increase*

aggerō, -ere, -gessi, -gestum, [ad], *bear to, convey to; heap upon, add to*

agglomerō, -āre, -āvi, -ātum ("wind on"), [ad], *attach, join*

•**aggredior, -gredi, -gressus sum,** [gradior], *approach, attack; attempt; address, accost*

agitātor, -ōris, m.. [agitō], *driver, charioteer*

••••**agitō, -āre, -āvi, -ātum,** [agō], *set in motion; drive, hasten, pursue; vex, harass*

•**agmen, -inis,** n., [agō], *train, body, band; stroke* (of oars); *current*

agna, -ae, f., *ewe lamb*

••••**agnōscō, -ere, -nōvi, -nitum,** [ad], RECOGNIZE

agnus, -ī, m., *lamb*

•**agō, -ere, ēgi, āctum,** *put in motion; lead, drive, force, compel, pursue; do, perform; discuss; spend;* **age, agite,** *come! come on! up! away!*

•••**agrestis, -e,** [ager], *of the fields; rustic; wild;* as a noun, m., *rustic, peasant*

•**agricola, -ae,** m., [ager + colō], *farmer, husbandman*

Agrippa, -ae, m., *Marcus* AGRIPPA, adviser of Augustus and a famous general

Agyllinus, -a, -um, *of* AGYLLA (Caere), a town in Etruria

Aiāx, -ācis, m., AJAX, son of Telamon; AJAX, son of Oileus

•••**āiō, ais, ait, āiunt,** imp., **āiēbam,** def., *say yes, affirm, say*

••••**āla, -ae,** f., *wing; cavalry; squadron, troop; mounted huntsmen*

••**alacer, -cris, -cre,** *quick, brisk; eager, glad*

ālātus, -a, -um, [āla], *winged*

Alba or **Alba Longa, -ae,** f., the mother city of Rome

Albānus, -a, -um, *of* ALBA, ALBAN; as a noun, m. pl., the ALBANS

albēscō, -ere, def., [albus], *become white, whiten*

Albula, -ae, f., ancient name of the Tiber

•**albus, -a, -um,** *white*

Alcander, -dri, m., a Trojan

Alcānor, -oris, m., a Trojan

Alcidēs, -ae, m., *descendant of* ALCEUS, esp. Hercules

Alēctō or **Allēctō, -ūs,** f., one of the Furies

••••**āles, -itis,** [āla], *winged;* as a noun, c., *bird; omen*

Alētēs, -is, m., a Trojan

alga, -ae, f., *seaweed; seacoast; a thing of little worth*

Algidus, -ī, m., a mountain in Latium

••**aliēnus, -a, -um,** [alius], *of another, another's; foreign, strange*

āliger, -gera, -gerum, [āla+gerō], *winged*

alimentum, -ī, n., [alō], *food*

ālipēs, -pedis, [āla + pēs], *wing-footed;* as a noun, m., *Mercury*

•••**aliquandō,** adv., [alius+quandō], *at some time; formerly; finally*

aliqui, -qua, -quod, indef. adj. and pron., [alius + qui], *some, any*

•**aliquis, -qua, -quid,** indef. pron., [alius + quis], *someone, anyone; something, anything*

••**aliter,** adv., [alius], *otherwise, differently*

•**alius, -a, -ud,** *other, another;* **alius . . . alius,** *one . . . another;* pl., *some . . . others*

434

allābor, -lābi, -lāpsus sum, [ad], *glide toward; arrive at, reach*

allabōrō, -āre, -āvi, -ātum, [ad], *strive,* LABOR *at*

alligō, -āre, -āvi, -ātum, [ad], *bind to, tie to; fasten; imprison*

alloquor, -loqui, -locūtus sum, [ad], *speak to, address*

allūdō, -ere, -lūsi, -lūsum, [ad], *joke, jest*

alluō, -ere, -ui, —, [ad], *wash, bathe*

Almō, -ōnis, m., a Latin youth

•••• **almus, -a, -um,** [alō], *nourishing; kind; propitious, favorable*

••• **alō, -ere, alui, altum** or **alitum,** *feed, nourish, support; cherish; encourage*

Alōidae, -ārum, m. pl., *sons of* ALOEUS, esp. the giants Otus and Ephialtes

Alpēs, -ium, f. pl., *the* ALPS

Alphēus, -i, m., a river of Elis, in southern Greece

Alpinus, -a, -um, [Alpēs], *of the* ALPS, ALPINE

•••• **altāria, -ium,** n. pl., [altus], *high* ALTAR, ALTAR

altē, adv., [altus], *high, on high; deeply, far*

• **alter, -tera, -terum,** *the other;* **alter . . . alter,** *the one . . . the other*

alternō, -āre, -āvi, -ātum, [alternus], *do by turns; hesitate*

•••• **alternus, -a, -um,** [alter], *one after the other, by turns, in turn,* ALTERNATE

altor, -ōris, m., [alō], *foster father*

altrix, -icis, f., [alō], *foster mother, nurse*

• **altus, -a, -um,** [alō], *high, lofty, tall; deep;* as a noun, n., *the sea, the deep*

alumnus, -i, m., [alō], *foster son*

alveus, -i, m., [alvus], *hollow, cavity; bed, channel* (of a river); *hold, hull* (of a ship), *ship, boat*

alvus, -i, f., *abdomen, belly; body*

amābilis, -e, [amō], *lovely, pleasant*

amāns, -antis, [amō], *fond, loving;* as noun, c., *lover*

amāracus, -i, f., *marjoram,* a kind of mint

amārus, -a, -um, *bitter; sad, painful; cruel*

Amāta, -ae, f., wife of Latinus

Amāzon, -onis, f., *an* AMAZON, one of the tribe of female warriors

Amāzonis, -idis, f., *an* AMAZON

Amāzonius, -a, -um, AMAZONIAN

ambāgēs, -is, f., [amb + agō], *going around; · winding way, windings; details, particulars; riddles, dark sayings*

ambedō, -ere, -ēdi, -ēsum, [amb + edō], *eat around; eat, consume*

ambigō, -ere, def., [amb + agō], *go about; hesitate, doubt;* impers. pass., *it is in doubt*

ambiguus, -a, -um, [ambigō], *going two ways; doubtful, wavering, uncertain; obscure, dark,* AMBIGUOUS; *twofold, double*

ambiō, -ire, -ivi or **-ii, -itum** [amb + eō], *go around; surround, encircle; win*

ambitiō, -ōnis, f., [ambiō], *going about to get votes;* AMBITION

•••• **ambō, -ae, -ō,** *both, two*

ambrosia, -ae, f., AMBROSIA, the food of the gods

ambrosius, -a, -um, *of* AMBROSIA, AMBROSIAL; *immortal, divine*

••• **āmēns, -entis,** [ab + mēns], *out of one's senses, mad, frantic, distracted*

āmentum, -i, n., *strap, thong* by which a javelin was thrown

amiciō, -ire, —, -mictum, [amb + iaciō], *throw around; wrap about; surround, cover*

•••• **amictus, -ūs,** m., [amiciō], *an outer garment; cloak, robe, veil*

435

• **amicus, -a, -um,** [amō], *loving, friendly, kind;* as a noun, m. or f., *friend*

• **āmittō, -ere, -mīsī, -missum,** [ab], *send away, let go; lose*

•••• **amnis, -is,** m., *river,* esp. a large one; *torrent*

• **amō, -āre, -āvī, -ātum,** *love, like; keep close to,* "*hug* (the shore)"

amoenus, -a, -um, [amō], *pleasant, delightful, charming*

•• **amor, -ōris,** m., [amō], *love, affection, desire; charm* (to excite love); *Cupid,* god of love

āmoveō, -ēre, -mōvī, -mōtum, [ab], MOVE *away,* REMOVE

Amphitryōniadēs, -ae, m., *descendant of* AMPHITRYO, *Hercules*

Amphrȳsius, -a, -um, *of* AMPHRYSUS, a river in Thessaly

•••• **amplector, -plectī, -plexus sum,** [amb + plectō], *twine around, encircle, embrace*

amplexus, -ūs, m., [amplector], *embrace*

amplius, adv., [amplus], *more; further, longer*

• **amplus, -a, -um,** *large,* AMPLE, *roomy; abundant, great*

Amycus, -ī, m., a Trojan; a son of Neptune, famous as a boxer

••• **an** or **anne,** conj., *or, whether*

anceps, -cipitis, [an+caput], *two-headed; double, uncertain, wavering; distracting*

Anchīsēs, -ae, m., father of Aeneas

Anchīsēus, -a, -um, *of* ANCHISES

Anchisiadēs, -ae, m., son of ANCHISES, *Aeneas*

ancile, -is, n., (small oval) *shield; sacred shield,* like the one that fell from heaven.

• **ancora, -ae,** f., ANCHOR

Ancus, -ī, m., ANCUS *Martius,* fourth king of Rome

Androgeus or **Androgeos, -ī,** m., son of Minos, king of Crete, slain by the Athenians; a Grecian chieftain

Andromachē, -ēs, f., wife of Hector

Andromeda, -ae, f., daughter of Cepheus and Cassiopeia, rescued by Perseus

angō, -ere, def., [rel. to **anguis**], *press, squeeze, choke*

anguicomus, -a, -um, [anguis + coma], *snaky-haired*

anguifer, -fera, -ferum, [anguis + ferō], *snaky*

anguineus, -a, -um, [anguis], *snaky*

•••• **anguis, -is,** c., [angō], *serpent*

angulus, -ī, m., *corner*

angustus, -a, -um, [angō], *narrow;* as a noun, n., *narrow place*

anhēlitus, -ūs, m., [anhēlō], *hard breathing, panting*

anhēlō, -āre, -āvī, -ātum, *gasp, pant; roar, crash*

anhēlus, -a, -um, [anhēlō], *panting, puffing, heaving*

anīlis, -e, [anus], *of an old woman, old woman's*

•••• **anima, -ae,** f., *air, wind, breath; life; soul, spirit, shade*

• **animal, -ālis,** n., [anima], *living being,* ANIMAL

animōsus, -a, -um, [animus], *proud, undaunted*

• **animus, -ī,** m., *the rational soul; mind, intellect; disposition; will, purpose;* pl., *courage, heroism; anger, fury*

Anna, -ae, f., sister of Dido

annālis, -e, [annus], *of a year;* as a noun, m. pl., *record,* ANNALS, *history*

anne, see **an**

annītor, -nītī, -nīxus or **-nīsus sum,** [ad], *lean against* or *upon; make an effort, strive*

annō, -āre, -āvī, —, [ad], *swim to; sail to; reach*

annōsus, -a, -um, [annus], *of many years, aged, old*

436

annuō, -ere, -ui, —, [ad], *nod to;*
consent, promise, grant
•annus, -i, m., *year, season*
annuus, -a, -um, [annus], *yearly,*
ANNUAL
ānser, -eris, m., *goose*
Antandros, -i, f., a town at the
foot of Mt. Ida, near Troy
•ante, prep. with acc., *before, in*
front of; adv., *before, in front;*
earlier, previously
•••antequam, conj., *sooner, before*
••anteā, adv., [ante], *before, earlier,*
formerly
antecēdō, -ere, -cessī, -cessum,
go before, PRECEDE
anteferō, -ferre, -tulī, -lātum, *bear*
before, put before; PREFER
antemna, -ae, f., [ante + tendō],
sailyard
Antēnor, -oris, m., a Trojan,
founder of Patavium
Antēnoridēs, -ae, m., descendant
of ANTENOR
antequam, conj., *before, sooner*
than
Antheus, -eī, m., companion of
Aeneas
Antiphatēs, -ae, m., an ally of
Aeneas
•antiquus, -a, -um, [ante], *old, an-*
cient, of former times, former
Antōnius, -i, m., name of a
Roman gens; *M.* ANTONIUS,
the triumvir
••••antrum, -i, n., *cave, cavern, grotto*
Anūbis, -is, m., the dog-headed
Egyptian god
anxius, -a, -um, [angō], ANXIOUS,
*troubl*ẹ*d; disquieting*
Āonius, -a, -um, of AONIA, the
region of Mt. Helicon in
Boeotia; Āoniae sorōrēs, the
Muses
Aornos, -i, m., Lake Avernus
aper, aprī, m., *wild boar*
•aperiō, -īre, -peruī, -pertum, [ad
+ pariō], *uncover, lay bare,*
disclose, reveal, open

•apertus, -a, -um, [aperiō], *un-*
covered, opened, open; clear
apex, -icis, m., *summit, top; point;*
tongue of flame; peak (of a
helmet or cap)
Aphidnus, -i, m., a Trojan
apis, -is, f., *bee*
apiscor, -i, aptus sum, *get, obtain*
Apollō, -inis or -ōnis, m., *god of*
the sun and of prophecy, mu-
᾿ sic, poetry, medicine, and arch-
ery
••••appāreō, -ēre, -pāruī, -paritum,
[ad], APPEAR, *be seen, be visi-*
ble, be evident
apparō, -āre, -āvī, -ātum, [ad],
PREPARE, *make ready*
appellō, -ere, -pulī, -pulsum, [ad],
drive to, bring to
•appellō, -āre, -āvī, -ātum, [intens.
of appellō], *address, speak to;*
call; declare, pronounce
applicō, -āre, -āvī or -uī, -ātum
or -itum, [ad + plicō], *join,*
connect, fasten, add; bring or
drive to
appōnō, -ere, -posuī, -positum,
[ad], *set down, put, place near*
approbō, -āre, -āvī, -ātum, [ad],
APPROVE
apricus, -a, -um, [aperiō], *exposed*
to the sun, sunny; sun-loving
••••aptō, -āre, -āvī, -ātum, [aptus],
fit, apply, adjust; prepare, pro-
vide, furnish
•••aptus, -a, -um, *fitted, fastened,*
joined; studded
apud, prep. with acc., *with, at,*
by, near, among, in the pres-
ence of
•aqua, -ae, f., *water*
Aquiculus, -i, m., a Rutulian
aquilō, -ōnis, m., *the north wind;*
stormy wind or *weather;* (any)
wind; the north
aquōsus, -a, -um, [aqua], *full of*
water; watery; rainy
•••āra, -ae, f., *altar; funeral pyre;*
as a noun, f. pl., *the Altars,*

a reef in the Mediterranean near Sicily

Arabs, -abis, m., *an* ARABIAN, *an* ARAB

Arabus, -i, m., *an* ARABIAN, *an* ARAB

arātrum, -i, n., [arō], *plough*

Araxēs, -is, m., *a river of Armenia*

arbitrium, -i, n., [arbiter, *umpire*], *decision, rule, control; whim*

•**arbor** or **arbōs, -oris,** f., *tree; wood; mast*

arboreus, -a, -um, [arbor], *branching*

Arcadia, -ae, f., *a district of the Peloponnesus*

Arcadius, -a, -um, ARCADIAN

arcānus, -a, -um, [arca, *chest*], *secret, hidden;* as a noun, n., *secret, mystery*

Arcas, -adis, m., *an* ARCADIAN

Arcēns, -entis, m., *a companion of Aeneas*

••••**arceō, -ēre, arcui, —,** *shut up, enclose, confine; bind; keep away, avert; protect*

••**arcessō, -ere, -ivi, -itum,** [accēdō], *send for, summon, invite; bring*

Arcitenēns, -entis, [arcus + teneō] *the bow-bearing,* epithet of Apollo

Arctos, -i, f., *the constellation of the Great and Little Bear; the north*

Arctūrus, -i, m., *the brightest star in the constellation Boötes*

••••**arcus, -ūs,** m., *bow; rainbow*

Ardea, -ae, f., *capital of the Rutuli*

ārdēns, -entis, [ārdeō], *glowing, fiery; gleaming; eager, spirited; angry, fierce*

•••**ārdeō, -ēre, ārsi, ārsum,** *be on fire, burn, blaze; flash, gleam; be impatient, be eager, long; be deeply in love*

ārdēscō, -ere, ārsi, —, [ārdeō],

take fire, kindle, be inflamed; grow furious

ārdor, -ōris, m., [ārdeō], *burning, heat; eagerness, zeal*

••••**arduus, -a, -um,** *steep; high, lofty;* as a noun, n., *high place, height*

ārea, -ae, f., *square,* AREA, *building lot*

arēna, -ae, f., *sand; shore, beach, seashore, strand; amphitheater,* ARENA

arēnōsus, -a, -um, [arēna], *sandy*

ārēns, -entis, [āreō], *dry, parched*

āreō, -ēre, ārui, —, *be dry, be parched, dry up*

Arethūsa, -ae, f., *a fountain near Syracuse*

argenteus, -a, -um, [argentum], *of silver, silvery*

•••**argentum, -i,** n., *silver; silverplate; money*

Argilētum, -i, n., a part of Rome

Argivus, -a, -um, [Argos], *of* ARGOS, ARGIVE; *Greek, Grecian;* as a noun, m. pl., *the Greeks*

Argolicus, -a, -um, [Argos], *of* ARGOLIS; *Grecian*

Argos, n. (only nom. and acc.), usually pl., **Argi, -ōrum,** m., ARGOS, the capital of Argolis, in the Peloponnesus; *Greece*

•••**argūmentum, -i,** n., [arguō], ARGUMENT; *subject*

arguō, -ere, argui, argūtum, *make clear; show, prove, declare*

Argus, -i, m., (1) the hundredeyed keeper of Io; (2) a guest of Evander

argūtus, -a, -um, [arguō], *clear; shrill, whistling*

āridus, -a, -um, [āreō], *dry, parched*

ariēs, -etis, m., *battering-ram*

Arisba, -ae, f., *a town in the Troad*

arista, -ae, f., *ear of grain*

•**arma, -ōrum,** n. pl., ARMS, *weapons,* ARMOR; *implements, out-*

fit, tools; equipment, sails (of a ship)

armātus, -ī, m., [armō], esp. in pl., ARMED *men, warriors, soldiers*

•••• **armentum, -ī,** n., [arō], *cattle* (for ploughing); *herd, drove*

armiger, -erī, m., [arma + gerō], ARMOR *bearer*

armipotēns, -entis, [arma + potēns], *powerful in* ARMS, *warlike*

armisonus, -a, -um, [arma +sonō], *with resounding* ARMS

• **armō, -āre, -āvī, -ātum,** [arma], ARM, *equip*

armus, -ī, m., *shoulder, flank, side*

•••• **arō, -āre, -āvī, -ātum,** *plough, till, cultivate; plough* (the sea), *sail*

Arpī, -ōrum, m. pl., *a town built by Diomedes in Apulia*

arrēctus, -a, -um, [arrigō], *upright,* ERECT, *standing; pricked up, listening, attentive, eager*

•••• **arrigō, -ere, -rēxī, -rēctum,** [ad + regō], *raise,* ERECT; *rouse; encourage*

arripiō, -ere, -ripuī, -reptum, [ad + rapiō], *grasp, seize, capture; make for*

••• **ars, artis,** f., *skill; pursuit, employment; cunning, stratagem, fraud, trick*

artifex, -icis, m., [ars + faciō], ARTIST, ARTISAN, *master workman; deceiver, schemer*

•••• **artus, -ūs,** m., [arceō], *joint;* pl., *limbs, body*

artus, -a, -um, [arceō], *close, narrow, tight*

•••• **arvum, -ī,** n., [arō], (arable) *field;* pl., *fields, plains, country; regions; the sea, a "watery plain"*

•••• **arx, arcis,** f., *citadel, fortress; height, hill*

ās, assis, m., the AS, *worth approximately a penny*

Ascānius, -ī, m., *son of Aeneas*

• **ascendō, -ere, -cendī, -cēnsum,** [ad + scandō], *climb,* ASCEND, *mount*

ascēnsus, -ūs, m., [ascendō], *climbing,* ASCENT

Asia (Āsia), -ae, f., ASIA *Minor; the Troad*

Asilās, -ae, m., *a Trojan*

aspargō, see **aspergō**

aspectō, -āre, -āvī, -ātum, [aspiciō], *look at attentively, survey earnestly, gaze at*

aspectus, -ūs, m., [aspiciō], *looking at, sight, glance, look; appearance,* ASPECT

•••• **asper, -era, -erum,** *rough; harsh, cruel,' violent, fierce, savage; stormy; chased, engraved*

aspergō, -inis, f., [ad + spargō], *sprinkling, spray*

asperō, -āre, -āvī, -ātum, [asper], *make rough, roughen*

aspiciō, -ere, -spexī, -spectum, [ad + speciō], *look at, behold, see; observe, examine; consider; regard*

aspirō, -āre, -āvī, -ātum [ad], *breathe upon, blow upon; help, favor; impart*

asportō, -āre, -āvī, -ātum [abs], *carry away*

Assaracus, -ī, m., *a king of Phrygia, grandfather of Anchises*

assēnsus, -ūs, m., [assentiō], *agreement,* ASSENT; *echo*

assentiō, -īre, -sēnsī, -sēnsum, [ad], *agree to,* ASSENT

asservō, -āre, -āvī, -ātum, [ad], *watch over, guard, keep*

••• **assiduus, -a, -um,** [ad + sedeō], *continual, constant, unceasing*

assimilis, -e, *like,* SIMILAR

assistō, -ere, -stitī, —, *stand by* or *near*

assuēscō, -ere, -suēvī, -suētum, [ad], *accustom, make familiar; become accustomed, learn*

439

ṣultus, -ūs, m., [ad + saliō], *attack,* ASSAULT

assurgō, -ere, -surrēxi, -surrēc-tum, [ad], *rise up, rise*

ast, see at

•••• **astō, astāre, astiti, —,** [ad], *stand at, by,* or *near; stand ready; stand up; alight*

•••• **astrum, -ī,** n., *star;* pl., *the stars, sky, heavens*

Astyanax, -actis, m., *son of Hector and Andromache*

asylum, -ī, n., *place of refuge, sanctuary; the* ASYLUM *of Romulus*

• **at,** conj., *but, however, yet, still, at least*

atavus, -ī, m., [ad + avus], a male ancestor of the fifth generation back; *forefather, ancestor*

•••• **āter, -tra, -trum,** *black, gloomy, dark*

Athesis, -is, m., *a river of Italy*

Atii, -ōrum, m. pl., *name of a Roman gens*

Atlantēus, -a, -um, *of* ATLAS

Atlantis, -idis, f., [Atlās], *daughter of* ATLAS

Atlās, -antis, m., *a high mountain in northern Africa, the supporter of the heavens, according to the ancient fable*

atque or **ac,** conj., *and also, and besides, and indeed;* in comparisons, *as, than*

atqui, conj., *and yet*

Atridēs, -ae, m., [Atreus], *son* or *descendant of* ATREUS; esp. in pl., **Atridae,** *Agamemnon* and *Menelaus*

•• **ātrium, -ī,** n., [āter], *the chief room of a Roman house; hall, court;* pl., *halls*

••• **atrōx, -ōcis,** [āter], *gloomy; savage, fierce, wild, cruel, harsh*

attenuō, -āre, -āvī, -ātum, [tenuis], *weaken, debase*

•• **attingō, -ere, -tigī, —,** [ad + tangō], *touch; reach, attain to find*

attollō, -ere, def., *lift up, raise, erect;* with **sē,** *appear, come in sight*

•••• **attonitus, -a, -um,** [attonō], *thunderstruck, terror-stricken;* ASTOUNDED; *awestruck; inspired, frenzied*

•••• **attonō, -āre, -tonui, -tonitum,** [ad], *thunder at; stun, terrify, amaze,* ASTONISH

attorqueō, -ēre, def., *hurl upwards, hurl*

attrahō, -ere, -trāxī, -trāctum, [ad], *draw to, lead,* ATTRACT

attrectō, -āre, -āvī, -ātum, [ad + tractō], *touch, handle*

Atys, -yos, m., *a youthful comrade of Iulus*

• **auctor, -ōris,** m., [augeō], *promoter, producer;* AUTHOR, *creator; father, founder; adviser,* AUTHORITY, *patron, backer*

• **audāx, -ācis,** [audeō], *daring, bold; courageous*

audēns, -entis, [audeō], *daring, bold*

• **audeō, -ēre, ausus sum,** semidep., *dare, be bold, venture*

• **audiō, -īre, -īvī** or **-iī, -itum,** *hear, hear of; listen to, obey; investigate*

audītum, -ī, n., [audiō], *hearsay, report*

•••• **auferō, -ferre, abstulī, ablātum,** [ab], *take away, carry off, remove; stop, leave off*

Aufidus, -ī, m., *a river in Apulia*

• **augeō, -ēre, auxī, auctum,** *increase, enlarge; heap up, load*

augur, -uris, m., [avis], *seer, soothsayer, prophet,* AUGUR

•••• **augurium, -ī,** n., [augur], AUGURY, *divination; omen, sign, portent*

augustus, -a, -um, *venerable, noble*

Augustus, -ī, m., *the Venerable;*

a cognomen given to Octavius
Caesar as emperor

aula, -ae or **-āi,** f., *court, hall,
palace*

aulaeum, -ī, n., *tapestry, curtain,
hangings*

Aulis, -idis, f., a seaport of
Boeotia, from which the Greek
fleet sailed for Troy

•••• **aura, -ae** or **-āi,** f., *breeze, air,
breath of air; light, gleam*

aurātus, -a, -um, [aurum], *gilded,
golden; gold-embroidered*

aureolus, -a, -um, [aureus], *golden*

• **aureus, -a, -um,** [aurum], *of gold,
golden, gilded; bright*

auricomus, -a, -um, [aurum +
coma], *with golden hair; with
golden foliage*

auriga, -ae, c., *charioteer, driver*

• **auris, -is,** f., *ear*

•••• **aurōra, -ae,** f., *morning, dawn;*
person., *goddess of the dawn*

• **aurum, -ī,** n., *gold*

Auruncus, -a, -um, *of the
AURUNCI, an ancient people
of Italy*

Ausonia, -ae, f., ancient name of
Italy

Ausonidae, -ārum, m. pl., *poetic
for* **Ausonii**

Ausonius, -a, -um, AUSONIAN,
Italian

auspex, -icis, c., [avis + speciō],
augur, one who interprets
omens given by birds; *diviner,
soothsayer; protector, leader,
favorer*

••• **auspicium, -ī,** n., [auspex], *divination* (from watching birds);
augury, AUSPICES; *command,
guidance, authority; right, in-
clination, will*

Auster, -trī, m., *the south wind;*
(any) *wind*

ausum, -ī, n., [audeō], *bold deed,
daring act*

• **aut,** conj., *or;* **aut . . . aut,** *either
. . . or*

• **autem,** conj., *but, on the contrary,
however, moreover, indeed*

Automedōn, -ontis, m., charioteer
of Achilles

autumnus, -ī, m., AUTUMN

auxiliāris, e, *helping*

auxiliō (or **auxilior**), **-āre, -āvi,
-ātum,** *give help, assist, succor*

• **auxilium, -ī,** n., *help, aid, assistance*

avārus, -a, -um, AVARICIOUS,
greedy, covetous

āvehō, -ere, -vexī, -vectum, [ab],
carry off, take off or *away*

āvellō, -ere, -vellī or **-vulsī,
-vulsum** or **-volsum,** *tear away,
break off*

Aventinus, -ī, m., one of the
seven hills of Rome

aveō, -ēre, def., *be eager, desire*

Avernus, -ī, m., *Lake* AVERNUS,
near Cumae; in its vicinity
was supposed to be the entrance to the lower world

Avernus, -a, -um, *of Lake* AVER-
NUS; *of the lower world, infernal;* as a noun, n. pl.,
the region about Lake AVER-
NUS; *the lower world*

āversus, -a, -um, [āvertō], *turned
away; with face* AVERTED;
AVERSE, *hostile; distant, remote*

••• **āvertō, -ere, -vertī, -versum,** *turn
away; remove, drive away;
carry off, steal*

••• **avidus, -a, -um,** [aveō], *longing,
eager, greedy*

• **avis, -is,** f., *bird*

āvius, -a, -um, [ā + via], *out
of the way, remote;* as a noun,
n., *unfrequented place, devious
way*

avunculus, -ī, m., [avus], UNCLE
(on the mother's side)

••• **avus, -ī,** m., *grandfather; ancestor*

•••• **axis, -is,** m., *axle, axle-tree;
chariot, car;* AXIS (of the
heavens), *the sky, the heavens*

441

B

bāca, -ae, f., *berry, small fruit*

bācātus, -a, -um, [bāca], *set with pearls* which are berry-shaped

Baccha, -ae, f., a BACCHANTE, a *female attendant of* BACCHUS, *a Maenad*

bacchor, -ārī, -ātus sum, [Bacchus], *celebrate the rites of* BACCHUS; *rave; rush madly, fly wildly*

Bacchus, -ī, m., *god of wine; cry to* BACCHUS; *wine*

Bactra, -ōrum, n. pl., *chief city of Bactria*

Bāiae, -ārum, f. pl., *a town near Cumae*

bālātus, -ūs, m., [bālō, *bleat*], *bleating*

balteus, -ī, m., *belt*

Bandusia, -ae, f., *a spring celebrated by Horace*

barathrum, -ī, n., *abyss, chasm, gulf, pit*

barba, -ae, f., *beard*

barbaricus, -a, -um, [barbarus], *foreign, strange,* BARBARIC

barbariēs, -ēī, f., *an alien land, a land of* BARBARIANS

• **barbarus, -a, -um,** *foreign, strange; uncivilized, rude;* BARBAROUS

Barcaei, -ōrum, m. pl., *people of* BARCE, *in Libya*

Barcē, -ēs, f., *nurse of Sychaeus*

bāsium, -ī, n., *kiss*

••• **beātus, -a, -um,** *happy, prosperous, blessed, fortunate*

Bēbrycius, -a, -um, *of* BEBRYCIA, *a district in Asia Minor;* BEBRYCIAN

Bēlidēs, -ae, m., *descendant of* BELUS

bellātor, -ōris, m., [bellō], *warrior, soldier*

bellātrix, -icis, f., [bellātor], *female warrior, warrior maid*

bellicus, -a, -um, *warlike*

••• **bellō, -āre, -āvī, -ātum,** *wage war, war*

Bellōna, -ae, f., [bellum], *goddess of war*

• **bellum, -ī,** n., *war, conflict;* person., *war demon*

bellus, -a, -um, *charming, lovely*

bēlua, -ae, f., *beast, wild beast, monster*

Bēlus, -ī, m., (1) *father of Dido, and king of Tyre and Sidon;* (2) *founder of Dido's line*

• **bene,** adv., [bonus], *well*

benignus, -a, -um, *kind, friendly, favorable*

Berecyntius, -a, -um, *of* BERECYNTUS, *a mountain in Phrygia, sacred to Cybele;* BERECYNTIAN

Beroē, -ēs, f., *wife of Doryclus*

Bessi, -ōrum, m. pl., *a Thracian tribe*

bi-, prefix, see **bis**

• **bibō, -ere, bibī, —,** *drink; take in, drink in*

bibulus, -a, -um, [bibō], *absorbing, thirsty*

bicolor, -ōris, [bis + color], *two-*COLORED; *mottled, dappled*

bicornis, -e, [bis + cornū], *two-horned;* (a river) *that has two mouths*

bidēns, -entis, [bis + dēns], *with two teeth; sheep of the second year,* esp. a *victim* (for sacrifice)

biforis, -e, *with two openings; double*

biformis, -e, [bis + fōrma], *two-*FORMED, *two-shaped*

bifrōns, -ontis, [bis + frōns], *two-faced*

bigae, -ārum, f. pl., [for **biiugae**], *span* or *pair* (of horses); *two-horse chariot*

biiugus, -a, -um, [bis + iugum], *two-yoked, two-horse*

bilinguis, -e, [bis + lingua], *double-tongued, false, deceitful, lying* bimembris, -e, [bis + membrum], double-formed; as noun, m. pl., *the Centaurs*

bimus, -a, -um, [bis + hiems], *for two years*

• • • bini, -ae, -a, *two by two, two each* or *apiece; a pair;* for duo, *two*

bipatēns, -entis, [bis + pateō], *opening two ways; folding, double*

bipennis, -e, [bis + penna], *two-winged; two-edged, double-edged;* as noun, f.ᴛ *battle-axe*

birēmis, -is, f., [bis + rēmus], BIREME, a galley with two banks of oars

• bis, adv., *twice*

bisulcus, -a, -um, [bis + sulcus], *cloven*

Bithȳni, -ōrum, m. pl., *the* BITHY-NIANS

Bitiās, -ae, m., (1) a Carthaginian noble; (2) a Trojan

bivium, -i, n., [bis + via], *meeting of two roads, fork*

blandus, -a, -um, *flattering, fawning, smooth-tongued; persuasive, alluring, pleasant, charming*

Bōla, -ae, f., a town of the Aequi, in Latium

• bonus, -a, -um, *good; kind, friendly; propitious*

Boreās, -ae, m., *north wind*

• • • • bōs, bovis, c., *bull, bullock, ox*, pl., *cattle* (gen. pl., boum)

brācae, -ārum, f. pl., *breeches*

• • • • bracchium, -i, n., *forearm; arm; branch* or *limb* (of a tree); pl., *sailyards*

brattea, -ae, f., *thin plate of metal, gold foil, gold leaf*

• brevis, -e, *short;* BRIEF; *shallow;* as noun, n. pl., **brevia, -ium**, *shallows, shoals*

Briareus, -ei, m., a giant with a hundred hands

Britanni, -ōrum, m. pl., BRITONS

Brontēs, -ae, m., a Cyclops

brūma, -ae, f., [= brevima or brevissima], *shortest day* in the year, *winter solstice; winter*

brūmālis, -e, [brūma], *of the winter, wintry*

Brūtus, -i, m., L. Junius BRUTUS, who expelled the Tarquins from Rome

brūtus, -a, -um, *heavy, dull*

būbō, -ōnis, c., *owl*

būcinaᴛ-ae, f., *trumpet*

bulla, -ae, f., *boss, stud*

būstum, -i, n., [akin to ūrō], *funeral pyre; tomb*

Būtēs, -ae, m., (1) son of Amycus, slain by Dares; (2) a Trojan

Būthrōtum, -i, n., a town of Epirus

buxus, -i, f., BOX *tree; flute, pipe*

Byrsa, -ae, f., the citadel of Carthage

C

cachinnus, -i, m., *laughter*

cacūmen, -inis, n., *extreme point; peak, top, summit*

Cācus, -i, m., a giant slain by Hercules

cadāver, -eris, n., [cadō], *dead body, corpse, body*

• cadō, -ere, cecidī, cāsum, *fall;* of the sun and stars, *set, sink, fade;* of sails, *be furled; fall* (in war), *die; subside, be stilled; happen, occur*

cadūcus, -a, -um, [cadō], *doomed to fall; fallen, slain*

cadus, -i, m., *wine jar, cask; funeral urn*

Caecubus, -a, -um, *of* CAECUBUM, a district in Latium, famous for its wine

• • • • caecus, -a, -um, *blind, blinded; random, aimless, rash; obscure, uncertain; private, secret*

• caedēs, -is, f., [caedō], *a cutting*

443

aown; killing, slaughter, murder, bloodshed

Caedicus, -i, m., an Etruscan

• **caedō, -ere, cecidi, caesum,** *cut down, kill, slaughter, slay; sacrifice*

caelestis, -e, [caelum], *of heaven, heavenly,* CELESTIAL; as a noun, m. pl., *the gods*

caelicola, -ae, c., [caelum+colō], *inhabitant of heaven, deity, god*

caelifer, -era, -erum, [caelum + ferō], *heaven-bearing*

caelō, -āre, -āvi, -ātum, *engrave, carve, emboss*

• **caelum, -i,** n., *sky, heaven, the heavens; atmosphere, air; weather; upper world,* the earth, contrasted to the lower world, Hades

Caeneus, -eos, m., (1) formerly a girl named Caenis, changed by Neptune into a boy; (2) a companion of Aeneas

caenum, -i, n., *dirt, filth, mud, mire, slime*

Caere, n., indec., or **Caerēs, -itis** or **-ētis,** f., an ancient city of Etruria, also called Agylla

• • • • **caeruleus** or **caerulus, -a, -um,** [caelum], *azure, blue, dark blue; dark, gloomy, funereal*

caerulus, see **caeruleus;** as a noun, n. pl., *the blue sea, the sea*

Caesar, -aris, m., in the *Aeneid,* Augustus (Octavian), called C. Julius Caesar after his adoption by the great Dictator

caesariēs, -ēi, f., *hair* (of the head); *locks of hair*

caespes, -itis, m., [caedō], *turf, sod*

caestus, -ūs, m., [caedō], *gauntlet, boxing glove,* CESTUS, made of thongs or straps of hide, often loaded with lead, wound around the hands and arms

Caicus, -i, m., a companion of Aeneas

Cāiēta, -ae, f., (1) nurse of Aeneas; (2) a town and harbor in Latium named after the nurse, modern Gaeta

calathus, -i, m., *basket, workbasket*

calcar, -āris, n., [calx], *spur*

Calchās, -antis, m., a Greek priest and seer

calcō, -āre, -āvi, -ātum, *tread upon*

• • • • **caleō, -ēre, -ui, —,** *be warm* or *hot, glow*

• **calidus, -a, -um,** [caleō], *warm, hot*

cālīgō, -inis, f., *mist, vapor, fog; darkness, gloom, obscurity*

cālīgō, -āre, def., *be dark, be gloomy*

Calliopē, -ēs, f., the Muse of epic poetry

callis, -is, m., *narrow path, path*

calor, -ōris, m., [caleō], *warmth, heat; glow*

calx, calcis, f., *heel*

Calydon, -ōnis, f., *town in Aetolia*

Camerīna, -ae, f., town on south coast of Sicily

Camilla, -ae, f., warrior heroine of the Volsci

Camillus, -ī, m., *M. Furius* CAMILLUS, conqueror of Veii and savior of Rome, 390 B.C.

camīnus, -ī, m., *furnace, forge; crevice*

• **campus, -ī,** m., *plain, field, the open country; level surface; watery plain* (of the sea); the *Campus Martius*

• • • • **candeō, -ēre, -uī, —,** *be brilliant, shine, be white; glow, be hot*

candidus, -a, -um, [candeō], *white, shining, bright; fair, beautiful*

candor, -ōris, m., [candeō], *dazzling, whiteness, splendor*

cāneō, -ēre, -uī, —, *be white, whiten; be gray, be hoary*

Canīcula, -ae, f., the Dog Star

• canis, -is, c., *dog*
canistrum, -i, n., *basket*
cānitiēs, -ēi, f., [cānus], *gray color; gray hair; old age*
•••• canō, -ere, cecini, —, *sing, play; proclaim, foretell, prophesy, declare; sound*
canōrus, -a, um, [canō], *melodious, harmonious, tuneful; resounding, clanging*
cantō, -āre, -āvi, -ātum, *sing to, sing*
cantus, -ūs, m., [canō], *song, singing; playing; strains, music*
•••• cānus, -a, -um, *white; gray; old, ancient, venerable*
caper, -pri, m., *he-goat, goat*
capessō, -ere, def., [capiō], *seize eagerly, lay hold of, snatch at; strive to reach, hasten to, make for; perform, do*
•••• capillus, -i, m., *hair* (of head or beard)
• capiō, -ere, cēpi, captum, *take, seize; take* CAPTIVE, *take possession of; win,* CAPTIVATE, *fascinate; cheat,* DECEIVE, *betray; contain*
Capitōlium, -i, n., [caput], *the* CAPITOL, *or Temple of Jupiter, in Rome*
capra, -ae, f., [caper], *she-goat*
caprigenus, -a, -um, [caper + gignō], *of the goat kind, of goats*
• captivus, -a, -um, [capiō], *taken prisoner,* CAPTIVE, CAPTURED; *as a noun, m. and f.,* CAPTIVE, *prisoner*
captō, -āre, -āvi, -ātum, [capiō], *catch at, snatch, seize, catch*
capulus, -i, m., [capiō], *handle, hilt*
• caput, -itis, n., *head; summit, top; chief town, capital; source; person, life*
Capys, -yos, m., (1) *a companion of Aeneas;* (2) *a king of Alba*
carbasus, -i, f., *flax; linen garment; canvas, sail;* carbasa, -ōrum, n. pl., *sails*

••• carcer, -eris, m., *prison; barrier* (at starting place for races)
carchēsium, -i, n., (large Greek) *drinking-cup* (with two handles); *bowl*
cardo, -inis, m., *hinge, a pivot and socket; crisis*
••• careō, -ēre, -ui, -itum, *be without, be free from; lack, want; fail to obtain*
Cārēs, -ium, m. pl., *the* CARIANS, *in southwest Asia Minor*
•••• carina, -ae, f., *keel* (of a ship); *ship, boat*
Carinae, -ārum, f. pl., [carina], *the* CARINAE, *a quarter in Rome*
• carmen, -inis, n., *song, poem; verse; prophecy; incantation,* CHARM; *inscription*
Carmentālis, -e, [Carmentis], *of* CARMENTIS
Carmentis, -is, f., *a prophetess, mother of Evander*
Carpathius, -a, -um, CARPATHIAN
•••• carpō, -ere, carpsi, carptum, *pluck, pull off; crop, graze on; enjoy, use, breathe; wear out, waste, consume; enter upon, pursue*
••• cārus, -a, -um, *dear, beloved; affectionate, loving*
casa, -ae, f., *hut*
Caspius, -a, -um, *of the* CASPIAN *Sea,* CASPIAN
Cassandra, -ae, f., *a prophetess, daughter of Priam*
cassus, -a, -um, *empty; deprived of; vain*
castellum, -i, n., [castrum], CASTLE, *citadel, fortress, stronghold*
castigō, -āre, -āvi, -ātum, [castus + agō], CHASTISE, *punish, correct; blame, chide, reprove*
• castra, -ōrum, n. pl., (fortified) *camp; naval camp*
Castrum Inui, *an ancient town in Latium*

445

•••• castus, -a, -um, *pure,* CHASTE, *virtuous; holy, pious*

• cāsus, -ūs, m., [cadō], *falling; fall, ruin, destruction; event; chance, fortune; misfortune, hardship, peril; crisis, emergency; opportunity, chance*

catēna, -ae, f., *chain, fetter*

•••• caterva, -ae, f., *crowd, troop, band, multitude*

cathedra, -ae, f., *armchair, sedan chair, teacher's chair*

Catilīna, -ae, m., *L. Sergius* CATILINE, the conspirator in Cicero's consulship

Catō, -ōnis, m., (1) CATO the Censor; (2) CATO the Younger, called *Uticensis*

Catullus, -ī, m., a Latin poet

catulus, -ī, m., *whelp, cub, puppy*

Caucasus, -ī, m., *the* CAUCASUS, mountains between the Black and Caspian seas

cauda, -ae, f., *tail*

caulae, -ārum, f. pl., *sheepfold*

caulis, -is, m., *stalk of a plant*

Caulōn, -ōnis, m., a town on the east coast of Bruttium

• causa, -ae, f., CAUSE, *reason; ground, occasion, excuse, pretext;* in law, CAUSE, *case*

cautē, adv., CAUTIOUSLY

cautēs, -is, f., *rough, pointed rock; crag, cliff*

cavea, -ae, f., [cavus], *hollow place; theater, circus, amphitheater,* the portion occupied by spectators

••• caveō, -ēre, cāvī, cautum, *beware, be on guard against*

caverna, -ae, f., [cavus], *hollow,* CAVERN, CAVE

cavō, -āre, -āvī, -ātum, [cavus], *hollow out*

•••• cavus, -a, -um, *hollow; enveloping*

Cecropidēs, -ae, m., *descendant of* CECROPS; pl., *Athenians*

• cēdō, -ere, cessī, cessum, *go away, withdraw, depart; give way,*

submit, yield; fall to (as one's own property); *disappear*

cedrus, -ī, f., *cedar tree; cedar wood*

Celaeno, -ūs, f., one of the Harpies

••• celebrō, -āre, -āvī, -ātum, [celeber], *throng, crowd;* CELEBRATE, *observe*

• celer, -eris, -ere, *swift, quick, rapid*

•••• celerō, -āre, -āvī, -ātum, [celer], *hasten, speed, do with speed*

cella, -ae, f., *storeroom, granary,* CELL; *shrine* (in a temple)

cēlō, -āre, -āvī, -ātum, CONCEAL, *hide*

•••• celsus, -a, -um, *raised, high, lofty*

• cēna, -ae, f., *meal, dinner*

••• cēnseō, -ēre, -uī, —, *value, estimate*

Centaurus, -ī, m., an imaginary creature, half man, half horse

centēnī, -ae, -a, num. adj., [centum], *a hundred each; a hundred*

• centum, indecl. num. adj., *a hundred*

centumgeminus, -a, -um, [centum + geminus], *hundredfold; with a hundred arms*

Cēphēnus, -a, -um, *Ethiopian*

Ceraunia (saxa), -ōrum, n. pl., a rocky ridge on the coast of Epirus

Cerberus, -ī, m., the watchdog at the entrance of Hades

Cereālis, -e [Cerēs], *of* CERES

cerebrum, -ī, n., *brain*

Cerēs, -eris, f., goddess of agriculture; *grain, corn, bread, food*

••• cernō, -ere, crēvī, crētum, *separate; distinguish;* DISCERN; *see, perceive, comprehend*

cernuus, -a, -um, *stooping forward; headlong*

cērō, -āre, -āvī, -ātum, *smear with wax*

446

•••• **certāmen, -inis,** n., [certō], *strife, struggle, effort; contest, combat; game*

certātim, adv., [certō], *in rivalry, zealously, eagerly*

certē, adv., [certus], *surely,* CERTAINLY; *at least*

••• **certō, -āre, -āvī, -ātum,** [certus], *struggle, strive, contend; compete, vie with*

• **certus, -a, -um,** [cernō], *determined, resolved, fixed, decided; unerring, straight, direct; sure, trusty, faithful; reliable, true*

cerva, -ae, f., [cervus], *hind, deer*

•••• **cervix, -icis,** f., *neck*

•••• **cervus, -i,** m., *stag, deer*

•••• **cessō, -āre, -āvī, -ātum,** [cēdō], CEASE *from,* CEASE, *stop; delay, linger; be inactive*

cētē, n. pl., *sea monsters; whales*

• **cēterus, -a, -um,** *the other, the rest of, the remainder, the rest*

•••• **ceu,** adv., *as, like as, just as; as if*

Chalcidicus, -a, -um, *of* CHALCIS, a town in Euboea

Chalybes, -um, m. pl., *a people of Pontus, skillful in forging iron and steel; iron, steel*

chalybs, -ybis, m., *iron, steel*

Chāōn, -onis, m., *son of Priam, ancestor of the* CHAONES

Chāonia, -ae, f., *a district in Epirus*

Chāonius, -a, -um, *of* CHAONIA, CHAONIAN

Chaos, no gen., n., *void;* person., *god of the underworld*

Charōn, -ontis, m., *ferryman in the underworld*

Charybdis, -is, f., *a whirlpool between Italy and Sicily*

Chimaera, -ae, f., (1) *a fabulous monster having the head of a lion, the body of a goat, and the tail of a dragon, and breathing fire;* (2) *one of the Trojan ships*

chlamys, -ydis, f., (Grecian) *mantle, cloak*

chorēa, -ae, f., *dance* (in a ring); CHORAL *dance*

•••• **chorus, -i,** m., *dance,* CHORAL *dance; troop* or *band* (of singers or dancers); *band, crowd, troop*

•••• **cieō, -ēre, civi, citum,** *move, stir; rouse,* EXCITE, *disturb; name, call, invoke; exhibit, present; shed tears*

cinctus, -ūs, m., [cingō], *girding,* CINCTURE; *particular way of wearing the toga at religious festivals*

•••• **cingō, -ere, cinxī, cinctum,** *surround, enclose; gird, encircle; get ready, prepare; clothe; besiege*

cingulum, -i, n., [cingō], *belt, girdle*

•••• **cinis, -eris,** m., *ashes*

••• **circā,** prep. with acc., and adv., *around, about, nearby, near*

Circaeus, -a, -um, *of* CIRCE

Circē, -ēs or **-ae,** f., *a sorceress, daughter of the Sun*

Circēnsis, -e, [circus], *of the Circus Maximus;* (ludī) Circēnsēs, m. pl., *games of the Circus*

circuitus, -ūs, m., [circumeō], *going round;* CIRCUIT, *compass*

circulus, -i, m., [circus], CIRCLE, *ring; chain*

• **circum,** prep. with acc., and adv., *around, about; nearby, near*

•• **circumdō, -are, -dedī, -datum,** *place around; encircle, surround; of jewels, etc., set*

circumferō, -ferre, -tulī, -lātum, *bear around; purify* (by carrying around water for sprinkling)

circumflectō, -ere, -flexī, -flexum, *bend, turn about*

circumfundō, -ere, -fūdī, -fūsum, *pour around; surround, encompass*

447

circumfūsus, -a, -um, [circum + fundō], *surrounding, encompassing; crowding around*

circumlinō, -ere, —, -litum, *cover, clothe, surround*

circumplector, -plecti, -plexus sum, *clasp around; embrace, encircle, surround*

circumsiliō, -ire, def., [saliō], *leap around, jump*

··**circumsistō, -ere, -steti, —,** *stand around, surround*

circumsonō, -āre, def., *sound about; make echo*

circumsonus, -a, -um, *barking about, sounding around*

circumspiciō, -ere, -spexī, -spectum, [speciō], *view on all sides; survey, observe, examine*

circumtextus, -a, -um, [circum + texō], *woven around*

circumveniō, -ire, -vēni, -ventum, *come around, encompass, surround*

circumvolō, -āre, -āvī, -ātum, *fly around, hover around; enshroud*

circumvolvō, -ere, def., *roll around, revolve around*

circus, -ī, m., CIRCLE, *race course; ring*

Cissēis, -idis, f., *daughter of Cisseus, Hecuba*

Cisseus, -eī, m., (1) a king of Thrace; (2) a Rutulian

Cithaerōn, -ōnis, m., a mountain in Boeotia

cithara, -ae, f., CITHARA, *lyre, harp*

citō, -āre, -āvī, -ātum, *provoke,* INCITE, *move quickly*

cito, adv., [citus], *quickly, soon*

····**citus, -a, -um,** [cieō], *quick, rapid*

···**civilis, -e,** [civis], *of a citizen,* CIVIL, CIVIC

·**civis, -is,** c., *citizen; fellow citizen; fellow countryman, comrade*

clādēs, -is, f., *destruction, disaster; slaughter, massacre; scourge*

clam, adv., *secretly, in secret*

·**clāmō, -āre, -āvī, -ātum,** *cry aloud, shout aloud; call to, call upon, call*

·**clāmor, -ōris,** m., [clāmō], *call, shout, outcry, cry; noise; applause*

clangor, -ōris, m., *sound, noise,* CLANG; *din, blare; flapping*

clārēscō, -ere, def., [clārus], *grow bright, grow clear; grow loud, sound clear*

Clarius, -a, -um, *of* CLAROS, a town in Ionia, where Apollo had an oracle; CLARIAN

·**clārus, -a, -um,** CLEAR, *bright; loud, distinct; famous, illustrious*

·**classis, -is,** f., *fleet*

·**claudō, -ere, clausi, clausum,** *shut,* CLOSE, *shut up,* ENCLOSE, *confine*

claudus, -a, -um, *lame, crippled, maimed*

claustra, -ōrum, n. pl., [claudō], *bar, bolt; barrier, barricade; narrows, narrow passage, strait*

clava, -ae, f., *club*

clāviger, -era, -erum, [clava + gerō], *club-bearing*

clāvis, -is, f., *key*

clāvus, -ī, m., *nail; rudder, helm, tiller; stripe* (on the tunic)

···**clēmentia, -ae, f.,** *mercy, compassion*

cliēns, -entis, m., *dependant,* CLIENT

clipeātus, -a, -um, [clipeus], *armed with a shield, shield-bearing*

····**clipeus, -ī,** m., and **clipeum, -ī,** n., *(round metal) shield* (of a Roman soldier)

Cloanthus, -ī, m., a companion of Aeneas

Cloelia, -ae, f., a Roman maiden, a hostage who escaped from Porsenna's camp and swam across the Tiber to Rome

448

Clonius, -i, m., a Trojan

Cluentius, -i, m., name of a Roman family

Clytius, -i, m., name of several Trojans

Cocles, -itis, m., *Horatius* COCLES, defender of the bridge in the war with Porsenna

Cōcȳtius, -a, -um, *of* COCYTUS

Cōcȳtus, -i, m., river of lamentation; one of the rivers of the underworld

coeō, -ire, -ivi or **-ii, -itum,** [com + eō], *go* or *come together, meet, assemble; curdle* (the blood); *form a league or compact*

• **coepi, -isse,** part. **coeptus,** def., *begin, commence*

coeptum, -i, n., [coepi], *beginning, undertaking, attempt, enterprise*

coerceō, -ēre, -ercui, -ercitum, [arceō], *enclose, surround, confine; restrain, repress*

coetus, -ūs, m., [coeō], *coming together; assemblage, gathering; flock; feast*

Coeus, -i, m., a Titan

• • • **cōgitō, -āre, -āvi, -ātum,** *think, plot*

cognātus, -a, -um, [com + (g)nātus], *related by blood, kindred*

• • • **cognōmen, -inis,** n., [com + (g)nōmen], *surname, family name; name of*

• **cognōscō, -ere, -gnōvi, -gnitum,** *become acquainted with; find out, ascertain, learn;* RECOGNIZE; *understand, know*

• **cōgō, -ere, coēgi, coāctum,** [agō], *drive together, collect, gather; thicken, condense; close up, bring up* (the rear); *force, urge, drive, compel;* **coāctus, -a, -um,** of tears, etc., *forced, hypocritical*

cohibeō, -ēre, -hibui, -hibitum [habeō], *hold together; confine, hinder, restrain*

• **cohors, -tis,** f., COHORT; *fleet*

Colchī, -ōrum, m., *Colchians*

collabefactō, -āre, -āvi, -ātum, *make totter, weaken*

collābor, -lābi, -lāpsus sum, *fall together, fall in ruins; fall, sink* (in a swoon)

Collātinus, -a, -um, *of* COLLATIA, a town of the Sabines, COLLATINE

• • **colligō, -ere, -lēgi, -lēctum,** [legō], *gather, assemble,* COLLECT; *increase; reef* (sails)

• **collis, -is,** m., *hill*

collūceō, -ēre, def., *shine brightly; gleam, shine, be resplendent*

• • • • **collum, -i,** n., *neck*

collūstrō, -āre, -āvi, -ātum, *illuminate; survey, review, inspect*

• • • **colō, -ere, colui, cultum,** CULTIVATE, *till; inhabit, dwell in; cherish, care for, watch over; honor, worship; observe*

• • • **colōnus, -i,** m., [colō], *husbandman; settler,* COLONIST

color, -ōris, m., COLOR, *hue, tint; complexion*

coluber, -bri, m., *serpent*

columba, -ae, f., *dove, pigeon*

columna, -ae, f., COLUMN, *pillar*

colus, -i, f., *distaff; spinning*

com-, see **cum,** prep.

• • • • **coma, -ae,** f., *hair; mane* (of a horse); *foliage, leaves*

comāns, -antis, *long-haired; crested; leafy*

• • • **comes, -itis,** c., [com + eō], *companion, comrade, associate; follower, ally; teacher, tutor, guardian;* pl., *retinue, suite*

• • • **comitātus, -ūs,** m., [comitor], *escort, train, retinue*

• • • • **comitor, -āri, -ātus sum** [comes], *accompany, attend, follow*

commendō, -āre, -āvi, -ātum [mandō], *commit, intrust, confide*

comminus, adv., [com + manus], *hand to hand, in close conflict*

449

commisceō, -ēre, -miscui, -mix-tum or -mistum, MIX, mingle, blend; unite

commissum, -ī, n., [committō], offense, fault, crime

• committō, -ere, -mīsi, -missum, bring together; join, unite; enter on, begin; COMMIT (a crime); engage in or join (battle)

commoveō, -ēre, -mōvi, -mōtum, MOVE, shake, stir; rouse, start, disturb; frighten. excite; enrage

commūnis, -e, COMMON, general, in COMMON

cōmō, -ere, cōmpsi, cōmptum, [emō], arrange, comb, dress; deck, adorn

compāgēs, -is, f., [pangō], fastening, joint

•• compellō, -ere, -puli, -pulsum, drive together; force, drive

•••• compellō, -āre, -āvi, -ātum, accost, address; reproach, chide, rebuke

compēscō, -ere, -pescui, —, check, restrain

••• complector, -plecti, -plexus sum, embraçe, clasp, grasp, hold

• compleō, -ēre, -plēvi, -nlētum, fill up, fill out; COMPLETE; fulfill; crowd, line

complexus, -ūs, m., [complector], embrace

•••• compōnō, -ere, -posui, -positum, put together, construct, build, raise; store up, lay up; regulate, arrange, reduce to order; lay at rest, put to rest, bury

comportō, -āre, -āvi, -ātum, bring together, gather, carry off

comprecor, -āri, -ātus sum, implore

•• comprehendō (or comprēndō), -ere, -hendi or -prēndi, -ēnsum, seize, grasp, catch; comprise (in description), describe, enumerate

comprimō, -ere, -pressi, -pressum,

[com + premō], PRESS together; keep back, check, restrain; REPRESS

concavus, -a, -um, hollow, curved, vaulted, arched

•• concēdō, -ere, -cessi, -cessum, go away, come away, retire, depart; yield, grant, allow

concha, -ae, f., shell; (shell used as a) trumpet

concidō, -ere, -cidi, —, [cadō], fall together, fall down, fall

concieō, -ēre, -civi, -citum, also conciō, -ire, def., call together; shake, stir up; excite, rouse, provoke; hasten

conciliō, -āre, -āvi, -ātum, [concilium], win, gain, obtain; win over

•• concilium, -ī, n., [com + cieō], meeting, assembly, gathering; company; COUNCIL

concinō, -ere, -ui, —, sing, play

concipiō, -ere, -cēpi, -ceptum, [capiō], take up, take in, RECEIVE; be possessed by; imagine, CONCEIVE, think; CONCEIVE, father, beget

••• concitō, -āre, -āvi, -ātum, [concitus], rouse, EXCITE; spur on, hasten, speed

concitus, -a, -um, [concieō], roused, at full speed; roughened

conclāmō, -āre, -āvi, -ātum, shout out, call out, shout; call together, call on for aid

conclūdō, -ere, -clūsi, -clūsum, [com + claudō], shut up, ENCLOSE, confine; mark out

concolor, -colōris, of the same COLOR

concors, -cordis, [com + cor], united, harmonious, peaceful

concrētus, -a, -um, [concrēscō, congeal], grown together; thick, clotted, matted; ingrained, inveterate

concubitus, -ūs, m., marriage

···concurrō, -ere, -curri or -cucurri, -cursum, *run together, rush; rush to battle; clash together; engage in combat, fight, encounter*

concursus, -ūs, m., [concurrō], CONCOURSE, *crowd, multitude*

····concutiō, -ere, -cussi, -cussum, [quatiō], *shake, smite, urge on, push; search, ransack, examine; terrify, alarm*

condēnsus, -a, -um, DENSE, *thick, crowded*

condiscō, -ere, -didici, —, *learn thoroughly*

conditor, -ōris, m., [condō], *founder*

···condō, -ere, -didi, -ditum, *found, establish, build; put away, lay up, store; lay in the tomb, bury; hide, conceal;* of a weapon, *bury, plunge*

cōnectō or connectō, -ere, -nexui, -nexum, *bind together, twist, entwine*

·cōnferō, -ferre, contuli, collātum, *collect, gather;* with gradum, *walk side by side;* with manum or signa, *join battle*

··cōnfertus, -a, -um, [cōnferciō, *crowd*], *crowded together, dense*

cōnfestim, adv., *immediately, at once*

·cōnficiō, -ere, -fēci, -fectum, [faciō], *complete, accomplish, finish; wear out, weaken, exhaust, destroy*

·cōnfidō, -ere, -fisus sum, semidep., *trust, trust in, hope*

cōnfigō, -ere, -fixi, -fixum, *pierce through,* TRANSFIX

cōnfiteor, -ēri, -fessus sum, [fateor], CONFESS, *acknowledge, reveal*

··cōnfligō, -ere, -flixi, -flictum, *dash together; fight, contend*

cōnfodiō, -ere, -fōdi, -fossum, *stab, pierce, wound*

cōnfugiō, -ere, -fūgi, —, *flee for*

safety or *help; resort, have recourse to*

cōnfundō, -ere, -fūdi, -fūsum, *pour together, mingle;* CONFOUND, CONFUSE, *disturb, perplex; interrupt, break, violate*

congelō, -āre, -āvi, -ātum, CONGEAL, *freeze, grow hard*

congeminō, -āre, def., *redouble*

congemō, -ere, -gemui, —, *groan, sigh deeply; utter a groan*

congerō, -ere, -gessi, -gestum, *bring together, heap up; make, construct, build*

congredior, -i, -gressus sum, [gradior], *meet; encounter in battle; join battle*

congressus, -ūs, m., [congredior], *meeting; conflict; interview*

·coniciō, -ere, -iēci, -iectum, [iaciō], *throw together; throw, cast, hurl, thrust; shoot* (an arrow)

cōnifer, -fera, -ferum, [cōnus + ferō], CONE-*bearing*

cōnitor, -i, -nixus or -nisus sum, *strive, struggle, strain every nerve*

····coniugium, -i, n., [coniungō], *marriage, wedlock;* by metonomy, *husband, wife*

·coniungō, -ere, -iūnxi, -iūnctum, JOIN *together, unite, fasten; ally; connect with*

···coniūnx, coniugis, c., [coniungō], *husband, wife; bride; betrothed*

··coniūrō, -āre, -āvi, -ātum, *swear together, conspire*

conl-, see coll-

·cōnor, -āri, -ātus sum, *undertake, endeavor, try, attempt*

conqueror, -i, -questus sum, *complain, lament*

cōnsanguineus, -a, -um, [com + sanguis], *of the same blood; kindred;* as a noun, *brother, kinsman*

cōnsanguinitās, -ātis, f., [cōnsanguineus], *kinship, relationship*

451

cōnscelerō, -āre, -āvi, -ātum, *dishonor, disgrace, stain with guilt*

cōnscendō, -ere, -scendi, -scēnsum, [scandō], *mount,* ASCEND, *climb;* of a ship or the sea, *embark on*

•••• cōnscius, -a, -um, [com + sciō], CONSCIOUS; *witnessing; confederate*

• cōnsequor, -i, -secūtus sum, *follow up, pursue; overtake*

cōnserō, -ere, -serui, -sertum, *connect, join, fasten together; entwine; join battle*

cōnsessus, -ūs, m., [cōnsidō], *assembly; place of assembly; gathering*

• cōnsidō, -ere, -sēdi, -sessum, [sedeō], *sit down, take a seat; settle, alight; sink, subside, sink in ruin, collapse; settle, dwell;* of ships, *lie at anchor, be moored*

• cōnsilium, -i, n., *council;* COUNSEL, *deliberation, advice; plan, measure, purpose*

• cōnsistō, -ere, -stiti, —, *post one's self; take a stand, get a foothold, set foot on; stand, stand still, halt, alight; settle, dwell*

cōnsitus, -a, -um, [cōnserō, *sow*], *sown, sprinkled*

cōnsōlor, -āri, -ātus sum, CONSOLE, *comfort*

cōnsonō, -āre, -ui, —, SOUND *together,* SOUND *aloud,* RESOUND

cōnsors, -sortis, c., *companion, partner*

cōnspectus, -a, -um, [cōnspiciō], *striking, distinguished,* CONSPICUOUS

•• cōnspectus, -ūs, m., [cōnspiciō], *view, sight; presence*

• cōnspiciō, -ere, -spexi, -spectum, [speciō], *look at, gaze upon, observe; catch sight of, espy, discover*

cōnspicuus, -a, -um, *visible,* CONSPICUOUS

cōnspirō, -āre, -āvi, -ātum, *blow together, sound*

cōnsternō, -ere, -strāvi, -strātum, *strew over, spread, cover*

• constituō, -ere, -stitui, -stitūtum, [statuō], *put, place, set; erect, set up, build; determine, decide*

cōnstō, -āre, -stiti, -stātum, *stand firm; be certain, be settled, be decided*

cōnstruō, -ere, -strūxi, -strūctum, *pile up; build,* CONSTRUCT

• cōnsul, -is, m., CONSUL

• cōnsulō, -ere, -sului, -sultum, *ask advice of,* CONSULT; *advise, take thought for; watch*

••• cōnsultum, -i, n., [cōnsulō], *decree; response* (of an oracle)

•• cōnsūmō, -ere, -sūmpsi, -sūmptum, *use up,* CONSUME, *devour; waste away; spend*

cōnsurgō, -ere, -surrēxi, -surrēctum, *rise together; rise at once, rise*

contāctus, -ūs, m., [contingō], CONTACT, *touch*

••• contemnō, -ere, -tempsi, -temptum, *esteem lightly, despise, defy*

contemptor, -ōris, m., [contemnō], *despiser*

• contendō, -ere, -tendi, -tentum, *stretch, strain; direct, aim* (a weapon), *shoot; strive, try, endeavor; hasten, make haste; fight,* CONTEND

••• contentus, -a, -um, [contineō], CONTENTED, *satisfied,* CONTENT

conterreō, -ēre, -terrui, -territum, TERRIFY, *frighten*

contexō, -ere, -texui, -textum, *weave; construct, build*

conticēscō, -ere, -ticui, —, [taceō], *become still, be hushed, be silent*

contiguus, -a, -um, [contingō], *near, within reach of*

• contineō, -ēre, -tinui, -tentum, [teneō], *hold together, limit;*

repress, restrain, check, stay, stop

•••contingō, -ere, -tigi, -tāctum, [tangō], touch, reach, seize; arrive at; fall to the lot of; impers., happen, be the lot of

continuō, adv., [continuus], immediately, straightway

contorqueō, -ēre, -torsi, -tortum, turn, twist, whirl; hurl, throw, shoot (an arrow)

•contrā, adv., facing, opposite, in opposition, on the other hand; in reply; prep. with acc., opposite, over against, against

contrahō, -ere, -trāxi, -trāctum, draw together, assemble, collect

contrārius, -a, -um, [contrā], opposite; opposed, CONTRARY, adverse

contremō, -ere, -ui, —, tremble

contundō, -ere, -tudi, -tūsum or -tūnsum, bruise, crush; conquer, subdue

conturbō, -āre, -āvi, -ātum, DISTURB, confuse, ruin

contus, -i, m., pole; boat hook

••••cōnūbium, -i, n., [com + nūbō], marriage, wedlock

cōnus, -i, m., CONE, esp. CONE or apex (of a helmet)

convallis, -is, f., VALLEY enclosed by hills; ravine

convectō, -āre, def., carry together, CONVEY

convellō, -ere, -velli, -vulsum, tear away, pull off; pluck up; wrench, shatter, rend

•conveniō, -ire, -vēni, -ventum, come together, assemble, meet; impers., it is agreed, the compact is

conventus, -ūs, m., [conveniō], assembly, throng

••convertō, -ere, -verti, -versum, turn round, turn back; wheel; change, transform

convexus, -a, -um, [convehō], vaulted, arched, hollow, CON-

VEX, concave; as a noun, n., vault, arch, hollow, slope; sky, heavens; upper air, contrasted with Hades

convictus, -ūs, m., circle of friends, intimacy

•••convivium, -i, n., [com + vivō], banquet, feast

convolvō, -ere, -volvi, -volūtum, roll up or around; coil

coorior, -iri, -ortus sum, arise; appear, break out, spring up

•cōpia, -ae, f., [com + ops], abundance, supply, plenty; of soldiers, force, troop, band; ability, opportunity, permission

••••cor, cordis, n., heart; of feeling, etc., heart, soul, mind, breast, feeling, delight; soul, person

Cora, -ae, f., an ancient town in Latium

cōram, adv., [com + ōs], face to face, before one's eyes, in person

Corinna, -ae, f., the name given by Ovid to his beloved in the Amores

Corinthus, -i, f., famous Greek city

corneus, -a, -um, [cornū], of horn

corneus, -a, -um, [cornus], of the CORNEL tree; of CORNEL wood

corniger, -gera, -gerum, [cornū + gerō], horn-bearing, horned

cornipēs, -pedis, [cornū + pēs], horn-footed, horn-hoofed

•cornū, -ūs, n., horn, antler; trumpet; bow; tips or ends (of sailyards); horns of the moon

cornum, -i, n., CORNEL berry, CORNELIAN cherry

cornus, -i, f., CORNEL tree; javelin (of cornel wood)

Coroebus, -i, m., a Phrygian

••••corōna, -ae, f., CROWN; garland, wreath; circle (of men); line (of siege or defense)

corōnō, -āre, -āvi, -ātum, [corōna], CROWN, wreathe; surround, enclose

453

corporeus,-a,-um, [corpus], *of the body, bodily*, CORPOREAL, *carnal*

• corpus, -oris, n., *body; person; lifeless body; shade, ghost; frame, framework, hull* (of a ship); *universe*

corrigō, -ere, -rēxi, -rēctum, [regō], *improve*, CORRECT

•••• corripiō, -ere, -ripui, -reptum, [rapiō], *seize, snatch up, grasp, catch; rouse; carry off, plunder; hurry over, hasten over*

••• corrumpō, -ere, -rūpi, -ruptum, *destroy, ruin; injure, spoil;* CORRUPT, *taint*

cortex, -icis, m., *bark* (of a tree)

cortina, -ae, f., *caldron; tripod* (of Apollo, with caldron-shaped seat); *oracle*

Cōrus, -i, m., *northwest wind*

coruscō, -āre, def., [coruscus], *shake, brandish, wave*

•••• coruscus, -a, -um, *waving, tremulous; flashing, gleaming*

corybantēs, -ium, m., *priests of Cybele*

Corybantius, -a, -um, *of the* CORYBANTES, *priests of Cybele*

Corynaeus, -i, m., name of two companions of Aeneas

Corythus, -i, f., an ancient city of Etruria

Cossus, -i, m., *A. Cornelius* Cossus, a hero in the war with Veii

costa, -ae, f., *rib; side*

cothurnus, -i, m., *hunting boot*

Cragus, -i, m., a promontory of Lycia

• crās, adv., *tomorrow*

crassus, -a, -um, *thick, dense; clotted*

crāstinus, -a, -um, [crās], *of tomorrow, tomorrow's*

•••• crātēr, -ēris, acc. sing. -ēra, acc. pl. -ērās, m., also crātēra, -ae, f., *mixing bowl* (for wine)

creātrix, -icis, f., [creātor], *she who brings forth, a mother*

•• crēber, -bra, -brum, *thick; repeated; quick, thick and fast, raining* (of a boxer's blows); *fresh; crowded, abounding in, teeming with*

crēbrēscō, -ere, crēbrui, —, [crēber], *become frequent, increase; freshen*

• crēdō, -ere, -didi, -ditum, *commit, intrust, confide; trust, confide in, believe; think*

crēdulus, -a, -um, [crēdō], *believing*, CREDULOUS

cremō, -āre, -āvi, -ātum, *burn*

crepitō, -āre, def., [crepō], *rattle, crackle, crack, rustle; murmur*

•••• crepō, -āre, crepui, crepitum, *rattle, crack, crash*

Crēs, Crētis, m., *a* CRETAN

• crēscō, -ere, crēvi, crētum, *spring up, grow;* crētus, -a, -um, *sprung from, born of*

Crēsius, -a, -um, [Crēs], CRETAN

Crēssa, -ae, f., [Crēs], *a* CRETAN *woman*

Crēta, -ae, f., the island CRETE

Crētaeus, -a, -um, [Crēta], CRETAN

Crētheus, -ei, m., a Trojan

Creūsa, -ae, f., wife of Aeneas

•••• crimen, -inis, n., *charge, accusation, reproach; fault,* CRIME, *offense; source, guilty cause*

criminōsus, -a, -um, [crimen], *abusive, slanderous*

•••• crinis, -is, m., *hair; locks;* of a meteor or comet, *trail, tail, train*

Crinisus, -i, m., a river in Sicily; also the river-god, CRINISUS

crinitus, -a, -um, [crinis], *long-haired*

crispō, -āre, —, -ātum, [crispus, *curly*], *wave, brandish, swing*

•••• crista, -ae, f., CREST, *plume*

cristātus, -a, -um, [crista], CRESTED, *plumed*

croceus, -a, -um, [crocus], *saffron-colored, yellow; golden*

454

crocus, -i, m., *saffron, saffron color*

••• crūdēlis, -e, [crūdus], *unfeeling, hard,* CRUEL, *harsh, bitter, fierce; bloody*

crūdēscō, -ere, crūdui, —, [crūdus], *grow harsh, grow fierce*

crūdus, -a, -um, *bloody, raw; of rawhide; green, rough; unfeeling, cruel; fresh, vigorous*

•••• cruentus, -a, -um, *bloody, bloodstained; cruel*

•••• cruor, -ōris, n., *blood, gore*

•••• crūs, -ūris, n., *leg, shin*

crūstum, -i, n., *cake, loaf*

cubile, -is, n., [cubō], *couch, bed*

cubitum, -i, n., [cubō], *elbow; cubit* (in linear measure)

cubō, -āre, -ui, -itum, *lie, lie down*

•••• culmen, -inis, n., *top, summit; roof; height*

culmus, -i, m., *stalk, stem; thatch, thatched roof*

••• culpa, -ae, f., *fault, blame; weakness*

culpātus, -a, -um, [culpō], *blameable, guilty*

culter, -tri, m., *knife*

cultor, -ōris, m., [colō], *tiller, husbandman; dweller; worshiper*

cultrix, -icis, f., [cultor], *she that inhabits* or *protects, protectress*

cultus, -ūs, m., [colō], CULTIVATION; *civilization,* CULTURE, *refinement; way* or *style of life; dress, attire*

• cum, prep. with abl., *with;* in compounds, com-

• cum, conj., *when, whenever; since; although;* cum . . . tum, *not only . . . but also*

Cūmae, -ārum, f. pl., *an ancient town of Campania, not far from Naples*

Cūmaeus, -a, -um, [Cūmae], *of* CUMAE, CUMAEAN

cumba or cymba, -ae, f., *boat, skiff*

cumulō, -āre, -āvi, -ātum, [cumulus], *heap up, heap; load, fill; increase*

cumulus, -i, m., *heap, pile, mass*

cūnābula, -ōrum, n. pl., *cradle; early home*

•••• cunctor, -āri, -ātus sum, *delay, linger, hesitate, doubt*

••• cūnctus, -a, -um, [co + iūnctus], *all together, the whole, all, entire*

cuneus, -i, m., *wedge;* (wedge-shaped) *body of troops; seats* (of a theater), (wedge-shaped) *section* (of seats)

Cupidineus, -a, -um, [Cupidō], *of* CUPID

•••• cupidō, -inis, f., [cupiō], *desire, wish, longing, love; resolve;* person., m., CUPID or *Amor,* son of Venus and god of love

• cupidus, -a, -um, [cupiō], *desirous, eager, fond*

• cupiō, -ere, -ivi or -ii, -itum, *long, desire, wish, long for*

cupressus, -i, f., CYPRESS

• cūr, adv., [= quā rē], *why, for what reason, wherefore*

• cūra, -ae, f., *care, trouble, diligence; anxiety, sorrow; business, duty; love, pangs of love; loved one;* person., CARE

cūralium, -i, n., CORAL

Curēs, -ium, m. and f. pl., capital of the Sabines

Cūrētēs, -um, m. pl., earliest inhabitants of Crete; CRETANS

••• cūria, -ae, f., *senate house*

•• cūrō, -āre, -āvi, -ātum, [cūra], *care for, attend to; refresh*

curriculum, -i, n., [currō], *course, career*

• currō, -ere, cucurri, cursum, *run; hasten; flow; shoot*

•• currus, -ūs, m., [currō], *chariot, car*

• cursus, -ūs, m., [currō], *running; race,* COURSE, *voyage, journey, route; speed; pursuit* curvō, -āre, -āvi, -ātum, [curvus], *bend*, CURVE

•••• curvus, -a, -um, *bent*, CURVED, *winding, crooked*

•••• cuspis, -idis, f., *point; spear point; spear, javelin*

••• custōdia, -ae, f., [custōs], *watching, guard;* by metonomy, *a guard, sentinel*

••• custōdiō, -ire, -ivi or -ii, -itum, [custōs], *guard, watch*

• custōs, -ōdis, c., *guard, watch, protector, defender*

Cybelē, -ēs or -ae, f., Phrygian goddess worshiped by the Romans as mother of the gods

Cybelus, -i, m., a mountain in Phrygia, sacred to Cybele

Cyclades, -um, f. pl., the islands encircling Delos in the Aegean Sea

Cyclōpius, -a, -um, [Cyclōps], *of the* CYCLOPES

Cyclōps, -ōpis ("round-eyed"), m., one of the giants on the coast of Sicily near Mt. Etna; they had one round eye in the middle of the forehead

cycnus, -i, m., *swan*

Cyllēnē, -ēs or -ae, f., a mountain in Arcadia, birthplace of Mercury

Cyllēnius, -a, -um, [Cyllēnē], *of* CYLLENE; as a noun, m., *god of* CYLLENE, Mercury

cymbium, -i, n., [cumba], (boat-shaped) *cup* or *bowl*

Cymodocē, -ēs, f., a Nereid or sea-nymph

Cymothoē, -ēs, f., a Nereid or sea-nymph

Cynthius, -a, -um, *of* CYNTHUS, *of Apollo*

Cynthus, -i, m., a mountain in Delos, birthplace of Apollo and Diana

cyparissus, -i, f., poetical for cupressus, CYPRESS

Cyprus, -i, f., a large island in the Mediterranean

Cythēra, -ōrum, n. pl., an island near the coast of Laconia, sacred to Venus; near it she rose from the foam of the sea, according to the fable

Cytherēa, -ae, f., [Cythēra], *Lady* or *Goddess of* CYTHERA, *Venus*

Cythēriacus, -a, -um, [Cythēra], *of Venus*

D

Daedalus, -i, m., builder of the Cretan Labyrinth

Dahae, -ārum, m. pl., a Scythian people

••• damnō, -āre, -āvi, -ātum, [damnum], CONDEMN, *doom; devote*

damnum, -i, n., *loss, harm*

Danaus, -a, -um, *of* DANAUS, king of Argos; *Grecian;* as a noun, m. pl., **Danai**, *the Greeks*

•••• daps, dapis, f., usually in pl., *feast, banquet; viands, food*

Dardania, -ae, f., [Dardanius], *Troy*

Dardanidēs, -ae, m., [Dardanus], *son* or *descendant of* DARDANUS; **Dardanidae, -ārum**, *the Trojans*

Dardanis, -idis, f., [Dardanus], *daughter* or *descendant of* DARDANUS

Dardanius, -a, -um, [Dardanus], *of* DARDANUS, *Trojan*

Dardanus, -i, m., founder of the Trojan line

Dardanus, -a, -um, *of* DARDANUS, *Trojan*

Darēs, -ētis, m., a Trojan boxer

dator, -ōris, m., [dō], *giver*

Daunias, -adis, f., *realm of* DAUNUS, *Apulia*

Daunius, -a, -um, [Daunus], *of* DAUNUS, DAUNIAN; *Rutulian*

Daunus, -i, m., father of Turnus

• dē, prep. with abl., *from, down*

from, out of; of, made of; about, respecting, concerning, with respect to; in accordance with
• **dea, -ae, f.**, *goddess*
dēbellātor, -ōris, m., [dēbellō], *conqueror, subduer*
dēbellō, -āre, -āvī, -ātum, *conquer, subdue*
• **dēbeō, -ēre, -uī, -itum,** [habeō], *owe;* pass., *be due, be decreed, be destined*
dēbilis, -e, [dē + habilis], *disabled, lame, crippled; weak, infirm*
••• **dēbilitō, -āre, -āvī, -ātum,** [dēbilis], *weaken, diminish*
••• **dēcēdō, -ere, -cessī, -cessum,** *go away, withdraw, depart*
• **decem,** indecl. num. adj., *ten*
••• **dēcernō, -ere, -crēvī, -crētum,** *decide, determine; fight, contend*
dēcerpō, -ere, -cerpsī, -cerptum, [carpō], *pluck off, break off, gather*
••• **decet, -ēre, decuit,** impers., *it is proper, becoming,* or *fit*
dēcidō, -ere, -cidī, —, [cadō], *fall down, fall*
deciēns, adv., *ten times*
• **decimus, -a, -um,** [decem], *tenth*
dēcipiō, -ere, -cēpī, -ceptum, [capiō], *catch; ensnare,* DECEIVE, *cheat*
Decius, -ī, m., *name of a Roman family*
••• **dēclārō, -āre, -āvī, -ātum,** DECLARE, *announce, proclaim*
dēclinō, -āre, -āvī, -ātum, *turn away; lower; close the eyes*
•• **dēclīvis, -e,** [dē + clivus, *ascent*), *sloping*
dēcolor, -ōris, DISCOLORED; *depraved, corrupt*
decor, -ōris, m., [decet], *grace, beauty, charm*
decorō, -āre, -āvī, -ātum, [decus], *adorn, grace,* DECORATE; *honor*
•••• **decōrus, -a, -um,** [decor], *becoming, proper; beautiful, adorned, decked*
dēcrēscō, -ere, -crēvī, -crētum, *lessen,* DECREASE
dēcurrō, -ere, -cucurrī or **-currī, -cursum,** *run down, hasten down, descend; march; traverse; pass over, sail over*
•••• **decus, -oris, n.,** [decet], *ornament,* DECORATION; *grace, glory, beauty; honor, dignity*
dēdecet, -ēre, -uit, impers., *it is unseemly, it is unbecoming*
dēdignor, -ārī, -ātus sum, DISDAIN, *refuse, scorn, reject*
• **dēdūcō, -ere, -dūxī, -ductum,** *lead, draw,* or *bring down, away,* or *off; carry off; conduct; launch* (a ship)
• **dēfendō, -ere, -fendī, -fēnsum,** *ward off;* DEFEND, *guard, protect*
dēfēnsor, -ōris, m., [dēfendō], DEFENDER, *protector;* DEFENSE
• **dēferō, -ferre, -tulī, -lātum,** *bring, carry, lead, convey; report, announce*
• **dēfessus, -a, -um,** [dēfetiscor, *become tired*], *weary, tired, exhausted, fatigued*
• **dēficiō, -ere, -fēcī, -fectum,** [faciō], *withdraw, desert; be wanting, fail; sink, faint, fail in strength*
dēfigō, -ere, -fīxī, -fixum, *fasten,* FIX, *drive;* of the eyes, FIX *intently; cast down*
dēfleō, -ēre, -flēvī, -flētum, *weep over, bewail, lament*
dēfluō, -ere, -flūxī, -fluxum, *flow down; glide, fall,* or *float down; descend*
dēfōrmō, -āre, -āvī, -ātum, [fōrma], *disfigure, mar*
dēfungor, -ī, -fūnctus sum, *have done with, perform, finish; fulfill*
dēgener, -eris, [dē + genus], DEGENERATE; *unworthy, ignoble, base*

457

dēgō, -ere, dēgī, —, [agō], *spend, pass*

dehinc, adv., *thereupon, then, next, afterwards, hereupon*

dehiscō, -ere, def., *gape, yawn, open*

•• dēiciō, -ere, -iēci, -iectum, [iaciō], *throw down, hurl down, destroy; cast down, cast; strike down; deprive of*

• deinde, adv., *then, next, afterwards, thereupon, immediately*

Dēiopēa, -ae, f., *one of Juno's nymphs*

Dēiphobē, -ēs, f., *the Cumaean Sibyl*

Dēiphobus, -ī, m., *a son of Priam*

dēlābor, -ī, -lāpsus sum, *fall, slip,* or *glide down; descend; swoop down*

••• dēleō, -ēre, -ēvī, -ētum, *destroy*

dēliciae, -ārum, f. pl., *pet, delight*

••• dēlictum, -ī, n., *sin, fault, crime, offense*

• dēligō, -ere, -lēgī, -lēctum, [legō], *choose,* SELECT

dēliquēscō, -ere, -licuī, —, *melt*

dēlitēscō, -ere, -lituī, —, [latēscō], *hide, lie hidden*

Dēlius, -a, -um, [Dēlos], *of* DELOS, DELIAN, *an epithet of Apollo, who was born on Delos*

Dēlos, -ī, f., *an island in the Aegean Sea, birthplace of Apollo and Diana*

Delphicus, -a, -um, DELPHIC

delphin, -inis, or delphinus, -ī, m., DOLPHIN

••• dēlūbrum, -ī, n., *temple, shrine, sanctuary*

dēlūdō, -ere, -lūsī, -lūsum, *mock, deceive,* DELUDE

••• dēmēns, -mentis, *out of one's senses; insane, mad,* DEMENTED; *foolish, reckless*

dēmentia, -ae, f., [dēmēns], *insanity, madness, folly*

dēmergō, -ere, -mersī, -mersum, *sink, plunge, bury*

dēmissus, -a, -um, [dēmittō], *lowered; hanging down; downcast, dejected*

•••• dēmittō, -ere, -mīsī, -missum, *send down, let fall; shed* (tears); *cast down; depress;* ADMIT; *conduct, bring*

dēmō, -ere, dēmpsī, dēmptum, [emō], *take away, remove*

Dēmoleos, -ī, m., *a Greek*

dēmoror, -ārī, -ātus sum, *detain, delay, protract*

•••• dēmum, adv., *at length, at last*

dēnī, -ae, -a, distr. num. adj., *ten each, by tens;* for decem, *ten*

••• dēnique, adv., *at length, at last, finally; in a word, in short*

•• dēns, dentis, m., *tooth; fluke* (of an anchor)

dēnseō, -ēre, def., [dēnsus], *thicken, pack, crowd*

•••• dēnsus, -a, -um, *thick,* DENSE, *crowded; frequent, repeated*

••• dēnūntiō, -āre, -āvī, -ātum, ANNOUNCE, *proclaim, declare; foretell, threaten*

dēpāscō, -ere, -pāvī, -pāstum, *feed upon, eat up, consume*

••• dēpellō, -ere, -pulī, -pulsum, *drive away, avert*

dēpendeō, -ēre, def., *hang down, hang from, hang*

•• dēpōnō, -ere, -posuī, -positum, *put aside, set down; recline; set aside, exclude; bear, give birth to*

••• dēprecor, -ārī, -ātus sum, *avert by prayer; beg for mercy*

••• dēprehendō (or dēprēndō), -ere, -endī or -prēndī, -ēnsum, *seize upon, catch, overtake, surprise*

dēproeliāns, -antis, *warring*

dēprōmō, -ere, -prōmpsī, -prōmptum, *draw out* or *forth*

dērigēscō, -ere, -riguī, —, *become stiff; curdle; be fixed* or *staring* dērigō, see dirigō

dēripiō, -ere, -ripui, -reptum, [rapiō], *tear off* or *away; throw off, cast off, launch*

dēsaeviō, -ire, -ii, —, *rave, rage, rage furiously*

• dēscendō, -ere, -scendi, -scēnsum, [scandō], *come down,* DESCEND; *lower one's self, stoop*

dēscēnsus, -ūs, m., [dēscendō], *going down,* DESCENT

••• dēscrībō, -ere, -scripsi, -scriptum, *write out, write;* DESCRIBE, *sketch, represent*

dēsecō, -āre, -secui, -sectum, *cut off, sever*

••• dēserō, -ere, -serui, -sertum, *leave, forsake,* DESERT, *abandon*

dēsertor, -ōris, m., [dēserō], *runaway,* DESERTER

dēsertus, -a, -um, [dēserō], DESERT, *solitary, lonely, waste;* as a noun, n. pl., DESERT *places,* DESERT, *lonely haunts*

dēsiderātus, -a, -um, DESIRED, *longed for*

dēsiderium, -i, n., *longing,* DESIRE

dēsidia, -ae, f., [dē + sedeō], *idleness, sloth*

dēsidō, -ere, -sēdi, —, *sink* or *settle down*

••• dēsignō, -āre, -āvi, -ātum, *mark out, trace,* DESIGNATE

dēsiliō, -ire, -silui, -sultum, [saliō], *leap down*

••• dēsinō, -ere, -sii, -situm, *leave off, cease; forbear*

• dēsistō, -ere, -stiti, -stitum, *leave off, cease,* DESIST

dēsōlō, -āre, -āvi, -ātum, [sōlus], *forsake, abandon; deprive, lay waste*

dēspectō, -āre, def., [dēspiciō], *look down upon*

•• dēspiciō, -ere, -spexi, -spectum, [speciō], *look down upon;* DESPISE, *disdain, reject*

dēstinō, -āre, -āvi, -ātum, *fix; appoint,* DESTINE

dēstruō, -ere, -strūxi -strūctum, *tear down, demolish,* DESTROY

dēsuēscō, -ere, -suēvi, -suētum, *become unaccustomed* or *unused;* dēsuētus, -a, -um, *disused, unaccustomed, unused*

• dēsum, deesse, dēfui, —, *be away, be absent; be missing; fail, be lacking*

dēsuper, adv., *from above*

dētegō, -ere -tēxi, -tēctum, *uncover, expose, lay bare*

dēterior, -ius, comp. adj. (no positive), superl. deterrimus, *worse, baser*

dēterreō, -ēre, -ui, -itum, *repress,* DETER, *discourage*

dētineō, -ēre, -tinui, -tentum, [teneō], *keep* or *hold back;* DETAIN

dētorqueō, -ēre, -torsi, -tortum, *turn away* or *aside; avert; bend; direct*

dētrahō, -ere, -trāxi, -trāctum, *take from, take away from*

dētrūdō, -ere, -trūsi, -trūsum, *thrust away* or *down; drive out*

dēturbō, -āre, -āvi, -ātum, *thrust down; strike down; drive out* or *away*

• deus, -i, m., *god,* DEITY (god or goddess)

dēveniō, -ire, -vēni, -ventum, *come down; come, reach, arrive*

dēvexus, -a, -um, [dēvehō], *sloping, descending*

dēvinciō, -ire, -vinxi, -vinctum, *bind fast* or *firmly*

dēvincō, -ere, -vici, -victum, *conquer completely, subdue, overcome*

dēvolō, -āre, -āvi, -ātum, *fly down*

dēvolvō, -ere, -volvi, -volūtum, *roll down, hurl down*

dēvorō, -āre, -āvi, -ātum, DEVOUR, *swallow up, repress*

dēvoveō, -ēre, -vōvi, -vōtum, DEVOTE, *appoint, doom*

• dexter, -tera, -terum or -tra,

-trum, *right; on the right, to the right;* DEXTEROUS, *skillful; favorable, propitious, auspicious;* as a noun, f., **dextra** or **dextera (manus),** f., *right hand; pledge*

Diāna, -ae, f., *goddess of the chase and,* as *Luna, of the moon;* also, as *Hecate,* goddess of magic and witchcraft

diciō, -ōnis, f., *sway, rule*

•**dicō, -āre, -āvi, -ātum,** DEDICATE, *devote; appropriate, pronounce*

dicō, -ere, dixi, dictum, *say, speak, mention, declare, pronounce, tell; foretell; call, name; order, direct*

Dictaeus, -a, -um, [Dictē], *of Mt.* DICTE, in Crete; DICTAEAN, *Cretan*

dictamnus, -i, f., DITTANY, an herb of the mint family

dictum, -i, n., [dicō], *word; order, command; promise*

didō, -ere, dididi, diditum, *give out, spread abroad*

Didō, -ūs or **-ōnis,** f., *queen of Carthage*

didūcō, -ere, -dūxi, -ductum, *draw apart, separate, divide; distract*

Didymāōn, -onis, m., *a skillful artist*

•**diēs, diēi,** m. and f., *day; period, season, length of time; daytime, daylight*

Diēspiter, -tris, m., *Jupiter*

••**differō, -ferre, distuli, dilātum,** *carry apart, spread; tear apart* or *asunder;* DEFER, *postpone; keep off* or *away*

•**difficilis, -e,** [dis + facilis], *hard,* DIFFICULT; *perilous, dangerous*

diffidō, -ere, -fisus sum, semidep., *distrust, lose* CONFIDENCE *in*

diffindō, -ere, -fidi, -fissum, *cleave, split*

diffugiō, -ere, -fūgi, —, *flee in different directions, scatter*

diffundō, -ere, -fūdi, -fūsum, *pour out; spread, spread abroad; scatter*

digerō, -ere, -gessi, -gestum, *separate; arrange, dispose, set in order; interpret*

••**digitus, -i,** m., *finger; toe*

••••**dignor, -āri, -ātus sum,** [dignus], *deem worthy, honor;* DEIGN

•••**dignus, -a, -um,** *worthy, deserving, suitable, fitting, fit, proper*

digredior, -i, -gressus sum, [gradior], *go apart, go* or *come away, depart*

digressus, -ūs, m., [digredior], *parting, departure*

diiūdicō, -āre, -āvi, -ātum, *decide*

dilābor, -i, -lāpsus sum, *slip away, melt away, vanish*

dilacerō, -āre, -āvi, -ātum, *tear to pieces*

•••**dilēctus, -a, -um,** [diligō], *loved, beloved, dear*

•••**diligō, -ere, -lēxi, -lēctum,** [legō], *esteem highly, love*

diluvium, -i, n., [diluō, *wash away*], *flood, deluge; destruction*

dimētior, -iri, -mēnsus sum, *measure, measure off*

•**dimittō, -ere, -misi, -missum,** *send different ways; send away,* DISMISS; *abandon*

dimoveō, -ēre, -mōvi, -mōtum, *part, separate, divide; dismiss, scatter;* REMOVE

Dindyma, -ōrum, n. pl., *a mountain in Mysia, sacred to Cybele*

Dindymēnē, -ēs, f., *goddess worshiped at Dindyma*

dinumerō, -āre, -āvi, -ātum, *count, reckon*

Diomēdēs, -is, m., *one of the Greek leaders in the Trojan War*

Diōnaeus, -a, -um, [Diōnē], *properly, of* DIONE, *mother of Venus;* **mater Dionaea,** *Aeneas's* *mother*, DIONE'S *daughter*, Venus

Diōrēs, -is, m., a companion of Aeneas

diōta, -ae, f., *wine jar* (with two handles)

Dioxippus, -i, m., a Trojan

Dirae, -ārum, f. pl., [dirus], *the Furies*

dirigō or dērigō, -ere, -rēxi, -rēctum, [regō], *lay straight;* DIRECT, *aim, steer, guide*

dirimō, -ere, -ēmi, -ēmptum, [emō], *part, separate, divide; break off, interrupt*

••• diripiō, -ere, -ripui, -reptum, [rapiō], *tear in pieces; snatch, snatch away; ravage, plunder*

diruō, -ere, -rui, -rutum, *destroy*

•••• dirus, -a, -um, *fearful, awful, dread; cruel, fierce;* DIRE, *horrible, frightful; mad, wild*

dis, ditis, compar ditior, superl. ditissimus, *rich*

Dis, Ditis, m., *Pluto,* king of Hades

dis- or di-, insep. particle meaning *asunder, apart, in different directions*

• discēdō, -ere, -cessi, -cessum, *depart, go away, retire; separate, open, part*

discernō, -ere, -crēvi, -crētum, *separate, mark off, divide; distinguish,* DISCERN; *interweave; settle, decide*

discerpō, -ere, -cerpsi, -cerptum, [dis + carpō], *tear in pieces, scatter*

discessus, -ūs, m., [discēdō], *departure*

discinctus, -a, -um, [discingo, *ungird*], *ungirt; loose-robed; effeminate*

• discō, -ere, didici, —, *learn, become acquainted with;* with inf., *learn how*

discolor, -ōris, *of different* COLOR

discordia, -ae, f., [discors], *dis-*sension, DISCORD; person., the goddess DISCORD (Greek Eris)

discors, -cordis, [dis + cor], DISCORDANT; *hostile, warring; unlike, different*

••• discrimen, -inis, n., [discernō], *interval, distance; distinction, difference; turning point, crisis, danger*

discriminō, -āre, -āvi, -ātum, [discrimen], *separate; light up*

discumbō, -ere, -cubui, -cubitum; *recline at table*

discurrō, -ere, -curri or -cucurri, -cursum, *run different ways; ride apart; run to and fro*

discutiō, -ere, -cussi, -cussum, [quatiō], *shake* or *strike off*

disertus, -a, -um, *eloquent*

disiciō, -ere, -iēci, -iectum, [iaciō], *throw asunder; scatter, disperse; ruin, destroy, overthrow*

disiungō, -ere, -iūnxi, -iūnctum, *sever, separate, remove*

dispellō, -ere, -puli, -pulsum, *scatter, disperse, drive away*

dispendium, -i, n., [dispendō, *weigh out*], EXPENSE, *cost, loss*

•• dispergō, -ere, -spersi, -spersum, [spargō], *scatter,* DISPERSE

dispiciō, -ere, -spexi, -spectum, [speciō], *discern, perceive, distinguish*

displiceō, -ēre, -plicui, -plicitum, DISPLEASE

dispōnō, -ere, -posui, -positum, *arrange,* DISPOSE, *distribute*

dissideō, -ēre, -ēdi, -essum, [sedeō], *be separated, disagree*

dissiliō, -ire, -silui, —, [saliō], *leap apart* or *asunder, fly apart*

• dissimilis, -e, *unlike, different; unfit*

••• dissimulō, -āre, -āvi, -ātum, *disguise, hide, keep secret; repress one's feelings* or *emotions*

dissolvō, -ere, -solvi, -solūtum, *dispel, discharge, destroy, melt*

461

dissultō, -āre, def., [dissiliō], *leap apart*

distendō, -ere, -tendī, -tentum, *stretch out,* DISTEND, *fill*

distineō, -ēre, -tinuī, -tentum, [teneō], *hold back, keep off*

distō, -stāre, def., *stand apart, be* DISTANT

distringō, -ere, -strinxī, -strictum, *draw apart, stretch out*

ditissimus, see dis

ditō, -āre, -āvī, -ātum, [dis], *enrich, make rich*

• **diū,** adv., *long, for a long time*

dīva, -ae, f., [divus], *goddess*

dīvellō, -ere, -vellī, -vulsum, *tear apart* or *asunder; tear in pieces; tear away, separate, sunder*

dīverberō, -āre, —, -ātum, *cut, cleave, divide*

•• **dīversus, -a, -um,** *turned different ways; scattered, in different directions; different, opposite, contrary; separate, apart; remote, distant*

•••• **dīves, -itis,** *rich, wealthy; abounding in; costly*

•• **dīvidō, -ere, -vīsī, -vīsum,** *part, separate,* DIVIDE; *distribute, share; remove, keep distant* or *away; turn every way*

••• **dīvīnus, -a, -um,** [divus], DIVINE, *heavenly;* DIVINELY *inspired, prophetic*

••• **dīvitiae, -ārum,** f. pl., [dives], *riches, wealth*

dīvortium, -ī, n., [dis + vertō], *parting; fork* (of a road); *cross path*

•••• **dīvus, -a, um,** *godlike,* DIVINE; *as a noun,* m., *god*

• **dō, dare, dedī, datum,** *give, confer, bestow, grant; give up, surrender, devote; set, put, place; cause, make; undergo, suffer*

• **doceō, -ēre, docuī, doctum,** *teach, instruct; show, tell, narrate, describe*

doctus, -a, -um, [doceō], *learned, skilled, experienced, wise*

Dōdōnaeus, -a, -um, *of* DODONA, *a town in Epirus, where there was an oracle of Jupiter*

• **doleō, -ēre, doluī, dolitum,** *feel pain, suffer; lament, mourn, grieve; be angry* or *indignant*

Dolopes, -um, m. pl., *a warlike people of Thessaly*

• **dolor, -ōris,** m., [doleō], *pain, anguish, suffering; grief, sorrow; resentment, anger, wrath, fury*

•••• **dolus, -ī,** m., *deceit, trick, snare; fraud, cunning, stratagem*

domina, -ae, f., [dominus], *mistress, queen*

•••• **dominor, -ārī, -ātus sum,** [dominus], *be master* or *lord, rule, reign*

• **dominus, -ī,** m., *master, ruler, lord; despot, tyrant*

domitor, -ōris, m., [domō], *tamer, subduer; ruler*

•••• **domō, -āre, domuī, domitum,** [domus], *subdue, overcome, conquer*

• **domus, -ūs** or **-ī,** f., *house, home, dwelling, abode; mansion, palace; building, structure; family, house, race*

•••• **dōnec,** conj., *as long as, while; until, till at length, till*

•• **dōnō, -āre, -āvī, -ātum,** [dōnum], *present, give, bestow; reward*

• **dōnum, -ī,** n., [dō], *gift, present, offering; reward, prize*

Dōnūsa, -ae, f., *a small island in the Aegean Sea*

Dōricus, -a, -um, DORIC; *Grecian*

• **dormiō, -īre, -īvī, -ītum,** *sleep*

dorsum, -ī, n., *back; ridge, cliff, reef*

Dōryclus, -ī, m., *a companion of Aeneas*

dōs, dōtis, f., *dowry*

dōtālis, -e, [dōs], *of a dowry, as a dowry*

dōtō, -āre, -āvī, -ātum, [dōs], *endow*
Dōtō, -ūs, f., a sea-nymph
dracō, -ōnis, m., DRAGON, *serpent*
Drancēs, -is, m., a Latin enemy of Turnus
Drepanum, -ī, n., a town on the western coast of Sicily
Drūsus, -ī, m., name of a prominent Roman family
Dryopes, -um, m., pl., a tribe of Thessaly
•dubitō, -āre, -āvī, -ātum, [dubius], *waver, be uncertain, be in* DOUBT, *question, be perplexed; hesitate; ponder*
•••dubius, -a, -um, *wavering*, DOUBTING, DOUBTFUL, *uncertain, adverse; dangerous, critical*
•dūcō, -ere, dūxī, ductum, *lead*, CONDUCT, *draw, bring, guide, direct; protract, prolong; spend; form, shape, mold; regard, consider, reckon*
ductor, -ōris, m., [dūcō], *leader; king*
••••dūdum, adv., [diū + dum], *a short time ago, lately, but now*
•••dulcis, -e, *sweet; delightful, pleasant, dear*
Dūlichium, -ī, n., an island near Ithaca
•dum, conj., and adv., *while, as long as; until, till; provided that, if only; yet, as yet*
dūmus, -ī, m., *bramble, thicket*
•duo, -ae, -o, num. adj., *two*
••••duplex, -icis, [duo + plicō], *twofold*, DOUBLE; *two; both*
duplicō, -āre, -āvī, -ātum, [duplex], DOUBLE, DOUBLE *up; bend*
dūritia, -ae, f., *hardness*
dūrō, -āre, -āvī, -ātum, [dūrus], *harden; bear*, ENDURE, *be patient, hold out*
•dūrus, -a, -um, *hard, tough; hardy*, much-ENDURING, *patient; rough, rude, harsh, piti-*

less; severe, distressing, diffi-*
cult; dangerous*
•dux, ducis, c., [dūcō], *leader, guide; chief, ruler*
Dymās, -antis, m., a Trojan

E

•ē, see ex
••••ebur, -oris, n., *ivory*
eburneus or eburnus, -a, -um, [ebur], *of ivory, ivory*
••••ecce, interj., *lo! look! behold! see!*
ecqui, -quae or -qua, -quod, interrog. adj. [ec-, indef. particle + quī], *is there any? any?*
•••ecquis, -quid, interrog. pron., [see ecqui], *is there anyone? anyone? anybody? anything?*
edāx, -ācis, [edō], *devouring, consuming, destructive*
ēdicō, -ere, -dīxī, -dictum, *declare, proclaim; order, command*
ēdiscō, -ere, -didicī, —, *learn, learn by heart*
ēdisserō, -ere, -seruī, -sertum, *relate in full, explain, tell*
•edō, edere or ēsse, ēdī, ēsum, *eat, consume, destroy*
ēdō, -ere, ēdidī, ēditum, *give out; bring forth, give birth to; produce, bring about, cause; tell, utter*
ēdoceō, -ēre, -docuī, -doctum, *teach thoroughly; declare, show, inform*
••ēdūcō, -ere, -dūxī, -ductum, *lead* or *draw forth; bring forth, give birth to; rear, erect, build; rear children*
•••efferō, -ferre, extulī, ēlātum, *carry out, bring forth, remove, carry away; lift, raise*
efferus, -a, -um, *wild, fierce, savage; heartless*
effētus, -a, -um, *exhausted, worn out*

- **efficiō, -ere, -fēci, -fectum,** [faciō], *work out; bring to pass, cause, make, form*
- **effigiēs, -ēi,** f., [effingō], *likeness, image, figure*
- **effingō, -ere, -finxī, -fictum,** *form, shape, mold; represent, portray*
- **efflō, -āre, -āvi, -ātum,** *blow* or *breathe out*
- **effodiō, -ere, -fōdī, -fossum,** *dig out, dig up; dredge; put out*
- **effor, -ārī, -ātus sum,** *speak out; utter, tell, say*
- **effringō, -ere, -frēgī, -frāctum,** [frangō], *break off; dash out*
- •• **effugiō, -ere, -fūgī, —,** *flee away, escape; dart off, go swiftly; avoid, shun*
- **effugium, -ī,** n., [effugiō], *flight, escape*
- **effulgeō, -ēre, -fulsī, —,** *shine out, gleam, flash*
- **effultus, -a, -um,** [effulciō, *prop up*], *propped up, supported, lying on*
- **effundō, -ere, -fūdī, -fūsum,** *pour out* or *forth; shed; cast, throw; send forth; utter; hurl down; expend, exhaust; let go, loosen; abandon, give up*
- **ēgelidus, -a, -um,** *mild, not cold*
- **egēnus, -a, -um,** [egeō], *in want, needy, destitute; desperate, critical*
- ••• **egeō, -ēre, eguī, —,** *be in want of, need, lack; be desirous of, crave*
- **egestās, -ātis,** f., [egeō], *want, need, poverty*
- • **ego, meī,** pers. pron., *I, me*
- • **ēgredior, -ī, -gressus sum,** [gradior], *go out, come forth; disembark, land*
- •• **ēgregius, -a, -um,** [ex + grex], *extraordinary, distinguished, remarkable, famous*
- **ēgressus, -ūs,** m., [ēgredior], *going out, way of escape*
- **ēheu,** interj., *woe! alas!*
- **ei,** interj., *oh! ah! alas!*

- •• **ēiciō, -ere, -iēci, -iectum,** [iaciō], *cast out, expel; dislocate; wreck, shipwreck*
- **ēiectō, -āre, -āvi, -ātum,** [ēiciō], *cast out, throw up*
- **ēlābor, -ī, -lāpsus sum,** *slip away, escape; avoid, dodge*
- **Ēlectra, -ae,** f., *daughter of Atlas*
- **ēlectrum, -ī,** n., *amber;* ELECTRUM, *an alloy of gold and silver*
- **elephantus, -ī,** m., ELEPHANT
- **ēlīdō, -ere, -līsī, -līsum,** [laedō], *dash out, force out, squeeze out; strangle*
- **Ēlis, -idis,** f., *a district of the Peloponnesus; also its capital city*
- **Elissa, -ae,** f., *another name for Dido*
- **ēloquium, -ī,** n., *oratory,* ELOQUENCE
- **ēloquor, -ī, -locūtus sum,** *speak out, speak*
- **ēluō, -ere, -luī, -lūtum,** *wash away, remove*
- **Ēlysium, -ī,** n., *the abode of the blessed in the lower world*
- **Ēmathiōn, -ōnis,** m., *a Trojan*
- **ēmendō, -āre, -āvi, -ātum,** *correct,* AMEND, *free from faults*
- **ēmētior, -īrī, -mēnsus sum,** *measure out; pass through* or *over, traverse*
- **ēmicō, -āre, -micuī, -micātum,** *spring out* or *forth, leap up* or *out; dart forward*
- **ēminus,** adv., [ex + manus], *at a distance, from afar*
- **ēmiror, -ārī, -ātus sum,** *marvel at, wonder*
- **ēmittō, -ere, -mīsī, -missum,** *send out* or *forth; cast, hurl, discharge*
- • **emō, -ere, ēmī, ēmptum,** *buy, purchase*
- **ēmoveō, -ēre, -mōvī, -mōtum,** MOVE *out* or *away,* REMOVE; *dislodge, start, stir*

ēmūniō, -ire, -ii or ivi, -itum, *fortify, strengthen, secure*

•••• ēn, interj., *lo! behold! see!*

ēnārrābilis, -e, [ēnarrō], *that may be described*

ēnāvigō, -āre, -āvi, -ātum, *sail across*

Enceladus, -i, m., a giant buried beneath Mt. Etna

• enim, conj., *for; indeed, certainly, in fact*

ēniteō, -ēre, -nitui, —, *shine forth, gleam*

ēnitor, -i, -nixus or -nisus sum, *struggle, strive;* of offspring, *bring forth, bear*

ēnō, -āre, -āvi, —, *swim away; fly*

•••• ēnsis, -is, m., *sword; knife*

Entellus, -i, m., a famous Sicilian boxer

ēnumerō, -āre, -āvi, -ātum, *reckon, count out; recount, describe*

• eō, ire, ivi or ii, itum, *go, walk, move, advance; flow; rise; enter; betake one's self, resort to*

Ēous, -a, -um, *of the dawn or morning; of the east, eastern;* as a noun, m., *the morning star, the dawn*

Epēos, -i, m., a Greek, builder of the wooden horse

Ēpirus, -i, f., a district of northern Greece

•••• epulae, -ārum, f. pl., *viands, food; feast, banquet*

epulor, -āri, -ātus sum, [epulae], *feast, banquet; feast on, eat*

Ēpytidēs, -ae, m., *son of* EPYTUS

Ēpytus, -i, m., a Trojan

• eques, -itis, m., [equus], *horseman, rider; cavalry*

•• equester, -tris, -tre, [eques], *of a horseman,* EQUESTRIAN

•••• equidem, adv., *truly, indeed, certainly; at all events, at least*

equinus, -a, -um, [equus], *of a horse; of horsehair*

• equitātus, -ūs, m., [equitō, *ride*], *cavalry*

• equus, -i, m., *horse, steed, war horse*

Eratō (nom. only), f., the Muse of love poetry

Erebus, -i, m., (1) the god of darkness; (2) the lower world

• ergō, (1) adv., *therefore;* (2) as abl. following a gen. (like causā), *on account of, for the sake of*

Ēridanus, -i, m., *the river Po*

•••• ērigō, -ere, -rēxi, -rēctum, [regō], *raise or lift up, set up,* ERECT

erilis, -e, [erus], *of the master, master's, mistress's*

Erinys, -yos, f., *a Fury; scourge, curse*

Eriphȳlē, -ēs, f., wife of Amphiaraus; she betrayed her husband and was slain by her son

• ēripiō, -ere, -ripui, -reptum, [rapiō], *tear out or away, snatch away, take away; snatch, seize, catch; rescue, deliver; hasten, speed*

• errō, -āre, -āvi, -ātum, *wander, roam, stray; flutter, hover;* ERR, *miss*

error, -ōris, m., [errō], *wandering; winding, maze; doubt, uncertainty, confusion; mistake,* ERROR; *snare, trick*

ērubēscō, -ere, ērubui, —, *grow red, blush; feel ashamed; respect*

ēructō, -āre, def., *belch forth, vomit, cast up, throw up*

••• ērudiō, -ire, -ivi or -ii, -itum, [rudis], *educate, teach, bring up*

Erulus, -i, m., the three-lived king of Praeneste

ērumpō, -ere, -rūpi, -ruptum, *burst forth; break out of; dart forth*

•••• ēruō, -ere, -rui, -rutum, *root up, tear up; root out, destroy*

erus, -i, m., *master of a house; lord, owner, master*

Erycinus, -a, -um, [Eryx], *of* ERYX

Erymanthus, -i, m., a mountain range in Arcadia

Erymās, -antis, m., a Trojan

Erythēis, -idis, *Erythean*

Eryx, -ycis, m., (1) son of Venus, (2) a mountain in northwest Sicily

essedum, -ī, n., *a war chariot,* of Celtic origin, adopted for use in Roman games

•**et,** conj., *and, also, too, moreover, even;* **et . . . et,** *both . . . and*

•**etiam,** adv., and conj., [et + iam], *and even, and also, likewise, besides, moreover; yet, still*

Etrūria, -ae, f. a district of Italy, *Tuscany*

Etruscus, -a, -um, *of* ETRURIA, ETRUSCAN; as a noun, m. pl., *the* ETRUSCANS

•**etsī,** conj., *even if, although, though*

euāns, -antis, lit., *crying* "EUAN" (i.e. Bacchus); **euantēs orgia,** *celebrating with wild cries the rites of Bacchus*

Euboicus, -a, -um, *of* EUBOEA, an island east of Greece

Eumēlus, -i, m., a Trojan

Eumenides, -um, f. pl., *the Furies*

Euphrātēs, -is, m., the river Euphrates

Eurōpa, -ae, f., EUROPE

Eurōtās, -ae, m., a river of Laconia

Eurōus, -a, -um, [Eurus], *eastern*

Eurus, -i, m., *the southeast wind; wind* in general

Euryalus, -i, m., a companion of Aeneas

Eurypylus, -i, m., a Grecian leader in the Trojan war

Eurystheus, -ei, m., king of Mycenae; at his bidding Hercules was compelled to perform the twelve labors

Eurytiōn, -ōnis, m., a follower of Aeneas

Evadnē, -ēs, f., *Evadne,* wife of Capaneus, who cast herself upon her husband's funeral pyre

••••**ēvādō, -ere, -vāsi, -vāsum,** *go out* or *forth; traverse, pass over; ascend, mount; escape*

Evander or **Evandrus, -dri,** m., *Evander,* founder and king of Pallanteum

ēvānēscō, -ere, -vānui, —, VANISH, *disappear*

ēvehō, -ere, -vexi, -vectum, *carry forth; raise, elevate, exalt*

ēveniō, -ire, -vēni, -ventum, *come out; come to pass, happen*

••**ēventus, -ūs,** m., [ēveniō], EVENT, *fortune, fate*

•••**ēvertō, -ere, -verti, -versum,** *upturn; overturn, overthrow, destroy*

ēvinciō, -ire, -vinxi, -vinctum, *bind around; bind; crown*

ēvincō, -ere, -vici, -victum, *overcome, conquer, subdue, overwhelm*

ēvocō, -āre, -āvi, -ātum, *call out* or *forth, summon, call upon*

ēvolō, -āre, -āvi, ātum, *fly away; rush out*

ēvolvō, -ere, -volvi, -volūtum, *roll out* or *forth; unroll; disclose, reveal*

ēvomō, -ere, -vomui, -vomitum, VOMIT *forth*

•**ex** or **ē,** prep. with abl., *out of, from; after, since; in accordance with; of*

exācta, -ōrum, n. pl., [exigō], *discoveries*

exaestuō, -āre, -āvi, -ātum, *boil up, seethe; rage; be inflamed*

••••**exanimis, -e,** and **exanimus, -a, -um,** [ex + anima], *lifeless, dead; breathless, terrified*

•••exanimō, -āre, -āvi, -ātum, [ex-animus], *exhaust; terrify*

exārdēscō, -ere, -ārsi, -ārsum, *take fire, be kindled, break out, burn*

•••exaudiō, -ire, -ivi or -ii, -itum, *hear clearly, hear from afar; listen to, heed*

•excēdō, -ere, -cessi, -cessum, *go out, depart, retire, withdraw*

excidium or exscidium, -i, n. [exscindō], *overthrow, ruin, destruction*

excidō, -ere, -cidi, —, [cadō], *fall out, fall down; descend; escape; depart, be forgotten*

excidō, -ere, -cidi, -cisum, [caedō], *cut out* or *off, cut down; destroy*

exciō, -ire, -civi, -citum, also excieō, -ēre, -civi, -itum, *call out* or *forth; rouse,* EXCITE, *stir up*

•••excipiō, -ere, -cēpi, -ceptum, [capiō], *take out,* EXCEPT, *reserve;* CAPTURE, *take;* RECEIVE, *welcome; befall, overtake;* PERCEIVE, *suspect; reply*

•••excitō, -āre, -āvi, -ātum, [exciō], *arouse, awaken;* EXCITE, *startle; kindle*

exclāmō, -āre, -āvi, -ātum, *cry out, cry aloud,* EXCLAIM

exclūdō, -ere, -clūsi, -clūsum, [claudō], *shut out,* EXCLUDE

excolō, -ere, -colui, -cultum, CULTIVATE, *improve, refine*

excruciō, -āre, -āvi, -ātum, *plague, torment*

excubiae, -ārum, f. pl., [excubō], *watch, guard, sentry*

excubō, -āre, -cubui, -cubitum, *lie* or *sleep out of doors; keep watch, be on guard*

excūdō, -ere, -cūdi, -cūsum, *strike out, hammer out; mold, shape*

••••excutiō, -ere, -cussi, -cussum, [quatiō], *shake out* or *off, throw off; drive out, force out; arouse; uncoil*

exedō, -ere or -ēsse, -ēdi, -ēsum, *consume, destroy*

•exeō, -ire, -ivi or -ii, -itum, *go out* or *forth; escape; avoid, ward off*

•exerceō, -ēre, -ercui, -ercitum, [arceō], *keep busy,* EXERCISE; *practice, train; make use of, employ; cherish, maintain; pursue, vex, harass*

•exercitus, -ūs, m., [exerceō], *army; multitude, band*

exhālō, -āre, -āvi, -ātum, *breathe out*

exhauriō, -ire, -hausi, -haustum, *draw out, drain;* EXHAUST; *undergo; finish; inflict*

exhortor, -āri, -ātus sum, *encourage; incite, urge*

•••exigō, -ere, -ēgi, -āctum, [agō], *drive out, drive; thrust; spend, pass, finish; determine, decide, weigh, consider; find out*

exiguus, -a, -um, [exigō], *scanty, small, mean; thin, slender*

•••eximius, -a, -um, [eximō], *distinguished, extraordinary*

eximō, -ere, -ēmi, -ēmptum, [emō], *take out* or *away, remove; relieve, appease*

exin or exinde, adv., *after that, then, thereafter, next*

exitiālis, -e, [exitium], *destructive, fatal*

•••exitium, -i, n., [exeō], *destruction, ruin*

•exitus, -ūs, m., [exeō], *going out, egress, outlet; end of life, death, end; issue, result, event*

exoptō, -āre, -āvi, -ātum, *wish* or *desire earnestly, long for*

exōrdior, -iri, -ōrsus sum, *begin, commence*

exōrdium, -i, n., [exōrdior], *beginning, origin; introduction, preface*

exorior, -iri, -ortus sum, *spring up, rise, arise, appear*

exōrō, -āre, -āvi, -ātum, *implore, beg, entreat; obtain by prayer* exōrsa, -ōrum, n. pl., [exordior], *beginning, deeds*

exōsus, -a, -um, [ex+ōdi], *hating, detesting*

•• expediō, -īre, -īvī, -ītum, [ex + pēs], *set free, extricate; bring forth* or *out, prepare; explain, disclose, tell*

• expellō, -ere, -pulī, -pulsum, *drive out* or *away,* EXPEL, *banish*

expendō, -ere, -pendī, -pēnsum, *weigh out; pay; suffer, undergo; expiate*

•• experior, -īrī, -pertus sum, *try, test; learn by* EXPERIENCE

expers, -pertis, [ex + pars], *not sharing; destitute of, free from, without*

expertus, -a, -um, [experior], *having tried;* EXPERIENCED, *skilled, acquainted*

expleō, -ēre, -ēvī, -ētum, *fill up* or *out;* COMPLETE, *finish; fill, satisfy, gorge; appease, glut*

explicō, -āre, -āvī or -uī, -ātum or -itum, *unfold; explain, set forth, express, tell*

• explōrō, -āre, -āvī, -ātum, *search out, examine, investigate,* EXPLORE

expōnō, -ere, -posuī, -positum, *set forth,* EXPOSE; *set on shore, land*

exposcō, -ere, -poposcī, —, *ask earnestly, beg, entreat; demand*

exprōmō, -ere, -prōmpsī, -prōmptum, *show forth, utter*

•• expugnō, -āre, -āvī, -ātum, *take by assault, storm*

exquirō, -ere, -quisīvī, -quisītum, [quaerō], *search out, seek; ask, implore*

exsanguis, -e, *bloodless, lifeless; pale; terrified*

exsaturābilis, -e, [exsaturō], *that may be satiated* or *satisfied*

exsaturō, -āre, -āvī, -ātum, *satisfy,* SATE

exscidium, see excidium

exscindō, -ere, -scidī, -scissum, *destroy, extirpate*

exsecror, -ārī, -ātus sum, [sacrō], *curse,* EXECRATE

exsequiae, -ārum, f. pl., [ex + sequor], *funeral procession, funeral rites*

•••• exsequor, -ī, -secūtus sum, *follow out* or *up, carry out, perform, do,* EXECUTE

exserō, -ere, -seruī, -sertum, *thrust out; uncover, bare, expose*

exsertō, -āre, def., [exserō], *keep thrusting out, stretch forth*

••• exsilium, -ī, n., [exsul], EXILE; *place* or *scene of* EXILE

exsolvō, -ere, -solvī, -solūtum, *loose, release, deliver, set free*

exsomnis, -e, [ex+somnus], *sleepless, watchful*

exsors, -sortis, *without lot; special, chosen; deprived of*

• exspectō, -āre, -āvī, -ātum, *await, wait for,* EXPECT; *tarry, loiter, linger*

exspergō, -ere, -spersī, -spersum, [spargō], *sprinkle, bespatter*

exspīrō, -āre, -āvī, -ātum, *breathe out*

exspuō, -ere, -spuī, -spūtum, *spit out, cast out*

exsternō, -āre, -āvī, -ātum, *frighten*

••• exstinguō, -ere, -stinxī, -stinctum, EXTINGUISH, *blot out; kill, destroy*

exstō, -āre, def., *stand out* or *forth; rise* or *tower above*

exstrūctum, -ī, n., [exstruō], *lofty seat*

•• exstruō, -ere, -strūxī, -strūctum, *build up, raise, erect,* CONSTRUCT

exsul, -ulis, c., EXILE

••• exsultō, -āre, -āvī, -ātum, [exsiliō], *spring, leap to and fro, bound; throb;* EXULT, *rejoice, boast*

468

exsuperō, -āre, -āvi, -ātum, *mount up; pass over* or *by; overcome, surpass, excel*

exsurgō, -ere, -surrēxi, —, *rise up, rise, stand up*

exta, -ōrum, n. pl., *entrails of an animal* (heart, liver, lungs); *vitals*

••••extemplō, adv., [ex + tempus], *immediately, at once, forthwith, quickly*

extendō, -ere, -tendi, -tentum or -tēnsum, *stretch out* or *forth, spread,* EXTEND; *increase, enlarge;* of time, *prolong;* se extendere, *to exert oneself*

exter or exterus, -a, -um, [ex], *outward, outside, foreign*

•••externus, -a, -um, [exter], *outward,* EXTERNAL; *strange, foreign;* as a noun, m., *foreigner, stranger*

exterreō, -ēre, -terrui, -territum, *frighten greatly,* TERRIFY

extimēscō, -ere, -timui, —, *be afraid, fear*

extorris, -e, [ex + terra], *exiled, banished*

••extrā, prep. with acc., [exterā (parte)], *outside of, without; beyond*

•extrēmus, -a, -um, [superl. of exter], *outermost,* EXTREME, *farthest, remotest; last, final;* as a noun, n. pl., *remotest regions; last agony, death;* EXTREME *peril*

extundō, -ere, -tudi, -tūsum, *beat out, forge, fashion*

••••exuō, -ere, -ui, -ūtum, *put, pull,* or *take off, lay aside; strip, bare*

exūrō, -ere, -ussi, -ūstum, *burn out* or *up; consume, destroy; remove by fire*

••••exuviae, -ārum, f. pl., [exuō], *that which is taken off; garments; arms; spoils; hide, skin; relics*

F

Fabius, -i, m., *name of a Roman family;* Q. FABIUS *Maximus, commander against Hannibal*

fabricātor, -ōris, m., [fabricō], *artificer, framer, contriver*

Fabricius, -i, m., *name of a Roman family;* C. FABRICIUS, *commander against Pyrrhus*

fabricō, -āre, -āvi, -ātum, and fabricor, -āri, -ātus sum, *make, construct, build*

fabrilis, -e, [faber, *workman*], *of a workman; of the forge*

•fābula, -ae, f., *tale, story, scandal*

fābulōsus, -a, -um, [fābula], *storied*

facessō, -ere, -cessi or -cessivi, -cessitum, [faciō], *do with vigor; perform, execute*

••••faciēs, -ēi, f., [faciō], *form, figure, shape; shade, specter;* FACE; *look, appearance; kind, sort*

•facilis, -e, [faciō], *easy; favorable, prosperous*

•faciō, -ere, fēci, factum, *make, do, perform; cause; bring about; suppose, imagine; adjust, set*

••factum, -i, n., [faciō], *deed, act, achievement*

fācundia, -ae, f., *eloquence*

Fādus, -i, m., *a Rutulian*

falcātus, -a, -um, [falx], *hooked, scythe-shaped*

fallāx, -ācis, [fallō], *deceitful, deceptive, treacherous*

•••fallō, -ere, fefelli, falsum, *deceive, cheat, elude,* FAIL, *disappoint; counterfeit, imitate; escape one's notice; break, violate;* pass., *be deceived, err, be mistaken*

•••falsus, -a, -um, [fallō], *deceptive,* FALSE, *pretended, supposed; counterfeit*

falx, falcis, f., *sickle*

•fāma, -ae, f., *report, rumor, talk, tradition; repute, reputation,*

469

good name; renown, glory,
FAME; person., FAME, *Rumor*
•• **famēs, -is,** f., *hunger,* FAMINE;
greed; person., FAMINE, *Hunger*
famula, -ae, f., [famulus], *maidservant, female slave*
famulor, -āri, -ātus sum, [famulus], *serve, wait on*
••• **famulus, -i,** m., *manservant, slave; attendant*
fandum, -i, n., [for], *what is right to say, right*
fār, farris, n., *spelt,* a sort of grain; *grain, meal*
•••• **fās,** indecl., n., *divine law* or *will; right, justice, obligation; privilege*
fascis, -is, m., *bundle;* esp. in pl., *the* FASCES, a bundle of rods with an axe, emblem of authority borne by lictors before higher Roman magistrates
fastīdium, -ī, n., *weariness* (of childbirth)
fastīgium, -ī, n., *top* or *point of gable; roof, battlement; top, height; chief points, leading facts*
fastus, -ūs, m., *disdain, haughtiness, pride, arrogance*
•••• **fātālis, -e,** [fātum], *of* FATE, FATEFUL; *deadly, destructive*
••• **fateor, -ērī, fassus sum,** [for], CONFESS, *grant, acknowledge, admit; tell, state*
fātidicus, -a, -um, [fātum+dīcō], *prophetic*
fātifer, -fera, -ferum, [fātum+ferō], *death-dealing, deadly*
•••• **fatigō, -āre, -āvi, -ātum,** *weary, tire, vex, torment, harass; rouse, madden; wear out, spend; scour; demand loudly*
fatiscō, -ere, def., *open in chinks, crack, gape open*
••• **fātum, -i,** n., [for], *utterance* (of prophecy); *prophecy, oracle;*

destiny, FATE; *calamity, ruin, death; allotted lifetime*
••• **faucēs, -ium,** f. pl., *throat, jaws; narrow way, entrance, mouth*
Faunus, -i, m., an Italian deity, identified with Pan; pl., *the* FAUNS, gods of groves
••• **faveō, -ēre, fāvi, fautum,** *be* FAVORABLE or *well disposed;* FAVOR, *protect; keep solemn silence*
favilla, -ae, f., *cinders, glowing embers, ashes*
favor, -ōris, m., [faveō], FAVOR, *good will, partiality*
••• **fax, facis,** f., *torch, firebrand;* of a meteor, *fiery train of light*
faxō (old form) = **fēcerō**
fēcundus, -a, -um, *fruitful, fertile; abounding, teeming*
fel, fellis, n., *gall, bile; wrath, rage*
• **fēlix, -icis,** *fruitful; auspicious, favorable, propitious, happy, fortunate; skillful, expert*
• **fēmina, -ae,** f., FEMALE, *woman*
fēmineus, -a, -um, [fēmina], *of a woman, of women, women's,* FEMALE; *unmanly*
femur, -oris, n., *thigh*
• **fenestra, -ae,** f., *window, loophole; opening, breach, orifice*
fera, -ae, f., [ferus], *wild beast*
fērālis, -e, *of the dead; funereal; mournful, ill-boding; fatal*
• **ferē,** adv., *nearly, almost, about; just; usually, commonly*
feretrum, -i, n., [ferō], *bier, litter*
ferinus, -a, -um, [fera], *of wild beasts;* as a noun, **ferina** (carō), **-ae,** f., *game, venison*
•••• **feriō, -ire,** def., *strike, smite; cut; slay, kill; sacrifice; make* (a treaty or covenant, with the killing of a sacrifice)
• **ferō, ferre, tuli, lātum,** *bear, carry, fetch, bring, lead, conduct; move, stir, blow; snatch, plunder, ravage; produce;* OF-

FER; *praise, extol, laud; get, obtain, win; endure,* SUFFER; *say, report, tell, boast*

Fērōnia, -ae, f., an Italian goddess of groves and fountains

• • • • **ferōx, -ōcis, [ferus],** *bold, warlike, fiery, spirited; fierce, savage, cruel*

ferrātus, -a, -um, [ferrum], *armed with iron, iron-shod, iron-pointed; iron*

• • • • **ferreus, -a, -um, [ferrum],** *made of iron, iron; firm, unyielding*

ferrūgineus, -a, -um, [ferrūgō], *iron-colored; dark, dingy, dusky*

ferrūgō, -inis, f., **[ferrum],** *iron rust; dark red, purple*

• **ferrum, -i,** n., *iron; iron implement; sword, spear, arrow, axe; war, strife*

fertilis, -e, [ferō], *fruitful,* FERTILE, *productive*

• **ferus, -a, -um,** *wild; rude, savage, fierce, cruel; furious, mad;* as a noun, m., *wild beast, beast,* (untamed) *creature*

• • • • **ferveō, -ēre,** def., *boil, glow, burn; gleam, flash; be alive, be active; rage, rave*

fervidus, -a, -um, [ferveō], *glowing, fiery, hot; violent, impetuous, furious*

fervor, -ōris, m., *passion, heat*

• • • • **fessus, -a, -um,** *wearied, tired, worn out, feeble, exhausted; broken, afflicted*

festinō, -āre, -āvi, -ātum, [festinus], *hasten, make haste; perform with all speed, make haste with*

festinus, -a, -um, *hastening, with all haste*

fēstus, -a, -um, FESTIVE, *solemn;* as a noun, n., *feast*

fētus, -a, -um, *pregnant, teeming with, full of; newly-delivered*

fētus, -ūs, m., *bringing forth; young, offspring, brood, swarm, litter; bough, branch, growth*

fibra, -ae, f., FIBER; *entrails, liver*

fibula, -ae, f., **[figō],** *fastening; clasp, buckle, brooch*

fictor, -ōris, m., **[fingō],** *deviser, feigner*

fictus, -a, -um, [fingō], FICTITIOUS, *false, feigned;* as a noun, n. *falsehood*

• **fidēlis, -e, [fidēs],** *faithful, trusty, sure*

Fidēna, -ae, f., a town of Latium

fidēns, -entis, [fidō], *trusting,* CONFIDENT, *courageous, bold*

• **fidēs, -ei,** f., *trust,* CONFIDENCE, *faith, reliance; honor, faithfulness, good faith, sincerity; pledge, promise, assurance; proof, certainty, truth;* person., *Faith, Truth, Honor*

fidēs, -is, f., *string of a musical instrument;* pl., *stringed instrument, lyre; strings, chords*

fidō, -ere, fisus sum, semidep., CONFIDE *in, trust, rely upon; dare*

fidūcia, -ae, f., **[fidō],** CONFIDENCE, *trust, reliance, assurance*

• • • • **fidus, -a, -um, [fidō],** *trusty, trustworthy, faithful; sure, safe*

• • • • **fīgō, -ere, fīxī, fīxum,** FIX, *fasten,* AFFIX, *set up; settle, establish;* of footsteps, *plant; pierce,* TRANSFIX, *wound; note well, take to heart*

figūra, -ae, f., **[fingō],** *form,* FIGURE, *shape*

• **filia, -ae,** f., **[filius],** *daughter*

• **filius, -i,** m., *son*

filum, -i, n., *thread*

fimus, -i, m., *dirt, mire, slime*

findō, -ere, fidi, fissum, *cleave, split, divide, part, separate*

• • • **fingō, -ere, finxi, fictum,** *stroke; form, fashion, shape, mold; arrange, adorn; imagine, suppose*

• **finis, -is,** m. or, often in sing., f., *boundary, limit; starting point, goal; end, close; death;* pl., *territory, land, country*

471

•finitimus, -a, -um, [finis], *border-ing upon, adjoining, neighbor-ing;* as a noun, m. pl., *neigh-bors, neighboring tribes* or *people*

•fiō, fierī, factus sum, [pass. of faciō], *be made, become; come to pass, happen, result*

firmō, -āre, -āvī, -ātum, [firmus], *make* FIRM, *strengthen, secure; reassure, encourage;* CONFIRM, *establish*

••firmus, -a, -um, *strong,* FIRM, *fast; stout, solid*

fissilis, -e, [findō], *easily cleft* or *split;* FISSILE

flagellum, -ī, n., *whip, scourge, lash*

•••flāgitō, -āre, -āvī, -ātum, *demand urgently, demand, importune*

•••flagrō, -āre, -āvī, -ātum, *burn, flame, blaze, glow; be angry, rage*

flāmen, -inis, n., [flō, *blow*], *blast, gale; wind, breeze*

•••flamma, -ae, f., *fire,* FLAME; *torch, firebrand;* FLAME *of love, fiery passion*

flammeum, -ī, n., (flame-colored) *bridal veil*

flammō, -āre, -āvī, -ātum, *kindle,* INFLAME; INFLAME *with anger*

flātus, -ūs, m., [flō, *blow*], *blow-ing, blast*

flāveō, -ēre, def., [flāvus], *be yellow;* of hair, *be golden*

••••flāvus, -a, -um, *golden, yellow*

flēbilis, -e, *tearful, mournful, lamented*

••••flectō, -ere, flexī, flexum, *bend, turn; direct, guide; move, change, influence; govern, man-age*

••••fleō, flēre, flēvī, flētum, *weep, lament; weep for, bewail*

••••flētus, -ūs, m., [fleō], *weeping, lamentation; tears; tearful ap-peal*

flexilis, -e, [flectō], *pliant,* FLEX-IBLE

flexus, -ūs, m., [flectō], *bending, bend, winding, curve*

flictus, -ūs, m., [flīgō], *striking, clashing*

••••flō, -āre, -āvī, -ātum, *blow; coin* (money)

•••flōreō, -ēre, flōruī, —, [flōs], *bloom, blossom;* FLOURISH, *be prosperous*

flōreus, -a, -um, [flōs], *full of* FLOWERS, FLOWERY

flōridulus, -a, -um, [flōs], *bloom-ing,* FLOWERY

•flōs, flōris, m., *blossom,* FLOWER; *down* (of the first beard); FLOWER, *prime, promise*

fluctuō, -āre, -āvī, -ātum, [fluc-tus], *wave,* FLUCTUATE, *toss to and fro; rage, swell; waver, hesitate*

•fluctus, -ūs, m., [fluō], *wave, billow, flood, surging tide; sea*

fluentum, -ī, n., [fluō], *stream, river*

fluidus, -a, -um, [fluō], *flowing,* FLUID, *dripping*

fluitō, -āre, -āvī, -ātum, [fluō], *float to and fro, drift*

•flūmen, -inis, n., [fluō], *flood, stream, river, torrent*

••••fluō, -ere, fluxī, fluxum, *flow, run; drip; pour, stream, glide, pour forth; sink, fall away, vanish*

fluviālis, -e, [fluvius], *of a river, river*

••••fluvius, -ī, m., [fluō], *river, stream*

focus, -ī, m., *fireplace, hearth; home; funeral pyre*

••••fodiō, -ere, fōdī, fossum, *dig; pierce, wound, goad*

foedō, -āre, -āvī, -ātum [foedus], *defile, pollute; mutilate, mar, injure; destroy*

••••foedus, -a, -um, *foul, filthy, loath-some; disgraceful, base, vile, shameful*

•••foedus, -eris, n., *league, treaty; agreement, contract, covenant; rule, law*

472

•••• **folium, -ī,** n., *leaf*
follis, -is, m., *pair of bellows, bellows*
fōmes, -itis, m., [foveō], *kindling wood, light fuel, tinder*
•••• **fōns, fontis,** m., *spring,* FOUNTAIN; *source, pool, lake; water*
•••• **for, fārī, fātus sum,** *speak, say, tell; prophesy*
forceps, -cipis, f., *pair of tongs, pincers*
fore = futūrus esse
forem = essem
•••• **foris, -is,** f., *door, gate, entrance*
•• **fōrma, -ae,** f., FORM, *shape, figure; fine* FORM, *beauty; nature, sort, kind*
formīca, -ae, f., *ant*
formīdō, -āre, -āvī, -ātum, *fear, dread, be afraid*
••• **formīdō, -inis,** f., *fear, terror; dread, reverence, awe*
fōrmō, -āre, -āvī, -ātum, [fōrma], *shape,* FORM, *build*
fōrmōsus, -a, -um, [fōrma], *beautiful, finely* FORMED
fornāx, -ācis, f., FURNACE, *oven, forge*
fornix, -icis, m., *arch, vault*
••• **fors, fortis,** f., *chance, hap, luck;* **fors** [= fors sit], adv., *perchance, perhaps;* **forte,** abl. as adv., *by chance, perhaps, perchance*
forsan, forsitan [= fors sit an], adv., *perhaps, perchance*
• **fortis, -e,** *strong, vigorous, brave, manly, valiant, fearless*
• **fortūna, -ae,** f., [fors], FORTUNE, *fate; good* FORTUNE, *success;* MISFORTUNE, *adversity;* person., FORTUNE, *goddess of fate*
fortūnātus, -a, -um, [fortūna], *prosperous, happy,* FORTUNATE, *blessed*
• **forum, -ī,** n., *assembly place, market place, court of justice;* **Forum (Rōmānum),** the great FORUM at Rome

forus, -ī, m., *gangway* or *hold* (in a ship)
• **fossa, -ae,** f., [fodiō], *ditch, trench*
•••• **foveō, -ēre, fōvī, fōtum,** *cherish, keep alive, foster; cling to, fondle, caress*
fragilis, -e, [frangō], FRAGILE
fragmen, -inis, n., [frangō], *broken piece,* FRAGMENT
fragor, -ōris, m., [frangō], *crash, noise, din, tumult*
frāgrāns, -antis, *sweet-smelling, sweet-scented,* FRAGRANT
• **frangō, -ere, frēgī, frāctum,** *break, shatter, crush; overcome, subdue, dishearten, ruin*
• **frāter, -tris,** m., *brother*
frāternus, -a, -um, [frāter], *of a brother, a brother's,* FRATERNAL
fraudō, -āre, -āvī, -ātum, [fraus], *cheat,* DEFRAUD, *rob of*
•••• **fraus, fraudis,** f., *deceit,* FRAUD, *trick, stratagem; fault, wrong, crime*
fraxineus, -a, -um, [fraxinus, *ash tree*], *of ash wood, ashen, ash*
fremitus, -ūs, m., [fremō], *loud noise, din, uproar, roar, shouting*
•••• **fremō, -ere, -uī, —,** *roar, murmur; growl, howl, neigh; shout, applaud; rage, be furious; demand loudly*
frēnō, -āre, -āvī, -ātum, [frēnum], *curb, bridle; restrain, check*
•••• **frēnum, -ī,** n., pl. often **frēnī, -ōrum,** m., *bridle, bit, curb; reins*
••• **frequēns, -entis,** *often,* FREQUENT, *repeated; crowded, in great numbers, in crowds*
frequentō, -āre, -āvī, -ātum, [frequēns], *visit* FREQUENTLY, *resort to,* FREQUENT; *crowd, throng*
•••• **fretum, -ī,** n., *strait, channel; sea*
••• **frētus, -a, -um,** *leaning* or *relying on; trusting to*
frigeō, -ēre, def., *be cold* or

473

chilled; be cold in death; be languid, benumbed, or palsied

frigerō, -āre, -āvī, -ātum, [frigus], cool, refresh

• **frigidus, -a, -um,** [frigeō], cold, FRIGID, frosty; lifeless, spiritless

••• **frigus, -oris,** n., cold, frost; coldness of death; cold shudder

frondeō, -ēre, def., [frōns], be in leaf, be leafy

frondēsco, -ere, def., [frondeō], put forth leaves, shoot

frondeus, -a, -um, [frōns], covered with leaves, leafy

frondōsus, -a, -um, [frōns], full of leaves, leafy

•••• **frōns, frondis,** f., leafy branch, leaf, foliage; garland, chaplet, wreath

•• **frōns, frontis,** f., forehead, brow; countenance, face; FRONT; prow (of a ship)

• **frūmentum, -ī,** n., corn, grain

••• **fruor, -ī, frūctus sum,** enjoy, delight in

• **frūstrā,** adv., in vain, uselessly, to no purpose

frūstror, -ārī, -ātus sum, [frustrā], disappoint, FRUSTRATE, fail

frūstum, -ī, n., piece, bit

frūx, frūgis, f., usually in pl., fruit; grain, meal; herbs

fuat (old form) = **sit**

fūcus, -ī, m., drone

• **fuga, -ae,** f., [fugiō], flight, speed; escape; swift passage; exile, wandering

fugāx, -ācis, [fugiō], swift; timid, shy

• **fugiō, -ere, fūgī, fugitum,** flee, fly, run away; flee from, escape, avoid; hesitate, refuse

fugō, -āre, -āvī, -ātum, [fuga], put to flight, chase away, rout, disperse

fulciō, -īre, fulsī, fultum, prop up, support, sustain

fulcrum, -ī, n., [fulciō], support;

foot (of a couch or bed), bedpost

•••• **fulgeō, -ēre, fulsī, —,** and **fulgō, fulgere,** def., flash, gleam, glisten, shine

fulgor, -ōris, m., [fulgeō], flash of lightning; flash, gleam, brightness, splendor

fulgur, -uris, n., [fulgeō], lightning

•••• **fulmen, -inis,** n., lightning, thunderbolt

fulmineus, -a, -um, [fulmen], like lightning, flashing, brilliant; destructive

•••• **fulvus, -a, -um,** yellow, golden, tawny

fūmeus, -a, -um, [fūmus], smoky, smoking

fūmidus, -a, -um, [fūmus], smoky, smoking

fūmifer, -fera, -ferum, [fūmus + ferō], smoke-producing, smoking, smoky

fūmificus, -a, -um, [fūmus + faciō], smoking, steaming

fūmō, -āre, def., [fūmus], smoke, reek, fume

fūmōsus, -a, -um, [fūmus], smoking

•••• **fūmus, -ī,** m., smoke; cloud of smoke

fūnāle, -is, n., [fūnis, wick], wax taper, torch

funda, -ae, f., sling

fundāmen, -inis, n., [fundō], foundation

fundāmentum, -ī, n., [fundō], foundation

funditus, adv., [fundus], from the bottom; entirely, wholly, completely

•••• **fundō, -ere, fūdī, fūsum,** pour, pour out, shed, empty, discharge; cast, hurl, scatter; bring forth, bear, produce; throw down, prostrate, lay low; overcome, rout, vanquish; utter

fundō, -āre, -āvī, -ātum, [fundus], lay a FOUNDATION, FOUND,

build; establish, confirm; hold,
fasten

fundus, -i, m., *bottom, lowest part*
or *recess*

fūnereus, -a, -um, [fūnus], *of a*
FUNERAL, FUNEREAL, FUNERAL

**fūnestō, -āre, -āvi, -ātum, [fūnes-
tus,** *deadly*], *destroy, defile with
murder*

fungor, -i, fūnctus sum, *perform,
execute, discharge, fulfill, pay*

•••• **fūnis, -is,** m., *rope, cord*

•••• **fūnus, -eris,** n., FUNERAL, FUNERAL
*rites, burial; dead body, corpse;
death, murder; destruction, disaster, calamity*

•••• **furia, -ae,** f., *rage, madness,
wrath;* person., pl., *the* FURIES,
goddesses of vengeance

furibundus, -a, -um, [furō], *raging,
mad, wild, furious*

furiō, -āre, -āvī, -ātum, [furiae],
drive mad, madden, INFURIATE

••• **furō, -ere,** def., *rage, rave, be
mad, be* FURIOUS; *be madly in
love; be distracted* or *frenzied*

••• **furor, -ōris,** m., **[furō],** *rage, madness,* FURY; *love; prophetic
frenzy, inspiration;* person.,
Rage, god of madness

fūror, -āri, -ātus sum, [fūr, *thief*],
steal

fūrtim, adv., **[fūrtum],** *by stealth,
stealthily, secretly*

fūrtivus, -a, -um, [fūrtum],
stealthy, secret, clandestine

••• **fūrtum, -ī,** n., **[fūr],** *theft; concealment; secret act; stealthy
deed; trick, stratagem*

fuscus, -a, -um, *dark, dusky*

Fuscus, -i, m., *Aristius* FUSCUS,
a friend of Horace

fūsilis, -e, [fundō], *melted, molten*

fūsus, -a, -um, [fundō], *stretched
out, spread out, lying; at
ease*

futūrus, -a, -um, [sum], *yet to
be, to come,* FUTURE; as a noun,
n., *the* FUTURE

G

Gabii, -ōrum, m. pl., a town of
Latium

Gabinus, -a, -um, [Gabii], *of* GA-
BII, GABINIAN

gaesum, -i, n., [a Celtic word],
(heavy Gallic) *javelin*

Gaetūlus, -a, -um, *of the* GAETULI,
a people of Africa, GAETULIAN

Galaesus, -i, m., a Latin

Galatēa, -ae, f., a sea-nymph

•••• **galea, -ae,** f., *helmet*

Gallus, -i, m., *a* GAUL

Gallus, -i, m., C. Cornelius GAL-
LUS, Virgil's friend

Gangēs, -is, m., a river of
India

Ganymēdēs, -is, m., GANYMEDE,
a beautiful Trojan youth made
cupbearer of Jove

Garamantes, -um, m. pl., a tribe
of Africa

Garamantis, -idis, f. adj., GARA-
MANTIAN, *African*

•••• **gaudeō, -ēre, gāvisus sum,** semidep., *rejoice, be glad, take
pleasure, delight*

• **gaudium, -i,** n., **[gaudeō],** *joy,
gladness, delight, pleasure, enjoyment;* person., pl., *Pleasures, Delights*

gāza, -ae, f., [a Persian word],
treasure, riches, wealth, store

Gela, -ae, f., a town in Sicily
on the river Gela

••• **gelidus, -a, -um, [gelū],** *very cold,
icy, chilled*

Gelōni, -ōrum, m. pl., a Scythian
tribe

Gelōus, -a, -um, [Gelā], *of* GELA

gelū, abl. **gelū,** n., *frost, ice, cold;
chill* or *numbness of age*

**geminō, -āre, -āvi, -ātum, [ge-
minus],** *double*

•••• **geminus, -a, -um,** *twin, double,
twofold, both, two*

•••• **gemitus, -ūs,** m., **[gemō],** *sighing,
sigh, groan, lamentation; an-*

gry cry or shout; hoarse sound, hollow roar

gemma, -ae, f., bud (of a plant); jewel, gem

•••• gemō, -ere, -uī, -itum, groan, sigh, lament; bemoan, bewail; creak

gena, -ae, f., cheek

•••• gener, -eri, m., son-in-law

generātor, -ōris, m., [generō], breeder

generō, -āre, -āvī, -ātum, [genus], beget, produce, create; generātus, descended from, born of

genetrix, -icis, f., [genitor], mother; Genetrix or deum genetrix, Cybele

geniālis, -e, [genius], pleasant, agreeable, joyous, festive, GENIAL

•••• genitor, -ōris, m., [gignō], parent, father, sire

genius, -ī, m., guardian deity, GENIUS

• gēns, gentis, f., race, house, family; tribe, nation; offspring, son

•••• genū, -ūs, n., knee

• genus, -eris, n., race, birth, descent, origin; descendant, child, son; sort, kind, tribe, nation

•••• germānus, -a, -um, having the same parent or parents; as a noun, m., brother; f., sister

• gerō, -ere, gessī, gestum, bear, carry, wear, have, hold; manage, conduct, carry on, wage

Gēryonēs, -ae, m., a king with three bodies, slain by Hercules

gestāmen, -inis, n., [gestō], that which is borne; weapon, armor, ornament

gestō, -āre, -āvī, -ātum, [gerō], bear, carry, wear, have

Getae, -ārum, m. pl., a Thracian tribe

Geticus, -a, -um, of the GETAE, Thracian

•••• gignō, -ere, genuī, genitum, pro-

duce, beget, bear, bring forth; genitus, -a, -um, born of, offspring of, son of

glaciālis, -e, [glaciēs], of ice, icy

glaciēs, -ēī, f., ice

• gladius, -ī, m., sword

glaeba, -ae, f., land, soil

glaucus, -a, -um, bluish gray; gray, grayish

Glaucus, -ī, m., (1) a sea-god; (2) father of the Cumaean Sibyl; (3) a Lycian general, an ally of the Trojans

gliscō, -ere, def., swell, grow, increase

globus, -ī, m., ball, sphere, mass; body, crowd, band; cloud

•••• glomerō, -āre, -āvī, -ātum, [glomus, ball], roll together or up; gather, collect, crowd, assemble, throng

• glōria, -ae, f., GLORY, fame, renown, honor

Gnōsius, -a, -um, of CRETE, CRETAN

Gorgō, -onis, f., a GORGON; pl., the GORGONS, three daughters of Phorcus, who had snakes for hair and who turned into stone all who looked at them

Gracchus, -ī, m., name of a Roman family

gracilis, -e, thin, slender, small

• gradior, -ī, gressus sum, [gradus], step, walk, go, advance

Grādivus, -ī, m., another name for Mars

••• gradus, -ūs, m., step, pace; step, stair, round (of a ladder)

Graecia, -ae, f., GREECE

Grāiī or Grāī, -ōrum, m. pl., the GREEKS

Grāiugena, -ae, m., [Grāius + gignō], GREEK by birth; GREEK

Grāius, -a, -um, of the GREEKS, GRECIAN, GREEK; as a noun, m., a GREEK

•••• grāmen, -inis, n., grass, plant, herb

grāmineus, -a, -um, [grāmen], *of grass, grassy*
grandaevus, -a, -um, [grandis + aevum], *advanced in years, old, aged*
grandis, -e, *large, great, big*
grandō, -inis, f., *hail*
grātēs, only in nom. and acc. pl., f., *thanks*
•grātia, -ae, f., [grātus], *regard, esteem, friendship, liking, fondness;* GRATITUDE, *thankfulness, thanks*
grātor, -āri, -ātus sum, [grātus], *wish joy,* CONGRATULATE, *welcome*
•grātus, -a, -um, *acceptable, dear, pleasing, welcome;* GRATEFUL, *thankful*
gravidus, -a, -um, [gravis], *heavy, teeming, full*
•gravis, -e, *heavy, ponderous, weighty; with child; burdensome, grievous, hard, painful, severe; mighty, important, influential,* GRAVE, *venerable; foul, noisome*
gravō, -āre, -āvi, -ātum, [gravis], *load, burden, weigh down, oppress*
••••gremium, -i, n., *lap, bosom*
••••gressus, -ūs, m., [gradior], *step, gait, carriage, air; course, way*
•••grex, gregis, m., *flock, herd; litter*
Grȳnēus, -a, -um, *of* GRYNIUM, a town in Asia Minor, in which was an oracle of Apollo, GRYNEAN
gubernāculum, -i, n., [gubernō, *steer*], *helm, rudder*
gubernātor, -ōris, m., [gubernō, *steer*], *helmsman, pilot*
••••gurges, -itis, m., *whirlpool, raging flood, abyss, gulf; stream, sea, the deep*
gustō, -āre, -āvi, -ātum, *taste, eat*
gutta, -ae, f., *drop*
guttur, -uris, n., *throat*

Gyaros, -i, f., an island, one of the Cyclades
Gyās, -ae, m., a companion of Aeneas
Gȳgēs, -ae, m., a Trojan
gȳrus, -i, m., *circle, ring, coil, fold*

H

••••habēna, -ae, f., [habeō], *rein; thong, strap*
•habeō, -ēre, -ui, -itum, *have, hold, keep, seize; own, possess, govern; think, esteem, regard*
habilis, -e, [habeō], *easily handled, handy, ready; well fitting*
•habitō, -āre, -āvi, -ātum, [habeō], INHABIT, *dwell in; dwell*
habitus, -ūs, m., [habeō], *condition, appearance; dress, attire*
hāc, adv., *this way, here, on this side; in this picture*
hāctenus, adv., *thus far, to this point, till now*
Hadria, -ae, m., *the* ADRIATIC *sea*
Hadriānus, -a, -um, ADRIATIC
haedus, -i, m., *kid;* as a proper noun, m. pl., a constellation, *the Kids*
Haemonius, -a, -um, *of Thessaly*
••••haereō, -ēre, haesi or -sivi, haesum or -situm, *stick, cling, fixed to; keep close to, remain fixed, continue; stand motionless, stop fixed* or *motionless, stop*
hālitus, -ūs, m., [hālō], *breath, vapor,* EXHALATION
Halius, -i, m., a Trojan
hālō, -āre, -āvi, -ātum, *breathe, be fragrant*
Halys, -yos, m., a Trojan
hāmātus, -a, -um, [hāmus], *hooked*
Hammōn, -ōnis, m., the Libyan Jupiter
hāmus, -i, m., *hook, ring, link*
harēna, see arēna
harēnōsus, see arēnōsus
Harpalycē, -ēs, f., a famous Thracian huntress

477

Harpȳia, -ae (trisyllable), f., *a* HARPY, a mythical monster half bird and half woman

•••• **harundō, -inis,** f., *reed, arrow; wreath* or *crown of reeds*

haruspex, -icis, m., *inspector* (of the entrails of victims); *soothsayer, diviner, prophet*

•••• **hasta, -ae,** f., *spear*

hastile, -is, n., [hasta], *spear shaft, spear, javelin; spear-like shoot* or *branch*

•••• **haud,** adv., *not at all, by no means, not*

•••• **hauriō, -ire, hausi, haustum,** *draw out, draw; drain, drink up; spill* or *shed blood, pierce, kill, slay; take in, take up, receive; see, hear; experience, suffer*

hebeō, -ēre, def., [hebes, *dull*], *be blunt* or *dull; be sluggish*

hebetō, -āre, -āvi, -ātum, [hebes, *dull*], *make blunt* or *dull, deaden*

Hebrus, -i, m., a river of Thrace

Hecatē, -ēs, f., a goddess of enchantment, usually identified with Diana (Luna)

Hector, -oris, m., son of Priam, bravest of the Trojans

Hectoreus, -a, -um, *of* HECTOR, HECTOR'S; *Trojan*

Hecuba, -ae, f., wife of Priam

hedera, -ae, f., *ivy*

heia, interj., *ha! see! up! quick!*

Helena, -ae, f., beautiful wife of Menelaus; her elopement with Paris was the cause of the Trojan war

Helēnor, -oris, m., a companion of Aeneas

Helenus, -i, m., son of Priam, a prophet

Helicōn, -ōnis, m., a mountain in Boeotia, sacred to Apollo and the Muses

Helōrus, -i, m., a river of Sicily

Helymus, -i, m., a Sicilian

• **herba, -ae,** f., HERB, *grass, plant; grassy field*

Herbēsus, -i, m., a Rutulian

Herculēs, -is, m., god of strength

Herculeus, -a, -um, *of* HERCULES

hērēs, -ēdis, m., HEIR

Hermionē, -ēs, f., daughter of Menelaus and Helen

•••• **hērōs, -ōis,** m., *demigod;* HERO, *illustrious man*

hērōus, -a, -um, HEROIC; HEROIC EPIC, as applied to verse

Hēsionē, -ēs, f., daughter of Laomedon

Hesperia, -ae, f., *western land;* HESPERIA, *Italy*

Hesperis, -idis, *western,* HESPERIAN; as a noun, f. pl., *the* HESPERIDES, daughters of Hesperus, who kept the garden of golden apples

Hesperius, -a, -um, *of the west, western;* HESPERIAN, *Italian*

••• **hesternus, -a, -um,** *of yesterday, yesterday's*

•••• **heu,** interj., *oh! ah! alas!*

heus, interj., *ho! hallo!*

hiātus, -ūs, m., [hiō], *yawning, gaping; abyss, chasm; yawning jaws*

• **hibernus, -a, -um,** [hiems], *wintry, stormy;* as a noun, n. pl., *winter quarters, winter camp; winter*

Hibērus, -a, -um, IBERIAN, *Spanish*

• **hic, haec, hoc,** dem. adj., *this, this of mine; the latter;* pron., *he, she, it, they*

•• **hic,** adv., *in this place, here; now, hereupon, at this juncture, at this point*

• **hiems, -emis,** f., *winter; stormy weather, storm, tempest;* person., *the god of storms*

hilaris, -e, *cheerful*

••• **hinc,** adv., *from this place, hence; from this time, henceforth; then;* **hinc . . . hinc,** *on this side . . . on that*

•••• **hiō, -āre, -āvi, -ātum,** *open the mouth, gape, yawn*

Hippocoōn, -ontis, m., a companion of Aeneas

Hippolytus, -i, m., son of Theseus

hiscō, -ere, def., [hiō], *gape, yawn; falter, speak in stammering words*

Hister, -tri, m., the lower Danube

• hodiē, adv., *today, at this time, now*

••• hodiernus, -a, -um, [hodiē], *of today*

• homō, -inis, c., *human being, man;* pl., *men, the human race, mankind, mortals*

•• honor or honōs, -ōris, m., HONOR, *reputation, respect, esteem, glory; dignity, office; prize, reward; sacrifice, ceremony; ornament, grace, charm, beauty*

honōrō, -āre, -āvi, -ātum, [honor], HONOR, *observe, revere*

• hōra, -ae, f., *hour*

Horātius, -i, m., *Q.* HORATIUS *Flaccus, the poet* HORACE

horrendus, -a, -um, [horreō], *dreadful, fearful, terrible,* HORRIBLE; *awful, venerable, awe-inspiring*

horrēns, -entis, [horreō], *bristling, rough, shaggy; gloomy*

•••• horreō, -ēre, -ui, —, *stand on end, bristle; shudder, tremble, shake, shiver; tremble at, fear, dread*

horrēscō, -ere, horrui, —, [horreō], *begin to shudder* or *tremble, shudder; be terrified, fear, dread*

•••• horridus, -a, -um, [horreō], *rough, bristling, shaggy; rough, rude, untamed; terrible, frightful, fearful*

horrifer, -fera, -ferum, [horror + ferō], *causing fear, terrible, dreadful*

horrificō, -āre, def., [horrificus], *terrify, appall*

horrificus, -a, -um, [horror + faciō], *terrible, dreadful, frightful*

horrisonus, -a, -um, [horror + sonō], *having a dreadful* SOUND, RESOUNDING *terribly*

horror, -ōris, m., [horreō], *shaking, shuddering, dread,* HORROR, *terror; dread clash, frightful din*

hortātor, -ōris, m., [hortor], *inciter, instigator,* EXHORTER

• hortor, -āri, -ātus sum, *urge, incite, encourage, advise,* EXHORT

hortulus, -i, m., [hortus, *garden*], *little garden*

• hospes, -itis, c., HOST; *guest, visitor; stranger, foreigner*

•••• hospitium, -i, n., [hospes], HOSPITALITY, *friendship, protection; guest-land, friendly land*

hospitus, -a, -um, [hospes], *strange, foreign*

hostia, -ae, f., *victim* (for sacrifice)

hosticus, -a, -um, [hostis], HOSTILE, *of the enemy*

hostilis, -e, [hostis], *of an enemy, an enemy's,* HOSTILE

• hostis, -is, c., *stranger, enemy, public enemy, foe*

• hūc, adv., *to this place, hither*

••• hūmānus, -a, -um, [homō], *of man* or *mankind,* HUMAN

•• humilis, -e, [humus], *low, low-lying; shallow; humble*

humō, -āre, -āvi, -ātum, [humus], *cover with earth; bury*

••• humus, -i, f., *earth, ground, soil;* humi, locative, *on the ground, to the earth*

hyacinthinus, -a, -um, *belonging to the* HYACINTH

Hyades, -um ("rainers"), f. pl., *the* HYADES, *seven stars in the constellation Taurus which rose in the rainy season*

Hydaspēs, -is, m., *a river in India*

Hȳdra, -ae, f., (1) *many-headed water-serpent killed by Hercules;* (2) *monster guarding the gates of the lower world*

479

Hylaeus, -i, m., a centaur

Hymēn, -enis, m., god of marriage

•••• **Hymenaeus, -i,** m., HYMEN, god of marriage; pl., *marriage, wedding*

Hypanis, -is, m., a Trojan

Hyrcānus, -a, -um, HYRCANIAN; as a noun, m. pl., people of Asia, near the Caspian Sea

Hyrtacidēs, -ae, m., *son of* HYRTACUS

Hyrtacus, -i, m., father of Nisus

I

• **iaceō, -ēre, -cui, —,** *lie, be prostrate; lie dead; be level, be flat, spread out*

• **iaciō, -ere, iēcī, iactum,** *throw, hurl, cast; lay, build, found; scatter, spread*

iactāns, -antis, [iactō], *boasting, boastful, arrogant*

••• **iactō, -āre, -āvī, -ātum,** [iaciō], *throw, cast, hurl; throw out, drive* or *toss about; utter, shout wildly* or *madly; consider, revolve, ponder; boast, boast of, vaunt*

iactūra, -ae, f., [iaciō], *throwing away, sacrifice, loss*

iaculor, -ārī, -ātus sum, [iaculum], *throw, hurl*

•••• **iaculum, -i,** n., [iaciō], *dart, javelin*

Iaera, -ae, f., a wood-nymph

• **iam,** adv., *now, at present; a little while ago, but now; immediately, straightway, soon; already, now, now indeed; even;* **iam iam** (implying haste or eagerness), *at this very moment, in the very act of;* **iam dudum, iam pridem,** *long since, this long time*

iambus, -i, m., *iambic foot* or *verse*

Iāniculum, -i, n., [Iānus], one of the hills of Rome, on the right bank of the Tiber

iānitor, -ōris, m., [iānua], *door-keeper, porter*

• **iānua, -ae,** f., [Iānus], *door, gate, entrance*

Iānus, -i, m., an Italian deity, god of doors and of beginnings; the doors of his temple were open in war and closed in peace

Iāpyx, -ygis, m., (1) the wind from Iapygia (Apulia); the northwest wind; (2) the physician of Aeneas

Iarbās, -ae, m., a king of Mauritania

Iasidēs, -ae, m., *descendant* or *son of* IASIUS

Iasius, -i, m., son of Jupiter and brother of Dardanus

iaspis, -idis, f., JASPER, a precious stone

• **ibi,** adv., [is], *there; then, at that, thereupon*

ibidem, adv., *in the same place*

Īcarus, -i, m., son of Daedalus

icō or **icō, -ere, ici, ictum,** *strike, hit, smite; make* or *confirm a treaty*

•••• **ictus, -ūs,** m., [icō], *stroke, blow; wound*

Īda, -ae, f., (1) a mountain near Troy; (2) a mountain in Crete

Īdaeus, -a, -um, [Īda], *of Mt. IDA,* IDEAN

Īdaeus, -i, m., charioteer of Priam

Īdalia, -ae, f., [Īdalium], a town and mountain of Cyprus, sacred to Venus

Īdalius, -a, -um, *of* IDALIA or IDALIUM, IDALIAN

Īdās, -ae, m., a Trojan

••• **idcircō,** adv., [id + circā], *on that account, therefore, for all that*

• **idem, eadem, idem,** dem. pron., [is + dem], *the same, also, at the same time, likewise*

ideō, adv., *on that account, for that reason, therefore*

Īdomeneus, -eī, m., a king of Crete

• **idōneus, -a, -um,** *suitable*

iecur, iecoris or **iecinoris,** n., *liver*

••• **igitur,** adv., *therefore, then*

•••• **ignārus, -a, -um,** IGNORANT, *not knowing, unaware, unsuspecting*

ignāvus, -a, -um, *lazy, slothful, sluggish, idle; cowardly*

ignēscō, -ere, def., [ignis], *take fire, kindle, blaze out*

igneus, -a, -um, [ignis], *of fire, fiery, burning*

Ignipotēns, -entis, [ignis + potēns], *fire-ruling;* as a noun, m., *the fire-god Vulcan*

• **ignis, -is,** m., *fire, conflagration; torch, firebrand; lightning, brightness, glow; flame of love, love, passion; anger, rage*

ignōbilis, -e, [in + (g)nōbilis], *unknown, obscure,* IGNOBLE, *base*

ignōrantia, -ae, f., IGNORANCE

•• **ignōrō, -āre, -āvī, -ātum,** [ignarus], *not know, be* IGNORANT *of, pay no attention to,* IGNORE

•• **ignōtus, -a, -um,** [in + (g)nōtus], *unknown, strange;* as a noun, m., *stranger*

•••• **ilex, -icis,** f., *holm oak, oak*

ilia, -ium, n. pl., *groin, flank*

Īlia, -ae, f., ILIA, *another name of Rhea Silvia, mother of Romulus and Remus*

Īliacus, -a, -um, *of* ILIUM, ILIAN, *Trojan*

Īlias, -adis, f., *daughter of Troy;* pl., *Trojan women*

ilicet, adv., [ire + licet], *immediately, instantly, at once*

Īlionē, -ēs, f., *daughter of Priam*

Īlioneus, -eī, m., *a companion of Aeneas*

Īlium, -ī, n., ILIUM, *Troy*

Īlius, -a, -um, *of* ILIUM, ILIAN, *Trojan*

illābor, -ī, -lāpsus sum, [in], *glide into, inspire*

illacrimābilis, -e, [in], *relentless*

illacrimō, -āre, -āvī, -ātum, [in + lacrima], *weep*

illaetābilis, -e, [in], *cheerless, joyless, sad*

• **ille, -a, -ud,** dem. pron., *that, that off there; yon; ancient, famous, renowned; the one, the former, the other*

illic, adv., *in that place, there*

illidō, -ere, -līsī, -līsum, [in + laedō], *dash against, drive* or *hurl upon; dash into, crush*

illinc, adv., *from that place* or *direction, thence, on that side, that way*

illūc, adv., *to that place, thither;* **huc . . . illuc,** *this way . . . that way*

illūdō, -ere, -lūsī, -lūsum, [in], *make sport of, ridicule, mock, jeer at*

••• **illūstris, -e,** [in + lustrō], *bright, distinguished, famous, noble,* ILLUSTRIOUS

illuviēs, -ēī, f., [in + luō], *dirt, filth*

Īllyricus, -a, -um, *of* ILLYRIA, *the district north of Epirus,* ILLYRIAN

Īlus, -ī, m., (1) *founder of Ilium;* (2) *another name of Ascanius*

••• **imāgō, -inis,** f., IMAGE, *likeness, picture; ghost, specter; thought, conception; reminder, reflection*

imbellis, -e, [in + bellum], *unwarlike, timid; powerless, forceless*

•••• **imber, -bris,** m., *rain, rain storm, pouring rain; rain cloud, storm cloud; sea water, brine, waves*

imitābilis, -e, [imitor], *that may be* IMITATED, IMITABLE

imitor, -ārī, -ātus sum, IMITATE, *copy, represent*

•••• immānis, -e, IMMENSE, *huge, enormous, vast; inhuman, savage, fierce, barbarous, cruel*

immemor, -oris, *unmindful, unconscious, forgetful, heedless*

•••• immēnsus, -a, -um, *immeasurable, vast,* IMMENSE, *unbounded*

immergō, -ere, -mersi, -mersum, *plunge, sink,* IMMERSE

immeritus, -a, -um, *undeserving, innocent, guiltless*

••• immineō, -ēre, def., *overhang, threaten; be close at hand*

immisceō, -ēre, -miscui, -mixtum, *mingle, intermingle; join; melt into, fade*

immitis, -e, *rough, harsh, severe, cruel, pitiless*

•••• immittō, -ere, -misi, -missum, *send in, let in,* ADMIT; *send against* or *upon; inflict; let go, slacken, let loose;* of the hair and beard, *let grow;* **immissa barba,** *flowing* or *unkempt beard*

••• immō, adv., *nay, on the contrary, nay rather, yes indeed*

immōbilis, -e, *immovable, unmoved*

immolō, -āre, -āvi, -ātum, [in + mola], *sprinkle* (sacrificial) *meal* (on the victim); *sacrifice, offer; kill*

• immortālis, -e, IMMORTAL, *imperishable, eternal*

immōtus, -a, -um, UNMOVED, IMMOVABLE, *unshaken, steadfast, firm, resolute; unchanged*

immūgiō, -ire, -ivi or -ii, —, *bellow, roar, re-echo*

immundus, -a, -um, *unclean, filthy, foul*

impār, -aris, *unequal, uneven, unfair*

impāstus, -a, -um, [in + pascō], *unfed, hungry*

impavidus, -a, -um, *fearless, undaunted*

• impediō, -ire, -ivi or -ii, -itum, [in + pēs], *entangle, hinder;*

interweave, intersect; weld together

•• impellō, -ere, -puli, -pulsum, *strike against, strike, drive, push; urge,* IMPEL, *induce, drive on; clash*

impēnsa, -ae, f., [impendō, *weigh out*], *cost,* EXPENSE

imperfectus, -a, -um, *unfinished*

imperitō, -āre, -āvi, -ātum, [imperō], *command, rule*

• imperium, -ī, n., [imperō], *order; command, authority, power, mastery, sway; sovereignty, dominion; realm,* EMPIRE, *kingdom*

• imperō, -āre, -āvi, -ātum, [parō], *command, order, bid*

• impetus, -ūs, m., [in + petō], *attack, onset;* IMPETUS; *impulse; violence, fury, force*

impiger, -gra, -grum, *not sluggish, diligent, quick*

impingō, -ere, -pēgi, -pāctum, [pangō], *drive* or *dash against, force to*

impius, -a, -um, *ungodly, wicked,* IMPIOUS, *unhallowed*

implācābilis, -e, IMPLACABLE, *inexorable*

implācātus, -a, -um, *unappeased, insatiable*

impleō, -ēre, -ēvi, -ētum, *fill up, make full, fill; satisfy, regale*

•••• implicō, -āre, -āvi or -ui, -ātum or -itum, *enfold, entwine; grasp;* with reflex., *attach to, cling*

implōrō, -āre, -āvi, -ātum, *beseech, entreat,* IMPLORE

•• impōnō, -ere, -posui, -positum, *place* or *set on; place, put, set;* IMPOSE, *prescribe; appoint, set over; build, construct, erect*

impotēns, -entis ("without power to control oneself"), *violent, furious*

imprecor, -āri, -ātus sum, *call down* or *invoke a curse upon,* IMPRECATE imprimō, -ere, -pressi, -pressum, [premō], PRESS *upon; stamp, imprint; engrave, emboss, chase*

•••improbus, -a, -um, *bad, wicked, base; bold, shameless; ravenous, ravening, insatiate; cruel, savage, remorseless*

improperātus, -a, -um, *not hastened, deliberate*

imprōvidus, -a, -um, *not foreseeing; reckless, heedless, thoughtless*

imprōvisus, -a, -um, *unforeseen, unexpected;* imprōvisō, adv., *unexpectedly*

imprūdēns, -entis, *not foreseeing, unaware, unsuspecting, off one's guard*

impūbēs, -eris or -is, *beardless, youthful*

impulsus, -ūs, m., [impellō], *shock,* IMPULSE

impūne, adv., [in + poena], *without* PUNISHMENT, *with* IMPUNITY; *safely*

imus, superl. of inferus

•in, prep. with acc., *into, to; towards, against; until, till, for; on, upon;* with abl., *in, within, among; on, at; during, in time of; in the case of, in respect to*

in-, insep. particle with negative force, *not, un-, in-, without*

inaccessus, -a, -um, *unapproachable,* INACCESSIBLE, *impenetrable; dangerous*

Īnachius, -a, -um, *of* INACHUS; *Argive, Grecian*

Īnachus, -i, m., *founder of Argos*

inamābilis, -e, *unlovely, repulsive, hateful*

••••inānis, -e, *empty, void; worthless, useless, vain; little, short, mere, only; thin, spectral, phantom, bodiless*

inārdēscō, -ere, -ārsi, —, *kindle, burn, glow*

Īnarimē, -ēs, f., *an island near Naples*

inausus, -a, -um, *not dared, unattempted*

incānus, -a, -um, *white, gray, hoary*

incassum or in cassum, adv., *in vain*

incautus, -a, -um, *heedless, reckless, unsuspecting, off one's guard*

••••incēdō, -ere, -cessi, -cessum, *advance, go, move, walk, march,* PROCEED; *walk in majesty, walk proudly*

•••incendium, -i, n., [incendō], *fire, conflagration; flame, firebrand, torch; destruction, ruin*

•incendō, -ere, -cendi, -cēnsum, *set fire to, kindle, burn; light up, illumine; inflame, fire, rouse, excite, enrage, madden*

inceptum, -i, n., [incipiō], *beginning, undertaking, attempt, purpose*

••incertus, -a, -um, UNCERTAIN, *doubtful, irresolute, fickle; ill-aimed; wavering, flickering, obscure, dim*

incessus, -ūs, m., [incēdō], *walking, walk, gait, carriage*

incestō, -āre, -āvi, -ātum, [in + castus], *pollute, defile*

incestus, -a, -um, [in + castus], *wicked, sinful*

••incidō, -ere, -cidi, —, [cadō], *fall upon, light upon, fall in with, encounter; enter into*

incidō, -ere, -cidi, -cisum, [caedō], *cut into, cut, sever*

•incipiō, -ere, -cēpi, -ceptum, [capiō], *take hold; begin*

inclēmentia, -ae, f., [inclēmēns, *harsh*], *harshness, cruelty, severity, unkindness*

•••inclūdō, -ere, -clūsi, -clūsum, [claudō], *shut up* or *in,* ENCLOSE, *confine; shut off, stop*

inclutus, -a, -um, *renowned, famous, illustrious, glorious*

incognitus, -a, -um, *unknown, strange*

incohō, -āre, -āvī, -ātum, *begin, construct*

•• incola, -ae, m., *inhabitant, settler*

• incolō, -ere, -coluī, —, *inhabit, dwell*

•• incolumis, -e, *uninjured, unharmed, safe; with undiminished power*

incomitātus, -a, -um, [in + comitor], *without companion; unattended, alone*

incommodum, -ī, n., *injury, misfortune, disaster*

inconcessus, -a, -um, *unlawful, forbidden*

incōnsultus, -a, -um, *without advice*

incorruptus, -a, -um, *pure,* UN-CORRUPTED

increbresco, -ere, increbruī, *increase, spread*

••• incrēdibilis, -e, [in + crēdō], IN-CREDIBLE, *beyond belief, strange*

increpitō, -āre, def., [increpō], *chide, scold, blame; challenge*

increpō, -āre, -crepuī, -crepitum, *resound; snap, crash; chide*

incrēscō, -ere, -crēvī, —, *grow into, grow up, grow,* INCREASE

incubō, -āre, -cubuī ,-cubitum, *rest on; brood over, hoard*

incultus, -a, -um, *untilled,* UN-CULTIVATED, *wild, desert; disordered, neglected, unkempt*

•••• incumbō, -ere, -cubuī, -cubitum, *lay oneself, fall on, descend upon; rest on; lean upon* or *over, overhang; bend to, exert oneself, lend a hand, apply oneself, urge on, hasten on*

incurrō, -ere, -currī or -cucurrī, -cursum, *run into, rush upon* or *against, attack*

incurvō, -āre, -āvī, -ātum, *bend,* CURVE

incūs, -ūdis, f., *anvil*

incūsō, -āre, -āvī, -ātum, [causa], ACCUSE, *blame, chide, reproach*

incustōditus, -a, -um, *unguarded*

incutiō, -ere, -cussi, -cussum, [quatiō], *strike into, rouse, inspire, add*

indāgō, -inis, f., *driving in; encircling net used in hunting*

• inde, adv., *from that place, thence; from that time, thereafter, after that; thereupon; from him, from them, from this*

indēbitus, -a, -um, *not due;* nōn indēbitus, *mine (yours, etc.), by right*

indecoris, -e, *dishonorable, disgraceful, causing disgrace*

indēprēnsus, -a, -um, *undiscovered, undetected*

••• indicium, -ī, n., [indicō], *information, evidence, charge; trace, track*

••• indicō, -ere, -dīxī, -dictum, *declare, proclaim, appoint; order*

••• indicō, -āre, -āvī, -ātum, *reveal,* INDICATE

indigena, -ae, c., *sprung from the land; native*

indignor, -ārī, -ātus sum, [indignus], *be* INDIGNANT, *be vexed, be angry, resent; disdain, scorn*

••• indignus, -a, -um, *unworthy, unbecoming, undeserved; ignominious, disgraceful, shameful, cruel*

indocilis, -e, *unteachable, ignorant, rude*

indolēscō, -ere, -doluī, —, [doleō], *grieve, be sorry*

indomitus, -a, -um, *untamed, unsubdued, unbridled, wild, fierce*

indubitō, -āre, def., *cast doubt upon, distrust*

•• indūcō, -ere, -dūxī, -ductum, *lead* or *bring in; put on, clothe; move, persuade, influence,* INDUCE

indulgeō, -ēre, -dulsī, -dultum, *be kind to,* INDULGE; *yield to,* INDULGE *in, give oneself up to, give way to*

•••• induō, -ere, -duī, -dūtum, *put on, assume; clothe, array, deck*

484

indūrēscō, -ere, -dūrui, —, harden, grow hard

indūrō, -āre, -āvi, -ātum, harden

Indus, -a, -um, of INDIA, INDIAN; as a noun, m. pl., *the people of* INDIA, INDIANS

inēluctābilis, -e, *not to be escaped* (by struggling); *unavoidable, inevitable*

• **ineō, -ire, -ivi** or **-ii, -itum,** *go into, enter; begin, engage in, undertake*

inermis, -e, also **inermus, -a, -um,** [in + arma], UNARMED, *defenceless*

iners, -ertis, [in + ars], *idle, sluggish, lazy; weak, helpless; lifeless; timid, cowardly*

inexcitus, -a, -um, *quiet, unmoved*

inexpertus, -a, -um, *untried, unproved*

inexplētus, -a, -um, *unsatisfied, unsated*

inexpugnābilis, -e, *impregnable, firm, unconquerable*

inextricābilis, -e, INEXTRICABLE, *involved,* INTRICATE

infabricātus, -a, -um, *unwrought, unfashioned, unshaped*

infāmis, -e, *disgraceful*

infandus, -a, -um, [in + for], *unspeakable, unutterable, shocking, horrible, frightful, accursed, detestable*

• **infāns, -antis,** c., [in + for], *not speaking;* INFANT, *babe*

infaustus, -a, -um, *ill-omened, ill-starred, unlucky, unpropitious*

infectus, -a, -um, [in + factus], *not done, unfinished; untrue, false*

•• **infēlix, -icis,** *unfruitful; unhappy, unfortunate, wretched, miserable; unlucky, ill-fated, unpropitious*

infēnsus, -a, -um, *hostile, unfriendly; angry, enraged; threatening*

inferiae, -ārum, f. pl., [inferus], *sacrifices* or *offerings* (to the dead)

infernus, -a, -um, [inferus], *of the lower world,* INFERNAL

• **inferō, -ferre, intuli,· illātum,** *bring in, carry in, introduce; bring against, wage upon* or *make war;* with reflex. pron., *go, walk, march; offer, sacrifice*

• **inferus, -a, -um,** *below, underneath, lower;* compar. **inferior, -ius,** *lower;* INFERIOR, *less noble* or *famous;* superl. **infimus** or **imus,** *lowest, last, lowest part of, bottom of; inmost*

••• **infestus, -a, -um,** *hostile, troublesome, dangerous, deadly*

inficiō, -ere, -fēci, -fectum, [faciō], *tinge, stain; mix; taint,* INFECT, *corrupt;* **infectus, -a, -um,** *inwrought, deep-dyed, ingrained, contracted*

infidus, -a, -um, *unfaithful*

infigō, -ere, -fixi, -fixum, *fasten to* or *upon, impale; impress deeply,* FIX

infindō, -ere, -fidi, -fissum, *cut, cleave; plough* (the waters of the deep)

infit, def., *he (she) begins to speak*

inflammō, -āre, -āvi, -ātum, *set on fire;* INFLAME; *rouse, enrage, madden*

inflectō, -ere, -flexi, -flexum, *bend; change, alter, influence, move*

inflētus, -a, -um, *unwept, unlamented*

inflō, -āre, -āvi, -ātum, *blow into,* INFLATE, *swell*

infodiō, -ere, -fōdi, -fossum, *dig in, bury*

infōrmis, -e, [in + fōrma], *shapeless, misshapen,* DEFORMED, *hideous, foul, filthy*

infōrmō, -āre, -āvi, -ātum, *shape, fashion, mold, forge*

infrā, adv., *below*

infrāctus, see **infringō**

infrendō, -ere, def., *gnash*

infrēnus, -a, -um, [in + frēnum], *unbridled; riding without bridle*

infrequēns, -entis, INFREQUENT

infringō, -ere, -frēgī, -frāctum, [frangō], *break; subdue, weaken, crush, exhaust*

infula, -ae, f., (red and white woollen) *fillet*, worn upon the head by priests and others

infundō, -ere, -fūdī, -fūsum, *pour in* or *upon; shed, spread,* DIFFUSE; *crowd in, gather, assemble*

•••• ingeminō, -āre, -āvī, -ātum, *redouble, repeat; repeat one's shouts* or *cries; multiply, increase, be redoubled*

ingemō, -ere, -uī, —, *groan, sigh, wail; groan over, lament over*

••• ingenium, -ī, n., GENIUS, *talent, nature*

••• ingēns, -entis, *vast, huge, enormous, mighty, great; remarkable, distinguished, famous; strong, mighty, powerful*

ingerō, -ere, -gessī, -gestum, *throw, hurl,* or *cast at* or *upon*

inglōrius, -a, -um, [in + glōria], *without* GLORY; *inconspicuous*

ingrātus, -a, -um, *unacceptable, unpleasant;* UNGRATEFUL, *unthankful, thankless*

ingravō, -āre, -āvī, -ātum, *weigh down;* AGGRAVATE, *increase*

••• ingredior, -ī, -gressus sum, [gradior], *advance, proceed, move, march; enter; enter upon, begin, undertake, attempt*

ingruō, -ere, -uī, —, *rush in, assail; assail one's ears*

inhaereō, -ēre, -haesī, -haesum, *cling* or *cleave to; hang upon*

inhibeō, -ēre, -uī, -itum, [habeō], *hold in* or *back, restrain, check*

inhiō, -āre, -āvī, -ātum, *gape, be amazed, gaze; gape at, gaze at*

inhonestus, -a, -um, *dishonorable, disgraceful, ignominious, shameful*

inhorrēscō, -ere, -horruī, —, [horreō], *bristle, become rough, roughen, grow ruffled*

inhospitālis, -e, *perilous,* INHOSPITABLE

inhospitus, -a, -um, INHOSPITABLE

inhumātus, -a, -um, *unburied*

iniciō, -ere, -iēcī, -iectum, [iaciō], *throw* or *hurl into, upon,* or *at, cast upon; add*

• inimicus, -a, -um, [in + amicus] *unfriendly, hostile; hurtful, dangerous, destructive*

• iniquus, -a, -um, [in + aequus], UNEQUAL, *uneven; narrow; unfavorable, hurtful, dangerous; unfair, partial, unjust, adverse, hard, wretched, unhappy*

• iniūria, -ae, f., [in + iūs], *injustice,* INJURY, *harm, wrong; insult, outrage, affront*

iniūssus, -a, -um, *unbidden*

iniūstus, -a, -um, UNJUST

innātus, -a, -um, INNATE, *inborn*

innectō, -ere, -nexuī, -nexum, *bind, fasten, tie; weave, contrive, invent*

innō, -āre, -āvī, -ātum, *swim in* or *upon, swim across, sail upon* or *over*

innoxius, -a, -um, *harmless*

innumerābilis, -e, *countless*

innumerus, -a, -um, *countless*

innūptus, -a, -um, [in + nūbō], *unmarried, unwedded*

inolēscō, -ere, -olēvī, -olitum, *grow upon* or *into, become deep-rooted* or *ingrained*

inopinus, -a, -um, [in + opinor], *unexpected*

inops, -opis, *poor, destitute, needy, humble; helpless*

Īnōus, -a, -um, *of* INO; as a noun, m., INO'S *son*

• inquam, def., following one or more words of a quotation; *say*

inr-, see irr-

insalūtātus, -a, -um, UNSALUTED, *without a farewell word*

insānia, -ae, f., [insānus], *madness*, INSANITY, *frenzy, folly*
insāniēns, -entis, [insāniō], *mad, foolish*
insānus, -a, -um, *mad*, INSANE; *inspired*
•••• inscius, -a, -um, [in + sciō], *not knowing, ignorant, unaware*
inscrībō, -ere, -scrīpsī, -scrīptum, *write upon, mark*
insequor, -ī, -secūtus sum, *follow after, follow*, PURSUE; *proceed*
inserō, -ere, -seruī, -sertum, *put in*, INSERT
insertō, -āre, def., [inserō], *put into*, INSERT *in*
insideō, -ēre, -sēdī, -sessum, [sedeō], *sit upon, settle on; seize, take possession of, occupy*
• insidiae, -ārum, f. pl., [in + sedeō], *ambush; secret enterprise, plot, trick, snare, crafty scheme, treachery*
••• insidior, -ārī, -ātus sum, [insidiae], *lie in ambush* or *in wait for*
insidō, -ere, -sēdī, -sessum, *settle on, alight upon; have possession of*
••• insigne, -is, n., [insignis], *mark*, SIGN, SIGNAL; *decoration, ornament;* pl., *regalia*
insigniō, -īre, -īvī or -iī, -ītum, [insignis], *mark, distinguish, adorn*
••• insignis, -e, [in + signum], *remarkable, marked, extraordinary, distinguished, conspicuous, glorious*
insinuō, -āre, -āvī, -ātum, *creep in, penetrate*
insistō, -ere, -stitī, —, *set foot on, step on, stand on, tread upon; begin*
insolēns, -entis, [in + soleō], *haughty, arrogant*
insomnis, -e, [in + somnus], *sleepless*
insomnium, -ī, n., [in + somnus], *dream*

insonō, -āre, -uī, —, SOUND, RESOUND; *crack a whip*
•••• insōns, -ontis, *guiltless, innocent*
insōpitus, -a, -um, *sleepless*
inspērātus, -a, -um, *unhoped for, unexpected*
inspiciō, -ere, -spexī, -spectum, [speciō], *look into* or *upon*, INSPECT, *examine*
inspīrō, -āre, -āvī, -ātum, *breathe into*, INSPIRE, *instill, infuse*
instar, indecl., n., *image, likeness; noble presence;* esp. with gen., *as large as, like, the likeness of*
instaurō, -āre, -āvī, -ātum, *establish; repeat, renew, celebrate; refresh; pay, repay, requite*
insternō, -ere, -strāvī, -strātum, *cover, spread over* or *upon*
instīgō, -āre, -āvī, -ātum, *goad on, stimulate, incite, urge on*
instimulō, -āre, -āvī, -ātum, *incite*
• instituō, -ere, -stituī, -stitūtum, [statuō], *set up, found, build, erect, establish; begin*
•• instō, -āre, -stitī, —, *approach, press upon, be urgent, pursue; push forward, work at earnestly* or *diligently, threaten*
• instruō, -ere, -strūxī, -strūctum, *form, arrange; prepare, provide, equip, furnish, set forth; teach*, INSTRUCT
insuētus, -a, -um, *unaccustomed, unused, unusual*
• insula, -ae, f., *island*
insultō, -āre, -āvī, -ātum, [insiliō], *spring upon; be* INSOLENT, *mock*, INSULT; EXULT
insum, inesse, infuī, —, *be in* or *upon, appear, be represented*
insuō, -ere, -suī, -sūtum, *sew in* or *into, stitch in*
insuper, adv., *above; moreover, besides, in addition;* prep. with abl., *besides, in addition to*
insuperābilis, -e, *invincible, unconquerable*

487

insurgō, -ere, -surrēxi, -surrēctum, *rise, rise to* or *on, rise up, rise aloft*

intāctus, -a, -um, *untouched; untouched by the yoke, not harness broken; uninjured, safe; chaste, virgin*

intāminātus, -a, -um, *unstained*

• **integer, -gra, -grum, [in+tangō],** *entire, whole; unimpaired, sound, fresh*

intemerātus, -a, -um, *inviolate, unsullied, pure;* of wine, *unmixed*

intempestus, -a, -um, [in + tempus], *unseasonable, late, dark;* **nox intempesta,** *the dead of night*

intemptātus, -a, -um, *untried*

•••• **intendō, -ere, -tendi, -tentum,** *stretch, strain; stretch on* or *over, bind, spread, deck with; swell; aim, direct;* of music, *set*

intentō, -āre, -āvi, -ātum, [intendō], *hold out with threatening manner, threaten*

intentus, -a, -um, [intendō], ATTENTIVE, *eager, listening, waiting, expectant*

inter, prep. with acc., *between, in the midst of, among, in the course of, during;* **inter nōs (vōs, sē),** *with one another, together*

•• **interclūdō, -ere, -clūsi, -clūsum, [claudō],** *shut off* or *out, hinder, stop, prevent*

••• **interdum,** adv., *sometimes*

• **intereā,** adv., *meanwhile, in the meantime*

intereō, -ire, -ii, -itum, *die, perish; wane*

interfor, -āri, -ātus sum, *speak between, interrupt*

interfūsus, -a, -um, [interfundō], *flowing between, interposing; marked, stained*

interior, -ius, compar. adj., *inner,* INTERIOR, *on the inner side*

interlūceō, -ēre, -lūxi, —, *show light through, be open*

interluō, -ere, def., *flow between*

internectō, -ere, def., *bind together, bind up*

interpres, -etis, m., *mediator, agent, author, messenger;* INTERPRETER

interritus, -a, -um, UNTERRIFIED, *dauntless, undaunted; fearless*

interrumpō, -ere, -rūpi, -ruptum, *break off,* INTERRUPT

intertexō, -ere, -texui, -textum, *interweave*

•• **intervāllum, -i,** n., INTERVAL, *distance*

intexō, -ere, -texui, -textum, *weave in, work in, embroider; join, cover*

intimus, -a, -um, superl. of **interior,** *inmost, innermost*

intonō, -āre, -ui, -ātum, *thunder, resound, crash, rattle; thunder forth, shout aloud*

intōnsus, -a, -um, [in + tondeō], *unshorn; leafy*

intorqueō, -ēre, -torsi, -tortum, *hurl, cast, shoot, aim*

• **intrā,** adv., and prep. with acc., *within*

intrāctābilis, -e, *unmanageable, invincible, rude*

intrāctātus, -a, -um, *untried, unattempted*

intremō, -ere, -ui, —, TREMBLE, *quake*

•••• **intrō, -āre, -āvi, -ātum,** *go into,* ENTER; *pierce*

intrōgredior, -i, -gressus sum, [intrō + gradior], *step* or *go in, enter*

intrōrsus, adv., *within*

•••• **intus,** adv., *on the inside, within*

inultus, -a, -um, *unavenged, unrevenged*

inundō, -āre, -āvi, -ātum, *overflow*

inūtilis, -e, *useless*

•••• **invādō, -ere, -vāsi, -vāsum,** *go into, enter, enter upon, begin;*

rush *upon* or *against, attack, assail,* INVADE; *undertake, attempt; assail* (with *words*), *accost*

invalidus, -a, -um, *infirm, weak, feeble*

invehō, -ere, -vexī, -vectum, *bring* or *carry in;* pass., *ride, drive, sail; enter*

• **inveniō, -īre, -vēnī, -ventum,** *come upon, find; find out, discover,* INVENT, *contrive; secure, obtain*

inventor, -ōris, m., [**inveniō**], INVENTOR, *contriver, deviser*

invergō, -ere, def., *pour upon*

invertō, -ere, -vertī, -versum, *turn about* or *round*

invictus, -a, -um, *unconquered, unconquerable,* INVINCIBLE

• • • **invideō, -ēre, -vīdī, -vīsum,** ENVY, *grudge, begrudge, deny*

• • • **invidia, -ae,** f., [**invideō**], ENVY, *grudge, jealousy, hatred; cause of prejudice* or *dislike*

invidiōsus, -a, -um, [**invidia**], ENVIABLE; ENVIOUS, *spiteful*

invigilō, -āre, -āvī, -ātum, *watch over, devote oneself to*

inviolābilis, -e, INVIOLABLE, *sacred*

invīsō, -ere, -vīsī, —, *go to see,* VISIT

invīsus, -a, -um, [**invideō**], *hated, hateful, detested; hostile*

invītō, -āre, -āvī, -ātum, INVITE; *incite, tempt, arouse*

• • **invītus, -a, -um,** *unwilling, against one's will; unfriendly, hostile*

invius, -a, -um, [**in** + **via**], *impassable, pathless, trackless; inaccessible*

involvō, -ere, -volvī, -volūtum, *roll up, envelop,* INVOLVE; *cover, overwhelm, obscure*

iō, interj., *ho! huzza! oh!*

Iō, -ūs, f., *daughter of Inachus, changed to a cow and watched by the hundred-eyed Argus*

Īonius, -a, -um, *of* IONIA, IONIAN;

as a noun, n., IONIAN *Sea, west of Greece*

Iōpās, -ae, m., *a Carthaginian harper and poet*

Iovis, gen., **Iovī,** dat., *see* **Iuppiter**

Īphitus, -ī, m., *a Trojan*

• **ipse, -a, -um,** dem. pron. *adding emphasis, self, myself, yourself, themselves,* etc.; *of one's own accord, voluntarily; own, very, even*

• **ira, -ae,** f., *anger, wrath, fury, rage, resentment; object* or *source of anger; angry purpose; expression of anger, scourge*

irācundus, -a, -um, [**īrāscor,** *be angry*], *stormy, wrathful, angry*

īrātus, -a, -um, [**īrāscor,** *be angry*], *angry,* IRATE

Īris, -idis, f., *messenger of Juno and goddess of the rainbow*

irremeābilis, -e, *from which one may not return, irretraceable*

irreparābilis, -e, *irretrievable,* IR-REPARABLE

irrideō, -ēre, -rīsī, -rīsum, *laugh at, mock, ridicule,* DERIDE

irrigō, -āre, -āvī, -ātum, *water, flood; diffuse, bedew, refresh*

irrītō, -āre, -āvī, -ātum, *provoke,* IRRITATE, *exasperate*

irritus, -a, -um, [**in** + **ratus**], *vain, without effect, useless, ineffectual*

irrumpō, -ere, -rūpī, -ruptum, *burst into* or *in, rush in*

irruō, -ere, -ruī, —, *rush in, upon,* or *against; rush*

• **is, ea, id,** dem. pron., *he, she, it, they; this, that; such*

• • • **iste, -a, -ud,** dem. pron., *this, that of yours, that you mention* or *mean; such, like that*

istic, adv., *there*

istinc, adv., [**iste**], *from where you are, thence, from there*

• **ita,** adv., [**is**], *in such a way, thus, so*

489

Ītalia, -ae, f., ITALY

Ītalus, -a, -um, ITALIAN; as a noun, m. pl., ITALIANS

• iter, itineris, n., [eō], *way, journey, march, voyage, course, road, path*

iterō, -āre, -āvi, -ātum, *repeat, retrace*

• • • iterum, adv., *again, once again, a second time*

Ithaca, -ae, f., an island in the Ionian Sea

Ithacus, -a, -um, *of* ITHACA, ITHACAN; as a noun, m., *the prince of* ITHACA, *the* ITHACAN, Ulysses

Itys, -yos, m., a Trojan

Iuba, -ae, m., two famous kings of Numidia

iuba, -ae, f., *mane; crest* (of a serpent or helmet)

iubar, -aris, n., *brightness; sunshine, dawn*

• iubeō, -ēre, iussi, iussum, *order, bid, tell, command; invite; urge*

• • • iūcundus, -a, -um, *pleasant, agreeable, delightful*

• iūdex, -icis, m., [iūs + dicō], JUDGE, *juror*

• iūdicium, -i, n., [iūdex], JUDGMENT, *decision, sentence*

iugālis, -e, [iugum], *of a yoke; matrimonial, nuptial*

iūgerum, -i, n., JUGER, *acre* (about half an English acre)

iugō, -āre, -āvi, -ātum, [iugum], *yoke; join in marriage, marry*

iugulō, -āre, -āvi, -ātum, [iugulum], *cut the throat; slay, kill, slaughter; sacrifice*

iugulum, -i, n., [iugum], *throat*

• • iugum, -i, n., *yoke, collar; pair of horses, team, span; bench, seat, thwart* (in a ship); *ridge, summit, height, top* (of a mountain)

Iūlius, -i, m., name of a Roman family, esp., C. JULIUS *Caesar*

and his nephew and adopted son *Augustus*

Iūlus, -i, m., another name of Ascanius

iūnctūra, -ae, f., [iungō], JOINING, JOINT

• iungō, -ere, iūnxi, iūnctum, JOIN, *unite, connect, bind, attach to, ally; yoke, harness*

Iūnia, -ae, f., the bride in Catullus's song

Iūnō, -ōnis, f., JUNO, sister and wife of Jupiter

Iūnōnius, -a, -um, *of* JUNO, JUNO'S

Iuppiter, Iovis, m., JUPITER, king of the gods; Iuppiter Stygius, *Pluto*

• • iūrō, -āre, -āvi, -ātum, [iūs], *swear, take an oath; conspire; swear by, call to witness*

• iūs, iūris, n., *right, justice, duty, law; tie of duty, obligation;* iure, *rightly, justly*

iussum, -i, n., [iubeō], *command, order*

iussus, -ūs, used only in abl. sing., m., [iubeō], *order, command, decree*

• • • iūstitia, -ae, f., [iūstus], JUSTICE, *equity*

• iūstus, -a, -um, [iūs], JUST, *righteous, upright, equitable, fair*

iuvenālis, -e, [iuvenis], *of youth, youthful, a youth's*

iuvenca, -ae, f., [iuvencus], *heifer*

• • • • iuvencus, -i, m., [iuvenis], *bullock*

• • • iuvenis, -is, c., *young person, youth* (of an age between the adolēscēns and the senior, i.e., 17 to 45 years old)

• • • • iuventa, -ae, f., [iuvenis], *age of youth, youth*

iuventās, -ātis, f., [iuvenis], *age of youth, youth; prime or vigor of youth*

• • • • iuventūs, -ūtis, f., [iuvenis], *age of youth, youth;* as a collective noun, *youth, young men*

490

• iuvō, -āre, iūvī, iūtum, *help, aid, assist; please, delight*

•••• iūxtā, adv., and prep. with acc., *near to, close to, near, by the side of; as well*

Ixīōn, -onis, m., king of the Lapithae; in the lower world he was bound to an ever-revolving wheel

K

Karthāgō, -inis, f., CARTHAGE, in Northern Africa near modern Tunis

L

labefaciō, -ere, -fēcī, -factum, *cause to totter, shake, weaken, relax*

labellum, -ī, n., [labrum, *lip*], *little lip*

lābēs, -is, f., [lābor], *falling; fall, stroke; stain, blemish, spot*

Labīcī, -ōrum, m., *inhabitants of* LABICUM

labō, -āre, -āvī, -ātum, *totter, give way, be loosened, yield, sink; waver, be uncertain*

•••• lābor, -ī, lāpsus sum, *glide, slide, slip away; sink, fall, decline; faint, swoon; go to ruin, perish*

• labor or labōs, -ōris, m., LABOR, *toil, work, exertion; workmanship, skill; hardship, struggle, distress, pain, suffering, misfortune, disaster, woe; eclipse*

• labōrō, -āre, -āvī, -ātum, [labor], *work at; form, make, work, prepare; of bread, knead*

lābrum, -ī, n., *basin, vessel, tub*

labrum, -ī, n., *lip; edge, rim*

Labyrinthus, -ī, m., the LABYRINTH, built by Daedalus in Crete

lac, lactis, n., *milk; milky juice, juice* (of plants)

Lacaena, -ae, f., *Spartan,* LACEDAEMONIAN; *as a noun, the Spartan woman,* Helen

Lacedaemonius, -a, -um, [Lacedaemōn], LACEDAEMONIAN, *Spartan*

lacer, -era, -erum, *mangled, torn, mutilated,* LACERATED

lacerō, -āre, -āvī, -ātum, [lacer], *tear, mutilate,* LACERATE, *mangle*

•••• lacertus, -ī, m., *the upper arm, arm*

••• lacessō, -ere, -īvī, -ītum, *excite, arouse, provoke, irritate, challenge*

Lacinius, -a, -um, *of* LACINIUM, a promontory on the south coast of Italy; on this was a temple of Juno, who is therefore called LACINIAN

• lacrima, -ae, f., *tear*

lacrimābilis, -e, [lacrima] *lamentable, mournful, piteous*

•••• lacrimō, -āre, -āvī, -ātum, [lacrima], *shed tears, weep*

lacrimōsus, -a, -um, [lacrima], *tearful*

lacteus, -a, -um, [lac], *of milk, milky; milk-white*

•••• lacus, -ūs, m., LAKE, *pool; stream, river; water, headwaters, source*

•••• laedō, -ere, laesī, laesum, *hurt, injure, damage; offend, insult*

laena, -ae, f., *mantle, cloak*

Lāērtius, -a, -um, *of* LAERTES, father of Ulysses

••• laetitia, -ae, f., [laetus], *joy, pleasure*

••• laetor, -ārī, -ātus sum, [laetus], *rejoice*

• laetus, -a, -um, *joyful, glad, happy, pleased; prosperous, fortunate, propitious; fertile, rich, abounding*

•••• laevus, -a, -um, *left, on* or *to the left; perverse, foolish, blind; as a noun, f., left hand* or *side;* laevum, adv., *on the left*

Lalagē, -ēs, f., a girl celebrated by Horace

lambō, -ere, def., *lick, touch; play about* or *around*

lāmenta, -ōrum, n. pl., *wailing, weeping,* LAMENTATION, *cry of woe*

lāmentābilis, -e, [lāmentor, *weep*], *mournful,* LAMENTABLE, *deplorable*

lāmina, -ae, f., *plate* (of metal)

lampas, -adis, f., *torch, firebrand*

Lamus, -ī, m., a Rutulian

Lamyrus, -ī, m., a Rutulian

languēscō, -ere, languī, —, [langueō], *become faint* or *weak, sink, droop*

languidus, -a, -um, [languēscō], *sluggish, dull*

lāniger, -era, -erum, [lāna + gerō], *wool-bearing, woolly, fleecy*

laniō, -āre, -āvī, -ātum, *tear, mangle, mutilate*

lanx, lancis, f., *plate, platter*

Lāocoōn, -ontis, m., son of Priam and priest of Apollo and Neptune

Lāodamia, -ae, f., wife of Protesilaus; after her husband was slain by Hector, she killed herself

Lāomedontēus or **-ius, -a, -um,** *of* LAOMEDON, father of Priam; *Trojan*

Lāomedontiadēs, -ae, m., *son* or *descendant of* LAOMEDON; pl., *the Trojans*

lapidōsus, -a, -um, [lapis], *full of stones, stony; hard as stone*

• **lapis, -idis,** m., *stone; marble*

Lapithae, -ārum, m. pl., *the* LAPITHAE, a Thessalian tribe who fought with the centaurs

lāpsō, -āre, def., [lābor], *slip at every step*

lāpsus, -ūs, m., [lābor], *slipping, gliding; downward flight, swoop, flight; course*

laqueāria, -ium, n. pl., *paneled* or *fretted ceiling, fretted roof*

Lār, Laris, m., LAR, *household-god, home-god,* guardian of the house; more commonly pl., *the* LARES

••• **largior, -īrī, -ītus sum,** [largus], *bestow, grant, freely give*

largus, -a, -um, *copious, plentiful, free;* LARGE, *spacious*

Lārissaeus, -a, -um, *of* LARISSA, a town in Thessaly

lascivus, -a, -um, *playful*

lassus, -a, -um, *faint, weary, tired, exhausted; drooping*

•••• **latebra, -ae,** f., [lateō], *hiding place, retreat; cavern, hidden recess*

latebrōsus, -a, -um, [latebra], *full of hiding places, secret; porous*

latēns, -entis, [lateō], *hidden, concealed, secret; hiding, lurking*

•••• **lateō, -ēre, -uī, —,** *lie hid, be hidden* or *concealed; be unknown; escape one's knowledge* or *notice*

latex, -icis, m., *liquid; water; wine*

Latinus, -a, -um, [Latium], *of* LATIUM; LATIN; *as a noun,* m. pl., *the* LATINS

Latinus, -ī, m., a king of Latium, father of Lavinia

Latium, -ī, n., a district of Italy, of which Rome was the capital

Lātōna, -ae, f., mother of Apollo and Diana

Lātōnius, -a, -um, [Lātōna], *of* LATONA; *as a noun,* f., LATONA'S *daughter,* Diana

lātrātor, -ōris, m., [lātrō], *barker; dog-headed*

lātrātus, -ūs, m., [lātrō], *barking*

lātrō, -āre, -āvī, -ātum, *bark, bay; roar, bluster*

••• **latrō, -ōnis,** m., *mercenary soldier; robber; hunter*

• **lātus, -a, -um,** *broad, wide, large, extensive; widespread, far and wide*

• **latus, -eris,** n., *side, flank; coast*

• **laudō, -āre, -āvi, -ātum,** [laus], *praise, commend*

Laurēns, -entis, *of* LAURENTUM, early capital of Latium; *Latin*

Laurentius, -a, -um, *of* LAURENTUM, LAURENTIAN

•••• **laurus, -i** or **-ūs,** f., LAUREL or *bay tree;* LAUREL *wreath*

• **laus, laudis,** f., *praise, glory, fame; noble deed, merit*

Lausus, -i, m., *son of Mezentius*

lautus, -a, -um, [lavō], *washed; elegant, splendid, magnificent*

Lāvinia, -ae, f., *daughter of Latinus*

Lāvinium, -i, n., *a city of Latium, founded by Aeneas and named after Lavinia, his wife*

Lāvinius, -a, -um, *of* LAVINIUM, LAVINIAN

• **lavō, -āre** or **-ere, lāvi, lavātum** or **lautum** or **lōtum,** *wash, bathe, wet, moisten, bedew, sprinkle*

•••• **laxō, -āre, -āvi, -ātum,** [laxus], *unloose, loosen; slacken,* RELAX, *pay out; relieve, release, clear*

laxus, -a, -um, *loose, open, opened, yielding; free*

leaena, -ae, f., *lioness*

Leander, -dri, m., *a young man of Abydos who swam the Hellespont nightly to see his sweetheart Hero, until he was drowned in a storm*

lebēs, -ētis, m., *kettle, caldron*

lēctor, -ōris, m., [legō], *reader*

lēctus, -a, -um, [legō], *choice, picked, chosen, excellent*

• **lectus, -i,** m., *couch, bed*

Lēda, -ae, f., *mother of Helen*

Lēdaeus, -a, -um, [Lēda], *of* LEDA, LEDA'S

• **lēgātus, -i,** m., [legō, *commission*], *ambassador, envoy,* LEGATE

lēgifer, -era, -erum, [lēx + ferō], *law-giving*

• **legiō, -ōnis,** f., [legō], *levy;* LEGION, *body of troops, army*

• **legō, -ere, lēgi, lēctum,** COLLECT, *gather; furl* (sails); *traverse, sail over* or *along, pass by; choose,* SELECT; *examine, scan, pick out* (with the eye), *survey, review, track, trace*

Leleges, -um, m. pl., *an ancient people of Asia Minor and Greece*

Lēmnius, -a, -um, *of* LEMNOS, *an island in the Aegean Sea, the home of Vulcan;* LEMNIAN

Lēnaeus, -a, -um, *of Bacchus, Bacchic,* LENAEAN

lēniō, -ire, -ivi or **-ii, -itum,** *soften, soothe, appease, assuage*

••• **lēnis, -e,** *mild, gentle, calm, quiet*

lentō, -āre, def., [lentus], *bend*

•••• **lentus, -a, -um,** *pliant, flexible, limber, tough; sluggish, slow*

•••• **leō, -ōnis,** m., LION

lepus, -oris, m., *hare*

Lerna, -ae, f., *a marsh near Argos, where Hercules slew the Hydra*

Lernaeus, -a, -um, *of* LERNA, LERNAEAN

lētālis, -e, [lētum], *deadly, fatal, mortal*

Lēthaeus, -a, -um, *of* LETHE, *the river of the lower world,* LETHAEAN; *a drink of Lethe's waters produced forgetfulness*

lētifer, -era, -erum, [lētum+ferō], *death-dealing, deadly, fatal*

•••• **lētum, -i,** n., *death, destruction, utter ruin*

Leucaspis, -is, m., *a companion of Aeneas*

Leucāta, -ae, or **-ē, -ēs,** f., *also* **Leucātēs, -ae,** m., *a promontory of the island of Leucadia*

levāmen, -inis, n., [levō], ALLEVIATION, *solace, consolation, relief*

• **levis, -e,** *light; swift, quick, rapid; slight, trifling*

•••• lēvis, -e, *smooth; slippery; polished*

••• levō, -āre, -āvi, -ātum, [levis], *lift up, raise; lighten, ease,* RELIEVE; *remove, take off; help, aid, support; allay, lessen*

lēvō, -āre, -āvi, -ātum, [lēvis], *make smooth, polish*

• lēx, lēgis, f., *law, statute, precept;* pl., *conditions, terms, compact*

libāmen, -inis, n., [libō], LIBATION, *offering*

••• libēns, -entis, [libet], *willing, glad, happy, ready;* often with adv. force

• liber, -era, -erum, *free, set free, released, loose*

Liber, -eri, m., an Italian god, identified with the Greek Bacchus

• liber, -bri, m., *inner bark of a tree; book*

• libertās, -ātis, f., [liber], *freedom,* LIBERTY

libet or lubet, -ēre, libuit and libitum est, *it pleases, it is pleasing*

••• libidō, -inis, f., [libet], *lust, desire*

Libitina, -ae, f., the goddess of death

•••• libō, -āre, -āvi, -ātum, *pour out* or *make a* LIBATION; *offer; touch lightly, kiss*

librō, -āre, -āvi, -ātum, *poise, balance, aim, hurl, throw*

libum, -i, n., *cake*

Liburni, -ōrum, m. pl., an Illyrian people, living near the head of the Adriatic Sea

Libya, -ae, f., *North Africa, west of Egypt; Africa*

Libycus, -a, -um, *of* LIBYA, LIBYAN, *African*

Libystis, -idis, f., LIBYAN

• licet, -ēre, licuit and licitum est, *it is lawful, permitted,* or *allowed;* mihi licet, *I may;* as a conj. denoting concession, *although, though, even if*

Licinius, -i, m., LICINIUS *Murena,* a friend of Horace

licitus, -a, -um, [licet], *permitted, lawful, free*

Licymnia, -ae, f., a slave, mother of Helenor

Liger, -eris, m., an Etruscan

lignum, -i, n., *wood; wooden fabric* or *structure; spear shaft*

ligō, -āre, -āvi, -ātum, *tie, bind, fasten, enfold tightly*

lilium, -i, n., LILY

Lilybēius, -a, -um, *of* LILYBAEUM, a promontory of Sicily on the western coast

limbus, -i, m., *border, hem, edge, fringe*

•••• limen, -inis, n., *threshold; door, entrance; border, region; house, dwelling, home; temple; barrier* or *line* in a race course

limes, -itis, m., *path, road, way, track*

limōsus, -a, -um, [limus], *muddy, miry, slimy*

limus, -i, m., *mud, mire*

limus, -i, m., *apron* (worn by priests and attendants at a sacrifice)

lineus, -a, -um, [linum], *of flax, flaxen,* LINEN

• lingua, -ae, f., *tongue; speech,* LANGUAGE; *voice, note, song*

•••• linquō, -ere, liqui, —, *leave, leave behind, forsake, abandon, desert; lay down, give up,* RELINQUISH

linteum, -i, n., [linum], LINEN *cloth; sail*

Liparē, -ēs, f., an island north of Sicily

liquefaciō, -ere, -fēci, -factum, [liqueō + faciō], *melt, dissolve,* LIQUEFY; liquefactus, -a, -um, *melted, molten*

liquēns, -entis, [liqueō], *fluid,* LIQUID

liqueō, -ēre, licui, —, *flow, be clear;* impers., *it is evident*

494

liquēscō, -ere, def., [liqueō], *become fluid, melt*

•••• **liquidus, -a, -um,** [liqueō], *fluid,* LIQUID; *clear, transparent, serene*

liquor, liqui, def., *flow, run, ooze*

lis, litis, f., *lawsuit, dispute, strife*

litō, -āre, -āvi, -ātum, *offer acceptable sacrifice; make atonement* or *expiation*

litoreus, -a, -um, [litus], *of the shore, on the shore, shore*

• **litus, -oris,** n., *seashore, shore, beach, strand, coast; river bank*

lituus, -i, m., *trumpet*

livēns, -entis, [liveō, *be of a bluish color*], *dusky*

lividus, -a, -um, [liveō, *be of a bluish color*], *of a leaden color, dull blue, dark, dusky*

livor, -ōris, m., [liveō, *be of a bluish color*], *envy*

•• **locō, -āre, -āvi, -ātum,** *place, put, lay; fix, establish, found*

Locri, -ōrum, m. pl., *the people of* LOCRIS, *in Greece*

• **locus, -i,** m., pl., **loci,** m., *and* **loca,** n., *place, spot; post, station; room, space;* LOCALITY, *region, country; state, condition; opportunity, occasion, chance*

•••• **longaevus, -a, -um,** [longus + aevum], *aged*

longē, adv., [longus], *far, far off, far away, afar; from afar*

••• **longinquus, -a, -um,** [longus], *far off, remote, distant,* LONG

longius, adv., compar. of **longē,** *farther, too far*

• **longus, -a, -um,** LONG, PROLONGED; *lingering; slow, tedious; distant, remote; vast, spacious*

loquāx, -ācis, [loquor], *babbling, talkative, noisy*

loquēla, -ae, f., [loquor], *speech, word, discourse*

• **loquor, -i, locūtus sum,** *speak,*

talk, tell, say, utter, recite, sing

•••• **lōrica, -ae,** f., [lōrum], *leather cuirass, corselet, coat of mail*

lōrum, -i, n., *thong, strap;* pl., *reins*

lūbricus, -a, -um, *slippery, slimy*

•••• **lūceō, -ēre, lūxi, —,** *shine, gleam, glitter, glisten*

Lūcetius, -i, m., *a Latin*

lūcidus, -a, -um, [lūceō], *clear, bright, shining*

Lūcifer, -eri, m., [lūx + ferō], *the morning star;* LUCIFER

Lūcina, -ae, f., *goddess of births*

lūcrum, -i, n., *gain, profit*

luctāmen, -inis, n., [luctor], *struggle, toil, exertion*

lūctificus, -a, -um, [lūctus + faciō], *bringing* or *causing sorrow, woeful*

•••• **luctor, -āri, -ātus sum,** *wrestle, struggle, strive*

•••• **lūctus, -ūs,** m., [lūgeō], *grief, sorrow, mourning, woe;* person., *Grief, Sorrow*

•••• **lūcus, -i,** m., *sacred grove; wood, grove*

lūdibrium, -i, n., [lūdus], *mockery, sport, jest*

• **lūdō, -ere, lūsi, lūsum,** *play, sport; play games of chance; mock, make sport of; baffle, deceive,* DELUDE

• **lūdus, -i,** m., [lūdō], *play, game, sport, jest;* pl., *public games, exhibitions*

luēs, -is, f., *plague, pestilence, contagion, blight*

••• **lūgeō, -ēre, lūxi, lūctum,** *mourn, bewail, lament*

lūgubris, -e, [lūgeō], *mournful, grieving*

••• **lūmen, -inis,** n., [lūceō], *light, glow, radiance; lamp, torch; daylight, day; life; air; eye, look*

• **lūna, -ae,** f., [lūceō], *moon; moonlight;* person., LUNA, *Diana* lūnātus, -a, -um, [lūna], *moon-shaped, crescent*

luō, -ere, lui, —, *atone for, expiate*

lupa, -ae, f., [lupus], *she-wolf*

Lupercal, -ālis, n., a cave on the Palatine Hill, sacred to Lupercus, another name for Pan

Lupercus, -i, m., [lupus + arceō], ("protector against wolves"), *Lycean Pan;* pl., *priests of* LUPERCUS

···· lupus, -i, m., *wolf*

lūsor, -ōris, m., [lūdō], *one who plays, a player; a playful or wanton writer; a mocker*

lūstrālis, -e, [lustrum], LUSTRAL, *expiatory*

···· lūstrō, -āre, -āvi, -ātum, *light up, illuminate; review, survey, scan, examine;* of troops, *review, pass in review; traverse, wander over, pass over; purify, offer, sacrifice*

lustrum, -i, n., [luō, *wash*], *bog, morass; haunt* or *den of wild beasts; forest*

lūstrum, -i, n., [luō, *atone*], an expiatory sacrifice, made by the censors for the nation every five years; LUSTRUM, a period of five years; *an age, a long period*

lūteus, -a, -um, *golden-yellow, saffron, golden*

· lūx, lūcis, f., [lūceō], *light; daylight, day; life; glory*

lūxus, -ūs, m., *excess, indulgence,* LUXURY; *splendor, state*

Lyaeus, -i, m., *Deliverer* (from care), a name of Bacchus

Lyaeus, -a, -um, *of Bacchus,* LYAEAN

Lycaeus, -a, -um, *of* LYCAEUS, a mountain in Arcadia, sacred to Pan; LYCAEAN

Lycāōn, -onis, m., a Cretan artist

lychnus, -i, m., *light, lamp*

Lycia, -ae, f., a country of Asia Minor

Lycius, -a, -um, *of* LYCIA, LYCIAN; as a noun, m. pl., *the* LYCIANS

Lyctius, -a, -um, *of* LYCTUS, a town in Crete; LYCTIAN, *Cretan*

Lycurgus, -i, m., a Thracian king

Lycus, -i, m., a companion of Aeneas

Lȳdius, -a, -um, *of* LYDIA, a country of Asia Minor, LYDIAN; *Etruscan, Tuscan*

lympha, -ae, f., *pure water, spring water, water*

Lynceus, -ei, m., a companion of Aeneas

lynx, lyncis, c., LYNX

lyra, -ae, f., LYRE

M

Machāōn, -onis, m., a noted Greek surgeon in the Trojan war

māchina, -ae, f., MACHINE; *military* MACHINE, *engine of war*

maciēs, -ēi, f., *leanness, thinness,* EMACIATION

macte, [voc. of mactus, *honored, worshiped, magnified*], an exclamation in the phrase, macte virtūte, *blessing on your merit* or *valor! well done!*

···· mactō, -āre, -āvi, -ātum, *sacrifice, offer; kill, slaughter*

··· macula, -ae, f., *spot*

maculō, -āre, -āvi, -ātum, [macula], *spot, stain, defile; disgrace*

maculōsus, -a, -um, [macula], *spotted, speckled, mottled*

madefaciō, -ere, -fēci, -factum, pass. madefiō, -fieri, -factus sum, [madeō + faciō], *make wet, wet, soak*

···· madeō, -ēre, -ui, —, *be wet* or *moist, drip*

madēscō, -ere, madui, —, [ma-
deō], *become wet, be soaked,
be drenched*

madidus, -a, -um, [madeō], *wet,
soaked, dripping*

Maeander, -dri, m., a river of
Asia Minor, remarkable for its
winding course (hence Eng.
meander); winding; wavy border
or *figure* (in embroidery)

Maeonia, -ae, f., a district of
Lydia; *Etruria* (see Lȳdius)

Maeonius, -a, -um, *of* Maeonia,
Maeonian, *Lydian*

Maeōtius, -a, -um, *of the* Maeo-
tians, a Scythian race; Maeotian

maereō, -ēre, def., *be sad, mourn,
grieve*

• • • • maestus, -a, -um, *sad, sorrowful,
melancholy, gloomy*

māgālia, -ium, n. pl., [a Punic
word], *huts*

magicus, -a, -um, magic

• magis, compar. of magnus, adv.,
*more, rather, sooner; more cer-
tainly* or *surely*

• magister, -trī, m., master, *head,
leader, commander; pilot,
helmsman; teacher, instruct-
or, guardian; keeper, herdsman*

magistra, -ae, f., [magister], *mistress, directress, leader;* adj.,
masterly, aiding

• magistrātus, -ūs, m., [magister],
magistrate

• • • • magnanimus, -a, -um, [magnus
+ animus], *great-souled, noble,*
magnanimous, *generous; high-
spirited, mettlesome*

• magnus, -a, -um, *large, great;
strong, powerful, mighty, loud;
long; great, grand, eminent, noble; weighty, important;* maior
nātū (expressed or understood),
older, the elder; maximus nātū
(expressed or understood), *oldest, the eldest*

Māia, -ae, f., the mother of
Mercury

maior, compar. of magnus

māla, -ae, f., *cheekbone, jaw*

• male, adv., [malus], *badly, ill,
wickedly, cruelly*

Malea, -ae, f., a promontory of
Laconia, a district of the
Peloponnesus

malesuādus, -a, -um, [male +
suādeō], *ill-advising, tempting
to crime*

malignus, -a, -um, *ill-disposed,
malicious, spiteful; niggardly,
scanty*

Mallius, -ī, m., the groom in
Catullus's song

• mālō, mālle, malui, —, *wish,
choose rather, prefer*

malum, -ī, n., [malus], *evil, misfortune, disaster, calamity; mischief, plague, pest; wrongdoing,
crime, sin*

• malus, -a, -um, *bad, wicked, evil,
wrong; injurious, hurtful, noxious, poisonous*

mālus, -ī, m., *mast*

mamma, -ae, f., *breast*

• • mandātum, -ī, n., [mandō],
charge, command, *order, commission*

• mandō, -āre, -āvī, -ātum, [manus
+ dō], *commit, consign, intrust;* command, *order, charge*

mandō, -ere, mandi, mānsum,
*chew, champ, gnaw, crunch;
eat, devour*

māne, n., indecl., *morning;* adv,,
*in the morning, on the mc.-
row*

• maneō, -ēre, mānsī, mānsum, *stay,*
remain, *tarry, abide; continue,
abide by, persist; await, expect,
be in store for*

• • • • mānēs, -ium, m. pl., *spirit of the
dead, shade, ghost,* Manes;
*gods of the lower world, in-
fernal powers* or *deities; the
lower world, infernal regions;*

497

expiation, punishment, chastisement (in the world below)

manicae, -ārum, f. pl., [manus], *long sleeves;* MANACLES, *chains, cords*

••• **manifestus, -a, -um,** *clear, plain, apparent, visible, evident,* MANIFEST

Mānlius, -ī, m., a Roman family name; esp. *M.* MANLIUS *Capitolinus,* who saved the Capitol from the Gauls

mānō, -āre, -āvi, —, *flow, run, trickle, ooze, drip*

mantēle, -is, n., [manus + texō], *towel, napkin*

• **manus, -ūs,** f., *hand; handiwork, workmanship, artistic skill; power, force, prowess, valorous deeds; blow; band, body, host, force, troops*

Marcellus, -ī, m., a Roman family name; esp. (1) *M. Claudius* MARCELLUS, the conqueror of Syracuse; (2) the young MARCELLUS, nephew and adopted son of Augustus

• **mare, -is,** n., *sea*

maritus, -ī, m., [mas], *husband; suitor*

•••• **marmor, -oris,** n., MARBLE; *smooth surface* (of the sea)

marmoreus, -a, -um, [marmor], *of* MARBLE, MARBLE; MARBLE-*like, smooth as* MARBLE

Marpēsius, -a, -um, *of* MARPESUS, a mountain in Paros, famous for its marble; MARPESIAN, *Parian*

Mārs, Mārtis, m., god of war; *war, battle; warlike* or MARTIAL *spirit*

Marus, -ī, m., a Rutulian

mās, maris, m., *male, boy, youth*

massa, -ae, f., *lump,* MASS

Massȳli, -ōrum, m. pl., a tribe of Africa

Massȳlus, -a, -um, MASSYLIAN, *African*

• **māter, -tris,** f., *mother; foster-mother; mother-land*

•• **māteria, -ae,** f., [māter], *cause, source, stuff*

māternus, -a, -um, [māter], *of a mother,* MATERNAL, *mother's, on the mother's side, sacred to one's mother*

mātrōna, -ae, f., [māter], MATRON, *wife*

mātūrō, -āre, -āvi, -ātum, [mātūrus], *hasten, quicken, speed*

••• **mātūrus, -a, -um,** *ripe,* MATURE; *of marriageable age*

mātūtinus, -a, -um, *of the morning; early in the morning, early*

Maurus, -a, -um, MOORISH

Maurūsius, -a, -um, MOORISH, MAURITANIAN, *African*

Māvors, -vortis, m., another name of Mars

Māvortius, -a, -um, [Māvors], *of Mars; warlike, martial*

maximus, superl. of **magnus**

meātus, -ūs, m., [meō], *going, passing, motion, course, passage*

medicāmen, -inis, n., *drug*

medicīnus, -a, -um, MEDICAL; as a noun, f., MEDICINE

medicō, -āre, -āvī, -ātum, [medicus], *mix* or *sprinkle with drugs; drug;* MEDICATE

mediocritās, -tātis, f., [medius], *middle state, the mean*

meditor, -ārī, -ātus sum, *consider,* MEDITATE; *plan, purpose, contrive; practice*

• **medius, -a, -um,** *middle, mid, in the middle, between; as a noun, n., the middle, interval, space between*

Medōn, -ontis, m., a Trojan

medulla, -ae, f., [medius], *marrow*

Megarus, -a, -um, *of* MEGARA, a town in Sicily

mel, mellis, n., *honey*

Meliboeus, -a, -um, *of* MELIBOEA, a town in Thessaly, MELIBOEAN

melior, -ius, compar. of **bonus**

Melitē, -ēs, f., *a sea-nymph*

mellitus, -a, -um, [mel], *sweet, lovely, honeyed*

Melpomenē, -ēs, f., the Muse of tragic and lyric poetry

•••• **membrum, -i,** n., *limb,* MEMBER; pl., *body, bodies*

••• **memini, -isse,** def., *remember, recollect, bear in mind*

Memmius, -i, m., a Roman family name

Memnōn, -onis, m., son of Aurora, king of the Ethiopians

•••• **memor, -oris,** *mindful,* REMEMBERING; *thoughtful, grateful; unforgetting, relentless*

memorābilis, -e, [memorō], MEMORABLE, *remarkable, notable, noteworthy*

•••• **memorō, -āre, -āvi, -ātum,** [memor], *speak of, mention, tell, recount; speak, say; name, call*

mendāx, -ācis, [mentior], *lying, false, deceitful*

Menelāus, -i, m., a son of Atreus and king of Sparta; he was the husband of Helen when she eloped with Paris

Menoetēs, -is, m., a companion of Aeneas

• **mēns, mentis,** f., *mind, reason, understanding, intellect; judgment; heart, soul; thought, plan, purpose, design; courage, spirit; impulse*

• **mēnsa, -ae,** f., *table; meal, food; course*

• **mēnsis, -is,** m., *month*

mēnstruus, -a, -um, [mensis], *monthly, lasting a month*

mēnsūra, -ae, f., [metior], *size, width, measure*

mentior, -iri, -itus sum, *state falsely, lie, pretend; feign, counterfeit, imitate*

mentitus, -a, -um, [mentior], *counterfeit, feigned, pretended*

mentum, -i, n., *chin, beard*

mercēs, -ēdis, f., *reward*

mercor, -āri, -ātus sum, [merx, *merchandise*], *buy, purchase*

Mercurius, -i, m., MERCURY, messenger of the gods

merēns, -entis, [mereō], *deserving,* MERITING

• **mereō, -ēre, -ui, -itum,** and **mereor, -ēri, -itus sum,** *deserve,* MERIT; *deserve well, be deserving; earn*

•••• **mergō, -ere, mersi, mersum,** *dip, plunge, sink, bury, overwhelm, cover*

mergus, -i, m., [mergō], *diver; gull, waterfowl*

meritum, -i, n., [mereō], MERIT, *service, favor, desert*

meritus, -a, -um, [mereō], *due,* MERITED, *deserved, proper, just, right*

Merops, -opis, m., a Trojan

merus, -a, -um, *pure, unmixed;* as a noun, n., *unmixed wine, pure wine, wine*

Messāpus, -i, m., an ally of Turnus

messis, -is, f., [metō], *reaping, crop, grain; harvest*

-met, a suffix meaning *self*, added to personal pronouns

•••• **mēta, -ae,** f., *turning-post* or *goal* (in the Roman Circus); *goal, end, boundary, limit; headland* or *promontory* (as a turning point in sailing)

metallum, -i, n., METAL

•• **mētior, -iri, mēnsus sum,** *measure*

metō, -ere, messui, messum, *reap, gather, cut*

Mettus, -i, m., METTUS *Fufetius,* an Alban general put to death by Tullus Hostilius, the Roman king

metuēns, -entis, [metuō], *fearing, fearful, apprehensive*

••• **metuō, -ere, -ui, —,** [metus], *fear, be afraid; be afraid of, dread*

•• **metus, -ūs,** m., *fear, dread, terror,*

alarm; religious awe; person.,
Fear
• **meus, -a, -um, [mē],** *my, mine*
Mezentius, -i, m., a tyrant of
Caere
• • • • **micō, -āre, -ui, —,** *vibrate, shake,
dart; flash, gleam, glitter*
Midās, -ae, m., a Phrygian king
who had the gift of the golden
touch
migrō, -āre, -āvi, -ātum, *depart,
go away,* MIGRATE
• **miles, -itis,** m., *soldier;* collectively, *soldiery, band of soldiers*
• **militāris, -e,** [miles], *martial*
• • • **militia, -ae,** f., [miles], *military
service* or *training; warfare*
militō, -āre, -āvi, -ātum, [miles],
serve (as a soldier)
• **mille,** indecl. num. adj., *a thousand;* **milia, -ium,** n. pl., *thou-
sands*
• • • • **minae, -ārum,** f. pl., *projecting
points;* of walls, *battlements,*
etc.; *threats, menaces; threatening dangers, threatened curse*
mināx, -ācis, [minor], *projecting,
overhanging; threatening,* MEN-
ACING
Minerva, -ae, f., goddess of wisdom, war, and the arts
minimē, adv., [minimus], *least,
not at all, by no means*
minister, -tri, m., *attendant, servant; agent, tool, accomplice*
ministerium, -i, n., [minister],
office, service
ministrō, -āre, -āvi, ātum, [min-
ister], *attend, serve; manage,
attend to; provide, furnish, serve*
Minōius, -a, -um, *of* MINOS, king
of Crete
• • • • **minor, -āri, -ātus sum,** [minae],
*put forth, rise, tower; threaten,
menace*
minor, minus, compar. of **parvus,**
smaller, less; younger; as a
noun, m. pl., *posterity, descendants*

Minōs, -ōis, m., (1) a judge in the
lower world; (2) grandson of
the former, father of Ariadne
Minōtaurus, -i, m., *the* MINO-
TAUR, a mythical monster having a bull's head and a man's
body
minus, adv., *less*
• • • • **mirābilis, -e,** [miror], *wonderful,
extraordinary, strange*
mirandus, -a, -um, [miror], *wonderful, strange*
• **miror, -āri, -ātus sum,** [mirus],
wonder, marvel, wonder at,
ADMIRE
• **mirus, -a, um,** *wonderful, marvel-
ous, extraordinary, strange*
• • • **misceō, -ēre, miscui, mixtum,**
MIX, *mingle; unite, join; gather,
assemble; throw into confusion,
disturb, scatter*
Misēnus, -i, m., a Trojan trumpeter
• **miser, -era, -erum,** *wretched, sad,
unhappy, unfortunate,* MISERA-
BLE, *pitiable*
miserābilis, -e, [miseror], MISER-
ABLE, *pitiable, wretched, sad*
miserandus, -a, -um, [miseror],
*deplorable, pitiable, wretched;
unlucky*
• • • • **misereor, -ēri, -itus sum,** [miser],
*feel pity, take pity, have com-
passion, pity*
miserēscō, -ere, def., [misereor],
feel pity, have compassion
miseret, -ēre, -uit, —, [miser],
impers., *it moves to pity;* **mē
miseret,** *I pity*
• • • • **miseror, -āri, -ātus sum,** [miser],
show pity for, lament, deplore,
COMMISERATE, *take pity on*
missilis, -e, [mittō], *that may be
hurled* or *thrown;* as a noun,
n. pl., MISSILES, *javelins, weapons*
mitēscō, -ere, def., [mitis], *become mild* or *gentle*
mitigō, -āre, -āvi, -ātum, [mitis

500

+ agō], *soften, soothe, calm, appease*

••• mitis, -e, *mild, placid, gentle, kind, calm*

mitra, -ae, f., *turban, cap, bonnet,* an Asiatic headgear regarded as effeminate by the Romans

• mittō, -ere, misi, missum, *send, send away, dispatch; put away,* DISMISS; *pass over,* OMIT; *cast, throw, hurl; escort, conduct, guide*

Mnēstheus, -ei or -eos, m., a Trojan

mōbilitās, -ātis, f., [mōbilis], *rapidity, speed, quickness, swiftness*

moderor, -āri, -ātus sum, *direct, restrain,* MODERATE, *strike*

modestus, -a, -um, [modus], MODEST

•• modo, adv., [abl. of modus], *only, merely, but; provided only, if only; just now, but recently, a moment ago*

• modus, -i, m., *measure, limit, end; way, manner, method, style*

••• moenia, -ium, n. pl., *ramparts, walls; fortress; city*

mola, -ae, f., *millstone; coarse meal,* used in sacrifices

molāris, -is, m., [mola], *great stone* or *rock*

•••• mōlēs, -is, f., *mass, weight, vast size, pile; massive structure, dam, dike, foundation; greatness, strength, power; difficulty, labor, toil; engine of war, battering ram; storm, waves, billows; crowd, throng*

••• mōlior, -iri, -itus sum, [mōlēs], *labor on, build, construct; endeavor, undertake, try, attempt, accomplish; prepare, get ready; wield, handle*

molliō, -ire, -ivi or -ii, -itum, [mollis], *soften, pacify, soothe, calm*

•••• mollis, -e, *soft, tender, delicate, gentle, mild; subtle; kindly, favorable; helpless*

• moneō, -ēre, -ui, -itum, *remind,* ADMONISH, *advise, warn; teach, show, tell, predict, foretell*

monile, -is, n., *necklace, collar*

monitum, -i, n., [moneō], ADMONITION, *advice, warning*

monitus, -ūs, m., [moneō], *warning,* ADMONITION

Monoecus, -i, m., *"dwelling alone,"* a surname of Hercules; Arx Monoeci, a promontory in Liguria, now called MONACO; Hercules had a temple there

• mōns, montis, m., MOUNTAIN; *mass,* (mountain high) *wave*

•••• mōnstrō, -āre, -āvi, -ātum, [mōnstrum], *show, point out, advise, instruct, tell; direct, appoint, prescribe*

•••• mōnstrum, -i, n., [moneō], *omen; prodigy, portent;* MONSTER, MONSTROUS *shape,* MONSTROSITY; *frightful* or *fearful thing*

montānus, -a, -um, [mōns], *of a* MOUNTAIN

••• monumentum, -i, n., [moneō], *memorial, reminder, token; chronicle, record*

• mora, -ae, f., *delay; obstruction, hindrance*

••• morbus, -i, m., *disease*

mordeō, -ēre, momordi, morsum, *bite; clasp*

moribundus, -a, -um, [morior], *ready to die, at the point of death; mortal*

Morini, -ōrum, m. pl., a tribe of Belgic Gaul

• morior, mori, mortuus sum, *die, expire, perish;* moritūrus, -a, -um, *resolved to die, to certain death, about to die*

• moror, -āri, -ātus sum, *delay, tarry, linger, stay; delay, retard, hinder, impede; care for, regard*

mōrōsus, -a, -um, [mōs], *fretful, peevish,* MOROSE

• **mors, mortis,** f., *death*

•••• **morsus, -ūs,** m., [mordeō], *biting, bite; eating; tooth, fang; fluke* (of an anchor)

••• **mortālis, -e,** [mors], MORTAL, *human;* as a noun, c., *human being, man,* MORTAL; pl., MOR-TALS, *men, mankind*

mortifer, -era, -erum, [mors + ferō] *death-dealing, deadly, fatal*

• **mōs, mōris,** m., *way, manner, custom, habit, fashion; law, condition, rule;* pl., *manners, character*

••• **mōtus, -ūs,** m., [moveō], MOTION, MOVEMENT, COMMOTION; *quickness, swiftness*

• **moveō, -ēre, mōvi, mōtum,** MOVE, REMOVE, *stir, shake, wield, start, disturb; excite, cause, rouse, produce; change, alter; affect, influence*

• **mox,** adv., *soon, presently, by and by, afterwards, then*

•••• **mūcrō, -ōnis,** m., *sharp point, edge; sword point, sword; spear point*

•••• **mūgiō, -ire, -ivi** or **-ii, -itum,** *low, bellow; roar; rumble, bray* (of a trumpet)

mūgitus, -ūs, m., [mūgiō], *bellowing, lowing, roaring*

•••• **mulceō, -ēre, mulsi, mulsum,** *stroke gently; caress, soothe, calm, allay*

Mulciber, -eris and **-eri,** m., [mulceō], *Softener,* a surname of Vulcan, god of the forge

multa, -ae, f., *punishment*

multiplex, -icis, [multus + plicō], *having many folds; manifold, varied*

• **multō,** adv., [abl. of multus], *by much, much, by far, far*

multō, -āre, -āvi, -ātum, [multa], *punish*

• **multum,** adv., [acc. of multus], *much, greatly, often*

• **multus, -a, -um,** [see plūs and plūrimus], *much, great, many;* as a noun, m. pl., *many men* or *persons, many;* n. pl., *many things, much*

munditia, -ae, f., *elegance*

mundus, -i, m., *universe, world*

• **mūniō, -ire, -ivi** or **-ii, -itum,** [moenia], *fortify, defend, protect*

mūnus, -eris, n., *service, office, duty; favor, help; present, gift; offering, libation; prizes, rewards; service* (in honor of the dead), *anniversary*

mūrex, -icis, m., *purple-fish,* a shellfish from which Tyrian dye was obtained; *purple dye, purple* (obtained from the murex); *pointed rock*

•••• **murmur, -uris,** n., MURMUR, *hum, roar, noise, tumult, sound, shouting*

• **mūrus, -i,** m., *wall* (of a city or camp)

Mūsa, -ae, f., MUSE

Mūsaeus, -i, m., a Greek poet of the mythical age of Orpheus

mussō, -āre, -āvi, -ātum, *speak low; hesitate, wait to see*

mustum, -i, n., *must,* (unfermented) *wine*

mūtābilis, -e, [mūtō], *changeable, fickle, inconstant*

••• **mūtō, -āre, -āvi, -ātum,** [moveō], *change, alter, transform; exchange; shift*

mūtus, -a, -um, *dumb,* MUTE, *speechless, silent*

mūtuus, -a, -um, MUTUAL

Mycēnae, -ārum, f. pl., also **Mycēna, -ae,** f., a city of Argolis, home of Agamemnon

Myconos, -i, f., one of the Cyclades

Mygdonidēs, -ae, m., *son of* MYGDON

Myrmidones, -um, m. pl., *the* MYRMIDONS, a Thessalian tribe ruled by Achilles

myrteus, -a, -um, [myrtus], *of* MYRTLE, MYRTLE

myrtus, -i, f., MYRTLE *tree*, MYRTLE; MYRTLE *wreath; spear of* MYRTLE *wood*

N

• nam, conj., *for*

•••• namque (emphatic nam), conj., *for in truth, for indeed*

•• nanciscor, -i, nactus or nanctus sum, *get, obtain, secure; find, hit upon*

nāris, -is, f., *nostril;* pl., *nostrils, nose*

• nārrō, -āre, -āvi, -ātum, *tell,* NARRATE, *relate, report, describe*

Nārycius, -a, -um, *of* NARYX, a town of the Locri in south Italy; NARYCIAN

• nāscor, -i, nātus sum, *be born, be produced;* nāscēns, *newborn, new-foaled;* nātus, *born, descended;* nātus deā, *goddessborn*

Nāsō, -ōnis, m., *P. Ovidius* NASO, the poet *Ovid*

nāta, -ae, f., [nātus], *daughter*

nātālis, -e, [nāscor], *native, natal*

natō, -āre, -āvi, -ātum, [nō], *swim, float; swim with, overflow;* of the eyes, *swim (from drowsiness)*

nātus, -i, m., [nāscor], *son;* pl., *children; the young*

naufragus, -i, m., [nāvis+frangō], *a shipwrecked person*

• nauta, -ae, m., [nāvis], *sailor, seaman, boatman, ferryman*

Nautēs, -is, m., a Trojan priest and soothsayer

nauticus, -a, -um, *of sailors*

••• nāvālis, -e, [nāvis], *of ships,* NAVAL, *ship;* as a noun, n. pl., *shipyard, dock*

nāvifragus, -a, -um, [nāvis + frangō], *causing shipwrecks, shipwrecking, dangerous*

nāvigium, -i, n., [nāvis + agō], *ship, boat*

• nāvigō, -āre, -āvi, -ātum, [nāvis + agō], *sail, set sail; sail over,* NAVIGATE

• nāvis, -is, f., *ship*

nāvita, -ae, m., [nāvis], *sailor; ferryman*

Naxos, -i, f., one of the Cyclades

• nē, adv., and conj., *not, that not, so that not, lest*

• -ne, enclitic particle, interrogative, added to the chief word, usually the first; in direct questions, not translated; in indirect questions, *whether*

nebula, -ae, f., *mist, fog, vapor, cloud*

• nec or neque, adv., and conj., *and not, not, nor;* neque . . . neque, or nec . . . nec, *neither . . . nor;* nec nōn, *and also, besides, too, likewise*

necdum, adv., *not yet*

• necesse, neut. adj., nom. and acc., *inevitable, unavoidable,* NECESSARY

••• necō, -āre, -āvi or -ui, -ātum, *kill, slay*

nectar, -aris, n., *nectar,* the drink of the gods; *honey*

•••• nectō, -ere, nexui, nexum, *bind, fasten, tie; fasten on, join,* CONNECT, *unite; devise, invent*

•••• nefandus, -a, -um, *not to be mentioned; wicked, impious, heinous, abominable;* as a noun, n., *impiety, wrong*

••• nefās, n., indecl., (anything) *contrary to divine law; impious* or *wicked deed, impiety, sin, crime, wrong; monster, wretch;* often with adj. force, *wicked, impious, sinful, horrible;* as an interj., *shame! shameful sight! horrible!*

503

••• **neglegō, -ere, -lēxi, -lēctum,** NEG-
LECT, *scorn, overlook*
•••**negō, -āre, -āvi, -ātum,** *say no,*
DENY, *refuse; keep back, with-
hold*
•**negōtium, -i,** n., [**nec + ōtium**],
business
Nemea, -ae, f., *a town of Argolis,
in southern Greece*
•**nēmō,** gen. and abl. sing. and
the pl. borrowed from **nullus,**
m. and f., [**nē + homō**], *no
one, nobody, none*
nemorōsus, -a, -um, [**nemus**], *full
of woods, woody, well-wooded*
nempe, adv., *certainly, to be
sure*
••••**nemus, -oris,** n., *wood, grove;
pasture*
Neoptolemus, -i, m., *son of
Achilles, also called Pyrrhus*
••••**nepōs, -ōtis,** m., *grandson;* pl.,
descendants, posterity
Neptūnius, -a, -um, [**Neptūnus**],
of NEPTUNE, NEPTUNIAN
Neptūnus, -i, m., *god of the sea*
nēquam, indecl., *worthless, bad*
neque, see **nec**
nequeō, -ire, -ivi or **-ii, -itum,** *be
unable, cannot*
••••**nēquiquam,** adv., [**nē + abl.** of
quisquam], *in vain, to no purpose*
nēquis or **nē quis, -qua, -quid** or
-quod, indef. pron., *that no
one, that nothing, lest any one,
lest any*
Nērēis, -idis, f., *daughter of*
NEREUS, *a* NEREID, *sea-nymph*
Nērēius, -a, -um, *of* NEREUS
Nēreus, -ei, m., *a sea-god*
Nēritos, -i, m., *an island near
Ithaca*
•••**nervus, -i,** m., *sinew; cord, string;
bow-string; string* (of a musical
instrument)
••**nesciō, -ire, -ivi** or **-ii, —,** *not to
know, be ignorant of;* **nesciō
quis = aliquis**

nescius, -a, -um, [**nesciō**], *ignorant, unaware*
nēve or **neu,** adv., *and not, nor,
and lest*
•••**nex, necis,** f., [**necō**], *death, murder, slaughter*
••••**ni,** conj., (1) for **nisi,** *if not, unless;*
(2) old form = **nē,** *that not,
lest*
Nīcaea, -ae, f., *a city in Bithynia*
nidus, -i, m., *nest, home*
•**niger, -gra, -grum,** *black, dark,
swarthy; gloomy*
nigrāns, -antis, [**nigrō**], *black,
cloud-gathering, cloud-compell-
ing*
nigrēscō, -ere, nigrui, —, [**niger**],
become or *turn black, grow
dark*
•**nihil** or **nil,** n., indecl., [**nē + hi-
lum,** *trifle, bit*], *nothing; often
as* adv., *not at all, by no means*
Nilus, -i, m., *the river* NILE
nimbōsus, -a, -um, [**nimbus**], *full
of storm, stormy, rainy; cloud-
enveloped, cloud-capped*
••••**nimbus, -i,** m., *rainstorm; rain
cloud, cloud; storm; mass,
throng*
nimirum, adv., [**nē+mirum**], *without doubt, doubtless, surely,
certainly*
•••**nimis,** adv., *too much, too, too
well*
•••**nimius, -a, -um,** [**nimis**], *too much,
too great;* **nimium,** adv., *too*
Nisaeē or **Nēsaeē, -ēs,** f., *a
Nereid*
•**nisi** or **ni,** conj., [**nē + si**], *if not,
unless*
nisus, -ūs, m., [**nitor**], *striving,
effort; fixed position*
Nisus, -i, m., *a companion of
Aeneas*
••••**niteō, -ēre, -ui, —,** *shine, gleam,
glisten;* **nitēns,** *shining, bright,
blooming, sleek, thriving*
nitēscō, -ere, nitui, —, [**niteō**],
begin to shine, shine, glisten

504

nitidus, -a, -um, [niteō], *shining,
bright, gleaming, glistening*
•••• nitor, -i, nixus or nisus sum, *lean
or rest upon; push onward,
press forward, advance, walk,
tread, climb, mount; struggle,
strive; to be poised on* (as a
bird on its wings)
nivālis, -e, [nix], *of snow, snowy*
niveus, -a, um, [nix], *of snow,
snowy; white as snow, snow-
white*
•••• nix, nivis, f., *snow*
nixor, -āri, def., [nitor], *strive,
struggle, struggle forward*
•••• nō, nāre, nāvi, —, *swim, float*
• nōbilis, -e, [nōscō], *well-known,
famous, renowned*
•• nōbilitās, -ātis, f., NOBILITY, *rank*
• noceō, -ēre, -ui, -itum, *do harm
to, injure, hurt, harm, work
mischief*
•• nocturnus, -a, -um, [nox], *of the
night,* NOCTURNAL, *by night*
nōdō, -āre, -āvi, -ātum, [nōdus],
tie or *fasten in a knot*
•••• nōdus, -i, m., *knot, knotted coil*
or *fold*
Noēmōn, -onis, m., a Trojan
Nomades, -um, m. pl., *the* NU-
MIDIANS
• nōmen, -inis, n., [nōscō], *name,
fame, reputation, renown*
Nomentum, -i, n.; a town of the
Sabines
• nōn, adv., *not*
• nōndum, adv., *not yet*
• nōnus, -a, um, [novem], *ninth*
Nōricus, -a, -um, *of* NORICUM,
a country south of the
Danube
nōscitō, -āre, -āvi, -ātum, [nōscō],
know, recognize
••• nōscō, -ere, nōvi, nōtum, *become
acquainted with, learn, know,*
RECOGNIZE
• noster, -tra, -trum, [nōs], *our,
ours;* as a noun, m. pl., *our
friends, men, troops*

nota, -ae, [nōscō], f., *mark, sign,
spot; letter* (of the alphabet)
nothus, -i, m., *illegitimate son*
nōtitia, -ae, f., [nōtus], *acquaintance*
••• notō, -āre, -āvi, -ātum, [nota],
mark; NOTE, *observe*
• nōtus, -a, -um, [nōscō], *known,
well-known, famous*
Notus, -i, m., *the south wind;*
(any) *wind*
• novem, indecl., *nine*
noverca, -ae, f., *stepmother*
noviēns, adv., [novem], *nine times*
noviēs, adv., *nine times*
novitās, -ātis, f., [novus], *newness*
novō, -āre, -āvi, -ātum, [novus],
*make new, renew, repair; build,
construct; change, alter*
• novus, -a, -um, *new, fresh, recent;
strange, unusual,* NOVEL; **novis-
simus, -a, -um,** *latest, last,
parting*
• nox, noctis, f., *night; darkness,
obscurity, gloom; sleep;* person., *Night*
noxa, -ae, f., [noceō], *harm, injury; fault, offense, crime*
noxius, -a, -um, [noxa], *hurtful,
harmful; destructive*
•••• nūbēs, -is, f., *cloud; multitude*
nūbigena, -ae, [nūbēs + gignō],
cloud-born; as a noun, m. pl.,
the cloud-born, the centaurs
nūbilis, -e, [nūbō], *marriageable*
•••• nūbilus, -a, -um, [nūbēs], *cloudy,
gloomy;* as a noun, n. pl.,
clouds
nūbō, -ere, nūpsi, nūptum, *marry*
•• nūdō, -āre, -āvi, -ātum, [nūdus],
*strip, lay bare, expose, dis-
close, show*
nūdus, -a, -um, *naked, bare,
stripped, uncovered; unburied;
open*
• nūllus, -a, -um, *no, not any, no
one, none, nobody*
• num, interrog. adv., *in a direct
question, not translated, but*

505

expecting a negative answer; in an indirect question, *whether*

Numa, -ae, m., a Rutulian

Numānus, -i, m., a Rutulian

•••• **nūmen, -inis,** n., [**nuō**, *nod*], *nod,* expressing divine will; *divine will* or *power; divinity, majesty; deity; divine guidance, presence,* or *aid*

numerōsus, -a, -um, NUMEROUS; *melodious, tuneful*

• **numerus, -i,** m., NUMBER; *large* NUMBER, *multitude; rank, order, position; musical measure, time*

Numicius or **Numicus, -i,** m., a small river of Latium

Numidae, -ārum, m. pl., *the* NUMIDIANS

Numitor, -ōris, m., one of the Alban kings, father of Rhea Silvia

• **numquam** or **nunquam,** adv., [**nē + umquam**], *never*

• **nunc,** adv., *now, at the present time, in our day*

nūntia, -ae, f., [**nūntius**], (female) *messenger*

• **nūntiō, -āre, -āvi, -ātum,** [**nūntius**], ANNOUNCE, *report, declare*

• **nūntius, -i,** m., *messenger; message, tidings, command*

••• **nūper,** adv., *lately, recently, just*

nūpta, -ae, f., [**nūbō**], *bride*

nūptiālis, -e, [**nūbō**], NUPTIAL

nurus, -ūs, f., *daughter-in-law*

•••• **nūsquam,** adv., [**nē + usquam**], *nowhere; never* (at any place)

nūtō, -āre, -āvi, -ātum, [**nuō**, *nod*], *nod; sway, tremble; wave*

nūtrimentum, -i, n., [**nūtriō**], NOURISHMENT; *fuel*

nūtriō, -ire, -ivi or **-ii, -itum,** NOURISH, *feed, rear*

nūtrix, -icis, f., [**nūtriō**], NURSE

••• **nūtus, -ūs,** m., [**nuō**, *nod*], *nod; will, pleasure, command*

•••• **nympha, -ae,** f., NYMPH

Nȳsa, -ae, f., a mountain in India(?), birthplace of Bacchus

O

Ō, interj., *O! oh!*

• **ob,** prep. with acc., *on account of, because of, for the sake of, for*

obdūcō, -ere, -dūxi, -ductum, *draw before* or *over, overspread, cover*

••• **obeō, -ire, -ivi** or **-ii, -itum,** *go towards, against,* or *to meet; wander* or *travel over, traverse; survey, inspect; surround, encompass, envelop; undertake, engage in, enter; experience, undergo; die, perish*

ōbex, ōbicis, c., [**ob + iaciō**], *barrier*

obiciō, -ere, -iēci, -iectum, [**ob + iaciō**], *throw before, against,* or *towards, cast; present, hold out, expose;* **obiectus, -a, -um,** *lying before, opposite*

obiectō, -āre, -āvi, -ātum, [**obiciō**], *throw against* or *in the way of; expose*

obiectus, -ūs, m., [**obiciō**], *opposition,* PROJECTION

obitus, -ūs, m., [**obeō**], *meeting one's death; downfall, death*

obliquō, -āre, -āvi, -ātum, [**obliquus**], *turn* OBLIQUELY, *slant*

obliquus, -a, -um, OBLIQUE, *slanting; lying across*

oblitus, -a, -um, [**obliviscor**], *forgetful, unmindful, regardless*

••• **obliviscor, -i, oblitus sum,** *forget, be forgetful of*

oblivium, -i, n., [**obliviscor**], *forgetfulness,* OBLIVION

obloquor, -i, -locūtus sum, *sing* or *play in response* or *as an accompaniment; accompany*

obluctor, -āri, -ātus sum, *strive* or *struggle against*

obmūtēscō, -ere, -mūtui, —, *be-*

come speechless or dumb; be hushed, be silent

obnitor, -i, -nixus sum, press, strive, or push against; struggle, strive, resist

oborior, -iri, -ortus sum, arise, spring up; gush, flow

•••• **obruō, -ere, -rui, -rutum,** overwhelm, cover, bury, sink; overpower, destroy, strike down

obscēnus, -a, -um, disgusting, filthy, foul, abominable; illboding, ill-omened

••• **obscūrus, -a, -um,** dark, shady, OBSCURE, dim; uncertain, unknown, vague, mysterious

observō, -āre, -āvi, -ātum, watch, OBSERVE, notice, note

•• **obsideō, -ēre, -sēdi, -sessum,** [sedeō], BESIEGE, beset, blockade; occupy, hold, fill; take possession of, seize

•• **obsidiō, -ōnis,** f., [obsideō], SIEGE, blockade

obsidō, -ere, def., beset, BESIEGE; watch closely; take possession of

obsitus, -a, -um, [obserō, sow], covered, overgrown, full of

obsolētus, -a, -um, ruinous, worn out, destroyed

•••• **obstipēscō, -ere, -stipui, —,** be astonished, astounded, or amazed

obstō, -āre, -stiti, —, withstand, thwart, oppose; be an offense

obstrepō, -ere, -ui, -itum, thunder, make a noise, roar

obstruō, -ere, -strūxi, -strūctum, bar, block up, stop up, OBSTRUCT, close

obtegō, -ere, -tēxi, -tēctum, cover over or up, conceal

obtestor, -āri, -ātus sum, call to witness, entreat, appeal to, implore

obtorqueō, -ēre, -torsi, -tortum, turn, twist

obtruncō, -āre, -āvi, -ātum, cut to pieces, kill, slaughter

obtūsus, -a, -um, [obtundō, blunt], blunted, dull, insensible, unfeeling

obtūtus, -ūs, m., [obtueor], look, gaze, fixed gaze

obuncus, -a, -um, bent, hooked

obvertō, -ere, -verti, -versum, turn or direct towards, turn

•••• **obvius, -a, -um,** [ob + via], in the way, on the way to meet, to meet; in the way of, exposed to

• **occāsus, -ūs,** m., [occidō] fall, downfall, destruction; the west, i.e. sunset

• **occidō,-ere,-cidi,-cāsum,[caedō],** cut down, kill, slay, slaughter

occidō, -ere, -cidi, -cāsum, [cadō], fall down, fall; perish, die, be slain; be ruined

occiduus, -a, -um, [occidō], setting, western

occubō, -āre, def., die, lie dead, lie buried

occulō, -ere, -cului, -cultum, cover, hide, conceal

••• **occultō, -āre, -āvi, -ātum,** [occulō], hide, conceal

•• **occultus, -a, -um,** [occulō], hidden, secret, concealed

occumbō, -ere, -cubui, -cubitum, fall in death, die, meet or face death

• **occupō, -āre, -āvi, -ātum,** [capiō], take possession of, seize, OCCUPY; fill, overspread, cover; attack, strike, strike first, surprise, catch

•• **occurrō, -ere, -curri** or **-cucurri, -cursum,** run to meet, meet; rush upon, attack; oppose, thwart; appear, be seen

•• **Ōceanus, -i,** m., the OCEAN

ocellus, -i, m., [oculus], eye, little eye; gem, jewel

•••• **ōcior, -ius,** swifter, fleeter

ocrea, -ae, f., greave, a metallic covering to protect the legs while fighting

• **oculus, -i,** m., *eye*

••• **ōdi, ōdisse,** def., *hate*

••• **odium, -i,** n., [**ōdi**], *hatred, hate, ill-will, enmity*

odor, -ōris, m., *smell,* ODOR, *scent; fragrance; foul* ODOR, *stench*

odōrātus, -a, -um, [**odōrō,** *perfume*], *fragrant*

odōrifer, -era, -erum, [**odor** + **ferō**], *fragrant, sweet-smelling*

odōrus, -a, -um, [**odor**], *keen-scented, sharp-scented*

Oechalia, -ae, f., a city in Euboea

Oenōtrius, -a, -um, also **Oenōtrus, -a, -um,** *of* OENOTRIA, an old name of Southern Italy, OENOTRIAN, *Italian*

offa, -ae, f., *bit* or *morsel* (of food); usually translated *cake*

•• **offerō, -ferre, obtuli, oblātum,** *bring forward, present,* OFFER, *expose;* with **mē, tē, sē,** *present oneself, appear, meet*

• **officium, -i,** n., [**opus** + **faciō**], *service, favor, kindness, duty*

offulgeō, -ēre, -fulsi, —, *shine against, flash before* or *upon*

Oileus, -ei or **-eos,** m., king of Locris, father of Ajax

Ōlearos, -i, f., one of the Cyclades

oleō, -ēre, -ui, —, *smell of, smell*

oleum, -i, n., OIL, *olive* OIL

• **ōlim,** adv., *formerly, once; sometimes, at times; hereafter, one day, sometime*

oliva, -ae, f., OLIVE, OLIVE *tree;* OLIVE *branch;* OLIVE *chaplet, wreath of* OLIVE *leaves*

olivum, -i, n., [**oliva**], OLIVE *oil, oil*

olla, -ae, f., *pot, jar*

olle, olli, old forms for **ille, illi**

olor, -ōris, m., *swan*

Olympus, -i, m., a high mountain in Thessaly, the mythical abode of the gods; OLYMPUS, *heaven*

••• **ōmen, -inis,** n., *sign,* OMEN; *solemn custom* or *usage*

omnigenus, -a, -um, [**omnis** + **genus**], *of all kinds, all sorts of*

• **omninō,** adv., [**omnis**], *wholly, entirely, altogether*

omniparēns, -entis, [**omnis** + **parēns**], *all-producing* PARENT

omnipotēns, -entis, [**omnis** + **potēns**], *all-powerful,* OMNIPOTENT, *almighty*

• **omnis, -e,** *all, the whole of; every*

•••• **onerō, -āre, -āvi, -ātum,** [**onus**], *load, burden; stow away, store; oppress, overwhelm*

onerōsus, -a, -um, [**onus**], *heavy, burdensome*

••• **onus, -eris,** n., *load, burden, weight*

onustus, -a, -um, [**onus**], *laden, loaded*

opācō, -āre, -āvi, -ātum, [**opācus**], *shade*

•••• **opācus, -a, -um,** *shaded, shady; dark, obscure, gloomy*

•• **opera, -ae,** f., [**opus**], *exertion, labor, pains; service, aid*

operiō, -ire, operui, opertum, *cover up, cover*

operor, -āri, -ātus sum, [**opus**], *work, be engaged in* or *busy with*

opertus, -a, -um, [**operiō**], *hidden, concealed;* as a noun, n. pl., *hidden* or *secret places, depths*

Opheltēs, -ae, m., father of Euryalus

opimus, -a, -um, *rich, fertile; splendid, sumptuous; noble;* **spolia opima,** *the* SPOLIA OPIMA, arms taken in battle from a general by a victorious general in single combat

opperior, -iri, -pertus sum, *wait, wait for, await*

oppetō, -ere, -petivi, -petitum, *encounter, meet; perish, die*

• **oppidum, -i,** n., (walled) *town*

oppōnō, -ere, -posui, -positum,

place OPPOSITE or *before,* OP-
POSE; *offer,* EXPOSE

; •• opportūnus, -a, -um, *suitable, fit,
convenient*

oppositus, -a, -um, [oppōnō],
placed against, OPPOSED, OP-
POSING, OPPOSITE

• opprimō, -ere, -pressi, -pressum,
[ob + premō], *press down* or
against, OPPRESS; *overwhelm,*
SUPPRESS, *crush; surprise, catch*

opprobrium, -ī, n., [ob + pro-
brum, *base deed*], *reproach*

• oppugnō, -āre, -āvi, -ātum, *attack, assault, besiege*

••• (ops), opis, f., (no nom. or dat.
in sing.), *help, aid, assistance;
power, strength, influence; display, magnificence;* pl., *means,
riches, wealth, resources*

••• optō, -āre, -āvi, -ātum, *choose;
desire, wish for, wish*

opulentus, -a, -um, [ops], *rich,
wealthy; powerful*

• opus, -eris, n., *work, task, labor;
workmanship, skill, art; work
of art; public works, build-
ings; achievement, deed;* opus
urbis, *a floating city* (said of
a large ship)

opus, n., indecl., *need, want*

••• ōra, -ae, f., *border, edge, rim,
boundary; coast, shore; country, district, region; events,
scenes*

ōrāculum, -ī, n., [ōrō], ORACLE,
both the response and the
place where it is given

ōrātor, -ōris, m., [ōrō], ORATOR;
ambassador, legate, envoy

• orbis, -is, m., *ring, circle;* of a
serpent, *coil; circle, disk;* with
terrae or terrārum, *the world,
the earth; cycle, period, revolution, course*

orbus, -a, -um, *bereft, bereaved,
deprived*

Orcus, -ī, m., ORCUS, the abode of
the dead, the lower world; *Pluto*

•••• ōrdior, -iri, ōrsus sum, *begin*
(esp. to speak)

• ōrdō, -inis, m., *row, rank; order,
class, rank; line, array;* of
a ship, *bank of oars;* ōrdine or
ex ōrdine, *in due order* or *succession, successively*

Orēas, -adis, f., *mountain-nymph,
an* OREAD

Orestēs, -is or -ae, m., son of
Agamemnon

orgia, -ōrum, n. pl., *festival* or *rites
of Bacchus; Bacchic* ORGIES

Oriēns, -entis, m., [orior], *rising
sun; morning, dawn, day; the
East, the* ORIENT

•••• origō, -inis, f., [orior], *beginning,
source,* ORIGIN; *descent, birth*

Ōriōn, -ōnis, m., a mythical giant
and hunter made a constellation after his death

• orior, -iri, ortus sum, *arise, appear; be born, be descended;
start, spring, begin*

ōrnātus, -ūs, m., [ōrnō], *equipment; apparel;* ORNAMENT,
decoration

••• ōrnō, -āre, -āvi, -ātum, *equip,
supply,* ADORN

ornus, -ī, f., *mountain ash*

• ōrō, -āre, -āvi, -ātum, [ōs], *speak;
plead, pray, beseech, entreat,
beg, implore*

Orontēs, -is or -ae, m., a companion of Aeneas

Orpheus, -ei or -eos, m., son of
Calliope, a mythical poet, musi-
cian, and prophet

ōrsa, -ōrum, n. pl., [ordior], *beginnings; attempt, undertaking*

ortus, -ūs, m., [orior], *rising*

Ortygia, -ae, f., (1) another name
of Delos; (2) an island, part
of the city of Syracuse in Sicily

Ortygius, -i, m., a Rutulian

• ōs, ōris, n., *mouth; lips; face,
countenance, features, expression; voice, speech, words;
entrance, opening*

•••• os, ossis, n., *bone*
•••• ōsculum, -i, n., [ōs], *lip; kiss*
• ostendō, -ere, -tendi, -tentum, [tendō], *hold out; show, point out, disclose, reveal*
ostentō, -āre, -āvi, -ātum, [ostendō], *show, exhibit; show off, display, parade; point out*
ōstium, -i, n., [ōs], *door; mouth, entrance*
ostrum, -i, n., *purple; purple coverings, couches, decorations*
Ōthryadēs, -ae, m., *son of* OTHRYS, Panthus
••• ōtium, -i, n., *leisure, ease, idleness, time; quiet, rest, peace*
ovile, -is, n., [ovis], *sheepfold*
ovis, -is, f., *sheep*
•••• ovō, -āre, def., *rejoice, exult; triumph;* ovāns, -antis, *exulting, triumphant, in triumph*

P

•• pābulum, -i, n., [pāscō], *food, fodder, pasturage, grass*
Pachȳnum, -i, n., *the southeastern promontory of Sicily*
pācifer, -era, -erum, [pāx+ferō], *peace-bringing, peaceful*
paciscor, -i, pactus sum, *bargain, contract, agree upon; stake, hazard;* pactus, -a, -um, *agreed, settled; regular*
•• pācō, -āre, -āvi, -ātum, [pāx], *make peaceful, quiet, subdue*
Pactōlus, -i, m., *a river of Lydia, famous for its golden sands*
Padus, -i, m., *the river Po,* in northern Italy
paeān, -ānis, m., [Paeān, the god of.healing, Apollo], *a hymn to Apollo; hymn of triumph or praise, festive hymn*
••• paenitet, -ēre, -uit, impers., *it repents;* mē paenitet, *I repent, am sorry*
Palaemōn, -onis, m., *a sea-god*

palaestra, -ae, f., *wrestling place; wrestling match, wrestling*
••• palam, adv., *openly, in public*
Palamēdes, -is, m., *a Greek chieftain in the Trojan war*
Palātinus, -a, -um, *of the* PALATIUM, *the Palatine Hill;* PALATINE, *living on the* PALATINE
palear, -āris, n., *dewlap*
Palicus, -i, m., *one of two sons of Jupiter worshiped by the Sicilians*
Palinūrus, -i, m., (1) *a Trojan pilot;* (2) *a promontory named after him*
palla, -ae, f., *mantle, robe*
Palladium, -i, [Pallas], n., *the* PALLADIUM, *or image of Pallas, upon the safekeeping of which depended the fate of Troy*
Pallantēum, -i, n., *a town in Latium, founded by Evander; on its site Rome was afterwards built*
Pallantēus, -a, -um, *of* PALLANTEUM
Pallas, -adis, f., PALLAS *Athene, a Greek goddess identified with the Roman Minerva*
Pallās, -antis, m., (1) *a king of Arcadia;* (2) *son of Evander*
•••• palleō, -ēre, -ui, —, *be* PALE *or wan, turn* PALE; pallēns, -entis, PALE, PALLID, *wan*
pallidus, -a, -um, [palleō], PALE, PALLID
pallor, -ōris, m., [palleō], PALENESS, PALLOR; *fear*
•••• palma, -ae, f., PALM (of the hand), *hand;* PALM *tree,* PALM; PALM *branch or* PALM *wreath (the symbol of victory); victory; prize; prize taker, winner*
palmōsus, -a, -um, [palma], *abounding in* PALMS; *city of* PALMS
palmula, -ae, f., [palma], *oar blade, oar*
pālor, -āri, -ātus sum, *wander,*

roam, be scattered, straggle; pālāns, -antis, straggling, scattered, routed

• palūs, -ūdis, f., swamp, marsh; water; pool; pond, lake

pampineus, -a, -um, [pampinus, vine tendril], of vine leaves, wreathed with vine leaves

Pān, Pānos, m., god of woods, fields, and shepherds

panacēa, -ae, f., heal-all; PANACEA, an herb supposed to cure all diseases

Pandarus, -i, m., a Lycian chieftain, an ally of the Trojans

•••• pandō, -ere, pandi, passum or pānsum, spread out, EXPAND, unfold, extend; throw open, open, lay open, expose; make known, disclose, publish, explain

pandus, -a, -um, curving, bent, crooked

pangō, -ere, pepigi or pēgi, pāctum, fasten; make, try, contrive; agree upon, covenant, contract

Panopēa, -ae, f., a sea-nymph

Panopēs, -is, m., a Sicilian

Pantagiās, -ae, m., a river in Sicily

panthēra, -ae, f.; PANTHER

Panthūs, -i, m., a Trojan priest of Apollo

papāver, -eris, n., POPPY

Paphos, -i, f., a town in Cyprus, sacred to Venus

papȳrifer, -era, -erum, that bears PAPYRUS

• pār, paris, equal; a match, well-matched; like, even, poised

parātus, -a, -um, [parō], PREPARED, ready, provided, equipped

Parcae, -ārum, f. pl., the Fates

• parcō, -ere, peperci or parsi, parcitum or parsum, spare, preserve, show mercy to; refrain, forbear, desist, cease, abstain

parcus, -a, -um, sparing, scant

••• parēns, -entis, c., [pariō], PARENT, father, mother, ancestor

parentālis, -e, PARENTAL

• pāreō, -ēre, -ui, —, obey, submit to, comply with

••• pariēs, -etis, m., wall (in a building), partition

••• pariō, -ere, peperi, partum, bring forth, bear; effect, bring about, accomplish; procure, secure, gain, win; partus, gained, secured, acquired, prepared, in store for

Paris, -idis, m., son of Priam; his elopement with Helen caused the Trojan war

pariter, adv., [pār], equally, in like manner, on equal terms; at the same time, side by side, together

Parius, -a, -um, of PAROS, an island in the Aegean Sea, PARIAN

parma, -ae, f., small shield; shield

• parō, -āre, -āvi, -ātum, make ready, PREPARE, make ready for; purpose, plan

Paros, -i, f., one of the Cyclades islands, famous for its marble

Parrhasius, -a, -um, of PARRHASIA, a town in Arcadia, PARRHASIAN, Arcadian

• pars, partis, f., PART, portion, share; place, side, direction, way; pars . . . pars, some . . . others

parthenicē, -ēs, f., a plant

Parthenopaeus, -i, m., one of the seven Greek chieftains who fought against Thebes

Parthi, -ōrum, m. pl., the PARTHIANS, a warlike people of Scythia

particula, -ae, f., [pars], small bit, PARTICLE, portion

•• partim, adv., [old acc. of pars], PARTLY, in PART

partiō, -ire, -ivi or -ii, -itum,

[pars], and **partior, -iri, -itus
sum**, *share*, PART, *divide, distribute, separate*
partus, -ūs, m., [**pariō**], *bearing,
birth; offspring, young; son*
parum, adv., [**parvus**], *too little,
not enough; by no means*
parumper, adv., *for a short time
or little while, a while*
parvulus, -a, -um, [**parvus**], *very
small, little, young*
• **parvus, -a, -um**, *small, little*
•••• **pāscō, -ere, pāvi, pāstum**, *feed,*
PASTURE; *maintain, nourish,
support; feast, satisfy, gratify*
pāscor, -i, pāstus sum, [a middle
voice of **pascō**]; *graze, feed,*
PASTURE, *eat;* of a tongue of
flame, *wander, stray, play*
Pāsiphaē, -ēs, f., *wife of Minos,
mother of the Minotaur*
passer, -eris, m., *sparrow*
•••• **passim**, adv., [**passus**, from
pandō], *in every direction, here
and there, generally, everywhere*
passus, -a, -um, [**pandō**], *outstretched, extended, open; unbound, loose, disheveled*
• **passus, -ūs**, m., *step, pace*
•••• **pāstor, -ōris**, m., [**pāscō**], *herdsman, shepherd*
pāstōrālis, -e, [**pāstor**], *of shepherds, shepherd's*
Patavium, -i, n., *a city of northern Italy, now Padua*
••• **patefaciō, -ere, -fēci, -factum**,
[**pateō** + **faciō**], *throw open,
open*
•• **pateō, -ēre, -ui, —**, *stand open,
lie open, be open; open; stretch,
extend, reach; be clear, plain,*
or *evident;* **patēns, -entis**, *open,
unobstructed, clear*
pater, -tris, m., *father, sire;* pl.,
*parents, fathers, forefathers, ancestors; elders, leading men,
senators;* **pater** is often used
as a term of respect or venera-

tion, e.g. "father Neptune,"
"father Aeneas"
•••• **patera, -ae**, f., [**pateō**], *saucerlike bowl* or *cup, libation
bowl*
paternus, -a, -um, [**pater**], *of a
father*, PATERNAL, *fatherly, father's; ancestral*
patēscō, -ere, patui, —, [**pateō**],
*be opened, open; be disclosed,
be revealed, be manifest*
••• **patientia, -ae**, f., *endurance*
• **patior, -i, passus sum**, *suffer,
undergo, endure, submit to,
permit; obey;* **patiēns, -entis**,
*suffering, enduring, permitting,
submissive; trained to, obedient to*
• **patria, -ae**, f., [**patria (terra)**],
fatherland, native land, country; home; land, country
••• **patrius, -a, -um**, [**pater**], *of a
father*, PATERNAL, *father's, ancestral; of one's country* or
nation, native
Patrōn, -ōnis, m., *a companion
of Aeneas*
patrōnus, -i, m., PATRON
patruus, -i, m., [**pater**], PATERNAL
uncle
patulus, -a, -um, [**pateō**], *broad,
wide*
• **paucus, -a, -um**, *few, little*
•• **paulātim**, adv., [**paulum**], *little
by little, by degrees, gradually*
paulisper, adv., [**paulum**], *for a
little while, for a short time*
• **paulum**, adv., [**paulus**], *a little,
somewhat*
pauper, -eris, *poor, scanty, small,
humble*
pauperiēs, -ēi, f., [**pauper**], POVERTY
•••• **paveō, -ēre, pāvi, —**, *be terrified;
dread, be scared of*
pavidus, -a, -um, [**paveō**], *trembling, fearful, timid, alarmed;
anxious, eager*
pavimentum, -i, n., PAVEMENT

512

pavitō, -āre, def., [paveō, *fear*], tremble, quake, be in terror

pavor, -ōris, m., [paveō], trembling, shaking, terror, fear, dread; throbbing expectation

• pāx, pācis, f., PEACE; *grace, favor, pardon, indulgence*

••• peccō, -āre, -āvi, -ātum, *do wrong, transgress, sin*

pecten, -inis, n., [pectō], *comb; reed* (used in weaving); *plectrum,* an instrument for striking the strings of the lyre

pectō, -ere, pexi, pexum, *comb*

•••• pectus, -oris, n., *breast; heart, feelings; soul, mind; character, person*

•• pecus, -oris, n., *cattle; flock, herd; tribe* (of drones)

•••• pecus, -udis, f., *a head of cattle; beast, animal; sheep*

pedes, -itis, m., [pēs], *one who travels on foot; on foot; foot soldier;* as collective noun, sing., *soldiery*

•••• pelagus, -i, n., *sea, the open sea*

Pelasgi, -ōrum, m. pl., *the* PELASGIANS, earliest inhabitants of Greece; *Greeks*

Pelasgus, -a, -um, PELASGIAN, *Grecian*

Peliās, -ae, m., a Trojan

Pēlidēs, -ae, m., *son* or *descendant of* PELEUS

pellāx, -ācis, *deceitful, wily, crafty*

•••• pellis, -is, f., *skin, hide*

• pellō, -ere, pepuli, pulsum, *beat, strike, clash; drive, drive out,* EXPEL, *banish; rout;* IMPEL, *send*

Pelopēus, -a, -um, *of* PELOPS, father of Atreus, PELOPIAN, *Grecian*

Pelōrus, -i, m., the northeast promontory of Sicily

pelta, -ae, f., (small, crescent-shaped) *shield*

Penātēs, -ium, m. pl., [penus], *the* PENATES, *household gods*

••• pendeō, -ēre, pependi, —, *hang,* be SUSPENDED; *hover, lean over* or *forward, overhang; loiter, linger, delay; hang upon, listen eagerly;* be interrupted or SUSPENDED

•• pendō, -ere, pependi, pēnsum, *weigh* or *weigh out; pay; suffer* or *pay* (a penalty)

pendulus, -a, -um, *hanging*

Pēneleus, -i, m., a Greek

Pēnelopē, -ēs, f., wife of Ulysses

•••• penetrālis, -e, [penetrō], *inner, interior, innermost*

penetrālia, -ium, n. pl., *inner rooms* (of a house), *interior;* of a temple, *sanctuary, shrine*

penetrō, -āre, -āvi, -ātum, *enter,* PENETRATE, *go as far as, reach*

••• penitus, adv., *deeply, far within, to the very depths; completely, wholly, far, far away*

•••• penna, -ae, f., *feather, wing*

pennātus, -a, -um, [penna], *winged*

pēnsum, -i, n., [pendō], *wool weighed out for a day's spinning; work, task; a piece of work, work*

Penthesilēa, -ae, f., queen of the Amazons

Pentheus, -ei or -eos, m., a king of Thebes; because he opposed the Bacchic ceremonies, he was torn in pieces by the devotees of Bacchus

pēnūria, -ae, f., *want, need, lack*

penus, -ūs or -i, c., and penus, -oris, n., *food, provisions, stores*

peplum, -i, n., *the* PEPLUM, or *state robe,* of Minerva, with which her statue was draped during her solemn festival

• per, prep. with acc., *through, throughout, across, over, along; by means of, owing to, by;* in oaths, *in the name of, by*

•••• peragō, -ere, -ēgi, -āctum, *carry through, carry out, finish, complete; distribute* (all the prizes);

follow to the end, pursue; go through or over, traverse

peragrō, -āre, -āvi, -ātum, [per + ager], *wander through, pass over, traverse*

percellō, -ere, -culi, -culsum, *beat, throw,* or *strike down; overthrow, destroy, lay low*

••• **percipiō, -ere, -cēpi, -ceptum,** [per + capiō], PERCEIVE, *listen to, understand*

percurrō, -ere, -cucurri or **-curri, -cursum,** *run through, over,* or *along; barely mention, touch upon, name*

percutiō, -ere, -cussi, -cussum, [per + quatiō], *strike, smite; move, astound, affect deeply*

perditus, -a, -um, [perdō], *lost, ruined, desperate*

••• **perdō, -ere, -didi, -ditum,** *ruin, lose, destroy*

peredō, -ere, -ēdi, -ēsum, *devour, consume, waste away*

peregrinus, -a, -um, [peragrō], *foreign*

perennis, -e, [per + annus], *unceasing, unfailing, endless*

•• **pereō, -ire, -ivi** or **-ii, -itum,** *pass away; be destroyed, be ruined, perish, die*

pererrō, -āre, -āvi, -ātum, *wander through* or *over; survey; attempt, try*

perfectus, -a, -um, [perficiō], *finished, complete,* PERFECT; *made, made of* or *with, wrought*

•• **perferō, -ferre, -tuli, -lātum,** *bear through; carry, bring, betake; bring tidings* or *news, report; bear, endure,* SUFFER, *undergo*

• **perficiō, -ere, -fēci, -fectum,** [per + faciō], *perform, execute, finish, complete*

perfidus, -a, -um, [per + fidēs], *breaking faith; faithless, false, treacherous*

perflō, -āre, def., *blow through* or *over*

perfundō, -ere, -fūdi, -fūsum, *pour over, bedew, sprinkle, moisten; bathe; steep, dye, stain*

perfurō, -ere, def., *rage* FURIOUSLY or *wildly*

Pergamea, -ae, f., [Pergamum], the town built by the Trojans in Crete

Pergameus, -a, -um, [Pergamum], *of Troy, Trojan*

Pergamum, -i, n., **Pergama, -ōrum, n. pl.,** **Pergamus, -i, f.,** *the citadel of Troy; Troy*

•••• **pergō, -ere, perrēxi, perrēctum,** [per + regō], *go on, proceed, continue*

perhibeō, -ēre, -ui, -itum, [habeō], *propose; say, tell; name, call*

• **periculum** or **periclum, -i, n.,** [experior], *trial; risk, danger, peril*

perimō, -ere, -ēmi, -ēmptum, [per + emō], *destroy, extinguish; kill, slay*

Periphās, -antis, m., a Greek, companion of Pyrrhus

periūrium, -i, n., [periūrus], *false oath,* PERJURY

periūrus, -a, -um, [per + iūs], PERJURED

perlābor, -i, -lāpsus sum, *slip through, glide over*

perlegō, -ere, -lēgi, -lēctum, *examine carefully, scan, survey*

permētior, -iri, -mēnsus sum, *measure through; traverse*

permisceō, -ēre, -miscui, -mixtum or **-mistum,** MIX *together,* MIX, *mingle*

• **permittō, -ere, -misi, -missum,** *give up, yield, entrust, surrender;* PERMIT, *suffer, allow*

permulceō, -ēre, -mulsi, -mulsum, *stroke; soothe, allay, calm, appease*

permūtō, -āre, -āvi, -ātum, *interchange, exchange*

514

pernix, -icis, *swift, fleet*
perōdī, -ōdisse, def., *hate greatly,
detest, abhor;* perōsus, -a, -um,
disgusted with, weary of
perpetior, -i, -pessus sum, [pa-
tior], *endure, suffer*
•• perpetuus, -a, -um, *continuous,
entire, whole,* PERPETUAL
perplexus, -a, -um, *entangled,
confused, intricate*
perrumpō, -ere, -rūpī, -ruptum,
break or *burst through*
Persae, -ārum, m. pl., *the Parthians*
persentiō, -ire, -sēnsī, -sēnsum,
feel deeply; perceive clearly
•• persequor, -i, -secūtus sum, *follow up, follow,* PURSUE
Perseus, -ei, m., *son of Jupiter
and Danae*
Persicus, -a, -um, PERSIAN
persolvō, -ere, -solvī, -solūtum,
pay; give, bestow; offer (a
sacrifice)
personō, -āre, -uī, —, *play, sing
and play; make* RESOUND or
echo
perstō, -āre, -stitī, -stātum, *stand
firmly; persevere, persist, remain unmoved*
pertaedet, -ēre, -taesum est, impers., *it greatly wearies* or *disgusts;* mē pertaedet, *I am
utterly tired of* or *disgusted with*
pertentō or -temptō, -āre, -āvī,
-ātum, *test; affect greatly,
thrill*
pertināx, -ācis, *clinging*
• perturbō, -āre, -āvī, -ātum, *confuse,* DISTURB, *spread havoc
through*
• perveniō, -ire, -vēnī, -ventum,
arrive, reach
perversus, -a, -um, [pervertō],
ADVERSE, *malicious, hostile*
pervigil, -ilis, *watchful*
pervius, -a, -um, [per + via],
passable, easy
pervolitō, -āre, def., *flit about*

• pēs, pedis, m., *foot, talon, hoof;
sheet, sail rope* (fastened to
lower edge of sail); facere
pedem, *let out the sheet, tack*
••• pestis, -is, f., *plague,* PESTILENCE,
*taint, pollution; destruction,
ruin, death; curse, scourge*
Petēlia, -ae, f., *a town in Bruttium*
• petō, -ere, petīvī or -iī petītum,
*seek, aim at, make for; go to,
approach, visit; attack, fall
upon; beg, ask, request, beseech; woo, sue for*
Phaeāces, -um, m. pl., *the*
PHAEACIANS, *early inhabitants
of the island of Corcyra*
Phaedra, -ae, f., *daughter of
Minos, king of Crete, and wife
of Theseus*
Phaethōn, -ontis, m., *shining one,
an epithet of the sun-god; the
sun*
phalanx, -angis, f., *body* or *band
of soldiers,* PHALANX; *army,
fleet*
phalārica, -ae, f., PHALARICA, *a
very heavy javelin to which
burning material was often attached; fire-dart*
phalerae, -ārum, f. pl., *trappings,
decorations*
Phaleris, -is, m., *a Trojan*
•••• pharetra, -ae, f., *quiver*
pharetrātus, -a, -um, [pharetra],
wearing a quiver
phasēlus, -i, m., *ship, boat*
Phēgeus, -ei, m., *a Trojan*
Pheneus, -ī, f., *a town in Arcadia*
Philoctētēs, -ae, m., *a famous
archer, companion of Hercules*
philyra, -ae, f., *linden tree*
Phinēius, -a, -um, *of* PHINEUS,
PHINEUS'S
Phlegethōn, -ontis, m., *the river
of fire in the lower world*
Phlegyās, -ae, m., *father of Ixion*
Phoebēus, -a, -um, *of* PHOEBUS,
of Apollo, PHOEBEAN

515

Phoebus, -ī, m., PHOEBUS *Apollo, the god of light*
Phoenices, -um, m. pl., *the* PHOENICIANS
Phoenissa, -ae, f., *the* PHOENICIAN *woman,* Dido
Phoenix, -icis, m., a Greek leader
Pholoē, -ēs, f., a slave
Pholus, -ī, m., a centaur
Phorbās, -antis, m., a Trojan
Phorcus, -ī, m., a sea-god
Phryges, -um, m. pl., PHRYGIANS; *Trojans*
Phrygius, -a, -um, PHYRGIAN, *Trojan*
Phthia, -ae, f., a town in Thessaly, birthplace of Achilles
piāculum, -ī, n., [piō], EXPIATORY *offering, sacrifice; penalty; crime, sacrilege, sin*
picea, -ae, f., [pix], PITCH *pine*
piceus, -a, -um, [pix], *of* PITCH, PITCHY; PITCH-*black*
pictūra, -ae, f., [pingō], *painting,* PICTURE
pictūrātus, -a, -um, [pictūra], *embroidered*
••••**pietās, -ātis, f.,** [pius], *dutiful conduct; devotion,* PIETY; *loyalty, love, patriotism; pity, mercy; justice*
piger, pigra, pigrum, *sluggish, lifeless*
piget, -ēre, -uit, impers., *it vexes, displeases;* **mē piget,** *I am vexed, displeased, disgusted*
••••**pignus, -oris, n.,** *pledge, token, assurance, evidence, proof*
pila, -ae, f., *pier*
pilātus, -a, -um, [pilum], *armed with javelins*
pilentum, -ī, n., *chariot, carriage*
Pilumnus, -ī, m., a Latin god
Pinārius, -a, -um, a family name
pineus, -a, -um, [pinus], *of* PINE, *made of* PINE, PINE
•••**pingō, -ere, pinxī, pictum,** *paint, embroider; stain, tattoo;* **pictus, -a, -um,** *painted; em-*

broidered; decorated; tattooed; of many colors, gay-plumaged, bright-plumed
••••**pinguis, -e,** *fat, rich; fertile*
pinifer, -era, -erum, [pīnus +ferō], PINE-*bearing*
••••**pinna, -ae, f.,** *feather, wing; battlement, palisade*
••••**pinus, -ūs** or **-ī, f.,** PINE, *pine tree, fir tree;* by metonomy, *ship; torch*
piō, -āre, -āvī, -ātum, [pius], *propitiate, appease;* EXPIATE, *atone for*
pipilō, -āre, -āvī, -ātum, *twitter, chirp*
Pirithous, -ī, m., son of Ixion
piscōsus, -a, -um, [piscis, *fish*], *full of fish, fish-haunted*
pistrix, -icis, f., [see also **pristis**], *sea monster, whale, shark*
••••**pius, -a, -um,** *dutiful,* PIOUS; *filial, loving, devoted; sacred, holy, consecrated*
pix, picis, f., PITCH
plācābilis, -e, [plācō], *easily appeased, propitious*
•**placeō, -ēre, placuī** or **placitus sum,** PLEASE, *be* PLEASING or *agreeable, satisfy;* **placet, placitum est mihi, tibi,** *it is settled, determined, decided; it is my* (*your, his, their*) *will*
••••**placidus, -a, -um, [placeō],** *gentle, peaceful, calm, quiet; kindly, propitious*
placitus, -a, -um, [placeō], PLEASING, *agreeable*
•••**plācō, -āre, -āvī, -ātum,** *quiet, calm, soothe; appease, propitiate; restore peace to*
plāga, -ae, f., *blow, stroke, wound*
plaga, -ae, f., *hunting net, snare, trap*
plaga, -ae, f., *region, tract, quarter*
plangō, -ere, planxī, planctum, *strike, beat* (the breast in grief); *lament, wail, bewail*
plangor, -ōris, m., [plangō], *strik-*

516

ing, beating; wailing, lamentation

planta, -ae, f., *sole of the foot*

plaudō, -ere, plausī, plausum, *beat, strike; clap, flap, flutter; beat* or *keep time in* (the dance)

plaustrum, -ī, n., *wagon*

•••• **plausus, -ūs,** m., [**plaudō**], *beating, clapping, flapping;* AP-PLAUSE

• **plēbs, plēbis,** or **plēbēs, -eī,** f., *common people; multitude, mass, throng*

plectō, -ere, def., *punish*

Plemyrium, -ī, n., *a promontory of Sicily*

••• **plēnus, -a, -um,** [**compleō**], *full, filled; ripe, mature*

plērumque, adv., *usually, generally*

plicō, -āre, def., *fold, wind, coil, entwine* ⁓

plūma, -ae, f., *feather,* PLUME; PLUMAGE

plumbum, -ī, n., *lead; bullet*

plūrimus, -a, -um, superl. of **multus,** *most, very many, very much; very thick*

plūs, plūris (in sing., a n. noun; in pl., an adj.), compar. of **multus,** *more*

Plūtōn, -ōnis, m., PLUTO, brother of Jupiter, and king of the lower world

pluvia, -ae, f., *rain*

pluviālis, -e, [**pluvia**], *bringing rain, rainy*

pluvius, -a, -um, [**pluō,** *rain*], *bringing rain, rainy*

pōculum, -ī, n., *drinking-cup, goblet; cup* or *goblet of wine*

• **poena, -ae,** f., *punishment,* PEN-ALTY, *expiation; revenge*

Poenī, -ōrum, m. pl., *the* PHOENI-CIANS; *Carthaginians* (as Phoenician colonists)

• **poēta, -ae,** m., POET

poliō, -īre, -īvī or **-iī, -ītum,** POLISH, *adorn, decorate*

Politēs, -ae, m., *a son of Priam*

polleō, -ēre, -uī, —, *be strong, avail, prevail*

• **polliceor, -ērī, -itus sum,** *promise*

polluō, -ere, polluī, pollūtum, *soil, defile,* POLLUTE; *violate, dishonor, desecrate, break*

Pollūx, -ūcis, m., *twin brother of Castor*

•••• **polus, -ī,** m., *the* POLE, *heavens, sky*

Polyboetēs, -ae, m., *a Trojan priest of Ceres*

Polydōrus, -ī, m., *a son of Priam*

Polyphēmus, -ī, m., *a Cyclops*

Pōmetia, -ae, f., *and* **Pōmetiī, -ōrum,** m. pl., *a town of the Volsci, a Latin tribe*

pōmifer, -fera, -ferum, [**pōmum + ferō**], *fruit-bearing*

pompa, -ae, f., *solemn procession* (as at games or funerals)

pōmum, -ī, n., *fruit*

•••• **pondus, -eris,** n., [**pendō**], *weight, load, burden, mass*

pōne, adv., *behind, after*

• **pōnō, -ere, posuī, positum,** *put, place, set; set up, erect, build; offer,* PROPOSE; *lay down, put down,* DEPOSIT, *lay aside; bury, cease, fall, subside*

• **pōns, pontis,** m., *bridge; gangway* (between parts of a fortification)

••• **pontifex, -icis,** m., PONTIFF, *high priest*

•••• **pontus, -ī,** m., *sea, the deep; mighty wave*

poples, -itis, m., *knee,* esp. the hollow of the knee

populāris, -e, [**populus**], *of the* PEOPLE, POPULAR

pōpuleus, -a, -um, [**pōpulus**], *of* POPLAR, POPLAR

•• **populor, -ārī, -ātus sum,** and **populō, -āre, -āvī, -ātum,** *lay waste, ravage, plunder, devastate; spoil, deprive of*

517

• **populus, -i,** m., PEOPLE, *nation, tribe; host, throng, multitude*
pōpulus, -i, f., POPLAR *tree;* POPLAR *wreath*
porca, -ae, f., *sow*
porriciō, -ere, porrēci, porrectum, [old form for **prōiciō**], *throw, cast* (as an offering or sacrifice to the gods)
•••• **porrigō** or **porgō, -ere, -rēxi, -rēctum,** [**por** (= **prō**) + **regō**], *stretch out, spread out, extend*
porrō, adv., *forward, farther on, afar; afterwards, in later years*
Porsenna, -ae, m., an Etruscan king who attempted to restore the Tarquins
• **porta, -ae,** f., *gate, door, passage*
portendō, -ere, -tendi, -tentum, [**por** (= **pro**) + **tendō**], *hold forth; predict, foretell,* PORTEND
portentum, -i, n., [**portendō**], *omen,* PORTENT
porticus, -ūs, f., [**porta**], *colonnade, gallery*
portitor, -ōris, m., [**portō**], *ferryman, boatman*
• **portō, -āre, -āvi, -ātum,** *bear, carry, bring; offer, threaten*
Portūnus, -i, m., [**portus**], god of harbors
• **portus, -ūs,** m., *harbor, haven,* PORT
•• **poscō, -ere, poposci, —,** *ask, beg, request, claim, demand; invoke*
• **possum, posse, potui, —,** [**potis + sum**], *be able, can; have influence, weight,* or *authority*
• **post,** adv., *behind; afterwards, after, hereafter, later, then;* prep. with acc., *behind, after, since*
••• **posteritās, -ātis,** f., [**posterus**], POSTERITY
• **posterus, -a, -um,** [**post**], *following, next*
posthabeō, -ēre, -ui, -itum, *place after, regard* or *esteem less*

•••• **postis, -is,** m., POST, *doorpost, door*
• **postquam,** conj., *after that, after, as soon as, when*
postrēmus, -a, -um, [superl. of **posterus**], *last, hindmost, rear*
postumus, -a, -um, [superl. of **posterus**], *last, latest born, youngest*
• **potēns, -entis,** [**possum**], *able, strong, mighty, powerful; ruling, master of, controlling*
potentia, -ae, f., [**potēns**], *power, might*
• **potestās, -ātis,** f., [**potis**], *ability, power; opportunity, chance*
• **potior, -iri, -itus sum (potitur,** 3rd conjug., *also occurs*), [**potis**], *get possession of, become master of, gain, obtain, seize; reach*
potis or **pote,** indecl., *able;* compar. **potior, -ius,** *better, preferable*
Potitius, -i, m., a family name
•• **potius,** compar. adv., [**potis**], *rather*
pōtō, -āre, -āvi, -ātum, also **pōtum,** *drink*
••• **prae,** prep. with abl., *before*
praeacūtus, -a, -um, *sharpened*
praebeō, -ēre, -ui, -itum, [**habeō**], *hold out* or *forth, offer*
praecēdō, -ere, -cessi, -cessum, *go before*
praecelsus, -a, -um, *very high* or *lofty, towering*
•••• **praeceps, -cipitis,** [**prae + caput**], *headlong; at headlong speed, in haste, hurried; steep, precipitous;* as a noun, n., *verge, dizzy edge*
praeceptum, -i, n., [**praecipiō**], *rule, order, command, instruction, injunction, warning*
praecidō, -ere, -cidi, -cisum, [**caedō**], *cut off in front, cut off;* **praecisus, -a, -um,** *steep, abrupt*

518

•• **praecipiō, -ere, -cēpi, -ceptum,** [capiō], *imagine before-hand,* ANTICIPATE; *advise, warn, teach, bid*

praecipitō, -āre, -āvī, -ātum, [praeceps], *throw headlong, hurl down; rush, hasten; fall headlong*

••• **praecipuus, -a, -um,** [prae + capiō], *especial, chief, particular*

••• **praeclārus, -a, -um,** *famous, distinguished, illustrious, splendid*

praecō, -ōnis, m., *herald*

praecordia, -ōrum, n. pl., [prae + cor], *diaphragm; heart, breast*

praecutiō, -ere, -cussi, -cussum, [quatiō], *shake before, wave in front of*

• **praeda, -ae,** f., *booty, plunder; prey, game*

••• **praedicō, -ere, -dixi, -dictum,** *tell or say beforehand; foretell,* PREDICT; *warn, forewarn*

praedictum, -i, n., [praedicō], PREDICTION, *prophecy*

praedives, -itis, *very rich, wealthy*

praedulcis, -e, *very sweet, delightful; dear*

praeeō, -ire, -ivi or **-ii, -itum,** *go before, lead*

••• **praeferō, -ferre, -tuli, -lātum,** *bear before; place* or *put before,* PREFER

• **praeficiō, -ere, -fēci, -fectum,** [faciō], *set over, put in command*

praefigō, -ere, -fixi, -fixum, *fasten* or FIX *before;* FIX *on the end of; tip, point*

praefulgeō, -ēre, def., *shine brightly, glitter*

praegestiō, -ire, def., *desire eagerly*

praemetuō, -ere, def., *fear* or *dread in advance, be apprehensive of*

•• **praemittō, -ere, -misi, -missum,** *send forward, ahead,* or *in advance*

• **praemium, -i,** n., [prae + emō], *reward, recompense; prize*

praenatō, -āre, def., *glide by, flow by*

Praeneste, -is, n. and f., *a Latin city*

praenūntia, -ae, f., *harbinger, forerunner, foreteller*

praeparō, -āre, -āvī, -ātum, PREPARE

praepes, -etis, [prae + petō], *swift, rapid; winged;* as a noun, f., *winged creature, bird*

praepinguis, -e, *fat, rich, fertile*

praepōnō, -ere, -posui, -positum, *place before, put at the head of*

praeportō, -āre, -āvī, -ātum, *show, portend, bear before*

praeripiō, -ere, -ripuī, -reptum, [rapiō], *snatch away* (in advance of or before some other person)

praeruptus, -a, -um, [praerumpō], *broken off, steep, precipitous*

praesāgium, -ī, n., *presentiment*

praesāgus, -a, -um, *prophetic,* PRESAGING, *foreboding*

praescius, -a, -um, [prae + sciō], *foreknowing*

••• **praesēns, -entis,** [praesum], PRESENT, *at hand; in person, before one's eyes; immediate, instant, ready; helpful, propitious*

praesentia, -ae, f., PRESENCE

praesentiō, -ire, -sēnsi, -sēnsum, *feel* or *perceive beforehand, have a* PRESENTIMENT *of, divine, suspect*

praesēpe or **-saepe, -is,** n., [prae + saepēs], *stable, stall, fold; hive*

praesideō, -ēre, -sēdi, —, [sedeō], PRESIDE *over, guard, protect*

praesignis, -e, *distinguished, remarkable, excellent*

•• **praestō,** adv., *present, at hand*

praestō, -āre, -stiti, -stitum or **-stātum,** *stand before, excel, surpass; show, prove;* **prae-**

stāns, -antis, *superior, surpassing, excellent, remarkable, extraordinary;* **praestat,** impers., *it is better* or *preferable*

praestruō, -ere, -strūxī, -strūctum, *build before,* CONSTRUCT, *arrange*

praetendō, -ere, -tendī, -tentum, *stretch forth* or *before, hold out,* EXTEND; *offer,* PRETEND, *allege*

•**praeter,** adv., [**prae**], *except, besides;* prep. with acc., *beyond, past, except, besides, contrary to*

•**praetereā,** adv., *besides, further, moreover; hereafter*

•••**praetereō, -īre, -īvī** or **-iī, -itum,** *pass by, outstrip;* **praeteritus, -a, -um,** *past, bygone*

praeterlābor, -ī, -lāpsus sum, *glide by, flow* or *run past; sail past*

praetervehor, -ī, -vectus sum, *be borne* or *carried past; sail by* or *past*

praetexō, -ere, -texuī, -textum, *weave before; fringe, border, edge; cover, cloak, seek to conceal*

praetinctus, -a, -um, *steeped, wet*

praetrepidāns, -antis, *throbbing, eager*

praevertō, -ere, -vertī, —, *outstrip, outrun; anticipate, get first possession of, prepossess;* also **praevertor, -ī,** def., *outstrip, pass*

praevideō, -ēre, -vīdī, -vīsum, *foresee*

prātum, -ī, n., *meadow*

prāvus, -a, -um, *crooked, perverted, wrong;* as a noun, n., *wrong, untruth, falsehood*

••••**precor, -ārī, -ātus sum,** *beg, pray, beseech, entreat, implore, supplicate*

••••**prehendō, -ere, -hendī, -hēnsum,** and **prēndō, -ere, -prēndī, prēn-**

sum, *grasp, seize, catch, take; resort to; overtake, surprise*

•**premō, -ere, pressī, pressum,** PRESS, PRESS *upon; cover, hide, conceal, bury;* PRESS *hard, pursue closely* or *hotly;* OPPRESS, PRESS *down, overwhelm; close, shut; stop, check, arrest*

prēnsō or **prehēnsō, -āre, -āvī, -ātum,** [**prehendō**], *grasp, seize, lay hold of, clutch at*

pressō, -āre, -āvī, -ātum, [**premō**], PRESS, *squeeze*

pretiōsus, -a, -um, [**pretium**], PRECIOUS, *of great value*

••**pretium, -ī,** n., PRICE; *worth, value; money, pay, bribe; reward,* PRIZE

prex, precis, f., [**precor**], PRAYER, *entreaty*

Priamēius, -a, -um, *of* PRIAM

Priamidēs, -ae, m., *son of* PRIAM

Priamus, -ī, m., (1) PRIAM, king of Troy; (2) *a grandson of* Priam

pridem, adv., *long ago, long since*

primaevus, -a, -um, [**primus** + **aevum**], *in early youth, in early life, youthful*

primitiae, -ārum, f. pl., [**primus**], *first fruits; first deeds, first venture*

•**primō,** adv., [**primus**], *at first, at the outset* or *beginning*

primōris, -e, [**primus**], *first;* as a noun, m. pl., *chiefs, leaders, leading men, nobles*

•**primum,** adv., [**primus**], *first, in the first place;* **ut** or **cum primum,** *as soon as*

•**primus, -a, -um,** *first, foremost; first part of; earliest; chief, principal;* as a noun, m. pl., *chief men, chiefs;* **in primis,** *especially, chiefly*

•**princeps, -cipis,** [**primus**+**capiō**], *first, foremost, chief;* as a noun, m., *chief, leader, head; author, founder*

520

principium, -i, n., [princeps], *beginning, commencement;* **principiō,** abl. as adv., *in the beginning, in the first place, at first*
• **prior, -ius,** compar. adj., *former, earlier; first;* as a noun, m. pl., *forefathers, ancestors, men of former times, the ancients*
priscus, -a, -um, *old, of the olden times, of other days, ancient*
•• **pristinus, -a, -um,** *former*
pristis, -is, f., [another form of **pistrix**], *sea monster;* **Pristis, -is, f.,** the name of a Trojan ship
prius, adv., [**prior**], *before, sooner*
•• **priusquam** or **prius quam,** conj., *before that, before*
Privernus, -i, m., an Italian
• **prō,** prep. with abl., *before, in front of; in behalf of, instead of, in place of, for, as; in proportion to, according to; in return for*
prō, interj., *O! ah! alas!*
proavus, -ī, m., *great-grandfather; ancestor*
• **probō, -āre, -āvi, -ātum,** [**probus**], APPROVE
Procās, -ae, m., one of the Alban kings
procāx, -ācis, *bold, insolent; boisterous, wild*
•• **procēdō, -ere, -cessi, -cessum,** *go forward, advance,* PROCEED, *go on*
procella, -ae, f., *heavy wind, blast, gale, storm, tempest*
procer, -eris, m., esp. in pl., *chiefs, leaders, nobles, princes*
Prochyta, -ae, f., an island near Naples
prōclāmō, -āre, -āvi, -ātum, *call out, shout aloud; announce,* PROCLAIM
Procris, -idis, f., wife of Cephalus, by whom she was accidently killed

• **procul,** adv., *at a distance, afar, from afar*
•••• **prōcumbō, -ere, -cubui, -cubitum,** *fall, lean,* or *bend forward, fall prostrate; sink down; be broken down*
prōcūrō, -āre, -āvi, -ātum, *care for, attend to, rest, refresh*
prōcurrō, -ere, -cucurri or **-curri, -cursum,** *run* or *rush forward, rush on; come out* or *forth; project, jut*
prōcursus, -ūs, m., [**prōcurrō**], *charge, onset*
prōcurvus, -a, -um, CURVED, *winding*
procus, -i, m., *wooer, suitor*
prōdeō, -ire, -ivi or **-ii, -itum,** *go* or *come forward, advance, proceed*
prōdigium, -i, n., *portent, omen,* PRODIGY; *monster*
prōditiō, -ōnis, f., [**prōdō**], *treason, treachery; accusation* or *charge of treason*
prōditor, -ōris, m., [**prōdō**], *traitor, betrayer*
••• **prōdō, -ere, -didi, -ditum,** *put forth; bring forth, produce; reveal, disclose, betray; give up, surrender*
• **prōdūcō, -ere, -dūxi, -ductum,** *lead forth,* CONDUCT; *draw out, prolong, protract*
• **proelium, -i,** n., *battle, combat, fight*
profānus, -a, -um, [**prō + fānum**], *outside the temple; common,* PROFANE, *unholy; uninitiated* (in sacred mysteries)
• **profectō,** adv., [**prō + factō**], *in fact, certainly, truly, indeed*
prōferō, -ferre, -tuli, -lātum, *carry on* or *forward, extend, advance*
• **proficiscor, -i, profectus sum,** *set out, start, depart, come; proceed, originate, arise*
prōflō, -āre, -āvi, —, *breathe forth,* as in heavy sleep

521

profor, -tāri, -fātus sum, *speak
out, say, speak*
profugus, -a, -um, [prō + fu-
giō], *fleeing,* FUGITIVE, *exiled;*
as a noun, m., FUGITIVE, *exile*
profundus, -a, -um, *deep,* PRO-
FOUND; *high*
•••• prōgeniēs, -ēi, f., [prō + gignō],
descent, race; offspring, PROG-
ENY, *child, son*
prōgignō, -ere, -genui, —, *beget,
bear, bring forth, produce*
• prōgredior, -i, -gressus sum, [gra-
dior], *go forth* or *forward, advance, proceed*
• prohibeō, -ēre, -ui, -itum, [habeō],
*hold back, check, hinder; keep
off, avert, prevent; forbid,* PRO-
HIBIT
prōiciō, -ere, -iēcī, -iectum,
[iaciō], *throw forth, out,* or
*down; throw away, lay down,
give up, sacrifice;* prōiectus,
-a, -um, *jutting,* PROJECTING
prōlābor, -i, -lāpsus sum, *glide*
or *slip forward; fall, fall in
ruins*
•••• prōlēs, -is, f., *offspring, progeny,
child* or *children, race, descendants, posterity*
prōluō, -ere, -lui, -lūtum, *drench,
fill*
prōluviēs, -ēi, f., [prō + luō], *discharge, filth, excrement*
prōmereor, -ēri, -itus sum, *deserve,* MERIT, *be worthy of*
Promētheus, -ei, m., father of
Deucalion
prōmineō, -ēre, -ui, —, *stand out,
project*
prōmissum, -i, n., [prōmittō],
PROMISE
•••• prōmittō, -ere, -misi, -missum,
PROMISE; *vow; profess*
prōmō, -ere, prōmpsi, prōmptum,
[prō + emō], *take out, bring
forth, produce; show, display;*
sē prōmere, *come forth, appear*
Promolus, -i, m., a Trojan

prōnuba, -ae, f., [prō + nūbō],
bride's attendant (a matron);
an epithet applied to Juno as
goddess of marriage
•••• prōnus, -a, -um, [prō], *bending,
leaning,* or *inclined forward;
going* or *flowing down* or *toward
the shore*
propāgō, -inis, f., [prō + pangō],
layer (of a vine); *offspring,
stock, progeny, race*
• prope, adv., and prep. with acc.,
near
properē, adv., [properus], *hastily,
quickly, speedily*
•• properō, -āre, -āvi, -ātum, [pro-
perus], *hasten, make haste; ac-
celerate, hurry on; earnestly
desire*
Propertius, -i, m., *Sextus* PRO-
PERTIUS, a celebrated Latin
poet
prōpexus, -a, -um, [prō + pectō],
*combed down, hanging, flow-
ing, long*
propinquō, -āre, def., [propin-
quus], *draw near, approach*
• propinquus, -a, -um, [prope],
near, neighboring; as a noun,
m., *relative, kinsman*
propior, -ius, compar. adj.,
[prope], *nearer*
propius, adv., [prope], *more nearly*
or *closely, nearer*
• prōpōnō, -ere, -posui, -positum,
set forth, offer, PROPOSE
••• proprius, -a, -um, *one's own,
special; lasting, enduring, permanent, abiding*
• propter, prep. with acc., [prope],
*near; on account of, because
of, for the sake of, for*
prōpugnāculum, -i, n., [prōpugnō],
bulwark, rampart, defense
•••• prōra, -ae, f., PROW
prōripiō, -ere, -ripui, -reptum,
[rapiō], *drag* or *hurry forth;*
sē prōripere, *rush out, hurry
forth*

522

prōrumpō, -ere, -rūpi, -ruptum, *break* or *burst forth; send* or *cast forth;* prōruptus, -a, -um, *bursting, dashing, rushing*
proscindō, -ere, -scidi, -scissum, *tear open, rend, split, cleave*
•• prōsequor, -i, -secūtus sum, *follow, attend, accompany; go on, proceed*
Proserpina or Prōserpina, -ae, f., *wife of Pluto*
prōsiliō, -ire, -silui, —, [saliō], *leap* or *spring forward*
prōspectō, -āre, -āvi, -ātum, [prōspiciō], *look forth; look at, behold; await*
prōspectus, -ūs, m., [prōspiciō], *distant view, view,* PROSPECT; *sight*
prosper or prosperus, -a, -um, [prō + spēs], *favorable, auspicious, propitious,* PROSPEROUS
prōspiciō, -ere, -spexi, -spectum, [prō + speciō], *look forward, out,* or *forth; discern, descry, make out, see, perceive*
••• prōsum, prōdesse, prōfui, —, *be useful to, profit, help, serve, avail*
prōtegō, -ere, -tēxi, -tēctum, *cover in front, cover,* PROTECT, *shelter*
protendō, -ere, -tendi, -tentum, *stretch forth* or *out, reach out,* EXTEND
prōterō, -ere, -trivi, -tritum, *trample on, tread on*
•••• prōtinus, adv., [prō + tenus], *further on; right on, without interruption, continuously; •immediately, forthwith, at once*
prōtrahō, -ere, -trāxi, -trāctum, *draw* or *drag forth; bring forward*
prōturbō, -āre, -āvi, -ātum, *drive* or *push away, repel*
prōvehō, -ere, -vexi, -vectum, *carry forward;* prōvehor, -i, -vectus sum (as middle or passive), *go on, advance, proceed,*

ride, drive, sail; proceed (in speaking), *go on, continue*
prōveniō, -ire, -vēni, -ventum, *come forth, appear, come to pass*
• proximus, -a, -um, superl. of propior, *nearest, next*
••• prūdentia, -ae, f., [prūdēns], *foresight, wisdom, discretion, knowledge*
prūna, -ae, f., *burning coal, live coal*
Prytanis, -is, m., *a Trojan*
pūbēns, -entis, [pūbēs], *vigorous, flourishing, full-grown*
pūbēs, -eris, *mature, full-grown; downy*
•••• pūbēs, -is, f., *groin, middle, waist; youth, young men, band of young men* or *youth; offspring, race*
pūbēscō, -ere, pūbui, —, [pūbēs], *come to maturity, grow up*
••• pudeō, -ēre, pudui or puditum est, *be* or *make ashamed;* impers., mē pudet, *I am ashamed*
pudicitia, -ae, f., [pudicus], *modesty*
pudicus, -a, -um, [pudeō], *modest, chaste*
••• pudor, -ōris, m., [pudeō], (feeling of) *shame, modesty; sense of propriety; scruples, conscientiousness*
• puella, -ae, f., *girl, maiden*
• puer, -eri, m., *boy, son; child*
puerilis, -e, [puer], *of a boy, of boys; boyish*
puerperus, -a, -um, [puer + pariō], *relating to childbirth*
• pugna, -ae, f., *fight, battle, combat*
• pugnō, -āre, -āvi, -ātum, [pugna], *fight, contend; contend against, resist*
pugnus, -i, m., *fist*
• pulcher, -chra, -chrum, *beautiful, fair; handsome; noble, glorious, illustrious*
pullulō, -āre, -āvi, -ātum, *sprout, shoot, swarm with*

pulmō, -ōnis, m., *lung*
•••• pulsō, -āre, -āvi, -ātum, [pellō],
*strike, beat; batter, shatter;
play upon, strike* (the strings
of a musical instrument); *throb*
pulsus, -ūs, m., [pellō], *beating,
striking; tread, tramp*
pulvereus, -a, -um, [pulvis], *of
dust, dusty*
pulverulentus, -a, -um, [pulvis],
covered with dust, dusty
•• pulvis, -eris, c., *dust*
pūmex, -icis, m., PUMICE *stone;
porous rock, rock* (full of cavi-
ties)
pūniceus, -a, -um, [Pūnicus], *having the* PUNIC *color; purple*
Pūnicus, -a, -um, [Poeni], PUNIC,
Carthaginian
•••• puppis, -is, f., *stern of a ship;
ship*
pūrgō, -āre, -āvi, -ātum, [pūrus
+ agō], *make clean, cleanse,
purify;* sē purgāre, *melt away,
vanish*
•••• purpura, -ae, f., PURPLE; *purple
edge* or *border*
purpureus, -a, -um, [purpura],
PURPLE; *bright, brilliant, ruddy,
beautiful*
pūrus, -a, -um, *clean,* PURE; *plain,
unadorned; headless, pointless*
puter, -tris, -tre, *soft, decaying;
crumbling, dusty*
• putō, -āre, -āvi, -ātum, *reckon,
suppose, consider, think, ponder, weigh*
Pygmaliōn, -ōnis, m., *brother of
Dido*
pyra, -ae, f., *funeral* PYRE
Pyracmōn, -onis, m., a Cyclops,
one of Vulcan's workmen
pȳramis, -idis, f., PYRAMID
Pyrgō, -ūs, f., *nurse of Priam's
children*
Pyrrhus, -i, m., *son of Achilles,
also called Neoptolemus*
Pȳthius, -a, -um, *of* PYTHO,
Delphic, of Apollo

Q

•• quā, adv., [abl. of qui], *where, in
what direction, which way, how,
in any way*
quadra, -ae, f., [quattuor], *a
square;* (flat) *loaves* (of bread,
marked in quarters)
quadrifidus, -a, -um, [quattour,
findō], *cleft into four parts*
quadrīgae, -ārum, f. pl., [for
quadriiugae], *four-horse team;
four-horse chariot, chariot*
quadriiugus, -a, -um, [quattuor +
iugum], *drawn by four horses*
quadrīmus, -a, -um, *four years old*
quadrupedāns, -antis, [quadrupēs],
four-footed, galloping
quadrupēs, -pedis, c., [quattor +
pēs], QUADRUPED, *beast; steed*
quaerō, -ere, quaesīvī or -siī,
quaesītum, *seek, search,* or *look
for; ask,* INQUIRE; *ask for; seek*
(but to no purpose), *miss*
quaesītor, -ōris, m., [quaerō],
examiner, investigator, judge
quaesō, -ere, def., [old form of
quaerō], *ask; beg, pray*
••• quālis, -e, [qui], *of what sort,
what sort of, such as, as*
• quam, adv., [qui], *how, how much;
as, just as; than;* with superl.
of adj. or adv., *as possible,* e.g.
quam primum, *as soon as possible*
••• quamquam, conj., *although,
though; and yet*
••• quamvis, adv., and conj., [quam
+ vis, from volō], *however
much, no matter how much;
although*
••• quandō, adv., *when;* with sī,
ever; conj., *when, since, because*
quandōquidem or quandoquidem
conj., *since indeed, since*
• quantus, -a, -um, [quam], *how
great, how much, how mighty;
as, as great as*

524

••• **quārē** or **quā rē,** adv., *for what reason* or *cause, wherefore, why*
• **quārtus, -a, -um,** [quattuor], *fourth*
quassō, -āre, -āvi, -ātum, [quatiō], *shake violently, shake, brandish, wave; shatter, batter*
quater, num. adv., [quattuor], *four times*
•••• **quatiō, -ere, —, quassum,** *shake, brandish, wield; cause to shake* or *tremble; batter, assail; plague, harass, torment*
• **quattuor,** indecl., *four*
• **-que,** enclitic conj., *and;* **-que . . . -que,** *both . . . and*
queō, quire, quivi or **quii, quitum,** *be able, can*
Quercēns, -entis, m., a Rutulian
quercus, -ūs, f., *oak tree, oak; garland* or *chaplet of oak leaves*
••• **querēla** or **querella, -ae,** f., [queror], *complaint; plaintive cry; lowing*
•• **queror, -ī, questus sum,** *complain, lament, bewail; wail*
questus, -ūs, m., [queror], *complaint; plaintive wail, moan, mournful cry*
• **qui, quae, quod,** rel. pron., *who, which, what, that, as;* interrog. pron., *who? which? what?* indef. pron., with **si, nē, num,** *any*
••• **quia,** conj., *because*
quianam, interrog. adv., *wherefore? why?* (*I should like to know*)
•• **quicumque, quaecumque, quodcumque,** indef. rel. pron., *whoever, whatever, whatsoever*
• **quidem,** adv., *in fact, indeed, certainly, in truth, at least*
• **quiēs, -ētis,** f., *rest, repose; peace,* QUIET; *lull, pause*
••• **quiēscō, -ere, quiēvi, quiētum,** [quiēs], *rest, be* QUIET, *repose, be still, be at peace; pause, cease*

•• **quiētus, -a, -um,** [quiēscō], *peaceful,* QUIET, *undisturbed, at rest, calm, still*
••• **quin,** adv., and conj., *why not? nay even, nay but, nay; moreover*
quini, -ae, -a, distr. num. adj., [quinque], *five each; five*
quinquāgintā, [quinque], *fifty*
Quintilius, -i, m., a friend of Horace
quippe, adv., and conj., *indeed, forsooth; since, for, seeing that*
Quirinālis, -e, [Quirinus], *of* QUIRINUS, *Romulus's*
Quirinus, -i, m., a name given by the Romans to the deified Romulus
• **quis, quid,** interrog. pron., *who? what?* **quid,** n. acc. as adv., *in what respect? why? what for? how?*
quis, qua, quid, indef. pron., regularly with **sī, nisi, nē, num,** *any, some, anyone, anything*
••• **quisnam, quaenam, quidnam,** interrog. pron., *who, pray? who in the world? what, pray?*
• **quisquam, quaequam, quidquam** or **quicquam,** indef. pron., *anyone, anybody, anything, any*
• **quisque, quaeque, quidque** (adj. **quodque**), indef. pron., *each, every, each one, everyone, everybody, everything*
••• **quisquis, quicquid** or **quidquid,** indef. pron., *whoever, whosoever, whatever, whatsoever*
••• **quivis, quaevis, quidvis** (adj. **quodvis**), indef. pron., [qui + vis, from volō], *any you please, any whatever, any, anything*
• **quō,** rel. and interrog. adv., *where, whither, to what point, why, wherefore;* conj., *that, in order that*
quōcircā, adv., and conj., *for which reason, wherefore, therefore*

525

quōcumque, adv., *whithersoever, no matter whither*

• **quod,** conj., [n. acc. of **quī**], *that, in that, because; therefore, wherefore; but, however*

quōmodo or **quō modo,** adv., *in what way* or *manner? how? in the manner that, as*

quōnam, adv., *whither, pray?*

••• **quondam,** adv., *at one time, once, formerly; sometimes, at times; some time, i.e., hereafter, some day, ever*

••• **quoniam,** conj., [**quom** (= **cum**) + **iam**], *since now, since, because*

• **quoque,** conj., *also, too*

••• **quot,** indecl., *how many? as many, as*

quotannis, or **quot annis,** adv., *every year,* ANNUALLY

••• **quotiēns,** adv., [**quot**], *how often? as often as*

quotquot, *however many*

quōusque, adv., *how long*

R

rabidus, -a, -um, *raving, mad; inspired*

•••• **rabiēs, -ēī,** f., *madness, frenzy, rage, fury; maddening hunger*

radiō, -āre, def., [**radius**], *beam, flash, shine*

•••• **radius, -ī,** m., *rod, staff; spoke of a wheel; rod* (for drawing figures); in weaving, *shuttle; beam* or *ray of light*

•••• **rādix, -icis,** f., *root*

rādō, -ere, rāsi, rāsum, *scrape, shave; graze, just touch, skirt, sail near to*

•••• **rāmus, -ī,** m., *branch, bough; trees; fruit; wreath, chaplet*

rapāx, -ācis, *devouring, cruel,* RAPACIOUS, *rushing*

•••• **rapidus, -a, -um,** [**rapiō**], *rushing,* RAPID, *swift, quick, impetuous*

rapina, -ae, f., [**rapiō**], *prey, booty*

• **rapiō, -ere, rapuī, raptum,** *seize, drag* or *carry off; hurry, drive, hasten; rob, plunder, ravage, lay waste; take, catch, sweep along; catch* or *snatch away, release, rescue; traverse, range over* or *through, scour; kindle, fan*

raptō, -āre, -āvī, -ātum, [**rapiō**], *seize, snatch, drag; drag along*

raptor, -ōris, m., [**rapiō**], *robber, plunderer;* as an adj., *plundering, ravening*

raptum, -ī, n., [**rapiō**], *plunder, booty, spoil*

rārēscō, -ere, def., [**rārus**], *stand apart, spread out, open, open up*

rārus, -a, -um, *thin;* of nets, *wide-meshed; scattered, here and there, at long intervals, far apart, few, scarce*

rāsilis, -e, [**rādō**], *smooth, polished*

rāstrum, -ī, n., **rāstri, -ōrum,** m. pl., *hoe, rake*

• **ratiō, -ōnis,** f., [**reor**], *reckoning, account, calculation; way, manner, method, style, plan; understanding, judgment, reason; motive, cause*

•••• **ratis, -is,** f., *raft; boat, vessel, ship*

•••• **raucus, -a, -um,** *hoarse, hollow; ringing, roaring, echoing*

re- or **red-,** inseparable particle, *again, back, over again, anew*

rebellis, -e, [**re** + **bellum**], *renewing war,* REBELLIOUS

recandēscō, -ere, -canduī, —, *grow hot, grow white, glow*

recantō, -āre, -āvī, -ātum, *recall, re-echo*

recēdō, -ere, -cessī, -cessum, *go back, withdraw, retire,* RECEDE; *give way, give place; disappear, vanish, melt away*

• **recēns, -entis,** *fresh, green,* RE

CENT, *new; just from, fresh from;* of water, *pure*
recēnseō, -ēre, -ui, —, *reckon, count, survey, examine, review*
recessus, -ūs, m., [recēdō], RECESS, *cavity*
recidivus, -a, -um, [re + cadō], *returning, rebuilt, renewed, restored*
recingō, -ere, -cinxi, -cinctum, *ungird, loosen*
• recipiō, -ere, -cēpi, -ceptum, [capiō], *take back, retake, regain, rescue, recover;* with mē, tē, sē, *withdraw, retire, betake oneself; take, take in, admit, receive; exact* or *inflict* (a penalty)
reclinō, -āre, -āvi, -ātum, RECLINE, *rest; lay down*
reclūdō, -ere, -clūsi, -clūsum, [claudō], *open,* DISCLOSE, *reveal; unsheathe, draw*
recognōscō, -ere, -gnōvi, -gnitum, *look over, review, survey*
recolō, -ere, -colui, -cultum, *review, consider, view*
recondō, -ere, -didi, -ditum, *lay up, put away, store; hide, conceal, bury*
recoquō, -ere, -coxi, -coctum, *boil again; forge anew; refine*
• • • recordor, -āri, -ātus sum, [cor], *call to mind, recall, remember*
recreō, -āre, -āvi, -ātum, *revive, refresh*
rēctor, -ōris, m., [regō], *guide, leader, captain, master, ruler; pilot, helmsman*
rēctus, -a, -um, [regō], *straight, direct; right along, right ahead, straight forward;* as a noun, n., *uprightness, the right, right*
recubō, -āre, def., *recline, lie*
recumbō, -ere, -cubui, —, *lie down; fall, sink down*
recurrō, -ere, -curri, —, *run back, return*
recursō, -āre, def., [recurrō], *keep*

coming back, returning, or RECURRING
recursus, -ūs, m., [recurrō], *return, retreat*
recurvus, -a, -um, *bent,* CURVED, *crooked*
• • recūsō, -āre, -āvi, -ātum, *reject, refuse, decline; shrink back; chafe against*
recutiō, -ere, -cussi, -cussum, [quatiō], *shake, strike;* recussus, -a, -um, *echoing, resounding*
• reddō, -ere, -didi, -ditum, *give back, restore; give out, give forth;* sē reddere, *emerge, appear; return, reply; render, make*
• redeō, -ire, -ivi or -ii, -itum, *go back, return;* of time, *return, revolve; withdraw, retreat, retire*
redimiculum, -i, n., *band, ribbon, string*
redimiō, -ire, —, -itum, *bind around, encircle, wreathe, deck*
• • • redimō, -ere, -ēmi, -ēmptum, [emō], *buy back, ransom,* REDEEM
• • reditus, -ūs, m., [redeō], *return*
redoleō, -ēre, -olui, —, *smell of, be* REDOLENT *of*
• redūcō, -ere, -dūxi, -ductum, *lead* or *bring back, draw back; restore, rescue;* reductus, -a, -um, *retired, remote; receding*
redundō, -āre, -āvi, -ātum, [re + unda], *pour over, overflow,* ABOUND
redux, -ucis, [re + dūcō], *brought back, returned, returning, on one's return*
refellō, -ere, -felli, —, [fallō], *prove* FALSE, *disprove, refute*
• referō, -ferre, rettuli, relātum, *bear, bring,* or *carry back; spit out, vomit;* with mē, tē, sē, *return;* with pedem, *go back, retire, retreat; give back,*

527

return, render, repeat, renew, recall, restore; with **vocem,** *answer, reply, respond; report, announce, tell, say*

refīgō, -ere, -fīxi, -fīxum, *unfasten, loosen, tear down, take down, remove; annul, abolish*

reflectō, -ere, -flexi, -flexum, *bend* or *turn back;* with **animum,** *turn back* (toward any person or thing), *pay attention to, think of*

refluō, -ere, def., *flow back*

refringō, -ere, -frēgi, -frāctum, [**frangō**], *break off*

refugiō, -ere, -fūgi, —, *flee back, flee, retreat; avoid, shun, shrink from, recoil; fall back, recede*

refulgeō, -ēre, -fulsi, —, *flash back, glitter, glisten, gleam*

refundō, -ere, -fūdi, -fūsum, *pour back; throw* or *cast up, stir up, upturn;* **Acheronte refūsō,** i. e., *overflowing*

rēgālis, -e, [**rēx**], *kingly,* REGAL, *royal*

rēgia, -ae, f., *royal palace*

rēgificus, -a, -um, [**rēx** + **faciō**], *royal, magnificent*

• **rēgina, -ae,** f., [**rēx**], *queen; princess*

• **regiō, -ōnis,** f., [**regō**], *direction; quarter,* REGION, *place, territory*

••• **rēgius, -a, -um,** [**rēx**], *of a king, royal*

rēgnātor, -ōris, m., [**rēgnō**], *ruler, sovereign*

••• **rēgnō, -āre, -āvi, -ātum,** [**rēgnum**], *be king, rule,* REIGN, *govern*

• **rēgnum, -i,** n., [**rēx**], *royal power* or *authority; sovereignty, rule, authority; kingdom, territory, realm*

• **regō, -ere, rēxi, rēctum, —,** *guide,* DIRECT; *rule, govern, control*

regressus, -ūs, m., [**regredior**], *return*

• **rēiciō, -ere, -iēci, -iectum,** [**iaciō**],

throw back or *off; drive back; turn away, avert*

relegō, -ere, -lēgi, -lēctum, COLLECT *again; travel over* or *by again, pass* or *sail by again*

relevō, -āre, -āvi, -ātum, RELIEVE, *lighten, refresh*

••• **rēligiō, -ōnis,** f., *piety, reverence;* RELIGIOUS *scruple, superstitious awe, superstition;* RELIGIOUS *observance, worship,* RELIGION; *sanctity, holiness; sacred object; revelation, omen*

rēligiōsus, -a, -um, [**religiō**], *sacred, holy*

religō, -āre, -āvi, -ātum, *bind* or *tie back;* of ships, *moor;* of horses, *tether*

• **relinquō, -ere, -liqui, -lictum,** *leave behind, leave, abandon, forsake, desert; leave, spare*

••• **rēliquiae, -ārum,** f. pl., [**relinquō**], *remainder, remnant, what has been spared; remains,* RELICS

relūceō, -ēre, -lūxi, —, *shine back, shine, blaze, glow*

remeō, -āre, -āvi, —, *go back, return*

remētior, -iri, -mēnsus sum, *measure again; traverse again, recross; observe again*

rēmex, -igis, m., [**rēmus** + **agō**], *rower, oarsman;* collectively, *oarsmen, crew*

rēmigium, -i, n., [**rēmex**], *rowing, oarage;* collectively, *oarsmen, rowers*

• **remittō, -ere, -mīsi, -missum,** *send back; return, restore, repay; give up, resign*

remordeō, -ēre, —, -morsum, *bite again; vex, torment, annoy, disturb*

• **removeō, -ēre, -mōvi, -mōtum,** MOVE *back* or *away;* REMOVE

remūgiō, -ire, def., *resound, re-echo*

Remulus, -i, m., the name of several persons mentioned in the *Aeneid*

• **rēmus, -ī,** m., *oar*

Remus, -ī, m., (1) brother of Romulus; (2) a Rutulian

renārrō, -āre, def., *tell again, recount*

renāscor, -ī, -nātus sum, *be born again; grow again, be renewed*

renovō, -āre, -āvī, -ātum, *renew, revive; meet, face again; re-enter*

•••• **reor, rērī, ratus sum,** *reckon, think, suppose, judge, believe;* **ratus, -a, -um,** *thought out; fixed, settled, confirmed*

reparō, -āre, -āvī, -ātum, REPAIR

• **repellō, -ere, reppulī** or **repulī, repulsum,** *drive back,* REPEL, REPULSE; *reject, scorn*

rependō, -ere, -pendī, -pēnsum, *pay back, repay, return, requite; balance, compensate*

repēns, -entis, *sudden, unexpected*

• **repente,** adv., [**repēns**], *suddenly*

repercutiō, -ere, -cussī, -cussum, *strike back; throw back, reflect*

• **reperiō, -īre, repperī** or **reperī, repertum,** *find, find out, ascertain, discover*

••• **repetō, -ere, -petīvī, -petītum,** *seek again, go back* or *return to, revisit; retrace; call to mind, recall, recollect, remember; renew,* REPEAT, *say again and again*

repleō, -ēre, -ēvī, -ētum, *fill again, refill, fill up, fill*

repōnō, -ere, -posuī, -positum, *put back, replace, restore; lay out, stretch out; lay up, store; bury; lay aside, lay down, renounce, give up; return, requite, repay;* **repositus** or **repostus, -a, -um,** *laid away, buried; remote, distant*

reportō, -āre, -āvī, -ātum, *bring* or *carry back; bring back news,* REPORT

reposcō, -ere, def., *demand back; ask for, demand, claim, exact*

••• **reprimō, -ere, -pressī, -pressum,** PRESS *back, check, arrest, curb, restrain*

repulsa, -ae, f., REPULSE

requiēs, -ētis or **-ēī,** f., *rest, respite; solace, stay, support*

requiēscō, -ere, -quiēvī, -quiētum, *rest, repose*

••• **requīrō, -ere, -quīsīvī, -quīsītum,** [**quaerō**], *seek again, search for, seek;* INQUIRE *for, ask, demand; speak of with sorrow, mourn, lament*

• **rēs, reī,** f., *thing, affair, business, fact, circumstance, event; subject, story; state; nature*

rescindō, -ere, -scidī, -scissum, *cut off* or *down, tear down, destroy*

resecō, -āre, -secuī, -sectum, *cut off, trim, reap*

reserō, -āre, -āvī, -ātum, *unlock, unbolt; open, lay open*

reservō, -āre, -āvī, -ātum, *keep back,* RESERVE, *keep;* RESERVE *for, visit upon*

reses, -idis, [**re** + **sedeō**], *inactive, idle, slothful, sluggish; dormant*

resideō, -ēre, -sēdī, —, [**sedeō**], *remain behind, be left; abide,* RESIDE, *encamp*

•••• **residō, -ere, -sēdī, —,** *sit down, settle; sink,* SUBSIDE, *grow calm; retire, withdraw*

resignō, -āre, -āvī, -ātum, *unseal, open*

• **resistō, -ere, -stitī, —,** *stand back; remain standing, stand still, stand forth* or *exposed to view; pause, stop, halt; withstand, oppose,* RESIST

•••• **resolvō, -ere, -solvī, -solūtum,** *unfasten, unloose, open; relax; release, set free; disentangle,* SOLVE, *unravel; put an end to, cancel, violate*

resonō, -āre, -āvī, —, RESOUND, *re-echo, ring; make* RESOUND

529

respectō, -āre, def., [respiciō], *look back; regard, care for*
respergō, -ere, -spersi, -spersum, [spargō], *besprinkle, stain*
•••• **respiciō, -ere, -spexi, -spectum,** [speciō], *look back, look back for, look for, look at, behold; regard, have a care for, be mindful of, consider,* RESPECT
respirō, -āre, -āvi, -ātum, *breathe*
• **respondeō, -ēre, -spondi, -spōnsum,** *answer, reply,* RESPOND; *correspond to, agree with; stand or lie opposite, face*
•• **respōnsum, -i,** n., [respondeō], *answer, reply,* RESPONSE
restinguō, -ere, -stinxi, -stinctum, *put out,* EXTINGUISH, *quench*
•• **restituō, -ere, -stitui, -stitūtum,** [statuō], *set up again, reconstruct, restore*
••• **restō, -āre, -stiti,** —, *be left, remain; be rescued from*
resultō, -āre, —, **-ātum,** *rebound; reverberate, re-echo, ring*
resūmō, -ere, -sūmpsi, -sūmptum, RESUME, *take again*
resupinus, -a, -um, *lying on the back, thrown back*
resurgō, -ere, -surrēxi, -surrēctum, *rise again; be rebuilt*
rēte, -is, n., *net*
retegō, -ere, -tēxi, -tēctum, *uncover, reveal, disclose*
retentō, -āre, def., [retineō], *hold back, keep back, retard*
retināculum, -i, n., [retineō], *rope, cable, cord*
• **retineō, -ēre, -tinui, -tentum,** [teneō], *hold back,* DETAIN, *restrain*
retorqueō, -ēre, -torsi, -tortum, *throw back, throw around*
retrāctō, -āre, -āvi, -ātum, [retrahō], *draw back, withdraw, recall, take back*
retrahō, -ere, -trāxi, -trāctum, *draw back, call back, recall*
•••• **retrō,** adv., *backwards, back*

retrōrsus or **retrōrsum,** adv., *back, backwards; back again, again*
••• **reus, -i,** m., [rēs], *the accused, defendant;* **reus voti,** *bound by my vow*
revehō, -ere, -vexi, -vectum, *bring back, restore*
revellō, -ere, -velli, -vulsum, *pull away, tear out* or *off; take away, remove; desecrate, violate, disturb*
reverentia, -ae, f., REVERENCE, *respect*
• **revertō, -ere, -verti,** —, and **revertor, -i, -versus sum,** *turn back, come back, return*
revinciō, -ire, -vinxi, -vinctum, *bind back, bind around, bind, fasten; encircle, wreathe, deck*
revisō, -ere, def., *go back to, return to,* REVISIT
revocāmen, -inis, n., [revocō], *recall*
••• **revocō, -āre, -āvi, -ātum,** *call back, recall; recover, revive, restore; withdraw, turn back, retrace; review, recount*
revolvō, -ere, -volvi, -volūtum, *roll back,* REVOLVE; *go back over, retrace, recall, repeat; suffer* or *undergo a second time; change;* pass., *fall back, sink back, tumble*
revomō, -ere, def., *throw up,* VOMIT
• **rēx, rēgis,** m., *king; prince, leader, chief, ruler*
Rhadamanthus, -i, m., *one of the judges in the lower world*
Rhaebus, -i, m., *Mezentius's warhorse*
Rhamnēs, -ētis, m., *a Rutulian*
Rhēnus, -i, m., *the river* RHINE
Rhēsus, -i, m., *a Thracian king, an ally of Troy*
Rhoetēus or **Rhoetēius, -a, -um,** *of* RHOETEUM, *a promontory near Troy; of Troy, Trojan*

530

Rhoetus, -ī, m., a Rutulian
rictus, -ūs, m., *open mouth;* pl., *jaws*
• **rideō, -ēre, rīsi, rīsum,** *laugh, smile; laugh at* or *over,* RIDI-CULE, *mock*
rigēns, -entis, [rigeō], *stiff*
•••• **rigeō, -ēre,** def., *be stiff*
rigidus, -a, -um, *stiff,* RIGID, *hard*
rigō, -āre, -āvī, -ātum, *wet, moisten, bedew*
rigor, -ōris, m., [rigeō], *hardness, stiffness*
rima, -ae, f., *cleft, crack, chink*
rimor, -āri, -ātus sum, [rimā], *tear open; search, ransack; pluck at; examine*
rimōsus, -a, -um, [rima], *full of cracks* or *chinks; leaky*
• **ripa, -ae, f.,** *bank* (of a river)
Ripheus,-eī,m., a Trojan
risus, -ūs, m., [rideō], *laughter*
•••• **rite, adv.,** [ritus, *rite*], *duly, in due form, according to custom, solemnly*
rivus, -ī, m., *stream, brook*
••• **rōbur, -oris, n.,** *oak wood, oak tree, oak;* anything made of oak, *club,* the *wooden horse; strength, firmness, power, force, vigor, flower*
rōbustus, -a, -um, *hardy, sturdy*
rogitō, -āre, -āvī, —, [rogō], *keep asking, ask many questions*
• **rogō, -āre, -āvī, -ātum,** *ask, inquire, question; request, beg, implore*
rogus, -ī, m., *funeral pyre*
Rōma, -ae, f., ROME
Rōmānus, -a, -um, [Rōma], *of* ROME, ROMAN; as a noun, m. and f., *a* ROMAN, ROMANS
Rōmuleus, -a, -um, [Rōmulus], *of* ROMULUS
Rōmulidae, -ārum, m. pl., *descendants* or *posterity of* ROM-ULUS; ROMANS
Rōmulus, -ī, m., founder and first king of Rome

Rōmulus, -a, -um, *of* ROMULUS; ROMAN
rōrō, -āre, -āvī, -ātum, [rōs], *drop dew; drip, trickle*
rōs, rōris, m., *dew; water*
rosa, -ae, f., ROSE
rōscidus, -a, -um, [rōs], *wet with dew, dewy*
roseus, -a, -um, [rosa], ROSY, ROSE-*colored*
rōstrātus, -a, -um, [rōstrum], *decorated* or *adorned with beaks* (of ships)
•••• **rōstrum, -ī, n.,** *beak* (of a bird or a ship)
•••• **rota, -ae, f.,** *wheel; round* or *cycle* (of time)
rotō, -āre, -āvī, -ātum, [rota], *swing round, whirl, brandish*
••• **rubeō, -ēre,** def., *be red* or *ruddy, glow*
ruber, -bra, -brum, [rubeō], *red*
rubēscō, -ere, rubuī, —, [rubeō], *grow red, turn red, redden*
rudēns, -entis, m., *rope, cord;* pl., *cordage; sheets,* ropes attached to the sails
rudīmentum, -ī, n., [rudis], *first attempt* or *lesson, trial*
rudis, -e, *rough, un-practiced*
rudō, -ere, def., *roar, bellow;* of a ship's prow, *groaning, roaring*
rūga, -ae, f., *wrinkle* (on the face)
•••• **ruina, -ae, f., [ruō],** *falling, fall; downfall,* RUIN, *overthrow, destruction, disaster;* **ruinam trahere,** *fall in* RUINS
• **rūmor, -ōris, m.,** RUMOR, *report; cry, song, chant*
• **rumpō, -ere, rūpi, ruptum,** *break, burst, tear; burst through, break open; violate, destroy; loosen in haste, cast off;* IN-TERRUPT, *end, stop*
•••• **ruō, -ere, ruī, rutum,** *rush down, fall, fall in* RUINS; *rush, run, hasten; rush* or *come forth; cast down, overthrow; turn up*

531

upturn, plough up; cast up, heap up, pile high
•••• **rūpēs, -is,** f., *rock, cliff*
rūricola, -ae, m., [**rūs** + **colō**], *countryman,* RUSTIC
• **rūrsus** or **rūrsum,** adv., [**reversum**], *back, backward, in turn, again*
• **rūs, rūris,** n., *country;* pl., *fields*
rūsticus, -a, -um, RUSTIC, *rural*
rutilō, -āre, -āvi, -ātum, [**rutilus**], *redden, glow, gleam*
rutilus, -a, -um, *red, ruddy, gleaming*
rūtrum, -i, n., *spade*
Rutuli, -ōrum, m. pl., a tribe of Latium
Rutulus, -a, -um, *of the* RUTULI, RUTULIAN; as a noun, m., *a* RUTULIAN

S

Sabaeus, -a, -um, SABAEAN, *of* SABA, in Arabia; *Arabian;* as a noun, m. pl., *the* SABAEANS, *Arabs*
Sabellus, -a, -um, *of the* SABELLI (Sabines), *Sabine*
Sabini, -ōrum, m. pl., *the* SABINES, an Italian people, neighbors to the Latins; **Sabinae, -ārum,** f. pl., *the* SABINE *women*
Sabinus, -a, -um, *of the* SABINES, SABINE
• **sacer, -cra, -crum,** *devoted,* CONSECRATED, SACRED, *holy; devoted* (to destruction or to the powers below), *accursed, infamous*
•••• **sacerdōs, -ōtis,** c., [**sacer**], *priest, priestess; poet, bard*
Sācrānus, -a, -um, *of the* SACRANI, *ancient people of Italy*
sacrārium, -i, n., [**sacrum**], *sanctuary, shrine*
sacrilegus, -a, -um, [**sacer**+**legō**], *impious, profane*
•••• **sacrō, -āre, -āvi, -ātum,** [**sacer**],

CONSECRATE, *dedicate, devote;* **sacrātus, -a, -um,** CONSECRATED, *holy,* SACRED
sacrum, -i, n., [**sacer**], *holy object,* SACRED *thing;* pl., *sacred utensils* or *vessels,* SACRED *objects,* SACRED *rites,* SACRIFICES, SACRED *chants*
•••• **saeculum** or **saeclum, -i,** n., *age; time, years*
• **saepe,** adv., *often, frequently, many times*
saepiō, -ire, saepsi, saeptum, [**saepēs**], *hedge in, inclose, surround; guard; envelop; shut up*
saeta, -ae, f., *bristle, stiff hair; bristly hair*
saetiger, -era, -erum, [**saeta** + **gerō**], *bristly*
•••• **saeviō, -ire, -ii, -itum,** [**saevus**], *be fierce* or *furious, rage, rave; be violent* or *angry*
saevitia, -ae, f., [**saevus**], *fierceness, ferocity*
saevus, -a, -um, *furious, fierce, savage; cruel, violent, severe, stern; dreadful, dire; ruthless, pitiless, relentless*
Sagaris, -is, m., a Trojan slave
• **sagitta, -ae,** f., *arrow, shaft*
sagulum, -i, n., [**sagum,** *cloak*], *small military cloak*
•••• **sāl, salis,** m. and n., SALT; SALT *water, sea*
Salamis, -inis, f., an island not far from Athens
Salii, -ōrum, m. pl., [**saliō**], *dancing priests; the* SALII, priests of Mars
•••• **saliō, -ire, -ui, saltum,** *leap, spring; throb*
Salius, -i, m., an Acarnanian
Sallentinus, -a, -um, *of the* SALLENTINI, a Calabrian people, SALLENTINE
Salmōneus, -ei or **-eos,** m., son of Aeolus, struck down to Tartarus by Jupiter for at-

tempting to imitate the thunderbolt and lightning

salsus, -a, -um, SALTED, SALT, *briny*

saltem, adv., *at least, at all events, anyhow*

saltus, -ūs, m., [saliō], *leap, spring, bound*

saltus, -ūs, m., *forest pasture, woodland pasture, glade*

salūbris or **salūber, -bris, -bre,** [salūs], *health-giving, healing*

salum, -ī, n., *open sea, sea, deep*

• **salūs, -ūtis,** f., [salvus], *safety, welfare; place of safety; relief, help*

salūtō, -āre, -āvī, -ātum, [salūs], *greet,* SALUTE, *hail*

salveō, -ēre, def., [salvus], *be well;* imperative, as a greeting, **salvē, salvētō, salvēte,** *hail!*

Samē, -ēs, f., an island west of Greece, also called Cephallenia

Samos or **-us, -ī,** f., an island not far from Ephesus

sanciō, -īre, sānxī, sānctum, *make sacred, ordain, ratify;* **sānctus, -a, -um,** *sacred, inviolable, holy, pious, just, upright*

sanguineus, -a, -um, [sanguis], *of blood, bloody; blood-red; ruddy; blood-shot*

sanguinolentus, -a, -um, [sanguis], *bloody, covered with blood*

• **sanguis, -inis,** m., *blood; descent, stock, family, race; offspring, posterity, descendant; vigor, force, strength*

saniēs, -ēī, f., *bloody matter, gore;* of a serpent, *slaver*

sānus, -a, -um, *sound, whole, well;* SANE

sapientia, -ae, f., *wisdom*

sarcina, -ae, f., *bundle, burden, pack*

Sardis or **-ēs, -ium,** f. pl., the capital of Lydia

Sarmaticus, -a, -um, *of the* SARMATIANS, a tribe north of the Black Sea

Sarmatis, -idis, SARMATIAN

Sarpēdōn, -onis, m., son of Jupiter, king of Lycia, and an ally of Troy in the Trojan War

sata, -ōrum, n. pl., [serō, sow], *standing corn, grain, crops*

satiō, -āre, -āvī, -ātum, [satis], SATISFY, SATE, *appease*

• **satis** or **sat,** indecl. adj., *and* noun, n., *also* adv., *enough, sufficient, sufficiently, fully*

sator, -ōris, m., [serō, sow], *creator; father, sire*

Satura, -ae, f. *a town in Latium*

Sāturnius, -a, -um, *of* SATURN; **Sāturnia, -ae,** f., (1) SATURN'S *daughter,* Juno; (2) SATURNIA, an ancient city built on the Capitoline Hill

Sāturnus, -ī, m., [serō, sow], SATURN, ancient Latin god of agriculture and civilization, father of Jupiter and other chief deities

saturō, -āre, -āvī, -ātum, [satur, *full*], *fill, satiate, satisfy, sate, appease, assuage*

Satyrus, -ī, m., SATYR, a mythical creature, a man with goat's legs, horns, and ears

•••• **saucius, -a, -um,** *wounded, hurt, pierced, smitten, stricken*

Sauromatae, -ārum, m. pl., a Slavic tribe

saxeus, -a, -um, [saxum], *rocky*

• **saxum, -ī,** n., *large stone, rock*

Scaea, -ae, f., SCAEAN, *western;* **Scaea porta** or **Scaeae portae,** *the* SCAEAN or *western gate* (of Troy)

scaena, -ae, f., *stage, theater; background* (of trees)

scālae, -ārum, f. pl., [scandō], *stairs, steps;* SCALING *ladder*

scandō, -ere, def., *climb, mount*

•••scelerātus, -a, -um, [scelerō], *pol-luted, defiled, accursed; impi-ous, wicked*

scelerō, -āre, —, ātum, [scelus], *pollute, defile, desecrate*

scelestus, -a, -um, [scelus], *wicked, evil*

•••scelus, -eris, n., *wicked deed, crime, sin; wickedness*

••••scēptrum, -ī, n., *royal staff,* SCEPTER; *kingdom, authority, rule, power*

•••scīlicet, adv., [= scīre licet], *of course, doubtless, no doubt, forsooth*

••••scindō, -ere, scidī, scissum, *cut, split, cleave, rend, tear, divide, separate; branch*

scintilla, -ae, f., *spark*

•sciō, -īre, scīvī or -iī, scītum, *know, understand, have skill in;* with inf., *know how*

Scīpiadēs, -ae, m., *one of the* SCIPIO *family, a* SCIPIO

scītor, -ārī, -ātus sum, [sciō], *seek to know, ask, inquire, consult* (an oracle)

••••scopulus, -ī, m., *rock, cliff, crag, ledge; rocks* (in the sea), *reef*

scrūpeus, -a, -um, [scrūpus, *a sharp stone*], *rough, jagged, rugged, rocky*

scūtātus, -a, -um, [scūtum], *armed with a shield, shield-bearing*

•scūtum, -ī, n., (oblong Roman) *shield*

Scylacēum, -ī, n., *a town in Bruttium*

Scylla, -ae, f., (1) *a dangerous rock in the Sicilian straits, opposite Charybdis;* (2) *one of the Trojan ships*

Scyllaeus, -a, -um, *of* SCYLLA, SCYLLAEAN

scyphus, -ī, m., *cup, goblet*

Scȳrius, -a, -um, *of* SCYROS, *an island in the Aegean Sea*

sēcēdō, -ere, -cessī, -cessum, *withdraw, depart*

•••sēcernō, -ere, -crēvī, -crētum, *separate, divide;* sēcrētus, -a, -um, *separate, apart, retired, remote, private,* SECRET

sēcessus, -ūs, m., [sēcēdō], *retreat,* RECESS

sēcius, see sētius

sēclūdō, -ere, -clūsī, -clūsum, [claudō], *shut off, shut out, shut up; banish;* sēclūsus, -a, -um, *remote, retired,* SECLUDED

••••secō, -āre, secuī, sectum, *cut, carve; cleave, divide, separate; pass through, traverse; set before one, follow, strive to attain*

sector, -ārī, -ātus sum, [sequor], *pursue, hunt, chase*

secundō, -āre, def., [secundus], *favor, prosper; give a favorable meaning or result*

•secundus, -a, -um, [sequor], *following,* SECOND; *next; inferior; favorable, prosperous, fair, successful; auspicious, favoring; propitious; gliding* or *flying swiftly*

•••secūris, -is, f., [secō], *axe*

sēcūrus, -a, -um, [sē+cūra], *free from care, tranquil, fearless, undisturbed, composed; banishing care, care-dispelling; careless, thoughtless, regardless; safe,* SECURE

••••secus, adv., *otherwise, differently;* haud secus, *so, even so, just so;* haud secus ac, *just as, not otherwise than*

•sed, conj., *but*

•sedeō, -ēre, sēdī, sessum, *sit; alight; be encamped; be determined, fixed, resolved; be agreeable to, suit*

•••sēdēs, -is, f., [sedeō], *seat; dwelling place, abode, home, palace; temple; burial place, resting place; place, spot; foundation; bottom of the sea*

sedīle, -is, n., [sedeō], *seat, bench*

sēditiō, -ōnis, f., [sē(d) + eō],

insurrection, mutiny, riot, SEDI-
TION
sēdō, -āre, -āvi, -ātum, *calm, still,*
quiet; sēdātus, -a, -um, *calm,*
tranquil, undisturbed
sēdūcō, -ere, -dūxi, -ductum, *lead*
apart or *away; sunder, sepa-*
rate, part
sēdulus, -a, -um, *careful, busy*
seges, -etis, f., *cornfield; standing*
corn, crop; forest (of spears)
•••• segnis, -e, *sluggish, slothful, in-*
active, lazy; cowardly
segnitiēs, -ēi, f., [segnis], *slothful-*
ness, sluggishness, delay
Selinūs, -untis, f., a town in
Sicily
semel, adv., *once, once for all*
••• sēmen, -inis, n., *seed;* pl., *ele-*
ments
sēmēsus or sēmiēsus, -a, -um,
[sēmi + edō], *half-eaten, half-*
consumed
sēmianimis, -e, [sēmi + anima],
half-alive, half-dead
sēmifer, -fera, -ferum, [sēmi +
ferus], *half-beast;* as a noun,
m., *a half savage being*
sēmihiāns, -antis, *half-open*
sēmihomō, -inis, m., *half-man;*
half-human
sēminex, -necis, *half-dead*
sēminō, -āre, def., [sēmen], *pro-*
duce
sēmirefectus, -a, -um, *half-rebuilt*
sēmita, -ae, f., *narrow way* or
path, footpath, byway
sēmivir, -viri, m., *half-man;* as
adj., *effeminate, womanish*
• semper, adv., *always, ever*
sēmūstus and sēmiūstus, -a, -um,
half-burned
• senātus, -ūs, m., [senex], SENATE
senecta, -ae, f., [senex], *old age*
••• senectūs, -ūtis, f., [senex], *old*
age; person., *Old Age*
• senex, senis, *old, aged;* esp. as a
noun, m., *an old man;* compar.
senior often used for senex

sēni, -ae, -a, distr. num. adj.,
six each; often used for sex
••• sēnsus, -ūs, m., [sentiō], *feel-*
ing, SENSATION, *emotion; soul,*
spark, spirit; thought
• sententia, -ae, f., [sentiō], *opinion,*
SENTIMENT, *thought, idea, judg-*
ment; purpose, desire, inten-
tion, determination
• sentiō, -ire, sēnsi, sēnsum, *per-*
ceive, see, hear, feel; observe,
notice, understand, know
sentis, -is, m., regularly in pl.,
thorns, briers, brambles
sentus, -a, -um, [sentis], *thorny,*
rough
••• sepeliō, -ire, sepelivi, sepultum,
bury; sepultus, -a, -um, *buried;*
buried (in sleep or in wine)
• septem, indecl., *seven*
septemgeminus, -a, -um, *seven-*
fold; of the Nile, with seven
mouths
septēni, -ae, -a, [septem], *seven*
each
• septimus, -a, -um, [septem],
seventh
•••• sepulcrum, -i, n., [sepeliō], *tomb,*
grave, SEPULCHER; *cenotaph;*
burial
sequāx, -ācis, [sequor], *following,*
pursuing; darting, swift
• sequor, -i, secūtus sum, *follow*
(in all senses); *seek; accom-*
pany
serēnō, -āre, def., [serēnus], *make*
clear, SERENE, or *calm;* spem
serēnat, *assumes a cheerful*
look
•••• serēnus, -a, -um, *clear, cloudless,*
SERENE, *bright, calm*
Serestus, -i, m., a companion of
Aeneas
Sergestus, -i, m., a companion of
Aeneas
Sergius, -a, -um, a Roman family
name; SERGIAN
seriēs, -ēi, f., [serō, *bind*], SERIES,
row, succession

535

•••**sermō, -ōnis,** m., [serō, *bind*], *talk, conversation, discourse; speech, language, words; report, rumor*

••••**serō, -ere, sēvī, satum,** *sow, plant; satus, -a, -um, sprung from, begotten, born of, descended from, child of, son of*

serō, -ere, —, sertum, *bind* or *join together; interweave; connect, combine* (words), *discuss, talk about*

serpēns, -entis, c., [serpō], *snake,* SERPENT

••••**serpō, -ere, serpsī, serptum,** *creep, crawl, glide;* of sleep, *steal over*

Serrānus, -ī, m., (1) surname of C. Atilius Regulus; (2) a Rutulian

serta, -ōrum, n. pl., [serō, *bind*], *wreath of flowers, garlands*

••••**sērus, -a, -um,** *late, too late; tardy*

serva, -ae, f., [servus], *female slave*

servātor, -ōris, m., and **-trix, -icis,** f., [servō], *preserver, watcher, savior*

•••**serviō, -īre, -īvī** or **-iī, -ītum,** [servus], *be a slave,* SERVE

servitium, -ī, n., [servus], *slavery,* SERVITUDE, *bondage*

•**servō, -āre, -āvī, -ātum,** *save,* PRESERVE, *keep; watch, guard, protect; attend to, give heed to,* OBSERVE; *nurse, cherish, foster; stay in, remain in, sit near* or *by*

sētius or **sēcius,** compar. adv., *less;* **nōn (haud) sētius,** *not less, none the less, nevertheless*

seu, see **sive**

•••**sevērus, -a, -um,** *strict, stern,* SEVERE; *rigid, relentless; gloomy, dreadful*

•**sī,** conj., *if; since; if ever, when, when once; to see if, whether; if only, oh, if, would that*

sibilus, -a, -um, *hissing*

Sibylla, -ae, f., SIBYL, *prophetess, priestess of Apollo,* esp. *the Cumaean* SIBYL

•**sīc,** adv., *in this manner, thus, so*

Sicānī, -ōrum, m. pl., *the* SICANI, *Sicilians, originally in Italy*

Sicānia, -ae, f., *Sicily*

Sicānus or **Sicānius, -a, -um,** *of the* SICANI, *Sicilian*

siccō, -āre, -āvī, -ātum, [siccus], *dry, dry up, stanch*

••••**siccus, -a, -um,** *dry, parched, thirsty*

sīcubi, adv., [sī + (c)ubi], *if anywhere, wheresoever*

Siculus, -a, -um, *of* SICILY, SICILIAN

••**sīcut** or **sīcutī,** adv., *just as, as*

sidereus, -a, -um, [sidus], *of the stars, starry*

••••**sīdō, -ere,** def., *settle, alight*

Sidōn, -ōnis, f., *a city of Phoenicia*

Sidōnius or **Sidonius, -a, -um,** *of* SIDON, *Phoenician, Tyrian*

••••**sīdus, -eris,** n., *constellation, star; sky, heavens; weather, season*

Sigēus, -a, -um, *of* SIGEUM, *a promontory near Troy*

••**significō, -āre, -āvī, -ātum,** [signum + faciō], *make* SIGNS, SIGNIFY; *beckon*

••••**signō, -āre, -āvī, -ātum,** [signum], *mark,* DESIGNATE; *seal, decorate, distinguish; notice, note, observe*

•**signum, -ī,** n., *mark,* SIGN, *token;* SIGNAL; *goal; figure, picture*

Sila, -ae, f., *a forest in the country of the Bruttii*

silentēs, -ium, m. pl., *the* SILENT *shades, the dead*

••**silentium, -ī,** n., [silēns], SILENCE, *stillness*

Silēnus, -ī, m., *an old satyr, chief attendant of Bacchus*

••••**sileō, -ēre, -uī, —,** *be still* or SILENT, *be noiseless; be calm* or *quiet, be tranquil* silēscō, -ere, def., [sileō], *become still* or SILENT

silex, -icis, c., *flint; rock, crag; figure of stone*

•silva, -ae, f., *forest, wood; tree, shrub*

Silvānus, -i, m., [silva], the god of forests and fields

silvestris, -e, [silva], *of the woods, woody; dwelling in the woods, forest-dwelling*

Silvia, -ae, f., daughter of Tyrrheus

Silvius, -i, m., the name of several kings of Alba Longa

•similis, -e, *like,* SIMILAR; superl. simillimus, *very like, the very picture of*

Simois, -entis, m., a river near Troy

simplex, -icis, SIMPLE, *unmixed, pure*

•simul, adv., *at the same time, at once, together;* with **atque** or **ac**, *as soon as*

•••simulācrum, -i, n., [simulō], *likeness, image, figure; phantom, shade, ghost; semblance, imitation, representation*

•••simulō, -āre, -āvi, -ātum, [similis], *make like, liken, imitate, counterfeit; pretend, feign;* simulātus, -a, -um, *counterfeit, pretended, dissembling*

sin, conj., [si + nē], *if however, but if*

•sine, prep. with abl., *without*

••singuli, -ae, -a, *one by one,* SINGLE, *individual; in detail*

singultō, -āre, —, -ātum, [singultus], *sob; spout, gurgle*

singultus, -ūs, m., *sob, gasp*

•sinister, -tra, -trum, *left, on the left;* as a noun, f., *left hand*

•••sinō, -ere, sivi, situm, *let, allow, permit, suffer, cease, stop, desist; leave, resign, give over*

Sinōn, -ōnis, m., the Greek who persuaded the Trojans to take the wooden horse into their city

sinuō, -āre, -āvi, -ātum, [sinus], *wind, curve, coil*

••••sinus, -ūs, m., *bend, curve, fold; bay, gulf; bosom; sail; bend (of a stream), stream*

••siquis or si quis, qua, quid or quod, indef. pron., *if anyone, if any, if anything*

Sirēnēs, -um, f. pl., *the* SIRENS, birds with the faces of maidens, living on dangerous rocks near the Campanian coast. By the sweetness of their voices, they enticed sailors to land and then killed them

Sirius, -i, m., SIRIUS, *the Dog-star*

Sirmiō, -ōnis, m., SERMIONE, the home of Catullus

••••sistō, -ere, stiti, statum, *set, put, place; bring, send; establish, make firm; check, stop, stay; set foot, rest, find a home*

sistrum, -i, n., *rattle,* used in the rites of Isis

Sisyphus, -i, m., son of Aeolus

sitis, -is, f., *thirst, drought*

situs, -ūs, m., [sinō], *position, place,* SITUATION; *order, arrangement; neglect, mold, filth*

•••sive or seu, conj., *or if, or;* as correlatives, *whether . . . or, either . . . or*

sobrius, -a, -um, SOBER, *temperate*

soccus, -i, m., *slipper,* SOCK

••••socer, -eri, m., *father-in-law;* pl., *parents-in-law*

sociō, -āre, -āvi, -ātum, [socius], *join,* ASSOCIATE, *unite; share, make partner in*

•socius, -i, m., *partner,* ASSOCIATE, *ally; companion, comrade, friend*

socius, -a, -um, *allied, confederate; closely connected, friendly*

sodālicium, -i, n., *friendship, comradeship*

sodālis, -is c., *companion, fellow member (of a society)*
• sōl, sōlis, m., *sun; sunlight, sunshine; day;* person., *the Sun, the Sun-god*
sōlācium, -ī, n., [sōlor], *comfort,* CONSOLATION, SOLACE
sōlāmen, -inis, n., [sōlor], *comfort,* CONSOLATION, SOLACE
••• soleō, -ēre, solitus sum, semidep., *be wont, be accustomed;* solitus, -a, -um, *accustomed, usual, wonted*
•••• solidus, -a, -um, *whole, entire; unimpaired, vigorous, sound; massive, firm,* SOLID, *strong*
solium, -ī, n., *seat, throne*
sollemnis, -e, [sollus, *whole* + annus], *happening every year; annual, yearly; appointed, stated; sacred, festive,* SOLEMN; *usual, wonted;* as a noun, n. pl., SOLEMN *rites, ceremony, sacrifice*
sollicitō, -āre, -āvī, -ātum, [sollicitus], *disturb, agitate, disquiet, trouble*
sollicitus, -a, -um, *anxious, disquieting, troubled,* SOLICITOUS
•••• sōlor, -ārī, -ātus sum, *comfort,* SOLACE, *relieve, assuage*
•••• solum, -ī, n., *bottom, ground; earth,* SOIL, *surface; table*
•• sōlum, adv., [sōlus], *only, alone*
• sōlus, -a, um, *alone, only,* SOLE; *lonely,* SOLITARY
• solvō, -ere, solvī, solūtum, *loosen, unbind; set free, release;* of sails, *unfurl, set sail; relax, paralyze; destroy, end, banish, dismiss; break up, divide, separate; pay*
somnium, -ī, n., [somnus], *dream*
•• somnus, -ī, m., *sleep, slumber;* as a noun, person., *the god of sleep*
sonipēs, -pedis, [sonus + pēs], *noisy-footed;* as a noun, m., *steed, charger*

•••• sonitus, -ūs, m., [sonō], SOUND, *noise; thunder; clash*
•••• sonō, -āre, sonuī, sonitum, [sonus], SOUND, RESOUND, *clash, roar; utter, speak*
sonor, -ōris, m., [sonō], *noise,* SOUND, *clash*
sonōrus, -a, -um, [sonor], *noisy,* SOUNDING, *loud, roaring*
sōns, sontis, *guilty;* esp. as a noun, *guilty person, criminal, the guilty*
sonus, -ī, m., [sonō], SOUND, *noise*
sōpiō, -ire, -īvī, -itum, *lull to sleep*
•••• sopor, -ōris, m., [sōpiō], *deep sleep, slumber;* person., *Sleep*
sopōrātus, -a, -um, [sopor], *drugged,* SOPORIFIC
sopōrifer, -fera, -ferum [sopor + ferō], *sleep-bringing, drowsy*
sopōrus, -a, -um, [sopor], *sleep-bringing, sleep-giving, drowsy*
Sōracte, -is, n., *a mountain in Etruria*
sorbeō, -ēre, -uī, —, *suck in, draw in, swallow up*
sordēs, -is, f., *dirt, squalor*
sordidus, -a, -um, [sordēs], *foul, filthy, squalid*
• soror, -ōris, f., *sister; companion*
••• sors, sortis, f., *lot; casting of lots; oracle, response; lot, fate, fortune, destiny, share*
sortior, -īrī, -ītus sum, [sors], *cast or draw lots; assign by lot, obtain by lot; share, apportion, divide; choose, select*
sortitus, -ūs, m., [sortior], *casting of lots, allotment*
sōspes, -itis, *safe, spared, living*
sospitō, -āre, -āvī, -ātum, *save*
•••• spargō, -ere, sparsī, sparsum, *scatter, strew, spread; hurl, cast; sprinkle, spread abroad*
Sparta, -ae, f., SPARTA, *Lacedaemon,* capital of Laconia
Spartānus, -a, -um, *of* SPARTA, SPARTAN

538

spatior, -āri, -ātus sum, [spatium], walk to and fro

• spatium, -i, n., SPACE; distance, interval; course or track (for racing); time, opportunity, respite

• speciēs, -ēi, f., [speciō], sight, appearance, ASPECT, look; appearances, reputation

specimen, -inis, n., [speciō], emblem, token

speciōsus, -a, -um, [speciēs], beautiful, splendid

spectāculum, -i, n., [spectō], sight, SPECTACLE

spectātor, -ōris, m., [spectō], SPECTATOR, beholder

• spectō, -āre, -āvi, -ātum, [speciō], look at, gaze at; view, behold, see; judge; try, test

specula, -ae, f., [speciō], lookout; watchtower; lofty station, height

speculor, -āri, -ātus sum, [specula], watch, observe; sight (a bird in the sky); discover

specus, -ūs, m. and n., cave; with vulneris, gaping wound

•••• spēlunca, -ae, f., cave, cavern

•••• spernō, -ere, sprēvi, sprētum, despise, reject, scorn, slight, insult

• spērō, -āre, -āvi, -ātum, [spēs], hope, look for, expect; suppose, believe, imagine

• spēs, spei, f., hope; expectation; hope (that which seems to offer help)

•••• spiculum, -i, n., arrow, javelin, dart

spina, -ae, f., thorn

Spiō, -ūs, f., a sea-nymph

spira, -ae, f., coil, fold

spirābilis, -e, [spirō], that may be breathed; vital

spirāmentum, -i, n., [spirō], breathing hole; with animae, the lungs

••• spiritus, -ūs, m., [spirō], breath; life, SPIRIT; carriage, mien, air

•••• spirō, -āre, -āvi, -ātum, breathe, blow; palpitate, throb; exhale; spirāns, -antis, of a statue, lifelike, natural

spissus, -a, -um, thick, dense, compact, close-packed; difficult

splendeō, -ēre, def., shine, gleam

splendidus, -a, -um, [splendeō], shining, bright, magnificent, SPLENDID, sumptuous

••• spoliō, -āre, -āvi, -ātum, [spolium], strip, rob, plunder; DESPOIL, rob or deprive of

•••• spolium, -i, n., SPOIL, plunder, booty, trophy; spolia opima, arms taken in single combat by a general from the enemy general

sponda, -ae, f., couch

spondeō, -ēre, spopondi, spōnsum, promise, warrant, give assurance

spōnsa, -ae, f., [spondeō], one betrothed, fiancée, promised bride

•• sponte (only in abl. sing.), f., of one's own accord or will; as one would; voluntarily

•••• spūma, -ae, f., [spuō, spit], foam, froth

spūmeus, -a, -um, [spūma], foaming, frothy

spūmiger, -era, -erum, [spūma + gerō], foaming

spūmō, -āre, -āvi, -ātum, [spūma], foam, froth

spūmōsus, -a, -um, [spūma], covered with foam, foaming

squāleō, -ēre, -ui, —, be rough, filthy, foul, neglected, or SQUALID

squālidus, -a, -um, [squāleō], rough, filthy, foul, neglected, SQUALID

squālor, -ōris, m., [squāleō], filth, foulness, SQUALOR

squāma, -ae, f., scale (of a fish or serpent)

squāmeus, -a, -um, [squāma], scaly

539

squāmiger, -era, -erum, *scaly*

••• **stabilis, -e,** [stō], *firm, steadfast; enduring, lasting,* STABLE

stabulō, -āre, def., [stabulum], *have an abode* or *home, be* STABLED

•••• **stabulum, -ī,** n., [stō], STABLE, *stall; pasture; den, lair; cottage, dwelling*

stagnō, -āre, -āvī, -ātum, [stagnum], *be* STAGNANT

•••• **stagnum, -ī,** n., [stō], *standing water; lake, pool; water*

•• **statiō, -ōnis,** f., [stō], STATION, *position, post; haunt; anchorage*

•• **statuō, -ere, statuī, statūtum,** [status], *set up,* STATION, *put, place; erect, build, construct, determine, resolve*

status, -ūs, m., [stō], *position; condition,* STATE

• **stella -ae,** f., *star*

stellātus, -a, -um, [stella], *set with stars; gleaming; glittering, brilliant*

sterilis, -e, *barren,* STERILE

•••• **sternō, -ere, strāvī, strātum,** *spread* or *stretch out, extend; strew, scatter, spread, cover; make smooth; lay low, overthrow, subdue; overwhelm*

Steropēs, -is, m., a Cyclops, one of Vulcan's workmen

Sthenelus, -ī, m., charioteer of Diomedes

stimulō, -āre, -āvī, -ātum, [stimulus], *goad; rouse, incite*

••• **stimulus, -ī,** m., *goad, spur*

•• **stipendium, -ī,** n., *tribute*

stipes, -itis, m., *log; trunk of a tree; club*

stipō, -āre, -āvī, -ātum, *press* or *pack together; stow away; throng, surround, attend*

•••• **stirps, stirpis,** f., *trunk* or *stock* (of a tree); *race, stock, family, blood; progeny*

stiva, -ae, f., *plough handle*

• **stō, stāre, stetī, statum,** *stand; stand firm* or *immovable, stand erect;* of ships, *be moored; remain, continue, stay, abide; be fixed, decided,* or *determined; depend upon, be centered in; be situated, lie, be*

stomachus, -ī, m., *throat, gullet;* STOMACH

strāgēs, -is, f., *slaughter, carnage*

strātum, -ī, n., [sternō], *something spread out; bed, couch; pavement* or *paved way*

••• **strepitus, -ūs,** m., [strepō], *noise, din, crash, rattle; sound of revelry* or *feasting*

strepō, -ere, strepuī, strepitum, *make a noise, murmur, hum; resound, sound*

strictūra, -ae, f., [stringō], *mass* or *bar of iron*

•••• **stridō, -ere,** def., and **strideō, -ēre,** def., *make a shrill* or *harsh noise; creak, grate, rattle, buzz, whiz, whistle; gurgle*

stridor, -ōris, m., [stridō], *harsh noise, such as any of those named under the verb* **stridō**

•••• **stringō, -ere, strinxī, strictum,** *draw* or *bind tight; touch lightly, graze, flow gently past; draw* (a sword); *trim;* of the feelings, *move, touch*

Strophades, -um, f. pl., two islands in the Ionian Sea, where the Harpies lived

•••• **struō, -ere, strūxī, strūctum,** *heap* or *pile up; load;* CONSTRUCT, *build, erect; arrange, draw up; contrive, plan, propose to do, intend; practice, carry out, accomplish, bring about*

studiōsus, -a, -um, *fond, zealous,* STUDIOUS, *assiduous*

• **studium, -ī,** n., [studeō], *zeal, earnestness, eagerness, desire; pursuit,* STUDY, *devotion; thoughtful meditation, deep* thought; goodwill, favor, expression of favor, applause

••• stultus, -a, -um, foolish, stupid

stupefaciō, -ere, -fēci, -factum, [stupeō + faciō], strike senseless; astound, amaze, stun, STUPEFY

•••• stupeō, -ēre, -ui, —, be amazed, be astounded, be STUPEFIED; be amazed at, wonder at

stuppa, -ae, f., tow, oakun (used for ship caulking)

stuppeus, -a, -um, [stuppa], of hemp, hempen; of tow

Stygius, -a, -um, of the STYX, STYGIAN, infernal; deadly

Styx, Stygis, f., the "hated (or hateful) river," a river of the lower world

••• suādeō, -ēre, suāsi, suāsum, advise, urge, PERSUADE; invite, induce; impel, force

suāve, adv., [suāvis], sweetly

suāvis, -e, sweet

• sub, prep. with abl., under, beneath, below; at the foot of, at; in the depths of; in, within, during; at the bidding of; prep. with acc., under, below, beneath; into, to the depths of; towards, just before; in answer to

subdō, -ere, -didi, -ditum, plunge, place under

subdūcō, -ere, -dūxi, -ductum, draw or take away; remove, withdraw; remove stealthily; draw from under or beneath; of ships, haul up on the beach, beach

subeō, -ire, -ii, -itum, go or come under, approach, enter; fall upon, attack; take up (on the shoulders); follow, come behind; come to one's mind, occur; undergo, suffer

••• subiciō, -ere, -iēci, -iectum, [iaciō], throw or place under; answer, reply; subiectus, -a,

-um, subdued, SUBJECT; bowed, stooping

subigō, -ere, -ēgi, -āctum, [agō], drive, push, propel; conquer, subdue, overcome; impel, compel, force

• subitō, adv., [subitus], suddenly

subitus, -a, -um, [subeō], sudden, unexpected

•••• subiungō, -ere, -iūnxi, -iūnctum, fasten beneath or under; subdue, subjugate, rule

sublābor, -i, -lāpsus sum, glide or slip away, ebb

subligō, -āre, def., bind, gird or fasten on

•••• sublimis, -e, high, lofty, uplifted; on high, on lofty wing

sublūstris, -e, glimmering, faint

subm-, see summ-

subnectō, -ere, —, -nexum, bind or tie under or beneath; bind, tie, fasten

subnixus, -a, -um, [sub + nitor], propped up; supported or resting on, seated on; defended by

suboles, -is, f., offspring, progeny

subrideō, -ēre, -risi, —, smile

subsidō, -ere, -sēdi, -sessum, [sedeō], sit, sink, or settle down; fall, sink, SUBSIDE; remain below or at the bottom

subsistō, -ere, -stiti, —, stop, halt; RESIST, hold out

subtēmen, -inis, n., [subtexō], in weaving, thread

subter, adv., and prep. with acc. and abl., below, beneath, under

subtexō, -ere, -texui, —, weave under or beneath; cover, conceal, veil

subtrahō, -ere, -trāxi, -trāctum, draw from below or under; remove, withdraw

suburgeō, -ēre, def., drive up to, run (a boat) close to

subvectō, -āre, def., [subvehō], carry, transport, convey

541

subvehō, -ere, -vexi, -vectum, bring or carry up, convey

subvolvō, -ere, def., *roll up, roll along*

succēdō, -ere, -cessi, -cessum, come or *go under, enter; draw near, approach, go to; take up* (a burden)

succendō, -ere, -cendi, -cēnsum, *set on fire below; kindle, inflame, rouse*

successus, -ūs, m., [succēdō], *good fortune,* SUCCESS

succidō -ere, -cidi, -cisum, [caedō], *cut down, cut*

succingō, -ere, -cinxi, -cinctum, *gird up; gird, equip*

succumbō, -ere, -cubui, —, *fall down, submit, yield,* SUCCUMB

•••• succurrō, -ere, -curri, -cursum, *run to help; aid, assist,* SUC-COR; **succurrit,** *it comes to one's mind,* OCCURS

sūcus, -i, m., *juice, moisture*

sūdātrix, -icis, f., *toga* (as causing perspiration)

sūdō, -āre, -āvi, -ātum, *sweat, reek, be drenched* or *soaked*

sūdor, -ōris, m., [sūdō], *sweat*

sūdum, -i, n., *bright* or *clear sky*

•••• suēscō, -ere, suēvi, suētum, *become accustomed, be wont, be accustomed*

sufferō, -ferre, sustuli, sublātum, *bear up under; endure, withstand*

sufficiō, -ere, -fēci, -fectum, [faciō], *dye, tinge, color, suffuse; furnish, supply; be equal to, avail, be able,* SUFFICE

••• suffrāgium, -i, n., [sub + frangō], *something broken;* by metonomy, *ballot; right to vote* (from the custom of using broken pottery as ballots)

suffundō, -ere, -fūdi, -fūsum, *pour upon;* SUFFUSE, *fill*

• sui, sibi(i), sē or sēsē, refl. pron., third per., *himself, herself, it-*

self, themselves; him, her, it, them; as subj. of inf. in indir. discourse, *he, she, it, they*

•••• sulcō, -āre, -āvi, —, [sulcus], *plough*

sulcus, -i, m., *furrow, trench; trail, wake*

Sulmō, -ōnis, m., a Rutulian

Sulmō, -ōnis, m., Ovid's birthplace, modern Sulmona

sulpur or sulfur, -uris, n., SULFUR

• sum, esse, fui, futūrus, *be, exist, live*

•• summa (rēs), -ae, f., *main* or *chief point,* SUM, *substance, the whole* (in a word)

summergō, -ere, -mersi, -mersum, *sink,* SUBMERGE, *overwhelm*

summittō, -ere, -misi, -missum, *put down* or *under, surrender, humble;* **summissus, -a, -um,** *humble, on one's knees, kneeling*

summoveō, -ēre, -mōvi, -mōtum, REMOVE, *drive back* or *away*

• summus, -a, -um, superl. of **superus,** *uppermost, highest, topmost; top of,* SUMMIT *of; tip of; surface of, crest of; last, final; chief, most important, supreme*

• sūmō, -ere, sūmpsi, sūmptum, *take up, take; choose, select; inflict* or *exact penalty*

suō, -ere, sui, sūtum, *sew*

•••• super, adv., *above, over; from above; left over, remaining, surviving; moreover, besides;* prep. with abl., *over, above, on; at; concerning, about;* prep. with acc., *over, above, on; beyond, above, more than*

superātor, -ōris, m., *conqueror*

superbia, -ae, f., [superbus], *haughtiness, pride, arrogance, insolence*

••• superbus, -a, -um, [super], *haughty, proud, insolent; victorious; magnificent, splendid,* SUPERB

542

superēmineō, -ēre, def., *rise above, overtop*

superimpōnō, -ere, —, positum, *put, place* or *lay upon*

supernē, adv., [**supernus**], *from above, above*

• **superō, -āre, -āvī, -ātum,** [**superus**], *go* or *pass over; rise above, overtop; sail by, pass, round*

superstes, -itis, [**super+stō**], *outliving, surviving*

superstitiō, -ōnis, f., [**super+stō**], SUPERSTITION

•• **supersum, -esse, -fuī, —,** *be left, remain, survive;* **quod superest,** *as for the rest, for the future*

•• **superus, -a, -um,** [**super**], *upper, higher, above;* as a noun, m. pl., *those on earth* or *in the world above, the living; the powers above, the gods above, the gods*

supīnus, -a, -um, [**sub**], *thrown backwards, on the back; with upturned palms, beseeching, suppliant*

suppleō, -ēre, -ēvī, -ētum, *fill up,* SUPPLY, *complete the number of*

••• **supplex, -icis,** [**sub+plicō**], *kneeling, humble,* SUPPLIANT; as a noun, c., SUPPLIANT

suppliciter, adv., [**supplex**], *submissively, humbly, as a* SUPPLIANT

•• **supplicium, -i,** n., [**supplex**], *punishment, penalty; retribution; wound* (inflicted in revenge)

suppōnō, -ere, -posuī, -positum, *put* or *place under; apply* (the sacrificial knife); *substitute*

• **suprā,** adv., and prep. with acc., *above, over*

suprēmus, -a, -um, superl. of **superus,** *highest; last, final, extreme, remotest; extreme, greatest;* **suprēmum,** adv., *for*

the last time, last word, last farewell

sūra, -ae, f., *calf* (of the leg), *leg*

surdus, -a, -um, *deaf*

• **surgō, -ere, surrēxī, surrēctum,** [**regō**], *rise, arise, ascend; rise high, tower; grow*

surrigō, -ere, —, surrēctum, [**regō**], *raise, lift up;* with **aurēs,** *prick up*

sūs, suis, c., *swine, hog, sow*

• **suscipiō, -ere, -cēpī, -ceptum,** [**sub + capiō**], *take up, catch; beget* or *bear children; assume, undertake*

suscitō, -āre, -āvī, -ātum, *stir up, rouse; urge,* INCITE; *rekindle*

suspectus, -ūs, m., [**suspiciō**], *upward look; height*

•••• **suspendō, -ere, -pendī, -pēnsum,** [**pendō**], *hang up,* SUSPEND; **suspēnsus, -a, -um,** *hung up,* SUSPENDED; *poised; in* SUSPENSE or *doubt, troubled, anxious; awe-struck, awed*

•• **suspiciō, -ere, -spexī, -spectum,** [**speciō**], *look up at* or *to; look at* or *gaze on with wonder, admiration,* or *reverence;* **suspectus, -a, -um,** SUSPECTED, *mistrusted, distrusted, in* SUSPICION

suspīrō, -āre, -āvī, -ātum, *heave a sigh, sigh deeply, sigh*

• **sustineō, -ēre, -tinuī, -tentum,** [**teneō**], *bear up,* SUSTAIN, *bear, hold out; withstand, hold off, check*

susurrus, -i, m., *whisper, muttering, humming*

sūtilis, -e, [**suō,** *sew*], *sewed;* of a boat, *stitched together* (out of hides)

• **suus, -a, -um,** poss. pron., refl., [**sui**], *his, her, its, their, theirs; own; suitable, appropriate*

Sӯchaeus or **Sychaeus, -i,** m., Dido's husband

Sӯmaethius, -a, -um, *of* SYMAE-

543

THUS, a river in Sicily, SYMAE-
THIAN
syrtis, -is, f., *sand bank, quick-
sand;* esp., pl., *the* SYRTES,
two dangerous sand banks on
the north coast of Africa

T

tābeō, -ēre, def., *melt away; drip,
be soaked* or *drenched*
tābēs, -is, f., [tābeō], *wasting,
pining*
tābidus, -a, -um, [tābēs], *wasting,
consuming*
···tabula, -ae, f., *board, plank;
tablet*
tabulātum, -ī, n., [tabula], of a
house, *floor, story*
tābum, -ī, n., *gore*
Taburnus, -ī, m., a mountain
chain in Campania
·taceō, -ēre, -uī, -itum, *be silent,
still,* or *hushed;* tacitus, -a,-um,
*unmentioned, unnoticed; silent,
hidden, secret; in silence; quiet,
hushed, still*
tāctus, -ūs, m., [tangō], *touch*
····taeda, -ae, f., *pitch pine, pine
wood; torch; firebrand; marriage torch, marriage*
taedet, -ēre, def. impers., *it
wearies, disgusts;* mē taedet,
I am wearied, disgusted with,
or *tired of*
taedium, -ī, n., *weariness*
Taenarus, -ī, m., fabled entrance
to the lower world
taenia, -ae, f., *hair band, ribbon,
fillet*
taeter, -tra, -trum, *foul, loath-
some, offensive*
Tagus, -ī, m., a Rutulian
tālāria, -ium, n. pl., [tālus],
winged sandals
talentum, -ī, n., TALENT, a Greek
standard of weight and value,
which varied in different states;
a sum of money equal to about

$1000; any large amount of
money
·tālis, -e, *such, of such a kind*
·tam, adv., *so, so much, so very,
to such a degree* or *extent*
·tamen, adv., *nevertheless, however, yet, still, for all that*
·tandem, adv., *at length, finally,
at last;* in questions, *pray,
now*
·tangō, -ere, tetigī, tāctum, *touch;
arrive at, reach; strike, hit;
affect, move, return to; come
home to; undergo, meet, experience*
·tantus, -a, -um, *so great, so much,
such;* tantum, adv., *so much,
so, so far, only so much* or
so far, only, merely
tapēs, -ētis, m., or tapētum, -ī,
n., *carpet,* TAPESTRY, *rug, hangings*
Tarchō or Tarchōn, -ōnis or
-ontis, m., an Etruscan prince,
an ally of Aeneas
··tardō, -āre, -āvī, -ātum, [tardus],
*hinder, delay, impede, prevent,
flag*
··tardus, -a, -um, *slow, sluggish,*
TARDY; *heavy*
Tarentum, -ī, n., a Greek city of
southern Italy
Tarpēius, -a, -um, TARPEIAN, *of
the* TARPEIAN *Rock,* a part of
the Capitoline Hill
Tarquinius, -a, -um, *of the* TAR-
QUINS, TARQUINIAN; as a noun,
m., TARQUINIUS; esp. TAR-
QUINIUS *Superbus,* the last king
of Rome, expelled by his subjects
Tartareus, -a, -um, [Tartarus],
of TARTARUS, TARTAREAN; *infernal*
Tartarus, -ī, m., or Tartara,
-ōrum, n. pl., the infernal regions, TARTARUS
Tatius, -ī, m., *Titus* TATIUS, king
of the Sabines; later he shared

the throne of Rome with Romulus

taureus, -a, -um, [taurus], *of a bull* or *of bulls, bull's*

taurinus, see **taureus**

•••• **taurus, -i,** m., *bull, bullock, ox*

••• **tēctum, -i,** n., **[tegō],** *covering; roof; house, dwelling, home, building, palace; covert*

Tegeaeus, -a, -um, *of* TEGEA, a town in Arcadia; *Arcadian*

tegmen or **tegumen** or **tegimen, -inis,** n., *covering, clothing; skin, hide; shield*

• **tegō, -ere, tēxi, tēctum,** *cover; hide, conceal; shelter, guard,* PROTECT

tēla, -ae, f., in weaving, *web* or *warp*

Tēlemachus, -i, m., son of Ulysses and Penelope

•••• **tellūs, -ūris,** f., *the earth; earth, land, country, region;* person., *Earth,* TELLUS

• **tēlum, -i,** n., *missile, weapon, javelin, spear;* in boxing, *blow* (of the cestus)

••• **temerē,** adv., *at random, rashly; here and there; to no purpose, in vain*

temerō, -āre, -āvi, -ātum, [temerē], *treat rashly* or *recklessly; violate, profane, desecrate*

temnō, -ere, def., *scorn, despise, disdain*

Tempē, indecl., a valley in Thessaly

temperō, -āre, -āvi, -ātum, [tempus], *regulate, govern, restrain; soothe, calm; keep from, refrain from*

• **tempestās, -ātis,** f., **[tempus],** *time, season, weather; storm,* TEMPEST; *misfortune, disaster; shower, multitude;* person., TEMPEST

tempestivus, -a, -um, [tempus], *timely, opportune*

•• **templum, -i,** n., *sanctuary,* TEMPLE, *shrine*

• **temptō, -āre, -āvi, -ātum,** *try,* ATTEMPT, *test*

• **tempus, -oris,** n., *time, period; occasion, opportunity, chance, fitting* or *suitable time; circumstance, condition;* TEMPLE (of the head)

tenāx, -ācis, [teneō], TENACIOUS, *clinging to, persistent in*

•••• **tendō, -ere, tetendi, tentum** or **tēnsum,** *stretch, strain,* EXTEND, *swell; stretch out* or *forth, hold out; aim* or *shoot* (a weapon); *with* **iter,** *expressed* or *understood, hold one's way, direct one's course, go, proceed; strive, endeavor;* EXTEND, *reach; stretch* (tents), *be encamped*

••• **tenebrae, -ārum,** f. pl., *darkness, gloom; night; world of darkness, the shades, gloomy abode* or *realm*

tenebricōsus, -a, -um, *dark, shadowy*

tenebrōsus, -a, -um, [tenebrae], *dark, gloomy*

Tenedos, -i, f., an island near Troy

• **teneō, -ēre, tenui, tentum,** *hold, have, keep, grasp; possess, own, manage, control; inhabit, dwell in; gain, reach, secure,* OBTAIN; *bind, restrain;* as intransitive verb, *have control, be in possession, be master*

tener, -era, -erum, TENDER, *soft; thin; young*

tenor, -ōris, m., *course*

tentāmentum, -i, n., **[tentō],** *trial, attempt, approach* or *overture to*

tentō, -āre, -āvi, -ātum, [tendō], *try, attempt, essay; explore, investigate, sound, probe; look for, try to find, seek*

tentōrium, -i, n., **[tendō],** TENT

tenuis, -e, *thin, fine, slender; gentle, light; narrow; waning, ebbing, failing*

tenus, prep. with gen. or abl., *as far as, to, up to* or *down to*

tepefaciō, -ere, -fēci, -factum, [tepeō + faciō], *make warm, warm*

•••• **tepeō, -ēre,** def., *be warm*

tepēscō, -ere, def., [tepeō], *become* or *grow warm*

tepidus, -a, -um, [tepeō], *lukewarm; warm*

tepor, -ōris, m., *warmth*

•••• **ter,** adv., *three times, thrice; again and again*

tercentum or **ter centum,** indecl., *three hundred*

terebrō, -āre, —, -ātum, *bore through, penetrate; bore out*

teres, -etis, *round, smooth, rounded; tapering, graceful; polished*

tergeminus, -a, -um, *threefold, triple, three-bodied*

• **tergum, -i,** or **tergus, -oris,** n., *back; body; hide, skin;* anything made of hide, as *gauntlets;* **ā tergō,** *behind, in the rear*

terminō, -āre, -āvi, -ātum, [terminus], *bound, limit*

••• **terminus, -i,** m., *limit, end*

terni, -ae, -a, [ter], *three each;* for **trēs,** *three;* in sing., *triple*

terō, -ere, trivi, tritum, *rub; touch; wear away time, spend, pass, waste*

• **terra, -ae,** f., *the earth; ground, soil; land, region, country;* **orbis terrārum,** *the whole earth* or *world;* person., *Earth*

terrēnus, -a, -um, [terra], *of earth, earthly, earth-born, mortal*

• **terreō, -ēre, -ui, -itum,** *frighten,* TERRIFY, *alarm; frighten off, scare away*

terribilis, -e, [terreō], *frightful, dreadful, fearful,* TERRIBLE

terrificō, -āre, def., [terrificus], TERRIFY, *frighten, alarm*

terrificus, -a, -um, [terreō + faciō], TERRIFYING, TERRIBLE, *frightful*

terrigena, -ae, m., *earth-born*

territō, -āre, def., [terreō], *frighten,* TERRIFY, *alarm*

• **terror, -ōris,** m., [terreō], *fear, dread, alarm, fright,* TERROR

• **tertius, -a, -um,** *third*

testa, -ae, f., *shell, jar*

testificor, -āri, -ātus sum, [testis], TESTIFY, ATTEST, *show*

••• **testis, -is,** c., *witness*

•••• **testor, -āri, -ātus sum,** [testis], *call to witness, invoke, appeal to; bear witness to,* TESTIFY; *declare, proclaim, say*

testūdō, -inis, f., [testa, *shell*], *tortoise; arch, vault;* in war, *a* TESTUDO, *or covering of shields, used in siege operations*

Teucer or **Teucrus, -i,** m., (1) *a king of Troy;* (2) *son of Telamon*

Teucria, -ae, f., *the Trojan country; Troy*

Teucrus, -a, -um, *of* TEUCER, *Trojan;* as a noun, m. pl., *the Trojans*

•••• **texō, -ere, texui, textum,** *weave, interlace; join; construct, build*

textilis, -e, [texō], *woven, of woven work, of the loom*

textum, -i, n., [texō], *fabric,* TEXTURE

•••• **thalamus, -i,** m., *bedchamber; couch, bed; marriage couch, marriage, wedlock; abode*

Thalia, -ae, f., *a sea-nymph;* Muse of comedy

Thaliarchus, -i, m., *a name coined by Horace*

Thapsus, -i, f., *a peninsula and city of Sicily*

Thaumantias, -adis, f., *daughter of* THAUMAS, *Iris*

theātrum, -i, n., *theater*
Thēbae, -ārum, f. pl., (1) THEBES, the capital of Boeotia; (2) a city of Mysia
Thēbānus, -a, -um, [Thēbae], *of* THEBES, THEBAN
Themillās, -ae, m., a Trojan
Thersilochus, -i, m., an ally of Troy in the Trojan war
thēsaurus, -i, m., TREASURE, *store*
Thēseus, -ei and -eos, m., a king of Athens
Thespiae, -ārum, f. pl., a town in Boeotia
Thessandrus, -i, m., a Greek chieftain
Thetis, -idis or -idos, f., a sea-nymph, mother of Achilles
Thoās, -antis, m., a Greek chieftain
tholus, -i, m., *cupola, dome; temple dome, temple*
Thrācius, -a, -um, THRACIAN
Thrāx, -ācis, THRACIAN; as a noun, m. pl., *the* THRACIANS
Thrēicius, -a, -um, *of* THRACE, THRACIAN
Thrēissa or Thressa, -ae, f., *a* THRACIAN
Thȳbris, -is or -idis, m., (1) an ancient king of Latium, from whom the river Thybris (Tiber) derived its name; (2) poetic name of the Tiber
Thyestēs, -ae, m., son of Pelops
Thȳias, (two syllables), -adis, f., a female worshiper of Bacchus, *a Bacchante* or *Bacchanal*
Thymbraeus, -a, -um, *of* THYMBRA, THYMBRAEAN; an epithet of Apollo, who had a temple in Thymbra, a town in the Troad
Thymoetēs, -ae, m., a Trojan
thymum, -i, n., THYME, an herb
Thȳnia, -ae, f., a region in Bithynia
Tiberinus, -a, -um, [Tiberis], *of the* TIBER; as a noun, m.,

(1) *the god of the* TIBER, *Father* TIBER; (2) *the* TIBER *river*
Tiberis, -is, m., or Thȳbris, -idis, m., and other poetic forms, *the* TIBER
tibia, -ae, f., *the large shinbone; pipe, flute*
Tibullus, -i, m., *Albius* TIBULLUS, the poet
Tibur, -uris, n., a town in Latium
Tiburs, -urtis, *of* TIBUR, TIBUR-TINE
tigris, -is or -idis, c., TIGER, TIGRESS
Timāvus, -i, m., a river emptying into the Adriatic Sea in the north
• timeō, -ēre, -ui, —, *fear, be afraid, be afraid of, dread;* of a bird, *show fear, flutter*
timidus, -a, -um, [timeō], *fearful,* TIMID, *cowardly*
Timōlus, -i, m., a mountain of Lydia, famous for its wines
• timor, -ōris, m., [timeō], *fear, dread, alarm, anxiety;* person., *Fear*
tinctilis, -e, [tingō], *in which something is dipped*
•••• tingō or tinguō, -ere, tinxi, tinctum, *wet, moisten, bathe, dip*
tinnitus, -ūs, m., [tinniō, *ring*], *ringing, ring, rattling*
tinnulus, -a, -um, [tinniō, *ring*], *ringing, tinkling*
Tirynthius, -a, -um, *of* TIRYNS, in Argolis, where Hercules first lived; TIRYNTHIAN; as a noun, m., *Hercules*
Tisiphonē, -ēs, f., one of the Furies
Titān, -ānis, m., the sun-god, son of Hyperion
Titānius, -a, -um, *of the* TITANS, TITANIAN
Tithōnus, -i, m., son of Laomedon, husband of Aurora, and father of Memnon
titubō, -āre, -āvi, -ātum, *totter,*

stagger; **titubātus, -a, -um,** *tottering, staggering, reeling*
titulus, -ī, m., TITLE, *inscription*
Tityos, -ī, m., a giant who insulted Latona, and was slain by Apollo; in the lower world, as a penalty for his crime, his liver was forever fed upon by a vulture
Tmarius, -a, -um, *of* TMAROS, a mountain in Epirus, TMARIAN
••• **togātus, -a, -um,** [toga], *wearing the* TOGA, TOGA-*clad*
tolerābilis, -e, [tolerō], *bearable, endurable,* TOLERABLE
••• **tolerō, -āre, -āvī, -ātum,** *endure, support, maintain, sustain*
• **tollō, -ere, sustulī, sublātum,** *lift, raise up, raise, take up; carry, carry* or *bear off, take on board* (and carry off); *remove, destroy; cheer, encourage, rouse*
Tomitae, -ārum, m. pl., *the inhabitants of* TOMI, on the Black Sea, to which Ovid was banished
•••• **tondeō, -ēre, totondī, tōnsum,** *shear, shave, cut closely, trim; graze* or *browse upon, crop*
tonitrus, -ūs, m., [tonō], *thunder*
•••• **tonō, -āre, -uī, —,** *thunder, roar, loudly invoke*
tōnsa, -ae, f., *oar*
•• **tormentum, -ī,** n., [torqueō], *military engine* (for hurling heavy missiles by means of twisted ropes); *rack* (for torture); *torture,* TORMENT
torpeō, -ēre, def., *be numb,* TORPID, or *dull; be paralyzed*
Torquātus, -ī, m., (1) *T. Manlius,* who received the name TORQUATUS from having slain a Gaul in battle and taken from him his **torques,** *neckchain;* (2) *L. Manlius,* addressed by Catullus
•••• **torqueō, -ēre, torsī, tortum,** *turn, twist, bend; whirl, brandish,*

hurl; toss, fling, lash; aim
torrēns, -entis, m., [torreō], TORRENT
•••• **torreō, -ēre, torruī, tostum,** *parch, burn, roast, scorch; boil, seethe, roar, rush*
torris, -is, m., *fire-brand*
tortor, -ōris, m., TORTURER
tortus, -ūs, m., [torqueō], *twisting, coiling, coil*
•••• **torus, -ī,** m., *couch, bed; seat* (on the grass); *grassy bank* (of a river); *muscle*
•••• **torvus, -a, -um,** *stern, fierce, wild, grim, savage*
• **tot,** indecl. num. adj., *so many*
•• **totidem,** indecl., [tot + idem], *just as many, the same number, as many*
totiēns or **totiēs,** adv., [tot], *so often, so many times*
• **tōtus, -a, -um,** *the whole, all, entire*
trabea, -ae, f., [trabs], *robe of state,* a white robe with purple stripes
•••• **trabs** or **trabēs, -is,** f., *beam, timber, tree, trunk* (of a tree); *ship*
trāctābilis, -e, [trāctō], TRACTABLE, *yielding, pliant;* of weather, with **nōn,** *inclement, tempestuous, stormy*
trāctus, -ūs, m., [trahō], *region, district,* TRACT, *quarter*
• **trādō, -ere, -didī, -ditum,** [dō], *hand over, give up, surrender, consign*
• **trahō, -ere, trāxī, trāctum,** *draw, drag; lead* or *hurry on; draw* or *drag off* or *away; draw in,* CONTRACT, *catch; draw out, heave;* PROTRACT, *prolong, delay*
trāiciō, -ere, -iēcī, -iectum, [iaciō], *throw across* or *over; pass through* (as a rope through a pulley); *pass over, go over, cross; pierce, transfix, stab*

548

trāmes, -itis, m., *footpath, path; way, course, flight*

trānō, -āre, -āvi, — [**trāns** + **nō**], *swim across; pass over, sail* or *fly across, over,* or *through; cross*

tranquillus, -a, -um, *quiet, still, calm,* TRANQUIL; *as a noun,* n., *calm weather* (when the sea is quiet)

•**trāns,** prep. with acc., *across, over, beyond*

trānsabeō, -ire, -ii, —, *pierce through, transfix*

trānscribō, -ere, -scripsi, -scriptum, *transfer, give over, assign; enroll*

trānscurrō, -ere, -curri or **-cucurri, -cursum,** *run* or *shoot across, pass over* or *through*

•**trānseō, -ire, -ii, -itum,** *go* or *pass over, pass; run over; pass through, pierce; pass by, elapse, pass*

trānsferō, -ferre, -tuli, -lātum, *bear* or *carry across* or *over;* TRANSFER; *put into the hands of*

trānsfigō, -ere, -fixi, -fixum, *pierce through,* TRANSFIX

trānsfodiō, -ere, -fōdi, -fossum, *pierce through, run through, transfix*

trānsiliō, -ire, -ui or **-ivi,** —, *leap across, spring over*

•••**trānsmittō, -ere, -misi, -missum,** *send across, carry over; go over* or *across, pass over; transfer, hand over*

trānsportō, -āre, -āvi, -ātum, *carry over* or *across,* TRANSPORT

trānstrum, -i, n., [**trāns**], *rowers' bench, thwart*

trānsversus, -a, -um, [**trānsvertō**], *turned across; athwart; across* or *athwart one's course*

trecēni, -ae, -a, *three hundred each*

tremefaciō, -ere, -fēci, -factum, [**tremō** + **faciō**], *cause to* TREMBLE or *shake;* **tremefactus, -a, -um,** TREMBLING, *shaking, quaking, agitated*

tremendus, -a, -um, [**tremō**], *dreadful, frightful, fearful, terrible*

tremēscō, -ere, def., [**tremō**], TREMBLE, *shake, quake;* TREMBLE *at, dread*

•••**tremō, -ere, tremui,** —, TREMBLE, *shake, quake, quiver;* TREMBLE *at, before, at the approach of*

tremor, -ōris, m., [**tremō**], TREMBLING, *shaking, quaking, shudder; shudder* (of apprehension or doubt)

tremulus, -a, -um, [**tremō**], TREMULOUS, *quivering*

trepidō, -āre, -āvi, -ātum, [**trepidus**], *be agitated, run this way and that, be panic-stricken; hasten, make haste*

•••**trepidus, -a, -um,** *agitated, alarmed, trembling, in trembling haste, terror-stricken*

•**trēs, tria,** num. adj., *three*

tricorpor, -oris, [**trēs** + **corpus**], *three-bodied, three-formed*

tridēns, -entis, [**trēs** + **dēns**], *three-pronged, trident; as a noun,* m., TRIDENT, esp. Neptune's trident, or three-pointed spear

trietēricus, -a, -um, *triennial, on alternate years;* the actual English meaning is *biennial*

trifaux, -cis, [**trēs** + **faux**], *triple-throated*

triformis, -e, *three-fold*

triginta, indecl., *thirty*

trilix, -icis, *having three cords* or *threads; three-ply, triple*

Trinacria, -ae, f., the "three-cornered island," *Sicily*

Trinacrius, -a, -um, *of* TRINACRIA, *of Sicily, Sicilian*

trinōdis, -e, [**trēs** + **nōdus**], *knotty, three-knotted*

Triōnēs, -um, m. pl., the "plowing oxen," the constellation of the Great and Little Bears

triplex, -icis, [ter + plicō], *three-fold*, TRIPLE

tripūs, -odis, m., [a Greek word], TRIPOD, *three-footed seat; oracle* (from the tripod, or seat, of the priestess delivering the oracle)

• **tristis, -e**, *sad, sorrowful, mournful, gloomy, melancholy; sullen, sour, grim; harsh, severe, stern; dire, dismal, grievous, dreadful*

trisulcus, -a, -um, [ter + sulcus], *three-forked, triple*

Tritōn, -ōnis, m., *a sea-god;* **Tritonēs, -um**, m. pl., TRITONS, *sea-gods, messengers or servants of the other gods*

Tritōnia, -ae, f., *another name of Minerva, said to have been born near Lake Triton in Africa*

Tritōnis, -idis, f., Minerva; see **Tritōnia**

• • • **triumphō, -āre, -āvi, -ātum, [triumphus]**, *celebrate a* TRIUMPH; TRIUMPH *over, conquer*

• • • **triumphus, -i**, m., TRIUMPH, *a* TRIUMPHAL *procession; victory*

Trivia, -ae, f., [ter + via], *another name of Hecate (Diana), when worshiped at the crossroads*

trivium, -i, n., [ter + via], *place where three roads meet; crossroad, highway*

Trōas, -adis or **-ados**, f., TROJAN *woman*

Trōia, -ae, f., (1) TROY, *a city in Phrygia;* (2) *a town founded by Helenus, in Epirus;* (3) *an equestrian game played by Trojan and Roman boys*

Trōiānus, -a, -um, *of* TROY, TROJAN; *as a noun,* m., *a* TROJAN, *the* TROJANS

Trōilus, -i, m., *one of Priam's sons*

Trōiugena, -ae, c., [Trōia + gignō], TROJAN-*born, son of* TROY, TROJAN; pl., TROJANS

Trōius, -a, -um, *of* TROY, TROJAN

Trōs, Trōis, m., (1) *a king of Troy;* (2) *usually pl.,* **Trōes,** *the* TROJANS; (3) adj., TROJAN

trucīdō, -āre, -āvi, -ātum, [trux + caedō], *slaughter, butcher, cut to pieces, massacre, slay*

truculentus, -a, -um, [trux], *stormy, cruel*

trudis, -is, f., [trūdō], *pole* (pointed at the end); *pike*

trūdō, -ere, trūsi, trūsum, *push, thrust, push along*

• • • • **truncus, -a, -um,** *maimed, mutilated; stripped of branches*

truncus, -i, m., *trunk* (of a tree); *trunk* (of a human body), *body*

trux, trucis, *savage, ferocious, fierce, grim, stern*

• **tū, tui**, pers. pron., *thou, you*

• **tuba, -ae**, f., *trumpet*

• • • **tueor, -ēri, tūtus sum,** *look at, gaze at* or *upon, watch, behold, view; watch over, guard, protect, defend*

Tullius, -i, m., *M.* TULLIUS *Cicero, the orator*

Tullus, -i, m., TULLUS *Hostilius, third king of Rome*

• **tum**, adv., *then, at that time, at that; then again, moreover*

• • • • **tumeō, -ēre**, def., *swell, be swollen; be swollen with anger, be roused, be excited*

• • • • **tumidus, -a, -um, [tumeō]**, *swelling, swollen; swollen with anger, enraged; puffed up, elated*

tumor, -ōris, m., [tumeō], *swelling; anger, resentment*

tumulō, -āre, -āvi, -ātum, *bury, entomb*

• • • **tumultus, -ūs**, m., [tumeō], *uproar, disturbance, commotion,* TUMULT, *shouts, din; insurrection, rebellion, disturbance, uprising*

•• **tumulus, -i,** m., [tumeō], *mound, hill; mound* (of a sepulcher), *grave, tomb*

•• **tunc,** adv., [tum + ce] *then, at that time; thereupon*

•••• **tundō, -ere, tutudī, tūnsum** or **tūsum,** *beat, strike, smite, buffet; importune, assail, hound*

tunica, -ae, f., TUNIC

•••• **turba, -ae,** f., *tumult,* DISTURBANCE, *confusion; multitude, crowd, mob, band;* of animals, *herd, flock*

•••• **turbidus, -a, -um,** [turba], *confused, wild; muddy,* TURBID, *filthy; disturbed, troubled; roused, excited, violent*

•••• **turbō, -āre, -āvi, -ātum,** [turba], DISTURB, *throw into confusion, disorder;* DISTURB *one's mind, perplex, distract, infuriate, enrage*

•••• **turbō, -inis,** m., [turbō, -āre], *whirlwind, hurricane; circle, ring, wreath; whirlwind force; tempest, storm*

tūreus, -a, -um, [tūs], *of frankincense*

turgidulus, -a, -um, [turgidus], *somewhat swollen*

turgidus, -a, -um, *swollen, swelling*

tūricremus, -a, -um, [tūs + cremō], *incense-burning*

turma, -ae, f., *troop, band, squadron*

Turnus, -i, m., king of the Rutulians

• **turpis, -e,** *foul, filthy, repulsive; besmeared, befouled; disgraceful, base, unseemly, shameful*

• **turris, -is,** f., *tower*

turritus, -a, -um, [turris], TURRETED; TURRET-*crowned; towering, lofty*

tūs, tūris, n., *incense, frankincense*

Tuscus, -a, -um, TUSCAN, *Etruscan, Etrurian;* as a noun, m. pl., *the* TUSCANS, *Etruscans, Etrurians*

tussiō, -ire, def., *cough, have a cough*

tūtāmen, -inis, n., [tūtor], *safeguard, defense, protection*

tūtō, adv., [tūtus], *safely, in safety*

tūtor, -āri, -ātus sum, [tueor], *watch, guard, protect, defend; second the claim of, help, aid*

• **tūtus, -a, -um,** [tueor], *safe, secure, out of danger;* as a noun, n., *place of safety, safe haven*

• **tuus, -a, -um,** poss. adj., [tū], *thy, thine, your, yours*

Tȳdeus, -ei or **-eos,** m., father of Diomedes

Tȳdidēs, -ae, m., *son of* TYDEUS, Diomedes

tympanum, -i, n., *drum, tambourine*

Tyndaris, -idis, f., *daughter of* TYNDARUS, Helen

Typhōius, -a, -um, *of* TYPHOEUS, a giant destroyed by Jupiter's thunderbolts; **tela Typhōia,** *weapons* (that slew Typhoeus), *thunderbolts*

tyrannus, -i, m., *monarch, king, ruler, prince; despotic ruler,* TYRANT

Tyrius, -a, -um, [Tyrus], *of* TYRE, TYRIAN, *Phoenician, Carthaginian;* as a noun, m., *a* TYRIAN, TYRIANS

Tyrrhēni, -ōrum, m. pl., a Pelasgian people who migrated to Italy and formed the parent stock of the Etrurians; *Tuscans, Etruscans, Etrurians*

Tyrrhēnus, -a, -um, [Tyrrhēni], *Etruscan, Etrurian, Tuscan,* TYRRHENIAN

Tyrrheus, -ei, m., a shepherd of King Latinus

Tyrrhidae, -ārum, m. pl., [Tyrrheus], *sons of* TYRRHEUS

Tyrus or **Tyros, -i,** f., TYRE, a famous Phoenician city

U

über, -eris, n., *teat, udder, breast, bosom; richness, fertility*

über, -eris, *rich, fruitful, fertile; copious, abounding, abundant, plentiful*

ubi(i), adv., *where, in what place; when, whenever, as soon as*

ubique, adv., *anywhere, everywhere, on every side*

Ūcalegon, -ontis, m., *a Trojan*

ūdus, -a, -um, *wet, moist, humid*

Ūfēns, -entis, m., *one of Turnus's officers; stream in* LATIUM

ulciscor, -i, ultus sum, *avenge oneself on, take vengeance on; avenge, punish*

Ulixēs, -is or **-ei** or **-i,** m., ULYSSES, *king of Ithaca, a famous Greek leader in the Trojan war*

ūllus, -a, -um, *any, anyone;* as a noun, *anyone, anybody, any*

ulmus, -i, f., *elm tree, elm*

ulterior, -ius, *farther, that beyond*

ulterius, adv., *farther, further, beyond*

ultimus, -a, -um, *farthest, most distant* or *remote; last, extreme, final; earliest, oldest, first, original; uttermost, most humiliating* or *degrading;* as a noun, n. pl., *end* (of a race), *goal; end*

ultor, -ōris, m., [ulciscor], *avenger*

ultrā, adv., *beyond, further, longer, more;* prep. with acc., *beyond, over and above, more than*

ultrix, -icis, [ultor], *avenging*

ultrō, adv., *beyond; moreover, too, besides; of oneself* or *of one's own accord, spontaneously; beyond one's expectation; unchallenged, unaddressed; of one's own impulse* or *motion*

ululātus, -ūs, m., [ululō], *howling, shrieking, wailing, cries of woe*

ululō, -āre, -āvi, -ātum, *howl, shriek, wail; shout aloud* someone's name; *resound*

ūlva, -ae, f., *swamp grass, sedge grass, sedge*

umbō, -ōnis, m., *boss,* the knob in the center of a shield; *shield*

umbra, -ae, f., *shade, shadow, darkness; shade, ghost, phantom, apparition;* pl., *the shades, the world below*

umbrifer, -fera, -ferum, [umbra + ferō], *shade-bringing; shady*

umbrō, -āre, -āvi, -ātum, [umbra], *shadow, shade, envelop in shadow* or *darkness*

umbrōsus, -a, -um, [umbra], *shady, shading*

ūmectō, -āre, def., [ūmectus, *moist*], *moisten, wet, bathe, bedew*

ūmeō, -ēre, def., *be moist, wet, damp, humid,* or *dewy*

umerus, -i, m., *upper arm; shoulder*

ūmidus, -a, -um, [ūmeō], *moist, damp, wet,* HUMID, *watery, liquid*

umquam or **unquam,** adv., *at any time, ever*

ūnā, adv., [ūnus], *at once, at the same time, together with, along with*

ūnanimus, -a, -um, [ūnus + animus], *concordant, harmonious; sympathizing*

uncus, -a, -um, *hooked, crooked, curved, clenched; talon-like*

unda, -ae, f., *wave, billow; stream, tide, water; sea*

unde, adv., *whence; from this, from them; wherefore*

undique, adv., [unde + que], *from all sides, on all sides, everywhere*

undō, -āre, def., [unda], *rise in*

waves, surge; wave, flow; boil; stream forth

undōsus, -a, -um, [unda], *billowy, wild; wave-washed*

ungō or **unguō, -ere, ūnxi, ūnctum,** *smear* or *besmear with oil* or *pitch;* with **tēla,** *smear arrows* (with poison)

•••• **unguis, -is,** m., *nail* (of the finger or toe); *claw, talon, hoof*

ungula, -ae, f., [unguis], *hoof*

• **ūnus, -a, -um,** num. adj., *one, only one, a single, a; only, alone*

Ūrania, -ae, f., Muse of astronomy

• **urbs, urbis,** f., *city,* esp. Rome

•••• **urgeō, -ēre, ursi, —,** *press, push,* URGE, *drive, impel; press down, weigh down, oppress; overcome, overpower; confine, hem in; ply, hasten forward,* URGE *on; punish, ply* (with penalties); *embrace*

urna, -ae, f., *water jar, jar, urn*

•••• **ūrō, -ere, ūssi, ūstum,** *burn, consume; parch, dry up; inflame, kindle, set on fire; vex, torment*

ursa, -ae, f., [ursus], *she-bear, bear*

ursus, -ī, m., *bear*

•••• **usquam,** adv., *anywhere; by any means, at all, I assure you*

•• **ūsque,** adv., *all the way; continuously, continually, constantly; even*

• **ūsus, -ūs,** m., [ūtor], *employment, exercise,* USE; *means of communication; need, occasion, necessity*

• **ut** or **uti,** adv., *how, as;* with correlatives, *as, just as; when;* conj., *that, so that, in order that*

utcumque, adv., *however, howsoever*

• **uter, utra, utrum,** *which* (of two)?

• **uterque, -traque, -trumque,** of two persons or things, *each, both; either*

uterus, -i, m., *belly; interior, cavity*

••• **utinam,** adv., *oh that! would that!*

• **ūtor, -i, ūsus sum,** USE, *employ, enjoy; put forth, display*

utrōque, adv., [uterque], *to this side and that, from side to side*

ūva, -ae, f., *a bunch of grapes*

ūvidus, -a, -um, *wet, dripping*

• **uxor, -ōris,** f., *wife*

uxōrius, -a, -um, [uxor], *devoted to a wife, slave to a wife; doting* (husband)

V

vacca, -ae, f., *cow, heifer*

vacō, -āre, -āvī, -ātum, *be empty, be without, be free from, be unoccupied;* **vacat,** impers., *there is time* or *leisure*

•• **vacuus, -a, -um,** [vacō], *empty,* VACANT, *free from, deserted, clear, open*

•••• **vādō, -ere,** def., *go, walk, go on, proceed; hasten on, rush*

• **vadum, -ī,** n., *ford, shallow, shoal; stream, water; sea, depths*

vae, interj., *woe! alas!*

vāgīna, -ae, f., *scabbard, sheath*

vāgītus, -ūs, m., [vāgiō, *cry*], *crying, wailing*

•• **vagor, -āri, -ātus sum,** [vagus], *roam* or *wander about, parade, ride up and down; spread, be circulated*

vagus, -a, -um, *wandering*

• **valeō, -ēre, -ui, -itum,** *be strong, well,* or *vigorous; be able, have influence,* AVAIL; **valē, valēte,** *farewell;* **valēns, -entis,** *strong, powerful, mighty*

• **validus, -a, -um,** [valeō], *strong, stout, vigorous, powerful, mighty*

• **vallēs** or **vallis, -is,** f., VALLEY, VALE

• **vāllum, -ī,** n., *rampart,* WALL

valva, -ae, f., *door*

vānēscō, -ere, —, def., [vānus],
VANISH

•••• vānus, -a, -um, [rel. to vacō],
empty; fruitless, unavailing,
idle, groundless, VAIN; deceptive, false, untrustworthy, un-
reliable

vapor, -ōris, m., steam, VAPOR;
heat, fire

variō, -āre, -āvī, -ātum, [varius],
change, alternate, exchange, relieve a guard

••• varius, -a, -um, VARIEGATED, of
VARIED color or plumage; different, changing, VARIOUS, di-
verse; changeable, fickle

vāstātor, -ōris, m., [vāstō], rav-
ager, slayer

• vāstō, -āre, -āvī, -ātum, [vāstus],
lay WASTE, DEVASTATE, ravage;
strip, deprive of

•••• vāstus, -a, -um, empty, WASTE;
immense, enormous, VAST, huge

•••• vātēs, -is, c., prophet or prophetess, soothsayer, seer; bard,
poet

••••-ve, enclitic conj., or

vectis, -is, m., pole; bar, bolt

vectō, -āre, def., [vehō], carry,
convey

• vehō, -ere, vexi, vectum, carry,
convey; usher in (a new day);
pass., ride, sail, drive

• vel, conj., or; vel . . . vel, either
. . . or

vēlāmen, -inis, n., [vēlō], covering;
garment, robe; VEIL

Velinus, -a, -um, of VELIA, a town
on the coast of Lucania

vēlivolus, -a, -um, [vēlum+volō],
sail-flying; dotted with sails,
sail-winged, sail-covered

•••• vellō, -ere, velli or vulsi, vulsum,
pluck, pull, or tear up or away;
tear down, destroy

vellus, -eris, n., fleece; woollen
fillet

•••• vēlō, -āre, -āvī, -ātum, [vēlum],
cover, VEIL, envelop; encircle,

wreathe, crown; deck, festoon,
trim; velātus, -a, -um, shaded
(by a branch borne in the
hand); of the yards of a ship,
sail-clad

•••• vēlōx, -ōcis, swift, fleet, rapid;
quick; as an adv., quickly

•••• vēlum, -i, n., sail; covering (of a
tent), canvas

•••• velut or veluti, adv., even as, as,
just as, just as if, as if, as
though

vēna, -ae, f., VEIN (in the human
body or in stone)

vēnābulum, -i, n., [vēnor], hunting
spear

Venāfrānus, -a, -um, of VENA-
FRUM, a Samnite town

vēnātrix, -icis, f., [vēnātor], huntress

vēnātus, -ūs, m., [vēnor], hunting,
the chase

• vēndō, -ere, vēndidi, vēnditum,
sell; sell (for a bribe); betray

venēnātus, -a, -um, [venēnum],
poisoned

••• venēnum, -ī, n., poison, VENOM;
magic charm

venerābilis, -e, [veneror], to be
revered or respected; revered,
VENERABLE

••• veneror, -āri, -ātus sum, worship,
adore, VENERATE; implore, entreat; honor; venerandus, -a,
-um, worthy of all honor, whom
I revere

••• venia, -ae, f., indulgence, grace,
favor, kindness, mercy, aid

• veniō, -ire, vēni, ventum, come,
arrive; arise; spring, descend

•••• vēnor, -āri, -ātus sum, hunt

venter, -tris, m., belly; hunger

ventōsus, -a, -um, [ventus], windy,
stormy; blustering, noisy, talkative ("windy")

• ventus, -ī, m., wind

Venulus, -ī, m., a Rutulian

Venus, -eris, f., goddess of love;
by metonomy, love, passion

venustus, -a, -um, [Venus], *lovely, charming*

veprēs, -is, m., *thorn bush, thorn, brier*

vēr, vēris, n., *spring*

verbēna, -ae, f., *sacred bough* (of olive, laurel, myrtle, or cypress for decking an altar)

•••verber, -eris, n., *lash, whip, scourge; stroke, stripe, blow*

verberō, -āre, -āvi, -ātum, [verber], *beat, strike, lash*

verbōsus, -a, -um, [verbum], *wordy,* VERBOSE

•verbum, -i, n., *word*

vērē, adv., [vērus], *truly, rightly*

•vereor, -ēri, -itus sum, *fear, dread*

Vergilius, -i, m., *Publius* VERGILIUS *Maro,* the poet VERGIL

•••vēritās, -tātis, f., *truth*

•vērō, adv., [vērus], *in truth, truly, certainly, indeed; but, however*

verrō, -ere, def., *sweep, sweep away* or *off, sweep over*

•••versō, -āre, -āvi, -ātum, [vertō], *turn, keep turning, turn over; revolve, think over, meditate, consider; wield; turn* or *drive this way and that, drive* or *toss, about; practice, fulfill, carry out*

•••versus, -ūs, m., [vertō], *line, row, tier;* VERSE

••••vertex, -icis, m., [vertō], *whirl, whirlpool, eddy; top, summit, mountain top, peak; top* or *crown* (of the head), *head*

•vertō, -ere, verti, versum, *turn, turn up* or *over,* INVERT, REVERSE, *empty* (by inverting); *turn up, plough; turn, alter, change, transform; overturn, overthrow;* pass. or middle voice, *revolve, move, be busy, come, go, direct one's way* or *steps*

verū, -ūs, n., *a spit* (for roasting meat)

vērum, -i, n., [vērus], *truth, right*

vērum, adv., [vērus], *truly, but in truth, but yet, yet, but, however*

•vērus, -a, -um, *true, real; right, just*

vēsānus, -a, -um, *mad, insane, raging, furious*

vescor, -i, def., *feed upon, eat, feast; breathe; enjoy*

••vesper, -eri and -eris, m., *evening star, evening; west*

Vesta, -ae, f., *goddess of flocks and herds, and of the hearth and home*

•vester, -tra, -trum, poss. adj., [vōs], *your, yours*

vestibulum, -i, n., *entrance court,* VESTIBULE, *entrance, hallway*

•••vestigium, -i, n., [vestigō], *footstep, footprint, track; trace,* VESTIGE, *sign*

vestigō, -āre, def., *trace, search for* or *after, search* or *seek out*

vestimentum, -i, n., [vestiō], *garment*

vestiō, -ire, -ivi or -ii, -itum, [vestis], *clothe, cover; adorn, deck*

•vestis, -is, f., *garment, dress, robe, clothing; rug, coverlet, drapery, tapestry*

vetitum, -i, n., [vetō], *prohibition*

••••vetō, -āre, -ui, -itum, *forbid, prohibit, protest against, oppose*

•vetus, -eris, *old, aged; of old, former, early, ancient*

vetustās, -ātis, f., [vetus], *old age; age, antiquity, length* or *duration of time*

vetustus, -a, -um, [vetus], *old, ancient*

•••vexō, -āre, -āvi, -ātum, [vehō], *shake; trouble,* VEX, *harass*

•via, -ae, f., *way, path, road, street; passage, entrance; track, journey, march, voyage, course; manner, mode, course, means*

viātor, -ōris, m., [via], *traveler*

vibrō, -āre, -āvi, -ātum, *brandish,*

555

shake, throw, hurl, dart; quiver; gleam, glitter, flash

•• **vicinus, -a, -um, [vicus],** *near, neighboring*

•••• **vicis** (gen.; no nom.), f., *change, interchange;* VICISSITUDE, *fortune, fate, condition, lot; risk, danger, peril; place, position, post, duty, turn*

vicissim, adv., **[vicis],** *in turn*

•• **victor, -ōris,** m., **[vincō],** *conqueror,* VICTOR; as adj., *conquering,* VICTORIOUS, *triumphant; successful, successfully*

• **victōria, -ae,** f., **[victor],** VICTORY; person., VICTORY, *goddess of victory*

victrix, -īcis, [victor], *victorious*

•••• **victus, -ūs,** m., **[vīvō],** *living, way of living, sustenance, nourishment, food*

• **videō, -ēre, vīdī, vīsum,** *see, perceive* (hear as well as see), *notice, observe;* pass., *be seen; be regarded, seem, appear; seem right, best,* or *proper*

viduō, -āre, -āvī, -ātum, *deprive, bereave*

vigeō, -ēre, -uī, —, *be* VIGOROUS, *thrive, flourish, gain strength; be influential, have weight*

vigēscō, -ere, -uī, —, *grow* VIGOROUS, *thrive*

vigil, -ilis, *awake, alert, watchful; eternal, ever burning;* as a noun, m., *watchman, sentinel, sentry, guard*

•• **vigilō, -āre, -āvī, -ātum, [vigil],** *be watchful, be* VIGILANT, *watch; wake up*

• **vigintī,** indecl., *twenty*

vigor, -ōris, m., **[vigeō],** *activity,* VIGOR, *force, strength, power*

vilicus, -ī, m., *overseer, steward, estate manager*

vilis, -e, *worthless, common, mean, base*

villōsus, -a, -um, [villus], *hairy, shaggy*

villus, -ī, m., *shaggy hair; nap* (of cloth)

vimen, -inis, n., *pliant twig, shoot,* or *stem*

•••• **vinciō, -īre, vīnxī, vīnctum,** *bind, tie; bind about; encircle, wreathe*

• **vincō, -ere, vīcī, victum,** *conquer, overcome, subdue,* VANQUISH; *excel; win, gain, attain, achieve; overwhelm, break through, destroy; outlive*

•• **vinculum** or **vinclum, -ī,** n., **[vinciō],** *band, rope, cord, chain, fetter, cable; sandals; gauntlets* or *boxing gloves,* the *cestus; marriage bond* or *tie*

vindex, -icis, c., *avenger;* with **poena,** *avenging*

••• **vindicō, -āre, -āvī, -ātum, [vindex],** *deliver, rescue*

vinētum, -ī, n., *vineyard*

• **vinum, -ī,** n., *wine*

violābilis, -e, [violō], VIOLABLE; **nōn violābilis,** INVIOLABLE; *sacred*

violēns, -entis, *furious, wild*

violentia, -ae, f., **[violentus],** VIOLENCE, *anger, fury*

violentus, -a, -um, [vīs], VIOLENT, *boisterous, wild*

••• **violō, -āre, -āvī, -ātum, [vīs],** *injure;* VIOLATE, *break, profane, dishonor; invade, lay waste*

vipereus, -a, -um, [vipera], *of* VIPERS, *snaky, snake-like*

• **vir, virī,** m., *man, hero; husband;* pl., *human beings, mortals; soldiers, comrades*

virecta, -ōrum, n. pl., **[vireō],** *glades, fields, lawns, meadows*

vireō, -ēre, def., *be green*

•••• **virga, -ae,** f., *branch, twig, wand*

virgātus, -a, -um, [virga], *striped*

virgineus, -a, -um, [virgō], *of a maiden, maiden-like, maiden*

••• **virgō, -inis,** f., *maiden, maid,* VIRGIN, *girl*

virgulta, -ōrum, n. pl., [virga], *bushes, thicket, shrubs*

viridāns, -antis, [viridis], *green, verdant*

•••• viridis, -e, [vireō], *green, verdant; fresh, vigorous, blooming*

virilis, -e, [vir], *of a man, male; manly, heroic, noble*

• virtūs, -ūtis, f., [vir], *manliness, strength, courage, valor, heroism; noble character,* VIRTUE, *worth, merit; brave* or *valorous deed*

virus, -i, n., *poison*

• vis, vis, pl. virēs, -ium, f., *strength, power; force, violence; harm, injury*

viscum, -i, n., *mistletoe*

•••• viscus, -eris, n., *internal organs;* regularly in pl., *entrails, inwards, vitals*

••• visō, -ere, visi, visum, [videō], *inspect, view; go to see,* VISIT

visum, -i, n., [videō], *something seen; sight,* VISION, *apparition*

•••• visus, -ūs, m., [videō] *look, sight, view; look, appearance;* VISION, *apparition, portent*

• vita, -ae, f., *life; spirit* (of the dead)

vitālis, -e, [vita], *of life,* VITAL

vitiōsus, -a, .-um, [vitium, *fault*], *faulty, defective, wicked, corrupt,* VICIOUS

vitis, -is, f., *vine*

•• vitō, -āre, -āvi, -ātum, *shun, avoid*

vitrum, -i, n., *glass, crystal*

•••• vitta, -ae, f., *band, fillet,* a sacred ribbon worn on the head by priests and bound on the head of sacrificial victims

vitulus, -i, m., *male calf, young bullock*

vividus, -a, -um, [vivō], *lively, vigorous, eager, keen*

• vivō, -ere, vixi, victum, *live, be alive; be still alive,* SURVIVE; *sustain life; last, endure, remain;* vive, vivite, *farewell*

•• vivus, -a, -um, [vivō], *alive, living;* of a statue, *lifelike, speaking; fresh, pure; natural*

• vix, adv., *with difficulty, scarcely, hardly*

vōciferor, -āri, -ātus sum, [vōx + ferō], *cry aloud, shout, exclaim*

• vocō, -āre, -āvi, -ātum, *call, summon;* INVOKE; *invite; declare war; challenge; call, name*

volātilis, -e, [volō], *flying, winged, swift*

volātus, -ūs, m., [volō], *flight*

Volcānius, -a, -um, *of* VULCAN, VULCANIAN

Volcānus, -i, m., VULCAN, god of fire; by metonomy, *fire*

Volcēns, -entis, m., a Latin leader

volitō, -āre, -āvi, -ātum, [volō], *fly about, flit, hover; move about, move to and fro*

• volō, velle, volui, —, *wish, desire, be willing; will, order, decree; mean;* volēns, -entis, *willing, glad, ready*

• volō, -āre, -āvi, -ātum, *fly, speed; spread rapidly, be abroad* or *afloat;* volantēs, -ium, f. pl., *winged creatures, birds*

Volscus, -a, -um, *of the* VOLSCI, a Latin tribe, VOLSCIAN

•••• volucer, -cris, -cre, [volō], *flying, winged; fleet, fleeting, swift;* as a noun, f., *bird*

volūmen, -inis, n., *coil, fold*

• voluntās, -ātis, f., *wish, desire, choice; consent*

••• voluptās, -ātis, f., *pleasure, delight, enjoyment, joy*

volūtō, -āre, -āvi, -ātum, [volvō], *roll about, roll to and fro; roll along; prostrate oneself, grovel; send back, re-echo;* REVOLVE, *ponder, consider*

•••• volvō, -ere, volvi, volūtum, *roll, turn, roll up; unroll; hurl, cast;* REVOLVE; *run the round of, pass through, experience; determine. decree, appoint; pon-*

der, weigh, consider; pass., be
rolled; roll over or along;
REVOLVE; move on; flow, fall,
be shed; **volvendus, -a, -um,**
REVOLVING, returning

vōmer, -eris, m., ploughshare,
ploughing

vomō, -ere, -ui, -itum, VOMIT, pour
or belch forth, emit

vorāgō, -inis, f., [vorō], abyss,
gulf, whirlpool

vorō, -āre, -āvī, -ātum, swallow
up, DEVOUR

vōsmet, [vōs + met], emphatic
form of **vōs,** yourselves

vōtivus, -a, -um, VOTIVE

vōtum, -i, n., [voveō], solemn
pledge or promise, VOW; VO-
TIVE offering; prayer; **reus
voti,** bound by my VOW

•••• **voveō, -ēre, vōvi, vōtum,** VOW,
pledge

• **vōx, vōcis,** f., VOICE, cry, sound;
note, tone; word, speech, saying, language, answer, response

vulgāris, -e, popular, common,
VULGAR, base

vulgō, adv., [vulgus], in common,
commonly, generally, everywhere

vulgō, -āre, -āvī, -ātum, spread
abroad, make public, publish,
DIVULGE, report

•• **vulgus, -i,** n. (rarely, m.), the
general multitude or mass (of
people); the common people,
multitude, public, mass, crowd,
throng; mob, populace, rabble;
herd

• **vulnerō, -āre, -āvī, -ātum,** [vul-
nus], wound, injure, harm; pain

vulnificus, -a, -um, [vulnus + fa-
ciō], wound-inflicting, wound-
dealing

• **vulnus, -eris,** n., wound; blow;
threatened wound

vultur, -uris, m., VULTURE

••• **vultus, -ūs,** m., expression (of
the countenance); countenance,
features, face; expression, aspect, appearance; eyes, sight,
gaze, look

X

Xanthus, -i, m., (1) a river in
Troas, also called Scamander;
(2) a stream in Epirus, named
after the preceding river; (3) a
river in Lycia

Z

Zacynthos, -i, f., an island in the
Ionian Sea

Zephyrus, -i, m., west wind; wind,
breeze (in general)

Index

Index

562

563

List of Illustrations

27	Neptune calms the sea and the nymphs push the ships off the reefs.
39	Aeneas and Achates look down on Carthage as Venus flies off to the island of Cyprus.
52–53	Dido wears the gifts of the Trojans, the embroidered vest and the double crown, as she presides at the great banquet honoring her guests.
56	The wooden horse and the serpents which strangled Laocoön and his sons symbolize the Fall of Troy.
61	Sinon gains the Trojans' pity and convinces them that the wooden horse is a gift to propitiate Minerva.
79	The Greeks invade and fire Priam's palace as Hecuba and her women huddle at the interior altar.
88	Aeneas grasps his son Ascanius by the hand, lifts his old father to his shoulder and, followed by Creüsa, his wife, flees burning Troy.
92	One ship of the Trojan fleet faces the peril of barking Scylla on the left and swirling Charybdis on the right.
103	The relentless Harpies, led by Celaeno, their chief, attack the Trojans, who have paused at an island in the Strophades.
115	Andromache and Helenus, Trojan refugees in Epirus, bid farewell to Aeneas and Ascanius, who are about to continue their Mediterranean journey.
126	Dido and Aeneas take refuge from the storm in a cave. Juno and Venus, who have guided this development, exchange collusive smiles.
132–133	The great hunt rides forth, led by Dido and Aeneas. Young Ascanius is mounted at the left.
137	Ordered by Jupiter, Mercury flies to Carthage to warn Aeneas that he must proceed with his mission to found a new Troy in Italy.
146	The desperate Dido visits the temple she has erected in honor of her late husband.
153	A weeping Dido watches the fleet of Aeneas sail away from her shores.
159	Aeneas pours a libation in honor of his dead father Anchises; animals awaiting sacrifice are close by.
165	In one of the funeral games in honor of Anchises, the ships Scylla, Centaur, Chimera, and Dolphin race toward the oak tree which Aeneas has placed on a rock for a goal.
172	In another funeral game, Nisus trips Salius so that his friend Euryalus can win the prize.
186	The Trojan women, weary of traveling, set fire to the ships in hopes of forcing the men to settle in Sicily.
194–195	Morpheus, god of sleep, flies off after he has overcome the helmsman Palinurus and caused him to be swept overboard.
196	Two doves, sacred birds of Venus, assist Aeneas in finding the golden branch, talisman with which he will enter the forbidden Lower World.
201	The Sibyl, fabled prophetess, stands in a swirl of leaves at the cave of a hundred doors.
210–211	As Aeneas and the Sibyl approach the River Styx, they see Charon ferrying his passengers across. The unburied dead stand on the shore, imploring him to carry them across.
215	The Sibyl throws a drugged cake to Cerberus, the three-headed dog who guards the entrance to the Lower World.

223   The Queen of the Furies snatches food from the hand of a sinner, doomed to eternal punishment in Tartarus.

227   Aeneas and the Sibyl are greeted by Anchises. A crowd of souls waiting to drink of Lethe hover above that stream.

232–233   Aeneas and Anchises watch the parade of coming heroes and statesmen of Rome. Here depicted are (*from left to right*) Cato the Elder, Serranus, consul in 257 B.C., and Caesar. The extent of the coming empire is symbolized by the mountains, pyramids, palm trees, and water.

238   Silvia, daughter of the royal herdsman of the Latins, embraces her pet deer, who has been shot by Ascanius. The farmers set out to avenge the injury.

246   A leader of the Latins pushes at the gates of war which are presided over by Janus, the two-faced god. Latinus the king shrinks from this hostile act but Juno glides down to help open the doors.

250   Father Tiber, the old river-god, appears to Aeneas who has lain down to rest on the bank.

258   Hercules opens the cave of Cacus by smashing it with a pointed rock.

266   The workmen of Vulcan, the Cyclopes, work with thunderbolt, rain, cloud, and fire in their island forge.

273   Venus flies down to present Aeneas with the magic armor made in Vulcan's shop at her request.

276–277   One of the scenes on the wonderful shield of Aeneas was the great sea battle at Actium. Here are depicted Octavian, Cleopatra, and Antony surrounded by the symbols of war — Mars, Eris, Bellona, and the Furies.

280   Iris, goddess of the rainbow, appears to the warrior-prince Turnus and urges him to attack Aeneas's camp.

285   Two young Trojan warriors, Nisus and Euryalus, describe to Ascanius their plan for penetrating the lines of the Rutulians and implore his permission.

291   The council of the gods hears Jupiter's complaint that his commands have been ignored. Two of the "guiltiest" are in the foreground, Juno and Venus.

295   Turnus stands with his foot on the body of Pallas, whom he has slain, and holds up his victim's belt.

298   This is the pyre of the victims of battle into which spoils of war are thrown.

303   Latinus rides forth to meet Aeneas and arrange the terms of the single combat which will decide the war.

310   The marriage of Lavinia and Aeneas will unite Latins and Trojans into one people.

324–325   Winter in Tomi on the Black Sea is a time when the misery of invasion is added to numbing cold.

336–337   Remus leaps over the wall of the new city as Romulus and his lieutenant Celer look on.

344–345   Jason has yoked the two bulls of Mars and is sowing the dragon's teeth from which spring warriors. Medea utters an incantation as she looks on in terror.

362–363   Fluteplayers and attendants precede the bride. Her groom follows, scattering nuts.

376   Apollo and Diana.

399   Growing things such as boxwood will keep the young slave's memory green longer than marble.